Т.Ф. ЕФРЕМОВА, В.Г. КОСТОМАРОВ

# СЛОВАРЬ ГРАММАТИЧЕСКИХ ТРУДНОСТЕЙ РУССКОГО ЯЗЫКА

\*

СВЫШЕ 2500 СЛОВАРНЫХ СТАТЕЙ

3-е издание, стереотипное

МОСКВА · ИЗДАТЕЛЬСТВО «РУССКИЙ ЯЗЫК» · 1997

ББК 81.2Р-96
Е92

**Ефремова Т. Ф., Костомаров В. Г.**

Е92  Словарь грамматических трудностей русского языка. — 3-е изд., стереотип. — М.: Рус. яз., 1997. — 347 с. — (Библиотека словарей русского языка).
ISBN 5—200—02513—3

Словарь является опытом аспектного лексикографического пособия и представляет собой лингвистическое описание в учебных целях сложных явлений русской морфологии. Он состоит из двух частей. В первой части словаря систематизированы 18 грамматических категорий трёх частей речи: существительного, прилагательного и глагола. Вторая часть словаря включает в себя около 2,5 тысячи статей, каждая из которых посвящена слову, отмеченному трудностями, которые описаны в первой части.

Словарь предназначен для широкого круга читателей, занимающихся русским языком.

ББК 81.2Р-96

© Издательство «Русский язык», 1993
© Художественное оформление.
Издательский дом «Дрофа», 1997

Репродуцирование (воспроизведение) данного издания любым способом без договора с издательством запрещается.

ISBN 5—200—02513—3

«Библиотека словарей русского языка» — это серия словарей, дающих лексикографическое описание различных аспектов русского языка. Серия включает все типы словарей и справочников, адресованных самому широкому кругу лиц, интересующихся значениями и правильным употреблением слов современного русского языка, прежде всего преподавателям, журналистам, переводчикам, литераторам, а также студентам и школьникам.

В серию «Библиотека словарей русского языка» входят:

**Лопатин В. В., Лопатина Л. Е.** Русский толковый словарь.

**Крысин Л. П.** Толковый словарь иноязычных слов.

**Лексические трудности русского языка.** Под ред. А. А. Семенюк.

**Институт русского языка РАН.** Орфографический словарь русского языка.

**Букчина Б. З.** Слитно или раздельно? Орфографический словарь-справочник.

**Еськова Н. А.** Краткий словарь трудностей русского языка. Грамматические формы. Ударение.

**Ефремова Т. Ф., Костомаров В. Г.** Словарь грамматических трудностей русского языка.

**Институт русского языка РАН.** Орфоэпический словарь русского языка. Произношение, ударение, грамматические формы.

**Агеенко Ф. Л.** Словарь ударений русского языка.

**Каленчук М. Л., Касаткина Р. Ф.** Словарь трудностей русского произношения.

**Александрова З. Е.** Словарь синонимов русского языка.

**Жуков В. П.** Словарь русских пословиц и поговорок.

**Яранцев Р. И.** Русская фразеология. Словарь-справочник.

## ОТ АВТОРОВ

Предлагаемый вниманию читателя словарь является переработанным и дополненным изданием аспектного лексикографического пособия, изданного в 1986 году под тем же названием. Авторы пользуются случаем и выражают искреннюю признательность всем читателям, письменно или устно, в официальных рецензиях, выступлениях или в частных беседах откликнувшимся на вышедший ранее словарь. Доброжелательные отзывы, конкрстные пожелания и конструктивные замечания по содержанию и структуре первого издания учебного лексикографического пособия позволили подготовить новое — хотелось бы надеяться, что усовершенствованное — издание Словаря грамматических трудностей русского языка.

Словарь нормативен и представляет собой лингвистическое описание в учебных целях сложных явлений русской грамматики. Он предназначен для лиц, преподающих и изучающих русский язык: составителей программ и учебных пособий, авторов учебников и учебных словарей, преподавателей русского языка, а также учащихся старших классов и студентов высших и средних учебных заведений филологического и нефилологического профиля.

Единицей, определившей жанр данного словаря, стала г р а м м а т и ч е с к а я  т р у д н о с т ь. Несомненно, корректнее было бы говорить не о трудностях и трудном материале, а, соответственно, о сложностях и сложном материале, поскольку понятие трудности, как субъективное, обусловленное интеллектуальной деятельностью отдельного человека, является понятием психолингвистическим, лингвистическим же является объективное, присущее языку понятие сложности. Точнее было бы и всё лексикографическое пособие назвать «Словарём морфологических сложностей русского языка», ибо грамматика в нём реализуется преимущественно на уровне морфологии с отдельными элементами синтаксиса. Однако в силу лексикографической традиции описываемые языковые сложности будут именоваться трудностями, а пособие в целом — «Словарём грамматических трудностей русского языка».

К  г р а м м а т и ч е с к и  т р у д н о м у  материалу относятся языковые факты д в у х разновидностей. В о - п е р в ы х, явления, представляющие определённую сложность и для носителей русского языка, владеющих литературной нормой. Сюда относятся: 1) существование вариантных форм, 2) нестандартное образование форм, 3) различие форм в зависимости от значения или лексической сочетаемости соответствующих слов, 4) расхождение в семантике соотносимых форм, 5) отсутствие или неупотребительность отдельных, обязательных с точки зрения русской языковой системы форм, 6) определение рода несклоняемых существительных, 7) согласование склоняемых нарицательных слов общего рода, 8) согласование существительных мужского рода, используемых для называния лиц женского пола\*. В о - в т о р ы х, трудными считаются явления, которые представляют сложность преимущественно для тех, кто изучает русский язык как неродной. Сюда относятся: 1) передвижение ударения, 2) чередование гласных и (или) согласных, 3) возможность или необходимость выбора формообразующей единицы, 4) закономерное с точки зрения русской языковой системы отсутствие отдельных форм.

Под г р а м м а т и ч е с к о й  т р у д н о с т ь ю понимается признак, характеризуясь которым слово должно быть отнесено к л ю б о м у из двух названных разрядов трудного материала.

Трудности, которые описываются в настоящем словаре, не раз были объектом тщательного анализа лингвистов-лексикографов, но рассматривались преимущественно с точки зрения носителей языка и почти всегда без учёта требований школы, тем более нерусской. Каждая из трудностей чаще всего анализировалась и описывалась отдельно. По этой причине сведения о трудностях, заключённых в одном слове, оказывались разбросанными по разным справочникам, которые далеко не всегда имеются в полном комплекте у преподавателей, тем более — у учащихся. Наконец, в большинстве существующих пособий в избытке содержится так называемый отрицательный материал, осложняющий их использование в аудитории.

Предлагаемый словарь следующими чертами отличается от предыдущих: 1) в нём расширен адресат и — как следствие этого — расширен перечень универсальных трудностей, вытекающих из русской языковой системы, описание же этих трудностей систематизировано и упрощено; 2) выделенные трудности рассмотрены в комплексе, в результате чего каждое слово описано с точки зрения всех таящихся в нём морфологических сложностей; 3) в словаре полностью отсутствует отрицательный материал, а вопросы, связанные с вариативностью, решены в соответствии с фактами, представленными в современных лексикографических изданиях, специально разрабатывающих названный аспект.

Авторы хотели бы надеяться, что словарь поможет организовать грамматически трудный материал в учебниках русского языка и в учебно-методических пособиях по русскому языку, а также научит каждого, кто к нему обратится, самостоятельно изыскивать недостающие сведения об основных особенностях грамматической системы современного русского языка.

Критические замечания по содержанию словаря и конструктивные предложения по его усовершенствованию предлагается направлять по адресу: 113303, Москва, Малая Юшуньская ул, 1.

---

\* Все эти факты, свидетельствующие об особенностях формообразования или функционирования отдельных слов, перечислены применительно к лексическим единицам трёх частей речи: имени существительного, имени прилагательного и глагола.

# ПРЕДИСЛОВИЕ

## СОСТАВ СЛОВАРЯ

В роли з а г о л о в о ч н ы х в словаре выступают д в е единицы. Первая, л и н г в о д и д а к т и ч е с к а я,— учебная единица морфологии русского языка, которая называет общую или частную грамматическую категорию и имеет трудности в формообразовании или функционировании слов, её образующих. Вторая единица, л и н г в и с т и ч е с к а я,— слово русского языка, если оно отмечено хотя бы одной грамматической трудностью.

Источниками, определившими совокупность заголовочных единиц каждой разновидности, явились: 1) грамматическая микросистема русского языка, необходимая и достаточная для изучения этого языка как неродного, и 2) словники двух учебных словарей: «4000 наиболее употребительных слов русского языка» [18], предназначенного для нерусских школьников, и «Краткого толкового словаря русского языка» [7], рассчитанного на нерусских студентов\*.

В соответствиии с качеством заголовочных единиц словарь состоит из д в у х частей.

П е р в у ю часть словаря составляют 18 заголовочных единиц, в роли которых выступают общие и частные грамматические категории т р ё х ч а с т е й р е ч и: имени существительного, имени прилагательного и глагола.

Применительно к грамматической микросистеме и м е н и  с у щ е с т в и т е л ь н о г о рассматриваются 5 заголовочных единиц:

1. Родительный падеж единственного числа.
2. Предложный падеж единственного числа.

---

\* В отдельных случаях, с целью наиболее полного раскрытия той или иной трудности, в словарь вводились лексические единицы, отсутствующие в словниках словарей-источников. Это наблюдается, например, при описании имён существительных, которые не имеют форм единственного или множественного числа, или при соотнесении причастий с отглагольными прилагательными. В первом случае в приводимые списки вводятся дополнительные имена существительные, во втором — в словник данного словаря включаются соответствующие имена прилагательные.

## ПРЕДИСЛОВИЕ

3. Именительный падеж множественного числа.
4. Родительный падеж множественного числа.
5. Род имён существительных.

Для существительных, вошедших в словник данного словаря, характерны 10 трудных явлений, которые сопровождают образование или функционирование форм: 1) передвижение ударения, 2) чередование гласных и (или) согласных, 3) утрата или появление беглых гласных, 4) наличие вариантов падежных форм, 5) различие форм с неодинаковыми окончаниями в зависимости от значения или лексической сочетаемости соответствующих слов, 6) нестандартное образование форм, 7) отсутствие или неупотребительность отдельных, обязательных с точки зрения русской языковой системы форм, 8) определение рода несклоняемых существительных, 9) согласование склоняемых нарицательных существительных общего рода, 10) согласование существительных мужского рода, используемых для называния лиц женского пола.

В процессе образования или функционирования форм 5 грамматических категорий, сопровождающемся 10 трудными явлениями, выделились р е г у л я р н ы е трудности, которые характерны для микросистемы имени существительного и описаны в пяти названных выше словарных статьях первой части словаря.

Применительно к грамматической микросистеме и м е н и   п р и л а г а т е л ь н о г о рассматриваются 3 заголовочные единицы:

1. Краткие формы.
2. Сравнительная степень*.
3. Превосходная степень*.

Для прилагательных, вошедших в словник данного словаря, характерны 7 трудных явлений, которые сопровождают образование форм: 1) передвижение ударения, 2) чередование гласных и (или) согласных, 3) появление или утрата беглых гласных, 4) наличие вариантных форм, 5) расхождение в значениях соотносимых форм, 6) нестандартное образование форм, 7) отсутствие или неупотребительность отдельных, обязательных с точки зрения русской языковой системы форм.

В процессе образования форм 3 грамматических категорий, сопровождающемся 7 трудными явлениями, выделились р е г у л я р н ы е трудности, которые характерны для микроси-

---
\* В качестве форм степеней сравнения имён прилагательных в данном словаре рассматриваются лишь так называемые простые формы.

## ПРЕДИСЛОВИЕ

стемы имени прилагательного и описаны в трёх названных выше словарных статьях первой части словаря.

Применительно к грамматической микросистеме г л а - г о л а рассматриваются 10 заголовочных единиц:

1. Несовершенный вид*.
2. Настоящее и будущее** время.
3. Прошедшее время.
4. Повелительное наклонение.
5. Действительное причастие настоящего времени.
6. Действительное причастие прошедшего времени.
7. Страдательное причастие настоящего времени.
8. Страдательное причастие прошедшего времени.
9. Деепричастие несовершенного вида.
10. Деепричастие совершенного вида.

Для глаголов, вошедших в словник данного словаря, характерны 6 трудных явлений, которые сопровождают образование форм: 1) передвижение ударения, 2) чередование гласных и (или) согласных, 3) наличие вариантных форм, 4) нестандартное образование форм, 5) необходимость выбора формообразующей единицы, 6) отсутствие или неупотребительность отдельных, обязательных с точки зрения русской языковой системы форм.

В процессе образования форм 10 грамматических категорий, сопровождающемся 6 трудными явлениями, выделились р е г у л я р н ы е трудности, которые характерны для микросистемы глагола и описаны в десяти названных выше словарных статьях первой части словаря.

Систематизированное описание р е г у л я р н ы х т р у д - н о с т е й с упорядоченной подборкой соответствующего языкового материала составляет корпус п е р в о й части словаря.

В т о р а я часть словаря включает в себя 4100 словарных статей, в том числе 1600 отсылочных. Каждая из самостоятельных словарных статей посвящена слову, отмеченному хотя бы одной из описанных трудностей.

Если первая часть словаря преимущественно рассчитана на составителей программ и учебных пособий, авторов учеб-

---

\* Из двух основных процессов образования глагольных единиц противоположных видов (несовершенного вида от совершенного при помощи суффиксов *-ива-(-ыва-)*, *-а-(-я-)*, *-ва-* и совершенного вида от несовершенного при помощи приставок и суффикса *-ну-*) в данном словаре рассматривается лишь первый, поскольку именно этот процесс является чисто грамматическим.

\*\* В качестве форм будущего времени в данном словаре рассматриваются лишь так называемые простые формы.

ников и учебных словарей, на преподавателей русского языка как неродного, то вторая его часть обращена и к учащимся, особенно на завершающем этапе обучения русскому языку.

## ИСТОЧНИКИ СЛОВАРЯ

Системно-лексикографическое описание заголовочных единиц словаря осуществлялось с учётом сведений, содержащихся в монографических работах В. В. Виноградова, Г. О. Винокура, С. П. Обнорского, В. И. Чернышёва и некоторых других, в статьях по культуре речи, в учебно-методической литературе, а также в следующих словарях, словарях-справочниках и справочных пособиях:

1. Бельчиков Ю. А., Панюшева М. С. Трудные случаи употребления однокоренных слов русского языка: Словарь-справочник. 2-е изд. М., 1969.
2. Грамматика русского языка: В 2 т. 2-е изд. М., 1960.
3. Грамматика современного русского литературного языка. М., 1970.
4. Граудина Л. К., Ицкович В. А., Катлинская Л. П. Грамматическая правильность русской речи: Опыт частотно-стилистического словаря вариантов. М., 1976.
5. Зализняк А. А. Грамматический словарь русского языка: Словоизменение. 2-е изд. М., 1980.
6. Краткий словарь трудностей русского языка / Сост. В. Н. Вакуров, Л. В. Рахманин, Л. И. Рахманова, И. В. Толстой, Н. И. Формановская. М., 1968.
7. Краткий толковый словарь русского языка / Под ред. В. В. Розановой. 3-е, испр. и доп. изд. М., 1982.
8. Крысин Л. П., Скворцов Л. И. Правильность русской речи: Словарь-справочник / Под ред. Р. И. Аванесова, С. И. Ожегова. М., 1959.
9. Лексическая основа русского языка: Комплексный учебный словарь / Под ред. В. В. Морковкина. М., 1984.
10. Ожегов С. И. Словарь русского языка. / Под ред. Н. Ю. Шведовой. 14-е изд. М., 1983.
11. Орфоэпический словарь русского языка: Произношение, ударение, грамматические формы / Под ред. Р. И. Аванесова. М., 1983.
12. Розенталь Д. Э., Теленкова М. А. Словарь трудностей русского языка. 3-е, доп. изд. М., 1984.
13. Русская грамматика: В 2 т. М., 1980.
14. Словарь русского языка: В 4 т. 2-е изд. М., 1981—1984.

15. Словарь современного русского литературного языка: В 17 т. М.; Л., 1950—1965.
16. Трудности русского языка: Справочник журналиста / Под ред. Л. И. Рахмановой. 2-е, испр. и доп. изд. М., 1981.
17. Трудности словоупотребления и варианты норм русского литературного языка: Словарь-справочник / Под ред. К. С. Горбачевича. Л., 1973.
18. 4000 наиболее употребительных слов русского языка / Под ред. Н. М. Шанского. 2-е изд. М., 1981.

На предварительном этапе работы над словарём анализировались следующие источники:

19. Алфавитный сборник русских неправильных глаголов / Сост. Я. Волков. Спб., 1881.
20. Долопчев В. Опыт словаря неправильностей в русской разговорной речи. Варшава, 1909.
21. Неправильности в современном разговорном, письменном и книжном русском языке. Спб., 1890.
22. Огиенко И. И. Словарь неправильных, трудных и сомнительных слов, синонимов и выражений в русской речи. Киев, 1911.
23. Справочное место русского слова: 400 поправок. Спб., 1839.

## СТРУКТУРА СЛОВАРЯ

### ОБЩИЕ СВЕДЕНИЯ

§ 1. В соответствии с качеством заголовочных единиц в первой части словаря материал представлен по частям речи, во второй — принят алфавитный порядок расположения материала.

§ 2. Части речи рассматриваются в следующей традиционной последовательности: имя существительное, имя прилагательное, глагол.

§ 3. Типы статей в первой и второй частях словаря неодинаковы.

§ 4. Словарные статьи первой части строятся следующим образом. В начале статьи в порядке возрастающей сложности перечисляются все регулярные трудности, которые характеризуют образование или функционирование слов в пределах заголовочной единицы. Затем даётся систематизированная подборка языкового материала. При этом весь иллюстративный материал сопровождается подзаголовками, цель которых — как можно глубже раскрыть характер рассматриваемых трудностей.

**ПРЕДИСЛОВИЕ**

§ 5. Первая часть словаря пронизана индексацией. Структура индексации такова: римскими цифрами обозначаются части речи, арабскими — заголовочные единицы в пределах каждой части речи, прописными буквами — регулярные трудности внутри словарной статьи. Например:

## I. ИМЯ СУЩЕСТВИТЕЛЬНОЕ
### I.1. РОДИТЕЛЬНЫЙ ПАДЕЖ ЕДИНСТВЕННОГО ЧИСЛА

А — передвижение ударения;
Б — утрата беглых гласных;
В — нестандартное образование формы;
Г — вариантные формы с окончаниями *-а(-я)* и *-у(-ю)*;
Д — различие форм с окончаниями *-а(-я)* и *-у(-ю)* в зависимости от значения или лексической сочетаемости соответствующих слов.

Этим индексация может ограничиваться. Однако система лексического материала, иллюстрирующего каждую рассматриваемую трудность, нередко требует индекса в четыре и пять знаков (например: I.1.А1, I.1.Б2а).

§ 6. Важное место в системе сигнализации отводится колонтитулам. В колонтитулы первой части словаря выносятся: на чётных страницах — название части речи, на нечётных страницах — название словарной статьи и индекс, раскрывающий часть речи, заголовочную единицу и конкретную регулярную трудность, которая описывается в соответствующем месте словаря.

§ 7. Каждая из статей второй части словаря представляет совокупность трудностей, которыми характеризуется заголовочное слово. В этих статьях перечисляются формы, образование которых сопровождается трудными явлениями, или уточняются особенности функционирования заголовочной единицы.

§ 8. Трудности, которые составляют содержание статей второй части словаря, имеют внутреннюю нумерацию. Их количество по отношению к заголовочному слову колеблется от 1 до 9 — у существительных и глаголов и от 1 до 3 — у прилагательных.

§ 9. Абсолютное большинство трудностей составляют регулярные, описанные в первой части словаря. Каждая регулярная трудность снабжена индексом, раскрывающим соответствующий раздел первой части, где указанная трудность охарактеризована. Например:

**БОРЕ́Ц**, борца́, *м*
*род. ед.* борца́ (I.1.Б2а)

В данном случае индекс при форме, отмеченной регулярной трудностью (которая заключается в утрате беглой глас-

**ПРЕДИСЛОВИЕ**

ной и передвижении ударения при образовании формы родительного падежа единственного числа существительного мужского рода), указывает раздел первой части словаря, где систематизированы слова, характеризующиеся такой сложностью.

Благодаря существующей системе индексации каждая трудная форма любой заголовочной единицы может быть легко представлена в системе слов, отличающихся аналогичной сложностью в формообразовании.

**§ 10.** В статьях второй части словаря содержатся и так называемые н е р е г у л я р н ы е трудности, свойственные небольшому числу проанализированных слов и по этой причине не описанные в первой части. Нерегулярные трудности представлены без индекса. Например:

**БОРОД|А́**, -ы́, *ж*
*вин. ед.* бо́роду
*дат. мн.* борода́м

Перечень нерегулярных трудностей применительно к словам каждой части речи см. в §§ 18, 25.

**§ 11.** Каждая статья второй части словаря включает в себя все трудности, которыми характеризуется заголовочное слово. Отсутствие в статье какой-либо формы означает, что она образуется по типовому правилу грамматики и не требует дополнительных разъяснений.

**§ 12.** Чтобы отсутствие этих форм было однозначно квалифицировано как «образование по правилам», в словаре фиксируется отсутствие не только того, что теоретически должно быть, но и того, что не образуется по законам русской грамматической системы.

Отсутствие или неупотребительность отдельных, обязательных с точки зрения русской языковой системы форм обозначается пометой *нет* и чаще всего сопровождается соответствующим индексом. Например:

**БАГА́Ж**, багажа́, *м*
*мн. нет* (I.3.Е1)

**ВЕС|Ы́**, -о́в, *мн.*
*ед. нет* (I.3.Ж1)

**ДА́ЛЬН|ИЙ**, -яя, -ее, -ие
*кр. ф. нет* (II.1.Е)
*сравн. ст. нет* (II.2.Д)
*превосх. ст. нет* (II.3.Г)

**МОЧЬ** *нсв нп*
*повел. нет* (III.4.Г)
*деепр. нет* (III.9.Д)

Отсутствие форм, не образующихся по законам русской грамматики, обозначается пометой *не образ.* и тоже, в основном, сопровождается индексом. Например:

**ВАРЁН|ЫЙ**, -ая, -ое, -ые
*кр. ф. не образ.* (II.1)
*сравн. ст. не образ.* (II.2)
*превосх. ст. не образ.* (II.3)

**ПРИЗНА́ТЬ** *св*
*прич. действ. наст. не образ.* (III. 5)
*прич. страд. наст. не образ.* (III. 7)

§ 13. Все заголовочные слова второй части словаря, расположенные в алфавитном порядке, снабжены ударением, независимо от того, присуща ли им данного рода трудность.

§ 14. Поскольку в словарях «грамматического типа» ссылки на значения слов рассматриваются как отклонение от обычного вида словарных статей, в данном словаре они допускаются лишь в необходимых случаях и в ограниченных пределах. Так, не раскрываются значения многозначных слов, если грамматические трудности универсальны для всех значений заголовочной единицы. В аналогичных случаях в словнике не разграничиваются омонимичные единицы.

В необходимых случаях значение лексической единицы поясняется в заголовке словарной статьи с помощью лексической сочетаемости, управления или краткого толкования, которые приводятся, соответственно, после заголовочного слова. Например:

**ЖАТЬ**¹ (ру́ку) *нсв*

**ЖАТЬ**² (рожь) *нсв*

**МИР**¹ 'земля как место жизни и деятельности людей', -а, *м*

**МИР**² 'отсутствие войны', -а, *м*

Если внутри словарной статьи одни формы одинаковы для всех значений, а другие — различны, пояснения даются лишь к последним. Например:

**ПУСТ|О́Й**, -а́я, -о́е, -ы́е
**1.** *кр. ф.* пуст, пуста́, пу́сто, пусты́ и пу́сты (II.1.А)
**2.** *сравн. ст.*: 1. 'о вместилище: ничем не заполненный, полый внутри' — нет (II.2.Д); 2. перен. 'бессодержательный, неосновательный, несерьёзный' — пустее
**3.** *превосх. ст.*: 1. 'о вместилище: ничем не заполненный, полый внутри' — нет (II.3.Г); 2. перен. 'бессодержательный, неосновательный, несерьёзный' — пусте́йший

## ПРЕДИСЛОВИЕ

В аналогичных случаях раскрываются значения омонимичных единиц. Например:

**РАЗВИ́ТЬ**¹⁻² *св*
1. *нсв* развива́ть (III.1.А3)
2. *буд.* разовью́, разовьёшь, разовьёт, разовьём, разовьёте, разовью́т (III.2.Б1а)
3. *прош.* разви́л, развила́, разви́ло, разви́ли (III.3.А1)
4. *повел.* разве́й(те) (III.4.В2)
5. *прич. действ. наст. не образ.* (III.5)
6. *прич. страд. наст. не образ.* (III.7)
7. *прич. страд. прош.*: разви́ть ¹ (ло́кон) — разви́тый (III.8.А1в); *кр. ф.* разви́т, развита́ *и доп.* разви́та, разви́то, разви́ты; разви́ть ² (интере́с) — ра́звитый *и* разви́тый; *кр. ф.* ра́звит *и* разви́т, развита́, ра́звито *и* разви́то, ра́звиты *и* разви́ты (III.8.А3г) — ср. *прил.* р а з в и т о́ й

§ 15. С целью более полного раскрытия трудностей отдельные лексические единицы второй части словаря соотносятся между собою пометой «ср.». При этом слово, с которым сопоставляется заголовочное, даётся в разрядку, что сигнализирует о существовании у него самостоятельной словарной статьи. Например:

**БРАТ**, -а, *м* — ср. с е с т р а́
**БЫ́ВШ|ИЙ**, -ая, -ее, -ие — ср. *прич.* б ы́ в ш и й
**ЛЕТА́ТЬ** *нсв нп* — ср. л е т е́ т ь
**БЫТЬ** *нсв нп*
*прич. действ. прош.* бы́вший — ср. *прил.* б ы́ в ш и й

При разновидовых глаголах в аналогичных случаях помета «ср.» отсутствует. Там отсылочным сигналом является набранное в разрядку слово, помещённое справа от заголовочного. Например.

**ОБИЖА́ТЬ** *нсв* — *св* о б и́ д е т ь
**ПРИЗНАВА́ТЬ** *нсв* — *св* п р и з н а́ т ь

### ИМЯ СУЩЕСТВИТЕЛЬНОЕ

§ 16. Имена существительные даются, как правило, в именительном падеже единственного числа, затем указывается форма родительного падежа единственного числа и род существительного: *м* — мужской, *ж* — женский, *с* — средний. Например:

**ОГО́НЬ**, огня́, *м*
**РУК|А́**, -и́, *ж*
**ПЛА́М|Я**, пла́мени, *с*

Наличие двух помет рода показывает, что слово может быть и мужского и женского рода (так называемый общий род) в зависимости от употребления применительно к мужчине или женщине. Например:

**У́МНИЦ|А**, -ы, *м и ж*

**§ 17.** Форма множественного числа в качестве заголовочной единицы даётся у существительных, которые не имеют формы единственного числа, обозначают парные предметы или чаще употребляются в форме множественного числа.

**ДЕ́НЬГИ**, де́нег, *мн.*

**ЛЫ́Ж|И**, лыж, *мн.*

**РОДИ́ТЕЛ|И**, -ей, *мн.*

**§ 18.** Словарные статьи, посвящённые существительным, содержат как регулярные, так и нерегулярные трудности. Среди нерегулярных наиболее частотны:

1) сочетания с предлогами (**борт**: находи́ться за бо́ртом *и доп.* находи́ться за борто́м; бро́сить за́ борт *и доп.* бро́сить за бо́рт, *но* зацепи́ться за бо́рт; взять на́ борт *и доп.* взять на бо́рт, *но* подня́ться на бо́рт; стоя́ть борт о́ борт);

2) сочетания с числительными (**брю́ки**: дво́е брюк, тро́е брюк);

3) сочетания с фамилиями (**брат**: бра́тья Гримм, бра́тья Ивано́вы, брат и сестра́ Шле́гели, брат и сестра́ Петро́вы);

4) особенности в написании (**дом**: Дом литера́торов, Дом ме́бели);

5) особенности в склонении (**мать**: ма́ть-герои́ня — *род. ед.* ма́тери-герои́ни);

6) особенности в согласовании (**това́рищ**: уважа́емая това́рищ Соколо́ва);

7) особенности в образовании форм отдельных падежей, не рассматривающихся в первой части словаря (**волна́**: *дат. мн.* волна́м *и* во́лнам; *предл. мн.* на волна́х *и* на во́лнах);

8) нормативность конструкций (**пло́щадь**: пло́щадь 20 гекта́ров *и* пло́щадь в 20 гекта́ров).

## ИМЯ ПРИЛАГАТЕЛЬНОЕ

**§ 19.** Имена прилагательные даются в именительном падеже мужского рода в полной форме. Регулярными показателями части речи для них являются окончания полных форм женского и среднего рода, а также множественного числа. Например:

**ДРУ́ЖЕСК|ИЙ**, -ая, -ое, -ие

В краткой форме фиксируются лишь прилагательные, характеризующиеся отсутствием или неупотребительностью полной формы. Например:

**РАД**, ра́да, ра́до, ра́ды

**§ 20.** Словарные статьи, посвящённые прилагательным, содержат только регулярные трудности.

## ГЛАГОЛ

**§ 21.** Глаголы даются в неопределённой форме. Показателями части речи для глаголов являются вид и переходность/непереходность. При этом вид графически фиксируется всегда (*св* или *нсв*), а второй показатель сопровождает лишь непереходные глаголы (*нп*), в том числе и глаголы на *-ся*. Отсутствие пометы означает, что заголовочный глагол является переходным. Например:

**ПРИЙТИ́** *св нп*

**СМЕЯ́ТЬСЯ** *нсв нп*

**ТРЕ́БОВАТЬ** *нсв*

**§ 22.** В силу учебного характера словаря в словнике фиксируются глаголы как совершенного, так и несовершенного вида. При этом первые чаще имеют самостоятельную словарную статью, а вторые — отсылочную. Отсылочные статьи имеют глаголы, не характеризующиеся собственными трудностями. Например:

**ОБИ́ДЕТЬ** *св*
**1.** *нсв* обижа́ть (III.1.А2б)
**2.** *буд.* оби́жу, оби́дишь, оби́дит, оби́дим, оби́дите, оби́дят (III.2.Б2)
**3.** *повел.: обычно с отриц.* не оби́дь(те)
**4.** *прич. действ. наст. не образ.* (III.5)
**5.** *прич. страд. наст. не образ.* (III.7)
**6.** *прич. страд. прош.* оби́женный (III.8.Б1а); *кр. ф.* оби́жен, оби́жена, оби́жено, оби́жены — ср. *прил.* о б и́ ж е н н ы й

**ОБИЖА́ТЬ** *нсв* — *св* о б и́ д е т ь

Однако нередко оба элемента видовой пары имеют самостоятельные словарные статьи.

**§ 23.** Глаголы на *-ся* имеют самостоятельные словарные статьи, когда характеризуются специфическими трудностями, дополнительными к тем, которые свойственны соответствующим глаголам без названной частицы. Например:

**БРАТЬ** *нсв — св* в з я т ь
1. *наст.* беру́, берёшь, берёт, берём, берёте, беру́т (III.2.Б1а)
2. *прош.* брал, брала́, бра́ло, бра́ли (III.3.А1)
3. *повел.* бери́(те) (III.4.А1)
4. *прич. действ. наст.* беру́щий (III.5.Б2)
5. *прич. страд. наст.* нет (III.7.Г)
6. *прич. страд. прош.* нет (III.8.Г)
7. *деепр.* беря́ (III.9.Б5)

**БРА́ТЬСЯ** *нсв нп — св* в з я́ т ь с я
1. *наст.* беру́сь, берёшься, берётся, берёмся, берётесь, беру́тся (III.2.Б1а)
2. *прош.* бра́лся *и доп. устар.* брался́, брала́сь, брало́сь *и доп.* бра́лось, брали́сь *и доп.* бра́лись (III.3.А1)
3. *повел.* бери́сь, бери́тесь (III.4. А1)
4. *прич. действ. наст.* беру́щийся (III.5.Б2)
5. *прич. страд. наст. не образ.* (III.7)
6. *прич. страд. прош. не образ.* (III.8)
7. *деепр.* беря́сь (III.9.Б5)

**§ 24.** Приставочные глаголы имеют самостоятельные словарные статьи, поскольку обычно далеко расположены от соответствующего бесприставочного глагола и поэтому трудны для сопоставления.

**§ 25.** Словарные статьи, посвящённые глаголам, содержат как регулярные, так и нерегулярные трудности. Среди единиц, отмеченных нерегулярными трудностями, наиболее частотны:

1) краткие формы страдательных причастий прошедшего времени на *-ённ-ый* и *-т-ый*, в парадигме которых наблюдается передвижение ударения (**подня́ть** — по́днятый; *кр. ф.* по́днят, поднята́, по́днято, по́дняты) или чередование гласных (**вдохнови́ть** — вдохновлённый (III.8.Б1б); *кр. ф.* вдохновлён, вдохновлена́, вдохновлено́, вдохновлены́);

2) формы настоящего и будущего времени отдельных глаголов, в которых даже носители русского языка нередко допускают ошибки (**звони́ть** — звоню́, звони́шь, звони́т, звони́м, звони́те, звоня́т);

3) формы второго из соотносимых одновидовых глаголов (например: **лете́ть** — лечу́, лети́шь, лети́т, лети́м, лети́те, летя́т (III.2.Б2) *и* **лета́ть** — лета́ю, лета́ешь, лета́ет, лета́ем, лета́ете, лета́ют);

4) формы повелительного наклонения на *-ь* и *-й*, которые не описываются в первой части словаря (**ве́рить** — ве́рь(те), **лета́ть** — лета́й(те);

5) причастия и деепричастия при двувидовых глаголах (**казни́ть** — *прич. действ. наст.*: для *св — не образ.* (III.5), для

нсв — казня́щий; *прич. страд. наст.*: для *св* — *не образ.* (III.7), для *нсв* — казни́мый; *деепр.*: для *св* — казни́в, для *нсв* — казня́);

6) страдательные причастия прошедшего времени, соотносимые с отглагольными прилагательными (**жа́рить**: жа́ренный — ср. *прил.* жа́реный).

§ 26. Причастия и деепричастия, отмеченные трудностями и помещённые в статьях на соответствующие глаголы, вынесены в корпус словаря по алфавиту в виде отсылочных статей с пометой «см.». Например:

**вы́йдя** см. вы́йти

**е́дущий** см. е́хать

**изображённый** см. изобрази́ть

Это объясняется, с одной стороны, наметившейся тенденцией рассматривать названные единицы не как глагольные формы, а как самостоятельные части речи, с другой — стремлением облегчить их поиск в словаре.

# УСЛОВНЫЕ СОКРАЩЕНИЯ И ЗНАКИ

буд.— будущее (время)
вин.— винительный (падеж)
вр.— время
высок.— высокое
грам.— грамматический (термин)
дат.— дательный (падеж)
деепр.— деепричастие
действ.— действительное (причастие)
доп.— допустимо
ед.— единственное (число)
ж — женский (род)
знач.— значение
им.— именительный (падеж)
кр. ф.— краткая форма
л.— лицо
м — мужской (род)
мн.— множественное (число)
нареч.— наречие
народно-поэт.— народно-поэтическое
наст.— настоящее (время)
нескл.— несклоняемое
нп — непереходный (глагол)
нсв — несовершенный (вид)
образ.— образуется
отриц.— отрицание
пад.— падеж
перен.— переносно, переносное (значение)

повел.— повелительное (наклонение)
полн. ф.— полная форма
поэт.— поэтическое
превосх. ст.— превосходная степень
предл.— предложный (падеж)
прил.— прилагательное
прич.— причастие
противоп.— противоположно
прош.— прошедшее (время)
р.— род
род.— родительный (падеж)
с — средний (род)
св — совершенный (вид)
см.— смотри
собир.— собирательное
сочет.— сочетание
ср.— сравни
сравн. ст.— сравнительная степень
страд.— страдательное (причастие)
твор.— творительный (падеж)
употр.— употребляется
устар.— устаревающее
худож.— художественное
ч.— число
числит.— числительное

| — отделяет часть слова, которая остаётся неизменяемой при образовании форм.

● — разделяет: а) группы одноструктурных слов, б) группы слов, отличающиеся более сложным — по сравнению с предшествующими — образованием или функционированием.

●● — отделяет слова с вариантными формами.

●●● — отделяет группу разноструктурных слов.

# РУССКИЙ АЛФАВИТ С УКАЗАНИЕМ НАЗВАНИЙ БУКВ

| | | | | | |
|---|---|---|---|---|---|
| **Аа** | [а] | **Лл** | [эль] | **Чч** | [че] |
| **Бб** | [бэ] | **Мм** | [эм] | **Шш** | [ша] |
| **Вв** | [вэ] | **Нн** | [эн] | **Щщ** | [ща] |
| **Гг** | [гэ] | **Оо** | [о] | **Ъъ** | [твёрдый знак, стар. *ер*] |
| **Дд** | [дэ] | **Пп** | [пэ] | | |
| **Ее** | [е] | **Рр** | [эр] | **Ыы** | [ы] |
| **Ёё** | [ё] | **Сс** | [эс] | **Ьь** | [мягкий знак, стар. *ерь*] |
| **Жж** | [жэ] | **Тт** | [тэ] | | |
| **Зз** | [зэ] | **Уу** | [у] | **Ээ** | [э *оборотное*] |
| **Ии** | [и] | **Фф** | [эф] | | |
| **Йй** | [и краткое] | **Хх** | [ха] | **Юю** | [ю] |
| **Кк** | [ка] | **Цц** | [цэ] | **Яя** | [я] |

# ЧАСТЬ ПЕРВАЯ

# I. ИМЯ СУЩЕСТВИТЕЛЬНОЕ

## I.1. РОДИТЕЛЬНЫЙ ПАДЕЖ ЕДИНСТВЕННОГО ЧИСЛА

В процессе образования формы родительного падежа единственного числа у ряда имён существительных мужского рода наблюдаются:

А — передвижение ударения;
Б — утрата беглых гласных;
В — нестандартное образование формы;
Г — вариантные формы с окончаниями *-а(-я)* и *-у(-ю)*;
Д — различие форм с окончаниями *-а(-я)* и *-у(-ю)* в зависимости от значения или лексической сочетаемости соответствующих слов.

### А. Передвижение ударения

1) Передвижение ударения с о с н о в ы  н а  о к о н ч а н и е:

багáж — багажá
бинт — бинтá
блин — блинá
богатырь — богатыря́
буквáрь — букваря́
бык — быкá
вождь — вождя́
воротни́к — воротникá
враг — врагá
вратáрь — вратаря́
врач — врачá
выпускни́к — выпускникá
гарáж — гаражá
гвоздь — гвоздя́
герб — гербá
грач — грачá
гриб — грибá
грузови́к — грузовикá
двор — дворá
дневни́к — дневникá

дождь — дождя́
живóт — животá
жук — жукá
журáвль — журавля́
каблýк — каблукá
календáрь — календаря́
карандáш — карандашá
кирпи́ч — кирпичá
кисéль — киселя́
ключ — ключá
комáр — комарá
конь — коня́
корáбль — корабля́
кот — котá
кремль — кремля́
кулáк — кулакá
куст — кустá
лист — листá
луч — лучá
маля́р — маляра́

## I. ИМЯ СУЩЕСТВИТЕЛЬНОЕ

меч — меча́
мяч — мяча́
нож — ножа́
ноль — ноля́
нуль — нуля́
паде́ж — падежа́
пасту́х — пастуха́
пету́х — петуха́
пиджа́к — пиджака́
пиро́г — пирога́
плащ — плаща́
плод — плода́
полк — полка́
пост — поста́
проводни́к — проводника́
пруд — пруда́
рубе́ж — рубежа́
рубль — рубля́
рука́в — рукава́
рыба́к — рыбака́
рюкза́к — рюкзака́
сапо́г — сапога́
секрета́рь — секретаря́
серп — серпа́
скот — скота́
след — следа́
слова́рь — словаря́
слон — слона́
стари́к — старика́
ствол — ствола́
стих — стиха́
стол — стола́
столб — столба́
столя́р — столяра́
суд — суда́
топо́р — топора́
труд — труда́
ум — ума́
утю́г — утюга́
учени́к — ученика́
хвост — хвоста́
чернови́к — черновика́
четве́рг — четверга́
эта́ж — этажа́
язы́к — языка́

2) **Передвижение ударения с основы на окончание и чередование гласных:**

ёж — ежа́
чертёж — чертежа́

3) **Вариантные по ударению формы:**

гусь — гу́ся *и доп.* гуся́
мост — моста́ *и* мо́ста

### Б. Беглые гласные

1) **Утрата беглых гласных и неподвижное ударение:**

а) существительные с беглой гласной *-е-*:

владе́лец — владе́льца
доброво́лец — доброво́льца
иностра́нец — иностра́нца
коло́дец — коло́дца
па́лец — па́льца
та́нец — та́нца

●●●

ве́тер — ве́тра

за́мысел — за́мысла
ка́мень — ка́мня
ка́шель — ка́шля
ко́рень — ко́рня
па́рень — па́рня
сте́бель — сте́бля
у́ровень — у́ровня

## I.1. РОДИТЕЛЬНЫЙ ПАДЕЖ ЕДИНСТВЕННОГО ЧИСЛА I.1.Б

б) существительные с беглой гласной *-о-*:

беспоря́док — беспоря́дка
боти́нок — боти́нка
ва́ленок — ва́ленка
деся́ток — деся́тка
за́мок — за́мка
заты́лок — заты́лка
недоста́ток — недоста́тка
отре́зок — отре́зка
отры́вок — отры́вка
отте́нок — отте́нка
переу́лок — переу́лка
пода́рок — пода́рка
поря́док — поря́дка
посёлок — посёлка
посту́пок — посту́пка
пото́мок — пото́мка
рису́нок — рису́нка
ры́нок — ры́нка
сни́мок — сни́мка
спи́сок — спи́ска
упа́док — упа́дка

уча́сток — уча́стка
хло́пок — хло́пка

●

жеребёнок — жеребёнка
козлёнок — козлёнка
котёнок — котёнка
поросёнок — поросёнка
ребёнок — ребёнка
телёнок — телёнка
утёнок — утёнка
цыплёнок — цыплёнка
ягнёнок — ягнёнка

●

ко́готь — ко́гтя
ло́коть — ло́ктя
но́готь — но́гтя

●

у́голь (для рисова́ния) — у́гля

2) **У т р а т а  б е г л ы х  г л а с н ы х  и  п е р е д в и ж е н и е  у д а р е н и я  с  о с н о в ы  н а  о к о н ч а н и е**:

а) существительные с беглой гласной *-е-*:

боре́ц — борца́
вене́ц — венца́
дворе́ц — дворца́
коне́ц — конца́
молоде́ц — молодца́
образе́ц — образца́
огуре́ц — огурца́
оте́ц — отца́
певе́ц — певца́
плове́ц — пловца́

продаве́ц — продавца́
птене́ц — птенца́
скворе́ц — скворца́

●●●

день — дня
лев — льва
реме́нь — ремня́
у́зел — узла́

б) существительные с беглой гласной *-о-(-ё-)*:

вено́к — венка́
висо́к — виска́
глото́к — глотка́
гудо́к — гудка́
замо́к — замка́
звоно́к — звонка́
значо́к — значка́
зрачо́к — зрачка́
като́к — катка́

кружо́к — кружка́
кусо́к — куска́
мешо́к — мешка́
молото́к — молотка́
носо́к — носка́
плато́к — платка́
порошо́к — порошка́
потоло́к — потолка́
прыжо́к — прыжка́

## I. ИМЯ СУЩЕСТВИТЕЛЬНОЕ

стано́к — станка́
цвето́к — цветка́
чуло́к — чулка́
шнуро́к — шнурка́
щено́к — щенка́

●

лёд — льда
лоб — лба
мох — мха
рот — рта
сон — сна

●

ого́нь — огня́
у́гол — угла́

●

ковёр — ковра́
козёл — козла́
костёр — костра́
орёл — орла́

3) Утрата беглой гласной -о- и вариантные по ударению формы:

у́голь (ка́менный) — угля́ и у́гля

**В. Нестандартное образование формы родительного падежа единственного числа:**

воробе́й — воробья́
мураве́й — муравья́
руче́й — ручья́
солове́й — соловья́

●

за́яц — за́йца

●

бое́ц — бойца́

**Г. Вариантные формы с окончаниями -а(-я) и -у(-ю):**

виногра́д — виногра́да и виногра́ду
горо́х — горо́ха и горо́ху
град — гра́да и гра́ду
дым — ды́ма и ды́му
жир — жи́ра и жи́ру
клей — кле́я и кле́ю
корм — ко́рма и ко́рму
лёд — льда и льду
лес — ле́са и ле́су
лук (го́рький) — лу́ка и лу́ку
мёд — мёда и мёду
мел — ме́ла и ме́лу
мех (пуши́стый) — ме́ха и ме́ху
наро́д — наро́да и наро́ду
песо́к — песка́ и песку́

рис — ри́са и ри́су
са́хар — са́хара и са́хару
снег — сне́га и сне́гу
сок — со́ка и со́ку
суп — су́па и су́пу
сыр — сы́ра и сы́ру
творо́г (и тво́рог) — творога́ (и тво́рога) и творогу́ (и тво́рогу)
чай — ча́я и ча́ю
шёлк — шёлка и шёлку
шокола́д — шокола́да и шокола́ду

●

пар (из котла́) — па́ра и па́ру, *но* подда́ть па́ру

## I.1.Д

**Д. Различие форм с окончаниями -а(-я) и -у(-ю) в зависимости от значения или лексической сочетаемости соответствующих слов:**

бой — бо́я, *но* брать с бо́ю
бок — бо́ка, *но* не с того́ бо́ку 'не с той стороны'
верх — ве́рха, *но* до са́мого ве́рху *и* до са́мого ве́рха
вид — ви́да, *но* не показа́ть (*или* не пода́ть) ви́ду 'не дать заметить, не дать понять что-либо', упусти́ть и́з виду *и доп.* упусти́ть из ви́ду 'забыть, (обычно по невниманию, рассеянности)'
глаз — гла́за, *но* с гла́зу на́ глаз *и* с гла́зу на гла́з 'наедине'
год — го́да, *но* год от го́ду *и* год от го́да 'с каждым следующим годом'
го́лод — го́лода, *но* с го́лоду
дом — до́ма, до до́ма 'до здания', из до́ма 'из здания', *но* до́ дому 'до своего жилища', и́з дому 'из своего жилища'
низ — ни́за, *но* до са́мого ни́зу
нос — но́са, *но:* взять из-под (са́мого) но́са *и* взять из-под (са́мого) но́су 'воспользовавшись чьей-либо невнимательностью, взять то, что находится прямо перед глазами'; и́з носу, из но́су *и* из но́са
пол (парке́тный) — по́ла, *но:* с по́лу *и* с по́ла; до́ полу, *доп.* до по́лу *и доп.* до по́ла
раз (оди́н раз) — ра́за, *но* ни ра́зу
род (стари́нный) — ро́да, *но:* без ро́ду и пле́мени 'о человеке неизвестного происхождения', *устар.*; ни ро́ду, ни пле́мени 'о человеке одиноком, не имеющем родни', *устар.*
смех — сме́ха, *но* не до сме́ху 'о тяжёлом, неприятном положении', умере́ть со́ смеху 'лишиться сил, изнемочь от чрезмерного смеха'
счёт (у́стный) — счёта, *но* без счёту *и* без счёта, нет счёту *и* нет счёта 'очень много', сби́ться со счёту *и* сби́ться со счёта
тыл — ты́ла, *но* с ты́лу *и* с ты́ла 'сзади'
ход (бы́стрый) — хо́да, *но* нет хо́ду, с хо́ду 'не останавливаясь после движения, бега; сразу, вдруг, без всякой подготовки'
час — ча́са *, *но* с ча́су на ча́с, не прошло́ и ча́су *и* не прошло́ и ча́са, о́коло ча́су *и* о́коло ча́са

---

\* С количественными числительными «два», «три», «четыре» употребляется форма **часа́**: два часа́, три часа́, четы́ре часа́; ср. также **шаг**.

шаг — ша́га *, *но ни ша́гу, ша́гу не сту́пит перен. 'ничего не предпримет'*

шум — шу́ма, *но мно́го шу́му из ничего́* 'много разговоров, волнений, толков без причин', *наде́лать шу́му и наде́лать шу́ма перен.* 'вызвать много толков, разговоров, привлечь к себе всеобщее внимание'

Примечание. В современном русском литературном языке в количественном значении родительного падежа у существительных мужского рода на твёрдую согласную преобладают формы с окончанием *-а(-я)*, формы же с окончанием *-у(-ю)* вытесняются из всех конструкций, но с разной степенью интенсивности.

По частоте употребления форм на *-у(-ю)* на первом месте — глагольные конструкции со значением неполного объекта (*налить чаю, добавить сахару*); затем — сочетания с наречиями, обозначающими меру (например, *много, мало, побольше, поменьше: много сахару, мало чаю, побольше жиру, поменьше луку*); затем — именные сочетания (*стакан чая и стакан чаю, пачка сахара и пачка сахару*). Наиболее удобны для формы на *-а(-я)* свободные синтаксические построения, в которых количественное значение ослабляется вставкой зависимых слов (*стакан крепкого чая, кусок пилёного сахара, производство виноградного сока*).

Процесс вытеснения форм на *-у(-ю)*, близкий к завершению в деловой письменной речи, постепенно углубляется, охватывая и самые употребительные бытовые слова. Формы на *-у(-ю)* стойко держатся лишь во фразеологических сочетаниях (*ни слуху, ни духу; не будет толку; конца краю нет; без году неделя; нашего полку прибыло*), а также в словах с уменьшительным значением и ударным окончанием (например: *кофейку́, лучку́, сахарку́, чайку́*).

## I.2. ПРЕДЛОЖНЫЙ ПАДЕЖ ЕДИНСТВЕННОГО ЧИСЛА

В процессе образования формы предложного падежа единственного числа в сочетаниях ряда имён существительных мужского рода с предлогами *в* и *на* (обозначающих место, реже — состояние или время) наблюдаются:

А — окончание *-у(-ю)* вместо *-е*;
Б — вариантные формы с окончаниями *-е* и *-у(-ю)*;
В — различие форм с окончаниями *-е* и *-у(-ю)* в зависимости от значения или лексической сочетаемости соответствующих слов.

---

\* С количественными числительными «два», «три», «четыре» употребляется форма *шага́*: *два шага́, три шага́, четыре шага́*; ср. также **час**.

## I.2. ПРЕДЛОЖНЫЙ ПАДЕЖ ЕДИНСТВЕННОГО ЧИСЛА     I.2.В

### А. Окончание -у(-ю) вместо -е:

аэропо́рт — об аэропо́рте, *но* в аэропорту́
бал — о ба́ле, *но* на балу́
бе́рег — о бе́реге, *но* на берегу́
бой (жесто́кий) — о бо́е, *но* в бою́
бок — о бо́ке, *но* в боку́, на боку́
борт — о бо́рте, *но* в борту́, на борту́
быт (семе́йный) — о бы́те, *но* в быту́
верх (до́ма) — о ве́рхе, *но* на са́мом верху́
год — о го́де, *но* в году́
лёд — о льде, *но* во льду́, на льду́
лес (ли́ственный) — о ле́се, *но* в лесу́
лоб — о лбе, *но* во лбу́, на лбу́
луг — о лу́ге, *но* на лугу́
мел — о ме́ле, *но* в мелу́
мост — о мо́сте, *но* на мосту́
низ — о ни́зе, *но* в низу́
нос — о но́се, *но* в носу́, на носу́
пар (из котла́) — о па́ре, *но* в пару́
плен — о пле́не, *но* в плену́
пол (парке́тный) — о по́ле, *но* в полу́, на полу́
полк — о полке́, *но* в полку́
пост (сторожево́й) — о посте́, *но* на посту́
пруд — о пру́де, *но* в пруду́, на пруду́
рот — о рте, *но* во рту́
сад — о са́де, *но* в саду́
снег — о сне́ге, *но* в снегу́, на снегу́
тыл — о ты́ле, *но* в тылу́
шаг (ка́ждый) — о ша́ге, *но* на ка́ждом шагу́ *перен.* 'везде́, беспреста́нно'
шкаф — о шка́фе, *но* в шкафу́, на шкафу́

### Б. Вариантные формы с окончаниями -е и -у(-ю):

ве́тер — на ветру́ *и* на ве́тре
дуб — на ду́бе *и* на дубу́
дым — в ды́ме *и* в дыму́
жир — в жи́ре, на жи́ре *и* в жиру́, на жиру́
клей — в кле́е, на кле́е *и* в клею́, на клею́
мёд — в меду́ *и* в мёде
мох — во мху́, на мху́ *и* в мо́хе, на мо́хе
о́тпуск — в о́тпуске *и* в отпуску́
след — в сле́де, на сле́де *и* в следу́, на следу́
сок — в со́ке *и доп.* в соку́
хор — в хо́ре *и* в хору́
цех — в це́хе *и* в цеху́
чай — в ча́е *и* в чаю́

# I. ИМЯ СУЩЕСТВИТЕЛЬНОЕ

**В. Различие форм с окончаниями *-е* и *-у(-ю)* в зависимости от значения или лексической сочетаемости соответствующих слов:**

бег — в бе́ге на 100 ме́тров, *но* задыха́ться на бегу́

бой — 1. уча́ствовать в бою́; 2. в бо́е часо́в

бред — о бре́де, *но* быть в бреду́

быт — в бы́те дере́вни, *но* в семе́йном быту́

век — 1. в двадца́том ве́ке; 2. на своём веку́

вес — приба́вить в ве́се, *но* на весу́ '*в висячем положении*'

вид — 1. в испра́вленном ви́де; 2. весели́ться на виду́ у всех, плыть в виду́ берего́в

глаз — о гла́зе, *но* пыли́нка в глазу́, бельмо́ на глазу́

долг — не забыва́ть о до́лге, *но* не оста́ться в долгу́ '*отплатить тем же самым*'

дух — в ду́хе вре́мени, быть не в ду́хе '*быть не в настроении*', *но* как на духу́ '*откровенно, ничего не утаивая*', *устар.*

ко́рень — на ко́рне расте́ния, пресе́чь *что-либо* в ко́рне '*пресечь совсем*', в ко́рне не согла́сен '*совершенно не согласен*', *но* на корню́ '*о растениях: в несжатом или несрубленном виде*', гнить на корню́ '*разлагаясь, гибнуть*', *чаще перен.*

корм — недоста́тка в ко́рме нет, *но* на подно́жном корму́ '*о скоте: на пастбище*', а также *перен.* '*на даровом питании*'

край — 1. на краю́ села́, *но* на пере́днем кра́е '*на передовых позициях*', а также *перен.*; 2. в краю́ рек и озёр

круг — 1. в за́мкнутом кру́ге; 2. в спаса́тельном кру́ге, на спаса́тельном кру́ге; 3. в кру́ге вопро́сов *и* в кругу́ вопро́сов; 4. в кругу́ друзе́й

мир¹ '*земля как место жизни и деятельности людей*' — пе́рвый в ми́ре, *но* на миру́ и смерть красна́ '*не страшно умереть на людях, всё легко перенести не в одиночку, вместе с другими*', *пословица*

мир² '*отсутствие войны*' — жить в ми́ре и согла́сии

мозг — 1. в головно́м мо́зге *и* в головно́м мозгу́, *но* опера́ция на мо́зге; 2. мысль промелькну́ла в мозгу́

по́вод¹ (натя́нутый, дли́нный) — о по́воде, *но* быть на поводу́ *перен.* '*действовать несамостоятельно*'

по́вод² (суще́ственный) — в по́воде для ссо́ры есть мно́го случа́йного

пот — быть в поту́, *но* рабо́тать в по́те лица́ '*работать усердно*'

род¹ — 1. в стари́нном ро́де; 2. у нас в роду́ '*по наследственности*'

род² — в ро́де войск; в не́котором ро́де '*до известной степени, отчасти*'; в э́том ро́де '*приблизительно та-*

## I.2. ПРЕДЛОЖНЫЙ ПАДЕЖ ЕДИНСТВЕННОГО ЧИСЛА  I.2.В

кой, *приблизительно так*'; своего́ ро́да '*в изве́стной сте́пени*': Непонима́ние му́зыки — э́то неразвитость своего́ ро́да; в своём ро́де '*с известной точки зрения, в том или ином отношении*': Он в своём ро́де тала́нтив.

род³ (*грам.*) — в же́нском ро́де

ряд — 1. в пе́рвом ряду́; 2. в ряду́ поколе́ний; 3. в ря́де слу́чаев; 4. в овощно́м ряду́

свет¹ — 1. в со́лнечном све́те; 2. на свету́ '*при свете, при освещении*', *но* в све́те после́дних собы́тий

свет² '*земля как место жизни и деятельности людей*' — жить на све́те

строй¹ — 1. в госуда́рственном стро́е; 2. в граммати́ческом стро́е

строй² — стоя́ть в строю́

счёт — 1. отрази́ться на счёте ма́тча; 2. указа́ть в счёте за электри́чество, *но*: быть на хоро́шем счету́ '*иметь хорошую репутацию*', быть на плохо́м счету́ '*иметь плохую репутацию*', на счету́ '*в ограниченном количестве*', на теку́щем счету́ '*о денежном документе*'

ток¹ — в электри́ческом то́ке

ток² — на молоти́льном току́

ток³ — на глухари́ном току́

у́гол — 1. в тёмном углу́; 2. в прямо́м угле́

ход — 1. на ходу́ по́езда; 2. в хо́де собы́тий, на хо́де событий; 3. в хо́де часо́в, на хо́де часо́в, *но* на холосто́м ходу́ '*о функционировании механизма, не дающем полезной работы*'; 4. в пя́том хо́де *и* в пя́том ходу́, на пя́том хо́де *и* на пя́том ходу́ '*в шахматах*'

цвет¹ — в тёмном цве́те, в цве́те '*о фото- и киноизображении: цветное, не чёрно-белое*'

цвет² — в ли́повом цве́те (*собир.*), *но* я́блони в цвету́ '*яблони в поре цветения*'; в цве́те лет, сил *и* во цве́те лет, сил '*в лучшую пору*'

час — 1. в ча́се ходьбы́; 2. в пе́рвом часу́ но́чи; 3. в академи́ческом ча́се 45 мину́т, на пе́рвом ча́се '*об академическом часе: на первой лекции*'

шаг — 1. в ка́ждом ша́ге, на ка́ждом шагу́; 2. брю́ки узки́ в шагу́ '*в том месте, где сшиваются штанины друг с другом*'

●●●

шёлк — в шелку́ '*в одежде из шёлка*', на шелку́ '*на шёлковой подкладке*'

Примечание. В современном русском литературном языке в предложном падеже единственного числа у существительных мужского рода на твёрдую согласную только формы с окончанием -*е* выражают все оттенки значения и неограниченно свободны в употреблении. Варианты с окончанием *-у(-ю)* распространены лишь в сочетаниях с предлогами *в* и *на*, обозначающих место, реже — состояние или время действия, и характеризуются рядом дополнительных ограничений.

Так, форма на *-у(-ю)* встречается в сочетаниях, близких по значению к наречиям (например: *на весу́, на лету́, на ходу́*), а также в выражениях, имеющих характер устойчивых сочетаний (*бельмо́ на глазу́, оста́ться в долгу́, на краю́ ги́бели, на подно́жном корму́, идти́ на поводу́, вари́ться в со́бственном соку́, на хоро́шем счету́*). Окончание *-у(-ю)* в такого рода выражениях принимают лишь неодушевлённые существительные, преимущественно с односложной основой, с постоянным ударением на основе в других формах единственного числа и с ударением на окончании в формах множественного числа (*дом: до́ма, до́му, дом, до́мом, в до́ме, дома́, домо́в, дома́м, дома́, дома́ми, в дома́х; рабо́тать на дому́*). Если существительное употребляется в сочетании с прилагательным, то в нейтральном стиле письменной и устной речи предпочтение, как правило, отдаётся форме на *-е*: *на ветру́* и *на ве́тре*, но *на си́льном ве́тре*.

Формы на *-е* характеризуются как нейтральные, формы на *-у(-ю)* — как разговорные, разговорно-профессиональные, иногда с оттенком просторечия.

## I.3. ИМЕНИТЕЛЬНЫЙ ПАДЕЖ МНОЖЕСТВЕННОГО ЧИСЛА

В процессе образования формы именительного падежа множественного числа у ряда имён существительных наблюдаются:

А — передвижение ударения;
Б — чередование гласных или согласных в основе;
В — утрата беглых гласных существительными мужского рода;
Г — различие форм с окончаниями *-а(-я)* и *-и(-ы)* в зависимости от значения или лексической сочетаемости соответствующих слов;
Д — нестандартное образование формы;
Е — отсутствие или ограниченное употребление формы множественного числа;
Ж — отсутствие или ограниченное употребление формы единственного числа.

# I.3. ИМЕНИТЕЛЬНЫЙ ПАДЕЖ МНОЖЕСТВЕННОГО ЧИСЛА I.3.A

## А. Передвижение ударения

1) Существительные **м у ж с к о г о** рода:

а) передвижение ударения **с о с н о в ы  н а  о к о н ч а н и е** *-а(-я)*:

а́дрес — адреса́
бе́рег — берега́
бок — бока́
борт — борта́
век — века́
верх (ко́жаный) — верха́
ве́чер — вечера́
глаз — глаза́
го́лос — голоса́
го́род — города́
дире́ктор — директора́
до́ктор — доктора́
дом — дома́
корм — корма́
край — края́
лес — леса́
луг — луга́
ма́стер — мастера́

но́мер — номера́
о́рден — ордена́
о́стров — острова́
о́тпуск — отпуска́
па́спорт — паспорта́
по́вар — повара́
по́езд — поезда́
по́яс — пояса́
про́вод — провода́
профе́ссор — профессора́
рог — рога́
рука́в — рукава́
сорт — сорта́
сто́рож — сторожа́
том — тома́
то́поль — тополя́
цвет (тёмный) — цвета́
я́корь — якоря́

б) передвижение ударения **с о с н о в ы  н а  о к о н ч а н и е** *-и(-ы)*:

бал — балы́
бинт — бинты́
блин — блины́
богаты́рь — богатыри́
бой (жесто́кий) — бои́
буква́рь — буквари́
бык — быки́
верх (до́ма) — верхи́
вождь — вожди́
воротни́к — воротники́
враг — враги́
врата́рь — вратари́
врач — врачи́
выпускни́к — выпускники́
гара́ж — гаражи́
герб — гербы́
гол — голы́
грач — грачи́
гриб — грибы́
грузови́к — грузовики́
двор — дворы́

дневни́к — дневники́
дождь — дожди́
долг — долги́
дуб — дубы́
дым — дымы́
живо́т — животы́
жир — жиры́
жук — жуки́
жура́вль — журавли́
каблу́к — каблуки́
календа́рь — календари́
каранда́ш — карандаши́
кирпи́ч — кирпичи́
ключ — ключи́
кома́р — комары́
кора́бль — корабли́
кот — коты́
кремль — кремли́
круг — круги́
кула́к — кулаки́
куст — кусты́

## I. ИМЯ СУЩЕСТВИТЕЛЬНОЕ

луч — лучи́
маля́р — маляры́
меч — мечи́
мост — мосты́
мяч — мячи́
низ — низы́
нож — ножи́
ноль — ноли́
нос — носы́
нуль — нули́
паде́ж — падежи́
пар — пары́
пасту́х — пастухи́
пету́х — петухи́
пиджа́к — пиджаки́
пиро́г — пироги́
плащ — плащи́
плод — плоды́
плуг — плуги́
полк — полки́
пост — посты́
приз — призы́
проводни́к — проводники́
пруд — пруды́
рубе́ж — рубежи́
рубль — рубли́
рыба́к — рыбаки́
рюкза́к — рюкзаки́
ряд — ряды́
сад — сады́

сапо́г — сапоги́
секрета́рь — секретари́
серп — серпы́
след — следы́
слова́рь — словари́
слон — слоны́
стари́к — старики́
ствол — стволы́
стих — стихи́
стол — столы́
столб — столбы́
столя́р — столяры́
строй ² (солда́т) — строи́
суд — суды́
топо́р — топоры́
труд — труды́ (нау́чные)
тыл — тылы́
ус — усы́
утю́г — утюги́
учени́к — ученики́
хвост — хвосты́
час — часы́
черкови́к — черновики́
четве́рг — четверги́
шаг — шаги́
шар — шары́
шкаф — шкафы́
эта́ж — этажи́
язы́к — языки́

в) вариантные формы:

— варианты только по ударению:

хор — хоры́ и хо́ры

ход — хо́ды и ходы́ (хо́ды и ходы́ по́ршня, хо́ды и ходы́ шахмати́ста); хо́ды (ходы́ сообще́ния, пара́дные хо́ды, чёрные ходы́; знать все ходы́ и вы́ходы *перен.* '*знать, как действовать*'; хо́ды (такти́ческие хо́ды, ритми́ческие хо́ды)

— варианты по ударению и окончанию:

год — го́ды и года́
по́люс — по́люсы и *доп.* полюса́
сви́тер — сви́теры и *доп.* свитера́
тра́ктор — тра́кторы и трактора́
цех — це́хи и цеха́

## I.3. ИМЕНИТЕЛЬНЫЙ ПАДЕЖ МНОЖЕСТВЕННОГО ЧИСЛА  I.3.A

2) Существительные женского рода (передвижение ударения с окончания на основу):

| | |
|---|---|
| беда́ — бе́ды | пила́ — пи́лы |
| борода́ — бо́роды | плита́ — пли́ты |
| величина́ — величи́ны (ра́вные) | полоса́ — по́лосы |
| | простыня́ — про́стыни |
| война́ — во́йны | река́ — ре́ки |
| волна́ — во́лны | роса́ — ро́сы |
| высота́ — высо́ты | рука́ — ру́ки |
| глава́ — гла́вы | свинья́ — сви́ньи |
| голова́ — го́ловы | семья́ — се́мьи |
| гора́ — го́ры | сосна́ — со́сны |
| гроза́ — гро́зы | спина́ — спи́ны |
| губа́ — гу́бы | среда́ — сре́ды |
| доска́ — до́ски | стена́ — сте́ны |
| душа́ — ду́ши | сторона́ — сто́роны |
| дыра́ — ды́ры | страна́ — стра́ны |
| земля́ — зе́мли (чужи́е) | стрекоза́ — стреко́зы |
| зима́ — зи́мы | струна́ — стру́ны |
| змея́ — зме́и | струя́ — стру́и |
| игла́ — и́глы | судьба́ — су́дьбы |
| игра́ — и́гры | судья́ — су́дьи |
| изба́ — и́збы | толпа́ — то́лпы |
| коза́ — ко́зы | трава́ — тра́вы |
| лиса́ — ли́сы | тропа́ — тро́пы |
| нога́ — но́ги | труба́ — тру́бы |
| нора́ — но́ры | тюрьма́ — тю́рьмы |
| овца́ — о́вцы | цена́ — це́ны |

3) Существительные среднего рода:

а) передвижение ударения с окончания на основу:

| | |
|---|---|
| кольцо́ — ко́льца | ружьё — ру́жья |
| крыльцо́ — кры́льца | число́ — чи́сла |
| лицо́ — ли́ца | яйцо́ — я́йца |
| окно́ — о́кна | ● |
| письмо́ — пи́сьма | |
| пятно́ — пя́тна | плечо́ — пле́чи |

б) передвижение ударения с основы на окончание:

| | |
|---|---|
| во́йско — войска́ | по́ле — поля́ |
| де́ло — дела́ | пра́во — права́ |
| зе́ркало — зеркала́ | се́рдце — сердца́ |
| ме́сто — места́ | сло́во — слова́ |
| мо́ре — моря́ | ста́до — стада́ |
| о́блако — облака́ | те́ло — тела́ |

# I. ИМЯ СУЩЕСТВИТЕЛЬНОЕ

## Б. Чередование гласных или согласных в основе

1) Чередование гласных:

а) существительные **мужского** рода (с чередованием гласных и передвижением ударения с основы на окончание):

счёт (за электри́чество) —
счета́
шёлк — шелка́

ёж — ежи́
чертёж — чертежи́

б) существительные **женского** рода (с чередованием гласных и передвижением ударения с окончания на основу):

весна́ — вёсны
жена́ — жёны
звезда́ — звёзды
пчела́ — пчёлы
сестра́ — сёстры

слеза́ — слёзы
щека́ — щёки

заря́ — зо́ри

в) существительные **среднего** рода (с чередованием гласных и передвижением ударения с окончания на основу или внутри основы):

бревно́ — брёвна
ведро́ — вёдра
весло́ — вёсла
гнездо́ — гнёзда
зерно́ (ко́фе) — зёрна
колесо́ — колёса

село́ — сёла
стекло́ — стёкла

о́зеро — озёра

2) Чередование **согласных**:

у́хо — у́ши

## В. Беглые гласные в существительных мужского рода

1) **Утрата беглых гласных и неподвижное ударение**:

а) существительные с беглой гласной **-е-**:

владе́лец — владе́льцы
доброво́лец — доброво́льцы
иностра́нец — иностра́нцы
коло́дец — коло́дцы
па́лец — па́льцы
та́нец — та́нцы

ве́тер — ве́тры
за́мысел — за́мыслы
ка́мень — ка́мни
ко́рень — ко́рни
па́рень — па́рни
сте́бель — сте́бли
у́ровень — у́ровни

## I.3. ИМЕНИТЕЛЬНЫЙ ПАДЕЖ МНОЖЕСТВЕННОГО ЧИСЛА   I.3.Г

б) существительные с беглой гласной *-о-*:

беспоря́док — беспоря́дки
боти́нок — боти́нки
ва́ленок — ва́ленки
деся́ток — деся́тки
за́мок — за́мки
заты́лок — заты́лки
недоста́ток — недоста́тки
отре́зок — отре́зки
отры́вок — отры́вки
отте́нок — отте́нки
переу́лок — переу́лки
пода́рок — пода́рки
поря́док — поря́дки
посёлок — посёлки
посту́пок — посту́пки

пото́мок — пото́мки
рису́нок — рису́нки
ры́нок — ры́нки
сни́мок — сни́мки
спи́сок — спи́ски
уча́сток — уча́стки

●

ко́готь — ко́гти
ло́коть — ло́кти
но́готь — но́гти

●

у́голь (для рисова́ния) — у́гли

2) Утрата беглых гласных и передвижение ударения с основы на окончание:

а) существительные с беглой гласной *-е-*:

боре́ц — борцы́
вене́ц — венцы́
дворе́ц — дворцы́
коне́ц — концы́
молоде́ц — молодцы́
образе́ц — образцы́
огуре́ц — огурцы́
оте́ц — отцы́
певе́ц — певцы́
пловец — пловцы́

продаве́ц — продавцы́
птене́ц — птенцы́
скворе́ц — скворцы́

●

день — дни
лев — львы
реме́нь — ремни́
у́зел — узлы́

б) существительные с беглой гласной *-о-(-ё-)*:

вено́к — венки́
висо́к — виски́
глото́к — глотки́
гудо́к — гудки́
замо́к — замки́
звоно́к — звонки́
значо́к — значки́
зрачо́к — зрачки́
като́к — катки́
кружо́к — кружки́
кусо́к — куски́
мешо́к — мешки́
молото́к — молотки́
мох — мхи
носо́к — носки́

плато́к — платки́
порошо́к — порошки́
потоло́к — потолки́
прыжо́к — прыжки́
стано́к — станки́
цвето́к — цветки́
чуло́к — чулки́
шнуро́к — шнурки́
щено́к — щенки́

●

лоб — лбы
рот — рты
сон — сны
ого́нь — огни́

## I. ИМЯ СУЩЕСТВИТЕЛЬНОЕ

у́гол — углы́  
●  

ковёр — ковры́  
козёл — козлы́  

костёр — костры́  
орёл — орлы́  
●  

лёд — льды (ве́чные, поля́рные)

**Г. Различие форм именительного падежа множественного числа существительных\* в зависимости от значения или лексической сочетаемости**

1) С у щ е с т в и т е л ь н ы е   с   р а з л и ч н ы м и   о к о н ч а н и я м и — *-а(-я)* или *-и(-ы)*:

зуб — 1. зу́бы (челове́ка, живо́тного); 2. зу́бья (маши́ны)  
коле́но — 1. коле́ни (по коле́ни в воде́) *и устар.* коле́на (преклони́ть коле́на); 2. коле́нья (бамбу́ка) *и* коле́на (реки́); 3. коле́на (коле́на соловьи́ного пе́ния *и устар.* 'поколе́ния')  
ко́рпус — 1. ко́рпусы (люде́й, живо́тных); 2. корпуса́ (домо́в, судо́в)  
ла́герь — 1. лагеря́ (ле́тние, тури́стские); 2. ла́гери (вражду́ющие)  
лист¹ — ли́стья (расте́ния)  
лист² — листы́ (бума́ги, желе́за)  
мех¹ — меха́ (пуши́стые, натура́льные)  
мех² — мехи́ *и доп.* меха́ (кузне́чные)  
муж — 1. мужья́ (и жёны); 2. мужи́ (нау́ки)  
род¹ — роды́ (стари́нные)  
род² — рода́ (ору́жия, войск)  
сын — 1. сыновья́ (одно́й ма́тери); 2. сыны́ (Ро́дины)  
ток¹ — то́ки (электри́ческие)  
ток² — тока́ (молоти́льные)  
ток³ — тока́ (глухари́ные)  
учи́тель — 1. учителя́ (шко́льные); 2. учи́тели (вели́кие)  
хлеб — 1. хлеба́ (в по́ле, на корню́); 2. хле́бы (кру́глые)

2) С у щ е с т в и т е л ь н ы е   с   р а з л и ч н ы м и   п о   у д а р е н и ю   ф о р м а м и:

клуб¹ — клубы́ (па́ра, ды́ма)  
клуб² — клу́бы (заводски́е, рабо́чие)  
пол¹ — полы́ (парке́тные)  
пол² — по́лы (*живых существ*: мужско́й, же́нский)  
род¹ — роды́ (стари́нные)  
род² — ро́ды (*грам.*)

---

\* Различие форм существительных с окончаниями *-а(-я)* и *-и(-ы)* в зависимости от значения или лексической сочетаемости характерно для слов мужского рода на согласную, а также для существительного среднего рода *коле́но*.

## I.3. ИМЕНИТЕЛЬНЫЙ ПАДЕЖ МНОЖЕСТВЕННОГО ЧИСЛА    I.3.Е

### Д. Нестандартное образование формы именительного падежа множественного числа

1) Существительные м у ж с к о г о рода:

жеребёнок — жеребя́та
козлёнок — козля́та
котёнок — котя́та
поросёнок — порося́та
ребёнок — ребя́та
телёнок — теля́та
утёнок — утя́та
цыплёнок — цыпля́та
щено́к — щеня́та
ягнёнок — ягня́та

●

друг — друзья́

●

граждани́н — гра́ждане
крестья́нин — крестья́не

●

хозя́ин — хозя́ева

●

воробе́й — воробьи́
мураве́й — муравьи́
руче́й — ручьи́
солове́й — соловьи́

●

цвето́к — цветы́

●

за́яц — за́йцы

●

брат — бра́тья
ко́лос — коло́сья
стул — сту́лья

●

бое́ц — бойцы́

●

ребёнок — де́ти
челове́к — лю́ди

2) Существительное ж е н с к о г о рода:

ку́рица — ку́ры

3) Существительные с р е д н е г о рода:

де́рево — дере́вья
дно — до́нья (сосу́дов)
звено́ — зве́нья
крыло́ — кры́лья
перо́ — пе́рья

●

не́бо — небеса́
чу́до — чудеса́

●

су́дно — суда́

### Е. Отсутствие или ограниченное употребление формы множественного числа

1) Существительные, н е о б р а з у ю щ и е формы множественного числа:

| | | |
|---|---|---|
| бага́ж | бой (часо́в) | величина́ (миро- |
| бег | борьба́ | ва́я) |
| безопа́сность | быт | ве́ра |

## I. ИМЯ СУЩЕСТВИТЕЛЬНОЕ

виноград
власть (быть у власти, родительская власть)
внимание
водород
воздух
воля
восток
героизм
голод
горе
горох
град (мелкий)
грипп
детство
дно (реки)
дружба
дыхание
жара
железо
живопись
запад
зарядка
защита
здоровье
земля (планета Земля, обработка земли)
зерно (собир.)
золото
зрение
империализм
иней
капитализм
кашель
кислород
климат
коммунизм
космос
критика
лёд (искусственный)
лес (собир.)
лето
любовь
медь
мел
мир [1]
молоко
мужество
музыка
мука
мусор
ненависть
оборона
обстановка
обувь
олово
оружие
отвага
отдых
отчизна
память
патриотизм
пение
пламя
плен
погода
политика
полночь
полчаса
польза
помощь
посуда
почёт
поэзия
правда
практика
природа
прогресс
проза
происхождение
промышленность
просвещение
пыль
равноправие
развитие
разгром
разница
разоружение
реализм
ремонт
рис
родина
рожь
сахар
свет
свинец
север
серебро
середина
синева
скот (собир.)
слава
смелость
смех
совесть
социализм
справедливость
строй [1] (государственный, грамматический)
счастье
счёт (устный, в матче)
тайга
творог и творог
темнота
техника
тишина
труд (умственный)
тундра
уборка
ум (природный)
упадок
учёба
хлопок
ход 'движение, перемещение в каком-либо направлении'
цвет [2] (собир.)
целина
черта 'рубеж, граница, предел'
честь
чистота
шёпот
ширина
эхо
юг
юмор
юность

## I.3. ИМЕНИТЕЛЬНЫЙ ПАДЕЖ МНОЖЕСТВЕННОГО ЧИСЛА　　I.3.E

2) Существительные, образующие форму множественного числа, которая, однако, отличается лексическим значением от формы единственного числа:

а) вещественные существительные, обозначающие во множественном числе виды, типы или сорта называемых веществ:

вино́ — ви́на (кра́сные, десе́ртные)
вода́ — во́ды (фрукто́вые, минера́льные)
ка́ша — ка́ши (рассы́пчатые, вя́зкие)
кисе́ль — кисели́ (фрукто́вые, я́годные)
клей — клеи́ (жи́дкие, твёрдые)
колбаса́ — колба́сы (варёные, копчёные)
ма́сло — масла́ (расти́тельные)
мы́ло — мыла́ (на́триевые, ка́лиевые)
соль — со́ли (минера́льные)
сталь — ста́ли (конструкцио́нные, инструмента́льные)
суп — супы́ (горя́чие, холо́дные)
у́голь — у́гли (бу́рые, ка́менные)
чай — чаи́ (ба́йховые, прессо́ванные)

б) существительные с отвлечённым значением, во множественном числе называющие проявления различных качеств, свойств, эмоциональных состояний:

вина́ — ви́ны
во́зраст — во́зрасты
глубина́ — глуби́ны
красота́ — красо́ты
не́жность — не́жности

печа́ль — печа́ли
ра́дость — ра́дости
ско́рость — ско́рости
шум — шу́мы

в) существительные, во множественном числе отражающие не числовое противопоставление, а соотношение по массе, объёму, силе, интенсивности проявления:

вода́ (в реке́) — во́ды '*водные просторы, потоки воды*'
песо́к (на дне реки́) — писки́ (Саха́ры)
снег (пуши́стый) — снега́ '*снежные просторы*'
моро́з (два гра́дуса моро́за) — моро́зы (треща́т моро́зы)
хо́лод ('*низкая температура*': хо́лод в до́ме) — холода́
　('*холодная погода*': янва́рские холода́)
боль (зубна́я) — бо́ли (си́льные)

3) Существительные, формы косвенного (родительного) падежа множественного числа которых употребляются лишь в отде́льных выражениях и словосочетаниях:

зло — из двух зол вы́брать ме́ньшее
пора́ — до сих пор *и* до сих по́р, до тех пор, с тех пор

# I. ИМЯ СУЩЕСТВИТЕЛЬНОЕ

## Ж. Отсутствие или ограниченное употребление формы единственного числа

1) Существительные, не образующие формы единственного числа:

| | | |
|---|---|---|
| аплодисме́нты | мемуа́ры | стра́сти |
| бега́ | напа́дки | сли́вки |
| брю́ки | не́дра | су́мерки |
| бу́дни | но́жницы | су́тки |
| весы́ | носи́лки | счёты 'приспособ- |
| ви́лы | обо́и | ление для под- |
| воро́та | очки́ | счёта' |
| всхо́ды 'ростки' | перегово́ры | тро́пики |
| вы́боры | перила́ | трусы́ |
| гра́бли | письмена́ | у́зы |
| деба́ты | пла́вки | умы́ (лу́чшие) |
| де́ньги | побо́и | фина́нсы |
| джи́нсы | по́хороны | хло́поты |
| джу́нгли | припа́сы | хло́пья |
| дрова́ | про́воды | часы́ |
| дро́жжи | про́иски | черни́ла |
| духи́ | ро́ды (тяжёлые) | ша́хматы |
| за́морозки | са́ни | шо́рты |
| кани́кулы | са́нки | штаны́ |
| каче́ли | сбо́ры 'приготов- | щи |
| консе́рвы | ления к отъез- | щипцы́ |
| лета́ | ду, к доро́ге' | я́сли |
| макаро́ны | | |

2) Существительные, образующие форму единственного числа, но чаще употребляющиеся во множественном числе:

а) существительные, составляющие па́ру или более сложную совоку́пность предме́тов:

| | |
|---|---|
| близнецы́ — *ед.* близне́ц *м* | инициа́лы — *ед.* инициа́л *м* |
| боти́нки — *ед.* боти́нок *м* | кавы́чки — *ед.* кавы́чка *ж* |
| бро́ви — *ед.* бровь *ж* | коньки́ — *ед.* конёк *м* |
| ва́ленки — *ед.* ва́ленок *м* | лы́жи — *ед.* лы́жа *ж* |
| ва́режки — *ед.* ва́режка *ж* | носки́ — *ед.* носо́к *м* |
| войска́ — *ед.* во́йско *с* | о́вощи — *ед.* о́вощ *м* |
| во́лосы — *ед.* во́лос *м* | перча́тки — *ед.* перча́тка *ж* |
| глаза́ — *ед.* глаз *м* | пого́ны — *ед.* пого́н *м* |
| гренки́ — *ед.* грено́к *м и доп.* | роди́тели — *ед.* роди́тель *м* |
|    гре́нки — *ед.* гре́нка *ж* | сапоги́ — *ед.* сапо́г *м* |
| гу́бы — *ед.* губа́ *ж* | соси́ски — *ед.* соси́ска *ж* |

та́почки — *ед.* та́почка *ж*   у́ши — *ед.* у́хо *с*
ту́фли — *ед.* ту́фля *ж*   фру́кты — *ед.* фрукт *м*
усы́ — *ед.* ус *м*   чулки́ — *ед.* чуло́к *м*

б) существительные, называющие **людей по роду деятельности** или **характерному качеству**:

и́збранные — *ед.* и́збранный *м*
отстаю́щие — *ед.* отстаю́щий *м*
отсу́тствующие — *ед.* отсу́тствующий *м*
приближённые — *ед.* приближённый *м*
прису́тствующие — *ед.* прису́тствующий *м*
провожа́ющие — *ед.* провожа́ющий *м*
слу́жащие — *ед.* слу́жащий *м*
трудя́щиеся — *ед.* трудя́щийся *м*
учёные — *ед.* учёный *м*

## I.4. РОДИТЕЛЬНЫЙ ПАДЕЖ МНОЖЕСТВЕННОГО ЧИСЛА

В процессе образования формы родительного падежа множественного числа у ряда имён существительных наблюдаются:

    А — передвижение ударения;
    Б — появление беглых гласных;
    В — нестандартное образование формы;
    Г — различие форм в зависимости от значения или лексической сочетаемости соответствующих слов;
    Д — отсутствие формы родительного падежа множественного числа.

### А. Передвижение ударения

1) Существительные с **нулевым** окончанием:

а) передвижение ударения **внутри основы**:

бо́роды — боро́д
во́лосы — воло́с
го́ловы — голо́в
по́лосы — поло́с
по́хороны — похоро́н
про́стыни — просты́нь
сто́роны — сторо́н

б) передвижение ударения **с окончания на основу**:

войска́ — войск   дела́ — дел
глаза́ — глаз   дрова́ — дров

## I. ИМЯ СУЩЕСТВИТЕЛЬНОЕ

зеркала́ — зерка́л
лета́ — лет
места́ — мест
небеса́ — небе́с
права́ — прав
сапоги́ — сапо́г

слова́ — слов
стада́ — стад
тела́ — тел
чудеса́ — чуде́с
●

черты́ (хара́ктера) — черт

2) Существительные с окончанием *-ов* (передвижение ударения с основы на окончание):

во́лки — волко́в
го́ды — годо́в
гро́мы — громо́в
по́лы (живы́х суще́ств: мужско́й, же́нский) — поло́в
ро́ды (*грам.*) — родо́в
сло́ги — слого́в

3) Существительные с окончанием *-ей* (передвижение ударения с основы на окончание):

а) существительные мужского рода:

гво́зди — гвозде́й
го́луби — голубе́й
го́сти — госте́й
гу́си — гусе́й
зве́ри — звере́й
ка́мни — камне́й
ко́гти — когте́й
ко́ни — коне́й

ко́рни — корне́й
ле́беди — лебеде́й
ло́кти — локте́й
но́гти — ногте́й
па́рни — парне́й
сте́бли — стебле́й
у́гли — угле́й

б) существительные женского рода:

ве́щи — веще́й
го́рсти — горсте́й
две́ри — двере́й
ко́сти — косте́й
ло́шади — лошаде́й
мы́ши — мыше́й
но́вости — новосте́й
но́чи — ноче́й
о́бласти — областе́й
о́череди — очереде́й
пе́чи — пече́й
пло́щади — площаде́й

про́стыни — простыне́й
се́льди — сельде́й
се́ти — сете́й
ска́терти — скатерте́й
ско́рости — скоросте́й
сме́рти — смерте́й
со́ли — соле́й
сте́пи — степе́й
те́ни — тене́й
це́пи — цепе́й
ча́сти — часте́й
че́тверти — четверте́й

## I.4. РОДИТЕЛЬНЫЙ ПАДЕЖ МНОЖЕСТВЕННОГО ЧИСЛА  I.4.Б

в) существительные, употребляющиеся только или преимущественно во множественном числе:

вла́сти (ме́стные) — власте́й
дро́жжи — дрожже́й
са́ни — сане́й
сла́сти — сласте́й

●
бро́ви — брове́й

о́вощи — овоще́й
у́ши — уше́й

●
де́ти — дете́й
лю́ди — люде́й


### Б. Беглые гласные

1) Появление беглых гласных у существительных **женского рода**:

а) существительные с беглой гласной **-е-**:

— ударение **неподвижно**:

авторучки — авторучек
ба́бочки — ба́бочек
ба́бушки — ба́бушек
ба́сни — ба́сен\*
ба́шни — ба́шен
вёсны — вёсен
ви́шни — ви́шен
вну́чки — вну́чек
де́вочки — де́вочек
де́вушки — де́вушек
игру́шки — игру́шек
ка́пли — ка́пель
корму́шки — корму́шек
ко́шки — ко́шек
кры́шки — кры́шек
куку́шки — куку́шек
ла́мпочки — ла́мпочек
ло́жки — ло́жек
на́волочки — на́волочек
но́жки — но́жек
обло́жки — обло́жек

пе́сни — пе́сен
пе́чки — пе́чек
поду́шки — поду́шек
по́чки — по́чек
привы́чки — привы́чек
пу́шки — пу́шек
руба́шки — руба́шек
со́сны — со́сен
спи́чки — спи́чек
стро́йки — стро́ек
стро́чки — стро́чек
то́чки — то́чек
ту́мбочки — ту́мбочек
у́дочки — у́дочек
фо́рточки — фо́рточек
фура́жки — фура́жек
ча́шки — ча́шек
чере́шни — чере́шен
ша́шки — ша́шек
ши́шки — ши́шек\*\*

---

\* В словах, основа которых оканчивается на мягкую согласную, после *-ен* буква *ь* не ставится, однако *деревéнь*.

\*\* Аналогичное явление наблюдается в существительном мужского рода *де́душки — де́душек*.

## I. ИМЯ СУЩЕСТВИТЕЛЬНОЕ

— передвижение ударения внутри основы:

дере́вни — дереве́нь *
зе́мли (чужи́е) — земе́ль
о́вцы — ове́ц

б) существительные с беглой гласной *-о-*:

— ударение неподвижно:

| | |
|---|---|
| арти́стки — арти́сток | пала́тки — пала́ток |
| ба́нки — ба́нок | па́лки — па́лок |
| бе́лки — бе́лок | пласти́нки — пласти́нок |
| блу́зки — блу́зок | плёнки — плёнок |
| бу́лки — бу́лок | площа́дки — площа́док |
| буты́лки — буты́лок | погово́рки — погово́рок |
| верёвки — верёвок | пое́здки — пое́здок |
| ве́тки — ве́ток | поку́пки — поку́пок |
| ве́шалки — ве́шалок | по́лки — по́лок |
| ви́лки — ви́лок | посы́лки — посы́лок |
| винто́вки — винто́вок | приста́вки — приста́вок |
| вы́ставки — вы́ставок | прогу́лки — прогу́лок |
| гимна́стки — гимна́сток | путёвки — путёвок |
| доя́рки — доя́рок | ра́мки — ра́мок |
| ёлки — ёлок | расчёски — расчёсок |
| забасто́вки — забасто́вок | рези́нки — рези́нок |
| зага́дки — зага́док | се́тки — се́ток |
| заме́тки — заме́ток | се́ялки — се́ялок |
| запи́ски — запи́сок | ска́зки — ска́зок |
| иго́лки — иго́лок | ско́бки — ско́бок |
| карти́нки — карти́нок | скри́пки — скри́пок |
| кле́тки — кле́ток | сосе́дки — сосе́док |
| коро́бки — коро́бок | спортсме́нки — спортсме́нок |
| коси́лки — коси́лок | спра́вки — спра́вок |
| кра́ски — кра́сок | стре́лки — стре́лок |
| ку́клы — ку́кол | су́мки — су́мок |
| ку́ртки — ку́рток | таре́лки — таре́лок |
| ку́хни — ку́хонь | тру́бки — тру́бок |
| ло́дки — ло́док | тря́пки — тря́пок |
| ма́рки — ма́рок | улы́бки — улы́бок |
| ни́тки — ни́ток | у́тки — у́ток |
| остано́вки — остано́вок | ша́пки — ша́пок |
| откры́тки — откры́ток | шу́тки — шу́ток |
| отме́тки — отме́ток | щётки — щёток |
| оце́нки — оце́нок | ю́бки — ю́бок |
| оши́бки — оши́бок | |

---

* В словах, основа которых оканчивается на мягкую согласную, после *-ен* буква **ь** не ставится, однако *дереве́нь*.

## I.4. РОДИТЕЛЬНЫЙ ПАДЕЖ МНОЖЕСТВЕННОГО ЧИСЛА  I.4.Б

— возможное передвижение ударения внутри основы:

доски — досок *и доп.* досок

2) Появление беглых гласных у существительных среднего рода:

а) существительные с беглой гласной *-е-*:

— ударение неподвижно:

| | |
|---|---|
| блюдца — блюдец | кресла — кресел |
| брёвна — брёвен | полотенца — полотенец |
| вёдра — вёдер | пятна — пятен |
| вёсла — вёсел | числа — чисел |
| зёрна — зёрен | |

— передвижение ударения с окончания на основу:

масла́ (растительные) — ма́сел
сердца́ — серде́ц

— передвижение ударения внутри основы:

ко́льца — коле́ц

●●

кры́льца — крыле́ц *и* кры́лец

б) существительные с беглой гласной *-о-*:

о́кна — о́кон
стёкла — стёкол

3) Появление беглых гласных у существительных, употребляющихся только или преимущественно во множественном числе:

а) существительные с беглой гласной *-е-*:

| | |
|---|---|
| будни — *доп.* буден | сумерки — сумерек |
| варежки — варежек | тапочки — тапочек |
| грабли — грабель | туфли — туфель |
| кавычки — кавычек | |

б) существительные с беглой гласной *-о-*:

— ударение неподвижно:

| | |
|---|---|
| ботинки — ботинок | плавки — плавок |
| валенки — валенок | санки — санок |
| гренки *доп.* — *доп.* гренок | сливки — сливок |
| носилки — носилок | сосиски — сосисок |
| перчатки — перчаток | сутки — суток |

47

## I. ИМЯ СУЩЕСТВИТЕЛЬНОЕ

— передвижение ударения с окончания на основу:

чулки́ — чуло́к

### В. Нестандартное образование формы родительного падежа множественного числа

1) Существительные **женского** рода:

копе́йки — копе́ек
лине́йки — лине́ек
ма́йки — ма́ек
постро́йки — постро́ек
скаме́йки — скаме́ек
хозя́йки — хозя́ек
ча́йки — ча́ек

се́мьи — семе́й
статьи́ — стате́й

●

су́дьбы — су́деб
тю́рьмы — тю́рем

●

сви́ньи — свине́й

●

сёстры — сестёр

2) Существительные **мужского** рода:

друзья́ — друзе́й
мужья́ — муже́й

●●

су́дьи — суде́й *и* су́дей

3) Существительные **среднего** рода:

варе́нья — варе́ний
несча́стья — несча́стий

●

ру́жья — ру́жей

●

я́йца — яи́ц

●

пи́сьма — пи́сем

4) Существительные, употребляющиеся **только во множественном числе**:

де́ньги — де́нег
письмена́ — письмён

## I.4. РОДИТЕЛЬНЫЙ ПАДЕЖ МНОЖЕСТВЕННОГО ЧИСЛА     I.4.Д

**Г. Различие форм родительного\* падежа множественного числа существительных в зависимости от их значения или лексической сочетаемости**

1) Существительные с р а з л и ч н ы м и  по  о к о н ч а н и я м формами:

    зуб: 1. зу́бы (челове́ка, живо́тного) — зубо́в; 2. зу́бья (маши́ны) — зу́бьев
    коле́но: 1. коле́ни (по коле́ни в воде́) — коле́ней и *устар.* коле́на (преклони́ть коле́на) — коле́н; 2. коле́нья (бамбу́ка) — коле́ньев и коле́на (реки́) — коле́н; 3. коле́на (коле́на соловьи́ного пе́ния и *устар.* 'поколе́ния') — коле́н
    лист [1]: ли́стья (расте́ния) — ли́стьев
    лист [2]: листы́ (бума́ги, желе́за) — листо́в
    сын: 1. сыновья́ (одно́й ма́тери) — сынове́й; 2. сыны́ (Ро́дины) — сыно́в

2) Существительные с р а з л и ч н ы м и  по  у д а р е н и ю формами:

    клуб [1]: клубы́ (па́ра, ды́ма) — клубо́в
    клуб [2]: клу́бы (заводски́е, рабо́чие) — клу́бов
    ко́рпус: 1. ко́рпусы (люде́й, живо́тных) — ко́рпусов; 2. корпуса́ (домо́в, судо́в) — корпусо́в
    ла́герь: 1. лагеря́ (ле́тние, тури́стские) — лагере́й; 2. ла́гери (вражду́ющие) — ла́герей
    ток [1]: то́ки (электри́ческие) — то́ков
    ток [2]: тока́ (молоти́льные) — токо́в
    ток [3]: тока́ (глухари́ные) — токо́в
    у́голь: 1. у́гли (ка́менные, бу́рые) — у́глей; 2. у́гли (для рисова́ния) — угле́й и у́глей
    хлеб: 1. хлеба́ (в по́ле, на корню́) — хлебо́в; 2. хле́бы (кру́глые) — хле́бов

**Д. Существительное, не имеющее формы родительного падежа множественного числа:**

    мечта́

---

\* Различие форм именительного падежа множественного числа в зависимости от значения или лексической сочетаемости рассматриваемого слова см. в подразделе I.3.Г1.

# I. ИМЯ СУЩЕСТВИТЕЛЬНОЕ

## I.5. РОД ИМЁН СУЩЕСТВИТЕЛЬНЫХ

При определении рода имён существительных особо выделяются:

А — несклоняемые существительные;
Б — склоняемые нарицательные существительные общего рода;
В — существительные мужского рода, которые обозначают лицо по профессии, занимаемой должности, выполняемой работе, занятию и т. д. и могут использоваться для называния лиц женского пола.

### А. Несклоняемые существительные

1) Большинство несклоняемых существительных иноязычного происхождения, обозначающих **неодушевлённые предметы, явления и т.д.**, относятся к **среднему роду**:

| | | | | | |
|---|---|---|---|---|---|
| арго́ | депо́ | кафе́ | пальто́ | такси́ |
| болеро́ | жюри́ | кино́ | пиани́но | тире́ |
| бюро́ | интервью́ | метро́ | ра́дио | шоссе́ |

И с к л ю ч е н и е составляют существительные, род которых определяется родом семантически близких русских слов:

авеню́ *ж* (ср. *у́лица ж*)
кольра́би *ж* (ср. *капу́ста ж*)
ко́фе *м* (ср. *старые формы*: ко́фей *м*, ко́фий *м*)
саля́ми *ж* (ср. *колбаса́ ж*)
 *однако*:
га *м* и *с* (ср. гекта́р *м*)
пена́льти *м* и *с* (ср. одиннадцатиметро́вый штрафно́й уда́р *м*)

2) Несклоняемые существительные, обозначающие **лиц**, относятся к **мужскому** или **женскому** роду в зависимости от реального пола обозначаемого лица:

а) слова **мужского** рода:

| | | |
|---|---|---|
| атташе́ | импреса́рио | рантье́ |
| буржуа́ | конферансье́ | ре́фери *и* рефери́ |
| де́нди | маэ́стро | |

б) слова **женского** рода:

| | | |
|---|---|---|
| ле́ди | миле́ди | па́ни |
| мада́м | мисс | фра́у |
| мадемуазе́ль | ми́ссис | фре́йлейн |

## I.5. РОД ИМЕН СУЩЕСТВИТЕЛЬНЫХ
## I.5.А

в) слова о́бщего (мужско́го и же́нского) ро́да:

визави́ (ср. *Мой визави́ оказа́лся интере́сным собесе́дником.— Моя́ визави́ оказа́лась интере́сной собесе́дницей.*)

протеже́ (ср. *Наш протеже́ оправда́л все наде́жды.— Ва́ша протеже́ оправда́ла все наде́жды.*)

3) Несклоня́емые существи́тельные иноязы́чного происхожде́ния, обознача́ющие ж и в о́ т н ы х, обы́чно отно́сятся к м у ж с к о́ м у ро́ду:

| | | |
|---|---|---|
| зе́бу | коли́бри | флами́нго |
| какаду́ | по́ни | шимпанзе́ |
| кенгуру́ | | |

Если по усло́виям конте́кста тре́буется указа́ть на са́мку живо́тного, согласова́ние осуществля́ется по же́нскому ро́ду: *Кенгуру́ несла́ в су́мке кенгурёнка. Шимпанзе́ корми́ла детёныша.*

И с к л ю ч е́ н и е составля́ют существи́тельные, род кото́рых определя́ется ро́дом семанти́чески бли́зких ру́сских слов:

иваси́ *ж* (ср. ры́ба *ж*, сельдь *ж*)
цеце́ *ж* (ср. му́ха *ж*)

4) Несклоня́емые имена́ со́бственные, обознача́ющие г е о г р а ф и́ ч е с к и е н а и м е н о в а́ н и я (назва́ния городо́в, рек, озёр, острово́в, гор и т. д.), отно́сятся к тому́ же граммати́ческому ро́ду, что и нарица́тельные существи́тельные, выступа́ющие в ро́ли родово́го поня́тия (т. е. слова́ *го́род, река́, о́зеро, о́стров, гора́* и т. д.):

со́лнечный Со́чи (ср. го́род *м*)
широ́кая Миссиси́пи (ср. река́ *ж*)
полново́дное Э́ри (ср. о́зеро *с*)
живопи́сный Ка́при (ср. о́стров *м*)
труднодосту́пная Ю́нгфрау (ср. гора́ *ж*)

Одно́ и то же сло́во мо́жет име́ть согласова́ние по ра́зным рода́м в зави́симости от подразумева́ющегося поня́тия. Ср.: *Мали́ присоедини́лось к резолю́ции, при́нятой гру́ппой африка́нских госуда́рств* (Мали́ — госуда́рство).— *Мали́ должна́ рассчи́тывать преиму́щественно на две о́трасли эконо́мики — рыболо́вство и се́льское хозя́йство* (Мали́ — страна́).

5) Несклоня́емые существи́тельные, обознача́ющие н а з в а́ н и я о́ р г а н о в п е ч а́ т и, отно́сятся к тому́ же граммати́ческому ро́ду, что и соотве́тствующее родово́е поня́тие:

либера́льная «Ньюс кро́никл» (ср. газе́та *ж*)
«Фигаро́ литере́р» опубликова́л (ср. журна́л *м*)

## I. ИМЯ СУЩЕСТВИТЕЛЬНОЕ

6) А́б б р е в и а т у р ы, образованные соединением начальных букв слов, из которых состоит полное наименование, обычно относятся к тому же грамматическому роду, что и опорное слово:

*МГУ пра́здновал юбиле́й* (ср. университе́т *м*)
*ОО́Н приняла́ к рассмотре́нию докуме́нт* (ср. организа́ция *ж*)
*РИА́ сообщи́ло* (ср. аге́нтство *с*)

Однако в современном русском языке существует тенденция относить такого типа аббревиатуры к мужскому роду и склонять их, например: *ТАСС уполномо́чен заяви́ть; рабо́тать на ВА́Зе.*

### Б. Склоняемые нарицательные существительные общего (мужского и женского) рода:

| бродя́га | малю́тка | невиди́мка | сирота́ |
|---|---|---|---|
| колле́га | неве́жа | одино́чка | уби́йца |
| левша́ | неве́жда | пья́ница | у́мница |

В современном нормативном употреблении рекомендуется согласование по смыслу: *Ивано́ва — замеча́тельная у́мница. Ивано́в — замеча́тельный у́мница.*

Применительно к существительному «же́ртва» принято согласование по ж е н с к о м у роду и в тех случаях, когда называется лицо мужского пола: *Же́ртва террори́стов сконча́лась.*

### В. Существительные мужского рода, которые обозначают лицо по профессии, занимаемой должности, выполняемой работе, занятию и т. д. и могут использоваться для называния лиц женского * пола:

| а́втор | води́тель | доброво́лец |
|---|---|---|
| агроно́м | врач | до́ктор |
| архите́ктор | гео́лог | животново́д |
| библиоте́карь | делега́т | инжене́р |
| бригади́р | депута́т | касси́р |
| ветерина́р | дире́ктор | компози́тор |

---

\* Самостоятельные названия лиц женского пола (параллельные соответствующим названиям лиц мужского пола) закрепились лишь в тех случаях, когда специальность (профессия, род занятий и т. д.) в равной мере связана и с женским и с мужским трудом, например: *арти́ст — арти́стка, комсомо́лец — комсомо́лка, лабора́нт — лабора́нтка, лётчик — лётчица, писа́тель — писа́тельница, спортсме́н — спортсме́нка, студе́нт — студе́нтка, трактори́ст — трактори́стка, учи́тель — учи́тельница.*

## I.5. РОД ИМЕН СУЩЕСТВИТЕЛЬНЫХ

| | | |
|---|---|---|
| корреспонде́нт | почтальо́н | секрета́рь |
| ма́стер | председа́тель | ста́роста |
| мини́стр | проводни́к | сто́рож |
| нача́льник | продаве́ц | судья́ |
| парикма́хер | профе́ссор | тре́нер |
| по́вар | руководи́тель | экскурсово́д |

Если любое из перечисленных слов относится к женщине, то литературной норме отвечает следующее с о г л а с о в а́ - н и е *:

1) О п р е д е л е н и е

а) необособленное определение ставится в форме м у ж - с к о г о рода (даже при наличии в предложении собственного имени): *В журна́ле «Но́вый мир» появи́лся но́вый а́втор Н. Петро́ва.*

б) обособленное определение ставится в форме ж е н - с к о г о рода, если оно стоит после собственного имени: *А́втор Н. Петро́ва, уже́ изве́стная чита́телям, предложи́ла но́вую статью́.*

в) определение-причастие ставится в форме ж е н с к о г о рода независимо от порядка слов: *Предложи́вшая но́вую статью́ а́втор Н. Петро́ва уже́ изве́стна чита́телям.*

2) С к а з у е м о е

а) сказуемое в книжно-письменных стилях ставится в форме м у ж с к о г о рода при отсутствии собственного имени: *А́втор статьи́ изложи́л интере́сные наблюде́ния*, а также в случаях, когда сказуемое предшествует сочетанию «рассматриваемое слово + собственное имя»: *Увлека́тельные заме́тки предложи́л реда́кции изве́стный а́втор Н. Петро́ва.*

б) сказуемое ставится в форме ж е н с к о г о рода, если в предложении есть собственное имя, предшествующее сказуемому: *А́втор Н. Петро́ва предложи́ла реда́кции увлека́тельные заме́тки.*

в) сказуемое может быть поставлено в ж е н с к о м роде, если его форма является единственным показателем того, что речь идёт о женщине, а пишущему важно это подчеркнуть: *А́втор — шту́рман до́блестно де́йствовавшего в Вели́кую Оте́чественную войну́ авиацио́нного же́нского полка́ ночны́х бомбардиро́вщиков — посвяти́ла свою́ по́весть све́тлой па́мяти боевы́х подру́г.*

Постановка определения или сказуемого в форме женского рода в условиях, не отвечающих перечисленным выше, свойственна разговорному стилю.

---

* Возможные случаи согласования разбираются на примере существительного **а́втор**.

# II. ИМЯ ПРИЛАГАТЕЛЬНОЕ

## II.1. КРАТКИЕ ФОРМЫ

В процессе образования кратких форм, которые, как правило, имеют качественные прилагательные, наблюдаются:

А — передвижение ударения в парадигме;
Б — появление или утрата беглых гласных;
В — вариантные формы кратких прилагательных мужского рода на *-ен-* и *-енен-*;
Г — расхождения в значениях краткой и полной формы;
Д — отсутствие или неупотребительность полных форм;
Е — отсутствие или неупотребительность кратких форм.

### А. Передвижение ударения в парадигме *:

бе́л|ый, -ая, -ое, -ые: бел, бела́, бело́ *и* бе́ло, белы́ *и* бе́лы
велик|ий, -ая, -ое, -ие: вели́к, велика́, вели́ко, вели́ки
весёл|ый, -ая, -ое, -ые: ве́сел, весела́, ве́село, ве́селы *и доп.* веселы́
высо́к|ий -ая, -ое, -ие: высо́к, высока́, высо́ко *и доп.* высоко́, высо́ки *и* высоки́
глубо́к|ий, -ая, -ое, -ие: глубо́к, глубока́, глубо́ко *и доп.* глубоко́, глубо́ки *и* глубоки́
глу́п|ый, -ая, -ое, -ые: глуп, глупа́, глу́по, глу́пы *и доп.* глупы́
глух|о́й, -а́я, -о́е, -и́е: 1. '*о человеке*' — глух, глуха́, глу́хо, глу́хи; 2. '*о звуке* — глух, глуха́, глу́хо; глухи́ *и доп.* глухи́
го́л|ый, -ая, -ое, -ые: гол, гола́, го́ло, го́лы
го́рд|ый, -ая, -ое, -ые: горд, горда́, го́рдо, горды́ *и доп. устар.* го́рды
горя́ч|ий, -ая, -ее, -ие: горя́ч, горяча́, горячо́, горячи́

---

\* В последующих подразделах (1, 2, 3, 4) рассматривается передвижение ударения в каждой форме кратких прилагательных.

## II.1. КРАТКИЕ ФОРМЫ  II.1.А

груб|ый, -ая, -ое, -ые: груб, груба́, гру́бо, гру́бы *и доп.* грубы́

густ|о́й, -а́я, -о́е, -ы́е: густ, густа́, гу́сто, густы́ *и* гу́сты

далёк|ий, -ая, -ое, -ие: далёк, далека́, далеко́ *и доп.* далеко́, далеки́ *и* далёки

дешёв|ый, -ая, -ое, -ые: дёшев, дешева́, дёшево, дёшевы

ди́к|ий, -ая, -ое, -ие: дик, дика́, ди́ко, ди́ки

до́бр|ый, -ая, -ое, -ые: добр, добра́, до́бро, добры́ *и* до́бры

дорог|о́й, -а́я, -о́е, -и́е: до́рог, дорога́, до́рого, до́роги

жёлт|ый, -ая, -ое, -ые: жёлт, желта́, жёлто, желты́ *и* жёлты

жив|о́й, -а́я, -о́е, -ы́е: жив, жива́, жи́во, жи́вы

зелён|ый, -ая, -ое, -ые: зе́лен, зелена́, зе́лено, зелены́ *и* зе́лены

коро́тк|ий, -ая, -ое, -ие: ко́роток *и доп. устар.* коро́ток, коротка́, ко́ротко *и доп. устар.* коро́тко, коротки́, ко́ротки *и доп. устар.* коро́тки

кос|о́й, -а́я, -о́е, -ы́е: кос, коса́, ко́со, ко́сы *и доп.* косы́

крив|о́й, -а́я, -о́е, -ы́е: крив, крива́, кри́во, кри́вы *и доп.* кривы́

кру́гл|ый, -ая, -ое, -ые: кругл, кругла́, кру́гло, круглы́ *и* кру́глы

крут|о́й, -а́я, -о́е, -ы́е: крут, крута́, кру́то, круты́ *и* кру́ты

ма́л|ый, -ая, -ое, -ые: мал, мала́, мало́, малы́

мёртв|ый, -ая, -ое, -ые: 1. '*неживой*' — мёртв, мертва́, мёртво, мёртвы *и доп.* мертвы́; 2. *перен.* '*лишённый жизненности, бесплодный, безмолвный*' — мёртв, мертва́, мертво́ *и доп.* мёртво, мертвы́ *и доп.* мёртвы

ми́л|ый, -ая, -ое, -ые: мил, мила́, ми́ло, милы́ *и* ми́лы

мо́кр|ый, -ая, -ое, -ые: мокр, мокра́, мо́кро, мокры́ *и* мо́кры

молод|о́й, -а́я, -о́е, -ы́е: мо́лод, молода́, мо́лодо, мо́лоды

но́в|ый, -ая, -ое, -ые: нов, нова́, но́во, новы́ *и* но́вы

общ|ий, -ая, -ее, -ие: 1. '*принадлежащий всем*' — общ, обща́, о́бще, о́бщи; 2. '*не конкретный, схематичный*' — общ, обща́, общо́, о́бщи *и доп.* общи́

пёстр|ый, -ая, -ое, -ые: пёстр, пестра́, пестро́ *и* пёстро, пестры́ *и* пёстры

плох|о́й, -а́я, -о́е, -и́е: плох, плоха́, пло́хо, пло́хи *и доп.* плохи́

пра́в|ый ², ('*справедливый, содержащий правду*', *противоп.* вино́вный), -ая, -ое, -ые: прав, права́, пра́во, пра́вы

прост|о́й, -а́я, -о́е, -ы́е: прост, проста́, про́сто, просты́ *и доп. устар.* про́сты

прям|о́й, -а́я, -о́е, -ы́е: прям, пряма́, пря́мо, прямы́ *и* пря́мы

## II. ИМЯ ПРИЛАГАТЕЛЬНОЕ

пуст|о́й, -а́я, -о́е, -ы́е: пуст, пуста́, пу́сто, пусты́ и пу́сты
развит|о́й, -а́я, -о́е, -ы́е: ра́звит, развита́, ра́звито, ра́звиты
свеж|ий, -ая, -ее, -ие: свеж, свежа́, свежо́, свежи́ и све́жи
сед|о́й, -а́я, -о́е, -ы́е: сед, седа́, се́до, седы́ и се́ды
се́р|ый, -ая, -ое, -ые: сер, сера́, се́ро, се́ры
сла́б|ый, -ая, -ое, -ые: слаб, слаба́, сла́бо, сла́бы и доп. слабы́
слеп|о́й, -а́я, -о́е, -ы́е: слеп, слепа́, сле́по, сле́пы
сме́л|ый, -ая, -ое, -ые: смел, смела́, сме́ло, смелы́ и сме́лы
солён|ый, -ая, -ое, -ые: со́лон, солона́, со́лоно, солоны́ и со́лоны
спе́л|ый, -ая, -ое, -ые: спел, спела́, спе́ло, спелы́ и спе́лы
ста́р|ый, -ая, -ое, -ые: стар, стара́, ста́ро, ста́ры и доп. стары́
стро́г|ий, -ая, -ое, -ие: строг, строга́, стро́го, стро́ги и доп. строги́
сух|о́й, -а́я, -о́е, -и́е: сух, суха́, су́хо, су́хи и доп. сухи́
счастли́в|ый, -ая, -ое, -ые: сча́стлив и доп. устар. счастли́в, сча́стлива и доп. устар. счастли́ва, сча́стливо и доп. устар. счастли́во, сча́стливы и доп. устар. счастли́вы
сыр|о́й, -а́я, -о́е, -ы́е: сыр, сыра́, сы́ро, сы́ры
сы́т|ый, -ая, -ое, -ые: сыт, сыта́, сы́то, сы́ты
твёрд|ый, -ая, -ое, -ые: твёрд, тверда́, твёрдо, тверды́ и твёрды
ти́х|ий, -ая, -ое, -ие: тих, тиха́, ти́хо, ти́хи и доп. тихи́
то́лст|ый, -ая, -ое, -ые: толст, толста́, то́лсто, толсты́ и то́лсты
туп|о́й, -а́я, -о́е, -ы́е: туп, тупа́, ту́по, тупы́ и ту́пы
тяжёл|ый, -ая, -ое, -ые: тяжёл, тяжела́, тяжело́, тяжелы́
хоро́ш|ий, -ая, -ее, -ие: хоро́ш, хороша́, хорошо́, хороши́
хра́бр|ый, -ая, -ое, -ые: храбр, храбра́, хра́бро, храбры́ и хра́бры
худ|о́й [1] (*противоп.* то́лстый, по́лный), -а́я, -о́е, -ы́е: худ, худа́, ху́до, худы́ и ху́ды
худ|о́й [2] '*дыря́вый*', -а́я, -о́е, -ы́е: худ, худа́, ху́до, худы́ и ху́ды
худ|о́й [3] '*плохо́й*', -а́я, -о́е, -ы́е: худ, худа́, ху́до, худы́
це́л|ый, -ая, -ое, -ые: цел, цела́, це́ло, це́лы
чи́ст|ый, -ая, -ое, -ые: чист, чиста́, чи́сто, чисты́ и чи́сты
широ́к|ий, -ая, -ое, -ие: широ́к, широка́, широ́ко и доп. широко́, широ́ки и широки́
ю́н|ый, -ая, -ое, -ые: юн, юна́, ю́но, ю́ны

## II.1. КРАТКИЕ ФОРМЫ     II.1.A

1) Прилагательные с передвижением ударения в краткой форме мужского рода:

а) передвижение ударения с окончания на основу:

| | | |
|---|---|---|
| глухо́й — глух | молодо́й — мо́лод | седо́й — сед |
| густо́й — густ | плохо́й — плох | слепо́й — слеп |
| дорого́й — до́рог | просто́й — прост | сухо́й — сух |
| живо́й — жив | прямо́й — прям | сыро́й — сыр |
| косо́й — кос | пусто́й — пуст | тупо́й — туп |
| криво́й — крив | развито́й — ра́звит | худо́й — худ |
| круто́й — крут | | |

б) возможные передвижение ударения внутри основы и чередование гласных:

весёлый — ве́сел
дешёвый — дёшев
зелёный — зе́лен
солёный — со́лон

●●

коро́ткий — ко́роток *и доп. устар.* коро́ток
счастли́вый — сча́стлив *и доп. устар.* счастли́в

2) Прилагательные с передвижением ударения в краткой форме женского рода:

а) передвижение ударения с основы на окончание:

бе́лый: бел — бела́
вели́кий: вели́к — велика́
весёлый: ве́сел — весела́
высо́кий: высо́к — высока́
глубо́кий: глубо́к — глубока́
глу́пый: глуп — глупа́
глухо́й: глух — глуха́
го́лый: гол — гола́
го́рдый: горд — горда́
горя́чий: горя́ч — горяча́
гру́бый: груб — груба́
густо́й: густ — густа́
ди́кий: дик — дика́
до́брый: добр — добра́
дорого́й: до́рог — дорога́
живо́й: жив — жива́
зелёный: зе́лен — зелена́
косо́й: кос — коса́
криво́й: крив — крива́
кру́глый: кругл — кругла́

круто́й: крут — крута́
ма́лый: мал — мала́
ми́лый: мил — мила́
мо́крый: мокр — мокра́
молодо́й: мо́лод — молода́
но́вый: нов — нова́
о́бщий: общ — обща́
плохо́й: плох — плоха́
пра́вый ² (*'справедливый, содержащий правду', противоп.* вино́вный): прав — права́
просто́й: прост — проста́
прямо́й: прям — пряма́
пусто́й: пуст — пуста́
развито́й: ра́звит — развита́
све́жий: свеж — свежа́
седо́й: сед — седа́
се́рый: сер — сера́
сла́бый: слаб — слаба́

57

## II. ИМЯ ПРИЛАГАТЕЛЬНОЕ

слепо́й: слеп — слепа́
сме́лый: смел — смела́
солёный: со́лон — солона́
спе́лый: спел — спела́
ста́рый: стар — стара́
стро́гий: строг — строга́
сухо́й: сух — суха́
сыро́й: сыр — сыра́
сы́тый: сыт — сыта́
ти́хий: тих — тиха́
то́лстый: толст — толста́
тупо́й: туп — тупа́
хоро́ший: хоро́ш — хороша́
хра́брый: храбр — храбра́

худо́й: худ — худа́
це́лый: цел — цела́
чи́стый: чист — чиста́
широ́кий: широ́к — широка́
ю́ный: юн — юна́

●●

коро́ткий: ко́роток *и доп. устар.* коро́ток — коротка́
располо́женный: располо́жен — располо́жена *и доп.* расположена́

б) передвижение ударения с основы на окончание и чередование гласных:

далёкий: далёк — далека́
дешёвый: дёшев — дешева́
жёлтый: жёлт — желта́
мёртвый: мёртв — мертва́

пёстрый: пёстр — пестра́
твёрдый: твёрд — тверда́
тяжёлый: тяжёл — тяжела́

3) Прилагательные с передвижением ударения в краткой форме с р е д н е г о  р о д а:

а) возможное передвижение ударения с основы на окончание:

горя́чий: горя́ч — горячо́
ма́лый: мал — мало́
о́бщий '*не конкретный, схематичный*': общ — общо́
све́жий: свеж — свежо́
хоро́ший: хоро́ш — хорошо́

●●

бе́лый: бел — бело́ *и* бе́ло
высо́кий: высо́к — высо́ко *и доп.* высоко́
глубо́кий: глубо́к — глубо́ко *и доп.* глубоко́
мёртвый *перен.* '*лишённый жизненности, бесплодный, безмолвный*': мёртв — мертво́ *и доп.* мёртво
пёстрый: пёстр — пестро́ *и* пёстро
широ́кий: широ́к — широ́ко *и доп.* широко́

б) возможные передвижение ударения с основы на окончание и чередование гласных:

пёстрый: пёстр — пестро́
тяжёлый: тяжёл — тяжело́

●●

далёкий: далёк — далёко *и доп.* далеко́

## II.1. КРАТКИЕ ФОРМЫ — II.1.А

4) Прилагательные с передвижением ударения в краткой форме м н о ж е с т в е н н о г о  числа:

а) возможное передвижение ударения с основы на окончание:

горя́чий: горя́ч — горячи́
ма́лый: мал — малы́
хоро́ший: хоро́ш — хороши́

●●

бе́лый: бел — белы́ *и* бе́лы
весёлый: ве́сел — ве́селы *и доп.* веселы́
высо́кий: высо́к — высоки́ *и* высо́ки
глубо́кий: глубо́к — глубоки́ *и* глубо́ки
глу́пый: глуп — глу́пы *и доп.* глупы́
глухо́й 'о звуке': глух — глу́хи *и доп.* глухи́
го́рдый: горд — горды́ *и доп. устар.* го́рды
гру́бый: груб — гру́бы *и доп.* грубы́
густо́й: густ — густы́ *и* гу́сты
до́брый: добр — добры́ *и* до́бры
зелёный: зе́лен — зелены́ *и* зе́лены
косо́й: кос — ко́сы *и доп.* косы́
криво́й: крив — кри́вы *и доп.* кривы́
кру́глый: кругл — круглы́ *и* кру́глы
круто́й: крут — круты́ *и* кру́ты
ми́лый: мил — милы́ *и* ми́лы
мо́крый: мокр — мокры́ *и* мо́кры
но́вый: нов — новы́ *и* но́вы
о́бщий 'не конкретный, схематичный': общ — о́бщи *и доп.* общи́
плохо́й: плох — пло́хи *и доп.* плохи́
просто́й: прост — просты́ *и доп. устар.* про́сты
прямо́й: прям — прямы́ *и* пря́мы
пусто́й: пуст — пусты́ *и* пу́сты
све́жий: свеж — свежи́ *и* све́жи
седо́й: сед — седы́ *и* се́ды
сла́бый: слаб — сла́бы *и доп.* слабы́
сме́лый: смел — смелы́ *и* сме́лы
солёный: со́лон — солоны́ *и* со́лоны
спе́лый: спел — спелы́ *и* спе́лы
ста́рый: стар — ста́ры *и доп.* стары́
стро́гий: строг — стро́ги *и доп.* строги́
сухо́й: сух — су́хи *и доп.* сухи́
ти́хий: тих — ти́хи *и доп.* тихи́
то́лстый: толст — толсты́ *и* то́лсты
тупо́й: туп — тупы́ *и* ту́пы
хра́брый: храбр — храбры́ *и* хра́бры

## II. ИМЯ ПРИЛАГАТЕЛЬНОЕ

худо́й [1] (*противоп.* то́лстый, по́лный): худ — худы́ *и* ху́ды

худо́й [2] '*дырявый*': худ — худы́ *и* ху́ды

чи́стый: чист — чисты́ *и* чи́сты

широ́кий: широ́к — широки́ *и* широ́ки

б) возможные передвижение ударения с основы на окончание и чередование гласных:

тяжёлый: тяжёл — тяжелы́

●●

далёкий: далёк — далеки́ *и* далёки

жёлтый: жёлт — желты́ *и* жёлты

мёртвый: 1. '*не живой*': мёртв — мёртвы *и доп.* мертвы́; 2. *перен.* '*лишённый жизненности, бесплодный, безмолвный*': мёртв — мертвы́ *и доп.* мёртвы

пёстрый: пёстр — пестры́ *и* пёстры

твёрдый: твёрд — тверды́ *и* твёрды

в) возможное передвижение ударения с основы на окончание или внутри основы:

коро́ткий: ко́роток *и доп. устар.* коро́ток — ко́ротки, коротки́ *и доп. устар.* коро́тки

### Б. Появление или утрата беглых гласных

1) Прилагательные с беглой гласной *-е-*\* и неподвижным ударением:

автоно́мн|ый, -ая, -ое, -ые: автоно́мен, автоно́мна, автоно́мно, автоно́мны

аккура́тн|ый, -ая, -ое, -ые: аккура́тен, аккура́тна, аккура́тно, аккура́тны

акти́вн|ый, -ая, -ое, -ые: акти́вен, акти́вна, акти́вно, акти́вны

бди́тельн|ый, -ая, -ое, -ые: бди́телен, бди́тельна, бди́тельно, бди́тельны

беззабо́тн|ый, -ая, -ое, -ые: беззабо́тен, беззабо́тна, беззабо́тно, беззабо́тны

безуда́рн|ый, -ая, -ое, -ые: безуда́рен, безуда́рна, безуда́рно, безуда́рны

бесконе́чн|ый, -ая, -ое, -ые: бесконе́чен, бесконе́чна, бесконе́чно, бесконе́чны

---

\* Исключение: *-и-* вместо ожидаемого *-е-* (орфографическая особенность) в краткой форме мужского рода — досто́йн|ый, -ая, -ое, -ые: досто́ин, досто́йна, досто́йно, досто́йны.

## II.1. КРАТКИЕ ФОРМЫ           II.1.Б

беспо́мощн|ый, -ая, -ое, -ые: беспо́мощен, беспо́мощна, беспо́мощно, беспо́мощны

беспоща́дн|ый, -ая, -ое, -ые: беспоща́ден, беспоща́дна, беспоща́дно, беспоща́дны

беспра́вн|ый, -ая, -ое, -ые: беспра́вен, беспра́вна, беспра́вно, беспра́вны

бессме́ртн|ый, -ая, -ое, -ые: бессме́ртен, бессме́ртна, бессме́ртно, бессме́ртны

великоле́пн|ый, -ая, -ое, -ые: великоле́пен, великоле́пна, великоле́пно, великоле́пны

вертика́льн|ый, -ая, -ое, -ые: вертика́лен, вертика́льна, вертика́льно, вертика́льны

ве́чн|ый, -ая, -ое, -ые: ве́чен, ве́чна, ве́чно, ве́чны

внима́тельн|ый, -ая, -ое, -ые: внима́телен, внима́тельна, внима́тельно, внима́тельны

возмо́жн|ый, -ая, -ое, -ые: возмо́жен, возмо́жна, возмо́жно, возмо́жны

второстепе́нн|ый, -ая, -ое, -ые: второстепе́нен, второстепе́нна, второстепе́нно, второстепе́нны

вырази́тельн|ый, -ая, -ое, -ые: вырази́телен, вырази́тельна, вырази́тельно, вырази́тельны

горизонта́льн|ый, -ая, -ое, -ые: горизонта́лен, горизонта́льна, горизонта́льно, горизонта́льны

гостеприи́мн|ый, -ая, -ое, -ые: гостеприи́мен, гостеприи́мна, гостеприи́мно, гостеприи́мны

демократи́чн|ый, -ая, -ое, -ые: демократи́чен, демократи́чна, демократи́чно, демократи́чны

дово́льн|ый, -ая, -ое, -ые: дово́лен, дово́льна, дово́льно, дово́льны

жизнера́достн|ый, -ая, -ое, -ые: жизнера́достен, жизнера́достна, жизнера́достно, жизнера́достны

замеча́тельн|ый, -ая, -ое, -ые: замеча́телен, замеча́тельна, замеча́тельно, замеча́тельны

значи́тельн|ый, -ая, -ое, -ые: значи́телен, значи́тельна, значи́тельно, значи́тельны

изве́стн|ый, -ая, -ое, -ые: изве́стен, изве́стна, изве́стно, изве́стны

интере́сн|ый, -ая, -ое, -ые: интере́сен, интере́сна, интере́сно, интере́сны

интернациона́льн|ый, -ая, -ое, -ые: интернациона́лен, интернациона́льна, интернациона́льно, интернациона́льны

ка́чественн|ый, -ая, -ое, -ые: ка́чественен, ка́чественна, ка́чественно, ка́чественны

конкре́тн|ый, -ая, -ое, -ые: конкре́тен, конкре́тна, конкре́тно, конкре́тны

культу́рн|ый, -ая, -ое, -ые: культу́рен, культу́рна, культу́рно, культу́рны

## II. ИМЯ ПРИЛАГАТЕЛЬНОЕ

литерату́рн|ый, -ая, -ое, -ые: литерату́рен, литерату́рна, литерату́рно, литерату́рны
любозна́тельн|ый, -ая, -ое, -ые: любозна́телен, любозна́тельна, любозна́тельно, любозна́тельны
любопы́тн|ый, -ая, -ое, -ые: любопы́тен, любопы́тна, любопы́тно, любопы́тны
материа́льн|ый, -ая, -ое, -ые: материа́лен, материа́льна, материа́льно, материа́льны
ми́рн|ый, -ая, -ое, -ые: ми́рен, ми́рна, ми́рно, ми́рны
многонациона́льн|ый, -ая, -ое, -ые: многонациона́лен, многонациона́льна, многонациона́льно, многонациона́льны
музыка́льн|ый, -ая, -ое, -ые: музыка́лен, музыка́льна, музыка́льно, музыка́льны
наря́дн|ый, -ая, -ое, -ые: наря́ден, наря́дна, наря́дно, наря́дны
неизве́стн|ый, -ая, -ое, -ые: неизве́стен, неизве́стна, неизве́стно, неизве́стны
необыкнове́нн|ый, -ая, -ое, -ые: необыкнове́нен, необыкнове́нна, необыкнове́нно, необыкнове́нны
неподви́жн|ый, -ая, -ое, -ые: неподви́жен, неподви́жна, неподви́жно, неподви́жны
непоко́рн|ый, -ая, -ое, -ые: непоко́рен, непоко́рна, непоко́рно, непоко́рны
непоня́тн|ый, -ая, -ое, -ые: непоня́тен, непоня́тна, непоня́тно, непоня́тны
несча́стн|ый, -ая, -ое, -ые: несча́стен, несча́стна, несча́стно, несча́стны
норма́льн|ый, -ая, -ое, -ые: норма́лен, норма́льна, норма́льно, норма́льны
обыкнове́нн|ый, -ая, -ое, -ые: обыкнове́нен, обыкнове́нна, обыкнове́нно, обыкнове́нны
обы́чн|ый, -ая, -ое, -ые: обы́чен, обы́чна, обы́чно, обы́чны
обяза́тельн|ый, -ая, -ое, -ые: обяза́телен, обяза́тельна, обяза́тельно, обяза́тельны
огро́мн|ый, -ая, -ое, -ые: огро́мен, огро́мна, огро́мно, огро́мны
опа́сн|ый, -ая, -ое, -ые: опа́сен, опа́сна, опа́сно, опа́сны
осторо́жн|ый, -ая, -ое, -ые: осторо́жен, осторо́жна, осторо́жно, осторо́жны
отва́жн|ый, -ая, -ое, -ые: отва́жен, отва́жна, отва́жно, отва́жны
отли́чн|ый, -ая, -ое, -ые: отли́чен, отли́чна, отли́чно, отли́чны
относи́тельн|ый, -ая, -ое, -ые: относи́телен, относи́тельна, относи́тельно, относи́тельны
отрица́тельн|ый, -ая, -ое, -ые: отрица́телен, отрица́тельна, отрица́тельно, отрица́тельны

## II.1. КРАТКИЕ ФОРМЫ II.1.Б

паралле́льн|ый, -ая, -ое, -ые: паралле́лен, паралле́льна, паралле́льно, паралле́льны
парти́йн|ый, -ая, -ое, -ые: парти́ен, парти́йна, парти́йно, парти́йны
па́смурн|ый, -ая, -ое, -ые: па́смурен, па́смурна, па́смурно, па́смурны
печа́льн|ый, -ая, -ое, -ые: печа́лен, печа́льна, печа́льно, печа́льны
плодоро́дн|ый, -ая, -ое, -ые: плодоро́ден, плодоро́дна, плодоро́дно, плодоро́дны
подо́бн|ый, -ая, -ое, -ые: подо́бен, подо́бна, подо́бно, подо́бны
поле́зн|ый, -ая, -ое, -ые: поле́зен, поле́зна, поле́зно, поле́зны
положи́тельн|ый, -ая, -ое, -ые: положи́телен, положи́тельна, положи́тельно, положи́тельны
поня́тн|ый, -ая, -ое, -ые: поня́тен, поня́тна, поня́тно, поня́тны
послу́шн|ый, -ая, -ое, -ые: послу́шен, послу́шна, послу́шно, послу́шны
постоя́нн|ый, -ая, -ое, -ые: постоя́нен, постоя́нна, постоя́нно, постоя́нны
почётн|ый, -ая, -ое, -ые: почётен, почётна, почётно, почётны
поэти́чн|ый, -ая, -ое, -ые: поэти́чен, поэти́чна, поэти́чно, поэти́чны
пра́здничн|ый, -ая, -ое, -ые: пра́зничен, пра́зднична, пра́зднично, пра́здничны
превосхо́дн|ый, -ая, -ое, -ые: превосхо́ден, превосхо́дна, превосхо́дно, превосхо́дны
прекра́сн|ый, -ая, -ое, -ые: прекра́сен, прекра́сна, прекра́сно, прекра́сны
приле́жн|ый, -ая, -ое, -ые: приле́жен, приле́жна, приле́жно, приле́жны
принципиа́льн|ый, -ая, -ое, -ые: принципиа́лен, принципиа́льна, принципиа́льно, принципиа́льны
прия́тн|ый, -ая, -ое, -ые: прия́тен, прия́тна, прия́тно, прия́тны
прогресси́вн|ый, -ая, -ое, -ые: прогресси́вен, прогресси́вна, прогресси́вно, прогресси́вны
прозра́чн|ый, -ая, -ое, -ые: прозра́чен, прозра́чна, прозра́чно, прозра́чны
просто́рн|ый, -ая, -ое, -ые: просто́рен, просто́рна, просто́рно, просто́рны
противополо́жн|ый, -ая, -ое, -ые: противополо́жен, противополо́жна, противополо́жно, противополо́жны
прохла́дн|ый, -ая, -ое, -ые: прохла́ден, прохла́дна, прохла́дно, прохла́дны

## II. ИМЯ ПРИЛАГАТЕЛЬНОЕ

равноду́шн|ый, -ая, -ое, -ые: равноду́шен, равноду́шна, равноду́шно, равноду́шны
равнопра́вн|ый, -ая, -ое, -ые: равнопра́вен, равнопра́вна, равнопра́вно, равнопра́вны
ра́достн|ый, -ая, -ое, -ые: ра́достен, ра́достна, ра́достно, ра́достны
разли́чн|ый, -ая, -ое, -ые: разли́чен, разли́чна, разли́чно, разли́чны
разнообра́зн|ый, -ая, -ое, -ые: разнообра́зен, разнообра́зна, разнообра́зно, разнообра́зны
реа́льн|ый, -ая, -ое, -ые: реа́лен, реа́льна, реа́льно, реа́льны
революцио́нн|ый, -ая, -ое, -ые: революцио́нен, революцио́нна, революцио́нно, революцио́нны
реши́тельн|ый, -ая, -ое, -ые: реши́телен, реши́тельна, реши́тельно, реши́тельны
самостоя́тельн|ый, -ая, -ое, -ые: самостоя́телен, самостоя́тельна, самостоя́тельно, самостоя́тельны
свобо́дн|ый, -ая, -ое, -ые: свобо́ден, свобо́дна, свобо́дно, свобо́дны
своеобра́зн|ый, -ая, -ое, -ые: своеобра́зен, своеобра́зна, своеобра́зно, своеобра́зны
серде́чн|ый, -ая, -ое, -ые: серде́чен, серде́чна, серде́чно, серде́чны
серьёзн|ый, -ая, -ое, -ые: серьёзен, серьёзна, серьёзно, серьёзны
случа́йн|ый, -ая, -ое, -ые: случа́ен, случа́йна, случа́йно, случа́йны
соверше́нн|ый, -ая, -ое, -ые: соверше́нен, соверше́нна, соверше́нно, соверше́нны
совреме́нн|ый, -ая, -ое, -ые: совреме́нен, совреме́нна, совреме́нно, совреме́нны
споко́йн|ый, -ая, -ое, -ые: споко́ен, споко́йна, споко́йно, споко́йны
спо́рн|ый, -ая, -ое, -ые: спо́рен, спо́рна, спо́рно, спо́рны
спосо́бн|ый, -ая, -ое, -ые: спосо́бен, спосо́бна, спосо́бно, спосо́бны
сро́чн|ый, -ая, -ое, -ые: сро́чен, сро́чна, сро́чно, сро́чны
типи́чн|ый, -ая, -ое, -ые: типи́чен, типи́чна, типи́чно, типи́чны
трево́жн|ый, -ая, -ое, -ые: трево́жен, трево́жна, трево́жно, трево́жны
уда́чн|ый, -ая, -ое, -ые: уда́чен, уда́чна, уда́чно, уда́чны
удиви́тельн|ый, -ая, -ое, -ые: удиви́телен, удиви́тельна, удиви́тельно, удиви́тельны
удо́бн|ый, -ая, -ое, -ые: удо́бен, удо́бна, удо́бно, удо́бны
хи́щн|ый, -ая, -ое, -ые: хи́щен, хи́щна, хи́щно, хи́щны

чуде́сн|ый, -ая, -ое, -ые: чуде́сен, чуде́сна, чуде́сно, чуде́сны

эконо́мичн|ый, -ая, -ое, -ые: эконо́мичен, эконо́мична, эконо́мично, эконо́мичны

энерги́чн|ый, -ая, -ое, -ые: энерги́чен, энерги́чна, энерги́чно, энерги́чны

2) Прилагательные с беглыми гласными и передвижением ударения*:

— прилагательные с беглой гласной *-е-*:

бе́дн|ый 'неимущий', -ая, -ое, -ые: бе́ден, бедна́, бе́дно, бедны́ *и* бе́дны

бле́дн|ый, -ая, -ое, -ые: бле́ден, бледна́, бле́дно, бледны́ *и* бле́дны

больн|о́й, -а́я, -о́е, -ы́е: бо́лен, больна́, больно́, больны́

бу́рн|ый, -ая, -ое, -ые: бу́рен, бурна́ *и* бу́рна, бу́рно, бу́рны

ва́жн|ый, -ая, -ое, -ые: ва́жен, важна́, ва́жно, важны́ *и* ва́жны

ве́рн|ый, -ая, -ое, -ые: ве́рен, верна́, ве́рно, верны́ *и* ве́рны

ви́дн|ый 'видимый, различимый', -ая, -ое, -ые: ви́ден, видна́, ви́дно, видны́ *и доп. устар.* ви́дны

вку́сн|ый, -ая, -ое, -ые: вку́сен, вкусна́, вку́сно, вкусны́ *и* вку́сны

вла́жн|ый, -ая, -ое, -ые: вла́жен, влажна́, вла́жно, влажны́ *и* вла́жны

вре́дн|ый, -ая, -ое, -ые: вре́ден, вредна́, вре́дно, вредны́ *и* вре́дны

голо́дн|ый, -ая, -ое, -ые: го́лоден, голодна́, го́лодно, голодны́ *и* го́лодны

го́рьк|ий, -ая, -ое, -ие: го́рек, горька́, го́рько, го́рьки *и доп.* горьки́

гру́стн|ый, -ая, -ое, -ые: гру́стен, грустна́, гру́стно, грустны́ *и* гру́стны

гря́зн|ый, -ая, -ое, -ые: гря́зен, грязна́, гря́зно, грязны́ *и* гря́зны

дли́нн|ый, -ая, -ое, -ые: дли́нен, длинна́, дли́нно, длинны́ *и* дли́нны

дру́жн|ый, -ая, -ое, -ые: дру́жен, дружна́, дру́жно, дружны́ *и* дру́жны

жа́дн|ый, -ая, -ое, -ые: жа́ден, жадна́, жа́дно, жадны́ *и* жа́дны

жи́рн|ый, -ая, -ое, -ые: жи́рен, жирна́, жи́рно, жирны́ *и* жи́рны

---

\* В последующих подразделах (а, б, в, г) рассматривается появление или утрата беглых гласных *-е-*, *-о-*(*-ё-*) в каждой форме кратких прилагательных.

## II. ИМЯ ПРИЛАГАТЕЛЬНОЕ

ки́сл|ый, -ая, -ое, -ые: ки́сел, кисла́, ки́сло, ки́слы *и доп.* кислы́

кра́сн|ый, -ая, -ое, -ые: кра́сен, красна́, красно́ *и* кра́сно, красны́ *и* кра́сны

кру́пн|ый, -ая, -ое, -ые: кру́пен, крупна́, кру́пно, крупны́ *и* кру́пны

мо́дн|ый, -ая, -ое, -ые: мо́ден, модна́ *и* мо́дна, мо́дно, мо́дны

мо́щн|ый, -ая, -ое, -ые: мо́щен, мощна́, мо́щно, мо́щны

мра́чн|ый, -ая, -ое, -ые: мра́чен, мрачна́, мра́чно, мрачны́ *и* мра́чны

не́жн|ый, -ая, -ое, -ые: не́жен, нежна́, не́жно, нежны́ *и* не́жны

ну́жн|ый, -ая, -ое, -ые: ну́жен, нужна́, ну́жно, нужны́ *и доп. устар.* ну́жны

пло́тн|ый, -ая, -ое, -ые: пло́тен, плотна́, пло́тно, плотны́ *и* пло́тны

про́чн|ый, -ая, -ое, -ые: про́чен, прочна́, про́чно, прочны́ *и* про́чны

ра́вн|ый, -ая, -ое, -ые: ра́вен, равна́, равно́, равны́

ро́вн|ый, -ая, -ое, -ые: ро́вен, ровна́, ро́вно, ровны́ *и* ро́вны

све́тл|ый, -ая, -ое, -ые: све́тел, светла́, светло́, светлы́

си́льн|ый, -ая, -ое, -ые: силён *и доп. устар.* си́лен, сильна́, си́льно, сильны́ *и доп. устар.* си́льны

скро́мн|ый, -ая, -ое, -ые: скро́мен, скромна́, скро́мно, скромны́ *и* скро́мны

ску́чн|ый, -ая, -ое, -ые: ску́чен, скучна́, ску́чно, скучны́ *и* ску́чны

сла́вн|ый, -ая, -ое, -ые: сла́вен, славна́, сла́вно, сла́вны

сло́жн|ый, -ая, -ое, -ые: сло́жен, сложна́, сло́жно, сложны́ *и* сло́жны

со́чн|ый, -ая, -ое, -ые: со́чен, сочна́, со́чно, сочны́ *и* со́чны

стра́нн|ый, -ая, -ое, -ые: стра́нен, странна́, стра́нно, стра́нны

стра́шн|ый, -ая, -ое, -ые: стра́шен, страшна́, стра́шно, страшны́ *и* стра́шны

тёмн|ый, -ая, -ое, -ые: тёмен, темна́, темно́, темны́

тёпл|ый, -ая, -ое, -ые: тёпел, тепла́, тепло́, теплы́

те́сн|ый, -ая, -ое, -ые: те́сен, тесна́, те́сно, тесны́ *и* те́сны

то́чн|ый, -ая, -ое, -ые: то́чен, точна́, то́чно, точны́ *и* то́чны

тру́дн|ый, -ая, -ое, -ые: тру́ден, трудна́, тру́дно, трудны́ *и* тру́дны

холо́дн|ый, -ая, -ое, -ые: хо́лоден, холодна́, хо́лодно, холодны́ *и* хо́лодны

чёрн|ый, -ая, -ое, -ые: чёрен, черна́, черно́, черны́

че́стн|ый, -ая, -ое, -ые: че́стен, честна́, че́стно, честны́ *и* че́стны

я́сн|ый, -ая, -ое, -ые: я́сен, ясна́, я́сно, ясны́ *и* я́сны

## II.1. КРАТКИЕ ФОРМЫ II.1.Б

— прилагательные с беглой гласной *-о-(-ё-)*:
бли́зк|ий, -ая, -ое, -ие: бли́зок, близка́, бли́зко, близки́ *и* бли́зки
ги́бк|ий, -ая, -ое, -ие: ги́бок, гибка́, ги́бко, ги́бки
гла́дк|ий, -ая, -ое, -ие: гла́док, гладка́, гла́дко, гла́дки
гро́мк|ий, -ая, -ое, -ие: гро́мок, громка́, гро́мко, гро́мки
жа́рк|ий, -ая, -ое, -ие: жа́рок, жарка́, жа́рко, жа́рки
жёстк|ий, -ая, -ое, -ие: жёсток, жестка́, жёстко, жёстки
жи́дк|ий, -ая, -ое, -ие: жи́док, жидка́, жи́дко, жи́дки
зво́нк|ий, -ая, -ое, -ие: зво́нок, звонка́, зво́нко, зво́нки
зл|ой, -а́я, -о́е, -ы́е: зол, зла, зло, злы
кра́тк|ий, -ая, -ое, -ие: кра́ток, кратка́, кра́тко, кра́тки
кре́пк|ий, -ая, -ое, -ие: кре́пок, крепка́, кре́пко, кре́пки *и доп.* крепки́
лёгк|ий, -ая, -ое, -ие: лёгок, легка́, легко́, легки́
ло́вк|ий, -ая, -ое, -ие: ло́вок, ловка́, ло́вко, ло́вки *и доп.* ловки́
ме́лк|ий, -ая, -ое, -ие: ме́лок, мелка́, ме́лко, ме́лки *и доп.* мелки́
ме́тк|ий, -ая, -ое, -ие: ме́ток, метка́, ме́тко, ме́тки
мя́гк|ий, -ая, -ое, -ие: мя́гок, мягка́, мя́гко, мя́гки *и доп.* мягки́
ни́зк|ий, -ая, -ое, -ие: ни́зок, низка́, ни́зко, низки́ *и* ни́зки
о́стр|ый, -ая, -ое, -ые: 1. (*противоп.* тупо́й): остёр *и доп.* остр, остра́, остро́ *и доп.* о́стро, остры́ *и доп.* о́стры; 2. *перен.* 'остроу́мный, язви́тельный': остёр, остра́, остро́, остры́
по́лн|ый, -ая, -ое, -ые: 1. по́лный *чего-либо*: по́лон, полна́, полно́ *и доп. устар.* по́лно, полны́ *и доп. устар.* по́лны; 2. 'исчерпывающий; достигающий предела; толстый': по́лон, полна́, по́лно, полны́ *и* по́лны
ре́дк|ий, -ая, -ое, -ие: ре́док, редка́, ре́дко, ре́дки *и доп.* редки́
ре́зк|ий, -ая, -ое, -ие: ре́зок, резка́, ре́зко, ре́зки *и доп.* резки́
ро́бк|ий, -ая, -ое, -ие: ро́бок, робка́, ро́бко, ро́бки
си́льн|ый, -ая, -ое, -ые: силён, сильна́, си́льно, сильны́ *и доп. устар.* си́льны
сла́дк|ий, -ая, -ое, -ие: сла́док, сладка́, сла́дко, сла́дки
смешн|о́й, -а́я, -о́е, -ы́е: смешо́н, смешна́, смешно́, смешны́
то́нк|ий, -ая, -ое, -ие: то́нок, то́нка, то́нко, тонки́ *и* то́нки
у́зк|ий, -ая, -ое, -ие: у́зок, узка́, у́зко, узки́ *и* у́зки
у́мн|ый, -ая, -ое, -ые: умён, умна́, умно́, умны́
хи́тр|ый, -ая, -ое, -ые: хитёр, хитра́, хитро́ *и доп.* хи́тро, хитры́ *и доп.* хи́тры

## II. ИМЯ ПРИЛАГАТЕЛЬНОЕ

чу́тк|ий, -ая, -ое, -ие: чу́ток, чутка́, чу́тко, чу́тки
я́рк|ий, -ая, -ое, -ие: я́рок, ярка́, я́рко, я́рки *и доп.* ярки́

а) Прилагательные с беглыми гласными в краткой форме мужского рода:

— появление беглых гласных и неподвижное ударение:

прилагательные с беглой гласной *-е-*:

бе́дный 'неиму́щий' — бе́ден
бле́дный — бле́ден
бу́рный — бу́рен
ва́жный — ва́жен
ве́рный — ве́рен
ви́дный 'ви́димый, различи́мый' — ви́ден
вку́сный — вку́сен
вла́жный — вла́жен
вре́дный — вре́ден
го́рький — го́рек
гру́стный — гру́стен
гря́зный — гря́зен
дли́нный — дли́нен
дру́жный — дру́жен
жа́дный — жа́ден
жи́рный — жи́рен
ки́слый — ки́сел
кра́сный — кра́сен
кру́пный — кру́пен
мо́дный — мо́ден
мо́щный — мо́щен
мра́чный — мра́чен
не́жный — не́жен

ну́жный — ну́жен
пло́тный — пло́тен
про́чный — про́чен
ра́вный — ра́вен
ро́вный — ро́вен
све́тлый — све́тел
си́льный — *доп. устар.* си́лен
скро́мный — скро́мен
ску́чный — ску́чен
сла́вный — сла́вен
сло́жный — сло́жен
со́чный — со́чен
стра́нный — стра́нен
стра́шный — стра́шен
тёмный — тёмен
тёплый — тёпел
те́сный — те́сен
то́чный — то́чен
тру́дный — тру́ден
чёрный — чёрен
че́стный — че́стен
я́сный — я́сен

прилагательные с беглой гласной *-о-*:

бли́зкий — бли́зок
ги́бкий — ги́бок
гла́дкий — гла́док
гро́мкий — гро́мок
жа́ркий — жа́рок
жёсткий — жёсток
жи́дкий — жи́док
зво́нкий — зво́нок
кра́ткий — кра́ток
кре́пкий — кре́пок
лёгкий — лёгок
ло́вкий — ло́вок
ме́лкий — ме́лок

ме́ткий — ме́ток
мя́гкий — мя́гок
ни́зкий — ни́зок
по́лный — по́лон
ре́дкий — ре́док
ре́зкий — ре́зок
ро́бкий — ро́бок
сла́дкий — сла́док
то́нкий — то́нок
у́зкий — у́зок
чу́ткий — чу́ток
я́ркий — я́рок

## II.1. КРАТКИЕ ФОРМЫ | II.1.Б

— **появление беглых гласных и передвижение ударения** с окончания на основу или внутри основы:

прилагательные с беглой гласной *-е-*:

больно́й — бо́лен
голо́дный — го́лоден
холо́дный — хо́лоден

прилагательные с беглой гласной *-о-(-ё-)*:

злой — зол
о́стрый — остёр
си́льный — силён
смешно́й — смешо́н
у́мный — умён
хи́трый — хитёр

б) Прилагательные с беглыми гласными в краткой форме **женского рода**:

— **утрата беглых гласных и передвижение ударения** с основы на окончание:

прилагательные с беглой гласной *-е-*:

бе́дный '*неимущий*': бе́ден — бедна́
бле́дный: бле́ден — бледна́
больно́й: бо́лен — больна́
ва́жный: ва́жен — важна́
ве́рный: ве́рен — верна́
ви́дный '*видимый, различимый*': ви́ден — видна́
вку́сный: вку́сен — вкусна́
вла́жный: вла́жен — влажна́
вре́дный: вре́ден — вредна́
голо́дный: го́лоден — голодна́
го́рький: го́рек — горька́
гру́стный: гру́стен — грустна́
гря́зный: гря́зен — грязна́
дли́нный: дли́нен — длинна́
дру́жный: дру́жен — дружна́
жа́дный: жа́ден — жадна́
жи́рный: жи́рен — жирна́
ки́слый: ки́сел — кисла́
кра́сный: кра́сен — красна́
кру́пный: кру́пен — крупна́
мо́щный: мо́щен — мощна́
мра́чный: мра́чен — мрачна́
не́жный: не́жен — нежна́
ну́жный: ну́жен — нужна́
пло́тный: пло́тен — плотна́
про́чный: про́чен — прочна́
ра́вный: ра́вен — равна́
ро́вный: ро́вен — ровна́
све́тлый: све́тел — светла́
скро́мный: скро́мен — скромна́
ску́чный: ску́чен — скучна́
сла́вный: сла́вен — славна́
сло́жный: сло́жен — сложна́
со́чный: со́чен — сочна́
стра́нный: стра́нен — странна́
стра́шный: стра́шен — страшна́
те́сный: те́сен — тесна́
то́чный: то́чен — точна́
тру́дный: тру́ден — трудна́
холо́дный: хо́лоден — холодна́
че́стный: че́стен — честна́
я́сный: я́сен — ясна́

●●

бу́рный: бу́рен — бурна́ *и* бу́рна
мо́дный: мо́ден — модна́ *и* мо́дна

## II. ИМЯ ПРИЛАГАТЕЛЬНОЕ

прилагательные с беглой гласной *-о-*(*-ё-*):

бли́зкий: бли́зок — близка́
ги́бкий: ги́бок — гибка́
гла́дкий: гла́док — гладка́
гро́мкий: гро́мок — громка́
жа́ркий: жа́рок — жарка́
жи́дкий: жи́док — жидка́
зво́нкий: зво́нок — звонка́
злой: зол — зла
кра́ткий: кра́ток — кратка́
кре́пкий: кре́пок — крепка́
ло́вкий: ло́вок — ловка́
ме́лкий: ме́лок — мелка́
ме́ткий: ме́ток — метка́
мя́гкий: мя́гок — мягка́
ни́зкий: ни́зок — низка́

о́стрый: остёр — остра́
по́лный: по́лон — полна́
ре́дкий: ре́док — редка́
ре́зкий: ре́зок — резка́
ро́бкий: ро́бок — робка́
си́льный: силён — сильна́
сла́дкий: сла́док — сладка́
смешно́й: смешо́н — смешна́
то́нкий: то́нок — тонка́
у́зкий: у́зок — узка́
у́мный: умён — умна́
хи́трый: хитёр — хитра́
чу́ткий: чу́ток — чутка́
я́ркий: я́рок — ярка́

— утрата беглых гласных, чередование гласных и передвижение ударения с основы на окончание:

прилагательные с беглой гласной *-е-*:

тёмный: тёмен — темна́
тёплый: тёпел — тепла́
чёрный: чёрен — черна́

прилагательные с беглой гласной *-о-*:

жёсткий: жёсток — жестка́
лёгкий: лёгок — легка́

в) Прилагательные с беглыми гласными в краткой форме среднего рода:

— утрата беглых гласных и возможное передвижение ударения с основы на окончание:

прилагательные с беглой гласной *-е-*:

больно́й: бо́лен — больно́
ра́вный: ра́вен — равно́
све́тлый: све́тел — светло́

●●

кра́сный: кра́сен — красно́ *и* кра́сно

прилагательные с беглой гласной *-о-*(*-ё-*):

злой: зол — зло
о́стрый *перен.* 'остроумный, язвительный': остёр — остро́

## II.1. КРАТКИЕ ФОРМЫ     II.1.Б

смешно́й: смешо́н — смешно́
у́мный: умён — умно́

●●

о́стрый (*противоп.* тупо́й): остёр *и доп.* остр — остро́ *и доп.* о́стро
по́лный *чего-либо*: по́лон — полно́ *и доп. устар.* по́лно
хи́трый: хитёр — хитро́ *и доп.* хи́тро

— утрата беглых гласных, чередование гласных и передвижение ударения с основы на окончание:

прилагательные с беглой гласной *-е-*:

тёмный: тёмен — темно́
тёплый: тёпел — тепло́
чёрный: чёрен — черно́

прилагательное с беглой гласной *-о-*:

лёгкий: лёгок — легко́

г) Прилагательные с беглыми гласными в краткой форме множественного числа:

— утрата беглых гласных и возможное передвижение ударения с основы на окончание:

прилагательные с беглой гласной *-е-*:

больно́й: бо́лен — больны́
ра́вный: ра́вен — равны́
све́тлый: све́тел — светлы́

●●

бе́дный '*неиму́щий*': бе́ден — бедны́ *и* бе́дны
бле́дный: бле́ден — бледны́ *и* бле́дны
ва́жный: ва́жен — важны́ *и* ва́жны
ве́рный: ве́рен — верны́ *и* ве́рны
ви́дный '*видимый, различимый*': ви́ден — видны́ *и доп. устар.* ви́дны
вку́сный: вку́сен — вкусны́ *и* вку́сны
вла́жный: вла́жен — влажны́ *и* вла́жны
вре́дный: вре́ден — вредны́ *и* вре́дны
голо́дный: го́лоден — голодны́ *и* го́лодны
го́рький: го́рек — го́рьки *и доп.* горьки́
гру́стный: гру́стен — грустны́ *и* гру́стны
гря́зный: гря́зен — грязны́ *и* гря́зны
дли́нный: дли́нен — длинны́ *и* дли́нны
дру́жный: дру́жен — дружны́ *и* дру́жны

## II. ИМЯ ПРИЛАГАТЕЛЬНОЕ

жа́дный: жа́ден — жадны́ *и* жа́дны
жи́рный: жи́рен — жирны́ *и* жи́рны
ки́слый: ки́сел — ки́слы *и доп.* кислы́
кра́сный: кра́сен — красны́ *и* кра́сны
кру́пный: кру́пен — крупны́ *и* кру́пны
мра́чный: мра́чен — мрачны́ *и* мра́чны
не́жный: не́жен — нежны́ *и* не́жны
ну́жный: ну́жен — нужны́ *и доп. устар.* ну́жны
пло́тный: пло́тен — плотны́ *и* пло́тны
про́чный: про́чен — прочны́ *и* про́чны
ро́вный: ро́вен — ровны́ *и* ро́вны
скро́мный: скро́мен — скромны́ *и* скро́мны
ску́чный: ску́чен — скучны́ *и* ску́чны
сло́жный: сло́жен — сложны́ *и* сло́жны
со́чный: со́чен — сочны́ *и* со́чны
стра́шный: стра́шен — страшны́ *и* стра́шны
те́сный: те́сен — тесны́ *и* те́сны
то́чный: то́чен — точны́ *и* то́чны
тру́дный: тру́ден — трудны́ *и* тру́дны
холо́дный: хо́лоден — холодны́ *и* хо́лодны
че́стный: че́стен — честны́ *и* че́стны
я́сный: я́сен — ясны́ *и* я́сны

**прилагательные с беглой гласной -о-(-ё-):**

злой: зол — злы
о́стрый *перен.* 'остроу́мный, язви́тельный': остёр — остры́
смешно́й: смешо́н — смешны́
у́мный: умён — умны́

●●

бли́зкий: бли́зок — близки́ *и* бли́зки
кре́пкий: кре́пок — кре́пки *и доп.* крепки́
ло́вкий: ло́вок — ло́вки *и доп.* ловки́
ме́лкий: ме́лок — ме́лки *и доп.* мелки́
мя́гкий: мя́гок — мя́гки *и доп.* мягки́
ни́зкий: ни́зок — низки́ *и* ни́зки
о́стрый (*противоп.* тупо́й): остёр *и доп.* остр — остры́ *и доп.* о́стры
по́лный: 1. по́лный *чего-либо*: по́лон — полны́ *и доп. устар.* по́лны 'исче́рпывающий; достига́ющий преде́ла; то́лстый': по́лон — полны́ *и* по́лны
ре́дкий: ре́док — ре́дки *и доп.* редки́
ре́зкий: ре́зок — ре́зки *и доп.* резки́
си́льный: силён *и доп. устар.* си́лен — сильны́ *и доп. устар.* си́льны
то́нкий: то́нок — тонки́ *и* то́нки
у́зкий: у́зок — узки́ *и* у́зки

## II.1. КРАТКИЕ ФОРМЫ

хи́трый: хитёр — хитры́ *и доп.* хи́тры
я́ркий: я́рок — я́рки *и доп.* ярки́

— у т р а т а беглых гласных, чередование гласных и передвижение ударения с основы на окончание:

прилагательные с беглой гласной *-е-*:

тёмный: тёмен — темны́
тёплый: тёпел — теплы́
чёрный: чёрен — черны́

прилагательное с беглой гласной *-о-*:

лёгкий: лёгок — легки́

### В. Прилагательные на *-енн-ый* с вариантами кратких форм мужского рода на *-ен-* и *-енен-*:

вдохнове́нный — вдохнове́нен *и доп. устар.* вдохнове́н
де́йственный — де́йствен *и* де́йственен
дерзнове́нный — дерзнове́нен *и доп. устар.* дерзнове́н
дру́жественный — дру́жествен *и* дру́жественен
еди́нственный — еди́нствен *и* еди́нственен
есте́ственный — есте́ствен *и* есте́ственен
иску́сственный — иску́сствен *и* иску́сственен
ме́дленный — ме́длен *и* ме́дленен
му́жественный — му́жествен *и* му́жественен
отве́тственный '*обязательный (о человеке)*' — отве́тствен *и* отве́тственен
ро́дственный — ро́дствен *и* ро́дственен
торже́ственный — торже́ствен *и* торже́ственен
*однако*:
безукори́зненный — безукори́знен
бессмы́сленный — бессмы́слен
боле́зненный — боле́знен
двусмы́сленный — двусмы́слен
легкомы́сленный — легкомы́слен

### Г. Расхождение в значениях краткой и полной формы прилагательных:

больш|о́й, -а́я, -о́е, -и́е; *кр. ф.* вели́к, велика́, велико́, велики́
вели́к, велика́, велико́, велики́ (*полн. ф. нет*)

## II. ИМЯ ПРИЛАГАТЕЛЬНОЕ

Ср.: *Значение этого события велико.— Пальто ей велико\**.

●

дли́нн|ый, -ая, -ое, -ые; *кр. ф.* дли́нен, длинна́, дли́нно, длинны́ *и* дли́нны
дли́нен, длинна́, дли́нно *и доп.* длинно́, длинны́ (*полн. ф. нет*)

Ср.: *Зи́мние но́чи длинны́* (*и дли́нны*).— *Брю́ки ему́ длинны́.*

●

коро́тк|ий, -ая, -ое, -ие; *кр. ф.* ко́роток *и доп. устар.* коро́ток, коротка́, ко́ротко *и доп. устар.* коро́тко, коротки́, ко́ротки *и доп. устар.* коро́тки
ко́роток, коротка́, ко́ротко *и доп.* коротко́, коротки́ *и* ко́ротки (*полн. ф. нет*)

Ср.: *Ле́том ночь коротка́.— Ю́бка ей коротка́.*

●

ма́леньк|ий, -ая, -ое, -ие; *кр. ф.* мал, мала́, мало́ *и доп. устар.* ма́ло, малы́ *и доп. устар.* ма́лы
мал, мала́, мало́, малы́ (*полн. ф. нет*)

Ср.: *Ра́зница в во́зрасте у них мала́.— Ша́пка ему́ мала́.*

●

свобо́дн|ый, -ая, -ое, -ые; *кр. ф.* свобо́ден, свобо́дна, свобо́дно, свобо́дны
свобо́ден, свобо́дна, свобо́дно, свобо́дны (*полн. ф. нет*)

Ср.: *По́сле заня́тий я свобо́ден.— Костю́м ему́ свобо́ден.*

●

те́сн|ый, -ая, -ое, -ые; *кр. ф.* те́сен, тесна́, те́сно, тесны́ *и* те́сны
те́сен, тесна́, те́сно *и доп.* тесно́, тесны́ (*полн. ф. нет*)

Ср.: *Круг знако́мых те́сен.— Воротни́к сли́шком те́сен.*

---

\* Краткие формы, разошедшиеся в значениях с полными и не имеющие полных форм, в сказуемом приобретают дополнительный оттенок чрезмерной степени признака, например: *Значе́ние э́того собы́тия велико́* (т. е. событие имеет большое значение), но *Пальто́ ей велико́* (т. е. пальто бо́льшего размера, чем нужно).

## II.1. КРАТКИЕ ФОРМЫ

●

у́зк|ий, -ая, -ое, -ие; *кр. ф.* у́зок, узка́, у́зко, узки́ *и* у́зки
у́зок, узка́, у́зко *и доп.* узко́, узки́ (*полн. ф. нет*)

Ср.: *В ста́ром го́роде у́лицы узки́ (и у́зки), извили́сты.— Джи́нсы ему́ узки́.*

●

широ́к|ий, -ая, -ое, -ие; *кр. ф.* широ́к, широка́, широ́ко *и доп.* широко́, широки́ *и* широ́ки
широ́к, широка́, широко́, широки́ (*полн. ф. нет*)

Ср.: *Сиби́рские ре́ки широки́ (и широ́ки).— Ю́бка в та́лии сли́шком широка́.*

### Д. Прилагательные, характеризующиеся отсутствием или неупотребительностью полных форм:

гора́зд, гора́зда, гора́здо, гора́зды
до́лжен, должна́, должно́, должны́
жив, жива́, жи́во, жи́вы
люб, люба́, лю́бо, лю́бы
прав, права́, пра́во, пра́вы
рад, ра́да, ра́до, ра́ды

### Е. Прилагательные, характеризующиеся отсутствием или неупотребительностью кратких форм:

бе́дный '*несча́стный, достойный сожаления*'
бли́жний
боево́й
ве́рхний
ви́дный '*значи́тельный, представи́тельный, оса́нистый*'
волево́й
вра́жеский
выдаю́щийся
герои́ческий
геро́йский
голубо́й
гра́мотный (инжене́р)
да́вний
да́льний
делово́й
де́льный
дру́жеский
издева́тельский
коми́ческий
крити́ческий
ли́шний
мла́дший
ни́жний
ни́щенский
отбо́рный
отве́тственный
'*облечённый права́ми и обя́занностями (о челове́ке)*' или '*существенно ва́жный*'
передово́й
по́здний
показно́й
после́дний
потайно́й
ра́нний
рва́ный
родно́й
стари́нный
ста́рший
страда́льческий
това́рищеский
траги́ческий
цветно́й
це́льный
черново́й

## II. ИМЯ ПРИЛАГАТЕЛЬНОЕ

## II. 2. СРАВНИТЕЛЬНАЯ СТЕПЕНЬ

В процессе образования формы сравнительной степени, которую, как правило, имеют качественные прилагательные, выступающие в полной форме, наблюдаются:

А — передвижение ударения;
Б — чередование согласных и гласных в основе;
В — нестандартное образование формы;
Г — вариантные формы;
Д — отсутствие или неупотребительность формы сравнительной степени.

### А. Передвижение ударения

1) Передвижение ударения с  корня  на всегда ударный суффикс **-ее** \*:

бе́дный '*неимущий*' — бедне́е
бе́лый — беле́е
бле́дный — бледне́е
ва́жный — важне́е
ве́рный — верне́е
взро́слый — взросле́е
ви́дный '*видимый, различимый*' — видне́е
вку́сный — вкусне́е
вла́жный — влажне́е
вре́дный — вредне́е
глу́пый — глупе́е
голо́дный — голодне́е
горя́чий — горяче́е
гру́бый — грубе́е
гру́стный — грустне́е
гря́зный — грязне́е
дли́нный — длинне́е
до́брый — добре́е
дру́жный — дружне́е
жа́дный — жадне́е
жи́рный — жирне́е
ки́слый — кисле́е
кра́сный — красне́е
кру́глый — кругле́е
кру́пный — крупне́е
ми́лый — миле́е
мо́дный — модне́е
мо́крый — мокре́е
мо́щный — мощне́е
мра́чный — мрачне́е
не́жный — нежне́е
но́вый — нове́е
ну́жный — нужне́е
о́стрый — остре́е
пло́тный — плотне́е
по́здний — поздне́е
по́лный — полне́е
про́чный — прочне́е
ро́вный — ровне́е
све́жий — свеже́е
све́тлый — светле́е
се́рый — сере́е
си́льный — сильне́е
скро́мный — скромне́е
ску́чный — скучне́е

---

\* У формы сравнительной степени на **-ее** имеется параллельный вариант на **-ей** (который в целях сокращения не приводится), например, *све́тлый — светле́е* и *светле́й*. Оба варианта находятся в пределах литературной нормы, но придают формам стилистическое различие: форма на **-ее** стилистически нейтральна, форма на **-ей** более характерна для разговорной речи.

## II.2. СРАВНИТЕЛЬНАЯ СТЕПЕНЬ                                   II.2.Б

сла́бый — слабе́е
сло́жный — сложне́е
сме́лый — смеле́е
со́чный — сочне́е
спе́лый — спеле́е
ста́рый — старе́е
стра́нный — странне́е
стра́шный — страшне́е
сы́тый — сыте́е

те́сный — тесне́е
то́чный — точне́е
тру́дный — трудне́е
у́мный — умне́е
хи́трый — хитре́е
холо́дный — холодне́е
хра́брый — храбре́е
че́стный — честне́е
я́сный — ясне́е

2) Передвижение ударения на **один слог левее** в форме сравнительной степени с безударным суффиксом *-е*:

$$\text{большо́й — бо́льше}$$

### Б. Чередование согласных и гласных в основе

1) Чередование согласных и гласных в основе и **неподвижное ударение** в форме сравнительной степени с безударным суффиксом *-е*:

а) чередование **согласных**:

бога́тый — бога́че
ги́бкий — ги́бче
го́рький (на вкус) — го́рче
гро́мкий — гро́мче
жа́ркий — жа́рче
жёсткий — жёстче
зво́нкий — зво́нче
кре́пкий — кре́пче
ме́лкий — ме́льче

ме́ткий — ме́тче
мя́гкий — мя́гче
ре́зкий — ре́зче
стро́гий — стро́же
твёрдый — твёрже
ти́хий — ти́ше
то́лстый — то́лще
чи́стый — чи́ще
я́ркий — я́рче

б) чередование **согласных и гласных**:

дешёвый — деше́вле
лёгкий — ле́гче

2) Чередование согласных и гласных в основе и **передвижение ударения**:

а) чередование **согласных** и передвижение ударения на **один слог левее** в форме сравнительной степени с безударным суффиксом *-е*:

глухо́й (звук) — глу́ше
густо́й — гу́ще
дорого́й — доро́же
круто́й — кру́че

молодо́й — моло́же
просто́й — про́ще
сухо́й — су́ше
худо́й ³ '*плохо́й*' — ху́же

## II. ИМЯ ПРИЛАГАТЕЛЬНОЕ

б) чередование гласных и передвижение ударения на всегда ударный суффикс *-ее*:

весёлый — веселе́е
жёлтый — желте́е
зелёный — зелене́е
мёртвый *перен.* '*лишённый жизненности, бесплодный, безмолвный*' — мертве́е

пёстрый — пестре́е
солёный — солоне́е
тёмный — темне́е
тёплый — тепле́е
тяжёлый — тяжеле́е
чёрный — черне́е

### В. Нестандартное образование формы сравнительной степени

1) Усечение основы:

а) усечение основы перед суффиксом сравнительной степени *-е*:

— утрата суффикса *-к-* и чередование согласных:

бли́зкий — бли́же
гла́дкий — гла́же
жи́дкий — жи́же
коро́ткий — коро́че

ни́зкий — ни́же
ре́дкий — ре́же
сла́дкий — сла́ще
у́зкий — у́же

— утрата суффикса *-ок-*, возможное чередование согласных и передвижение ударения на один слог левее:

      высо́кий — вы́ше
      широ́кий — ши́ре

— утрата суффикса *-н-* и чередование согласных:

      по́здний — по́зже

— утрата суффикса *-ив-*, чередование согласных и передвижение ударения на один слог левее:

      краси́вый — кра́ше (*высок.* и *народно-поэт.*)

б) усечение основы (утрата суффикса *-ок-*) перед суффиксом сравнительной степени *-же* и передвижение ударения на один слог левее:

      глубо́кий — глу́бже

в) усечение основы перед суффиксом сравнительной степени *-ше*:

— утрата суффикса *-к-*:

      го́рький (о́пыт) — го́рше
      то́нкий — то́ньше

## II.2. СРАВНИТЕЛЬНАЯ СТЕПЕНЬ

— утрата суффикса **-ёк-** и передвижение ударения на один слог левее:

далёкий — да́льше

2) Образование формы сравнительной степени от другого корня:

ма́ленький — ме́ньше
ма́лый — ме́ньше
плохо́й — ху́же
хоро́ший — лу́чше

### Г. Вариантные формы сравнительной степени:

бо́йкий — бойче́е и бо́йче
ди́кий — диче́е и ди́че (в худож. речи)
ло́вкий — ловче́е и ло́вче

### Д. Прилагательные, характеризующиеся отсутствием или неупотребительностью формы сравнительной степени*:

бе́дный 'несчастный, достойный сожаления'
бесконе́чный
бессме́ртный
блестя́щий
бли́жний
боево́й
больно́й
бу́рный
вели́кий
ве́рхний
ве́чный
ви́дный 'значительный, представительный, осанистый'
возмо́жный
волево́й
второстепе́нный
выдаю́щийся
герои́ческий
геро́йский
глухо́й 'о человеке'
го́лый
го́рдый
да́вний
да́льний
двусмы́сленный
делово́й
жесто́кий
живо́й 'не мёртвый'
знако́мый
зна́чимый
испо́рченный
косо́й 'о человеке'
кра́ткий
криво́й 'о человеке'
крити́ческий
мёртвый 'не живой'
ми́рный
могу́чий
неизве́стный
неподви́жный
непохо́жий
ни́жний
о́бщий
отли́чный
отрица́тельный
передово́й
показно́й
положи́тельный
после́дний
постоя́нный

---

\* В списке отсутствуют относительные прилагательные, которые по правилам русской грамматики не образуют форму сравнительной степени. Перечисляются лишь прилагательные, которые теоретически должны бы производить, но в действительности — в силу своих формальных или семантических характеристик — не имеют или имеют малоупотребительную форму.

## II. ИМЯ ПРИЛАГАТЕЛЬНОЕ

похо́жий
пра́вый [2] 'справедли́вый, содержащий правду', противоп. вино́вный
пусто́й 'о вместилище: ничем не заполненный, полый внутри'
равнопра́вный
развито́й
ра́нний
рва́ный
революцио́нный
ро́бкий
ро́дственный
сла́вный
слепо́й
спо́рный
сро́чный
стра́нный
учёный
хи́щный
хму́рый
худо́й [2] 'дырявый'
цветно́й
це́лый
чу́ткий
ю́ный

## II. 3. ПРЕВОСХОДНАЯ СТЕПЕНЬ

В процессе образования формы превосходной степени, которую, как правило, имеют качественные прилагательные, выступающие в полной форме, наблюдаются:

А — передвижение ударения;
Б — чередование согласных и гласных в основе;
В — нестандартное образование формы;
Г — отсутствие или неупотребительность формы превосходной степени.

### А. Передвижение ударения

1) Передвижение ударения с корня на всегда ударный суффикс *-ейш-*:

бе́дный 'неимущий' — бедне́йший
бе́лый — беле́йший
бле́дный — бледне́йший
бога́тый — богате́йший
ва́жный — важне́йший
ве́рный — верне́йший
ви́дный 'значительный, представительный, осанистый' — видне́йший
вку́сный — вкусне́йший
вла́жный — влажне́йший
вре́дный — вредне́йший
глу́пый — глупе́йший
горя́чий — горяче́йший
гру́бый — грубе́йший
гру́стный — грустне́йший
гря́зный — грязне́йший
дли́нный — длинне́йший
до́брый — добре́йший
жа́дный — жадне́йший
жи́рный — жирне́йший
ки́слый — кисле́йший
кра́сный — красне́йший
кру́глый — кругле́йший
кру́пный — крупне́йший
ма́лый — мале́йший
ми́лый — миле́йший
мо́дный — модне́йший
мо́крый — мокре́йший
мо́щный — мощне́йший
мра́чный — мрачне́йший
не́жный — нежне́йший
но́вый — нове́йший
ну́жный — нужне́йший
о́стрый — остре́йший
пло́тный — плотне́йший
по́здний — поздне́йший

## II.3. ПРЕВОСХОДНАЯ СТЕПЕНЬ

II.3.Б

по́лный — полне́йший
про́чный — прочне́йший
ро́вный — ровне́йший
све́тлый — светле́йший
се́рый — сере́йший
си́льный — сильне́йший
скро́мный — скромне́йший
ску́чный — скучне́йший
сла́бый — слабе́йший
сло́жный — сложне́йший
сме́лый — смеле́йший
со́чный — сочне́йший
спе́лый — спеле́йший
ста́рый — старе́йший
стра́нный — странне́йший

стра́шный — страшне́йший
те́сный — тесне́йший
то́лстый — толсте́йший
то́чный — точне́йший
тру́дный — трудне́йший
у́мный — умне́йший
хи́трый — хитре́йший
холо́дный — холодне́йший
хра́брый — храбре́йший
че́стный — честне́йший
чи́стый — чисте́йший
я́сный — ясне́йший

2) Передвижение ударения с корня на всегда ударный суффикс *-айш-*:

све́жий — свежа́йший

3) Передвижение ударения с окончания на основу:

худо́й ³ '*плохой*' — ху́дший

### Б. Чередование согласных и гласных в основе

1) Чередование согласных и передвижение ударения на всегда ударный суффикс *-айш-*:

вели́кий — велича́йший
высо́кий — высоча́йший
ги́бкий — гибча́йший
гла́дкий — гладча́йший
глубо́кий — глубоча́йший
го́рький — горча́йший
ди́кий — дича́йший
жа́ркий — жарча́йший
жесто́кий — жесточа́йший
жи́дкий — жидча́йший
кра́ткий — кратча́йший

кре́пкий — крепча́йший
ме́лкий — мельча́йший
мя́гкий — мягча́йший
ре́дкий — редча́йший
сла́дкий — сладча́йший
стро́гий — строжа́йший
ти́хий — тиша́йший
то́нкий — тонча́йший
широ́кий — широча́йший
я́ркий — ярча́йший

2) Чередование гласных и передвижение ударения на всегда ударный суффикс *-ейш-*:

весёлый — веселе́йший
жёлтый — желте́йший
зелёный — зелене́йший
мёртвый *перен.* '*лишённый жизненности, бесплодный, безмолвный*' — мертве́йший
пёстрый — пестре́йший

тёмный — темне́йший
тёплый — тепле́йший
тяжёлый — тяжеле́йший
чёрный — черне́йший

●

солёный — солоне́йший

## II. ИМЯ ПРИЛАГАТЕЛЬНОЕ

3) Чередование согласных и гласных и передвижение ударения на всегда ударный суффикс *-айш-*:

лёгкий — легча́йший

●

коро́ткий — кратча́йший

### В. Нестандартное образование формы превосходной степени

1) Усечение основы:

а) усечение основы (утрата суффикса *-к-*) и чередование согласных перед всегда ударным суффиксом превосходной степени *-айш-*:

бли́зкий — ближа́йший
ни́зкий — нижа́йший

б) усечение основы перед суффиксом превосходной степени *-ш-*:

— утрата суффикса *-к-*:

ни́зкий — ни́зший

— утрата суффикса *-ок-* и передвижение ударения на один слог левее:

высо́кий — вы́сший

2) Образование формы превосходной степени от другого корня:

плохо́й — ху́дший
хоро́ший — лу́чший

### Г. Прилагательные, характеризующиеся отсутствием или неупотребительностью формы превосходной степени *:

| | | |
|---|---|---|
| бе́дный 'несча́стный, досто́йный сожале́ния' | блестя́щий бли́жний боево́й больно́й | ве́чный взро́слый ви́дный 'ви́димый, различи́мый' |
| бесконе́чный бессме́ртный | бу́рный ве́рхний | возмо́жный волево́й |

---

\* В списке отсутствуют относительные прилагательные, которые по правилам русской грамматики не образуют форму превосходной степени. Перечисляются лишь прилагательные, которые теоретически должны бы производить, но в действительности — в силу своих формальных или семантических характеристик — не имеют или имеют малоупотребительную форму.

## II.3. ПРЕВОСХОДНАЯ СТЕПЕНЬ

второстепе́нный
выдаю́щийся
герои́ческий
геро́йский
глухо́й
голо́дный
го́лый
го́рдый
гро́мкий
да́вний
далёкий
да́льний
двусмы́сленный
делово́й
дешёвый
дово́льный
дорого́й
дру́жный
жёсткий
живо́й 'не мёртвый'
зво́нкий
знако́мый
зна́чимый
испо́рченный
косо́й
криво́й
крити́ческий
круто́й
ло́вкий
мёртвый 'не живо́й'
ме́ткий
ми́рный
могу́чий
молодо́й
неизве́стный
неподви́жный
непохо́жий
ни́жний
о́бщий
отрица́тельный
передово́й
показно́й
положи́тельный
после́дний
постоя́нный
похо́жий
пра́вый ² 'справедли́вый, содержащий правду', противоп. вино́вный
пра́здничный
пусто́й 'о вместилище: ничем не запо́лненный, по́лый внутри'
равнопра́вный
развито́й
ра́нний
рва́ный
революцио́нный
ре́зкий
ро́бкий
ро́дственный
сла́вный
слепо́й
спо́рный
сро́чный
стра́нный
сухо́й
сы́тый
твёрдый
у́зкий
учёный
хи́щный
хму́рый
худо́й ² 'дыря́вый'
цветно́й
це́лый
чу́ткий
ю́ный

# III. ГЛАГОЛ

## III. 1. НЕСОВЕРШЕННЫЙ ВИД

В процессе образования формы несовершенного вида у ряда глаголов наблюдаются:

А — суффиксальное образование формы;
Б — внутриосновное чередование как способ образования видовой пары;
В — передвижение ударения как способ образования видовой пары;
Г — наличие двувидовых глаголов;
Д — нестандартное образование формы.

### А. Замена суффикса или присоединение суффикса к бессуффиксной основе как способ образования видовой пары

1) Глаголы несовершенного вида с суффиксом *-ива-(-ыва-)*:

а) глаголы, форма несовершенного вида которых образуется з а м е н о й суффикса *-а-(-я-)* суффиксом *-ива-(-ыва-)*:

— образование формы сопровождается п е р е д в и ж е н и е м  у д а р е н и я на один слог левее *:

арестова́ть — аресто́вывать
атакова́ть — атако́вывать
воспита́ть — воспи́тывать
вспаха́ть — вспа́хивать
доказа́ть — дока́зывать
дописа́ть — допи́сывать
завяза́ть — завя́зывать
загада́ть — зага́дывать
задержа́ть — заде́рживать
заказа́ть — зака́зывать
записа́ть — запи́сывать
испыта́ть — испы́тывать
надписа́ть — надпи́сывать
наказа́ть — нака́зывать
образова́ть — образо́вывать
образова́ться — образо́вываться
обяза́ться — обя́зываться
одержа́ть — оде́рживать
оказа́ть — ока́зывать
описа́ть — опи́сывать
организова́ть — организо́вывать
основа́ть — осно́вывать
отгада́ть — отга́дывать
отказа́ться — отка́зываться

---

\* Исключение составляют глаголы с приставкой *вы-*, ударение в которых переходит на один слог правее: *вы́держать — вы́держивать, вы́играть — вы́игрывать, вы́писать — вы́писывать, вы́резать — вы́резывать*.

## III.1. НЕСОВЕРШЕННЫЙ ВИД

перевоспита́ть — перевоспи́тывать
перевяза́ть — перевя́зывать
переписа́ть — перепи́сывать
пересказа́ть — переска́зывать
поддержа́ть — подде́рживать
подписа́ть — подпи́сывать
подписа́ться — подпи́сываться
подсказа́ть — подска́зывать
показа́ть — пока́зывать
привяза́ть — привя́зывать

приказа́ть — прика́зывать
развяза́ть — развя́зывать
разменя́ть — разме́нивать
расписа́ться — распи́сываться
рассказа́ть — расска́зывать
связа́ть — свя́зывать
списа́ть — спи́сывать
сравня́ть — сра́внивать
угада́ть — уга́дывать
удержа́ть — уде́рживать
указа́ть — ука́зывать

— образование формы сопровождается **чередованием гласных в основе**:

зарабо́тать — зараба́тывать

— образование формы сопровождается **передвижением ударения на один слог левее и чередованием гласных в основе**:

завоева́ть — завоёвывать
опозда́ть — опа́здывать
переночева́ть — переночёвывать
причеса́ться — причёсываться
расчеса́ть — расчёсывать

б) глаголы, форма несовершенного вида которых образуется **заменой суффикса -е- суффиксом -ива-**, сопровождающейся **передвижением ударения на один слог левее и чередованием гласных в основе**\*:

осмотре́ть — осма́тривать
рассмотре́ть — рассма́тривать

в) глаголы, форма несовершенного вида которых образуется **заменой суффикса -и- суффиксом -ива-(-ыва-)**:

— образование формы сопровождается **передвижением ударения на один слог левее**\*\*:

захвати́ть — захва́тывать
провали́ться — прова́ливаться
сравни́ть — сра́внивать
схвати́ть — схва́тывать

---

\* Исключение составляет глагол с приставкой **вы-**, образование формы несовершенного вида которого сопровождается передвижением ударения на два слога правее и чередованием гласных и согласных в основе: *вы́здороветь — выздора́вливать*.

\*\* Исключение составляют глаголы с приставкой **вы-**, ударение в которых переходит на один слог правее: *вы́сушить — высу́шивать, вы́учить — выу́чивать*.

## III. ГЛАГОЛ

— образование формы сопровождается чередованием согласных и гласных в основе:

взве́сить — взве́шивать
зако́нчить — зака́нчивать
око́нчить — ока́нчивать
раскра́сить — раскра́шивать
сбро́сить — сбра́сывать
успоко́иться — успока́иваться
устро́ить — устра́ивать
устро́иться — устра́иваться
*однако:*
уполномо́чить — уполномо́чивать

●

подгото́вить — подгота́вливать

подгото́виться — подгота́вливаться
пригото́вить — пригота́вливать
пригото́виться — пригота́вливаться

●●

обусло́вить — обусло́вливать *и* обусла́вливать
сосредото́чить — сосредото́чивать *и доп.* сосредота́чивать
усло́виться — усла́вливаться *и доп. устар.* усло́вливаться

— образование формы сопровождается **передвижением ударения на один слог левее\*** и **чередованием гласных и согласных в основе**:

договори́ться — догова́риваться
проглоти́ть — прогла́тывать
проследи́ть — просле́живать

●

восстанови́ть — восстана́вливать

вскочи́ть — вска́кивать
останови́ть — остана́вливать
останови́ться — остана́вливаться
скоси́ть — ска́шивать
спроси́ть — спра́шивать
установи́ть — устана́вливать

г) глаголы, форма несовершенного вида которых образуется **заменой суффикса -о- суффиксом -ыва-**, сопровождающейся **передвижением ударения на один слог левее\*\*** и **чередованием гласных в основе**:

заколо́ть — зака́лывать
отколо́ть — отка́лывать
отколо́ться — отка́лываться
подколо́ть — подка́лывать
расколо́ть — раска́лывать
расколо́ться — раска́лываться
уколо́ть — ука́лывать
уколо́ться — ука́лываться

---

\* Исключение составляют глаголы с приставкой **вы-**, ударение в которых переходит на один слог правее: *вы́бросить — выбра́сывать, вы́красить — выкра́шивать, вы́лепить — вылепля́ть, вы́растить — выра́щивать, вы́скочить — выска́кивать, вы́тащить — выта́скивать*.

\*\* Исключение составляет глагол с приставкой **вы-**, ударение в котором переходит на один слог правее: *вы́полоть — выпа́лывать*.

## III.1. НЕСОВЕРШЕННЫЙ ВИД — III.1.А

2) Глаголы несовершенного вида со всегда ударным суффиксом *-а-(-я-)*:

а) глаголы, форма несовершенного вида которых образуется з а м е н о й суффикса *-и-* суффиксом *-а-(-я-)*:

— образование формы сопровождается п е р е д в и ж е н и е м  у д а р е н и я на суффикс *-а-(-я-)*:

бро́сить — броса́ть
бро́ситься — броса́ться
вы́ключить — выключа́ть
вы́полнить — выполня́ть
вы́ручить — выруча́ть
вы́ступить — выступа́ть
дове́рить — доверя́ть
допо́лнить — дополня́ть
запо́лнить — заполня́ть
изме́рить — измеря́ть
испо́лнить — исполня́ть
испо́лниться — исполня́ться
ко́нчить — конча́ть
ко́нчиться — конча́ться
нару́шить — наруша́ть
обозна́чить — обознача́ть
позво́лить — позволя́ть
прове́рить — проверя́ть
продо́лжить — продолжа́ть
продо́лжиться — продолжа́ться
разру́шить — разруша́ть
разру́шиться — разруша́ться
уда́рить — ударя́ть
уда́риться — ударя́ться
умно́жить — умножа́ть
уничто́жить — уничтожа́ть

— образование формы сопровождается ч е р е д о в а н и е м  с о г л а с н ы х  и  г л а с н ы х в основе:

вдохнови́ть — вдохновля́ть
возврати́ть — возвраща́ть
возврати́ться — возвраща́ться
возрази́ть — возража́ть
воплоти́ть — воплоща́ть
допусти́ть — допуска́ть
запрети́ть — запреща́ть
запусти́ть — запуска́ть
заряди́ть[1] *'вложить заряд'* — заряжа́ть
защити́ть — защища́ть
заяви́ть — заявля́ть
изобрази́ть — изобража́ть
награди́ть — награжда́ть
обрати́ть — обраща́ть
обрати́ться — обраща́ться
обсуди́ть — обсужда́ть
объяви́ть — объявля́ть
опусти́ть — опуска́ть
опусти́ться — опуска́ться
ороси́ть — ороша́ть
освети́ть — освеща́ть
освободи́ть — освобожда́ть
освободи́ться — освобожда́ться
осуществи́ть — осуществля́ть
осуществи́ться — осуществля́ться
отпра́вить — отправля́ть
отпра́виться — отправля́ться
отпусти́ть — отпуска́ть
отрази́ть — отража́ть
отрази́ться — отража́ться
победи́ть — побежда́ть
подтверди́ть — подтвержда́ть
порази́ть — поража́ть
порази́ться — поража́ться
посвяти́ть — посвяща́ть
посети́ть — посеща́ть
появи́ться — появля́ться
преврати́ть — превраща́ть
преврати́ться — превраща́ться
предупреди́ть — предупрежда́ть
прекрати́ть — прекраща́ть
преобрази́ть — преобража́ть

## III. ГЛАГОЛ

преобрази́ться — преобража́ться
пригласи́ть — приглаша́ть
прикрепи́ть — прикрепля́ть
проводи́ть — провожа́ть
пропусти́ть — пропуска́ть
прости́ть — проща́ть
прости́ться — проща́ться
простуди́ться — простужа́ться
прояви́ть — проявля́ть
прояви́ться — проявля́ться
пусти́ть — пуска́ть
рассуди́ть — рассужда́ть
роди́ться — рожда́ться
согласи́ться — соглаша́ться
спусти́ть — спуска́ть
спусти́ться — спуска́ться
срази́ться — сража́ться

убеди́ть — убежда́ть
убеди́ться — убежда́ться
угости́ть — угоща́ть
удиви́ться — удивля́ться
укрепи́ть — укрепля́ть
укрепи́ться — укрепля́ться
употреби́ть — употребля́ть
утверди́ть — утвержда́ть
утверди́ться — утвержда́ться
яви́ться — явля́ться

●

изложи́ть — излага́ть
предложи́ть — предлага́ть
расположи́ть — располага́ть
расположи́ться — располага́ться

— образование формы сопровождается **передвижением ударения на суффикс -а-(-я-)** и **чередованием согласных или гласных в основе:**

возгла́вить — возглавля́ть
вспо́мнить — вспомина́ть
вста́вить — вставля́ть
встре́тить — встреча́ть
встре́титься — встреча́ться
вы́лепить — вылепля́ть
вы́пустить — выпуска́ть
вы́разить — выража́ть
вы́чистить — вычища́ть
доба́вить — добавля́ть
доста́вить — доставля́ть
заме́тить — замеча́ть
запо́мнить — запомина́ть
заста́вить — заставля́ть
испра́вить — исправля́ть
испра́виться — исправля́ться
напо́мнить — напомина́ть
напра́вить — направля́ть
напра́виться — направля́ться
оста́вить — оставля́ть
отве́тить — отвеча́ть

отме́тить — отмеча́ть
отпра́вить — отправля́ть
отпра́виться — отправля́ться
офо́рмить — оформля́ть
поздра́вить — поздравля́ть
попра́вить — поправля́ть
попра́виться — поправля́ться
предста́вить — представля́ть
предста́виться — представля́ться
приба́вить — прибавля́ть
прибли́зить — приближа́ть
прибли́зиться — приближа́ться
пригото́вить — приготовля́ть
пригото́виться — приготовля́ться
соста́вить — составля́ть
спра́виться — справля́ться
укра́сить — украша́ть

б) глаголы, форма несовершенного вида которых образуется **заменой суффикса -е- суффиксом -а-:**

## III.1. НЕСОВЕРШЕННЫЙ ВИД

— образование формы сопровождается **передвижением ударения** на суффикс **-а-**:

вы́лететь — вылета́ть

— образование формы сопровождается **чередованием гласных** в основе:

замере́ть — замира́ть
натере́ть — натира́ть
оттере́ть — оттира́ть
стере́ть — стира́ть
умере́ть — умира́ть

— образование формы сопровождается **передвижением ударения** на суффикс **-а-** и **чередованием гласных или согласных** в основе:

вы́тереть — вытира́ть
оби́деть — обижа́ть
оби́деться — обижа́ться

в) глаголы на **-зти(-зть)**, **-сти(-сть)** и **-чь**, форма несовершенного вида которых образуется **присоединением суффикса -а-(-я-)**:

— образование формы сопровождается **передвижением ударения** на суффикс **-а-**:

вы́лезти *и разг.* вы́лезть — вылеза́ть
вы́расти — выраста́ть
зале́зть — залеза́ть

— образование формы сопровождается **чередованием согласных** в основе:

заплести́ — заплета́ть
изобрести́ — изобрета́ть
подмести́ — подмета́ть
приобрести́ — приобрета́ть
расцвести́ — расцвета́ть
сгрести́ — сгреба́ть
соблюсти́ — соблюда́ть

— образование формы сопровождается **передвижением ударения** на суффикс **-а-** и **чередованием согласных и гласных** в основе:

вы́пасть — выпада́ть
дое́сть — доеда́ть
дости́чь — достига́ть
зае́сть — заеда́ть
надое́сть — надоеда́ть
нае́сться — наеда́ться
напа́сть — напада́ть
объе́сться — объеда́ться
перее́сть — переедá́ть
помо́чь — помога́ть
попа́сть — попада́ть
привле́чь — привлека́ть
присе́сть — приседа́ть
прое́сть — проеда́ть

## III. ГЛАГОЛ

пропа́сть — пропада́ть
съесть — съеда́ть
увле́чься — увлека́ться

●

зажéчь — зажигáть
поджéчь — поджигáть
сжечь — сжигáть

3) Глаголы несовершенного вида со всегда ударным суффиксом *-ва-*:

восста́ть — восстава́ть
встать — встава́ть
вы́дать — выдава́ть
вы́пить — выпива́ть
вы́шить — вышива́ть
дать — дава́ть
доби́ться — добива́ться
добы́ть — добыва́ть
доста́ть — достава́ть
заби́ть — забива́ть
заболе́ть — заболева́ть
забы́ть — забыва́ть
зада́ть — задава́ть
заде́ть — задева́ть
закры́ть — закрыва́ть
закры́ться — закрыва́ться
запе́ть — запева́ть
заста́ть — застава́ть
изда́ть — издава́ть
наде́ть — надева́ть
нажи́ть — нажива́ть
накры́ть — накрыва́ть
накры́ться — накрыва́ться
нали́ть — налива́ть
обу́ть — обува́ть
обу́ться — обува́ться
оде́ть — одева́ть
оде́ться — одева́ться
оста́ться — остава́ться
отда́ть — отдава́ть
откры́ть — открыва́ть
отста́ть — отстава́ть
переда́ть — передава́ть
пережи́ть — пережива́ть
переоде́ть — переодева́ть
переоде́ться — переодева́ться
переста́ть — перестава́ть
пода́ть — подава́ть
покры́ть — покрыва́ть
покры́ться — покрыва́ться
поли́ть — полива́ть

преда́ть — предава́ть
преодоле́ть — преодолева́ть
препода́ть — преподава́ть
прибы́ть — прибыва́ть
прида́ть — придава́ть
призна́ть — признава́ть
призна́ться — признава́ться
приши́ть — пришива́ть
прода́ть — продава́ть
прожи́ть *что* — прожива́ть
разби́ть — разбива́ть
разби́ться — разбива́ться
разви́ть — развива́ть
разда́ть — раздава́ть
разда́ться — раздава́ться
разде́ть — раздева́ть
разде́ться — раздева́ться
разли́ть — разлива́ть
разли́ться — разлива́ться
разу́ть — разува́ть
разу́ться — разува́ться
раскры́ть — раскрыва́ть
раскры́ться — раскрыва́ться
расста́ться — расстава́ться
сдать — сдава́ть
скрыть — скрыва́ть
скры́ться — скрыва́ться
созда́ть — создава́ть
созда́ться — создава́ться
созре́ть — созрева́ть
сшить — сшива́ть
уби́ть — убива́ть
уда́ться — удава́ться
узна́ть — узнава́ть
укры́ть — укрыва́ть
укры́ться — укрыва́ться
умы́ть — умыва́ть
умы́ться — умыва́ться
успе́ть — успева́ть
устаре́ть — устарева́ть
уста́ть — устава́ть
уши́ть — ушива́ть

## III.1. НЕСОВЕРШЕННЫЙ ВИД

**III.1.Б**

4) Глаголы несовершенного вида со всегда ударным суффиксом **-и-**:

а) образование формы сопровождается **чередованием гласных** в основе:

внести́ — вноси́ть
вы́везти — вывози́ть
вы́нести — выноси́ть
завезти́ — завози́ть
занести́ — заноси́ть
нанести́ — наноси́ть
отвезти́ — отвози́ть
отнести́ — относи́ть
перевезти́ — перевози́ть
перенести́ — переноси́ть

привезти́ — привози́ть
принести́ — приноси́ть
провезти́ — провози́ть
произнести́ — произноси́ть
пронести́ — проноси́ть
развезти́ — развози́ть
разнести́ — разноси́ть
увезти́ — увози́ть
унести́ — уноси́ть

б) образование формы сопровождается **чередованием гласных и согласных** в основе:

ввести́ — вводи́ть
вы́вести — выводи́ть
завести́ — заводи́ть
навести́ — наводи́ть
отвести́ — отводи́ть
перевести́ — переводи́ть

привести́ — приводи́ть
провести́ *кого, что* и *нп* — проводи́ть [2]
произвести́ — производи́ть
развести́ — разводи́ть
увести́ — уводи́ть

### Б. Образование формы несовершенного вида глаголов только * за счёт внутриосновного чередования гласных и согласных:

взорва́ть — взрыва́ть
догна́ть — догоня́ть
дожда́ться — дожида́ться
замолча́ть — замолка́ть
заня́ть — занима́ть
избра́ть — избира́ть
набра́ть — набира́ть
назва́ть — называ́ть
нача́ть — начина́ть
обня́ть — обнима́ть
подня́ть — поднима́ть
пожа́ть [1] (ру́ку) — пожима́ть
пожа́ть [2] (рожь) — пожина́ть
поня́ть — понима́ть
посла́ть — посыла́ть

прибежа́ть — прибега́ть
призва́ть — призыва́ть
приня́ть — принима́ть
приня́ться — принима́ться
присла́ть — присыла́ть
пробра́ться — пробира́ться
сжать [1] (ру́ку) — сжима́ть
сжать [2] (рожь) — сжина́ть
снять — снима́ть
собра́ть — собира́ть
собра́ться — собира́ться
убежа́ть — убега́ть
убра́ть — убира́ть

●

---

\* Исключение составляют глаголы с приставкой *вы-*, в которых внутриосновное чередование сопровождается передвижением ударения на суффикс: *вы́бежать — выбега́ть, вы́брать — выбира́ть, вы́звать — вызыва́ть*.

## III. ГЛАГОЛ

отобра́ть — отбира́ть
отозва́ться — отзыва́ться
оторва́ть — отрыва́ть
оторва́ться — отрыва́ться
подобра́ть — подбира́ть
разобра́ть — разбира́ть

разобра́ться — разбира́ться
разорва́ть — разрыва́ть
разорва́ться — разрыва́ться
сорва́ть — срыва́ть
сорва́ться — срыва́ться

**В. Образование формы несовершенного вида глаголов только передвижением ударения на суффикс -а-:**

вы́резать — выреза́ть *
наре́зать — нареза́ть
обре́зать — обреза́ть

отре́зать — отреза́ть
разре́зать — разреза́ть
сре́зать — среза́ть

**Г. Двувидовые глаголы:**

атакова́ть
возде́йствовать
жени́ться
испо́льзовать
иссле́довать
казни́ть

насле́довать
обеща́ть
обору́довать
обсле́довать
ра́нить
рапортова́ть

рассле́довать
рекомендова́ть
роди́ться
соде́йствовать
телеграфи́ровать
электрифици́ровать

●

арестова́ть *св*, но в наст. вр. также *нсв*
бежа́ть *нсв*, но '*спастись бегством*' в прош. вр. также *св*
веле́ть *нсв*, но в прош. вр. также *св*
образова́ть *св*, но в наст. вр. также *нсв*
образова́ться *св*, но в наст. вр. также *нсв*
организова́ть *св*, но в наст. вр. также *нсв*
приве́тствовать *нсв*, но в прош. вр. также *св*

**Д. Нестандартное образование формы несовершенного вида**

1) Образование формы несовершенного вида от другого корня:

взять — брать
взя́ться — бра́ться
войти́ — входи́ть

вы́ехать — выезжа́ть
вы́йти — выходи́ть
дое́хать — доезжа́ть

---

\* *Вы́резать — вы́режу, вы́режешь, вы́режет, вы́режем, вы́режете, вы́режут; выреза́ть — выреза́ю, выреза́ешь, выреза́ет, выреза́ем, выреза́ете, выреза́ют.*

В дальнейшем раскрывается парадигма первого глагола из перечня единиц, которые иллюстрируют сформулированное положение. Парадигмы большинства остальных глаголов (в том числе и глаголов, составляющих единичные группы) фиксируются во второй части словаря — в статьях на соответствующие заголовочные единицы.

## III.2. НАСТОЯЩЕЕ И БУДУЩЕЕ ВРЕМЯ

дойти́ — доходи́ть
доложи́ть — докла́дывать
зайти́ — заходи́ть
найти́ — находи́ть
обойти́ — обходи́ть
отложи́ть — откла́дывать
отойти́ — отходи́ть
перее́хать — переезжа́ть
перейти́ — переходи́ть
подойти́ — подходи́ть
подъе́хать — подъезжа́ть
пойма́ть — лови́ть
положи́ть — класть
прие́хать — приезжа́ть
прийти́ — приходи́ть

прое́хать — проезжа́ть
произойти́ — происходи́ть
разойти́сь — расходи́ться
сказа́ть — говори́ть
сложи́ть — скла́дывать
сойти́ — сходи́ть
уе́хать — уезжа́ть
уйти́ — уходи́ть
уложи́ть — укла́дывать

●

лечь — ложи́ться
сесть — сади́ться
стать — станови́ться

2) Образование формы несовершенного вида сопровождается присоединением приставки и заменой суффикса -*и*- суффиксом -*а*-:

купи́ть — покупа́ть

## III.2. НАСТОЯЩЕЕ И БУДУЩЕЕ ВРЕМЯ

В процессе образования форм настоящего и будущего времени у ряда глаголов наблюдаются:

А — передвижение ударения в парадигме;
Б — чередование согласных и гласных в основе;
В — нестандартное образование форм;
Г — вариантные по основе формы;
Д — отсутствие или неупотребительность отдельных форм.

### А. Передвижение ударения в парадигме

1) Глаголы с передвижением ударения (на окончание — в форме 1-го лица единственного числа, на основу — во всех остальных формах):

| | | | |
|---|---|---|---|
| боро́ться* | доложи́ть | задержа́ть | измени́ться |
| вари́ть | дружи́ть | заложи́ть | изучи́ть |
| взгляну́ть | дыша́ть | замени́ть | коло́ть |
| вскочи́ть | жени́ть | заслужи́ть | лени́ться |
| дари́ть | завали́ться | заучи́ть | лечи́ть |
| дели́ть | завари́ть | изложи́ть | научи́ть |
| держа́ть | загляну́ть | измени́ть | обвали́ться |

---

\* *Боро́ться — борю́сь, бо́решься, бо́рется, бо́ремся, бо́ретесь, бо́рются.*

## III. ГЛАГОЛ

обложи́ть, обману́ть, обучи́ть, огляну́ться, одержа́ть, осмотре́ть, отвали́ться, отдели́ть, отложи́ть, отучи́ть, перевари́ть, передержа́ть, переложи́ть, перемени́ть, пересуши́ть, переучи́ть, пили́ть, повали́ть, подари́ть, поддержа́ть, подержа́ть, подсмотре́ть, подтяну́ть, положи́ть, поло́ть, получи́ть, получи́ться, поручи́ть, послужи́ть, посмотре́ть, потуши́ть, потяну́ть, похвали́ть, похорони́ть, предложи́ть, провали́ться, протяну́ть, проучи́ть, раздели́ть, раздели́ться, разложи́ть, разучи́ть, расколо́ть, распили́ть, расположи́ть, расположи́ться, рассмотре́ть, растяну́ть, свали́ться, свари́ть, сдержа́ть, сложи́ть, служи́ть, смени́ть, смотре́ть, содержа́ть, суши́ть, схорони́ть, тону́ть, туши́ть, тяну́ть, удержа́ть, уколо́ть, уложи́ть, урони́ть, учи́ть, хвали́ть, хорони́ть

●●

закружи́ться*, кружи́ться, подружи́ться

2) Глаголы с передвижением ударения (на оконча́ние—в форме 1-го лица единственного числа, на осно́ву—во всех остальных формах) и с чередованием согласных или гласных в основе:

броди́ть**, буди́ть, ввози́ть, верте́ть, вноси́ть, води́ть, вози́ть, восстанови́ть, вспаха́ть, вступи́ть, входи́ть, выводи́ть, вывози́ть, выноси́ть, выходи́ть, вяза́ть, гаси́ть, гнать, грузи́ть, дави́ть, доводи́ть, довози́ть, довяза́ть, догна́ть, догрузи́ть, доказа́ть, докати́ться, дописа́ть, допусти́ть, дотерпе́ть, доходи́ть, заблуди́ться, заверте́ться, заводи́ть (мото́р), завози́ть, завяза́ть, загна́ть, загрузи́ть, задави́ть, заказа́ть, закупи́ть, заноси́ть, записа́ть, заплати́ть, запроси́ть, запусти́ть, заряди́ть, заступи́ться

---

\* *Закружи́ться* — *закружу́сь, закру́жишься* и *закружи́шься, закру́жится* и *закружи́тся, закру́жимся* и *закружи́мся, закру́житесь* и *закружи́тесь, закру́жатся* и *закружа́тся.*

\*\* *Броди́ть* — *брожу́, бро́дишь, бро́дит, бро́дим, бро́дите, бро́дят.*

Классификация перечисляемых глаголов с точки зрения трудностей, связанных с чередованием согласных или гласных в основе, даётся в разделе **III.2.Б.**

## III.2. НАСТОЯЩЕЕ И БУДУЩЕЕ ВРЕМЯ  III.2.А

захвати́ть
заходи́ть
зачеса́ть
заяви́ть
изводи́ть
изгна́ть
износи́ть
иска́ть
исписа́ть
каза́ться
кати́ться
корми́ть
коси́ть [1] (траву́)
купи́ть
лепи́ть
лови́ть
люби́ть
молоти́ть
мочь
нагрузи́ть
надвяза́ть
надписа́ть
наказа́ть
накорми́ть
накоси́ть (травы́)
наноси́ть
написа́ть
напусти́ть
наруби́ть
наряди́ть 'наря́дно оде́ть'
наступи́ть на что-либо
находи́ть
начерти́ть
носи́ть
обводи́ть
обвяза́ть
обмолоти́ть
обня́ть
обня́ться
обогна́ть
обсуди́ть
обходи́ть
объяви́ть
обяза́ть
обяза́ться
оказа́ть
оказа́ться
описа́ть
опусти́ть
опусти́ться
освети́ть 'сде́лать ви́дным, све́тлым'
останови́ть
останови́ться
оступи́ться
осуди́ть
отводи́ть
отвози́ть
отвяза́ть
отгрузи́ть
отдави́ть
отказа́ть
отказа́ться
откорми́ть
относи́ть
относи́ться
отогна́ть
отплати́ть
отпроси́ться
отпусти́ть
отруби́ть
отступи́ть
отходи́ть
отшути́ться
паха́ть
переводи́ть
перевози́ть
перевяза́ть
перегна́ть
перегрузи́ть
перекорми́ть
переноси́ть
переноси́ться
перепаха́ть
переписа́ть
пересади́ть
пересказа́ть
переступи́ть
перехвати́ть
переходи́ть
писа́ть
плати́ть
повяза́ть
погаси́ть
погрузи́ть
погрузи́ться
подави́ть
подави́ться
подводи́ть
подвози́ть
подвяза́ть
подкорми́ть
подня́ть
подня́ться
подогна́ть
подписа́ть
подписа́ться
подсказа́ть
подходи́ть
показа́ть
покати́ться
полюби́ть
помо́чь
попроси́ть
посади́ть
постанови́ть
поступи́ть
потерпе́ть
пошути́ть
появи́ться
приводи́ть
привози́ть
привяза́ть
пригна́ть
придави́ть
приказа́ть
приноси́ть
приня́ть
приня́ться
приступи́ть
приходи́ть
причеса́ть
причеса́ться
проводи́ть
проглоти́ть
прогна́ть
продави́ть
производи́ть
произноси́ть
происходи́ть
прокати́ться

## III. ГЛАГОЛ

| | | |
|---|---|---|
| прокорми́ть | расходи́ться *с кем, с чем* | сходи́ть 'спуска́ться' |
| проноси́ть | расчеса́ть | терпе́ть |
| проноси́ться | руби́ть | топи́ть |
| прописа́ть | свети́ть | торопи́ться |
| прописа́ться | своди́ть | труди́ться |
| пропусти́ть | свози́ть | уводи́ть |
| проруби́ть | связа́ть | увози́ть |
| проси́ть | сдави́ть | увяза́ть |
| простуди́ться | серди́ться | угна́ть |
| проходи́ть | сказа́ть | угна́ться |
| прошепта́ть | скака́ть | указа́ть |
| прояви́ть | скати́ться | укати́ться |
| пусти́ть | скоси́ть[1] (траву́) | улови́ть |
| разбуди́ть | слепи́ть *из чего-либо* | уноси́ть |
| разводи́ть | сноси́ть | уноси́ться |
| развози́ть | снять | уплати́ть |
| развяза́ть | согна́ть | упроси́ть |
| разгрузи́ть | списа́ть | упусти́ть |
| раздави́ть | спроси́ть | установи́ть |
| разлюби́ть | спусти́ть | уступи́ть |
| разогна́ть | спусти́ться | ухвати́ться |
| разыска́ть | сруби́ть | уходи́ть |
| раскорми́ть | станови́ться | ходи́ть |
| расписа́ть | стерпе́ть | черти́ть |
| расписа́ться | суди́ть | шепта́ть |
| распусти́ть | схвати́ть | шути́ть |
| рассерди́ться | | яви́ться |
| рассказа́ть | | |
| рассуди́ть | | |

3) Глаголы с передвижением ударения (с основы на окончание — в формах множественного числа) и с чередованием согласных в основе:

| | | | | |
|---|---|---|---|---|
| дать* | изда́ть | перее́сть | прида́ть | сда́ться |
| дое́сть | надое́сть | пода́ть | прода́ть | созда́ть |
| есть | нае́сться | пое́сть | разда́ть | созда́ться |
| зада́ть | отда́ть | преда́ть | разда́ться | съесть |
| зае́сть | переда́ть | препода́ть | сдать | уда́ться |

4) Глаголы с передвижением ударения (с основы на окончание — во всех формах) и с чередованием в корне:

| | | |
|---|---|---|
| бежа́ть* | блесте́ть | бра́ться |
| бере́чь | брать | вбежа́ть |
| бить | | |

---

* Дать — *дам, дашь, даст, дади́м, дади́те, даду́т.*
* Бежа́ть — *бегу́, бежи́шь, бежи́т, бежи́м, бежи́те, бегу́т.*

## III.2. НАСТОЯЩЕЕ И БУДУЩЕЕ ВРЕМЯ III.2.А

вдохнови́ть
взять
взя́ться
висе́ть
вить
возврати́ть
возврати́ться
возрази́ть
воплоти́ть
вреди́ть
гляде́ть
горди́ться
греме́ть
громи́ть
гуде́ть
добежа́ть
доби́ться
добра́ться
дожи́ть
доплы́ть
жать [1] (ру́ку)
жать [2] (рожь)
жечь
жить
забежа́ть
заби́ть
заби́ться
забра́ться
зави́ть
зави́ться
заже́чь
зажи́ть
зали́ть
заня́ть
заня́ться
запе́ть
запи́ть
заплы́ть
запрети́ть
зарази́ть
заряди́ть [2] 'нача́ть де́лать одно́ и то же'
засвисте́ть
заши́ть
защити́ть
звать
избежа́ть

избра́ть
изобрази́ть
кипяти́ть
коси́ть [2] 'направля́ть вкось; быть косогла́зым'
лете́ть
лить
набра́ть
набра́ться
навреди́ть
нагляде́ться
награди́ть
назва́ть
назва́ться
налете́ть
нали́ть
напи́ться
нача́ть
нача́ться
наши́ть
обежа́ть
обрати́ть
обрати́ться
ороси́ть
освети́ть
освободи́ть
освободи́ться
осуществи́ть
осуществи́ться
отбежа́ть
отобрази́ть
отобра́ть
отозва́ть
отозва́ться
отрази́ть
отрази́ться
оттере́ть
перебежа́ть
переби́ть
перебра́ть
переви́ть
пережива́ть
перели́ть
переплы́ть
пересла́ть
переши́ть

петь
печь
пить
плыть
побежа́ть
поби́ть
повреди́ть
подбежа́ть
подобра́ть
подобра́ться
подозва́ть
подтверди́ть
пожа́ть [1] (ру́ку)
пожа́ть [2] (рожь)
пожи́ть
позва́ть
полете́ть
поли́ть
поня́ть
попа́сть
попи́ть
поплы́ть
порази́ть
порази́ться
посвяти́ть
посети́ть
посла́ть
преврати́ть
преврати́ться
предупреди́ть
прекрати́ть
преобрази́ть
преобрази́ться
прибежа́ть
приби́ть
приви́ть
привле́чь
пригласи́ть
призва́ть
прикрепи́ть
прилете́ть
присла́ть
приши́ть
пробежа́ть
проби́ть
пробра́ться
прожи́ть
прозва́ть

## III. ГЛАГОЛ

| | | |
|---|---|---|
| проли́ть | свисте́ть | стреми́ться |
| пропа́сть | свить | стричь |
| проплы́ть | сечь | стри́чься |
| проследи́ть | сжать¹ (ру́ку) | сшить |
| прости́ть | сжать² (рожь) | тере́ть |
| прости́ться | сжечь | течь |
| проши́ть | сиде́ть | убежа́ть |
| разби́ть | скоси́ть² 'напра- | уби́ть |
| разви́ть¹⁻² | вить вкось' | убра́ть |
| разгляде́ть | следи́ть | уви́ть |
| разгроми́ть | слить | увле́чься |
| разжа́ть (ру́ку) | сли́ться | угости́ть |
| разли́ть | собра́ть | удиви́ть |
| разобра́ть | собра́ться | удиви́ться |
| разобра́ться | согласи́ться | укрепи́ть |
| расти́ | созва́ть | улете́ть |
| роди́ться | сосла́ть | умере́ть |
| руководи́ть | спать | упа́сть |
| сади́ться | спеть | употреби́ть |
| сбежа́ть | срази́ться | утверди́ть |
| сбере́чь | стере́ть | уши́ть |
| сбить | стере́чь | шуме́ть |

5) Глаголы с передвижением ударения (с о с н о в ы  н а
о к о н ч а н и е — в форме 1-го лица единственного числа и
в формах множественного числа) и с ч е р е д о в а н и е м  с о-
г л а с н ы х  в формах единственного числа:

захоте́ть *
хоте́ть

### Б. Чередование согласных и гласных в основе

1) Чередование согласных и гласных во всех формах:

а) глаголы с о д и н а к о в ы м и  чередованиями во всех
формах **:

---

\* *Захоте́ть* — захочу́, захо́чешь, захо́чет, захоти́м, захоти́те,
захотя́т.

\*\* Глаголы, характеризующиеся названной особенностью, раз-
биты на группы, каждая из которых содержит слова с одним из возможных типов чередования. Причём сначала перечисляются группы
глаголов с чередованиями, происходящими на стыке основы и окончания (тип чередования называется и предшествует перечню), затем — группы глаголов с внутриосновными чередованиями (тип чередования при этом не называется, а соответствующие группы слов
разделяются знаком ●).

## III.2. НАСТОЯЩЕЕ И БУДУЩЕЕ ВРЕМЯ  III.2.Б

*г — ж*
дви́гать * 'приводи́ть в де́йствие, побужда́ть, развива́ть'

*з — ж*
вы́резать
вяза́ть
довяза́ть
доказа́ть
завяза́ть
заказа́ть
зама́зать
заре́зать
каза́ться
ма́зать
надвяза́ть
наказа́ть
нама́зать
наре́зать
обвяза́ть
обяза́ть
обяза́ться
оказа́ть
оказа́ться
отвяза́ть
отказа́ть
отказа́ться
отре́зать
перевяза́ть
перема́заться
перере́зать
пересказа́ть
повяза́ть
подвяза́ть
подрезать
подсказа́ть
показа́ть
пома́зать
привяза́ть
приказа́ть
развяза́ть
разма́зать
разре́зать
рассказа́ть
ре́зать
связа́ть
сказа́ть
сма́зать
сре́зать
увяза́ть
указа́ть

*к — ч*
запла́кать
пла́кать
попла́кать
скака́ть

*ов(ев) — у(ю)*
аплоди́ровать
арестова́ть
атакова́ть
бесе́довать
воева́ть
возде́йствовать
волнова́ться
голосова́ть
госпо́дствовать
де́йствовать
диктова́ть
жа́ловаться
жева́ть
завоева́ть
интересова́ть
испо́льзовать
иссле́довать
кома́ндовать
любова́ться
ночева́ть
обору́довать
обра́доваться
образова́ть
образова́ться
организова́ть
основа́ть
отсу́тствовать
по́льзоваться
пра́здновать
предше́ствовать
пресле́довать
приве́тствовать
прису́тствовать
про́бовать
путеше́ствовать
ра́доваться
рекомендова́ть
ремонти́ровать
репети́ровать
рисова́ть
сле́довать
сове́товать
соотве́тствовать
соревнова́ться
спосо́бствовать
существова́ть
танцева́ть
тре́бовать
тренирова́ться
уча́ствовать
фотографи́ровать
целова́ть
чу́вствовать
ше́фствовать
эксплуати́ровать

*с — ш*
вы́писать
дописа́ть
записа́ть
зачеса́ть
исписа́ть
надписа́ть
написа́ть
описа́ть
переписа́ть
писа́ть
подписа́ть
подписа́ться
причеса́ть
причеса́ться
прописа́ть
прописа́ться

---

\* *Дви́гать — дви́жу, дви́жешь, дви́жет, дви́жем, дви́жете, дви́жут.*

## III. ГЛАГОЛ

расписа́ть
расписа́ться
расчеса́ть
списа́ть

***ст — б***
грести́
сгрести́

***ст — д***
брести́
вести́
вы́вести
вы́пасть
добрести́
довести́
завести́ (мото́р)
класть
набрести́
навести́
напа́сть
отвести́
перевести́
повести́
подвести́
попа́сть
привести́
провести́
произвести́
пропа́сть
развести́
увести́
упа́сть

***ст — т***
заплести́
зацвести́
изобрести́
мести́
плести́
подмести́
приобрести́
расцвести́
сплести́
цвести́

***т — ч***
прошепта́ть
пря́тать

спря́тать
шепта́ть

***х — ш***
вспаха́ть
паха́ть
перепаха́ть

●

вскрыть
вы́мыть
закры́ть
мыть
накры́ть
откры́ть
отмы́ть
перекры́ть
покры́ть
помы́ть
покры́ться
раскры́ть
раскры́ться
скрыть
скры́ться
смыть
укры́ть
умы́ть
умы́ться

●

встать
доста́ть
заста́ть
наста́ть
оста́ться
отста́ть
переста́ть
расста́ться
стать
уста́ть

●

заде́ть
наде́ть
оде́ть
оде́ться
переоде́ться
разде́ть

разде́ться

●

обня́ть
обня́ться
подня́ть
подня́ться
снять

●

заня́ть
заня́ться
поня́ть

●

приня́ть
приня́ться

●

быть
добы́ть
забы́ть
отбы́ть
побы́ть
прибы́ть

●

вы́плыть
вы́жить
дожи́ть
доплы́ть
жить
зажи́ть
заплы́ть
пережи́ть
переплы́ть
плыть
пожи́ть
поплы́ть
прожи́ть
проплы́ть

●

бить
вить
вы́лить
вы́пить
вы́шить

## III.2. НАСТОЯЩЕЕ И БУДУЩЕЕ ВРЕМЯ III.2.Б

добиться
забить
забиться
завить
завиться
залить
запить
зашить
лить
налить
напиться
нашить
перебить
перевить
перелить
перешить
пить
побить
полить
попить
прибить
привить
пришить
пробить
пролить
прошить
разбить *
развить
разлить
сбить
свить
слить
сшить
убить
увить

ушить

●

вытереть
оттереть
стереть
тереть
умереть

●

брать
браться
выбрать
выбраться
добраться
забраться
избрать
набрать
набраться
отобрать **
перебрать
подобрать
подобраться
пробраться
разобрать
разобраться
собрать
собраться
убрать

●

войти
выйти
дойти
зайти

найти
обойти
отойти
перейти
подойти
пойти
прийти
произойти
пройти
пройтись
разойтись *с кем, с чем*
сойти '*спуститься*'
уйти

●

вызвать
звать
назвать
назваться
отозвать
отозваться
подозвать
позвать
призвать
прозвать
созвать

●

выгнать
гнать
догнать
загнать
изгнать
обогнать

---

\* Глаголы с вариантом приставки, оканчивающимся на согласную (как: *в-, из-, над-, об-, от-, под-, раз-, с-*), и с корнем, начинающимся с согласной, имеют личные формы, которые характеризуются появлением дополнительной гласной в приставке, например: *разбить — разобью, разобьёшь, разобьёт, разобьём, разобьёте, разобьют*.

\*\* Глаголы с вариантом приставки, оканчивающимся на гласную (как: *во-, изо-, надо-, обо-, ото-, подо-, разо-, со-*), и с корнем, начинающимся сочетанием согласных, имеют личные формы, которые, как правило, характеризуются усечением гласной в приставке, например: *отобрать — отберу, отберёшь, отберёт, отберём, отберёте, отберут* (однако: *ворваться — ворвусь, ворвёшься, ворвётся, ворвёмся, ворвётесь, ворвутся; оторвать — оторву, оторвёшь, оторвёт, оторвём, оторвёте, оторвут* и некоторые другие).

## III. ГЛАГОЛ

отогна́ть
перегна́ть
подогна́ть
пригна́ть
прогна́ть
согна́ть
угна́ться

●

вы́слать
пересла́ть
посла́ть
присла́ть
сосла́ть

●

засе́сть
насе́сть
отсе́сть
пересе́сть
подсе́сть
присе́сть
сесть
усе́сться

●

въе́хать

вы́ехать
дое́хать
е́хать
зае́хать
нае́хать
отъе́хать
переє́хать
подъе́хать
пое́хать
прие́хать
прое́хать
разъе́хаться
съе́хаться
уе́хать

●

жать [1] (ру́ку)
пожа́ть [1] (ру́ку)
разжа́ть
сжать [1] (ру́ку)

●

жать [2] (рожь)
пожа́ть [2] (рожь)
сжать [2] (рожь)

●

взять
взя́ться

●

нача́ть
нача́ться

●

брить
бри́ться
побри́ться

●

иска́ть
разыска́ть

●

петь
запе́ть
спеть

б) глаголы с неодинаковыми чередованиями в разных формах:

— глаголы на **-чь**\*:

бере́чь\*\*
жечь
заже́чь
мочь
помо́чь
сбере́чь
сжечь

стере́чь
стричь
стри́чься

●

печь
привле́чь

сечь
течь
увле́чь

●

лечь
уле́чься

---

\* К данной группе относятся глаголы, которые имеют две основы настоящего времени: основную, выделяющуюся в формах 1-го лица единственного и 3-го лица множественного числа, и дополнительную, выделяющуюся во всех остальных лицах.

\*\* *Бере́чь* — *берегу́, бережёшь, бережёт, бережём, бережёте, берегу́т.*

## III.2. НАСТОЯЩЕЕ И БУДУЩЕЕ ВРЕМЯ — III.2.Б

— глагол **есть** и производные:

| | | |
|---|---|---|
| доесть * | наесться | *а также:* |
| есть | поесть | надоесть |
| заесть | съесть | |

— глагол **дать** и производные:

| | | |
|---|---|---|
| выдать ** | подать | раздаться |
| дать | предать | сдать |
| задать | преподать | создать |
| издать | придать | создаться |
| отдать | продать | удаться |
| передать | раздать | |

2) Чередование согласных **только** в форме 1-го лица единственного числа:

*б — бл*
любить ***
нарубить
отрубить
полюбить
прорубить
разлюбить
рубить
срубить
употребить

*в — вл*
вдохновить
возглавить
восстановить
вставить
выдавить
выловить
выставить
выявить
готовить
давить
добавить
доставить
задавить
заставить[1-2]

заявить
исправить
исправиться
ловить
направить
направиться
нравиться
обусловить
объявить
оставить
остановить
остановиться
осуществить
осуществиться
отдавить
отправить
отправиться
подавить
подавиться
подготовить
подготовиться
поздравить
понравиться
поправить
поправиться
поставить

постановить
появиться
представить
представиться
прибавить
приготовить
приготовиться
придавить
продавить
проявить
раздавить
сдавить
составить
справиться
ставить
становиться
удивиться
уловить
условиться
установить
явиться

*д — ж*
бродить
будить
видеть

---

\* *Доесть* — *доем, доешь, доест, доедим, доедите, доедят.*
\*\* *Выдать* — *выдам, выдашь, выдаст, выдадим, выдадите, выдадут.*
\*\*\* *Любить* — *люблю, любишь, любит, любим, любите, любят.*

## III. ГЛАГОЛ

водить
вредить
входить
выводить
вы́гладить
вы́ходить
гла́дить
гляде́ть
горди́ться
гуде́ть
доводи́ть
доходи́ть
е́здить
заблуди́ться
заводи́ть (мото́р)
заряди́ть
заходи́ть
изводи́ть
навреди́ть
нагляде́ться
награди́ть
наряди́ть 'наря́дно оде́ть'
находи́ть
ненави́деть
обводи́ть
оби́деть
оби́деться
обсуди́ть
обходи́ть
освободи́ть
освободи́ться
осуди́ть
отводи́ть
отходи́ть
переводи́ть
пересади́ть
переходи́ть
повреди́ть
погла́дить
подводи́ть
подтверди́ть
подходи́ть
посади́ть
предупреди́ть
приводи́ть
приходи́ть
проводи́ть

производи́ть
происходи́ть
проследи́ть
простуди́ть
простуди́ться
проходи́ть
разбуди́ть
разводи́ть
разгла́дить
разгляде́ть
рассерди́ться
рассуди́ть
расходи́ться *с кем, с чем*
роди́ть
руководи́ть
сади́ться
своди́ть
серди́ться
сиде́ть
следи́ть
суди́ть
сходи́ть 'спуска́ться'
труди́ться
уви́деть
уводи́ть
утверди́ть
утверди́ться
уходи́ть
ходи́ть

*з — ж*
ввози́ть
вози́ть
возрази́ть
вывози́ть
вы́разить
грузи́ть
довози́ть
догрузи́ть
завози́ть
загрузи́ть
зарази́ть
изобрази́ть
нагрузи́ть
отвози́ть
отгрузи́ть

отобрази́ть
отрази́ть
отрази́ться
перевози́ть
перегрузи́ть
погрузи́ть
погрузи́ться
подвози́ть
порази́ть
порази́ться
преобрази́ть
преобрази́ться
прибли́зить
прибли́зиться
привози́ть
развози́ть
разгрузи́ть
свози́ть
срази́ться
увози́ть

*м — мл*
вы́кормить
греме́ть
громи́ть
знако́мить
знако́миться
корми́ть
накорми́ть
откорми́ть
офо́рмить
перекорми́ть
подкорми́ть
прокорми́ть
разгроми́ть
раскорми́ть
стреми́ться
шуме́ть

*п — пл*
вступи́ть
вы́купить
вы́лепить
вы́спаться
вы́ступить
дотерпе́ть
закупи́ть
заступи́ться

## III.2. НАСТОЯЩЕЕ И БУДУЩЕЕ ВРЕМЯ

### III.2.Б

купи́ть
лепи́ть
наступи́ть *на что-либо*
оступи́ться
отступи́ть
переступи́ть
поступи́ть
потерпе́ть
прикрепи́ть
приступи́ть
слепи́ть *из чего-либо*
спать
стерпе́ть
терпе́ть
топи́ть
торопи́ться
укрепи́ть
уступи́ть

***с — ш***
бро́сить
ве́сить
взве́сить
висе́ть
вноси́ть
вы́бросить
вы́весить
вы́красить
выноси́ть
вы́просить
гаси́ть
забро́сить
зави́сеть
заноси́ть
запроси́ть
износи́ть
коси́ть
кра́сить
набро́сить
наве́сить
наноси́ть
носи́ть
ороси́ть
отбро́сить
относи́ть
относи́ться

отпроси́ться
переноси́ть
переноси́ться
пове́сить
погаси́ть
покра́сить
попроси́ть
пригласи́ть
приноси́ть
произноси́ть
проноси́ть
проноси́ться
проси́ть
раскра́сить
сбро́сить
све́ситься
скоси́ть
сноси́ть
согласи́ться
спроси́ть
укра́сить
уноси́ть
уноси́ться
упроси́ть

***ст — щ***
блесте́ть
вы́пустить
вы́растить
вы́чистить
допусти́ть
запусти́ть
засвисте́ть
напусти́ть
опусти́ть
опусти́ться
отпусти́ть
очи́стить
почи́стить
пропусти́ть
прости́ть
прости́ться
пусти́ть
распусти́ть
расти́ть
свисте́ть
спусти́ть
спусти́ться

угости́ть
упусти́ть
чи́стить

***т — ч***
верте́ть
встре́тить
встре́титься
вы́катиться
вы́лететь
вы́платить
вы́светить
вы́хватить
вы́чертить
докати́ться
забо́титься
заверте́ться
заме́тить
заплати́ть
захвати́ть
испо́ртить
испо́ртиться
истра́тить
кати́ться
кипяти́ть
лете́ть
молоти́ть
налете́ть
наме́тить
напо́ртить
начерти́ть
обмолоти́ть
отве́тить
отме́тить
отплати́ть
отшути́ться
перехвати́ть
плати́ть
покати́ться
полете́ть
по́ртить
пошути́ть
прилете́ть
проглоти́ть
прокати́ться
свети́ть
скати́ться
схвати́ть

## III. ГЛАГОЛ

| | | |
|---|---|---|
| тра́тить | ***т — щ*** | обрати́ться |
| укати́ться | возврати́ть | освети́ть |
| улете́ть | возврати́ться | посвяти́ть |
| уплати́ть | воплоти́ть | посети́ть |
| ухвати́ться | запрети́ть | преврати́ть |
| черти́ть | защити́ть | преврати́ться |
| шути́ть | обрати́ть | прекрати́ть |

3) Чередование согласных т о л ь к о в формах 1-го лица единственного числа и 3-го лица множественного числа:

| | | |
|---|---|---|
| бежа́ть * | обежа́ть | прибежа́ть |
| вбежа́ть | отбежа́ть | пробежа́ть |
| добежа́ть | перебежа́ть | сбежа́ть |
| забежа́ть | побежа́ть | убежа́ть |
| избежа́ть | подбежа́ть | |

4) Чередование согласных т о л ь к о в формах единственного числа:

захоте́ть **
хоте́ть

### В. Нестандартное образование форм настоящего времени (усечение основы во всех формах):

| | | |
|---|---|---|
| встава́ть *** | перестава́ть | расстава́ться |
| выдава́ть | подава́ть | сдава́ть |
| дава́ть | познава́ть | сдава́ться |
| достава́ть | предава́ть | создава́ть |
| задава́ть | преподава́ть | создава́ться |
| зазнава́ться | придава́ть | сознава́ть |
| издава́ть | признава́ть | сознава́ться |
| остава́ться | продава́ть | удава́ться |
| отдава́ть | раздава́ть | узнава́ть |
| отстава́ть | раздава́ться | устава́ть |
| передава́ть | | |

### Г. Вариантные по основе формы настоящего или будущего времени:

блиста́ть — блиста́ют *и* бле́щут
внима́ть (*в худож. речи*) — внима́ют *и* вне́млют

---

\* *Бежа́ть* — бегу́, бежи́шь, бежи́т, бежи́м, бежи́те, бегу́т.
\*\* *Захоте́ть* — захочу́, захо́чешь, захо́чет, захоти́м, захоти́те, захотя́т.
\*\*\* *Встава́ть* — встаю́, встаёшь, встаёт, встаём, встаёте, встаю́т.

ка́пать — ка́плют и ка́пают
маха́ть — ма́шут и доп. маха́ют
расщепа́ть — расще́плют и доп. расщепа́ют
страда́ть — страда́ют и (в худож. речи) стра́ждут
сы́пать — сы́плют и доп. сы́пят

### Д. Отсутствие или неупотребительность форм настоящего (будущего) времени

1) Глаголы, не имеющие формы 1-го лица единственного числа:

> затми́ть
> победи́ть
> убеди́ть
> убеди́ться

2) Глаголы, не имеющие форм 1-го и 2-го лица единственного и множественного числа:

вскипе́ть 'о воде'
вы́кипеть
закати́ться 'о круглом предмете' или 'о небесном светиле'
зна́чить
кипе́ть 'о воде', а также перен. 'о работе'
наступи́ть 'о времени'
нача́ться
образова́ться
обступи́ть
означа́ть
осуществи́ться
получи́ться
предше́ствовать
проводи́ть ² 'обладать проводимостью'
произойти́
раздава́ться
разда́ться
роди́ться
создава́ться
созда́ться
состоя́ться
течь
удава́ться
уда́ться

3) Глагол, имеющий лишь форму 3-го лица единственного числа:

> быть — есть (а также суть как экспрессивный синоним: Это не су́ть ва́жно)

## III.3. ПРОШЕДШЕЕ ВРЕМЯ

В процессе образования форм прошедшего времени у ряда глаголов наблюдаются:

А — передвижение ударения;
Б — форма мужского рода без суффикса *-л-*;
В — нестандартное образование форм.

## III. ГЛАГОЛ

### A. Передвижение ударения

1) Передвижение ударения в парадигме*:

брать — брал, брала́, бра́ло, бра́ли
бра́ться — бра́лся *и доп. устар.* бра́лся́, брала́сь, брало́сь *и доп.* бра́лось, брали́сь *и доп.* бра́лись
быть — был, была́, бы́ло, бы́ли
взорва́ть — взорва́л, взорвала́, взорва́ло, взорва́ли
взять — взял, взяла́, взя́ло *и доп.* взяло́, взя́ли
взя́ться — взя́лся *и доп. устар.* взялся́, взяла́сь, взяло́сь *и доп.* взя́лось, взяли́сь *и доп.* взя́лись
вить — вил, вила́, ви́ло, ви́ли
гнать — гнал, гнала́, гна́ло, гна́ли
дать — дал, дала́, да́ло *и* дало́, да́ли
добы́ть — добы́л *и доп. устар.* до́был, добыла́, добы́ло *и доп. устар.* до́было, добы́ли *и доп. устар.* до́были
дожда́ться — дожда́лся *и доп. устар.* дождался́, дождала́сь, дождало́сь *и доп.* дожда́лось, дождали́сь *и доп.* дожда́лись
ждать — ждал, ждала́, жда́ло, жда́ли
жить — жил, жила́, жи́ло, жи́ли
зада́ть — за́дал *и доп.* зада́л, задала́, за́дало *и доп.* зада́ло, за́дали *и доп.* зада́ли
заня́ть — за́нял, заняла́, за́няло, за́няли
заня́ться — заня́лся *и доп.* занялся́, заняла́сь, заняло́сь, заняли́сь
звать — звал, звала́, зва́ло, зва́ли
избра́ть — избра́л, избрала́, избра́ло, избра́ли
изда́ть — изда́л, издала́, изда́ло, изда́ли
лить — лил, лила́, ли́ло, ли́ли
нали́ть — на́лил *и доп.* нали́л, налила́, на́лило *и доп.* нали́ло, на́лили *и доп.* нали́ли
нача́ть — на́чал, начала́, на́чало, на́чали
нача́ться — начался́, начала́сь, начало́сь, начали́сь
обня́ть — о́бнял *и доп.* обня́л, обняла́, о́бняло *и доп.* обня́ло, о́бняли *и доп.* обня́ли
отда́ть — о́тдал *и доп.* отда́л, отдала́, о́тдало *и доп.* отда́ло, о́тдали *и доп.* отда́ли
отозва́ться — отозва́лся *и доп. устар.* отозвался́, отозвала́сь, отозвало́сь *и доп.* отозва́лось, отозвали́сь *и доп.* отозва́лись
оторва́ться — оторва́лся *и доп. устар.* оторвался́, оторвала́сь, оторвало́сь *и доп.* оторва́лось, оторвали́сь *и доп.* оторва́лись

---

\* В последующих подразделах (а, б, в, г) рассматривается передвижение ударения в каждой форме прошедшего времени.

## III.3. ПРОШЕДШЕЕ ВРЕМЯ III.3.А

передать: 1. передать (сообщение, подарок) — пе́редал\* *и доп.* переда́л, передала́, пе́редало\* *и доп.* переда́ло, пе́редали\* *и доп.* переда́ли; 2. '*дать лишнего*' — переда́л, передала́, переда́ло, переда́ли

пить — пил, пила́, пи́ло, пи́ли

плыть — плыл, плыла́, плы́ло, плы́ли

пода́ть — по́дал *и доп.* пода́л, подала́, по́дало *и доп.* пода́ло, по́дали *и доп.* пода́ли

подня́ть — по́днял *и доп.* подня́л, подняла́, по́дняло *и доп.* подня́ло, по́дняли *и доп.* подня́ли

подня́ться — подня́лся́ *и* подня́лся, подняла́сь, подняло́сь *и доп.* подня́лось, подняли́сь *и доп.* подня́лись

поли́ть — по́лил *и доп.* поли́л, полила́, по́лило *и доп.* поли́ло, по́лили *и доп.* поли́ли

поня́ть — по́нял, поняла́, по́няло, по́няли

преда́ть — пре́дал *и доп.* преда́л, предала́, пре́дало *и доп.* преда́ло, пре́дали *и доп.* преда́ли

преподать — препо́дал *и доп.* препода́л, препода́ла́, препо́дало *и доп.* препода́ло, препо́дали *и доп.* препода́ли

прибыть — при́был, прибыла́, при́было, при́были

приня́ть — при́нял, приняла́, при́няло, при́няли

приня́ться — принялся́ *и доп.* приня́лся, приняла́сь, приняло́сь, приняли́сь

пробра́ться — пробра́лся *и доп. устар.* пробрался́, пробрала́сь, пробрало́сь *и доп.* пробра́лось, пробрали́сь *и доп.* пробра́лись

прода́ть — про́дал *и доп.* прода́л, продала́, про́дало *и доп.* прода́ло, про́дали *и доп.* прода́ли

прожи́ть — про́жил *и доп.* прожи́л, прожила́, про́жило *и доп.* прожи́ло, про́жили *и доп.* прожи́ли

разда́ть — разда́л *и доп. устар.* ро́здал, раздала́, разда́ло *и доп. устар.* ро́здало, разда́ли *и доп. устар.* ро́здали\*\*

разда́ться — разда́лся *и доп. устар.* раздался́, раздала́сь, раздало́сь *и доп.* разда́лось, раздали́сь *и доп.* разда́лись

разорва́ться — разорва́лся *и доп. устар.* разорвался́, разорвала́сь, разорвало́сь *и доп.* разорва́лось, разорвали́сь *и доп.* разорва́лись

рвать — рвал, рвала́, рва́ло, рва́ли

---

\* Если в глаголах с приставкой **пере-** ударение переходит на приставку, оно падает на первый её слог.

\*\* Написание в приставке то *а*, то *о* вызывается соответствующим произношением и объясняется действием фонетического, а не морфологического принципа русской орфографии.

## III. ГЛАГОЛ

роди́ться — для *св*: роди́лся и родился́, родила́сь и *доп.* роди́лась, родило́сь и *доп.* роди́лось, роди́лись и *доп.* роди́лись; для *нсв*: роди́лся, роди́лась, роди́лось, роди́лись

сдать — сдал, сдала́, сда́ло, сда́ли

снять — снял, сняла́, сня́ло, сня́ли

собра́ть — собра́л, собрала́, собра́ло, собра́ли

собра́ться — собра́лся и *доп. устар.* собрался́, собрала́сь, собрало́сь и *доп.* собра́лось, собрали́сь и *доп.* собра́лись

созда́ть — со́здал и *доп.* созда́л, создала́, со́здало и *доп.* созда́ло, со́здали и *доп.* созда́ли

созда́ться — созда́лся и *доп. устар.* создался́, создала́сь, создало́сь и *доп.* созда́лось, создали́сь и *доп.* созда́лись

спать — спал, спала́, спа́ло, спа́ли

ткать — ткал, ткала́ и *доп.* тка́ла, тка́ло, тка́ли

убра́ть — убра́л, убрала́, убра́ло, убра́ли

уда́ться — уда́лся и *доп. устар.* удался́, удала́сь, удало́сь и *доп.* уда́лось, удали́сь и *доп.* уда́лись

а) Глаголы с возможным передвижением ударения в форме мужского рода:

— невозвратные глаголы с передвижением ударения на один слог левее\*:

заня́ть — за́нял
нача́ть — на́чал
поня́ть — по́нял
прибы́ть — при́был
приня́ть — при́нял

●●

добы́ть — добы́л и *доп. устар.* до́был
зада́ть — за́дал и *доп.* зада́л
нали́ть — на́лил и *доп.* нали́л
обня́ть — о́бнял и *доп.* обня́л
отда́ть — о́тдал и *доп.* отда́л
пода́ть — по́дал и *доп.* пода́л
подня́ть — по́днял и *доп.* подня́л
поли́ть — по́лил и *доп.* поли́л
преда́ть — пре́дал и *доп.* преда́л
препода́ть — препо́дал и *доп.* препода́л
прода́ть — про́дал и *доп.* прода́л
прожи́ть — про́жил и *доп.* прожи́л

---

\* Исключение составляет глагол *умере́ть*, в форме прошедшего времени которого ударение переходит на первый слог — *у́мер*.

## III.3. ПРОШЕДШЕЕ ВРЕМЯ III.3.А

разда́ть — разда́л и доп. устар. ро́здал
созда́ть — со́здал и доп. созда́л

— в о з в р а т н ы е  глаголы с передвижением ударения на -ся:

нача́ться — начался́

●●

заня́ться — занялся́ и доп. заня́лся
подня́ться — поднялся́ и подня́лся
приня́ться — принялся́ и доп. приня́лся
роди́ться св — родился́ и роди́лся
 однако:
бра́ться — бра́лся и доп. устар. брался́
взя́ться — взя́лся и доп. устар. взялся́
отозва́ться — отозва́лся и доп. устар. отозвался́
оторва́ться — оторва́лся и доп. устар. оторвался́
пробра́ться — пробра́лся и доп. устар. пробрался́
разда́ться — разда́лся и доп. устар. раздался́
разорва́ться — разорва́лся и доп. устар. разорвался́
собра́ться — собра́лся и доп. устар. собрался́
созда́ться — созда́лся и доп. устар. создался́
уда́ться — уда́лся и доп. устар. удался́

б) Глаголы с передвижением* ударения на окончание в форме ж е н с к о г о  р о д а:

— н е в о з в р а т н ы е  глаголы:

брать: брал — брала́
быть: был — была́
взорва́ть: взорва́л — взорвала́
взять: взял — взяла́
вить: вил — вила́
гнать: гнал — гнала́
дать: дал — дала́
ждать: ждал — ждала́
жить: жил — жила́
заня́ть: за́нял — заняла́
звать: звал — звала́
избра́ть: избра́л — избрала́
изда́ть: изда́л — издала́
лить: лил — лила́
нача́ть: на́чал — начала́

переда́ть  'дать лишнего':
 переда́л — передала́
пить: пил — пила́
плыть: плыл — плыла́
поня́ть: по́нял — поняла́
прибы́ть: при́был — прибыла́
приня́ть: при́нял — приняла́
сдать: сдал — сдала́
снять: снял — сняла́
собра́ть: собра́л — собрала́
спать: спал — спала́
убра́ть: убра́л — убрала́

●

добы́ть: добы́л и доп. устар.
 до́был — добыла́

---

* Неподвижное ударение наблюдается лишь в допустимой вариантной форме женского рода глагола *ткать: ткал — ткала́* и доп. *тка́ла*.

## III. ГЛАГОЛ

задáть: зáдал *и доп.* задáл — задалá
налúть: нáлил *и доп.* налúл — налилá
обня́ть: óбнял *и доп.* обня́л — обняла́
отдáть: óтдал *и доп.* отдáл — отдалá
передáть (сообщéние, подáрок): пéредал *и доп.* передáл — передалá
подáть: пóдал *и доп.* подáл — подалá
подня́ть: пóднял *и доп.* подня́л — подняла́
полúть: пóлил *и доп.* полúл — полилá
продáть: прóдал *и доп.* продáл — продалá
прожúть: прóжил *и доп.* прожúл — прожилá
раздáть: рáздал *и доп. устар.* рóздал — раздалá
создáть: сóздал *и доп.* создáл — создалá

— возвратные глаголы:

начáться: начался́ — началáсь

●

брáться: брáлся *и доп. устар.* брался́ — бралáсь
взя́ться: взя́лся *и доп. устар.* взялся́ — взялáсь
заня́ться: заня́лся *и доп.* занялся́ — заняла́сь
оторвáться: оторвáлся *и доп. устар.* оторвался́ — оторвалáсь
пробрáться: пробрáлся *и доп. устар.* пробрался́ — пробралáсь
собрáться: собрáлся *и доп. устар.* собрался́ — собралáсь
создáться: создáлся *и доп. устар.* создался́ — создалáсь
удáться: удáлся *и доп. устар.* удался́ — удалáсь

●●

родúться *св*: родился́ *и* родúлся — родилáсь *и доп.* родúлась

в) Глаголы с возможным передвижением ударения в форме среднего рода:

— невозвратные глаголы:

взять: взял — взя́ло *и доп.* взялó
дать: дал — далó *и* дáло

●

предáть: прéдал *и доп.* предáл — прéдало *и доп.* предáло
преподáть: преподáл *и доп.* преподáл — препóдало *и доп.* преподáло

112

— в о з в р а т н ы е глаголы с передвижением ударения на окончание:

начаться: начался — началось

●

заняться: занялся *и доп.* занялся — занялось

●●

браться: брался *и доп. устар.* брался — бралось *и доп.* бралось
взяться: взялся *и доп. устар.* взялся — взялось *и доп.* взялось
отозваться: отозвался *и доп. устар.* отозвался — отозвалось *и доп.* отозвалось
оторваться: оторвался *и доп. устар.* оторвался — оторвалось *и доп.* оторвалось
подняться: поднялся *и* поднялся — поднялось *и доп.* поднялось
пробраться: пробрался *и доп. устар.* пробрался — пробралось *и доп.* пробралось
раздаться: раздался *и доп. устар.* раздался — раздалось *и доп.* раздалось
разорваться: разорвался *и доп. устар.* разорвался — разорвалось *и доп.* разорвалось
родиться *св*: родился *и* родился — родилось *и доп.* родилось
собраться: собрался *и доп. устар.* собрался — собралось *и доп.* собралось
создаться: создался *и доп. устар.* создался — создалось *и доп.* создалось
удаться: удался *и доп. устар.* удался — удалось *и доп.* удалось

г) Глаголы с возможным передвижением ударения в форме м н о ж е с т в е н н о г о числа:

— н е в о з в р а т н ы е глаголы:

предать: предал *и доп.* предал — предали *и доп.* предали
преподать: преподал *и доп.* преподал — преподали *и доп.* преподали

— в о з в р а т н ы е глаголы с передвижением ударения на окончание:

начаться: начался — начались

## III. ГЛАГОЛ

● 

заня́ться: занялся́ *и доп.* заня́лся — заняли́сь

●● 

бра́ться: бра́лся *и доп. устар.* брался́ — брали́сь *и доп.* бра́лись
взя́ться: взя́лся *и доп. устар.* взялся́ — взяли́сь *и доп.* взя́лись
отозва́ться: отозва́лся *и доп. устар.* отозвался́ — отозвали́сь *и доп.* отозва́лись
оторва́ться: оторва́лся *и доп. устар.* оторвался́ — оторвали́сь *и доп.* оторва́лись
подня́ться: поднялся́ *и* подня́лся — подняли́сь *и доп.* подня́лись
пробра́ться: пробра́лся *и доп. устар.* пробрался́ — пробрали́сь *и доп.* пробра́лись
разда́ться: разда́лся *и доп. устар.* раздался́ — раздали́сь *и доп.* разда́лись
разорва́ться: разорва́лся *и доп. устар.* разорвался́ — разорвали́сь *и доп.* разорва́лись
роди́ться *св*: роди́лся *и* родился́ — родили́сь *и доп.* роди́лись
собра́ться: собра́лся *и доп. устар.* собрался́ — собрали́сь *и доп.* собра́лись
созда́ться: созда́лся *и доп. устар.* создался́ — создали́сь *и доп.* созда́лись
уда́ться: уда́лся *и доп. устар.* удался́ — удали́сь *и доп.* уда́лись

2) Возможное передвижение ударения на о т р и ц а́ т е л ь н у ю частицу в односложных глаголах с отрицанием:

быть — не́ был, не была́, не́ было, не́ были

●● 

дать — не́ дал *и доп.* не да́л, не дала́, не́ дало, *доп.* не да́ло *и доп.* не дало́, не́ дали *и доп.* не да́ли
жить — не́ жил *и доп.* не жи́л, не жила́, не́ жило *и доп.* не жи́ло, не́ жили *и доп.* не жи́ли
пить — не пи́л *и доп. устар.* не́ пил, не пила́, не пи́ло *и доп. устар.* не́ пило, не пи́ли *и доп. устар.* не́ пили

### Б. Форма мужского рода без суффикса -л-

1) Глаголы на **-ере-ть**:

а) у т р а т а суффикса **-е-**:

вы́тереть — вы́тер (вы́терла, вы́терло, вы́терли)

## III.3. ПРОШЕДШЕЕ ВРЕМЯ    III.3.Б

б) у т р а т а  с у ф ф и к с а  *-е-*  и  п е р е д в и ж е н и е  у д а р е н и я  на два слога левее:

    замере́ть — за́мер (замерла́, за́мерло, за́мерли)
    умере́ть — у́мер (умерла́, у́мерло, у́мерли)

в) у т р а т а  с у ф ф и к с а  *-е-*  и  ч е р е д о в а н и е  г л а с н ы х  в основе:

    натере́ть — натёр (натёрла, натёрло, натёрли)
    оттере́ть — оттёр (оттёрла, оттёрло, оттёрли)
    стере́ть — стёр (стёрла, стёрло, стёрли)
    тере́ть — тёр (тёрла, тёрло, тёрли)

2) Глаголы на *-ну-ть*:

а) у т р а т а  с у ф ф и к с а  *-ну-*:

    возни́кнуть — возни́к (возни́кла, возни́кло, возни́кли)
    вы́сохнуть — вы́сох (вы́сохла, вы́сохло, вы́сохли)
    исче́знуть — исче́з (исче́зла, исче́зло, исче́зли)
    поги́бнуть — поги́б (поги́бла, поги́бло, поги́бли)
    привы́кнуть — привы́к (привы́кла, привы́кло, привы́кли)
    промо́кнуть — промо́к (промо́кла, промо́кло, промо́кли)
    прони́кнуть — прони́к (прони́кла, прони́кло, прони́кли)

б) в а р и а н т н ы е  (без суффикса и с суффиксом *-ну-*) ф о р м ы  м у ж с к о г о  р о д а:

    га́снуть — гас *и доп.* га́снул (га́сла, га́сло, га́сли)
    гло́хнуть — глох *и* гло́хнул (гло́хла, гло́хло, гло́хли)
    дости́гнуть *и разг.* дости́чь — дости́г *и* дости́гнул (дости́гла, дости́гло, дости́гли)
    ки́снуть — кис *и* ки́снул (ки́сла, ки́сло, ки́сли)
    мёрзнуть — мёрз *и доп.* мёрзнул (мёрзла, мёрзло, мёрзли)
    па́хнуть — пах *и* па́хнул (па́хла, па́хло, па́хли)
    подве́ргнуться — подве́ргся *и* подве́ргнулся (подве́рглась, подве́рглось, подве́рглись)
    со́хнуть — сох *и доп.* со́хнул (со́хла, со́хло, со́хли)
    ту́хнуть — тух *и доп.* ту́хнул (ту́хла, ту́хло, ту́хли)
    *однако*:
    вя́нуть — вял (*с суффиксом -л-*) *и* вя́нул (вя́ла, вя́ло, вя́ли)

## III. ГЛАГОЛ

3) Глаголы на **-зти(-зть)**:

влезть — влез (вле́зла, вле́зло, вле́зли)
вы́лезти *и разг.* вы́лезть — вы́лез (вы́лезла, вы́лезло, вы́лезли)
грызть — грыз (гры́зла, гры́зло, гры́зли)
загры́зть — загры́з (загры́зла, загры́зло, загры́зли)
зале́зть — зале́з (зале́зла, зале́зло, зале́зли)
лезть — лез (ле́зла, ле́зло, ле́зли)
обгры́зть — обгры́з (обгры́зла, обгры́зло, обгры́зли)
перегры́зть — перегры́з (перегры́зла, перегры́зло, перегры́зли)
переле́зть — переле́з (переле́зла, переле́зло, переле́зли)
погры́зть — погры́з (погры́зла, погры́зло, погры́зли)
подле́зть — подле́з (подле́зла, подле́зло, подле́зли)
сгрызть — сгрыз (сгры́зла, сгры́зло, сгры́зли)
слезть — слез (сле́зла, сле́зло, сле́зли)

4) Глаголы на **-чь** (с чередованием гласных в корне):

вовле́чь — вовлёк (вовлекла́, вовлекло́, вовлекли́)
залёчь — залёг (залегла́, залегло́, залегли́)
извле́чь — извлёк (извлекла́, извлекло́, извлекли́)
лечь — лёг (легла́, легло́, легли́)
обле́чь — облёк (облекла́, облекло́, облекли́)
отвле́чь — отвлёк (отвлекла́, отвлекло́, отвлекли́)
переле́чь — перелёг (перелегла́, перелегло́, перелегли́)
поле́чь — полёг (полегла́, полегло́, полегли́)
привле́чь — привлёк (привлекла́, привлекло́, привлекли́)
приле́чь — прилёг (прилегла́, прилегло́, прилегли́)
развле́чь — развлёк (развлекла́, развлекло́, развлекли́)
слечь — слёг (слегла́, слегло́, слегли́)
увле́чь — увлёк (увлекла́, увлекло́, увлекли́)

## В. Нестандартное образование форм прошедшего времени

1) Глаголы, образующие формы прошедшего времени от основы н а с т о я щ е г о (или будущего) в р е м е н и, а не от основы неопределённой формы:

а) глаголы на **-чь**, характеризующиеся в форме мужского рода о т с у т с т в и е м суффикса **-л-**, передвижением у д а р е н и я на один слог левее и возможным ч е р е д о в а н и е м г л а с н ы х:

## III.3. ПРОШЕДШЕЕ ВРЕМЯ III.3.В

мочь: могу́ — мог, могла́, могло́, могли́
помо́чь: помогу́ — помо́г, помогла́, помогло́, помогли́
превозмо́чь: превозмогу́ — превозмо́г, превозмогла́, превозмогло́, превозмогли́
смочь: смогу́ — смог, смогла́, смогло́, смогли́
стри́чься: стригу́сь — стри́гся, стри́глась\*, стри́глось, стри́глись

●

бере́чь: берегу́ — берёг, берегла́, берегло́, берегли́
испе́чь: испеку́ — испёк, испекла́, испекло́, испекли́
печь: пеку́ — пёк, пекла́, пекло́, пекли́
прибере́чь: приберегу́ — приберёг, приберегла́, приберегло́, приберегли́
привле́чь: привлеку́ — привлёк, привлекла́, привлекло́, привлекли́
сбере́чь: сберегу́ — сберёг, сберегла́, сберегло́, сберегли́
течь: теку́ — тёк, текла́, текло́, текли́
убере́чь: уберегу́ — уберёг, уберегла́, уберегло́, уберегли́
увле́чься: увлеку́сь — увлёкся, увлекла́сь, увлекло́сь, увлекли́сь

●

жечь: жгу — жёг, жгла, жгло, жгли
заже́чь: зажгу́ — зажёг, зажгла́, зажгло́, зажгли́
подже́чь: подожгу́ — поджёг, подожгла́, подожгло́, подожгли́
сжечь: сожгу́ — сжёг, сожгла́, сожгло́, сожгли́

б) глаголы на *-сти* с основой в 1-м лице единственного числа настоящего (или будущего) времени на *-д-*, *-т-*, характеризующиеся в форме мужского рода п е р е д в и ж е н и е м  у д а р е н и я на один слог левее и ч е р е д о в а н и е м г л а с н ы х\*\*, а во всех формах — у т р а т о й  с о г л а с н о й перед суффиксом *-л-*:

брести́: бреду́ — брёл, брела́, брело́, брели́
ввести́: введу́ — ввёл, ввела́, ввело́, ввели́
вести́: веду́ — вёл, вела́, вело́, вели́

---

\* В отличие от всех остальных глаголов данной группы *стри́чься* в форме женского рода имеет ударение на корне.
\*\* Исключение составляют глаголы с приставкой *вы-* (например, *вы́вести: вы́веду — вы́вел, вы́вела, вы́вело, вы́вели*), в которых ударение неподвижно и чередование гласных отсутствует.

## III. ГЛАГОЛ

завести́: заведу́ — завёл, завела́, завело́, завели́
заплести́: заплету́ — заплёл, заплела́, заплело́, заплели́
изобрести́: изобрету́ — изобрёл, изобрела́, изобрело́, изобрели́
мести́: мету́ — мёл, мела́, мело́, мели́
навести́: наведу́ — навёл, навела́, навело́, навели́
отвести́: отведу́ — отвёл, отвела́, отвело́, отвели́
перевести́: переведу́ — перевёл, перевела́, перевело́, перевели́
подмести́: подмету́ — подмёл, подмела́, подмело́, подмели́
привести́: приведу́ — привёл, привела́, привело́, привели́
приобрести́: приобрету́ — приобрёл, приобрела́, приобрело́, приобрели́
провести́: проведу́ — провёл, провела́, провело́, провели́
произвести́: произведу́ — произвёл, произвела́, произвело́, произвели́
развести́: разведу́ — развёл, развела́, развело́, развели́
расцвести́: расцвету́ — расцвёл, расцвела́, расцвело́, расцвели́
увести́: уведу́ — увёл, увела́, увело́, увели́
цвести́: цвету́ — цвёл, цвела́, цвело́, цвели́

в) глаголы на **-зти**, **-сти** с основой в 1-м лице единственного числа настоящего (или будущего) времени не на **-д-**, **-т-**, характеризующиеся в форме мужского рода о т с у т с т в и е м суффикса **-л-**, п е р е д в и ж е н и е м\* ударения на один слог левее и возможным ч е р е д о в а н и е м   г л а с н ы х в основе:

вползти́: вползу́ — вполз, вползла́, вползло́, вползли́
доползти́: доползу́ — допо́лз, доползла́, доползло́, доползли́
запасти́: запасу́ — запа́с, запасла́, запасло́, запасли́
заползти́: заползу́ — запо́лз, заползла́, заползло́, заползли́
отползти́: отползу́ — отпо́лз, отползла́, отползло́, отползли́
пасти́: пасу́ — пас, пасла́, пасло́, пасли́
переползти́: переползу́ — перепо́лз, переползла́, переползло́, переползли́

---

\* Исключение составляют глаголы с приставкой **вы-**, в которых ударение неподвижно (*вы́везти: вы́везу — вы́вез, вы́везла, вы́везло, вы́везли; вы́лезти* и разг. *вы́лезть: вы́лезу — вы́лез, вы́лезла, вы́лезло, вы́лезли; вы́нести: вы́несу — вы́нес, вы́несла, вы́несло, вы́несли; вы́расти: вы́расту — вы́рос, вы́росла, вы́росло, вы́росли*).

## III.3. ПРОШЕДШЕЕ ВРЕМЯ III.3.В

подползти́: подползу́ — подпо́лз, подползла́, подползло́, подползли́
ползти́: ползу́ — полз, ползла́, ползло́, ползли́
приползти́: приползу́ — припо́лз, приползла́, приползло́, приползли́
спасти́: спасу́ — спас, спасла́, спасло́, спасли́
сползти́: сползу́ — сполз, сползла́, сползло́, сползли́
уползти́: уползу́ — упо́лз, уползла́, уползло́, уползли́

●

везти́: везу́ — вёз, везла́, везло́, везли́
внести́: внесу́ — внёс, внесла́, внесло́, внесли́
грести́: гребу́ — грёб, гребла́, гребло́, гребли́
завезти́: завезу́ — завёз, завезла́, завезло́, завезли́
занести́: занесу́ — занёс, занесла́, занесло́, занесли́
нанести́: нанесу́ — нанёс, нанесла́, нанесло́, нанесли́
нести́: несу́ — нёс, несла́, несло́, несли́
отвезти́: отвезу́ — отвёз, отвезла́, отвезло́, отвезли́
отнести́: отнесу́ — отнёс, отнесла́, отнесло́, отнесли́
отнести́сь: отнесу́сь — отнёсся, отнесла́сь, отнесло́сь, отнесли́сь
перевезти́: перевезу́ — перевёз, перевезла́, перевезло́, перевезли́
перенести́: перенесу́ — перенёс, перенесла́, перенесло́, перенесли́
привезти́: привезу́ — привёз, привезла́, привезло́, привезли́
принести́: принесу́ — принёс, принесла́, принесло́, принесли́
провезти́: провезу́ — провёз, провезла́, провезло́, провезли́
произнести́: произнесу́ — произнёс, произнесла́, произнесло́, произнесли́
пронести́: пронесу́ — пронёс, пронесла́, пронесло́, пронесли́
развезти́: развезу́ — развёз, развезла́, развезло́, развезли́
разнести́: разнесу́ — разнёс, разнесла́, разнесло́, разнесли́
расти́: расту́ — рос, росла́, росло́, росли́
сгрести́: сгребу́ — сгрёб, сгребла́, сгребло́, сгребли́
увезти́: увезу́ — увёз, увезла́, увезло́, увезли́
унести́: унесу́ — унёс, унесла́, унесло́, унесли́

г) глагол **ошиби́ться**:

ошиби́ться: ошибу́сь — оши́бся, оши́блась, оши́блось, оши́блись

## III. ГЛАГОЛ

2) Глаголы, формы прошедшего времени которых образуются от д р у г о г о  к о р н я:

войти́ — вошёл, вошла́, вошло́, вошли́
дойти́ — дошёл, дошла́, дошло́, дошли́
зайти́ — зашёл, зашла́, зашло́, зашли́
идти́ — шёл, шла, шло, шли
найти́ — нашёл, нашла́, нашло́, нашли́
обойти́ — обошёл, обошла́, обошло́, обошли́
обойти́сь — обошёлся, обошла́сь, обошло́сь, обошли́сь
отойти́ — отошёл, отошла́, отошло́, отошли́
перейти́ — перешёл, перешла́, перешло́, перешли́
подойти́ — подошёл, подошла́, подошло́, подошли́
пойти́ — пошёл, пошла́, пошло́, пошли́
прийти́ — пришёл, пришла́, пришло́, пришли́
произойти́ — произошёл, произошла́, произошло́, произошли́
пройти́ — прошёл, прошла́, прошло́, прошли́
разойти́сь — разошёлся, разошла́сь, разошло́сь, разошли́сь
сойти́ — сошёл, сошла́, сошло́, сошли́
уйти́ — ушёл, ушла́, ушло́, ушли́

3) Глаголы на *-сть*:

дое́сть — дое́л, дое́ла, дое́ло, дое́ли
есть — ел, е́ла, е́ло, е́ли
зае́сть — зае́л, зае́ла, зае́ло, зае́ли
надое́сть — надое́л, надое́ла, надое́ло, надое́ли
нае́сться — нае́лся, нае́лась, нае́лось, нае́лись
объе́сться — объе́лся, объе́лась, объе́лось, объе́лись
перее́сть — перее́л, перее́ла, перее́ло, перее́ли
пое́сть — пое́л, пое́ла, пое́ло, пое́ли
съесть — съел, съе́ла, съе́ло, съе́ли

## III. 4. ПОВЕЛИТЕЛЬНОЕ НАКЛОНЕНИЕ

В процессе образования форм повелительного наклонения у ряда глаголов наблюдаются:

А — чередование согласных и гласных в основе;
Б — вариантные формы;
В — нестандартное образование форм;
Г — отсутствие или неупотребительность форм повелительного наклонения.

## III.4. ПОВЕЛИТЕЛЬНОЕ НАКЛОНЕНИЕ

### А. Чередование согласных и гласных в основе *

1) Глаголы, образующие формы повелительного наклонения при помощи ударного** суффикса **-и-**, (с чередованием согласных и гласных в основе):

бежа́ть: бегу́*** — беги́(те)
бере́чь: берегу́ — береги́(те)
брать: беру́ — бери́(те)
бра́ться: беру́сь — бери́сь, бери́тесь
брести́: бреду́ — бреди́(те)
вести́: веду́ — веди́(те)
взять: возьму́ — возьми́(те)
взя́ться: возьму́сь — возьми́сь, возьми́тесь
войти́: войду́ — войди́(те)
вяза́ть: вяжу́ — вяжи́(те)
гнать: гоню́ — гони́(те)
грести́: гребу́ — греби́(те)
догна́ть: догоню́ — догони́(те)
дойти́: дойду́ — дойди́(те)
доказа́ть: докажу́ — докажи́(те)
жать¹ (ру́ку): жму — жми́(те)
жать² (рожь): жну — жни́(те)
жечь: жгу — жги́(те)
жить: живу́ — живи́(те)
завести́: заведу́ — заведи́(те)
завяза́ть: завяжу́ — завяжи́(те)
зайти́: зайду́ — зайди́(те)
заказа́ть: закажу́ — закажи́(те)
заня́ть: займу́ — займи́(те)
заплести́: заплету́ — заплети́(те)
звать: зову́ — зови́(те)
избра́ть: изберу́ — избери́(те)
изобрести́: изобрету́ — изобрети́(те)
иска́ть: ищу́ — ищи́(те)
класть: кладу́ — клади́(те)
мести́: мету́ — мети́(те)
назва́ть: назову́ — назови́(те)
найти́: найду́ — найди́(те)
наказа́ть: накажу́ — накажи́(те)
напа́сть: нападу́ — напади́(те)
нача́ть: начну́ — начни́(те)
обня́ть: обниму́ — обними́(те)

---

\* Чередование согласных и гласных происходит в основе настоящего времени и не является непосредственной трудностью образования форм повелительного наклонения, однако в тексте словарной статьи эта трудность представлена, поскольку наблюдается в промежуточной фазе образования рассматриваемых форм.

\*\* Исключение составляют лишь формы повелительного наклонения глаголов с приставкой **вы-** и глаголов *ко́нчить, по́ртить, чи́стить*, образующиеся при помощи безударного **-и-**:

вы́брать — вы́бери(те)
вы́вести — вы́веди(те)
вы́звать — вы́зови(те)
вы́йти — вы́йди(те)
вы́пасть — *обычно с отриц.* не вы́пади(те)
вы́писать — вы́пиши(те)
вы́тереть — вы́три(те)
ко́нчить — ко́нчи(те)
по́ртить — *обычно с отриц.* не по́рти(те)
чи́стить — чи́сти(те)

\*\*\* В подразделе **А.1** в качестве основы настоящего времени используется основа, выделяющаяся в форме 1-го лица единственного числа, что объясняется совпадением ударения в данной форме и в формах повелительного наклонения.

## III. ГЛАГОЛ

обойти́: обойду́ — обойди́(те)
обяза́ться: обяжу́сь — обяжи́сь, обяжи́тесь
оказа́ть: окажу́ — окажи́(те)
отказа́ть: откажу́ — откажи́(те)
отобра́ть: отберу́ — отбери́(те)
отойти́: отойду́ — отойди́(те)
паха́ть: пашу́ — паши́(те)
перевяза́ть: перевяжу́ — перевяжи́(те)
перейти́: перейду́ — перейди́(те)
пересказа́ть: перескажу́ — перескажи́(те)
печь: пеку́ — пеки́(те)
писа́ть: пишу́ — пиши́(те)
плыть: плыву́ — плыви́(те)
подмести́: подмету́ — подмети́(те)
подня́ть: подниму́ — подними́(те)
подня́ться: подниму́сь — подними́сь, подними́тесь
подобра́ть: подберу́ — подбери́(те)
подойти́: подойду́ — подойди́(те)
подписа́ть: подпишу́ — подпиши́(те)
подписа́ться: подпишу́сь — подпиши́сь, подпиши́тесь
подсказа́ть: подскажу́ — подскажи́(те)
пойти́: пойду́ — пойди́(те)
показа́ть: покажу́ — покажи́(те)
помо́чь: помогу́ — помоги́(те)
поня́ть: пойму́ — пойми́(те)
попа́сть: попаду́ — попади́(те)
посла́ть: пошлю́ — пошли́(те)
привле́чь: привлеку́ — привлеки́(те)

привяза́ть: привяжу́ — привяжи́(те)
призва́ть: призову́ — призови́(те)
прийти́: приду́ — приди́(те)
приказа́ть: прикажу́ — прикажи́(те)
приня́ть: приму́ — прими́(те)
приня́ться: приму́сь — прими́сь, прими́тесь
приобрести́: приобрету́ — приобрети́(те)
присла́ть: пришлю́ — пришли́(те)
причеса́ть: причешу́ — причеши́(те)
пробра́ться: проберу́сь — проберись, проберитесь
провести́: проведу́ — проведи́(те)
произвести́: произведу́ — произведи́(те)
пройти́: пройду́ — пройди́(те)
пропа́сть: пропаду́ — пропади́(те)
развести́: разведу́ — разведи́(те)
развяза́ть: развяжу́ — развяжи́(те)
разобра́ть: разберу́ — разбери́(те)
разойти́сь *с кем, с чем*: разойду́сь — разойди́сь, разойди́тесь
рассказа́ть: расскажу́ — расскажи́(те)
расчеса́ть: расчешу́ — расчеши́(те)
связа́ть: свяжу́ — свяжи́(те)
сгрести́: сгребу́ — сгреби́(те)
сказа́ть: скажу́ — скажи́(те)
скака́ть: скачу́ — скачи́(те)
снять: сниму́ — сними́(те)
собра́ть: соберу́ — собери́(те)
собра́ться: соберу́сь — соберись, соберитесь
сойти́: сойду́ — сойди́(те)

## III.4. ПОВЕЛИТЕЛЬНОЕ НАКЛОНЕНИЕ

стере́ть: сотру́ — сотри́(те)
стричь: стригу́ — стриги́(те)
тере́ть: тру — три́(те)
убра́ть: беру́ — убери́(те)
увле́чь: увлеку́ — увлеки́(те)
уйти́: уйду́ — уйди́(те)

указа́ть: укажу́ — укажи́(те)
умере́ть: умру́ — умри́(те)
упа́сть: упаду́ — упади́(те)
цвести́: цвету́ — цвети́(те)
шепта́ть: шепчу́ — шепчи́(те)

2) Глаголы, образующие формы повелительного наклонения **без суффикса -и** (с возможным чередованием согласных и гласных в основе):

а) глаголы с формами повелительного наклонения на **-й**:

аплоди́ровать: аплоди́руют — аплоди́руй(те)
арестова́ть: аресту́ют — аресту́й(те)
атакова́ть: атаку́ют — атаку́й(те)
бесе́довать: бесе́дуют — бесе́дуй(те)
воева́ть: вою́ют — вою́й(те)
волнова́ться: волну́ются — волну́йся, волну́йтесь
голосова́ть: голосу́ют — голосу́й(те)
госпо́дствовать: госпо́дствуют — госпо́дствуй(те)
де́йствовать: де́йствуют — де́йствуй(те)
диктова́ть: дикту́ют — дикту́й(те)
жа́ловаться: жа́луются — жа́луйся, жа́луйтесь
завоева́ть: завою́ют — завою́й(те)
интересова́ться: интересу́ются — интересу́йся, интересу́йтесь
испо́льзовать: испо́льзуют — испо́льзуй(те)
иссле́довать: иссле́дуют — иссле́дуй(те)
кома́ндовать: кома́ндуют — кома́ндуй(те)
люби́ться: любу́ются — любу́йся, любу́йтесь
ночева́ть: ночу́ют — ночу́й(те)
обору́довать: обору́дуют — обору́дуй(те)
образова́ть: образу́ют — образу́й(те)
организова́ть: организу́ют — организу́й(те)
по́льзоваться: по́льзуются — по́льзуйся, по́льзуйтесь
пра́здновать: пра́зднуют — пра́зднуй(те)
пресле́довать: пресле́дуют — пресле́дуй(те)
приве́тствовать: приве́тствуют — приве́тствуй(те)
прису́тствовать: прису́тствуют — прису́тствуй(те)
про́бовать: про́буют — про́буй(те)
путеше́ствовать: путеше́ствуют — путеше́ствуй(те)
ра́доваться: ра́дуются — ра́дуйся, ра́дуйтесь
рекомендова́ть: рекоменду́ют — рекоменду́й(те)
ремонти́ровать: ремонти́руют — ремонти́руй(те)
репети́ровать: репети́руют — репети́руй(те)
рисова́ть: рису́ют — рису́й(те)
сле́довать: сле́дуют — сле́дуй(те)
сове́товать: сове́туют — сове́туй(те)

## III. ГЛАГОЛ

соотве́тствовать: соотве́тствуют — соотве́тствуй(те)
соревнова́ться: соревну́ются — соревну́йся, соревну́йтесь
спосо́бствовать: спосо́бствуют — спосо́бствуй(те)
существова́ть: существу́ют — существу́й(те)
танцева́ть: танцу́ют — танцу́й(те)
тре́бовать: тре́буют — тре́буй(те)
тренирова́ться: трениру́ются — трениру́йся, трениру́йтесь
уча́ствовать: уча́ствуют — уча́ствуй(те)
фотографи́ровать: фотографи́руют — фотографи́руй(те)
целова́ть: целу́ют — целу́й(те)
чу́вствовать: чу́вствуют — чу́вствуй(те)
ше́фствовать: ше́фствуют — ше́фствуй(те)
эксплуати́ровать: эксплуати́руют — эксплуати́руй(те)

●

закры́ть: закро́ют — закро́й(те)
мыть: мо́ют — мо́й(те)
накры́ть: накро́ют — накро́й(те)
откры́ть: откро́ют — откро́й(те)
покры́ть: покро́ют — покро́й(те)
покры́ться: покро́ются — покро́йся, покро́йтесь
раскры́ть: раскро́ют — раскро́й(те)
скры́ться: скро́ются — скро́йся, скро́йтесь

●

бри́ться: бре́ются — бре́йся, бре́йтесь

б) глаголы с формами повелительного наклонения на *-ь*:

встать: вста́нут — вста́нь(те)
доста́ть: доста́нут — доста́нь(те)
заде́ть: заде́нут — заде́нь(те)
заста́ть: заста́нут — заста́нь(те)
наде́ть: наде́нут — наде́нь(те)
оде́ть: оде́нут — оде́нь(те)
оде́ться: оде́нутся — оде́нься, оде́ньтесь
оста́ться: оста́нутся — оста́нься, оста́ньтесь
отста́ть: отста́нут — отста́нь(те)
переоде́ться: переоде́нутся — переоде́нься, переоде́ньтесь
переста́ть: переста́нут — переста́нь(те)
разде́ть: разде́нут — разде́нь(те)
разде́ться: разде́нутся — разде́нься, разде́ньтесь
расста́ться: расста́нутся — расста́нься, расста́ньтесь
стать: ста́нут — ста́нь(те)

●

быть: бу́дут — бу́дь(те)
добы́ть: добу́дут — добу́дь(те)
забы́ть: забу́дут — забу́дь(те)

## III.4. ПОВЕЛИТЕЛЬНОЕ НАКЛОНЕНИЕ III.4.Б

прибы́ть: прибу́дут — прибу́дь(те)
пробы́ть: пробу́дут — пробу́дь(те)
сбыть: сбу́дут — сбудь(те)

●

заре́зать: заре́жут — заре́жь(те)
ма́зать: ма́жут — ма́жь(те)
наре́зать: наре́жут — наре́жь(те)
обре́зать: обре́жут — обре́жь(те)
отре́зать: отре́жут — отре́жь(те)
перере́зать: перере́жут — перере́жь(те)
пла́кать: пла́чут — пла́чь(те)
пря́тать: пря́чут — пря́чь(те)
разре́зать: разре́жут — разре́жь(те)
ре́зать: ре́жут — ре́жь(те)
сре́зать: сре́жут — сре́жь(те)
уре́зать: уре́жут — уре́жь(те)

●

сесть: ся́дут — ся́дь(те)
*однако*:
лечь: ля́гут — ля́г(те)


### Б. Вариантные формы повелительного наклонения

1) Глаголы, имеющие вариантные формы повелительного наклонения единственного числа и образующие форму множественного числа о т к а ж д о г о из вариантов:

вы́гладить: вы́гладят — вы́глади(те) *и* вы́гладь(те)
вы́чистить: вы́чистят — вы́чисти(те) *и* вы́чисть(те)
дочи́стить: дочи́стят — дочи́сти(те) *и* дочи́сть(те)
испо́ртить: испо́ртят — (не) испо́рти(те) *и* (не) испо́рть(те)
испо́ртиться: испо́ртятся — (не) испо́ртись *и* (не) испо́ртьсь, (не) испо́ртитесь *и* (не) испо́ртьтесь
напо́ртить: напо́ртят — (не) напо́рти(те) *и* (не) напо́рть(те)
начи́стить: начи́стят — начи́сти(те) *и* начи́сть(те)
отчи́стить: отчи́стят — отчи́сти(те) *и* отчи́сть(те)
очи́стить: очи́стят — очи́сти(те) *и* очи́сть(те)
перепо́ртить: перепо́ртят — (не) перепо́рти(те) *и* (не) перепо́рть(те)
перечи́стить: перечи́стят — перечи́сти(те) *и* перечи́сть(те)
подчи́стить: подчи́сти(те) *и* подчи́сть(те)
попо́ртить: попо́ртят — (не) попо́рти(те) *и* (не) попо́рть(те)
по́ртить: по́ртят — (не) по́рти(те) *и* (не) по́рть(те)
почи́стить: почи́стят — почи́сти(те) *и* почи́сть(те)
прочи́стить: прочи́стят — прочи́сти(те) *и* прочи́сть(те)
расчи́стить: расчи́стят — расчи́сти(те) *и* расчи́сть(те)
счи́стить: счи́стят — счи́сти(те) *и* счи́сть(те)
чи́стить: чи́стят — чи́сти(те) *и* чи́сть(те)

## III. ГЛАГОЛ

2) Глаголы, имеющие вариантные формы повелительного наклонения единственного числа и образующие форму множественного числа лишь от одного из вариантов:

вы́бросить: вы́бросят — вы́броси и вы́брось, *но* вы́бросьте

вы́красить: вы́красят — вы́краси и вы́крась, *но* вы́красьте

вы́лезти и *разг.* вы́лезть: вы́лезут — вы́лези и вы́лезь, *но* вы́лезьте

вы́ставить: вы́ставят — вы́стави и вы́ставь, *но* вы́ставьте

3) Глаголы, образующие вариантные формы повелительного наклонения от вариантных форм настоящего времени:

блиста́ть: блиста́ют — блиста́й(те) и бле́щут — блещи́(те)

маха́ть: ма́шут — маши́(те) и *доп.* маха́ют — *доп.* маха́й(те)

● ●

вы́сыпать: вы́сыплют — *устар.* вы́сыпли и *доп.* вы́сыпят — вы́сыпи и вы́сыпь, *но* вы́сыпьте

### В. Нестандартное образование форм повелительного наклонения

1) Глаголы, образующие повелительное наклонение от основы неопределённой формы, а не настоящего (или будущего) времени:

встава́ть — встава́й(те)
выдава́ть — выдава́й(те)
дава́ть — дава́й(те)
достава́ть — достава́й(те)
задава́ть — задава́й(те)
зазнава́ться — (не) зазнава́йся, (не) зазнава́йтесь
издава́ть — издава́й(те)
остава́ться — остава́йся, остава́йтесь
отдава́ть — отдава́й(те)
отстава́ть — (не) отстава́й(те)
передава́ть — передава́й(те)
перестава́ть — перестава́й(те)
познава́ть — познава́й(те)
предава́ть — (не) предава́й(те)
преподава́ть — преподава́й(те)
признава́ть — признава́й(те)
продава́ть — продава́й(те)

раздава́ть — раздава́й(те)
расстава́ться — расстава́йся, расстава́йтесь
сдава́ть — сдава́й(те)
создава́ть — создава́й(те)
узнава́ть — узнава́й(те)
устава́ть — (не) устава́й(те)

●

вы́дать — вы́дай(те)
дать — да́й(те)
дода́ть — дода́й(те)
зада́ть — зада́й(те)
изда́ть — изда́й(те)
отда́ть — отда́й(те)
переда́ть — переда́й(те)
пода́ть — пода́й(те)
сдать — сда́й(те)

●

броди́ть — броди́(те)

## III.4. ПОВЕЛИТЕЛЬНОЕ НАКЛОНЕНИЕ

буди́ть — буди́(те)
верте́ть — верти́(те)
води́ть — води́(те)
вози́ть — вози́(те)
восстанови́ть — восстанови́(те)
вноси́ть — вноси́(те)
вступи́ть — вступи́(те)
входи́ть — входи́(те)
выноси́ть — выноси́(те)
выходи́ть — выходи́(те)
гаси́ть — гаси́(те)
дави́ть — дави́(те)
заблуди́ться — (не) заблуди́сь, (не) заблуди́тесь
запусти́ть — запусти́(те)
заряди́ть¹ '*вложить заряд*' — заряди́(те)
заступи́ться — заступи́сь, заступи́тесь
захвати́ть — захвати́(те)
заходи́ть — заходи́(те)
заяви́ть — заяви́(те)
изучи́ть — изучи́(те)
кати́ться — кати́сь, кати́тесь
лови́ть — лови́(те)
люби́ть — люби́(те)
наноси́ть — наноси́(те)
носи́ть — носи́(те)
обсуди́ть — обсуди́(те)
обходи́ть — обходи́(те)
объяви́ть — объяви́(те)
опусти́ть — опусти́(те)
опусти́ться — опусти́сь, опусти́тесь
освети́ть — освети́(те)
останови́ть — останови́(те)
останови́ться — останови́сь, останови́тесь
отводи́ть — отводи́(те)
относи́ться — относи́сь, относи́тесь
отпусти́ть — отпусти́(те)
отступи́ть — отступи́(те)
отходи́ть — отходи́(те)
переводи́ть — переводи́(те)
переноси́ть — переноси́(те)
переходи́ть — переходи́(те)
плати́ть — плати́(те)
появи́ться — появи́сь, появи́тесь
приводи́ть — приводи́(те)
привози́ть — привози́(те)
приноси́ть — приноси́(те)
приходи́ть — приходи́(те)
проводи́ть — проводи́(те)
производи́ть — производи́(те)
произноси́ть — произноси́(те)
пропусти́ть — пропусти́(те)
проси́ть — проси́(те)
простуди́ться — (не) простуди́сь, (не) простуди́тесь
проходи́ть — проходи́(те)
прояви́ть — прояви́(те)
разбуди́ть — разбуди́(те)
разводи́ть — разводи́(те)
рассмотре́ть — рассмотри́(те)
расходи́ться *с кем, с чем* — расходи́сь, расходи́тесь
руби́ть — руби́(те)
свети́ть — свети́(те)
серди́ться — (не) серди́сь, (не) серди́тесь
скоси́ть — скоси́(те)
спроси́ть — спроси́(те)
спусти́ть — спусти́(те)
спусти́ться — спусти́сь, спусти́тесь
станови́ться — станови́сь, станови́тесь
суди́ть — суди́(те)
схвати́ть — схвати́(те)
сходи́ть '*спускаться*' — сходи́(те)
терпе́ть — терпи́(те)
топи́ть — топи́(те)
торопи́ться — торопи́сь, торопи́тесь
труди́ться — труди́сь, труди́тесь
уноси́ть — уноси́(те)
установи́ть — установи́(те)
уходи́ть — уходи́(те)
ходи́ть — ходи́(те)
черти́ть — черти́(те)
яви́ться — яви́сь, яви́тесь

## III. ГЛАГОЛ

**2) Глаголы с беглой гласной в односложном корне:**

бить: бьют — бе́й(те)
вбить: вобью́т — вбе́й(те)
вить: вьют — ве́й(те)
влить: волью́т — вле́й(те)
вшить: вошью́т — вше́й(те)
вы́пить: вы́пьют — вы́пей(те)
вы́шить: вы́шьют — вы́шей(те)
добить: добью́т — добе́й(те)
добиться: добью́тся — добе́йся, добе́йтесь
долить: долью́т — доле́й(те)
допить: допью́т — допе́й(те)
дошить: дошью́т — доше́й(те)
забить: забью́т — забе́й(те)
завить: завью́т — заве́й(те)
залить: залью́т — зале́й(те)
запить: запью́т — запе́й(те)
зашить: зашью́т — заше́й(те)
избить: изобью́т — избе́й(те)
излить: изолью́т — изле́й(те)
лить: льют — ле́й(те)
набить: набью́т — набе́й(те)
навить: навью́т — наве́й(те)
налить: налью́т — нале́й(те)
напиться: напью́тся — напе́йся, напе́йтесь
нашить: нашью́т — наше́й(те)
обвить: обовью́т — обве́й(те)
облить: оболью́т — обле́й(те)
обшить: обошью́т — обше́й(те)
отбить: отобью́т — отбе́й(те)
отлить: отолью́т — отле́й(те)
отпить: отопью́т — отпе́й(те)
перебить: перебью́т — перебе́й(те)
перевить: перевью́т — переве́й(те)
перелить: перелью́т — переле́й(те)
перешить: перешью́т — переше́й(те)
пить: пьют — пе́й(те)
побить: побью́т — побе́й(те)
подбить: подобью́т — подбе́й(те)
подвить: подовью́т — подве́й(те)
подлить: подолью́т — подле́й(те)
подшить: подошью́т — подше́й(те)
полить: полью́т — поле́й(те)
попить: попью́т — попе́й(те)
разбить: разобью́т — разбе́й(те)
разбиться: разобью́тся — разбе́йся, разбе́йтесь
развить: разовью́т — разве́й(те)
разлить: разолью́т — разле́й(те)
сбить: собью́т — сбе́й(те)
свить: совью́т — све́й(те)
слить: солью́т — сле́й(те)
сшить: сошью́т — сше́й(те)
убить: убью́т — убе́й(те)
ушить: ушью́т — уше́й(те)

**3) Глаголы, образующие формы повелительного наклонения от другого корня:**

вы́ехать — выезжа́й(те)
дое́сть — дое́шь(те)
дое́хать — доезжа́й(те)
есть — е́шь(те)
зае́сть — зае́шь(те)
зае́хать — заезжа́й(те)
нае́сться — нае́шься, нае́шьтесь
нае́хать — (не) наезжа́й(те)
объе́сться — (не) объе́шься, (не) объе́шьтесь
объе́хать — объезжа́й(те)
отъе́хать — отъезжа́й(те)
перее́сть — (не) перее́шь(те)
перее́хать — переезжа́й(те)
пое́сть — пое́шь(те)

## III.5. ДЕЙСТВИТЕЛЬНОЕ ПРИЧАСТИЕ НАСТОЯЩЕГО ВРЕМЕНИ  III.5.

поéхать — поезжáй(те)
подъéхать — подъезжáй(те)
приéхать — приезжáй(те)
проéсть — проéшь(те)
проéхать — проезжáй(те)
съесть — съéшь(те)
уéхать — уезжáй(те)

●

éхать — поезжáй(те)

●

разъéхаться — *ед. нет*, разъезжáйтесь
съéхаться — *ед. нет*, съезжáйтесь

### Г. Глаголы, характеризующиеся отсутствием или неупотребительностью форм повелительного наклонения:

арестовáть нсв
велéть нсв
вéсить
вúдеть
вы́глядеть
двúгать 'приводить в действие, побуждать, развивáть'
зарядúть ² 'начать делать одно и то же'
захотéть
знáчить
испóртиться
казáться
мочь

надоéсть
начáться
ненавúдеть
образовáться
означáть
основáть
отразúться
подвéргнуться
проводúть ² 'обладать проводимостью'
проживáть (по áдресу)
произойтú
происходúть
развúться
раздавáться
раздáться

разлúться
родúться
слúться
случúться
слы́шать
создавáться
создáться
созрéть
состоя́ть
состоя́ться
стóить
течь
увелúчиться
увúдеть
удавáться
удáться
устарéть
хотéть

## III. 5. ДЕЙСТВИТЕЛЬНОЕ ПРИЧАСТИЕ НАСТОЯЩЕГО ВРЕМЕНИ

В процессе образования действительных причастий настоящего времени, которые имеют только глаголы несовершенного вида, наблюдаются:

А — предвижение ударения;
Б — чередование согласных и гласных в основе;
В — нестандартное образование причастий;
Г — вариантные по основе причастия.

## III. ГЛАГОЛ

### A. Передвижение ударения

1) Передвижение ударения на с у ф ф и к с *-ящ-*:

броди́ть: бро́дят — бродя́щий
буди́ть: бу́дят — будя́щий
вводи́ть: вво́дят — вводя́щий
ввози́ть: вво́зят — ввозя́щий
верте́ть: ве́ртят — вертя́щий
вноси́ть: вно́сят — внося́щий
води́ть: во́дят — водя́щий
вози́ть: во́зят — возя́щий
входи́ть: вхо́дят — входя́щий
выводи́ть: выво́дят — выводя́щий
вывози́ть: выво́зят — вывозя́щий
выноси́ть: выно́сят — вынося́щий
выходи́ть: выхо́дят — выходя́щий
грузи́ть: гру́зят — грузя́щий
дари́ть: да́рят — даря́щий
держа́ть: де́ржат — держа́щий
доводи́ть: дово́дят — доводя́щий
довози́ть: дово́зят — довозя́щий
доноси́ть: доно́сят — доноси́щий
доходи́ть: дохо́дят — доходя́щий
заводи́ть (мото́р): заво́дят — заводя́щий
завози́ть: заво́зят — завозя́щий
заноси́ть: зано́сят — зано́ся́щий
заходи́ть: захо́дят — заходя́щий
кати́ться: ка́тятся — катя́щийся
корми́ть: ко́рмят — кормя́щий
лови́ть: ло́вят — ловя́щий
молоти́ть: моло́тят — молотя́щий
наводи́ть: наво́дят — наводя́щий
наноси́ть: нано́сят — нанося́щий
находи́ть: нахо́дят — находя́щий
носи́ть: но́сят — нося́щий
обводи́ть: обво́дят — обводя́щий
обвози́ть: обво́зят — обвозя́щий
обноси́ть: обно́сят — обнося́щий
обходи́ть: обхо́дят — обходя́щий
обходи́ться: обхо́дятся — обходя́щийся
отводи́ть: отво́дят — отводя́щий
отвози́ть: отво́зят — отвозя́щий
относи́ться: отно́сятся — относя́щийся
отходи́ть: отхо́дят — отходя́щий
переводи́ть: перево́дят — переводя́щий
перевози́ть: перево́зят — перевозя́щий

## III.5. ДЕЙСТВИТЕЛЬНОЕ ПРИЧАСТИЕ НАСТОЯЩЕГО ВРЕМЕНИ III.5.А

переноси́ть: перено́сят — переноси́щий
переходи́ть: перехо́дят — переходи́щий
плати́ть: пла́тят — пла́ти́щий
подводи́ть: подво́дят — подводи́щий
подвози́ть: подво́зят — подвози́щий
подноси́ть: подно́сят — подноси́щий
подходи́ть: подхо́дят — подходи́щий
приводи́ть: приво́дят — приводи́щий
привози́ть: приво́зят — привози́щий
приноси́ть: прино́сят — приноси́щий
приходи́ть: прихо́дят — приходи́щий
проводи́ть [2] нсв: прово́дят — проводи́щий
провози́ть: прово́зят — провози́щий
производи́ть: произво́дят — производи́щий
произноси́ть: произно́сят — произноси́щий
происходи́ть: происхо́дят — происходи́щий
проноси́ть: проно́сят — проноси́щий
проси́ть: про́сят — проси́щий
проходи́ть: прохо́дят — проходи́щий
разводи́ть: разво́дят — разводи́щий
развози́ть: разво́зят — развози́щий
разноси́ть: разно́сят — разноси́щий
расходи́ться *с кем, с чем*: расхо́дятся — расходи́-
    щийся
свети́ть: све́тят — свети́щий
своди́ть: сво́дят — своди́щий
свози́ть: сво́зят — свози́щий
серди́ться: се́рдятся — серди́щийся
смотре́ть: смо́трят — смотри́щий
сноси́ть: сно́сят — сноси́щий
содержа́ть: соде́ржат — содержа́щий
станови́ться: стано́вятся — станови́щийся
сходи́ть '*спускаться*': схо́дят — сходи́щий
торопи́ться: торо́пятся — торопи́щийся
труди́ться: тру́дятся — труди́щийся
уводи́ть: уво́дят — уводи́щий
увози́ть: уво́зят — увози́щий
уноси́ть: уно́сят — уноси́щий
уходи́ть: ухо́дят — уходи́щий
ходи́ть: хо́дят — ходи́щий
хорони́ть: хоро́нят — хорони́щий
черти́ть: че́ртят — черти́щий

●

кружи́ться: кру́жатся *и* кружа́тся, *но* кружа́щийся
мири́ться: миря́тся *и доп.* ми́рятся, *но* миря́щийся
соли́ть: со́лят *и доп.* соля́т, *но* соля́щий

## III. ГЛАГОЛ

2) Вариантные по ударению причастия:

вари́ть: ва́рят — ва́рящий и варя́щий
гаси́ть: га́сят — га́сящий и гася́щий
гнать: го́нят — го́нящий и гоня́щий
дави́ть: да́вят — да́вящий и давя́щий
дели́ть: де́лят — де́лящий и деля́щий
дружи́ть: дру́жат — дру́жащий и дружа́щий
суди́ть: су́дят — су́дящий и судя́щий
топи́ть: то́пят — то́пящий и топя́щий
учи́ть: у́чат — у́чащий и уча́щий
хвали́ть: хва́лят — хва́лящий и хваля́щий
шути́ть: шу́тят — шу́тящий и шутя́щий

### Б. Чередование согласных и гласных в основе *

1) Причастия от глаголов на *-ова-ть(-ева-ть)* с чередованием согласных и гласных в основе:

аплоди́ровать: аплоди́руют — аплоди́рующий
бесе́довать: бесе́дуют — бесе́дующий
возде́йствовать *нсв*: возде́йствуют — возде́йствующий
госпо́дствовать: госпо́дствуют — госпо́дствующий
де́йствовать: де́йствуют — де́йствующий
жа́ловаться: жа́луются — жа́лующийся
жева́ть: жую́т — жую́щий
испо́льзовать: испо́льзуют — испо́льзующий
иссле́довать: иссле́дуют — иссле́дующий
кома́ндовать: кома́ндуют — кома́ндующий
обору́довать: обору́дуют — обору́дующий
отсу́тствовать: отсу́тствуют — отсу́тствующий
по́льзоваться: по́льзуются — по́льзующийся
пра́здновать: пра́зднуют — пра́зднующий
предше́ствовать: предше́ствуют — предше́ствующий
пресле́довать: пресле́дуют — пресле́дующий
приве́тствовать: приве́тствуют — приве́тствующий
прису́тствовать: прису́тствуют — прису́тствующий
про́бовать: про́буют — про́бующий
путеше́ствовать: путеше́ствуют — путеше́ствующий
ра́доваться: ра́дуются — ра́дующийся

---

\* Чередование согласных и гласных и возможное передвижение ударения, происходящие в основе настоящего времени, не являются непосредственными трудностями образования причастий, однако в тексте словарной статьи эти трудности представлены, поскольку наблюдаются в промежуточной фазе образования действительных причастий настоящего времени.

## III.5. ДЕЙСТВИТЕЛЬНОЕ ПРИЧАСТИЕ НАСТОЯЩЕГО ВРЕМЕНИ III.5.Б

ремонти́ровать: ремонти́руют — ремонти́рующий
репети́ровать: репети́руют — репети́рующий
сле́довать: сле́дуют — сле́дующий
сове́товать: сове́туют — сове́тующий
соотве́тствовать: соотве́тствуют — соотве́тствующий
спосо́бствовать: спосо́бствуют — спосо́бствующий
тре́бовать: тре́буют — тре́бующий
уча́ствовать: уча́ствуют — уча́ствующий
фотографи́ровать: фотографи́руют — фотографи́рующий
чу́вствовать: чу́вствуют — чу́вствующий
ше́фствовать: ше́фствуют — ше́фствующий
эксплуати́ровать: эксплуати́руют — эксплуати́рующий

●

атакова́ть: атаку́ют — атаку́ющий
воева́ть: вою́ют — вою́ющий
волнова́ться: волну́ются — волну́ющийся
голосова́ть: голосу́ют — голосу́ющий
диктова́ть: дикту́ют — дикту́ющий
интересова́ться: интересу́ются — интересу́ющийся
любова́ться: любу́ются — любу́ющийся
ночева́ть: ночу́ют — ночу́ющий
образова́ть: образу́ют — образу́ющий
образова́ться: образу́ются — образу́ющийся
организова́ть: организу́ют — организу́ющий
рекомендова́ть: рекоменду́ют — рекоменду́ющий
рисова́ть: рису́ют — рису́ющий
соревнова́ться: соревну́ются — соревну́ющийся
существова́ть: существу́ют — существу́ющий
танцева́ть: танцу́ют — танцу́ющий
тренирова́ться: трениру́ются — трениру́ющийся
целова́ть: целу́ют — целу́ющий

2) Причастия от глаголов на *-а-ть* с чередованием согласных или с беглой гласной в основе:

бежа́ть: бегу́т — бегу́щий
брать: беру́т — беру́щий
дви́гать '*приводить в действие, побуждать, развивать*': дви́жут — дви́жущий
е́хать: е́дут — е́дущий
жать¹ (ру́ку): жмут — жму́щий

жать² (рожь): жнут — жну́щий
звать: зову́т — зову́щий
ма́зать: ма́жут — ма́жущий
пла́кать: пла́чут — пла́чущий
пря́тать: пря́чут — пря́чущий
ре́зать: ре́жут — ре́жущий
сы́пать: сы́плют — сы́плющий

## III. ГЛАГОЛ

●

вяза́ть: вя́жут — вя́жущий
иска́ть: и́щут — и́щущий
каза́ться: ка́жутся — ка́жущийся
паха́ть: па́шут — па́шущий

писа́ть: пи́шут — пи́шущий
свиста́ть: сви́щут — сви́щущий
скака́ть: ска́чут — ска́чущий
шепта́ть: ше́пчут — ше́пчущий

3) Причастия от односложных глаголов на **-и-ть** с беглой гласной в основе:

бить: бьют — бью́щий
вить: вьют — вью́щий
лить: льют — лью́щий

пить: пьют — пью́щий
шить: шьют — шью́щий

4) Причастия от глаголов на **-сти(-сть)** с чередованием согласных в основе:

брести́: бреду́т — бреду́щий
вести́: веду́т — веду́щий
грести́: гребу́т — гребу́щий
класть: кладу́т — кладу́щий
мести́: мету́т — мету́щий
цвести́: цвету́т — цвету́щий

5) Причастия от глаголов на **-чь** с чередованием согласных или с беглой гласной в основе:

бере́чь: берегу́т — берегу́щий
печь: пеку́т — пеку́щий
стричь: стригу́т — стригу́щий
течь: теку́т — теку́щий
 *однако:*
мочь: мо́гут — могу́щий

●

жечь: жгут — жгу́щий

### В. Нестандартное образование причастий

1) Причастия от глаголов на **-ва-ть** с усечением основы во всех формах:

встава́ть: встаю́т — встаю́щий
выдава́ть: выдаю́т — выдаю́щий
дава́ть: даю́т — даю́щий
достава́ть: достаю́т — достаю́щий
задава́ть: задаю́т — задаю́щий
зазнава́ться: зазнаю́тся — зазнаю́щийся

## III.5. ДЕЙСТВИТЕЛЬНОЕ ПРИЧАСТИЕ НАСТОЯЩЕГО ВРЕМЕНИ    III.5.Г

издава́ть: издаю́т — издаю́щий
остава́ться: остаю́тся — остаю́щийся
отдава́ть: отдаю́т — отдаю́щий
отстава́ть: отстаю́т — отстаю́щий
передава́ть: передаю́т — передаю́щий
перестава́ть: перестаю́т — перестаю́щий
подава́ть: подаю́т — подаю́щий
познава́ть: познаю́т — познаю́щий
предава́ть: предаю́т — предаю́щий
преподава́ть: преподаю́т — преподаю́щий
придава́ть: придаю́т — придаю́щий
признава́ть: признаю́т — признаю́щий
продава́ть: продаю́т — продаю́щий
раздава́ть: раздаю́т — раздаю́щий
раздава́ться: раздаю́тся — раздаю́щийся
расстава́ться: расстаю́тся — расстаю́щийся
сдава́ть: сдаю́т — сдаю́щий
сдава́ться: сдаю́тся — сдаю́щийся
создава́ть: создаю́т — создаю́щий
создава́ться: создаю́тся — создаю́щийся
сознава́ть: сознаю́т — сознаю́щий
сознава́ться: сознаю́тся — сознаю́щийся удава́ться: удаю́тся — удаю́щийся
узнава́ть: узнаю́т — узнаю́щий
устава́ть: устаю́т — устаю́щий

2) Причастия от глаголов на *-ть* с чередованием гласных или согласных в основе:

бри́ться: бре́ются — бре́ющийся
жить: живу́т — живу́щий
мыть: мо́ют — мо́ющий
петь: пою́т — пою́щий
плыть: плыву́т — плыву́щий

## Г. Вариантные по основе причастия:

блиста́ть: блиста́ют — блиста́ющий *и* бле́щут — бле́щущий
внима́ть (*в худож. речи*): внима́ют — внима́ющий *и* вне́млют — вне́млющий
ка́пать: ка́пают — ка́пающий *и* ка́плют — ка́плющий
маха́ть: ма́шут — ма́шущий *и доп.* маха́ют — *доп.* маха́ющий
расщепа́ть: расще́плют — расще́плющий *и доп.* расщепа́ют — *доп.* расщепа́ющий
страда́ть: страда́ют — страда́ющий *и* (*в худож. речи*) стра́ждут — стра́ждущий

## III. 6. ДЕЙСТВИТЕЛЬНОЕ ПРИЧАСТИЕ ПРОШЕДШЕГО ВРЕМЕНИ

В процессе образования действительных причастий прошедшего времени у ряда глаголов наблюдаются:

А — передвижение ударения;
Б — нестандартное образование причастий.

### А. Передвижение ударения

1) Причастия с суффиксом *-вш-*, характеризующиеся возможным передвижением ударения н а  о д и н  с л о г  п р а в е е:

заня́ть: за́нял — заня́вший *
нача́ть: на́чал — нача́вший
поня́ть: по́нял — поня́вший
прибы́ть: при́был — прибы́вший
приня́ть: при́нял — приня́вший

●

зада́ть: за́дал *и доп.* зада́л — зада́вший **
нали́ть: на́лил *и доп.* нали́л — нали́вший
обня́ть: о́бнял *и доп.* обня́л — обня́вший
отда́ть: о́тдал *и доп.* отда́л — отда́вший
отозва́ться: отозва́лся *и доп. устар.* отозвался́ — отозва́вшийся
переда́ть (сообщение, подарок): пе́редал *и доп.* переда́л — переда́вший
пода́ть: по́дал *и доп.* пода́л — пода́вший
подня́ть: по́днял *и доп.* подня́л — подня́вший
подня́ться: подня́лся *и* подня́лся — подня́вшийся
поли́ть: по́лил *и доп.* поли́л — поли́вший
преда́ть: пре́дал *и доп.* преда́л — преда́вший
преподать: препо́дал *и доп.* препода́л — препода́вший
приня́ться: приня́лся *и доп.* принялся́ — приня́вшийся
пробра́ться: пробра́лся *и доп. устар.* пробрался́ — пробра́вшийся
прода́ть: про́дал *и доп.* прода́л — прода́вший
прожи́ть: про́жил *и доп.* прожи́л — прожи́вший

---

\* Перечисляются глаголы, у которых в форме мужского рода прошедшего времени ударение переходит на приставку, но в причастиях сохраняется на корне (как в основе неопределённой формы).

\*\* Перечисляются глаголы, которые имеют вариантные по ударению формы мужского рода прошедшего времени, но причастия образуются лишь от одной из форм — с ударением на корне (как в основе неопределённой формы).

раздать: раздал *и доп. устар.* роздал — раздавший
разорваться: разорвался *и доп. устар.* разорвался — разорвавшийся
собраться: собрался *и доп. устар.* собрался — собравшийся
создать: создал *и доп. устар.* создал — создавший
создаться: создался *и доп. устар.* создался — создавшийся

2) Причастие с суффиксом *-ш-*, характеризующееся передвижением ударения н а о д и н с л о г п р а в е е:

умереть: умер — умерший

## Б. Нестандартное образование действительных причастий прошедшего времени

1) Причастия от глаголов на *-сти*, образующиеся о т основы н а с т о я щ е г о (а не прошедшего) в р е м е н и при помощи суффикса *-ш-* (ударение переходит н а о д и н с л о г л е в е е):

а) образование причастий сопровождается чередованием с о г л а с н ы х*:

брести: бредут — бредший
ввести: введут — ввёдший
вести: ведут — ведший
завести: заведут — заведший
изобрести: изобретут — изобретший
навести: наведут — наведший
отвести: отведут — отведший
перевести: переведут — переведший
привести: приведут — приведший
приобрести: приобретут — приобретший
провести: проведут — проведший
произвести: произведут — произведший
развести: разведут — разведший
расцвести: расцветут — расцветший
увести: уведут — уведший
цвести: цветут — цветший

---

* Чередование согласных, происходящее в основе настоящего времени, не является непосредственной трудностью образования причастий, однако в тексте словарной статьи эта трудность представлена, поскольку наблюдается в промежуточной фазе образования действительных причастий прошедшего времени.

## III. ГЛАГОЛ

б) образование причастий сопровождается чередованием гласных:

> заплести́: заплету́т — заплётший
> мести́: мету́т — мётший
> плести́: плету́т — плётший
> подмести́: подмету́т — подмётший

2) Причастия от глаголов на *-ну-ть*:

а) причастия, образующиеся **от основы неопределённой формы** (а не прошедшего времени) при помощи суффикса *-вш-*:

вя́нуть — вя́нувший
га́снуть — га́снувший
гло́хнуть — гло́хнувший
исче́знуть — исче́знувший
ки́снуть — ки́снувший

мёрзнуть — мёрзнувший
па́хнуть — па́хнувший
со́хнуть — со́хнувший
ту́хнуть — ту́хнувший

б) **вариантные причастия**, образующиеся **от основ прошедшего времени** (с суффиксом *-ш-*) **и неопределённой формы** (с суффиксом *-вш-*):

> дости́гнуть *и* дости́чь — дости́гший *и* дости́гнувший
> подве́ргнуться — подве́ргшийся *и* подве́ргнувшийся

3) Причастие, образующееся от основы **неопределённой формы** (а не прошедшего времени) при помощи суффикса *-вш-*:

> ошиби́ться — ошиби́вшийся

4) Причастия с суффиксом *-ш-* от глаголов, формы **прошедшего времени** которых образуются **от другого корня**:

войти́: вошёл — воше́дший
дойти́: дошёл — доше́дший
зайти́: зашёл — заше́дший
идти́: шёл — ше́дший
найти́: нашёл — наше́дший
обойти́: обошёл — обоше́дший
обойти́сь: обошёлся — обоше́дшийся
отойти́: отошёл — отоше́дший
перейти́: перешёл — переше́дший
подойти́: подошёл — подоше́дший

пойти́: пошёл — поше́дший
прийти́: пришёл — пришедший
пройти́: прошёл — прошедший
разойти́сь *с кем, с чем*: разошёлся — разоше́дшийся
сойти́: сошёл — соше́дший
уйти́: ушёл — уше́дший

• •

произойти́: произошёл — происше́дший *и доп.* произоше́дший

## III. 7. СТРАДАТЕЛЬНОЕ ПРИЧАСТИЕ НАСТОЯЩЕГО ВРЕМЕНИ

В процессе образования страдательных причастий настоящего времени, которые имеют только переходные глаголы несовершенного вида, наблюдаются:

А — чередование согласных и гласных в основе;
Б — передвижение ударения;
В — нестандартное образование причастий;
Г — отсутствие или неупотребительность причастий.

### А. Чередование согласных и гласных в основе *

1) Причастия от глаголов на *-ова-ть(-ева-ть)* с чередованием согласных и гласных в основе:

    испо́льзовать: испо́льзуем — испо́льзуемый
    иссле́довать: иссле́дуем — иссле́дуемый
    обору́довать: обору́дуем — обору́дуемый
    пра́здновать: пра́зднуем — пра́зднуемый
    пресле́довать: пресле́дуем — пресле́дуемый
    приве́тствовать: приве́тствуем — приве́тствуемый
    про́бовать: про́буем — про́буемый
    ремонти́ровать: ремонти́руем — ремонти́руемый
    репети́ровать: репети́руем — репети́руемый
    сове́товать: сове́туем — сове́туемый
    тре́бовать: тре́буем — тре́буемый
    фотографи́ровать: фотографи́руем — фотографи́руемый
    чу́вствовать: чу́вствуем — чу́вствуемый
    эксплуати́ровать: эксплуати́руем — эксплуати́руемый

●

    атакова́ть: атаку́ем — атаку́емый
    диктова́ть: дикту́ем — дикту́емый
    интересова́ть: интересу́ем — интересу́емый
    образова́ть: образу́ем — образу́емый
    организова́ть: организу́ем — организу́емый
    рекомендова́ть: рекоменду́ем — рекоменду́емый

---

\* Чередование согласных и гласных и возможное передвижение ударения, происходящие в основе настоящего времени, не являются непосредственными трудностями образования причастий, однако в тексте словарной статьи эти трудности представлены, поскольку наблюдаются в промежуточной фазе образования страдательных причастий настоящего времени.

## III. ГЛАГОЛ

рисова́ть: рису́ем — рису́емый
танцева́ть: танцу́ем — танцу́емый
целова́ть: целу́ем — целу́емый

2) Причастие от глагола на **-сти** с чередованием согласных в основе:

вести́: ведём — ведо́мый

3) Причастие от глагола на **-а-ть** с чередованием согласных в основе:

дви́гать 'приводить в действие, побуждать, развивать': дви́жем — дви́жимый

### Б. Передвижение ударения

1) Причастия с передвижением ударения на один слог правее:

вводи́ть: вво́дим — вводи́мый
ввози́ть: вво́зим — ввози́мый
вноси́ть: вно́сим — вноси́мый
води́ть: во́дим — води́мый
выводи́ть: выво́дим — выводи́мый
вывози́ть: выво́зим — вывози́мый
выноси́ть: выно́сим — выноси́мый
гаси́ть: га́сим — гаси́мый
дели́ть: де́лим — дели́мый
доводи́ть: дово́дим — доводи́мый
довози́ть: дово́зим — довози́мый
доноси́ть: доно́сим — доноси́мый
заводи́ть (мото́р): заво́дим — заводи́мый
завози́ть: заво́зим — завози́мый
заноси́ть: зано́сим — заноси́мый
коси́ть [1] (траву́): ко́сим — коси́мый
лови́ть: ло́вим — лови́мый
наводи́ть: наво́дим — наводи́мый
наноси́ть: нано́сим — наноси́мый
носи́ть: но́сим — носи́мый
обводи́ть: обво́дим — обводи́мый
отводи́ть: отво́дим — отводи́мый
отвози́ть: отво́зим — отвози́мый
переводи́ть: перево́дим — переводи́мый
перевози́ть: перево́зим — перевози́мый
переноси́ть: перено́сим — переноси́мый
подводи́ть: подво́дим — подводи́мый
подвози́ть: подво́зим — подвози́мый
подноси́ть: подно́сим — подноси́мый

## III.7. ДЕЙСТВИТЕЛЬНОЕ ПРИЧАСТИЕ ПРОШЕДШЕГО ВРЕМЕНИ    III.7.В

приводи́ть: приво́дим — приводи́мый
привози́ть: приво́зим — привози́мый
приноси́ть: прино́сим — приноси́мый
проводи́ть² 'обозначать, проводить черту; осуществлять, производить': прово́дим — проводи́мый
провози́ть: прово́зим — провози́мый
производи́ть: произво́дим — производи́мый
произноси́ть: произно́сим — произноси́мый
проноси́ть: проно́сим — проноси́мый
разводи́ть: разво́дим — разводи́мый
развози́ть: разво́зим — развози́мый
разноси́ть: разно́сим — разноси́мый
ра́нить: ра́ним — рани́мый
терпе́ть: те́рпим — терпи́мый
уводи́ть: уво́дим — уводи́мый
увози́ть: уво́зим — увози́мый
уноси́ть: уно́сим — уноси́мый

2) Причастие с передвижением ударения **на один слог правее и с беглой гласной** в корне:

гнать: го́ним — гони́мый

### В. Нестандартное образование страдательных причастий настоящего времени (от основы **неопределённой формы**, а не настоящего времени)

1) Причастия от глаголов на *-ва-ть*:

выдава́ть — выдава́емый
дава́ть — дава́емый
достава́ть — достава́емый
задава́ть — задава́емый
издава́ть — издава́емый
отдава́ть — отдава́емый
передава́ть — передава́емый
подава́ть — подава́емый
познава́ть — познава́емый
предава́ть — предава́емый
преподава́ть — преподава́емый
признава́ть — признава́емый
продава́ть — продава́емый
раздава́ть — раздава́емый
сдава́ть — сдава́емый
создава́ть — создава́емый
сознава́ть — сознава́емый
узнава́ть — узнава́емый

2) Причастие от глагола **иска́ть**:

иска́ть — иско́мый

## III. ГЛАГОЛ

**Г. Глаголы, характеризующиеся отсутствием или неупотребительностью страдательных причастий настоящего времени** *:

арестова́ть нсв
бере́чь
бить *кого, что*
брать
буди́ть
везти́
верте́ть
вить
вози́ть
вяза́ть
гла́дить
гляде́ть
гото́вить
греть
громи́ть
грузи́ть
грызть
дави́ть
держа́ть
есть
жале́ть
жа́рить
жать¹ *(ру́ку)*
жать² *(рожь)*
ждать
жева́ть
жечь
звать
знако́мить
знать

зна́чить
име́ть
кипяти́ть
класть
кле́ить
коло́ть
корми́ть
коси́ть² 'направ-
  ля́ть вкось'
кра́сить
лепи́ть
лечи́ть
лить
ма́зать
мести́
моло́ть
мыть
находи́ть
ню́хать
обходи́ть
пасти́
паха́ть
переходи́ть *что*
петь
печь
пили́ть
писа́ть
пить
плати́ть *что*
плести́

поло́ть
по́ртить
проводи́ть² нп
проси́ть
проходи́ть *что*
пря́тать
рвать
ре́зать
руби́ть
смотре́ть *кого, что*
содержа́ть
соли́ть
ста́вить
сто́ить
сторожи́ть
суши́ть
сы́пать
ткать
топи́ть
тра́тить
туши́ть
тяну́ть
учи́ть
хорони́ть
черти́ть
чи́стить
шепта́ть
шить

---

* В списке отсутствуют непереходные глаголы, которые по правилам русской грамматики не имеют и не могут образовывать страдательные причастия. Перечисляются лишь глаголы, которые теоретически должны бы производить, но в действительности не образуют или имеют малоупотребительные страдательные причастия настоящего времени.

## III. 8. СТРАДАТЕЛЬНОЕ ПРИЧАСТИЕ ПРОШЕДШЕГО ВРЕМЕНИ

В процессе образования страдательных причастий прошедшего времени, которые имеют переходные глаголы, как правило, совершенного вида, наблюдаются:

А — передвижение ударения;
Б — чередование согласных и гласных в основе;
В — нестандартное образование причастий;
Г — отсутствие или неупотребительность причастий.

### А. Передвижение ударения

1) Причастия с суффиксом *-нн-*:

а) причастия, образование которых сопровождается передвижением ударения н а о д и н с л о г л е в е е:

арестова́ть: арестова́л — аресто́ванный
взорва́ть: взорва́л — взо́рванный
воспита́ть: воспита́л — воспи́танный
вспаха́ть: вспаха́л — вспа́ханный
вяза́ть: вяза́л — вя́занный
держа́ть: держа́л — де́ржанный
диктова́ть: диктова́л — дикто́ванный
догна́ть: догна́л — до́гнанный
доказа́ть: доказа́л — дока́занный
дописа́ть: дописа́л — допи́санный
завяза́ть: завяза́л — завя́занный
загада́ть: загада́л — зага́данный
задержа́ть: задержа́л — заде́ржанный
заказа́ть: заказа́л — зака́занный
записа́ть: записа́л — запи́санный
избра́ть: избра́л — и́збранный
изда́ть: изда́л — и́зданный
испуга́ть: испуга́л — испу́ганный
испыта́ть: испыта́л — испы́танный
меша́ть '*перемешивать*': меша́л — ме́шанный
набра́ть: набра́л — на́бранный
назва́ть: назва́л — на́званный
наказа́ть: наказа́л — нака́занный
написа́ть: написа́л — напи́санный
напуга́ть: напуга́л — напу́ганный
нарисова́ть: нарисова́л — нарисо́ванный
обеща́ть *св*: обеща́л — обе́щанный
образова́ть: образова́л — образо́ванный
одержа́ть: одержа́л — оде́ржанный

## III. ГЛАГОЛ

оказа́ть: оказа́л — ока́занный
описа́ть: описа́л — опи́санный
организова́ть: организова́л — организо́ванный
осмотре́ть: осмотре́л — осмо́тренный
основа́ть: основа́л — осно́ванный
отгада́ть: отгада́л — отга́данный
отказа́ть: отказа́л — отка́занный
отобра́ть: отобра́л — ото́бранный
оторва́ть: оторва́л — ото́рванный
перевяза́ть: перевяза́л — перевя́занный
переписа́ть: переписа́л — перепи́санный
пересказа́ть: пересказа́л — переска́занный
писа́ть: писа́л — пи́санный
поддержа́ть: поддержа́л — подде́ржанный
подобра́ть: подобра́л — подо́бранный
подписа́ть: подписа́л — подпи́санный
подсказа́ть: подсказа́л — подска́занный
позва́ть: позва́л — по́званный
пойма́ть: пойма́л — по́йманный
показа́ть: показа́л — пока́занный
поменя́ть: поменя́л — поме́нянный
посла́ть: посла́л — по́сланный
потеря́ть: потеря́л — поте́рянный
преподать: препода́л — препо́данный
привяза́ть: привяза́л — привя́занный
призва́ть: призва́л — при́званный
призна́ть: призна́л — при́знанный
приказа́ть: приказа́л — прика́занный
присла́ть: присла́л — при́сланный
прочита́ть: прочита́л — прочи́танный
развяза́ть: развяза́л — развя́занный
разменя́ть: разменя́л — разме́нянный
разобра́ть: разобра́л — разо́бранный
разорва́ть: разорва́л — разо́рванный
рассказа́ть: рассказа́л — расска́занный
рассмотре́ть: рассмотре́л — рассмо́тренный
рекомендова́ть: рекомендова́л — рекомендо́ванный
рисова́ть: рисова́л — рисо́ванный
связа́ть: связа́л — свя́занный
сказа́ть: сказа́л — ска́занный
слома́ть: слома́л — сло́манный
собра́ть: собра́л — со́бранный
сорва́ть: сорва́л — со́рванный
сосчита́ть: сосчита́л — сосчи́танный
списа́ть: списа́л — спи́санный
сыгра́ть: сыгра́л — сы́гранный
убра́ть: убра́л — у́бранный
угада́ть: угада́л — уга́данный

## III.8. СТРАДАТЕЛЬНОЕ ПРИЧАСТИЕ ПРОШЕДШЕГО ВРЕМЕНИ III.8.А

узна́ть: узна́л — у́знанный
указа́ть: указа́л — ука́занный
целова́ть: целова́л — цело́ванный

б) причастия, образующиеся от одной из двух вариантных по ударению форм прошедшего времени — с ударением на приставке:

зада́ть: за́дал и *доп.* зада́л — за́данный
отда́ть: о́тдал и *доп.* отда́л — о́тданный
переда́ть (сообще́ние, пода́рок): пе́редал и *доп.* переда́л — пе́реданный
пода́ть: по́дал и *доп.* пода́л — по́данный
преда́ть: пре́дал и *доп.* преда́л — пре́данный
препода́ть: препо́дал и *доп.* препода́л — препо́данный
прода́ть: про́дал и *доп.* прода́л — про́данный
созда́ть: со́здал и *доп.* созда́л — со́зданный

в) причастия с вариантами по ударению кратких форм женского рода:

изда́ть: и́зданный — и́здан, издана́ и *доп.* и́здана, и́здано, и́зданы
пода́ть: по́данный — по́дан, подана́ и *доп.* по́дана, по́дано, по́даны
позва́ть: по́званный — по́зван, по́звана и *доп. устар.* позвана́, по́звано, по́званы
преда́ть: пре́данный — пре́дан, предана́ и *доп.* пре́дана, пре́дано, пре́даны
препода́ть: препо́данный — препо́дан, преподана́ и *доп.* препо́дана, препо́дано, препо́даны
прода́ть: про́данный — про́дан, продана́ и *доп.* про́дана, про́дано, про́даны
разви́ть [1] (ло́кон): разви́тый — разви́т, развита́ и *доп.* разви́та, разви́то, разви́ты
разда́ть: ро́зданный — ро́здан, раздана́ и *доп.* ро́здана, ро́здано, ро́зданы *
созда́ть: со́зданный — со́здан, создана́ и *доп.* со́здана, со́здано, со́зданы

●

избра́ть: и́збранный — и́збран, и́збрана и *доп. устар.* избрана́, и́збрано, и́збраны

---
\* Написание в приставке то *а*, то *о* вызывается соответствующим произношением и объясняется действием фонетического, а не морфологического принципа русской орфографии.

## III. ГЛАГОЛ

набра́ть: на́бранный — на́бран, на́брана *и доп. устар.* набрана́, на́брано, на́браны
назва́ть: на́званный — на́зван, на́звана *и доп. устар.* названа́, на́звано, на́званы
отобра́ть: ото́бранный — ото́бран, ото́брана *и доп. устар.* отобрана́, ото́брано, ото́браны
подобра́ть: подо́бранный — подо́бран, подо́брана *и доп. устар.* подобрана́, подо́брано, подо́браны
призва́ть: при́званный — при́зван, при́звана *и доп. устар.* призвана́, при́звано, при́званы
убра́ть: у́бранный — у́бран, у́брана *и доп. устар.* убрана́, у́брано, у́браны

2) Причастия с суффиксом *-енн-*, образующиеся от глаголов на *-и-ть* (ударение переходит н а о д и н с л о г л е в е е):

вари́ть: вари́л — ва́ренный *
дари́ть: дари́л — да́ренный
доложи́ть: доложи́л — доло́женный
изложи́ть: изложи́л — изло́женный
изучи́ть: изучи́л — изу́ченный
лечи́ть: лечи́л — ле́ченный
научи́ть: научи́л — нау́ченный
отложи́ть: отложи́л — отло́женный
пили́ть: пили́л — пи́ленный
положи́ть: положи́л — поло́женный
получи́ть: получи́л — полу́ченный
поручи́ть: поручи́л — пору́ченный
посоли́ть: посоли́л — посо́ленный
потуши́ть: потуши́л — поту́шенный
похвали́ть: похвали́л — похва́ленный
похорони́ть: похорони́л — похоро́ненный
предложи́ть: предложи́л — предло́женный
расположи́ть: расположи́л — расположенный
свари́ть: свари́л — сва́ренный
сложи́ть: сложи́л — сло́женный
суши́ть: суши́л — су́шенный
туши́ть (свет): туши́л — ту́шенный
уложи́ть: уложи́л — уло́женный
урони́ть: урони́л — уро́ненный
учи́ть: учи́л — у́ченный
хвали́ть: хвали́л — хва́ленный

---

* Морфологические особенности соответствующих отглагольных прилагательных (например, *варёный, гружёный, сушёный* и т. п.) рассматриваются во второй части словаря.

## III.8. СТРАДАТЕЛЬНОЕ ПРИЧАСТИЕ ПРОШЕДШЕГО ВРЕМЕНИ   III.8.А

3) Причастия с суффиксом *-т-*:

а) причастия от глаголов на *-я-ть*, образующиеся от **одной из двух вариантных** по ударению форм прошедшего времени — **с ударением на приставке**:

 обня́ть: о́бнял *и доп.* обня́л — о́бнятый
 подня́ть: по́днял *и доп.* подня́л — по́днятый

б) причастия от глаголов на *-о-ть* (ударение переходит на один слог левее):

 коло́ть: коло́л — ко́лотый
 поло́ть: поло́л — по́лотый

в) причастие от глагола на *-ну-ть* (ударение переходит на один слог левее):

 обману́ть: обману́л — обма́нутый

г) вариантные по ударению страдательные причастия прошедшего времени:

добы́ть: добы́л *и доп. устар.* до́был — добы́тый *и доп.* до́бытый
нали́ть: на́лил *и доп.* нали́л — на́литый *и доп.* нали́тый
поли́ть: по́лил *и доп.* поли́л — по́литый *и доп.* поли́тый
прожи́ть: про́жил *и доп.* прожи́л — про́житый *и доп.* прожи́тый

● ●

разви́ть² (интере́с): разви́л — ра́звитый *и* разви́тый

д) причастия с передвижением ударения на окончание в краткой форме женского рода:

взять: взя́тый — взят, взята́, взя́то, взя́ты
заня́ть: за́нятый — за́нят, занята́, за́нято, за́няты
поня́ть: по́нятый — по́нят, понята́, по́нято, по́няты
приня́ть: при́нятый — при́нят, принята́, при́нято, при́няты
снять: сня́тый — снят, снята́, сня́то, сня́ты

## III. ГЛАГОЛ

### Б. Чередование согласных и гласных *

1) Чередование с о г л а с н ы х:

а) причастия с безударным суффиксом *-енн-*:

бро́сить: бро́сил — бро́шенный
взве́сить: взве́сил — взве́шенный
возгла́вить: возгла́вил — возгла́вленный
вста́вить: вста́вил — вста́вленный
встре́тить: встре́тил — встре́ченный
вы́бросить: вы́бросил — вы́брошенный
вы́гладить: вы́гладил — вы́глаженный
вы́красить: вы́красил — вы́крашенный
вы́лепить: вы́лепил — вы́лепленный
вы́пустить: вы́пустил — вы́пущенный
вы́разить: вы́разил — вы́раженный
вы́растить: вы́растил — вы́ращенный
вы́чистить: вы́чистил — вы́чищенный
гла́дить: гла́дил — гла́женный
доба́вить: доба́вил — доба́вленный
доста́вить: доста́вил — доста́вленный
заме́тить: заме́тил — заме́ченный
заста́вить: заста́вил — заста́вленный
испо́ртить: испо́ртил — испо́рченный
испра́вить: испра́вил — испра́вленный
истра́тить: истра́тил — истра́ченный
кра́сить: кра́сил — кра́шенный
напра́вить: напра́вил — напра́вленный
оби́деть: оби́дел — оби́женный
оста́вить: оста́вил — оста́вленный
отме́тить: отме́тил — отме́ченный
отпра́вить: отпра́вил — отпра́вленный
офо́рмить: офо́рмил — офо́рмленный
пове́сить: пове́сил — пове́шенный
погла́дить: погла́дил — погла́женный
подгото́вить: подгото́вил — подгото́вленный
поздра́вить: поздра́вил — поздра́вленный
познако́мить: познако́мил — познако́мленный
покра́сить: покра́сил — покра́шенный
попра́вить: попра́вил — попра́вленный
по́ртить: по́ртил — по́рченный

---

\* Чередования согласных и гласных, наблюдающиеся в процессе образования страдательных причастий прошедшего времени, те же, что и при образовании форм настоящего времени от соответствующих глаголов. Классификацию перечисляемых глаголов с точки зрения качества чередующихся в основе единиц см. в разделе **III.2.Б.**

## III.8. СТРАДАТЕЛЬНОЕ ПРИЧАСТИЕ ПРОШЕДШЕГО ВРЕМЕНИ III.8.Б

поста́вить: поста́вил — поста́вленный
почи́стить: почи́стил — почи́щенный
предста́вить: предста́вил — предста́вленный
приба́вить: приба́вил — приба́вленный
пригото́вить: пригото́вил — пригото́вленный
раскра́сить: раскра́сил — раскра́шенный
сбро́сить: сбро́сил — сбро́шенный
соста́вить: соста́вил — соста́вленный
ста́вить: ста́вил — ста́вленный
укра́сить: укра́сил — укра́шенный
чи́стить: чи́стил — чи́щенный

б) причастия с **ударным** суффиксом **-ённ-**:

вдохнови́ть: вдохнови́л — вдохновлённый
возврати́ть: возврати́л — возвращённый
воплоти́ть: воплоти́л — воплощённый
вскипяти́ть: вскипяти́л — вскипячённый
грузи́ть: грузи́л — гружённый
запрети́ть: запрети́л — запрещённый
заряди́ть '*вложить заряд*': заряди́л — заряжённый
защити́ть: защити́л — защищённый
изобрази́ть: изобрази́л — изображённый
кипяти́ть: кипяти́л — кипячённый
награди́ть: награди́л — награждённый
обрати́ть: обрати́л — обращённый
обсуди́ть: обсуди́л — обсуждённый
ороси́ть: ороси́л — орошённый
освободи́ть: освободи́л — освобождённый
освети́ть: освети́л — освещённый
осуществи́ть: осуществи́л — осуществлённый
отрази́ть: отрази́л — отражённый
победи́ть: победи́л — побеждённый
подтверди́ть: подтверди́л — подтверждённый
порази́ть: порази́л — поражённый
посвяти́ть: посвяти́л — посвящённый
посети́ть: посети́л — посещённый
преврати́ть: преврати́л — превращённый
предупреди́ть: предупреди́л — предупреждённый
прекрати́ть: прекрати́л — прекращённый
преобрази́ть: преобрази́л — преображённый
пригласи́ть: пригласи́л — приглашённый
прикрепи́ть: прикрепи́л — прикреплённый
прости́ть: прости́л — прощённый
разгроми́ть: разгроми́л — разгромлённый
роди́ть: роди́л — рождённый
убеди́ть: убеди́л — убеждённый
угости́ть: угости́л — угощённый
удиви́ть: удиви́л — удивлённый

## III. ГЛАГОЛ

укрепи́ть: укрепи́л — укреплённый
употреби́ть: употреби́л — употреблённый
утверди́ть: утверди́л — утверждённый

2) Чередование согласных и гласных:

а) причастия с чередованием согласных перед суффиксом *-енн-* и передвижением ударения на один слог левее:

верте́ть: верте́л — ве́рченный
восстанови́ть: восстанови́л — восстано́вленный
грузи́ть: грузи́л — гру́женный
дави́ть: дави́л — да́вленный
допусти́ть: допусти́л — допу́щенный
заплати́ть: заплати́л — запла́ченный
запусти́ть: запусти́л — запу́щенный
заряди́ть '*вложить заряд*': заряди́л — заря́женный
захвати́ть: захвати́л — захва́ченный
заяви́ть: заяви́л — зая́вленный
корми́ть: корми́л — ко́рмленный
коси́ть (траву́): коси́л — ко́шенный
купи́ть: купи́л — ку́пленный
лепи́ть: лепи́л — ле́пленный
молоти́ть: молоти́л — моло́ченный
начерти́ть: начерти́л — наче́рченный
носи́ть: носи́л — но́шенный
объяви́ть: объяви́л — объя́вленный
опусти́ть: опусти́л — опу́щенный
останови́ть: останови́л — остано́вленный
отпусти́ть: отпусти́л — отпу́щенный
плати́ть: плати́л — пла́ченный
погаси́ть: погаси́л — пога́шенный
попроси́ть: попроси́л — попро́шенный
посади́ть: посади́л — поса́женный
проглоти́ть: проглоти́л — прогло́ченный
пропусти́ть: пропусти́л — пропу́щенный
проси́ть: проси́л — про́шенный
проследи́ть: проследи́л — просле́женный
прояви́ть: прояви́л — проя́вленный
пусти́ть: пусти́л — пу́щенный
разбуди́ть: разбуди́л — разбу́женный
разгроми́ть: разгроми́л — разгро́мленный
руби́ть: руби́л — ру́бленный
скоси́ть: скоси́л — ско́шенный
спроси́ть: спроси́л — спро́шенный
спусти́ть: спусти́л — спу́щенный
схвати́ть: схвати́л — схва́ченный
топи́ть: топи́л — то́пленный

## III.8. СТРАДАТЕЛЬНОЕ ПРИЧАСТИЕ ПРОШЕДШЕГО ВРЕМЕНИ III.8.В

    установи́ть: установи́л — устано́вленный
    черти́ть: черти́л — че́рченный

б) причастия с чередованием гласных и передвижением ударения на один слог левее:

— с суффиксом *-т-*:

    заверну́ть: заверну́л — завёрнутый
    застегну́ть: застегну́л — застёгнутый
    зачеркну́ть: зачеркну́л — зачёркнутый
    переверну́ть: переверну́л — перевёрнутый
    поверну́ть: поверну́л — повёрнутый
    подверну́ть: подверну́л — подвёрнутый
    подчеркну́ть: подчеркну́л — подчёркнутый
    разверну́ть: разверну́л — развёрнутый
    сверну́ть: сверну́л — свёрнутый

— с суффиксом *-нн-*:

    жева́ть: жева́л — жёванный
    завоева́ть: завоева́л — завоёванный
    причеса́ть: причеса́л — причёсанный
    расчеса́ть: расчеса́л — расчёсанный

в) причастия с чередованием согласных и гласных перед суффиксом *-ённ-* и передвижением ударения на один слог правее:

    бере́чь: берёг — бережённый
    привле́чь: привлёк — привлечённый

## В. Нестандартное образование страдательных причастий прошедшего времени (от основы настоящего, а не прошедшего времени)

1) Причастия от глаголов на *-сти* с ударным суффиксом *-ённ-*:

    ввести́: введу́т — введённый
    завести́: заведу́т — заведённый
    заплести́: заплету́т — заплетённый
    изобрести́: изобрету́т — изобретённый
    мести́: мету́т — метённый
    нести́: несу́т — несённый
    отвести́: отведу́т — отведённый
    перевести́: переведу́т — переведённый
    подмести́: подмету́т — подметённый
    привести́: приведу́т — приведённый
    приобрести́: приобрету́т — приобретённый

## III. ГЛАГОЛ

провести́: проведу́т — проведённый
произвести́: произведу́т — произведённый
развести́: разведу́т — разведённый
сгрести́: сгребу́т — сгребённый

2) Причастия от глаголов на *-ти, -сть*:

а) с безударным суффиксом *-енн-* (ударение переходит на один слог левее):

дое́сть: доедя́т — дое́денный
найти́: найду́т — на́йденный
пое́сть: поедя́т — пое́денный
пройти́ *что*: пройду́т — про́йденный
съесть: съедя́т — съе́денный

б) с ударным суффиксом *-ённ-*:

обойти́: обойду́т — обойдённый
перейти́: перейду́т — перейдённый

3) Причастие от глагола **жечь** с ударным суффиксом *-ённ-*, образующееся от основы 3-го лица единственного (а не множественного) числа:

жечь: жжёт — жжённый

**Г. Глаголы, характеризующиеся отсутствием или неупотребительностью страдательных причастий прошедшего времени** \*:

верну́ть
доста́ть
заста́вить 'прину́дить'
заста́ть
затми́ть
лизну́ть
минова́ть
напо́мнить

облете́ть *что*
перее́хать *что*
подожда́ть *кого, что*
пожале́ть
пожела́ть
полюби́ть
поню́хать

приве́тствовать *св*
пробежа́ть
проводи́ть [1] *св*
прое́хать *что*
просклоня́ть
проспряга́ть
разгляде́ть
толкну́ть

---

\* В списке отсутствуют непереходные глаголы, которые по правилам русской грамматики не имеют и не могут образовывать страдательные причастия. Перечисляются лишь глаголы, которые теоретически должны бы производить эти причастия, но в действительности не образуют или имеют малоупотребительные страдательные причастия прошедшего времени.

# III. 9. ДЕЕПРИЧАСТИЕ НЕСОВЕРШЕННОГО ВИДА

В процессе образования деепричастий несовершенного вида у ряда глаголов наблюдаются:

А — передвижение ударения;
Б — чередование согласных и гласных в основе;
В — нестандартное образование деепричастий;
Г — вариантные по основе деепричастия;
Д — отсутствие или неупотребительность деепричастий.

## А. Передвижение ударения

1) Передвижение ударения на с у ф ф и к с *-а(-я)*:

боро́ться: бо́рются — боря́сь
броди́ть: бро́дят — бродя́
буди́ть: бу́дят — будя́
вари́ть: ва́рят — варя́
вводи́ть: вво́дят — вводя́
ввози́ть: вво́зят — ввозя́
верте́ть: ве́ртят — вертя́
вноси́ть: вно́сят — внося́
води́ть: во́дят — водя́
вози́ть: во́зят — возя́
входи́ть: вхо́дят — входя́
выводи́ть: выво́дят — выводя́
вывози́ть: выво́зят — вывозя́
выноси́ть: выно́сят — вынося́
выходи́ть: выхо́дят — выходя́
гаси́ть: га́сят — гася́
грузи́ть: гру́зят — грузя́
дави́ть: да́вят — давя́
дари́ть: да́рят — даря́
дели́ть: де́лят — деля́
держа́ть: де́ржат — держа́
доводи́ть: дово́дят — доводя́
довози́ть: дово́зят — довозя́
доноси́ть: доно́сят — донося́
доходи́ть: дохо́дят — доходя́
дружи́ть: дру́жат — дружа́
дыша́ть: ды́шат — дыша́
заводи́ть (мото́р): заво́дят — заводя́
завози́ть: заво́зят — завозя́
заноси́ть: зано́сят — занося́
заходи́ть: захо́дят — заходя́
кати́ться: ка́тятся — катя́сь
корми́ть: ко́рмят — кормя́
лепи́ть: ле́пят — лепя́
лечи́ть: ле́чат — леча́
лови́ть: ло́вят — ловя́
люби́ть: лю́бят — любя́
молоти́ть: моло́тят — молотя́
наводи́ть: наво́дят — наводя́
наноси́ть: нано́сят — нанося́
находи́ть: нахо́дят — находя́
носи́ть: но́сят — нося́
обводи́ть: обво́дят — обводя́
обвози́ть: обво́зят — обвозя́
обноси́ть: обно́сят — обнося́
обходи́ть: обхо́дят — обходя́
отводи́ть: отво́дят — отводя́
отвози́ть: отво́зят — отвозя́
относи́ться: отно́сятся — относя́сь
отходи́ть: отхо́дят — отходя́
переводи́ть: перево́дят — переводя́
перевози́ть: перево́зят — перевозя́
переноси́ть: перено́сят — перенося́

## III. ГЛАГОЛ

переходи́ть: перехо́дят — переходя́
плати́ть: пла́тят — платя́
подводи́ть: подво́дят — подводя́
подвози́ть: подво́зят — подвозя́
подноси́ть: подно́сят — поднося́
подходи́ть: подхо́дят — подходя́
приводи́ть: приво́дят — приводя́
приноси́ть: прино́сят — принося́
приходи́ть: прихо́дят — приходя́
проводи́ть² нсв: прово́дят — проводя́
провози́ть: прово́зят — провозя́
производи́ть: производя́т — производя́
произноси́ть: произно́сят — произнося́
происходи́ть: происхо́дят — происходя́
проноси́ть: проно́сят — пронося́
проси́ть: про́сят — прося́
проходи́ть: прохо́дят — проходя́
разводи́ть: разво́дят — разводя́
развози́ть: разво́зят — развозя́
разноси́ть: разно́сят — разнося́

расходи́ться *с кем, с чем*: расхо́дятся — расходя́сь
свети́ть: све́тят — светя́
своди́ть: сво́дят — сводя́
свози́ть: сво́зят — свозя́
серди́ться: се́рдятся — сердя́сь
смотре́ть: смо́трят — смотря́
сноси́ть: сно́сят — снося́
содержа́ть: соде́ржат — содержа́
станови́ться: стано́вятся — становя́сь
сходи́ть: схо́дят — сходя́
терпе́ть: те́рпят — терпя́
торопи́ться: торо́пятся — торопя́сь
труди́ться: тру́дятся — трудя́сь
уводи́ть: уво́дят — уводя́
увози́ть: уво́зят — увозя́
уноси́ть: уно́сят — унося́
уходи́ть: ухо́дят — уходя́
хвали́ть: хва́лят — хваля́
ходи́ть: хо́дят — ходя́
хорони́ть: хоро́нят — хороня́
черти́ть: че́ртят — чертя́
шути́ть: шу́тят — шутя́

●

кружи́ться: кру́жатся *и* кружа́тся, *но* кружа́сь
мири́ться: миря́тся *и доп.* ми́рятся, *но* миря́сь
соли́ть: со́лят *и доп.* соля́т, *но* соля́

2) Передвижение ударения на о с н о в у:

гляде́ть: глядя́т — гля́дя
сиде́ть: сидя́т — си́дя
стоя́ть: стоя́т — сто́я

## III.9. ДЕЕПРИЧАСТИЕ НЕСОВЕРШЕННОГО ВИДА

### Б. Чередование согласных и гласных в основе*

1) Деепричастия от глаголов на *-ова-ть(-ева-ть)* с чередованием с о г л а с н ы х и г л а с н ы х в основе:

аплоди́ровать: аплоди́руют — аплоди́руя
бесе́довать: бесе́дуют — бесе́дуя
возде́йствовать: возде́йствуют — возде́йствуя
госпо́дствовать: госпо́дствуют — госпо́дствуя
де́йствовать: де́йствуют — де́йствуя
жа́ловаться: жа́луются — жа́луясь
жева́ть: жую́т — жуя́
испо́льзовать: испо́льзуют — испо́льзуя
иссле́довать: иссле́дуют — иссле́дуя
кома́ндовать: кома́ндуют — кома́ндуя
обору́довать: обору́дуют — обору́дуя
отсу́тствовать: отсу́тствуют — отсу́тствуя
плева́ть: плюю́т — плюя́
по́льзоваться: по́льзуются — по́льзуясь
пра́здновать: пра́зднуют — пра́зднуя
предше́ствовать: предше́ствуют — предше́ствуя
пресле́довать: пресле́дуют — пресле́дуя
приве́тствовать: приве́тствуют — приве́тствуя
прису́тствовать: прису́тствуют — прису́тствуя
про́бовать: про́буют — про́буя
путеше́ствовать: путеше́ствуют — путеше́ствуя
ра́доваться: ра́дуются — ра́дуясь
ремонти́ровать: ремонти́руют — ремонти́руя
репети́ровать: репети́руют — репети́руя
сле́довать: сле́дуют — сле́дуя
сове́товать: сове́туют — сове́туя
соотве́тствовать: соотве́тствуют — соотве́тствуя
спосо́бствовать: спосо́бствуют — спосо́бствуя
тре́бовать: тре́буют — тре́буя
уча́ствовать: уча́ствуют — уча́ствуя
фотографи́ровать: фотографи́руют — фотографи́руя
чу́вствовать: чу́вствуют — чу́вствуя
ше́фствовать: ше́фствуют — ше́фствуя
эксплуати́ровать: эксплуати́руют — эксплуати́руя

●

---

\* Чередование согласных и гласных, возможное передвижение ударения и появление беглых гласных, наблюдаемые в основе настоящего времени, не являются непосредственными трудностями образования деепричастий, однако в тексте словарной статьи эти трудности представлены, поскольку наблюдаются в промежуточной фазе образования деепричастий несовершенного вида.

## III. ГЛАГОЛ

атакова́ть: атаку́ют — атаку́я
воева́ть: вою́ют — вою́я
волнова́ться: волну́ются — волну́ясь
голосова́ть: голосу́ют — голосу́я
диктова́ть: дикту́ют — дикту́я
интересова́ться: интересу́ются — интересу́ясь
любова́ться: любу́ются — любу́ясь
ночева́ть: ночу́ют — ночу́я
образова́ть: образу́ют — образу́я
организова́ть: организу́ют — организу́я
рекомендова́ть: рекоменду́ют — рекоменду́я
рисова́ть: рису́ют — рису́я
соревнова́ться: соревну́ются — соревну́ясь
существова́ть: существу́ют — существу́я
танцева́ть: танцу́ют — танцу́я
тренирова́ться: трениру́ются — трениру́ясь
целова́ть: целу́ют — целу́я

2) Деепричастия от глаголов на *-ать* с чередованием с о г л а с н ы х или г л а с н ы х в основе:

а) образование деепричастий сопровождается чередованием с о г л а с н ы х:

пла́кать: пла́чут — пла́ча
пря́тать: пря́чут — пря́ча

●

иска́ть: и́щут — ища́
скака́ть: ска́чут — скача́
шепта́ть: ше́пчут — шепча́

б) образование деепричастий сопровождается чередованием г л а с н ы х (ударение переходит н а о д и н с л о г л е в е е):

лежа́ть: лежа́т — лёжа

3) Деепричастия от глаголов на *-сти(-сть)* с чередованием с о г л а с н ы х в основе:

брести́: бреду́т — бредя́
вести́: веду́т — ведя́
грести́: гребу́т — гребя́
класть: кладу́т — кладя́
мести́: мету́т — метя́
цвести́: цвету́т — цветя́

4) Деепричастия от глаголов с односложным корнем на гласную, характеризующиеся чередованием г л а с н ы х в основе:

бри́ться: бре́ются — бре́ясь
мыть: мо́ют — мо́я

## III.9. ДЕЕПРИЧАСТИЕ НЕСОВЕРШЕННОГО ВИДА III.9.Г

5) Деепричастия от глаголов с беглыми гласными:

брать: беру́т — беря́
бра́ться: беру́тся — беря́сь
звать: зову́т — зовя́

●

гнать: го́нят — гоня́

### В. Нестандартное образование деепричастий несовершенного вида

1) Деепричастия от глаголов на *-ва-ть*, образующиеся от основы неопределённой формы (а не настоящего времени):

встава́ть — встава́я
выдава́ть — выдава́я
дава́ть — дава́я
достава́ть — достава́я
задава́ть — задава́я
зазнава́ться — зазнава́ясь
издава́ть — издава́я
остава́ться — остава́ясь
отдава́ть — отдава́я
отстава́ть — отстава́я
передава́ть — передава́я
перестава́ть — перестава́я
подава́ть — подава́я
познава́ть — познава́я
предава́ть — предава́я
преподава́ть — преподава́я
признава́ть — признава́я
продава́ть — продава́я
раздава́ть — раздава́я
расстава́ться — расстава́ясь
сдава́ть — сдава́я
создава́ть — создава́я
сознава́ть — сознава́я
удава́ться — удава́ясь
узнава́ть — узнава́я
устава́ть — устава́я

2) Деепричастия от глаголов **жить, плыть**:

жить: живу́т — живя́
плыть: плыву́т — плывя́

3) Деепричастия от глаголов **быть, éхать**:

быть: бу́дут — бу́дучи
éхать: éдут — éдучи (*в худож. речи*)

4) Деепричастие от глагола **ла́зать**:

ла́зать: ла́зают — ла́зая

### Г. Вариантные деепричастия несовершенного вида:

блиста́ть: блиста́ют — блиста́я *и* бле́щут — блеща́
внима́ть (*в худож. речи*): внима́ют — внима́я *и* вне́млют — вне́мля *и* внемля́

## III. ГЛАГОЛ

ка́пать: ка́плют — ка́пля *и* ка́пают — ка́пая
маха́ть: ма́шут — маша́ *и доп.* маха́ют — *доп.* маха́я
страда́ть: страда́ют — страда́я *и* (*в худож. речи*) стра́ждут — стра́ждя
сы́пать: сы́плют — сы́пля *и доп.* сы́пят — *доп.* сы́пя
щепа́ть: ще́плют — щепля́ *и доп.* щепа́ют — *доп.* щепа́я
*однако:*
щипа́ть: щи́плют *и доп.* щи́пят, *но* щипля́

**Д. Глаголы, характеризующиеся отсутствием или неупотребительностью деепричастий несовершенного вида:**

арестова́ть *нсв*
бежа́ть *нсв*
бере́чь
бить
ве́сить
вить
врать
вяза́ть
вя́нуть
га́снуть
гло́хнуть
гнить
гнуть
е́здить
есть
жать[1] (ру́ку)
жать[2] (рожь)
ждать
жечь
зна́чить
каза́ться
ки́снуть
коло́ть
коси́ть[2] '*направля́ть вкось*'
кре́пнуть
лгать
лезть
лиза́ть
лить
ма́зать
мёрзнуть
мо́кнуть
мочь
мять
нра́виться
паха́ть
па́хнуть
петь
печь
писа́ть
пить
пляса́ть
рвать
ре́зать
роди́ться *нсв*
сечь
слать
сле́пнуть
со́хнуть
спать
стере́чь
стри́чься
сты́нуть
стыть
тере́ть
течь
ткать
толо́чь
тону́ть
тяну́ть
хоте́ть
чеса́ть
чи́стить
шить

## III. 10. ДЕЕПРИЧАСТИЕ СОВЕРШЕННОГО ВИДА

В процессе образования деепричастий совершенного вида у ряда глаголов наблюдаются:

А — употребление одного из двух возможных деепричастий с суффиксами *-а(-я)* или *-ши*;
Б — вариантные деепричастия — на *-вши-сь* и *-а-сь(-я-сь)* или *-ши* и *-в(-вши)*.

### А. Употребление одного из двух возможных деепричастий совершенного вида

1) Деепричастия с суффиксом -я:

войти: войду́т — войдя́
вы́вести: вы́ведут — вы́ведя
вы́йти: вы́йдут — вы́йдя
вы́честь: вы́чтут — вы́чтя
дойти́: дойду́т — дойдя́
зайти́: зайду́т — зайдя́
заплести́: заплету́т — заплетя́
изобрести́: изобрету́т — изобретя́
найти́: найду́т — найдя́
обвести́: обведу́т — обведя́
обойти́: обойду́т — обойдя́
отвести́: отведу́т — отведя́
отойти́: отойду́т — отойдя́
перевести́: переведу́т — переведя́
перейти́: перейду́т — перейдя́
подвести́: подведу́т — подведя́
подмести́: подмету́т — подметя́
подойти́: подойду́т — подойдя́
пойти́: пойду́т — пойдя́
привести́: приведу́т — приведя́
прийти́: приду́т — придя́
приобрести́: приобрету́т — приобретя́
провести́: проведу́т — проведя́
произвести́: произведу́т — произведя́
произнести́: произнесу́т — произнеся́
произойти́: произойду́т — произойдя́
пройти́: пройду́т — пройдя́
проче́сть: прочту́т — прочтя́
развести́: разведу́т — разведя́
разойти́сь: разойду́тся — разойдя́сь

## III. ГЛАГОЛ

свести́: сведу́т — сведя́
соблюсти́: соблюду́т — соблюдя́
сойти́: сойду́т — сойдя́
увести́: уведу́т — уведя́
уйти́: уйду́т — уйдя́
уче́сть: учту́т — учтя́

2) Деепричастия с суффиксом *-ши*:

вы́лезти *и разг.* вы́лезть: вы́лез — вы́лезши
вы́нести: вы́нес — вы́несши
вы́расти: вы́рос — вы́росши
запасти́: запа́с — запа́сши
спасти́: спас — спа́сши

### Б. Вариантные деепричастия совершенного вида — на *-вши-сь* и *-а-сь(-я-сь)* или *-ши* и *-в(-вши)*

1) Возвратные глаголы на *-и-ть-ся* с вариантами деепричастий на *-вши-сь* и *-а-сь (-я-сь)*, образующимися, соответственно, от основ неопределённой формы и настоящего (или будущего) времени:

возврати́ться — возврати́вшись *и* возвратя́сь
встре́титься — встре́тившись *и* встре́тясь
договори́ться — договори́вшись *и* договоря́сь
заблуди́ться — заблуди́вшись *и* заблудя́сь
зако́нчиться — зако́нчившись *и* зако́нчась
заступи́ться — заступи́вшись *и* заступя́сь
измени́ться — измени́вшись *и* изменя́сь
испо́лниться '*о желании*' — испо́лнившись *и* испо́лнясь
испо́ртиться — испо́ртившись *и* испо́ртясь
напра́виться — напра́вившись *и* напра́вясь
научи́ться — научи́вшись *и* науча́сь
оби́деться — оби́девшись *и* оби́дясь
обрати́ться — обрати́вшись *и* обратя́сь
объедини́ться — объедини́вшись *и* объединя́сь
объясни́ться — объясни́вшись *и* объясня́сь
огорчи́ться — огорчи́вшись *и* огорча́сь
опусти́ться — опусти́вшись *и* опустя́сь
освободи́ться — освободи́вшись *и* освободя́сь
останови́ться — останови́вшись *и* остановя́сь
осуществи́ться — осуществи́вшись *и* осуществя́сь

# III.10. ДЕЕПРИЧАСТИЕ СОВЕРШЕННОГО ВИДА III.10.Б

отдели́ться — отдели́вшись *и* отделя́сь
отличи́ться — отличи́вшись *и* отлича́сь
отпра́виться — отпра́вившись *и* отпра́вясь
отрази́ться — отрази́вшись *и* отразя́сь
повтори́ться — повтори́вшись *и* повторя́сь
подгото́виться — подгото́вившись *и* подгото́вясь
подружи́ться — подружи́вшись *и* подружа́сь
подчини́ться — подчини́вшись *и* подчиня́сь
позабо́титься — позабо́тившись *и* позабо́тясь
познако́миться — познако́мившись *и* познако́мясь
помири́ться — помири́вшись *и* помиря́сь
понра́виться — понра́вившись *и* понра́вясь
попра́виться — попра́вившись *и* попра́вясь
поссо́риться — поссо́рившись *и* поссо́рясь
появи́ться — появи́вшись *и* появя́сь
преврати́ться — преврати́вшись *и* превратя́сь
предста́виться — предста́вившись *и* предста́вясь
преобрази́ться — преобрази́вшись *и* преобразя́сь
прибли́зиться — прибли́зившись *и* прибли́зясь
пригото́виться — пригото́вившись *и* пригото́вясь
приземли́ться — приземли́вшись *и* приземля́сь
прице́литься — прице́лившись *и* прице́лясь
провали́ться — провали́вшись
прости́ться — прости́вшись *и* простя́сь
простуди́ться — простуди́вшись *и* простудя́сь
раздели́ться — раздели́вшись *и* разделя́сь
рассерди́ться — рассерди́вшись *и* рассердя́сь
реши́ться — реши́вшись *и* реша́сь
роди́ться — роди́вшись *и* родя́сь
случи́ться — случи́вшись *и* случа́сь
согласи́ться — согласи́вшись *и* соглася́сь
соедини́ться — соедини́вшись *и* соединя́сь
спра́виться — спра́вившись *и* спра́вясь
спусти́ться — спусти́вшись *и* спустя́сь
убеди́ться — убеди́вшись *и* убедя́сь
увели́читься — увели́чившись *и* увели́чась
удиви́ться — удиви́вшись *и* удивя́сь
усло́виться — усло́вившись *и* усло́вясь
успоко́иться — успоко́ившись *и* успоко́ясь
устро́иться — устро́ившись *и* устро́ясь
яви́ться — яви́вшись *и* явя́сь

## III. ГЛАГОЛ

2) **Невозвратные глаголы на** *-ну-ть* **с вариантами деепричастий совершенного вида на** *-ши* **и** *-в(-вши)*, **образующимися, соответственно, от основ прошедшего времени и неопределённой формы:**

    засо́хнуть — засо́хши *и* засо́хнув (засо́хнувши)
    осле́пнуть — осле́пши *и* осле́пнув (осле́пнувши)
    погря́знуть — погря́зши *и* погря́знув (погря́знувши)
    *однако:*
    исче́знуть — исче́знув (исче́знувши)

# ЧАСТЬ ВТОРАЯ

# А

**АВТОНО́МН|ЫЙ,** -ая, -ое, -ые
1. *кр. ф.* автоно́мен, автоно́мна, автоно́мно, автоно́мны (II.1.Б1)
2. *сравн. ст. не образ.* (II.2)
3. *превосх. ст. не образ.* (II.3)

**А́ВТОР,** -а, *м*
1. *м. р.— ж. р.*; нормативно согласование:
— В журна́ле «Но́вый мир» появи́лся но́вый а́втор Н. Петро́ва. А́втор Н. Петро́ва, уже́ **изве́стная** чита́телям, предложи́ла но́вую статью́. **Предложи́вшая** но́вую статью́ а́втор Н. Петро́ва уже́ изве́стна чита́телям. — (I.5.В1) **А́втор** статьи́ **изложи́л** интере́сные наблюде́ния. Увлека́тельные заме́тки **предложи́л** реда́кции изве́стный **а́втор** Н. Петро́ва. А́втор Н. Петро́ва **предложи́ла** реда́кции увлека́тельные заме́тки. А́втор — шту́рман до́блестно де́йствовавшего в Вели́кую Оте́чественную войну́ авиацио́нного же́нского полка́ ночны́х бомбардиро́вщиков — **посвяти́ла** свою́ по́весть све́тлой па́мяти боевы́х подру́г.— (I.5.В2)

**АВТОРУ́ЧК|А,** -и, *ж*
1. *род. мн.* авторучек (I.4.Б1а)

**АГРОНО́М,** -а, *м*
1. *м. р.— ж. р.*; о нормативности согласования см. I.5.В, а также **а́втор**

**А́ДРЕС,** -а, *м*
1. *им. мн.* адреса́ (I.3.А1а)
2. *сочет. с предлогами:* в а́дрес 'на имя кого́-, чего́-либо' — корреспонде́нция в а́дрес газе́ты «Изве́стия»; по а́дресу 'в отношении кого́-, чего́-либо' — замеча́ния по а́дресу докла́дчика

**АККУРА́ТН|ЫЙ,** -ая, -ое, -ые
1. *кр. ф.* аккура́тен, аккура́тна, аккура́тно, аккура́тны (II.1.Б1)

**АКТИ́ВН|ЫЙ,** -ая, -ое, -ые
1. *кр. ф.* акти́вен, акти́вна, акти́вно, акти́вны (II.1.Б1)

**АПЛОДИ́РОВАТЬ** *нсв нп*
1. *наст.* аплоди́рую, аплоди́руешь, аплоди́рует, аплоди́руем, аплоди́руете, аплоди́руют (III.2.Б1а)
2. *повел.* аплоди́руй(те) (III.4.А2а)
3. *прич. действ. наст.* аплоди́рующий (III.5.Б1)
4. *прич. страд. наст. не образ.* (III.7)
5. *прич. страд. прош. не образ.* (III.8)
6. *деепр.* аплоди́руя (III.9.Б1)

аплоди́рующий см. а п л о д и́ - р о в а т ь

аплоди́руя см. а п л о д и́ р о - в а т ь

**АПЛОДИСМЕ́НТ|Ы,** -ов, *мн.*
1. *ед. нет* (I.3.Ж1)

**АРБУ́З,** -а, *м*
1. *род. ед.* арбу́за
2. *им. мн.* арбу́зы
3. *род. мн.* арбу́зов

арестова́в см. а р е с т о в а́ т ь
арестова́вший см. а р е с т о - в а́ т ь
аресто́ванный см. а р е с т о - в а́ т ь

**АРЕСТОВА́ТЬ** *св и нсв*
1. *св, но в наст. вр. также нсв* (III.1.Г)
2. *нсв* аресто́вывать (III.1.А1а)

## АРЕСТОВЫВАТЬ

**3.** *буд.* и *наст.* аресту́ю, аресту́ешь, аресту́ет, аресту́ем, аресту́ете, аресту́ют (III.2.Б1а)
**4.** *прош.*: для *св* — арестова́л, арестова́ла, арестова́ло, арестова́ли; для *нсв* — нет
**5.** *повел.*: для *св* — аресту́й(те) (III.4.А2а); для *нсв* — нет (III.4.Г)
**6.** *прич. действ. наст.*: для *св* — не образ. (III.5); для *нсв* — нет
**7.** *прич. действ. прош.*: для *св* — арестова́вший; для *нсв* — нет
**8.** *прич. страд. наст.*: для *св* — не образ. (III.7); для *нсв* — нет (III.7.Г)
**9.** *прич. страд. прош.*: для *св* — аресто́ванный (III.8.А1а); для *нсв* — не образ. (III.8)
**10.** *деепр.*: для *св* — арестова́в; для *нсв* — нет (III.9.Д)

**аресто́вывавший** см. арестовывать
**аресто́вываемый** см. арестовывать

**АРЕСТО́ВЫВАТЬ** *нсв* — *св* арестова́ть
**1.** *наст.* аресто́вываю, аресто́вываешь, аресто́вывает, аресто́вываем, аресто́вываете, аресто́вывают
**2.** *прош.* аресто́вывал, аресто́вывала, аресто́вывало, аресто́вывали
**3.** *повел.* аресто́вывай(те)
**4.** *прич. действ. прош.* аресто́вывающий
**5.** *прич. действ. прош.* аресто́вывавший
**6.** *прич. страд. наст.* аресто́вываемый
**7.** *прич. страд. прош.* не образ. (III.8)
**8.** *деепр.* аресто́вывая

**аресто́вывающий** см. арестовывать
**аресто́вывая** см. арестовывать

**АРТИ́СТК|А**, -и, *ж*
**1.** *род. мн.* арти́сток (I.4.Б1б)

**АРХИТЕ́КТОР**, -а, *м*
**1.** *м.р.* — *ж.р.*; о нормативности согласования см. I.5.В, а также а́втор

**атакова́в** см. атакова́ть
**атако́ванный** см. атакова́ть

**АТАКОВА́ТЬ** *св* и *нсв*
**1.** *св* и *нсв* (III.1.Г)
**2.** *нсв* атако́вывать (III.1.А1а)
**3.** *буд.* и *наст.* атаку́ю, атаку́ешь, атаку́ет, атаку́ем, атаку́ете, атаку́ют (III.2.Б1а)
**4.** *прош.*: для *св* — атакова́л; для *нсв* — нет
**5.** *повел.* атаку́й(те) (III.4.А2а)
**6.** *прич. действ. наст.*: для *св* — не образ. (III.5); для *нсв* — атаку́ющий (III.5.Б1)
**7.** *прич. страд. наст.*: для *св* — не образ. (III.7); для *нсв* — атаку́емый (III.7.А1)
**8.** *прич. страд. прош.*: для *св* — атако́ванный (III.8.А1а); для *нсв* — не образ. (III.8)
**9.** *деепр.*: для *св* — атакова́в; для *нсв* — атаку́я (III.9.Б1)

**атако́вывавший** см. атако́вывать
**атако́вываемый** см. атако́вывать

**АТАКО́ВЫВАТЬ** *нсв* — *св* атакова́ть
**1.** *наст.* атако́вываю, атако́вываешь, атако́вывает, атако́вываем, атако́вываете, атако́вывают
**2.** *прош.* атако́вывал, атако́вывала, атако́вывало, атако́вывали
**3.** *повел.* атако́вывай(те)
**4.** *прич. действ. наст.* атако́вывающий
**5.** *прич. действ. прош.* атако́вывавший
**6.** *прич. страд. наст.* атако́вываемый
**7.** *прич. страд. прош.* не образ. (III.8)
**8.** *деепр.* атако́вывая

**атако́вывающий** см. атако́вывать
**атако́вывая** см. атако́вывать
**атаку́емый** см. атакова́ть
**атаку́ющий** см. атакова́ть
**атаку́я** см. атакова́ть

**АЭРОПО́РТ**, -а, *м*
**1.** *предл. ед.* об аэропо́рте, *но* в аэропорту́ (I.2.А)

2. *им. мн.* аэропо́рты
3. *род. мн.* аэропо́ртов
4. *дат. мн.* аэропо́ртам
5. *твор. мн.* аэропо́ртами
6. *предл. мн.* в аэропо́ртах

# Б

**БА́БОЧК|А**, -и, *ж*
1. *род. мн.* ба́бочек (I.4.Б1а)
**БА́БУШК|А**, -и, *ж*
1. *род. мн.* ба́бушек (I.4.Б1а)
**БАГА́Ж**, багажа́, *м*
1. *род. ед.* багажа́ (I.1.А1)
2. *мн. нет* (I.3.Е1)
**БАЛ**, -а, *м*
1. *предл. ед.* о ба́ле, *но* на балу́ (I.2.А)
2. *им. мн.* балы́ (I.3.А1б)
**БА́НК|А**, -и, *ж*
1. *род. мн.* ба́нок (I.4.Б1б)
**БА́СН|Я**, -и, *ж*
1. *род. мн.* ба́сен (I.4.Б1а)
**БА́ШН|Я**, -и, *ж*
1. *род. мн.* ба́шен (I.4.Б1а)
**БДИ́ТЕЛЬН|ЫЙ**, -ая, -ое, -ые
1. *кр. ф.* бди́телен, бди́тельна, бди́тельно, бди́тельны (II.1.Б1)
**БЕГ**, -а, *м*
1. *предл. ед.* в бе́ге на 100 ме́тров, *но* задыха́ться на бегу́ (I.2.В)
2. *мн. нет* (I.3.Е1)
**БЕГ|А́**, -о́в, *мн.*
1. *ед. нет* (I.3.Ж1)
**БЕ́ГАТЬ** *нсв нп*—ср. бежа́ть
1. *наст.* бе́гаю, бе́гаешь, бе́гает, бе́гаем, бе́гаете, бе́гают
2. *повел.* бе́гай(те)
3. *прич. страд. наст. не образ.* (III.7)
4. *прич. страд. прош. не образ.* (III.8)
5. *деепр.* бе́гая
бе́гая см. бе́гать
бегу́щий см. бежа́ть
**БЕД|А́**, -ы́, *ж*
1. *им. мн.* бе́ды (I.3.А2)
**БЕ́ДН|ЫЙ**, -ая, -ое, -ые
1. *кр. ф.*: 1. 'неиму́щий'—бе́ден, бедна́, бе́дно, бедны́ *и* бе́дны (II.1.Б2); 2. 'несчастный, достойный сожаления'—нет (II.1.Е)
2. *сравн. ст.*: 1. 'неиму́щий'—бедне́е (II.2.А1); 2. 'несчастный, достойный сожаления' — нет (II.2.Д)
3. *превосх. ст.*: 1. 'неиму́щий'—беднейший (II.3.А1); 2. 'несчастный, достойный сожаления'—нет (II.3.Г)

бежа́в см. бежа́ть
**БЕЖА́ТЬ** *нсв и св нп*—ср. бе́гать
1. *нсв,* но 'спастись бегством' в прош. вр. также *св* (III.1.Г)
2. *наст.* бегу́, бежи́шь, бежи́т, бежи́м, бежи́те, бегу́т (III.2.А4 *и* III.2.Б3)
3. *повел.* беги́(те) (III.4.А1)
4. *прич. действ. наст.*: для *нсв*—бегу́щий (III.5.Б2); для *св*—*не образ.* (III.5)
5. *прич. страд. наст. не образ.* (III.7)
6. *прич. страд. прош. не образ.* (III.8)
7. *деепр.*: для *нсв*—нет (III.9.Д); для *св*—бежа́в
**БЕЗЗАБО́ТН|ЫЙ**, -ая, -ое, -ые
1. *кр. ф.* беззабо́тен, беззабо́тна, беззабо́тно, беззабо́тны (II.1.Б1)
**БЕЗОПА́СНОСТ|Ь**, -и, *ж*
1. *мн. нет* (I.3.Е1)
**БЕЗУДА́РН|ЫЙ**, -ая, -ое, -ые
1. *кр. ф.* безуда́рен, безуда́рна, безуда́рно, безуда́рны (II.1.Б1)
2. *сравн. ст. не образ.* (II.2)
3. *превосх. ст. не образ.* (II.3)
**БЕЗУКОРИ́ЗНЕНН|ЫЙ**, -ая, -ое, -ые
1. *кр. ф.* безукори́знен, безукори́зненна, безукори́зненно, безукори́зненны (II.1.В)
**БЕ́ЛК|А**, -и, *ж*
1. *род. мн.* бе́лок (I.4.Б1б)
**БЕ́Л|ЫЙ**, -ая, -ое, -ые
1. *кр. ф.* бел, бела́, бело́ *и* бе́ло, белы́ *и* бе́лы (II.1.А)
2. *сравн. ст.* беле́е (II.2.А1)
3. *превосх. ст.* беле́йший (II.3.А1)
**БЕ́РЕГ**, -а, *м*
1. *предл. ед.* о бе́реге, *но* на берегу́ (I.2.А)

## БЕРЕЧЬ

2. *им. мн.* берега́ (I.3.А1а)
3. *сочет. с предлогами*: на́ берег и на бе́рег
берегу́щий см. бере́чь
берёгший см. бере́чь
бережённый см. бере́чь
**БЕРЕ́ЧЬ** *нсв*
1. *наст.* берегу́, бережёшь, бережёт, бережём, бережёте, берегу́т (III.2.А4 *и* III.2.Б1б)
2. *прош.* берёг, берегла́, берегло́, берегли́ (III.3.В1а)
3. *повел.* береги́(те) (III.4.А1)
4. *прич. действ. наст.* берегу́щий (III.5.Б5)
5. *прич. действ. прош.* берёгший
6. *прич. страд. наст. нет* (III.7.Г)
7. *прич. страд. прош.* бережённый (III.8.Б2в); *кр. ф.* бережён, бережена́, бережено́, бережены́
8. *деепр. нет* (III.9.Д)
беру́щий см. брать
беру́щийся см. бра́ться
беря́ см. брать
беря́сь см. бра́ться
**БЕСЕ́ДОВАТЬ** *нсв нп*
1. *наст.* бесе́дую, бесе́дуешь, бесе́дует, бесе́дуем, бесе́дуете, бесе́дуют (III.2.Б1а)
2. *повел.* бесе́дуй(те) (III.4.А2а)
3. *прич. действ. наст.* бесе́дующий (III.5.Б1)
4. *прич. страд. наст. не образ.* (III.7)
5. *прич. страд. прош. не образ.* (III.8)
6. *деепр.* бесе́дуя (III.9.Б1)
бесе́дующий см. бесе́довать
бесе́дуя см. бесе́довать
**БЕСКОНЕ́ЧН|ЫЙ**, -ая, -ое, -ые
1. *кр. ф.* бесконе́чен, бесконе́чна, бесконе́чно, бесконе́чны (II.1.Б1)
2. *сравн. ст. нет* (II.2.Д)
3. *превосх. ст. нет* (II.3.Г)
**БЕСПОКО́ИТЬСЯ** *нсв нп*
1. *повел.*: обычно с отриц. не беспоко́йся, не беспоко́йтесь
2. *прич. страд. наст. не образ.* (III.7)
3. *прич. страд. прош. не образ.* (III.8)
4. *деепр.* беспоко́ясь

беспоко́ясь см. беспоко́иться
**БЕСПО́МОЩН|ЫЙ**, -ая, -ое, -ые
1. *кр. ф.* беспо́мощен, беспо́мощна, беспо́мощно, беспо́мощны (II.1.Б1)
**БЕСПОРЯ́ДОК**, беспоря́дка, *м*
1. *род. ед.* беспоря́дка (I.1.Б1б)
2. *им. мн.* беспоря́дки (I.3.В1б)
**БЕСПОЩА́ДН|ЫЙ**, -ая, -ое, -ые
1. *кр. ф.* беспоща́ден, беспоща́дна, беспоща́дно, беспоща́дны (II.1.Б1)
**БЕСПРА́ВН|ЫЙ**, -ая, -ое, -ые
1. *кр. ф.* беспра́вен, беспра́вна, беспра́вно, беспра́вны (II.1.Б1)
**БЕССМЕ́РТН|ЫЙ**, -ая, -ое, -ые
1. *кр. ф.* бессме́ртен, бессме́ртна, бессме́ртно, бессме́ртны (II.1.Б1)
2. *сравн. ст. нет* (II.2.Д)
3. *превосх. ст. нет* (II.3.Г)
**БЕССМЫ́СЛЕНН|ЫЙ**, -ая, -ое, -ые
1. *кр. ф.* бессмы́слен, бессмы́сленна, бессмы́сленно, бессмы́сленны (II.1.В)
**БИБЛИОТЕ́КАР|Ь**, -я, *м*
1. *м.р.— ж.р.*; о нормативности согласования см. I.5.В, а также а́втор
би́вший см. бить
**БИНТ**, бинта́, *м*
1. *род. ед.* бинта́ (I.1.А1)
2. *им. мн.* бинты́ (I.3.А1б)
**БИТЬ** *нсв кого, что и нп*
1. *наст.* бью, бьёшь, бьёт, бьём, бьёте, бьют (III.2.А4 *и* III.2.Б1а)
2. *повел.* бе́й(те) (III.4.В2)
3. *прич. действ. наст.* бью́щий (III.5.Б3)
4. *прич. действ. прош.* би́вший
5. *прич. страд. наст.*: 1. бить *кого, что* — нет (III.7.Г); 2. бить *нп* — *не образ.* (III.7)
6. *прич. страд. прош.*: 1. бить *кого, что* — би́тый, бить *нп* — *не образ.* (III.8)
7. *деепр. нет* (III.9.Д)
би́тый см. бить

**БЛЕ́ДН|ЫЙ**, -ая, -ое, -ые
1. *кр. ф.* бле́ден, бледна́, бле́дно, бледны́ *и* бле́дны (II.1.Б2)
2. *сравн. ст.* бледне́е (II.2.А1)
3. *превосх. ст.* бледне́йший (II.3.А1)
**БЛЕСТЕ́ТЬ** *нсв нп* — ср. блиста́ть
1. *наст.* блещу́, блести́шь, блести́т, блести́м, блести́те, блестя́т (III.2.А4 *и* III.2.Б2)
2. *прич. действ. наст.* блестя́щий — ср. *прил.* блестя́щий
3. *прич. страд. наст. не образ.* (III.7)
4. *прич. страд. прош. не образ.* (III.8)
5. *деепр.* блестя́
блестя́ см. блесте́ть
**БЛЕСТЯ́Щ|ИЙ**, -ая, -ее, -ие — ср. *прич.* блестя́щий
1. *сравн. ст. нет* (II.2.Д)
2. *превосх. ст. нет* (II.3.Г)
блестя́щий см. блесте́ть
блеща́ см. блиста́ть
бле́щущий см. блиста́ть
**БЛИ́ЖН|ИЙ**, -яя, -ее, -ие
1. *кр. ф. нет* (II.1.Е)
2. *сравн. ст. нет* (II.2.Д)
3. *превосх. ст. нет* (II.3.Г)
**БЛИ́ЗК|ИЙ**, -ая, -ое, -ие
1. *кр. ф.* бли́зок, близка́, бли́зко, близки́ *и* бли́зки (II.1.Б2)
2. *сравн. ст.* бли́же (II.2.В1а)
3. *превосх. ст.* ближа́йший (II.3.В1а)
**БЛИН|Ы́**, -о́в, *мн.*
1. *ед.* блин, блина́, *м* (I.1.А1)
2. *им. мн.* блины́ (I.3.А1б)
**БЛИСТА́ТЬ** *нсв нп* — ср. блесте́ть
1. *наст.* блиста́ю *и* блещу́, блиста́ешь *и* бле́щешь, блиста́ет *и* бле́щет, блиста́ем *и* бле́щем, блиста́ете *и* бле́щете, блиста́ют *и* бле́щут (III.2.Г)
2. *повел.* блиста́й(те) *и* блещи́(те) (III.4.Б3)
3. *прич. действ. наст.* блиста́ющий *и* бле́щущий (III.5.Г)
4. *прич. страд. наст. не образ.* (III.7)
5. *прич. страд. прош. не образ.* (III.8)

6. *деепр.* блиста́я *и* блеща́ (III.9.Г)
блиста́ющий см. блиста́ть
блиста́я см. блиста́ть
**БЛУ́ЗК|А**, -и, *ж*
1. *род. мн.* блу́зок (I.4.Б1б)
**БЛЮ́ДЦ|Е**, -а, *с*
1. *род. мн.* блю́дец (I.4.Б2а)
**БОГА́Т|ЫЙ**, -ая, -ое, -ые
1. *сравн. ст.* бога́че (II.2.Б1а)
2. *превосх. ст.* богате́йший (II.3.А1)
**БОГАТЫ́РЬ**, богатыря́, *м*
1. *род. ед.* богатыря́ (I.1.А1)
2. *им. мн.* богатыри́ (I.3.А1б)
**БОЕВ|О́Й**, -а́я, -о́е, -ы́е
1. *кр. ф. нет* (II.1.Е)
2. *сравн. ст. нет* (II.2.Д)
3. *превосх. ст. нет* (II.3.Г)
**БОЕ́Ц**, бойца́, *м*
1. *род. ед.* бойца́ (I.1.В3)
2. *им. мн.* бойцы́ (I.3.Д1)
**БОЙ**, бо́я, *м*
1. *род. ед.* бо́я, *но* брать с бо́ю (I.1.Д)
2. *предл. ед.* о жесто́ком бо́е, *но* в жесто́ком бою́ (I.2.А); уча́ствовать в бою́, *но* в бо́е часо́в (I.2.В)
3. *им. мн.*: жесто́кие бои́ (I.3.А1б); бой часо́в — *мн. нет* (I.3.Е1)
**БОК**, -а, *м*
1. *род. ед.* бо́ка, *но* не с того́ бо́ку 'не с той стороны́' (I.1.Д)
2. *предл. ед.* о бо́ке, *но* в боку́, на боку́ (I.2.А)
3. *им. мн.* бока́ (I.3.А1а)
4. *сочет. с предлогами*: уда́рить по́ боку, находи́ться по́д боком *и* находи́ться под бо́ком 'бли́зко, ря́дом', повора́чиваться с бо́ку на́ бок, рабо́тать бок о́ бок 'ря́дом'
**БОЛЕ́ЗНЕНН|ЫЙ**, -ая, -ое, -ые
1. *кр. ф.* боле́знен, боле́зненна, боле́зненно, боле́зненны (II.1.В)
**БОЛЕ́ТЬ** *нсв нп*
1. *повел.*: обычно с *отриц.* не боле́й(те)
2. *прич. страд. наст. не образ.* (III.7)
3. *прич. страд. прош. не образ.* (III.8)
4. *деепр.* боле́я

# БОЛЬНОЙ

**боле́я** см. боле́ть
**БОЛЬН|О́Й**, -а́я, -о́е, -ы́е
1. *кр. ф.* бо́лен, больна́, больно́, больны́ (II.1.Б2)
2. *сравн. ст.* нет (II.2.Д)
3. *превосх. ст.* нет (II.3.Г)

**БОЛЬШИНСТВ|О́**, -а́, *с* — ср. меньшинство́
1. *форма сказуемого*
— сказуемое в форме ед. числа обычно употр.: а) если при слове «большинство» нет управляемого слова. *Большинство́ проголосова́ло «за»*; б) если слово «большинство» имеет управляемое слово в ед. числе. *Большинство́ кома́нды, в кото́рой он состоя́л, поддержа́ло реше́ние уча́ствовать в чемпиона́те*; в) если подлежащее находится рядом со сказуемым (хотя управляемое слово употреблено во мн. числе). *Большинство́ прису́тствующих молча́ло*;
— сказуемое в форме мн. числа обычно употр.: а) если между подлежащим и сказуемым есть другие члены предложения (особенно причастный оборот или определительное придаточное предложение с союзным словом «который» при подлежащем, причём причастие или слово «который» стоит во мн. числе). *Большинство́ люде́й, смотре́вших* (или *кото́рые смотре́ли*) *фильм, высоко́ оцени́ли рабо́ту режиссёра*; б) если при слове «большинство» есть несколько управляемых слов в форме мн. числа. *Большинство́ рабо́чих, инжене́ров и слу́жащих заво́да поддержа́ли вы́двинутое предложе́ние*; в) если при подлежащем есть однородные сказуемые. *Большинство́ студе́нтов своевре́менно вы́полнили контро́льные рабо́ты, сда́ли зачёты и хорошо́ подгото́вились к экза́менам*; г) если подчёркивается активность и раздельность действия, совершаемого его производителями. *Большинство́ дете́й пришли́ в шко́лу подгото́вленными*; д) если связка сказуемого согласуется с его именной частью (часто выраженной прилагательным или причастием). *Большинство́ люде́й, встре́тившихся мне, бы́ли наря́дны и ве́селы.*

**БОЛЬШ|О́Й**, -а́я, -о́е, -и́е
1. *кр. ф.* вели́к, велика́, велико́, велики́ (II.1.Г)
2. *сравн. ст.* бо́льше (II.2.А2)
3. *превосх. ст.* наибо́льший

**БОРЕ́Ц**, борца́, *м*
1. *род. ед.* борца́ (I.1.Б2А)
2. *им. мн.* борцы́ (I.3.В2а)

**БОРОД|А́**, -ы́, *ж*
1. *вин. ед.* бо́роду
2. *им. мн.* бо́роды (I.3.А2)
3. *род. мн.* боро́д (I.4.А1а)
4. *дат. мн.* борода́м
5. *твор. мн.* борода́ми

**БОРО́ТЬСЯ** нсв нп
1. *наст.* борю́сь, бо́решься, бо́рется, бо́ремся, бо́ретесь, бо́рются (III.2.А1)
2. *повел.* бори́сь, бори́тесь
3. *прич. страд. наст.* не образ. (III.7)
4. *прич. страд. прош.* не образ. (III.8)
5. *деепр.* боря́сь (III.9.А1)

**БОРТ**, -а, *м*
1. *предл. ед.* о бо́рте, *но* в борту́, на борту́ (I.2.А)
2. *им. мн.* борта́ (I.3.А1а)
3. *сочет. с предлогами*: находи́ться за бо́ртом *и доп.* находи́ться за бортом 'быть, находи́ться в воде'; бро́сить за́ борт *и доп.* бро́сить за бо́рт 'бро́сить в воду', *но* зацепи́ться за бо́рт; взять на́ борт *и доп.* взять на бо́рт 'взять, принять на корабль, на самолёт и т. п.', *но* подня́ться на бо́рт 'подня́ться на корабль, на самолёт и т. п.'; стоя́ть борт о́ борт 'быть, стоя́ть рядом, очень близко друг к другу'

**БОРЬБ|А́**, -ы́, *ж*
1. *мн.* нет (I.3.Е1)

**боря́сь** см. боро́ться
**БОТИ́НКИ**, боти́нок, *мн.*
1. *ед.* боти́нок, боти́нка, *м* (I.1.Б1б *и* I.3.Ж2а)
2. *им. мн.* боти́нки (I.3.В1б)

**3.** *род. мн.* боти́нок (I.4.Б3б)
**боя́сь** см. **боя́ться**
**БОЯ́ТЬСЯ** нсв нп
**1.** *повел.: обычно с отриц.* не бо́йся, не бо́йтесь
**2.** *прич. страд. наст. не образ.* (III.7)
**3.** *прич. страд. прош. не образ.* (III.8)
**4.** *деепр.* боя́сь
**БРАТ**, -а, *м* — ср. с е с т р а́
**1.** *им. мн.* бра́тья (I.3.Д1)
**2.** *сочет. с фамилией*
— при слове «братья» нерусские фамилии ставятся в форме ед. числа: *бра́тья Гримм, бра́тья Покра́сс*;
— при словосочетании «брат и сестра» фамилии (в том числе и нерусские) обычно ставятся в форме мн. числа: *брат и сестра́ Ивано́вы, брат и сестра́ Шле́гели*.
**3.** *форма сказуемого*
— сказуемое при подлежащем, выраженном оборотом «брат с сестрой», ставится в форме мн. числа, если действие приписывается двум равноправным субъектам: *Брат с сестро́й уе́хали в дере́вню*;
— сказуемое ставится в форме ед. числа, если подлежащим является только слово «брат», а слово в твор. пад. («с сестро́й») обозначает лицо, сопутствующее производителю действия: *Брат с сестро́й уе́хал в дере́вню* (т. е. *Брат уе́хал в дере́вню с сестро́й*);
— при наличии слов «вместе», «совместно» чаще используется форма ед. числа сказуемого: *Брат вме́сте с сестро́й уе́хал в дере́вню.*
**БРА́ТСК|ИЙ**, -ая, -ое, -ие
**1.** *кр. ф. не образ.* (II.1)
**2.** *сравн. ст. не образ.* (II.2)
**3.** *превосх. ст. не образ.* (II.3)
**БРАТЬ** нсв — св взять
**1.** *наст.* беру́, берёшь, берёт, берём, берёте, беру́т (III.2.А4 *и* III.2.Б1а)
**2.** *прош.* брал, брала́, бра́ло, бра́ли (III.3.А1)

**3.** *повел.* бери́(те) (III.4.А1)
**4.** *прич. действ. наст.* беру́щий (III.5.Б2)
**5.** *прич. страд. наст.* нет (III.7.Г)
**6.** *прич. страд. прош. не образ.* (III.8)
**7.** *деепр.* беря́ (III.9.Б5)
**БРА́ТЬСЯ** нсв нп — св взя́ться
**1.** *наст.* беру́сь, берёшься, берётся, берёмся, берётесь, беру́тся (III.2.А4 *и* III.2.Б1а)
**2.** *прош.* бра́лся *и доп. устар.* брался́, брала́сь, брало́сь *и доп.* бра́лось, брали́сь *и доп.* бра́лись (III.3.А1)
**3.** *повел.* бери́сь, бери́тесь (III.4.А1)
**4.** *прич. действ. наст.* беру́щийся
**5.** *прич. страд. наст. не образ.* (III.7)
**6.** *прич. страд. прош. не образ.* (III.8)
**7.** *деепр.* беря́сь (III.9.Б5)
**БРЕВН|О́**, -а́, *с*
**1.** *им. мн.* брёвна (I.3.Б1в)
**2.** *род. мн.* брёвен (I.4.Б2а)
**бреди́щий** см. б р е с т и́
**бре́дший** см. б р е с т и́
**бредя́** см. б р е с т и́
**БРЕСТИ́** нсв нп — ср. б р о д и́ т ь
**1.** *наст.* бреду́, бредёшь, бредёт, бредём, бредёте, бреду́т (III.2.Б1а)
**2.** *прош.* брёл, брела́, брело́, брели́ (III.3.В1б)
**3.** *повел.* бреди́(те) (III.4.А1)
**4.** *прич. действ. наст.* бреду́щий (III.5.Б4)
**5.** *прич. действ. прош.* бре́дший (III.6.Б1а)
**6.** *прич. страд. наст. не образ.* (III.7)
**7.** *прич. страд. прош. не образ.* (III.8)
**8.** *деепр.* бредя́ (III.9.Б3)
**бре́ющийся** см. б р и́ т ь с я
**бре́ясь** см. б р и́ т ь с я
**БРИГАДИ́Р**, -а, *м*
**1.** *м.р.* — *ж.р.*; о нормативности согласования см. I.5.В, а также а́ в т о р

**БРИ́ТЬСЯ** нсв нп
1. *наст.* бре́юсь, бре́ешься, бре́ется, бре́емся, бре́етесь, бре́ются (III.2.Б1а)
2. *повел.* бре́йся, бре́йтесь (III.4.А2а)
3. *прич. действ. наст.* бре́ющийся (III.5.В2)
4. *прич. страд. наст. не образ.* (III.7)
5. *прич. страд. прош. не образ.* (III.8)
6. *деепр.* бре́ясь (III.9.Б4)

**БРО́ВИ,** брове́й, *мн.*
1. *ед.* бров|ь, -и, *ж* (I.3.Ж2а)
2. *род. мн.* брове́й (I.4.А3в)

**БРОДИ́ТЬ** нсв нп — ср. брести́
1. *наст.* брожу́, бро́дишь, бро́дит, бро́дим, бро́дите, бро́дят (III.2.А2 и III.2.Б2)
2. *повел.* броди́(те) (III.4.В1)
3. *прич. действ. наст.* бродя́щий (III.5.А1)
4. *прич. страд. наст. не образ.* (III.7)
5. *прич. страд. прош. не образ.* (III.8)
6. *деепр.* бродя́ (III.9.А1)
бродя́ см. броди́ть
бродя́щий см. броди́ть

**БРОСА́ТЬ** нсв — св бро́сить
бро́сив см. бро́сить

**БРО́СИТЬ** св
1. *нсв* броса́ть (III.1.А2а)
2. *буд.* бро́шу, бро́сишь, бро́сит, бро́сим, бро́сите, бро́сят (III.2.Б2)
3. *повел.* брось(те)
4. *прич. действ. наст. не образ.* (III.5)
5. *прич. страд. наст. не образ.* (III.7)
6. *прич. страд. прош.* бро́шенный (III.8.Б1а)
7. *деепр.* бро́сив
бро́шенный см. бро́сить

**БРЮК|И,** брюк, *мн.*
1. *ед. нет* (I.3.Ж1)
2. *род. мн.* брюк
3. *сочет. с числит.:* дво́е брюк, тро́е брюк

**БУДИ́ТЬ** нсв
1. *наст.* бужу́, бу́дишь, бу́дит, бу́дим, бу́дите, бу́дят (III.2.А2 и III.2.Б2)
2. *повел.* буди́(те) (III.4.В1)
3. *прич. действ. наст.* будя́щий (III.5.А1)
4. *прич. страд. наст. нет* (III.7.Г)
5. *прич. страд. прош. не образ.* (III.8)
6. *деепр.* будя́ (III.9.А1)

**БУ́ДН|И,** -ей, *мн.*
1. *ед. нет* (I.3.Ж1)
2. *род. мн.* бу́дней и доп. бу́ден (I.4.Б3а)

бу́дучи см. быть

**БУ́ДУЩ|ИЙ,** -ая, -ее, -ие
1. *кр. ф. не образ.* (II.1)
2. *сравн. ст. не образ.* (II.2)
3. *превосх. ст. не образ.* (II.3)
будя́ см. буди́ть
будя́щий см. буди́ть

**БУКВА́РЬ,** букваря́, *м*
1. *род. ед.* букваря́ (I.1.А1)
2. *им. мн.* букари́ (I.3.А1б)

**БУ́ЛК|А,** -и, *ж*
1. *род. мн.* бу́лок (I.4.Б1б)

**БУ́РН|ЫЙ,** -ая, -ое, -ые
1. *кр. ф.* бу́рен, бурна́ и бу́рна, бу́рно, бу́рны (II.1.Б2)
2. *сравн. ст. нет* (II.2.Д)
3. *превосх. ст. нет* (II.3.Г)

**БУТЫ́ЛК|А,** -и, *ж*
1. *род. мн.* буты́лок (I.4.Б1б)

**БЫВШ|ИЙ,** -ая, -ее, -ие — ср. *прич.* бы́вший
1. *кр. ф. не образ.* (II.1)
2. *сравн. ст. не образ.* (II.2)
3. *превосх. ст. не образ.* (II.3)
бы́вший см. быть

**БЫК,** быка́, *м*
1. *род. ед.* быка́ (I.1.А1)
2. *им. мн.* быки́ (I.3.А1б)

**БЫТ,** -а, *м*
1. *предл. ед.* о семе́йном бы́те, *но* в семе́йном быту́ (I.2.А); в бы́те дере́вни, *но* в семе́йном быту́ (I.2.В)
2. *мн. нет* (I.3.Е1)

**БЫТЬ** нсв нп
1. *наст. нет, кроме 3 л. ед. ч.* — есть (*а также* суть *как экспрессивный синоним:* Это не су́ть ва́жно) (III.2.Д3)
2. *прош.* был, была́, бы́ло, бы́ли

(III.3.А1); *с отриц.* не́ был, не была́, не́ было, не́ были (III.3.А2)
**3.** *повел.* бу́дь(те) (III.4.А2б)
**4.** *прич. действ. наст. нет*
**5.** *прич. действ. прош.* бы́вший — ср. *прил.* б ы́ в ш и й
**6.** *прич. страд. наст. не образ.* (III.7)
**7.** *прич. страд. прош. не образ.* (III.8)
**8.** *деепр.* бу́дучи (III.9.В3)
бью́щий см. б и т ь
**БЮРО́** *с*
**1.** *нескл.* (I.5.А1)

# В

**ВА́ЖН|ЫЙ,** -ая, -ое, -ые
**1.** *кр. ф.* ва́жен, важна́, ва́жно, важны́ *и* ва́жны (II.1.Б2)
**2.** *сравн. ст.* важне́е (II.2.А1)
**3.** *превосх. ст.* важне́йший (II.3.А1)
**ВА́ЛЕНКИ,** ва́ленок, *мн.*
**1.** *ед.* ва́ленок, ва́ленка, *м* (I.1.Б1б *и* I.3.Ж2а)
**2.** *им. мн.* ва́ленки (I.3.В1б)
**3.** *род. мн.* ва́ленок (I.4.Б3б)
**ВА́РЕЖКИ,** ва́режек, *мн.*
**1.** *ед.* ва́режк|а, -и, *ж* (I.3.Ж2а)
**2.** *род. мн.* ва́режек (I.4.Б3а)
ва́ренный см. в а р и́ т ь
**ВАРЁН|ЫЙ,** -ая, -ое, -ые — ср. *прич.* в а́ р е н н ы й
**1.** *кр. ф. не образ.* (II.1)
**2.** *сравн. ст. не образ.* (II.2)
**3.** *превосх. ст. не образ.* (II.3)
**ВАРИ́ТЬ** *нсв*
**1.** *наст.* варю́, ва́ришь, ва́рит, ва́рим, ва́рите, ва́рят (III.2.А1)
**2.** *прич. действ. наст.* ва́рящий *и* варя́щий (III.5.А2)
**3.** *прич. страд. прош.* ва́ренный (III.8.А2) — ср. *прил.* в а р ё н ы й
**4.** *деепр.* варя́ (III.9.А1)
варя́ см. в а р и́ т ь
**ва́рящий, варя́щий** см. в а р и́ т ь
**ВДОХНОВЕ́НН|ЫЙ,** -ая, -ое, -ые
**1.** *кр. ф.* вдохнове́нен *и доп. устар.* вдохнове́н, вдохнове́нна, вдохнове́нно, вдохнове́нны (II.1.В)
**вдохнови́в** см. в д о х н о в и́ т ь
**ВДОХНОВИ́ТЬ** *св*
**1.** *нсв* вдохновля́ть (III.1.А2а)
**2.** *буд.* вдохновлю́, вдохнови́шь, вдохнови́т, вдохнови́м, вдохнови́те, вдохновя́т (III.2.А4 *и* III.2.Б2)
**3.** *прич. действ. наст. не образ.* (III.5)
**4.** *прич. страд. наст. не образ.* (III.7)
**5.** *прич. страд. прош.* вдохновлённый (III.8.Б1б); *кр. ф.* вдохновлён, вдохновлена́, вдохновлено́, вдохновлены́
**6.** *деепр.* вдохнови́в
**вдохновлённый** см. в д о х н о в и́ т ь
**ВДОХНОВЛЯ́ТЬ** *нсв* — *св* в д о х н о в и́ т ь
**ведо́мый** см. в е с т и́
**ВЕДР|О́,** -а́, *с*
**1.** *им. мн.* вёдра (I.3.Б1в)
**2.** *род. мн.* вёдер (I.4.Б2а)
**ВЕДУ́Щ|ИЙ,** -ая, -ее, -ие — ср. *прич.* в е д у́ щ и й
**1.** *кр. ф. не образ.* (II.1)
**2.** *сравн. ст. не образ.* (II.2)
**3.** *превосх. ст. не образ.* (II.3)
веду́щий см. в е с т и́
ве́дший см. в е с т и́
ведя́ см. в е с т и́
везённый см. в е з т и́
**ВЕЗТИ́** *нсв* — ср. в о з и́ т ь
**1.** *наст.* везу́, везёшь, везёт, везём, везёте, везу́т
**2.** *прош.* вёз, везла́, везло́, везли́ (III.3.В1в)
**3.** *прич. действ. прош.* вёзший
**4.** *прич. страд. наст. нет* (III.7.Г)
**5.** *прич. страд. прош.* везённый; *кр. ф.* везён, везена́, везено́, везены́
**6.** *деепр.* везя́
вёзший см. в е з т и́
везя́ см. в е з т и́
**ВЕК,** -а, *м*
**1.** *предл. ед.:* 1. в двадца́том ве́ке; 2. на своём веку́ (I.2.В)

**2.** *им. мн.* века́ (I.3.А1а)
**3.** *вин. мн.* ве́ки (*в устойчивых сочет.*): в ко́и ве́ки, на ве́ки ве́чные, во ве́ки веко́в, *но* сохрани́ть на века́
  веле́в см. веле́ть
**ВЕЛЕ́ТЬ** *нсв и св нп*
**1.** *нсв*, но в прош. вр. также *св* (III.1.Г)
**2.** *прош.*: для *нсв* — *нет*; для *св* — веле́л, веле́ла, веле́ло, веле́ли
**3.** *повел.*: для *нсв* — *нет* (III.4.Г); для *св* — вели́(те)
**4.** *прич. действ. наст.*: для *нсв* — веля́щий; для *св* — *не образ.* (III.5)
**5.** *прич. страд. наст. не образ.* (III.7)
**6.** *прич. страд. прош. не образ.* (III.8)
**7.** *деепр.*: для *нсв* — веля́; для *св* — веле́в
  веля́ см. веле́ть
  веля́щий см. веле́ть
**ВЕЛИ́К,** велика́, велико́, велики́
**1.** *полн. ф. нет* (II.1.Г)
**2.** *сравн. ст. не образ.* (II.2)
**3.** *превосх. ст. не образ.* (II.3)
**ВЕЛИ́К|ИЙ,** -ая, -ое, -ие
**1.** *кр. ф.* вели́к, велика́, вели́ко, вели́ки (II.1.А)
**2.** *сравн. ст. нет* (II.2.Д)
**3.** *превосх. ст.* велича́йший (II.3.Б1)
**ВЕЛИКОЛЕ́ПН|ЫЙ,** -ая, -ое, -ые
**1.** *кр. ф.* великоле́пен, великоле́пна, великоле́пно, великоле́пны (II.1.Б1)
**ВЕЛИЧИН|А́,** -ы́, *ж*
**1.** *им. мн.*: величи́ны (ра́вные) (I.3.А2); мирова́я величина́ '*выдающийся деятель в какой-либо области*' — *мн. нет* (I.3.Е1)
  веля́щий см. веле́ть
**ВЕНЕ́Ц,** венца́, *м*
**1.** *род. ед.* венца́ (I.1.Б2а)
**2.** *им. мн.* венцы́ (I.3.В2а)
**ВЕНО́К,** венка́, *м*
**1.** *род. ед.* венка́ (I.1.Б2б)
**2.** *им. мн.* венки́ (I.3.В2б)
**ВЁР|А,** -ы, *ж*

**1.** *мн. нет* (I.3.Е1)
**ВЕРЁВК|А,** -и, *ж*
**1.** *род. мн.* верёвок (I.4.Б1б)
**ВЕ́РИТЬ** *нсв нп*
**1.** *повел.* ве́рь(те)
**2.** *прич. страд. наст. не образ.* (III.7)
**3.** *прич. страд. прош. не образ.* (III.8)
**4.** *деепр.* ве́ря
  верну́в см. верну́ть
**ВЕРНУ́ТЬ** *св*
**1.** *прич. действ. наст. не образ.* (III.5)
**2.** *прич. страд. наст. не образ.* (III.7)
**3.** *прич. страд. прош. нет* (III.8.Г)
**4.** *деепр.* верну́в
**ВЕ́РН|ЫЙ,** -ая, -ое, -ые
**1.** *кр. ф.* ве́рен, верна́, ве́рно, верны́ и ве́рны (II.1.Б2)
**2.** *сравн. ст.* верне́е (II.2.А1)
**3.** *превосх. ст.* верне́йший (II.3.А1)
**ВЕРТЕ́ТЬ** *нсв*
**1.** *наст.* верчу́, ве́ртишь, ве́ртит, ве́ртим, ве́ртите, ве́ртят (III.2.А2 и III.2.Б2)
**2.** *повел.* верти́(те) (III.4.В1)
**3.** *прич. действ. наст.* вертя́щий (III.5.А1)
**4.** *прич. страд. наст. нет* (III.7.Г)
**5.** *прич. страд. прош.* ве́рченный (III.8.Б2а) — ср. *прил.* ве́рченый
**6.** *деепр.* вертя́ (III.9.А1)
**ВЕРТИКА́ЛЬН|ЫЙ,** -ая, -ое, -ые
**1.** *кр. ф.* вертика́лен, вертика́льна, вертика́льно, вертика́льны (II.1.Б1)
**2.** *сравн. ст. не образ.* (II.2)
**3.** *превосх. ст. не образ.* (II.3)
  вертя́ см. верте́ть
  вертя́щий см. верте́ть
**ВЕРХ,** -а *м*
**1.** *род. ед.* ве́рха, *но* до са́мого ве́рху *и* до са́мого ве́рха (I.1.Д)
**2.** *предл. ед.* о ве́рхе, *но* на са́мом верху́ (I.2.А)
**3.** *им. мн.* верхи́ (дома́) (I.3.А1б), *но* (ко́жаные) верха́ (I.3.А1а)

# ВЗВЕСИТЬ

**ВЕ́РХН|ИЙ**, -яя, -ее, -ие
1. *кр. ф. нет* (II.1.Е)
2. *сравн. ст. нет* (II.2.Д)
3. *превосх. ст. нет* (II.3.Г)
**ве́рченный** см. в е р т е́ т ь
**ВЕ́РЧЕН|ЫЙ**, -ая, -ое, -ые — *ср. прич.* в е́ р ч е н н ы й
1. *кр. ф. не образ.* (II.1)
2. *сравн. ст. не образ.* (II.2)
3. *превосх. ст. не образ.* (II.3)
**ве́ря** см. в е́ р и т ь
**ВЕС**, -а, *м*
1. *предл. ед.* приба́вить в ве́се, *но* на весу́ *'в висячем положении'* (I.2.В)
**ВЕСЁЛ|ЫЙ**, -ая, -ое, -ые
1. *кр. ф.* ве́сел, весела́, ве́село, ве́селы *и доп.* веселы́ (II.1.А)
2. *сравн. ст.* веселе́е (II.2.Б2б)
3. *превосх. ст.* веселе́йший (II.3.Б2)
**ВЕСЕ́НН|ИЙ**, -яя, -ее, -ие
1. *кр. ф. не образ.* (II.1)
2. *сравн. ст. не образ.* (II.2)
3. *превосх. ст. не образ.* (II.3)
**ВЕ́СИТЬ** *нсв нп*
1. *наст.* ве́шу, ве́сишь, ве́сит, ве́сим, ве́сите, ве́сят (III.2.Б2)
2. *повел. нет* (III.4.Г)
3. *прич. страд. наст. не образ.* (III.7) — *ср. прил.* в е с о́ м ы й
4. *прич. страд. прош. не образ.* (III.8)
5. *деепр. нет* (III.9.Д)
**ВЕСЛ|О́**, -а́, *с*
1. *им. мн.* вёсла (I.3.Б1в)
2. *род. мн.* вёсел (I.4.Б2а)
**ВЕСН|А́**, -ы́, *ж*
1. *им. мн.* вёсны (I.3.Б1б)
2. *род. мн.* вёсен (I.4.Б1а)
**ВЕСО́М|ЫЙ**, -ая, -ое, -ые
1. *кр. ф.* весо́м, весо́ма, весо́мо, весо́мы
2. *сравн. ст.* весо́мее
3. *превосх. ст.* весо́мейший
**ВЕСТИ́** *нсв* — *ср.* в о д и́ т ь
1. *наст.* веду́, ведёшь, ведёт, ведём, ведёте, веду́т (III.2.Б1а)
2. *прош.* вёл, вела́, вело́, вели́ (III.3.В1б)
3. *повел.* веди́(те) (III.4.А1)
4. *прич. действ. наст.* веду́щий (III.5.Б4) — *ср. прил.* в е д у́ щ и й
5. *прич. действ. прош.* ве́дший (III.6.Б1а)
6. *прич. страд. наст.* ведо́мый (III.7.А2)
7. *прич. страд. прош. не образ.* (III.8)
8. *деепр.* ведя́ (III.9.Б3)
**ВЕС|Ы́**, -о́в, *мн.*
1. *ед. нет* (I.3.Ж1)
**ВЕ́ТЕР**, ве́тра, *м*
1. *род. ед.* ве́тра (I.1.Б1а)
2. *предл. ед.* на ветру́ *и* на ве́тре (I.2.Б)
3. *им. мн.* ве́тры (I.3.В1а)
4. *сочет. с предлогами:* на ве́тер *и доп.* на́ ветер, по ве́тру *и* по́ ветру
**ВЕТЕРИНА́Р**, -а, *м*
1. *м. р.* — *ж. р.*; *о нормативности согласования см.* I.5.В, *а также* а в т о р
**ВЕ́ТК|А**, -и, *ж*
1. *род. мн.* ве́ток (I.4.Б1б)
**ВЕ́ЧЕР**, -а, *м*
1. *им. мн.* вечера́ (I.3.А1а)
2. *сочет. с предлогами:* на ве́чер *и доп. устар.* на́ вечер, под ве́чер *и доп. устар.* по́д вечер
**ВЕЧЕ́РН|ИЙ**, -яя, -ее, -ие
1. *кр. ф. не образ.* (II.1)
2. *сравн. ст. не образ.* (II.2)
3. *превосх. ст. не образ.* (II.3)
**ВЕ́ЧН|ЫЙ**, -ая, -ое, -ые
1. *кр. ф.* ве́чен, ве́чна, ве́чно, ве́чны (II.1.Б1)
2. *сравн. ст. нет* (II.2.Д)
3. *превосх. ст. нет* (II.3.Г)
**ВЕ́ШАЛК|А**, -и, *ж*
1. *род. мн.* ве́шалок (I.4.Б1б)
**ВЕЩ|Ь**, -и, *ж*
1. *род. мн.* веще́й (I.4.А3б)
**взве́сив** см. в з в е́ с и т ь
**ВЗВЕ́СИТЬ** *св*
1. *нсв* взве́шивать (III.1.А1в)
2. *буд.* взве́шу, взве́сишь, взве́сит, взве́сим, взве́сите, взве́сят (III.2.Б2)
3. *повел.* взве́сь(те) (III.4.В1)
4. *прич. действ. наст. не образ.* (III.5)
5. *прич. страд. наст. не образ.* (III.7)
6. *прич. страд. прош.* взве́шенный (III.8.Б1а)

**ВЗВЕШИВАТЬ**

7. *деепр.* взве́сив
взве́шенный см. взве́сить
**ВЗВЕ́ШИВАТЬ** *нсв — св* взве́сить
взгляну́в см. взгляну́ть
**ВЗГЛЯНУ́ТЬ** *св нп*
1. *буд.* взгляну́, взгля́нешь, взгля́нет, взгля́нем, взгля́нете, взгля́нут (III.2.А1)
2. *прич. действ. наст. не образ.* (III.5)
3. *прич. страд. наст. не образ.* (III.7)
4. *прич. страд. прош. не образ.* (III.8)
5. *деепр.* взгляну́в
взорва́в см. взорва́ть
взо́рванный см. взорва́ть
**ВЗОРВА́ТЬ** *св*
1. *нсв* взрыва́ть (III.1.Б)
2. *прош.* взорва́л, взорвала́, взорва́ло, взорва́ли (III.3.А1)
3. *прич. действ. наст. не образ.* (III.5)
4. *прич. страд. наст. не образ.* (III.7)
5. *прич. страд. прош.* взо́рванный (III.8.А1а)
6. *деепр.* взорва́в
**ВЗРО́СЛ|ЫЙ**, -ая, -ое, -ые
1. *сравн. ст.* взросле́е (II.2.А1)
2. *превосх. ст.* нет (II.3.Г)
**ВЗРЫВА́ТЬ** *нсв — св* взорва́ть
взяв см. взять
взя́вшись см. взя́ться
взя́тый см. взять
**ВЗЯТЬ** *св*
1. *нсв* брать (III.1.Д1)
2. *буд.* возьму́, возьмёшь, возьмёт, возьмём, возьмёте, возьму́т (III.2.А4 *и* III.2.Б1а)
3. *прош.* взял, взяла́, взя́ло *и доп.* взяло́, взя́ли (III.3.А1)
4. *повел.* возьми́(те) (III.4.А1)
5. *прич. действ. наст. не образ.* (III.5)
6. *прич. страд. наст. не образ.* (III.7)
7. *прич. страд. прош.* взя́тый; *кр. ф.* взят, взята́, взя́то, взя́ты (III.8.А3д)
8. *деепр.* взяв

**ВЗЯ́ТЬСЯ** *св нп*
1. *нсв* бра́ться (III.1.Д1)
2. *буд.* возьму́сь, возьмёшься, возьмётся, возьмёмся, возьмётесь, возьму́тся (III.2.А4 *и* III.2.Б1а)
3. *прош.* взя́лся *и доп.* взялся́, взяла́сь, взяло́сь *и доп.* взя́лось, взяли́сь *и доп.* взя́лись (III.3.А1)
4. *повел.* возьми́сь, возьми́тесь (III.4.А1)
5. *прич. действ. наст. не образ.* (III.5)
6. *прич. страд. наст. не образ.* (III.7)
7. *прич. страд. прош. не образ.* (III.8)
8. *деепр.* взя́вшись
**ВИД**, -а, *м*
1. *род. ед.* ви́да, *но* не показа́ть ви́ду *или* не пода́ть ви́ду 'не дать заметить, понять что-либо', упусти́ть и́з виду *и доп.* упусти́ть из ви́ду 'забыть, обычно по невниманию, рассеянности' (I.1.Д)
2. *предл. ед.*: 1. в испра́вленном ви́де; 2. весели́ться на виду́ у всех, плыть в виду́ берего́в (I.2.Е)
**ВИ́ДЕТЬ** *нсв*
1. *наст.* ви́жу, ви́дишь, ви́дит, ви́дим, ви́дите, ви́дят (III.2.Б2)
2. *повел.* нет (III.4.Г)
3. *деепр.* ви́дя
**ВИ́ДН|ЫЙ**, -ая, -ое, -ые
1. *кр. ф.*: 1. 'видимый, различимый' — ви́ден, видна́, ви́дно, видны́ (II.1.Б2); 2. 'значительный, представительный, осанистый' — нет (II.1.Е)
2. *сравн. ст.*: 1. 'видимый, различимый' — видне́е (II.2.А1); 2. 'значительный, представительный, осанистый' — нет (II.2.Д)
3. *превосх. ст.*: 1. 'видимый, различимый' — нет (II.3.Г); 2. 'значительный, представительный, осанистый' — видне́йший (II.3.А1)
ви́дя см. ви́деть
**ВИ́ЛК|А**, -и, *ж*
1. *род. мн.* ви́лок (I.4.Б1б)
**ВИН|О́**, -а́, *с*
1. *им. мн.* ви́на (кра́сные, десе́ртные) (I.3.Е2а)

**ВИНОГРАД**, -а (-у), м
1. *род. ед.* виногра́да *и* виногра́ду: сорт виногра́да, купи́ть виногра́да *и* купи́ть виногра́ду, мно́го виногра́да *и* мно́го виногра́ду, кисть спе́лого виногра́да (I.1.Г)
2. *мн. нет* (I.3.Е1)

**ВИНТО́ВК|А**, -и, ж
1. *род. мн.* винто́вок (I.4.Б1б)

**ВИСЕ́ТЬ** *нсв нп*
1. *наст.* вишу́, виси́шь, виси́т, виси́м, виси́те, вися́т (III.2.А4 *и* III.2.Б2)
2. *прич. страд. наст. не образ.* (III.7)
3. *прич. страд. прош. не образ.* (III.8)
4. *деепр.* вися́

**ВИСО́К**, виска́, м
1. *род. ед.* виска́ (I.1.Б2б)
2. *им. мн.* виски́ (I.3.В2б)

**вися́** см. в и с е́ т ь

**ВИТЬ** *нсв*
1. *наст.* вью, вьёшь, вьёт, вьём, вьёте, вьют (III.2.А4 *и* III.2.Б1а)
2. *прош.* вил, вила́, ви́ло, ви́ли (III.3.А1)
3. *повел.* вей(те) (III.4.В2)
4. *прич. действ. наст.* вью́щий (III.5.Б3)
5. *прич. страд. наст. нет* (III.7.Г)
6. *деепр. нет* (III.9.Д)

**ВИ́ШН|Я**, -и, ж
1. *род. мн.* ви́шен (I.4.Б1а)

**ВКЛЮЧА́ТЬ** *нсв — св* в к л ю ч и́ т ь

**включённый** см. в к л ю ч и́ т ь
**включи́в** см. в к л ю ч и́ т ь

**ВКЛЮЧИ́ТЬ** *св — нсв* включа́ть
1. *буд.* включу́, включи́шь, включи́т, включи́м, включи́те, включа́т
2. *прич. действ. наст. не образ.* (III.5)
3. *прич. страд. наст. не образ.* (III.7)
4. *прич. страд. прош.* включённый; *кр. ф.* включён, включена́, включено́, включены́
5. *деепр.* включи́в

**ВКУ́СН|ЫЙ**, -ая, -ое, -ые
1. *кр. ф.* вку́сен, вкусна́, вку́сно, вкусны́ *и* вку́сны (II.1.Б2)
2. *сравн. ст.* вкусне́е (II.2.А1)
3. *превосх. ст.* вкусне́йший (II.3.А1)

**ВЛАДЕ́ЛЕЦ**, владе́льца, м
1. *род. ед.* владе́льца (I.1.Б1а)
2. *им. мн.* владе́льцы (I.3.В1а)

**ВЛА́ЖН|ЫЙ**, -ая, -ое, -ые
1. *кр. ф.* вла́жен, влажна́, вла́жно, вла́жны *и* влажны́ (II.1.Б2)
2. *сравн. ст.* влажне́е (II.2.А1)
3. *превосх. ст.* влажне́йший (II.3.А1)

**ВЛАСТ|Ь**, -и, ж
1. *им. мн.:* вла́сти (ме́стные); быть у вла́сти, роди́тельская власть — *мн. нет* (I.3.Е1)
2. *род. мн.* власте́й (ме́стных) (I.4.А3в)

**внесённый** см. в н е с т и́
**ВНЕСТИ́** *св*
1. *нсв* вноси́ть (III.1.А4а)
2. *прош.* внёс, внесла́, внесло́, внесли́ (III.3.В1в)
3. *прич. действ. наст. не образ.* (III.5)
4. *прич. действ. прош.* внёсший
5. *прич. страд. наст. не образ.* (III.7)
6. *прич. страд. прош.* внесённый; *кр. ф.* внесён, внесена́, внесено́, внесены́
7. *деепр.* внеся́

**внёсший** см. в н е с т и́
**внеся́** см. в н е с т и́

**ВНЕ́ШН|ИЙ**, -яя, -ее, -ие
1. *кр. ф. не образ.* (II.1)
2. *сравн. ст. не образ.* (II.2)
3. *превосх. ст. не образ.* (II.3)

**ВНИМА́НИ|Е**, -я, с
1. *мн. нет* (I.3.Е1)
2. *управление:* обраща́ть внима́ние *на кого, на что;* уделя́ть внима́ние *кому, чему;* уси́лить внима́ние *к кому, к чему*

**ВНИМА́ТЕЛЬН|ЫЙ**, -ая, -ое, -ые
1. *кр. ф.* внима́телен, внима́тельна, внима́тельно, внима́тельны (II.1.Б1)

**вноси́мый** см. в н о с и́ т ь
**ВНОСИ́ТЬ** *нсв — св* в н е с т и́
1. *наст.* вношу́, вно́сишь, вно́сит, вно́сим, вно́сите, вно́сят (III.2.Б2)

2. *повел.* вноси́(те) (III.4.В1)
3. *прич. действ. наст.* внося́щий (III.5.А1)
4. *прич. страд. наст.* вноси́мый (III.7.Б1)
5. *прич. страд. прош. не образ.* (III.8)
6. *деепр.* внося́ (III.9.А1)
**внося́** см. вноси́ть
**внося́щий** см. вноси́ть
**ВНУ́ТРЕНН|ИЙ**, -яя, -ее, -ие
1. *кр. ф. не образ.* (II.1)
2. *сравн. ст. не образ.* (II.2)
3. *превосх. ст. не образ.* (II.3)
**ВНУ́ЧК|А**, -и, *ж*
1. *род. мн.* вну́чек (I.4.Б1а)
**ВОД|А́**, -ы́, *ж*
1. *вин. ед.* во́ду
2. *им. мн.*: 1. во́ды (фрукто́вые, минера́льные) (I.3.Е2а); 2. во́ды 'водные пространства, потоки воды' (I.3.Е2в)
3. *сочет. с предлогами*: смотре́ть на́ воду и смотре́ть на во́ду, но спусти́ть на́ воду и уйти́ под во́ду; по́ воду 'за водо́й'
**води́мый** см. води́ть
**ВОДИ́ТЕЛ|Ь**, -я, *м*
1. *м. р. — ж. р.*; о нормативности согласования см. I.5.В, а также а́втор
**ВОДИ́ТЬ** *нсв* — *ср.* вести́
1. *наст.* вожу́, во́дишь, во́дит, во́дим, во́дите, во́дят (III.2.А2 и III.2.Б2)
2. *повел.* води́(те) (III.4.В1)
3. *прич. действ. наст.* водя́щий (III.5.А1)
4. *прич. страд. наст.* води́мый (III.7.Б1)
5. *прич. страд. прош. не образ.* (III.8)
6. *деепр.* водя́ (III.9.А1)
**водя́** см. води́ть
**водя́щий** см. води́ть
**ВОЕВА́ТЬ** *нсв нп*
1. *наст.* вою́ю, вою́ешь, вою́ет, вою́ем, вою́ете, вою́ют (III.2.Б1а)
2. *повел.* вою́й(те) (III.4.А2а)
3. *прич. действ. наст.* вою́ющий (III.5.Б1)
4. *прич. страд. наст. не образ.* (III.7)

5. *прич. страд. прош. не образ.* (III.8)
6. *деепр.* вою́я (III.9.Б1)
**ВОЖДЬ**, вождя́, *м*
1. *род. ед.* вождя́ (I.1.А1)
2. *им. мн.* вожди́ (I.3.А1б)
**возврати́в** см. возврати́ть
**возврати́вшись** см. возврати́ться
**ВОЗВРАТИ́ТЬ** *св*
1. *нсв* возвраща́ть (III.1.А2а)
2. *буд.* возвращу́, возврати́шь, возврати́т, возврати́м, возврати́те, возвратя́т (III.2.А4 и III.2.Б2)
3. *прич. действ. наст. не образ.* (III.5)
4. *прич. страд. наст. не образ.* (III.7)
5. *прич. страд. прош.* возвращённый (III.8.Б1б); *кр. ф.* возвращён, возвращена́, возвращено́, возвращены́
6. *деепр.* возврати́в
**ВОЗВРАТИ́ТЬСЯ** *св нп*
1. *нсв* возвраща́ться (III.1.А2а)
2. *буд.* возвращу́сь, возврати́шься, возврати́тся, возврати́мся, возврати́тесь, возвратя́тся (III.2.А4 и III.2.Б2)
3. *прич. действ. наст. не образ.* (III.5)
4. *прич. страд. наст. не образ.* (III.7)
5. *прич. страд. прош. не образ.* (III.8)
6. *деепр.* возврати́вшись и возвратя́сь (III.10.Б1)
**возврати́сь** см. возврати́ться
**ВОЗВРАЩА́ТЬ** *нсв* — *св* возврати́ть
**ВОЗВРАЩА́ТЬСЯ** *нсв нп* — *св* возврати́ться
**возвращённый** см. возврати́ть
**возгла́вив** см. возгла́вить
**ВОЗГЛА́ВИТЬ** *св*
1. *нсв* возглавля́ть (III.1.А2а)
2. *буд.* возгла́влю, возгла́вишь, возгла́вит, возгла́вим, возгла́вите, возгла́вят (III.2.Б2)
3. *повел.* возгла́вь(те) (III.4.В1)
4. *прич. действ. наст. не образ.* (III.5)

5. *прич. страд. наст. не образ.* (III.7)
6. *прич. страд. прош.* возгла́вленный (III.8.Б1а)
7. *деепр.* возгла́вив
**возгла́вленный** см. в о з г л а́ в и т ь
**ВОЗГЛАВЛЯ́ТЬ** *нсв — св*
в о з г л а́ в и т ь
**возде́йствовав** см. в о з д е́ й с т в о в а т ь
**ВОЗДЕ́ЙСТВОВАТЬ** *св и нсв нп*
1. *св и нсв* (III.1.Г)
2. *буд. и наст.* возде́йствую, возде́йствуешь, возде́йствует, возде́йствуем, возде́йствуете, возде́йствуют (III.2.Б1а)
3. *повел.* возде́йствуй(те) (III.4.А2)
4. *прич. действ. наст.:* для *св —* не *образ.* (III.5); для *нсв —* возде́йствующий (III.5.Б1)
5. *прич. страд. наст. не образ.* (III.7)
6. *прич. страд. прош. не образ.* (III.8)
7. *деепр.:* для *св —* возде́йствовав; для *нсв —* возде́йствуя (III.9.Б1)
**возде́йствующий** см. в о з д е́ й с т в о в а т ь
**возде́йствуя** см. в о з д е́ й с т в о в а т ь
**ВО́ЗДУХ**, -а, *м*
1. *мн. нет.* (I.3.Е1)
**ВОЗИ́ТЬ** *нсв — ср.* в е з т и́
1. *наст.* вожу́, во́зишь, во́зит, во́зим, во́зите, во́зят (III.2.А2 и III.2.Б2)
2. *повел.* вози́(те) (III.4.В1)
3. *прич. действ. наст.* воз́ящий (III.5.А1)
4. *прич. страд. наст.* нет (III.7.Г)
5. *прич. страд. прош. не образ.* (III.8)
6. *деепр.* возя́ (III.9.А1)
**ВОЗМО́ЖН|ЫЙ**, -ая, -ое, -ые
1. *кр. ф.* возмо́жен, возмо́жна, возмо́жно, возмо́жны (II.1.Б1)
2. *сравн. ст.* нет (II.2.Д)
3. *превосх. ст.* нет (II.3.Г)
**возни́кнув** см. в о з н и́ к н у т ь
**ВОЗНИ́КНУТЬ** *св нп*

1. *прош.* возни́к, возни́кла, возни́кло, возни́кли (III.3.Б2а)
2. *прич. действ. наст. не образ.* (III.5)
3. *прич. действ. прош.* возни́кший
4. *прич. страд. наст. не образ.* (III.7)
5. *прич. страд. прош. не образ.* (III.8)
6. *деепр.* возни́кнув
**возни́кший** см. в о з н и́ к н у т ь
**ВОЗРАЖА́ТЬ** *нсв нп — св*
в о з р а з и́ т ь
**возрази́в** см. в о з р а з и́ т ь
**ВОЗРАЗИ́ТЬ** *св нп*
1. *нсв* возража́ть (III.1.А2а)
2. *буд.* возражу́, возрази́шь, возрази́т, возрази́м, возрази́те, возразя́т (III.2.А4 и III.2.Б2)
3. *прич. действ. наст. не образ.* (III.5)
4. *прич. страд. наст. не образ.* (III.7)
5. *прич. страд. прош. не образ.* (III.8)
6. *деепр.* возрази́в
**ВО́ЗРАСТ**, -а, *м*
1. *им. мн.* во́зрасты (I.3.Е2б)
**возя́** см. в о з и́ т ь
**воз́ящий** см. в о з и́ т ь
**войдя́** см. в о й т и́
**ВОЙН|А́**, -ы́, *ж*
1. *им. мн.* во́йны (I.3.А2)
**ВОЙСКА́**, войск, *мн.*
1. *ед.* во́йск|о, -а, *с* (I.3.Ж2а)
2. *им. мн.* войска́ (I.3.А3б)
3. *род. мн.* войск (I.4.А1б)
**ВОЙТИ́** *св нп*
1. *нсв* входи́ть (III.1.Д1)
2. *буд.* войду́, войдёшь, войдёт, войдём, войдёте, войду́т (III.2.Б1а)
3. *прош.* вошёл, вошла́, вошло́, вошли́ (III.3.В2)
4. *повел.* войди́(те) (III.4.А1)
5. *прич. действ. наст. не образ.* (III.5)
6. *прич. действ. прош.* воше́дший (III.6.Б4)
7. *прич. страд. наст. не образ.* (III.7)
8. *прич. страд. прош. не образ.* (III.8)
9. *деепр.* войдя́ (III.10.А1)

# ВОЛЕВОЙ

**ВОЛЕВ|ÓЙ**, -áя, -óе, -ы́е
1. *кр. ф. нет* (II.1.Е)
2. *сравн. ст. нет* (II.2.Д)
3. *превосх. ст. нет* (II.3.Г)

**ВОЛК**, -а, *м*
1. *твор. ед.* вóлком
2. *им. мн.* вóлки
3. *род. мн.* волкóв (I.4.А2)

**ВОЛН|Á**, -ы́, *ж*
1. *им. мн.* вóлны (I.3.А2)
2. *дат. мн.* волнáм *и* вóлнам
3. *твор. мн.* волнáми *и* вóлнами
4. *предл. мн.* на волнáх *и* на вóлнах

**ВОЛНОВÁТЬСЯ** *нсв нп*
1. *наст.* волнýюсь, волнýешься, волнýется, волнýемся, волнýетесь, волнýются (III.2.Б1а)
2. *повел.: обычно с отриц.* не волнýйся, не волнýйтесь (III.4.А2а)
3. *прич. действ. наст.* волнýющийся (III.5.Б1)
4. *прич. страд. наст. не образ.* (III.7)
5. *прич. страд. прош. не образ.* (III.8)
6. *деепр.* волнýясь (III.9.Б1)

**волнýющийся** см. волновáться

**волнýясь** см. волновáться

**ВÓЛОСЫ**, волóс, *мн.*
1. *ед.* вóлос, -а, *м* (I.3.Ж2а)
2. *род. мн.* волóс (I.4.А1а)
3. *сочет. с предлогами*: зá волос *и* зá волос, схватúть зá волосы, нáбросить нá волосы *и* нáбросить на вóлосы

**ВÓЛ|Я**, -и, *ж*
1. *мн. нет* (I.3.Е1)

**воплотúть** см. воплотúть

**ВОПЛОТÚТЬ** *св*
1. *нсв* воплощáть (III.1.А2а)
2. *буд.* воплощý, воплотúшь, воплотúт, воплотúм, воплотúте, воплотя́т (III.2.А4 *и* III.2.Б2)
3. *прич. действ. наст. не образ.* (III.5)
4. *прич. страд. наст. не образ.* (III.7)
5. *прич. страд. прош.* воплощённый (III.8.Б1б); *кр. ф.* воплощён, воплощенá, воплощенó, воплощены́
6. *деепр.* воплотúв

**ВОПЛОЩÁТЬ** *нсв — св* воплотúть

**воплощённый** см. воплотúть

**ВОРОБÉЙ**, воробья́, *м*
1. *род. ед.* воробья́ (I.1.В1)
2. *им. мн.* воробьи́ (I.3.Д1)

**ВОРÓТ|А**, ворóт, *мн.*
1. *ед. нет* (I.3.Ж1)

**ВОРОТНИ́К**, воротникá, *м*
1. *род. ед.* воротникá (I.1.А1)
2. *им. мн.* воротники́ (I.3.А1б)

**воспитáв** см. воспитáть

**ВОСПИ́ТАНН|ЫЙ**, -ая, -ое, -ые — ср. *прич.* воспи́танный
1. *кр. ф.* воспи́тан, воспи́танна, воспи́танно, воспи́танны

**воспи́танный** см. воспитáть

**ВОСПИТÁТЬ** *св*
1. *нсв* воспи́тывать (III.1.А1а)
2. *прич. действ. наст. не образ.* (III.5)
3. *прич. страд. наст. не образ.* (III.7)
4. *прич. страд. прош.* воспи́танный (III.8.А1а); *кр. ф.* воспи́тан, воспи́тана, воспи́тано, воспи́таны — ср. *прил.* воспи́танный
5. *деепр.* воспитáв

**ВОСПИ́ТЫВАТЬ** *нсв — св* воспитáть

**ВОССТАНÁВЛИВАТЬ** *нсв — св* восстановúть

**восстановúв** см. восстановúть

**ВОССТАНОВÚТЬ** *св*
1. *нсв* восстанáвливать (III.1.А1в)
2. *буд.* восстановлю́, восстанóвишь, восстанóвит, восстанóвим, восстанóвите, восстанóвят (III.2.А2 *и* III.2.Б2)
3. *повел.* восстановú(те) (III.4.В1)
4. *прич. действ. наст. не образ.* (III.5)
5. *прич. страд. наст. не образ.* (III.7)
6. *прич. страд. прош.* восстанóвленный (III.8.Б2а)
7. *деепр.* восстановúв

**восстанóвленный** см. восстановúть

**ВОСТÓК**, -а, *м*
1. *мн. нет* (I.3.Е1)

**вошéдший** см. в о й т и́
**воюющий** см. в о е в а́ т ь
**воюя** см. в о е в а́ т ь
**ВРАГ,** врагá, *м*
1. *род. ед.* врагá (I.1.А1)
2. *им. мн.* враги́ (I.3.А1б)

**ВРАТÁРЬ,** вратаря́, *м*
1. *род. ед.* вратаря́ (I.1.А1)
2. *им. мн.* вратари́ (I.3.А1б)

**ВРАЧ,** врачá, *м*
1. *род. ед.* врачá (I.1.А1)
2. *им. мн.* врачи́ (I.3.А1б)
3. *м. р.—ж. р.*; о нормативности согласования см. I.5.В, а также **а́втор**

**ВРЕДИ́ТЬ** *нсв нп*
1. *наст.* врежу́, вреди́шь, вреди́т, вреди́м, вреди́те, вредя́т (III.2.А4 и III.2.Б2)
2. *прич. страд. наст. не образ.* (III.7)
3. *прич. страд. прош. не образ.* (III.8)
4. *деепр.* вредя́

**ВРÉДН|ЫЙ,** -ая, -ое, -ые
1. *кр. ф.* врéден, вреднá, врéдно, врéдны *и* вредны́ (I.1.Б2)
2. *сравн. ст.* вреднéе (II.2.А1)
3. *превосх. ст.* вреднéйший (II.3.А1)

**вредя́** см. в р е д и́ т ь
**ВРУЧÁТЬ** *нсв—св* в р у ч и́ т ь
**вручённый** см. в р у ч и́ т ь
**вручи́в** см. в р у ч и́ т ь
**ВРУЧИ́ТЬ** *св—нсв* вручáть
1. *буд.* вручу́, вручи́шь, вручи́т, вручи́м, вручи́те, вручáт
2. *прич. дейcтв. наст. не образ.* (III.5)
3. *прич. страд. наст. не образ.* (III.7)
4. *прич. страд. прош.* вручённый; *кр. ф.* вручён, вручена́, вручено́, вручены́
5. *деепр.* вручи́в

**ВСКÁКИВАТЬ** *нсв нп—св* в с к о ч и́ т ь
**вскочи́в** см. в с к о ч и́ т ь
**ВСКОЧИ́ТЬ** *св нп*
1. *нсв* вскáкивать (III.1.А1в)
2. *буд.* вскочу́, вскóчишь, вскóчит, вскóчим, вскóчите, вскóчат (III.2.А1)

3. *прич. дейcтв. наст. не образ.* (III.5)
4. *прич. страд. наст. не образ.* (III.7)
5. *прич. страд. прош. не образ.* (III.8)
6. *деепр.* вскочи́в

**ВСПОМИНÁТЬ** *нсв—св* в с п о́ м н и т ь
**вспóмнив** см. в с п о́ м н и т ь
**ВСПÓМНИТЬ** *св*
1. *нсв* вспоминáть (III.1.А2а)
2. *прич. дейcтв. наст. не образ.* (III.5)
3. *прич. страд. наст. не образ.* (III.7)
4. *деепр.* вспóмнив

**встав** см. в с т а т ь
**ВСТАВÁТЬ** *нсв нп—св* в с т а т ь
1. *наст.* встаю́, встаёшь, встаёт, встаём, встаёте, встаю́т (III.2.В)
2. *повел.* встава́й(те) (III.4.В1)
3. *прич. дейcтв. наст.* встаю́щий (III.5.В1)
4. *прич. страд. наст. не образ.* (III.7)
5. *прич. страд. прош. не образ.* (III.8)
6. *деепр.* встава́я (III.9.В1)

**встава́я** см. в с т а в а́ т ь
**встáвив** см. в с т á в и т ь
**ВСТÁВИТЬ** *св*
1. *нсв* вставля́ть (III.1.А2а)
2. *буд.* встáвлю, встáвишь, встáвит, встáвим, встáвите, встáвят (III.2.Б2)
3. *повел.* встáвь(те) (III.4.В1)
4. *прич. дейcтв. наст. не образ.* (III.5)
5. *прич. страд. наст. не образ.* (III.7)
6. *прич. страд. прош.* встáвленный (III.8.Б1а)
7. *деепр.* встáвив

**встáвленный** см. в с т á в и т ь
**ВСТАВЛЯ́ТЬ** *нсв—св* в с т á в и т ь
**ВСТАТЬ** *св нп*
1. *нсв* вставáть (III.1.А3)
2. *буд.* встáну, встáнешь, встáнет, встáнем, встáнете, встáнут (III.2.Б1а)
3. *повел.* встáнь(те) (III.4.А2б)

## ВСТРЕТИТЬ

**4.** *прич. действ. наст. не образ.* (III.5)
**5.** *прич. страд. наст. не образ.* (III.7)
**6.** *прич. страд. прош. не образ.* (III.8)
**7.** *деепр.* встав

встаю́щий см. встава́ть
встре́тив см. встре́тить
встре́тившись см. встре́титься

**ВСТРЕ́ТИТЬ** *св*
**1.** *нсв* встреча́ть (III.1.А2а)
**2.** *буд.* встре́чу, встре́тишь, встре́тит, встре́тим, встре́тите, встре́тят (III.2.Б2)
**3.** *повел.* встре́ть(те)
**4.** *прич. действ. наст. не образ.* (III.5)
**5.** *прич. страд. наст. не образ.* (III.7)
**6.** *прич. страд. прош.* встре́ченный (III.8.Б1а)
**7.** *деепр.* встре́тив

**ВСТРЕ́ТИТЬСЯ** *св нп*
**1.** *нсв* встреча́ться (III.1.А2а)
**2.** *буд.* встре́чусь, встре́тишься, встре́тится, встре́тимся, встре́титесь, встре́тятся (III.2.Б2)
**3.** *повел.* встре́ться, встре́тьтесь
**4.** *прич. действ. наст. не образ.* (III.5)
**5.** *прич. страд. наст. не образ.* (III.7)
**6.** *прич. страд. прош. не образ.* (III.8)
**7.** *деепр.* встре́тившись *и* встре́тясь (III.10.Б1)

встре́тясь см. встре́титься

**ВСТРЕЧА́ТЬ** *нсв — св* встре́тить

**ВСТРЕЧА́ТЬСЯ** *нсв нп — св* встре́титься

встре́ченный см. встре́тить

**ВСТУПА́ТЬ** *нсв нп — св* вступи́ть

вступи́в см. вступи́ть

**ВСТУПИ́ТЬ** *св нп — нсв* вступа́ть
**1.** *буд.* вступлю́, всту́пишь, всту́пит, всту́пим, всту́пите, всту́пят (III.2.А2 *и* III.2.Б2)
**2.** *повел.* вступи́(те) (III.4.В1)

**3.** *прич. действ. наст. не образ.* (III.5)
**4.** *прич. страд. наст. не образ.* (III.7)
**5.** *прич. страд. прош. не образ.* (III.8)
**6.** *деепр.* вступи́в

**ВТОРОСТЕПЕ́НН|ЫЙ**, -ая, -ое, -ые
**1.** *кр. ф.* второстепе́нен, второстепе́нна, второстепе́нно, второстепе́нны (II.1.Б1)
**2.** *сравн. ст. нет* (II.2.Д)
**3.** *превосх. ст. нет* (II.3.Г)

**ВХОДИ́ТЬ** *нсв нп — св* войти́
**1.** *наст.* вхожу́, вхо́дишь, вхо́дит, вхо́дим, вхо́дите, вхо́дят, (III.2.А2 *и* III.2.Б2)
**2.** *повел.* входи́(те) (III.4.В1)
**3.** *прич. действ. наст.* входя́щий (III.5.А1)
**4.** *прич. страд. наст. не образ.* (III.7)
**5.** *прич. страд. прош. не образ.* (III.8)
**6.** *деепр.* входя́ (III.9.А1)

входя́ см. входи́ть
входя́щий см. входи́ть

**ВЧЕРА́ШН|ИЙ**, -яя, -ее, -ие
**1.** *кр. ф. не образ.* (II.1)
**2.** *сравн. ст. не образ.* (II.2)
**3.** *превосх. ст. не образ.* (II.3)

**ВЫБЕГА́ТЬ** *нсв нп — св* вы́бежать

вы́бежав см. вы́бежать

**ВЫ́БЕЖАТЬ** *св нп*
**1.** *нсв* выбега́ть (III.1.Б)
**2.** *буд.* вы́бегу, вы́бежишь, вы́бежит, вы́бежим, вы́бежите, вы́бегут (III.2.Б3)
**3.** *повел.* вы́беги(те) (III.4.А1)
**4.** *прич. действ. наст. не образ.* (III.5)
**5.** *прич. страд. наст. не образ.* (III.7)
**6.** *прич. страд. прош. не образ.* (III.8)
**7.** *деепр.* вы́бежав

**ВЫБИРА́ТЬ** *нсв — св* вы́брать

**ВЫ́БОР|Ы**, -ов, *мн.*
**1.** *ед. нет* (I.3.Ж1)
**2.** *род. мн.* вы́боров

вы́брав см. вы́брать

**ВЫБРА́СЫВАТЬ** *нсв — св* вы́бросить
**ВЫ́БРАТЬ** *св*
1. *нсв* выбира́ть (III.1.Б)
2. *буд.* вы́беру, вы́берешь, вы́берет, вы́берем, вы́берете, вы́берут (III.2.Б1а)
3. *повел.* вы́бери(те) (III.4.А1)
4. *прич. действ. наст. не образ.* (III.5)
5. *прич. страд. наст. не образ.* (III.7)
6. *деепр.* вы́брав
**вы́бросив** см. вы́бросить
**ВЫ́БРОСИТЬ** *св*
1. *нсв* выбра́сывать (III.1.А1в)
2. *буд.* вы́брошу, вы́бросишь, вы́бросит, вы́бросим, вы́бросите, вы́бросят (III.2.Б2)
3. *повел.* вы́броси и вы́брось, *но* вы́бросьте (III.4.Б2)
4. *прич. действ. наст. не образ.* (III.5)
5. *прич. страд. наст. не образ.* (III.7)
6. *прич. страд. прош.* вы́брошенный (III.8.Б1а)
7. *деепр.* вы́бросив
**вы́брошенный** см. вы́бросить
**вы́веденный** см. вы́вести
**вы́ведший** см. вы́вести
**вы́ведя** см. вы́вести
**ВЫ́ВЕСТИ** *св*
1. *нсв* выводи́ть (III.1.А4б)
2. *буд.* вы́веду, вы́ведешь, вы́ведет, вы́ведем, вы́ведете, вы́ведут (III.2.Б1а)
3. *прош.* вы́вел, вы́вела, вы́вело, вы́вели (III.3.В1б)
4. *повел.* вы́веди(те) (III.4.А1)
5. *прич. действ. наст. не образ.* (III.5)
6. *прич. действ. прош.* вы́ведший (III.6.Б1)
7. *прич. страд. наст. не образ.* (III.7)
8. *прич. страд. прош.* вы́веденный (III.8.В1)
9. *деепр.* вы́ведя (III.10.А1)
**выводи́мый** см. выводи́ть
**ВЫВОДИ́ТЬ** *нсв — св* вы́вести
1. *наст.* вывожу́, выво́дишь, выво́дит, выво́дим, выво́дите, выво́дят (III.2.А2 *и* III.2.Б2)
2. *прич. действ. наст.* выводя́щий (III.5.А1)
3. *прич. страд. наст.* выводи́мый (III.7.Б1)
4. *прич. страд. прош. не образ.* (III.8)
5. *деепр.* выводя́ (III.9.А1)
**выводя́** см. выводи́ть
**выводя́щий** см. выводи́ть
**вы́гладив** см. вы́гладить
**ВЫ́ГЛАДИТЬ** *св*
1. *наст.* вы́глажу, вы́гладишь, вы́гладит, вы́гладим, вы́гладите, вы́гладят (III.2.Б2)
2. *повел.* вы́глади(те) и вы́гладь(те) (III.4.Б1)
3. *прич. действ. наст. не образ.* (III.5)
4. *прич. страд. наст. не образ.* (III.7)
5. *прич. страд. прош.* вы́глаженный (III.8.Б1а)
6. *деепр.* вы́гладив
**вы́глаженный** см. вы́гладить
**вы́дав** см. вы́дать
**выдава́емый** см. выдава́ть
**ВЫДАВА́ТЬ** *нсв — св* вы́дать
1. *наст.* выдаю́, выдаёшь, выдаёт, выдаём, выдаёте, выдаю́т (III.2.В)
2. *повел.* выдава́й(те) (III.4.В1)
3. *прич. действ. наст.* выдаю́щий (III.5.В1)
4. *прич. страд. наст.* выдава́емый (III.7.В1)
5. *прич. страд. прош. не образ.* (III.8)
6. *деепр.* выдава́я (III.9.В1)
**выдава́я** см. выдава́ть
**ВЫ́ДАТЬ** *св*
1. *нсв* выдава́ть (III.1.А3)
2. *буд.* вы́дам, вы́дашь, вы́даст, вы́дадим, вы́дадите, вы́дадут (III.2.Б1б)
3. *повел.* вы́дай(те) (III.4.В1)
4. *прич. действ. наст. не образ.* (III.5)
5. *прич. страд. наст. не образ.* (III.7)
6. *деепр.* вы́дав

# ВЫДАЮЩИЙСЯ

**выда́ющий** см. **выдава́ть**
**ВЫДАЮЩ|ИЙСЯ**, -аяся, -ееся, -иеся
1. *кр. ф. нет* (II.1.Е)
2. *сравн. ст. нет* (II.2.Д)
3. *превосх. ст. нет* (II.3.Г)
**вы́держав** см. **вы́держать**
**ВЫ́ДЕРЖАТЬ** *св*
1. *нсв* вы́держивать (III.1.А1а)
2. *прич. действ. наст. не образ.* (III.5)
3. *прич. страд. наст. не образ.* (III.7)
4. *деепр.* вы́держав
**ВЫДЕ́РЖИВАТЬ** *нсв — св* вы́держать
**ВЫЕЗЖА́ТЬ** *нсв нп — св* вы́ехать
**вы́ехав** см. **вы́ехать**
**ВЫ́ЕХАТЬ** *св нп*
1. *нсв* выезжа́ть (III.1.Д1)
2. *буд.* вы́еду, вы́едешь, вы́едет, вы́едем, вы́едете, вы́едут (III.2.Б1а)
3. *повел.* выезжа́й(те) (III.4.В3)
4. *прич. действ. наст. не образ.* (III.5)
5. *прич. страд. наст. не образ.* (III.7)
6. *прич. страд. прош. не образ.* (III.8)
7. *деепр.* вы́ехав
**вы́звав** см. **вы́звать**
**ВЫ́ЗВАТЬ** *св*
1. *нсв* вызыва́ть (III.1.Б)
2. *буд.* вы́зову, вы́зовешь, вы́зовет, вы́зовем, вы́зовете, вы́зовут (III.2.Б1а)
3. *повел.* вы́зови(те) (III.4.А1)
4. *прич. действ. наст. не образ.* (III.5)
5. *прич. страд. наст. не образ.* (III.7)
6. *деепр.* вы́звав
**ВЫЗДОРА́ВЛИВАТЬ** *нсв нп — св* вы́здороветь
**вы́здоровев** см. **вы́здороветь**
**ВЫ́ЗДОРОВЕТЬ** *св нп*
1. *нсв* выздора́вливать (III.1.А1б)
2. *буд.* вы́здоровею, вы́здоровеешь, вы́здоровеет, вы́здоро-веем, вы́здоровеете, вы́здоровеют
3. *прич. действ. наст. не образ.* (III.5)
4. *прич. страд. наст. не образ.* (III.7)
5. *прич. страд. прош. не образ.* (III.8)
6. *деепр.* вы́здоровев
**ВЫЗЫВА́ТЬ** *нсв — св* вы́звать
**вы́играв** см. **вы́играть**
**ВЫ́ИГРАТЬ** *св*
1. *нсв* вы́игрывать (III.1.А1а)
2. *прич. действ. наст. не образ.* (III.5)
3. *прич. страд. наст. не образ.* (III.7)
4. *деепр.* вы́играв
**ВЫ́ИГРЫВАТЬ** *нсв — св* вы́играть
**вы́йдя** см. **вы́йти**
**ВЫ́ЙТИ** *св нп*
1. *нсв* выходи́ть (III.1.Д1)
2. *буд.* вы́йду, вы́йдешь, вы́йдет, вы́йдем, вы́йдете, вы́йдут (III.2.Б1а)
3. *прош.* вы́шел, вы́шла, вы́шло, вы́шли (III.3.В2)
4. *повел.* вы́йди(те) (III.4.А1)
5. *прич. действ. наст. не образ.* (III.5)
6. *прич. действ. прош.* вы́шедший (III.6.Б3)
7. *прич. страд. наст. не образ.* (III.7)
8. *прич. страд. прош. не образ.* (III.8)
9. *деепр.* вы́йдя (III.10.А1)
**ВЫКЛЮЧА́ТЬ** *нсв — св* вы́ключить
**вы́ключив** см. **вы́ключить**
**ВЫ́КЛЮЧИТЬ** *св*
1. *нсв* выключа́ть (III.1.А2а)
2. *прич. действ. наст. не образ.* (III.5)
3. *прич. страд. наст. не образ.* (III.7)
4. *деепр.* вы́ключив
**вы́красив** см. **вы́красить**
**ВЫ́КРАСИТЬ** *св*
1. *буд.* вы́крашу, вы́красишь, вы́красит, вы́красим, вы́красите, вы́красят (III.2.Б2)
2. *повел.* вы́краси *и* вы́крась, *но* вы́красьте (III.4.Б2)

**3.** *прич. действ. наст. не образ.* (III.5)
**4.** *прич. страд. наст. не образ.* (III.7)
**5.** *прич. страд. прош.* вы́крашенный (III.8.Б1а)
**6.** *деепр.* вы́красив

вы́крашенный см. вы́красить

**ВЫЛЕЗА́ТЬ** *нсв нп — св* вы́лезти *и разг.* вы́лезть

**ВЫ́ЛЕЗТИ** *и разг.* **ВЫ́ЛЕЗТЬ** *св нп*
**1.** *нсв* вылеза́ть (III.1.А2в)
**2.** *прош.* вы́лез, вы́лезла, вы́лезло, вы́лезли (III.3.Б3)
**3.** *повел.* вы́лези и вы́лезь, *но* вы́лезьте (III.4.Б2)
**4.** *прич. действ. наст. не образ.* (III.5)
**5.** *прич. страд. наст. не образ.* (III.7)
**6.** *прич. страд. прош. не образ.* (III.8)
**7.** *деепр.* вы́лезши (III.10.А2)

вы́лезть см. вы́лезти
вы́лезши см. вы́лезти
вы́лепив см. вы́лепить

**ВЫ́ЛЕПИТЬ** *св*
**1.** *нсв* выле́пливать (III.1.А1в) и вылепля́ть (III.1.А2в)
**2.** *буд.* вы́леплю, вы́лепишь, вы́лепит, вы́лепим, вы́лепите, вы́лепят (III.2.Б2)
**3.** *прич. действ. наст. не образ.* (III.5)
**4.** *прич. страд. наст. не образ.* (III.7)
**5.** *прич. страд. прош.* вы́лепленный (III.8.Б1а)
**6.** *деепр.* вы́лепив

вы́лепленный см. вы́лепить

**ВЫЛЕ́ПЛИВАТЬ** *нсв — св* вы́лепить

**ВЫЛЕПЛЯ́ТЬ** *нсв — св* вы́лепить

**ВЫЛЕТА́ТЬ** *нсв нп — св* вы́лететь

вы́летев см. вы́лететь

**ВЫ́ЛЕТЕТЬ** *св нп*
**1.** *нсв* вылета́ть (III.1.А2б)
**2.** *буд.* вы́лечу, вы́летишь, вы́летит, вы́летим, вы́летите, вы́летят (III.2.Б2)
**3.** *прич. действ. наст. не образ.* (III.5)
**4.** *прич. страд. наст. не образ.* (III.7)
**5.** *прич. страд. прош. не образ.* (III.8)
**6.** *деепр.* вы́летев

**ВЫ́НЕСТИ** *св*
**1.** *нсв* выноси́ть (III.1.А4а)
**2.** *прош.* вы́нес, вы́несла, вы́несло, вы́несли (III.3.В1в)
**3.** *прич. действ. наст. не образ.* (III.5)
**4.** *прич. страд. наст. не образ.* (III.7)
**5.** *деепр.* вы́несши (III.10.А2)

вы́несши см. вы́нести
выноси́мый см. выноси́ть

**ВЫНОСИ́ТЬ** *нсв — св* вы́нести
**1.** *наст.* выношу́, выно́сишь, выно́сит, выно́сим, выно́сите, выно́сят (III.2.Б2)
**2.** *повел.* выноси́(те) (III.4.В1)
**3.** *прич. действ. наст.* вынося́щий (III.5.А1)
**4.** *прич. страд. наст.* выноси́мый (III.7.Б1)
**5.** *прич. страд. прош. не образ.* (III.8)
**6.** *деепр.* вынося́ (III.9.А1)

вынося́ см. выноси́ть
вынося́щий см. выноси́ть
вы́нув см. вы́нуть

**ВЫ́НУТЬ** *св*
**1.** *повел.* вы́нь(те)
**2.** *прич. действ. наст. не образ.* (III.5)
**3.** *прич. страд. наст. не образ.* (III.7)
**4.** *деепр.* вы́нув

вы́пав см. вы́пасть

**ВЫПАДА́ТЬ** *нсв нп — св* вы́пасть

**ВЫ́ПАСТЬ** *св нп*
**1.** *нсв* выпада́ть (III.1.А2в)
**2.** *буд.* вы́паду, вы́падешь, вы́падет, вы́падем, вы́падете, вы́падут (III.2.Б1а)
**3.** *повел.: обычно с отриц.* не вы́пади(те) (III.4.А1)
**4.** *прич. действ. наст. не образ.* (III.5)

# ВЫПИВАТЬ

5. *прич. страд. наст. не образ.* (III.7)
6. *прич. страд. прош. не образ.* (III.8)
7. *деепр.* вы́пав
вы́пив см. вы́пить
**ВЫПИВА́ТЬ** *нсв — св* вы́пить
вы́писав см. вы́писать
**ВЫ́ПИСАТЬ** *св*
1. *нсв* выпи́сывать (III.1.А1а)
2. *буд.* вы́пишу, вы́пишешь, вы́пишет, вы́пишем, вы́пишете, вы́пишут (III.2.Б1а)
3. *повел.* вы́пиши(те) (III.4.А1)
4. *прич. действ. наст. не образ.* (III.5)
5. *прич. страд. наст. не образ.* (III.7)
6. *деепр.* вы́писав
**ВЫПИ́СЫВАТЬ** *нсв — св* вы́писать
**ВЫ́ПИТЬ** *св*
1. *нсв* выпива́ть (III.1.А3)
2. *буд.* вы́пью, вы́пьешь, вы́пьет, вы́пьем, вы́пьете, вы́пьют (III.2.Б1а)
3. *повел.* вы́пей(те) (III.4.В2)
4. *прич. действ. наст. не образ.* (III.5)
5. *прич. страд. наст. не образ.* (III.7)
6. *деепр.* вы́пив
вы́полнив см. вы́полнить
**ВЫ́ПОЛНИТЬ** *св*
1. *нсв* выполня́ть (III.1.А2а)
2. *прич. действ. наст. не образ.* (III.5)
3. *прич. страд. наст. не образ.* (III.7)
4. *деепр.* вы́полнив
**ВЫПОЛНЯ́ТЬ** *нсв — св* вы́полнить
**ВЫПУСКА́ТЬ** *нсв — св* вы́пустить
**ВЫПУСКНИ́К**, выпускника́, м
1. *род. ед.* выпускника́ (I.1.А1)
2. *им. мн.* выпускники́ (I.3.А1б)
вы́пустив см. вы́пустить
**ВЫ́ПУСТИТЬ** *св*
1. *нсв* выпуска́ть (III.1.А2а)
2. *буд.* вы́пущу, вы́пустишь, вы́пустит, вы́пустим, вы́пустите, вы́пустят (III.2.Б2)
3. *прич. действ. наст. не образ.* (III.5)
4. *прич. страд. наст. не образ.* (III.7)
5. *прич. страд. прош.* вы́пущенный (III.8.Б1а)
6. *деепр.* вы́пустив
вы́пущенный см. вы́пустить
**ВЫРАЖА́ТЬ** *нсв — св* вы́разить
вы́раженный см. вы́разить
вы́разив см. вы́разить
**ВЫРАЗИ́ТЕЛЬН|ЫЙ,** -ая, -ое, -ые
1. *кр. ф.* вырази́телен, вырази́тельна, вырази́тельно, вырази́тельны (II.1.Б1)
**ВЫ́РАЗИТЬ** *св*
1. *нсв* выража́ть (III.1.А2а)
2. *буд.* вы́ражу, вы́разишь, вы́разит, вы́разим, вы́разите, вы́разят (III.2.Б2)
3. *прич. действ. наст. не образ.* (III.5)
4. *прич. страд. наст. не образ.* (III.7)
5. *прич. страд. прош.* вы́раженный (III.8.Б1а)
6. *деепр.* вы́разив
выраста́вший см. выраста́ть
**ВЫРАСТА́ТЬ** *нсв нп — св* вы́расти
1. *наст.* выраста́ю, выраста́ешь, выраста́ет, выраста́ем, выраста́ете, выраста́ют
2. *прош.* выраста́л, выраста́ла, выраста́ло, выраста́ли
3. *повел.* выраста́й(те)
4. *прич. действ. наст.* выраста́ющий
5. *прич. действ. прош.* выраста́вший
6. *прич. страд. наст. не образ.* (III.7)
7. *прич. страд. прош. не образ.* (III.8)
8. *деепр.* выраста́я
выраста́ющий см. выраста́ть
выраста́я см. выраста́ть
**ВЫ́РАСТИ** *св нп*
1. *нсв* выраста́ть (III.1.А2в)

## ВЫСТУПИТЬ

**2.** *буд.* вы́расту, вы́растешь, вы́растет, вы́растем, вы́растете, вы́растут
**3.** *прош.* вы́рос, вы́росла, вы́росло, вы́росли (III.3.В1в)
**4.** *повел.* вы́расти(те)
**5.** *прич. действ. наст. не образ.* (III.5)
**6.** *прич. действ. прош.* вы́росший
**7.** *прич. страд. наст. не образ.* (III.7)
**8.** *прич. страд. прош. не образ.* (III.8)
**9.** *деепр.* вы́росши (III.10.А2)
  вы́растив см. вы́растить
  вы́растивший см. вы́растить
**ВЫ́РАСТИТЬ** *св*
**1.** *нсв* выра́щивать (III.1.А1в)
**2.** *буд.* вы́ращу, вы́растишь, вы́растит, вы́растим, вы́растите, вы́растят (III.2.Б2)
**3.** *повел.* вы́расти(те)
**4.** *прич. действ. наст. не образ.* (III.5)
**5.** *прич. действ. прош.* вы́растивший
**6.** *прич. страд. наст. не образ.* (III.7)
**7.** *прич. страд. прош.* вы́ращенный (III.8.Б1)
**8.** *деепр.* вы́растив
  вы́ращенный см. вы́растить
**ВЫРА́ЩИВАТЬ** *нсв — св* вы́растить
  вы́резав см. вы́резать
**ВЫ́РЕЗАТЬ** *св*
**1.** *нсв* выреза́ть (III.1В) *и* выре́зывать (III.1.А1а)
**2.** *буд.* вы́режу, вы́режешь, вы́режет, вы́режем, вы́режете, вы́режут (III.2.Б1а)
**3.** *повел.* вы́режь(те) (III.4.А2)
**4.** *прич. действ. наст. не образ.* (III.5)
**5.** *прич. страд. наст. не образ.* (III.7)
**6.** *деепр.* вы́резав
**ВЫРЕЗА́ТЬ** *нсв — св* вы́резать
**ВЫРЕ́ЗЫВАТЬ** *нсв — св* вы́резать
  вы́росши см. вы́расти
  вы́росший см. вы́расти

**ВЫРУЧА́ТЬ** *нсв — св* вы́ручить
  вы́ручив см. вы́ручить
**ВЫ́РУЧИТЬ** *св*
**1.** *нсв* выруча́ть (III.1.А2а)
**2.** *прич. действ. наст. не образ.* (III.5)
**3.** *прич. страд. наст. не образ.* (III.7)
**4.** *деепр.* вы́ручив
**ВЫСКА́КИВАТЬ** *нсв нп — св* вы́скочить
  вы́скочив см. вы́скочить
**ВЫ́СКОЧИТЬ** *св нп*
**1.** *нсв* выска́кивать (III.1.А1в)
**2.** *прич. действ. наст. не образ.* (III.5)
**3.** *прич. страд. наст. не образ.* (III.7)
**4.** *прич. страд. прош. не образ.* (III.8)
**5.** *деепр.* вы́скочив
**ВЫСО́К|ИЙ**, -ая, -ое, -ие
**1.** *кр. ф.* высо́к, высока́, высо́ко *и доп.* высоко́, высоки́ *и* высо́ки (II.1.А)
**2.** *сравн. ст.* вы́ше (II.2.В1а)
**3.** *превосх. ст.* высоча́йший (II.3.Б1) *и* вы́сший (II.3.В1б)
**ВЫСОТ|А́**, -ы́, *ж*
**1.** *им. мн.* высо́ты (I.3.А2)
  вы́сохнув см. вы́сохнуть
**ВЫ́СОХНУТЬ** *св нп*
**1.** *прош.* вы́сох, вы́сохла, вы́сохло, вы́сохли (III.3.Б2а)
**2.** *прич. действ. наст. не образ.* (III.5)
**3.** *прич. действ. прош.* вы́сохший
**4.** *прич. страд. наст. не образ.* (III.7)
**5.** *прич. страд. прош. не образ.* (III.8)
**6.** *деепр.* вы́сохнув
  вы́сохший см. вы́сохнуть
**ВЫ́СТАВК|А**, -и, *ж*
**1.** *род. мн.* вы́ставок (I.4.Б1б)
**2.** вы́ставка-прода́жа: *им. мн.* вы́ставки-прода́жи; *род. мн.* вы́ставок-прода́ж
**ВЫСТУПА́ТЬ** *нсв нп — св* вы́ступить
  вы́ступив см. вы́ступить
**ВЫ́СТУПИТЬ** *св нп*
**1.** *нсв* выступа́ть (III.1.А2а)

2. *буд.* вы́ступлю, вы́ступишь, вы́ступит, вы́ступим, вы́ступите, вы́ступят (III.2.Б2)
3. *прич. действ. наст. не образ.* (III.5)
4. *прич. страд. наст. не образ.* (III.7)
5. *прич. страд. прош. не образ.* (III.8)
6. *деепр.* вы́ступив

**ВЫТА́СКИВАТЬ** *нсв — св* вы́тащить
вы́тащив см. вы́тащить
**ВЫ́ТАЩИТЬ** *св*
1. *нсв* выта́скивать (III.1.А1в)
2. *прич. действ. наст. не образ.* (III.5)
3. *прич. страд. наст. не образ.* (III.7)
4. *деепр.* вы́тащив
вы́терев см. вы́тереть
**ВЫ́ТЕРЕТЬ** *св*
1. *нсв* вытира́ть (III.1.А2б)
2. *буд.* вы́тру, вы́трешь, вы́трет, вы́трем, вы́трете, вы́трут (III.2.Б1а)
3. *прош.* вы́тер, вы́терла, вы́терло, вы́терли (III.3.Б1а)
4. *повел.* вы́три(те) (III.4.А1)
5. *прич. действ. наст. не образ.* (III.5)
6. *прич. страд. наст. не образ.* (III.7)
7. *деепр.* вы́терев

**ВЫТИРА́ТЬ** *нсв — св* вы́тереть
**ВЫХОДИ́ТЬ** *нсв нп — св* вы́йти
1. *наст.* выхожу́, выхо́дишь, выхо́дит, выхо́дим, выхо́дите, выхо́дят (III.2.Б2)
2. *повел.* выходи́(те) (III.4.В1)
3. *прич. действ. наст.* выходя́щий (III.5.А1)
4. *прич. страд. наст. не образ.* (III.7)
5. *прич. страд. прош. не образ.* (III.8)
6. *деепр.* выходя́ (III.9.А1)
выходя́ см. выходи́ть
выходя́щий см. выходи́ть
вы́чистив см. вы́чистить
**ВЫ́ЧИСТИТЬ** *св*
1. *нсв* вычища́ть (III.1.А2а)

2. *буд.* вы́чищу, вы́чистишь, вы́чистит, вы́чистим, вы́чистите, вы́чистят (III.2.Б2)
3. *повел.* вы́чисти(те) *и* вы́чисть(-те) (III.4.Б1)
4. *прич. действ. наст. не образ.* (III.5)
5. *прич. страд. наст. не образ.* (III.7)
6. *прич. страд. прош.* вы́чищенный (III.8.Б1а)
7. *деепр.* вы́чистив
**ВЫЧИЩА́ТЬ** *нсв — св* вы́чистить
вы́чищенный см. вы́чистить
ве́шедший см. вы́йти
вы́шив см. вы́шить
**ВЫШИВА́ТЬ** *нсв — св* вы́шить
**ВЫ́ШИТ|ЫЙ**, -ая, -ое, -ые — *ср. прич.* вы́шитый
1. *кр. ф. не образ.* (II.1)
2. *сравн. ст. не образ.* (II.2)
3. *превосх. ст. не образ.* (II.3)
вы́шитый см. вы́шить
**ВЫ́ШИТЬ** *св*
1. *нсв* вышива́ть (III.1.А3)
2. *буд.* вы́шью, вы́шьешь, вы́шьет, вы́шьем, вы́шьете, вы́шьют (III.2.Б1а)
3. *повел.* вы́шей(те) (III.4.В2)
4. *прич. действ. наст. не образ.* (III.5)
5. *прич. страд. наст. не образ.* (III.7)
6. *прич. страд. прош.* вы́шитый — *ср. прил.* вы́шитый
7. *деепр.* вы́шив
вью́щий см. вить
вя́жущий см. вяза́ть
вя́занный см. вяза́ть
**ВЯ́ЗАН|ЫЙ**, -ая, -ое, -ые — *ср. прич.* вя́занный
1. *кр. ф. не образ.* (II.1)
2. *сравн. ст. не образ.* (II.2)
3. *превосх. ст. не образ.* (II.3)
**ВЯЗА́ТЬ** *нсв*
1. *наст.* вяжу́, вя́жешь, вя́жет, вя́жем, вя́жете, вя́жут (III.2.А2 *и* III.2.Б1а)
2. *повел.* вяжи́(те) (III.4.А1)
3. *прич. действ. наст.* вя́жущий (III.5.Б2)
4. *прич. страд. наст.* нет (III.7.Г)

**5.** *прич. страд. прош.* вя́занный (III.8.А1а) — ср. *прил.* вя́заный
**6.** *деепр. нет* (III.9.Д)
вя́нувший см. вя́нуть
**ВЯ́НУТЬ** *нсв нп*
**1.** *прош.* вял и вя́нул, вя́ла, вя́ло, вя́ли (III.3.Б2б)
**2.** *повел. нет* (III.4.Г)
**3.** *прич. действ. прош.* вя́нувший (III.6.Б2а)
**4.** *прич. страд. наст. не образ.* (III.7)
**5.** *прич. страд. прош. не образ.* (III.8)
**6.** *деепр. нет* (III.9.Д)

# Г

**ГАРА́Ж,** гаража́, *м*
**1.** *род. ед.* гаража́ (I.1.А1)
**2.** *им. мн.* гаражи́ (I.3.А1б)
**гаси́мый** см. гаси́ть
**ГАСИ́ТЬ** *нсв*
**1.** *наст.* гашу́, га́сишь, га́сит, га́сим, га́сите, га́сят (III.2.А2 и III.2.Б2)
**2.** *повел.* гаси́(те) (III.4.В1)
**3.** *прич. действ. наст.* га́сящий и гася́щий (III.5.А2)
**4.** *прич. страд. наст.* гаси́мый (III.7.Б1)
**5.** *прич. страд. прош. не образ.* (III.8)
**6.** *деепр.* гася́ (III.9.А1)
**га́снувший** см. га́снуть
**ГА́СНУТЬ** *нсв нп*
**1.** *прош.* гас и *доп.* га́снул, га́сла, га́сло, га́сли (III.3.Б2б)
**2.** *прич. действ. прош.* га́снувший (III.6.Б2а)
**3.** *прич. страд. наст. не образ.* (III.7)
**4.** *прич. страд. прош. не образ.* (III.8)
**5.** *деепр. нет* (III.9.Д)
**гася́** см. гаси́ть
**га́сящий, гася́щий** см. гаси́ть
**ГВОЗДЬ,** гвоздя́, *м*
**1.** *род. ед.* гвоздя́ (I.1.А1)
**2.** *род. мн.* гвозде́й (I.4.А3а)

**ГЕО́ЛОГ,** -а, *м*
**1.** *м. р. — ж. р.;* о нормативности согласования см. I.5.В, а также а́втор
**ГЕРБ,** герба́, *м*
**1.** *род. ед.* герба́ (I.1.А1)
**2.** *предл. ед.* в гербе́
**3.** *им. мн.* гербы́ (I.3.А1а)
**ГЕРО́ЙЗМ,** -а, *м*
**1.** *мн. нет* (I.3.Е1)
**ГЕРО́ЙЧЕСК|ИЙ,** -ая, -ое, -ие
**1.** *кр. ф. нет* (II.1.Е)
**2.** *сравн. ст. нет* (II.2.Д)
**3.** *превосх. ст. нет* (II.3.Г)
**ГЕРО́ЙСК|ИЙ,** -ая, -ое, -ие
**1.** *кр. ф. нет* (II.1.Е)
**2.** *сравн. ст. нет* (II.2.Д)
**3.** *превосх. ст. нет* (II.3.Г)
**ГИ́БК|ИЙ,** -ая, -ое, -ие
**1.** *кр. ф.* ги́бок, гибка́, ги́бко, ги́бки (II.1.Б2)
**2.** *сравн. ст.* ги́бче (II.2.Б1а)
**3.** *превосх. ст.* гибча́йший (II.3.Б1)
**ГЛАВ|А́,** -ы́, *ж*
**1.** *им. мн.* гла́вы (I.3.А2)
**ГЛА́ДИТЬ** *нсв*
**1.** *наст.* гла́жу, гла́дишь, гла́дит, гла́дим, гла́дите, гла́дят (III.2.Б2)
**2.** *повел.* гладь(те)
**3.** *прич. страд. наст. нет* (III.7.Г)
**4.** *прич. страд. прош.* гла́женный (III.8.Б1а) — ср. *прил.* гла́женый
**5.** *деепр.* гла́дя
**ГЛА́ДК|ИЙ,** -ая, -ое, -ие
**1.** *кр. ф.* гла́док, гладка́, гла́дко, гла́дки (II.1.Б2)
**2.** *сравн. ст.* гла́же (II.2.В1а)
**3.** *превосх. ст.* гладча́йший (II.3.Б1)
**гла́дя** см. гла́дить
**гла́женный** см. гла́дить
**ГЛА́ЖЕН|ЫЙ,** -ая, -ое, -ые — ср. *прич.* гла́женный
**1.** *кр. ф. не образ.* (II.1)
**2.** *сравн. ст. не образ.* (II.2)
**3.** *превосх. ст. не образ.* (II.3)
**ГЛАЗА́,** глаз, *мн.*
**1.** *ед.* глаз, -а, *м* (I.3.Ж2а)
**2.** *род. ед.* гла́за, *но* с гла́зу на

глаз *и* с гла́зу на гла́з 'наедине' (I.1.Д)
3. *предл. ед.* о гла́зе, *но* пыли́нка в глазу́, бельмо́ на глазу́ (I.2.В)
4. *им. мн.* глаза́ (I.3.А1а)
5. *род. мн.* глаз (I.4.А1б)

**ГЛОТО́К**, глотка́, *м*
1. *род. ед.* глотка́ (I.1.Б2б)
2. *им. мн.* глотки́ (I.3.В2б)

**ГЛУБИН|А́**, -ы́, *ж*
1. *им. мн.* глуби́ны (I.3.Е2б)

**ГЛУБО́К|ИЙ**, -ая, -ое, -ие
1. *кр. ф.* глубо́к, глубока́, глубо́ко *и доп.* глубоко́, глубоки́ *и* глубо́ки (II.1.А)
2. *сравн. ст.* глу́бже (II.2.В1б)
3. *превосх. ст.* глубоча́йший (II.3.Б1)

**ГЛУ́П|ЫЙ**, -ая, -ое, -ые
1. *кр. ф.* глуп, глупа́, глу́по, глу́пы *и доп.* глупы́ (II.1.А)
2. *сравн. ст.* глупе́е (II.2.А1)
3. *превосх. ст.* глупе́йший (II.3.А1)

**ГЛУХ|О́Й**, -а́я, -о́е, -и́е
1. *кр. ф.*: 1. 'о человеке' — глух, глуха́, глу́хо, глу́хи; 2. 'о звуке' — глух, глуха́, глу́хо, глу́хи *и доп.* глухи́ (II.1.А)
2. *сравн. ст.*: 1. 'о человеке' нет (II.2.Д); 2. 'о звуке' — глу́ше (II.2.Б2а)
3. *превосх. ст.* нет (II.3.Г)

**ГЛЯДЕ́ТЬ** *нсв что и нп*
1. *наст.* гляжу́, гляди́шь, гляди́т, гляди́м, гляди́те, глядя́т (III.2.Б2)
2. *прич. страд. наст.*: гляде́ть *что* — нет (III.7.Г); гляде́ть *нп* — не образ. (III.7)
3. *прич. страд. прош.* не образ. (III.8)
4. *деепр.* гля́дя (III.9.А2)

**гля́дя** см. ГЛЯДЕ́ТЬ
**гна́вший** см. ГНАТЬ

**ГНАТЬ** *нсв* — *ср.* ГОНЯ́ТЬ
1. *наст.* гоню́, го́нишь, го́нит, го́ним, го́ните, го́нят (III.2.А2 *и* III.2.Б1а)
2. *прош.* гнал, гнала́, гна́ло, гна́ли (III.3.А1)
3. *повел.* гони́(те) (III.4.А1)
4. *прич. действ. наст.* го́нящий *и* гоня́щий (III.5.А2)
5. *прич. действ. прош.* гна́вший
6. *прич. страд. наст.* гони́мый (III.7.Б2)
7. *прич. страд. прош.* не образ. (III.8)
8. *деепр.* гоня́ (III.9.Б5)

**ГНЕЗД|О́**, -а́, *с*
1. *им. мн.* гнёзда (I.3.Б1в)

**ГОВОРИ́ТЬ** *нсв* — *св* СКАЗА́ТЬ

**ГОД**, -а, *м* — см. также ЛЕТА́
1. *род. ед.* го́да, *но* год от го́ду *и* год от го́да 'с каждым следующим годом' (I.1.Д)
2. *предл. ед.* о го́де, *но* в году́ (I.2.А)
3. *им. мн.* го́ды *и* года́ (I.3.А1в), *но только* го́ды: в сочет. с существительным в род. пад. — го́ды мо́лодости; в сочет. типа «сороковы́е го́ды», «шестидеся́тые го́ды»; в конструкции «за после́дние го́ды»
4. *род. мн.* годо́в (I.4.А2) *и* лет (I.4.А1б)
5. *сочет. с предлогами*: ито́ги за́ год, план на́ год

**ГОЛ**, -а, *м*
1. *им. мн.* голы́ (I.3.А1б)

**ГОЛОВ|А́**, -ы́ *ж*
1. *вин. ед.* го́лову
2. *им. мн.* го́ловы (I.3.А2)
3. *род. мн.* голо́в (I.4.А1а)
4. *сочет. с предлогами*: схвати́ться за́ голову, на́ голову вы́ше *и* на го́лову вы́ше, поста́вить на́ голову, свали́ться как снег на́ голову, наде́ть ша́пку на́ голову *и* наде́ть ша́пку на го́лову, положи́ть поду́шку под го́лову *и* положи́ть поду́шку под голову

**ГО́ЛОД**, -а, *м*
1. *род. ед.* го́лода, *но* с го́лоду (I.1.Д)
2. *мн.* нет (I.3.Е1)

**ГОЛО́ДН|ЫЙ**, -ая, -ое, -ые
1. *кр. ф.* го́лоден, голодна́, го́лодно, голодны́ *и* го́лодны (II.1.Б2)
2. *сравн. ст.* голодне́е (II.2.А1)
3. *превосх. ст.* нет (II.3.Г)

**ГО́ЛОС**, -а, *м*
1. *им. мн.* голоса́ (I.3.А1а)

**ГОЛОСОВА́ТЬ** *нсв нп*
1. *наст.* голосу́ю, голосу́ешь, го-

лосу́ет, голосу́ем, голосу́ете, голосу́ют (III.2.Б1а)
2. *повел.* голосу́й(те) (III.4.А2а)
3. *прич. действ. наст.* голосу́ющий (III.5.Б1)
4. *прич. страд. наст. не образ.* (III.7)
5. *прич. страд. прош. не образ.* (III.8)
6. *деепр.* голосу́я (III.9.Б1)
   **голосу́ющий** см. г о л о с о в а́ т ь
   **голосу́я** см. г о л о с о в а́ т ь
**ГОЛУБ|О́Й**, -а́я, -о́е, -ы́е
1. *кр. ф. нет* (II.1.Е)
**ГО́ЛУБ|Ь**, -я, *м*
1. *род. мн.* голубе́й (I.4.А3а)
**ГО́Л|ЫЙ**, -ая, -ое, -ые
1. *кр. ф.* гол, гола́, го́ло, го́лы (II.1.А)
2. *сравн. ст. нет* (II.2.Д)
3. *превосх. ст. нет* (II.3.Г)
   **гони́мый** см. г н а т ь
   **гоня́** см. г н а т ь
   **гоня́вший** см. г о н я́ т ь
   **гоня́емый** см. г о н я́ т ь
**ГОНЯ́ТЬ** *нсв* — ср. г н а т ь
1. *наст.* гоня́ю, гоня́ешь, гоня́ет, гоня́ем, гоня́ете, гоня́ют
2. *прош.* гоня́л, гоня́ла, гоня́ло, гоня́ли
3. *повел.* гоня́й(те)
4. *прич. действ. наст.* гоня́ющий
5. *прич. действ. прош.* гоня́вший
6. *прич. страд. наст.* гоня́емый
7. *прич. страд. прош. не образ.* (III.8)
8. *деепр.* гоня́я
   **го́нящий**, **гоня́щий** см. г н а т ь
   **гоня́ющий** см. г о н я́ т ь
   **гоня́** см. г о н я́ т ь
**ГОР|А́**, -ы́, *ж*
1. *вин. ед.* го́ру
2. *им. мн.* го́ры (I.3.А2)
3. *сочет. с предлогами:* скры́ться за́ гору *и* скры́ться за го́ру, подня́ться на́ гору *и* подня́ться на го́ру, спусти́ться под гору *и* спусти́ться под го́ру
4. *согласование*
— названия гор, выступающие в роли грамматического приложения к слову «гора» и выраженные склоняемыми именами существительными, обычно не согласуются в падеже со словом «гора»: *на горе́ Арара́т, у горы́ Казбе́к*;
— согласование в падеже встречается у названий женского рода, например: *на горе́ Зме́йке, у горы́ Магни́тной*.
5. *род несклоняемых существительных — названий гор*
— несклоняемые существительные — названия гор относятся к женскому роду (по грамматическому роду слова «гора»): *покры́тая леса́ми Ай-Пе́три, труднодосту́пная Юнгфра́у* (I.5.А4)
**ГОРА́ЗД**, гора́зда, гора́здо, гора́зды
1. *полн. ф. нет* (II.1.Д)
2. *сравн. ст. не образ.* (II.2)
3. *превосх. ст. не образ.* (II.3)
**ГОРДИ́ТЬСЯ** *нсв нп*
1. *наст.* горжу́сь, горди́шься, горди́тся, горди́мся, горди́тесь, горди́тся (III.2.А4 *и* III.2.Б2)
2. *прич. страд. наст. не образ.* (III.7)
3. *прич. страд. прош. не образ.* (III.8)
4. *деепр.* гордя́сь
**ГО́РД|ЫЙ**, -ая, -ое, -ые
1. *кр. ф.* горд, горда́, го́рдо, го́рды *и доп. устар.* го́рды (II.1.А)
2. *сравн. ст. нет* (II.2.Д)
3. *превосх. ст. нет* (II.3.Г)
   **гордя́сь** см. г о р д и́ т ь с я
**ГО́Р|Е**, -я *с*
1. *мн. нет* (I.3.Е1)
**ГОРИЗОНТА́ЛЬН|ЫЙ**, -ая, -ое, -ые
1. *кр. ф.* горизонта́лен, горизонта́льна, горизонта́льно, горизонта́льны (II.1.Б1)
2. *сравн. ст. не образ.* (II.2)
3. *превосх. ст. не образ.* (II.3)
**ГО́РОД**, -а, *м*
1. *им. мн.* города́ (I.3.А1а)
2. *сочет. с предлогами:* за́ город 'в пригородную зону' *и* за го́род 'за пределы города', за́ городом 'в пригородной зоне' *и* за го́родом 'за пределами города'
3. *согласование*
— названия городов, выступаю-

# ГОРОХ

щие в роли грамматического приложения к слову «город» и выраженные склоняемыми именами существительными, как правило, согласуются в падеже со словом «город»: *в го́роде Смоле́нске, у го́рода Москвы́, над го́родом Алма-Ато́й*;

— обычно не согласуются в падеже редко встречающиеся названия (*о́коло гре́ческого го́рода Во́лос*) или названия, встречающиеся в специальной литературе, в официальных документах и сообщениях (*оди́н из райо́нов Подмоско́вья с центра́льным го́родом Се́рпухов; 400-ле́тие го́рода Чебокса́ры*), а также составные названия (*в го́роде Минера́льные Во́ды*);

— названия городов среднего рода на *-о* иногда не согласуются в падеже, если есть сходные в звуковом отношении названия мужского рода, например: *под го́родом Пу́шкино* (ср. *го́род Пу́шкино*) и *под го́родом Пу́шкином* (ср. *го́род Пу́шкин*).

**4.** *склонение*

— названия городов среднего рода на *-о* склоняются как имена существительные мужского рода на твёрдую согласную (в твор. пад. имеют окончание *-ом*): *под Ива́новом, за Бо́лшевом*;

— в сложных названиях городов склоняются одна или обе части, в зависимости от состава названия: *Росто́в-на-Дону́ — Росто́ва-на-Дону́; Оре́хово-Зу́ево — Оре́хова-Зу́ева; Петропа́вловск-Камча́тский — Петропа́вловска-Камча́тского* (но *Гусь-Хруста́льный — Гусь-Хруста́льного*).

**5.** *род несклоняемых существительных — названий городов*

— несклоняемые существительные — названия городов относятся к мужскому роду (по грамматическому роду слова «город»): *дре́вний Тбили́си, совреме́нный То́кио, окружённый сада́ми Душанбе́* (I.5.А4)

**ГОРО́Х**, -а (-у), м
**1.** *род. ед.* горо́ха *и* горо́ху: сорт горо́ха, купи́ть горо́ха *и* купи́ть горо́ху, мно́го горо́ха *и* мно́го горо́ху, стака́н кру́пного горо́ха (I.1.Г)
**2.** *мн. нет* (I.3.Е1)

**ГО́РСТ|Ь**, -и, ж
**1.** *предл. ед.* о го́рсти, в го́рсти и в горсти́
**2.** *род. мн.* горсте́й (I.4.А3б)
**3.** *дат. мн.* горстя́м
**4.** *твор. мн.* горстя́ми
**5.** *предл. мн.* в горстя́х

**ГО́РЬК|ИЙ**, -ая, -ое, -ие
**1.** *кр. ф.* го́рек, горька́, го́рько, го́рьки *и доп.* горьки́ (II.1.Б2)
**2.** *сравн. ст.*: го́рче (го́рький на вкус) (II.2.Б1а); го́рше (го́рький о́пыт) (II.2.В1в)
**3.** *превосх. ст.* горча́йший (II.3.Б1)

**ГОРЯ́Ч|ИЙ**, -ая, -ее, -ие
**1.** *кр. ф.* горя́ч, горяча́, горячо́, горячи́ (II.1.А)
**2.** *сравн. ст.* горячée (II.2.А1)
**3.** *превосх. ст.* горяче́йший (II.3.А1)

**ГОСПО́ДСТВОВАТЬ** нсв нп
**1.** *наст.* госпо́дствую, госпо́дствуешь, госпо́дствует, госпо́дствуем, госпо́дствуете, госпо́дствуют (III.2.Б1а)
**2.** *повел.* госпо́дствуй(те) (III.4.А2а)
**3.** *прич. действ. наст.* госпо́дствующий (III.5.Б1) — ср. *прил.* господствующий
**4.** *прич. страд. наст. не образ.* (III.7)
**5.** *прич. страд. прош. не образ.* (III.8)
**6.** *деепр.* госпо́дствуя (III.9.Б1)

**ГОСПО́ДСТВУЮЩ|ИЙ**, -ая, -ее, -ие — ср. *прич.* господствующий
**1.** *кр. ф. не образ.* (II.1)
**2.** *сравн. ст. не образ.* (II.2)
**3.** *превосх. ст. не образ.* (II.3)

**госпо́дствующий** см. госпо́дствовать
**госпо́дствуя** см. госпо́дствовать

**ГОСТЕПРИИ́МН|ЫЙ,** -ая, -ое, -ые
1. *кр. ф.* гостеприи́мен, гостеприи́мна, гостеприи́мно, гостеприи́мны (II.1.Б1)

**ГОСТ|Ь,** -я, м
1. *род. мн.* госте́й (I.4.А3а)

**ГОТО́ВИТЬ** нсв
1. *наст.* гото́влю, гото́вишь, гото́вит, гото́вим, гото́вите, гото́вят (III.2.Б2)
2. *повел.* гото́вь(те)
3. *прич. страд. наст.* нет (III.7.Г)
4. *прич. страд. прош. не образ.* (III.8)
5. *деепр.* гото́вя

гото́вя см. г о т о́ в и т ь

**ГРА́БЛИ,** гра́бель (гра́блей), мн.
1. *ед. нет.* (I.3.Ж1)
2. *род. мн.* гра́бель (I.4.Б3а) и гра́блей
3. *дат. мн.* гра́блям
4. *твор. мн.* гра́блями
5. *предл. мн.* на гра́блях

**ГРАД** 'атмосферные осадки', -а (-у), м
1. *род. ед.* гра́да и гра́ду: крупи́нки гра́да, вы́пало мно́го гра́да и вы́пало мно́го гра́ду, оста́тки вы́павшего гра́да (I.1.Г)
2. *мн. нет* (I.3.Е1)

**ГРАЖДАНИ́Н,** -а, м
1. *им. мн.* гра́ждане (I.3.Д1)

**ГРАЧ,** грача́, м
1. *род. ед.* грача́ (I.1.А1)
2. *им. мн.* грачи́ (I.3.А1б)

гребу́щий см. г р е с т и́
грёбший см. г р е с т и́
гребя́ см. г р е с т и́

**ГРЕМЕ́ТЬ** нсв нп
1. *наст.* гремлю́, греми́шь, греми́т, греми́м, греми́те, гремя́т (III.2.А4 и III.2.Б2)
2. *прич. страд. наст. не образ.* (III.7)
3. *прич. страд. прош. не образ.* (III.8)
4. *деепр.* гремя́

гремя́ см. г р е м е́ т ь

**ГРЕСТИ́** (вёслами) нсв нп
1. *наст.* гребу́, гребёшь, гребёт, гребём, гребёте, гребу́т (III.2.Б1а)
2. *прош.* грёб, гребла́, гребло́, гребли́ (III.3.В1в)
3. *повел.* греби́(те) (III.4.А1)
4. *прич. действ. наст.* гребу́щий (III.5.Б4)
5. *прич. действ. прош.* грёбший
6. *прич. страд. наст. не образ.* (III.7)
7. *прич. страд. прош. не образ.* (III.8)
8. *деепр.* гребя́ (III.9.Б3)

**ГРЕТЬ** нсв
1. *прич. страд. наст.* нет (III.7.Г)

**ГРИБ,** гриба́, м
1. *род. ед.* гриба́ (I.1.А1)
2. *им. мн.* грибы́ (I.3.А1б)

**ГРИПП,** -а, м
1. *мн. нет* (I.3.Е1)

**ГРОЗ|А́,** -ы́, ж
1. *им. мн.* гро́зы (I.3.А2)

**ГРОМ,** -а, м
1. *им. мн.* гро́мы
2. *род. мн.* громо́в (I.4.А2)
3. *дат. мн.* грома́м
4. *твор. мн.* грома́ми
5. *предл. мн.* о грома́х

**ГРОМИ́ТЬ** нсв
1. *наст.* громлю́, громи́шь, громи́т, громи́м, громи́те, громя́т (III.2.А4 и III.2.Б2)
2. *прич. страд. наст.* нет (III.7.Г)
3. *прич. страд. прош. не образ.* (III.8)
4. *деепр.* громя́

**ГРО́МК|ИЙ,** -ая, -ое, -ие
1. *кр. ф.* гро́мок, громка́, гро́мко, гро́мки (II.1.Б2)
2. *сравн. ст.* гро́мче (II.2.Б1а)
3. *превосх. ст.* нет (II.3.Г)

громя́ см. г р о м и́ т ь

**ГРУ́Б|ЫЙ,** -ая, -ое, -ые
1. *кр. ф.* груб, груба́, гру́бо, гру́бы и доп. грубы́ (II.1.А)
2. *сравн. ст.* грубе́е (II.2.А1)
3. *превосх. ст.* грубе́йший (II.3.А1)

гру́женный, гружённый см. г р у з и́ т ь

**ГРУЖЁН|ЫЙ,** -ая, -ое, -ые — ср. *прич.* гру́женный и гружённый
1. *кр. ф. не образ.* (II.1)
2. *сравн. ст. не образ.* (II.2)
3. *превосх. ст. не образ.* (II.3)

**ГРУЗИ́ТЬ** нсв
1. *наст.* гружу́, гру́зишь, гру́зит, гру́зим, гру́зите, гру́зят (III.2.А2 и III.2.Б2)
2. *повел.* грузи́(те) (III.4.В1)
3. *прич. действ. наст.* грузя́щий (III.5.А1)
4. *прич. страд. наст.* нет (III.7.Г)
5. *прич. страд. прош.* гру́женный (III.8.Б2а); *кр. ф.* гру́жен, гру́жена, гру́жено, гру́жены *и* гружённый (III.8.Б1б); *кр. ф.* гружён, гружена́, гружено́, гружены́ — ср. *прил.* гружёный
6. *деепр.* грузя́ (III.9.А1)

**ГРУЗОВИ́К**, грузовика́, м
1. *род. ед.* грузовика́ (I.1.А1)
2. *им. мн.* грузовики́ (I.3.А1б)

грузя́ см. грузи́ть
гру́зящий см. грузи́ть

**ГРУ́СТН|ЫЙ**, -ая, -ое, -ые
1. *кр. ф.* гру́стен, грустна́, гру́стно, гру́стны *и* гру́стны (II.1.Б2)
2. *сравн. ст.* грустне́е (II.2.А1)
3. *превосх. ст.* грустне́йший (II.3.А1)

**ГРЫЗТЬ** нсв
1. *прош.* грыз, гры́зла, гры́зло, гры́зли (III.3.Б3)
2. *прич. страд. наст.* нет (III.7.Г)
3. *прич. страд. прош. не образ.* (III.8)
4. *деепр.* грызя́

грызя́ см. грызть

**ГРЯ́ЗН|ЫЙ**, -ая, -ое, -ые
1. *кр. ф.* гря́зен, грязна́, гря́зно, грязны́ *и* гря́зны (II.1.Б2)
2. *сравн. ст.* грязне́е (II.2.А1)
3. *превосх. ст.* грязне́йший (II.3.А1)

**ГУ́БЫ**, губ, мн.
1. *ед.* губ|а́, -ы́, ж (I.3.Ж2а)
2. *им. мн.* гу́бы (I.3.А2)
3. *дат. мн.* губа́м
4. *твор. мн.* губа́ми
5. *предл. мн.* на губа́х

**ГУДЕ́ТЬ** нсв нп
1. *наст.* гужу́, гуди́шь, гуди́т, гуди́м, гуди́те, гудя́т (III.2.А4 и III.2.Б2)
2. *прич. страд. наст. не образ.* (III.7)
3. *прич. страд. прош. не образ.* (III.8)
4. *деепр.* гудя́

**ГУДО́К**, гудка́, м
1. *род. ед.* гудка́ (I.1.Б2б)
2. *им. мн.* гудки́ (I.3.В2б)

гудя́ см. гуде́ть

**ГУСТ|О́Й**, -а́я, -о́е, -ы́е
1. *кр. ф.* густ, густа́, гу́сто, густы́ *и* гу́сты (II.1.А)
2. *сравн. ст.* гу́ще (II.2.Б2а)

**ГУС|Ь**, -я, м
1. *род. ед.* гу́ся *и доп.* гуся́ (I.1.А3), *но только* гу́ся: как с гу́ся вода́ 'ничего не делается, всё сходит благополучно' кому-либо
2. *род. мн.* гусе́й (I.4.А3а)

# Д

дав см. дать

**ДАВА́ТЬ** нсв — св дать
1. *наст.* даю́, даёшь, даёт, даём, даёте, даю́т (III.2.В)
2. *повел.* дава́й(те) (III.4.В1)
3. *прич. действ. наст.* даю́щий (III.5.В1)
4. *прич. страд. наст.* дава́емый (III.7.В1)
5. *прич. страд. прош. не образ.* (III.8)
6. *деепр.* дава́я (III.9.В1)

дава́я см. дава́ть

**ДАВИ́ТЬ** нсв
1. *наст.* давлю́, да́вишь, да́вит, да́вим, да́вите, да́вят (III.2.А2 и III.2.Б2)
2. *повел.* дави́(те) (III.4.В1)
3. *прич. действ. наст.* да́вящий *и* давя́щий (III.5.А2)
4. *прич. страд. наст.* нет (III.7.Г)
5. *прич. страд. прош.* да́вленный (III.8.Б2а) — ср. *прил.* да́вленый
6. *деепр.* давя́ (III.9.А1)

да́вленный см. дави́ть

**ДА́ВЛЕН|ЫЙ**, -ая, -ое, -ые — ср. *прич.* да́вленный
1. *кр. ф. не образ.* (II.1)
2. *сравн. ст. не образ.* (II.2)
3. *превосх. ст. не образ.* (II.3)

# ДЕВОЧКА

**ДА́ВН|ИЙ**, -яя, -ее, -ие
1. *кр. ф.* нет (II.1.Е)
2. *сравн. ст.* нет (II.2.Д)
3. *превосх. ст.* нет (II.3.Г)

**давя́** см. дави́ть
**да́вящий, давя́щий** см. дави́ть

**ДАЛЁК|ИЙ**, -ая, -ое, -ие
1. *кр. ф.* далёк, далека́, далёко *и доп.* далеко́, далеки́ *и* далёки (II.1.А)
2. *сравн. ст.* да́льше (II.2.В1в)
3. *превосх. ст.* нет (II.3.Г)

**ДА́ЛЬН|ИЙ**, -яя, -ее, -ие
1. *кр. ф.* нет (II.1.Е)
2. *сравн. ст.* нет (II.2.Д)
3. *превосх. ст.* нет (II.3.Г)

**да́нный** см. дать
**да́ренный** см. дари́ть

**ДАРЁН|ЫЙ**, -ая, -ое, -ые — *ср. прич.* да́ренный
1. *кр. ф. не образ.* (II.1)
2. *сравн. ст. не образ.* (II.2)
3. *превосх. ст. не образ.* (II.3)

**ДАРИ́ТЬ** нсв
1. *наст.* дарю́, да́ришь, да́рит, да́рим, да́рите, да́рят (III.2.А1)
2. *прич. действ. наст.* даря́щий (III.5.А1)
3. *прич. страд. прош.* да́ренный (III.8.А2) — *ср. прил.* дарёный
4. *деепр.* даря́ (III.9.А1)

**даря́** см. дари́ть
**даря́щий** см. дари́ть

**ДАТЬ** св
1. *нсв* дава́ть (III.1.А3)
2. *буд.* дам, дашь, даст, дади́м, дади́те, даду́т (III.2.А3 *и* III.2.Б1б)
3. *прош.* дал, дала́, да́ло *и* дало́, да́ли (III.3.А1); *с отриц.* не́ дал *и доп.* не да́л, не дала́, не́ дало, *доп.* не да́ло *и доп.* не дало́, не́ дали *и доп.* не да́ли (III.3.А2)
4. *повел.* да́й(те) (III.4.В1)
5. *прич. действ. наст. не образ.* (III.5)
6. *прич. страд. наст. не образ.* (III.7)
7. *прич. страд. прош.* да́нный; *кр. ф.* дан, дана́, дано́, даны́
8. *деепр.* дав

**даю́щий** см. дава́ть

**ДВЕР|Ь**, -и, *ж*
1. *предл. ед.* в двери́, на двери́ *и* в две́ри
2. *род. мн.* двере́й (I.4.А3б)
3. *твор. мн.* дверя́ми *и* дверьми́
4. *предл. мн.* в дверя́х

**дви́гаемый** см. дви́гать

**ДВИ́ГАТЬ** нсв
1. *наст.*: 1. 'перемеща́ть, шевели́ть'— дви́гаю, дви́гаешь, дви́гает, дви́гаем, дви́гаете, дви́гают; 2. 'приводи́ть в де́йствие, побужда́ть, развива́ть'— дви́жу, дви́жешь, дви́жет, дви́жем, дви́жете, дви́жут (III.2.Б1а)
2. *повел.*: 1. 'перемеща́ть, шевели́ть'— дви́гай(те); 2. 'приводи́ть в де́йствие, побужда́ть, развива́ть'— нет (III.4.Г)
3. *прич. действ. наст.*: 1. 'перемеща́ть, шевели́ть'— дви́гающий; 2. 'приводи́ть в де́йствие, побужда́ть, развива́ть'— дви́жущий (III.5.Б2)
4. *прич. страд. наст.*: 1. 'перемеща́ть, шевели́ть'— дви́гаемый; 2. 'приводи́ть в де́йствие, побужда́ть, развива́ть'— дви́жимый (III.7.А3)
5. *прич. страд. прош. не образ.* (III.8)
6. *деепр.* дви́гая

**дви́гающий** см. дви́гать
**дви́гая** см. дви́гать
**дви́жимый** см. дви́гать
**дви́жущий** см. дви́гать

**ДВОР**, двора́, *м*
1. *род. ед.* двора́ (I.1.А1)
2. *им. мн.* дворы́ (I.3.А1б)
3. *сочет. с предлогом*: по́ двору

**ДВОРЕ́Ц**, дворца́, *м*
1. *род. ед.* дворца́ (I.1.Б2а)
2. *им. мн.* дворцы́ (I.3.В2а)
3. *написание*: Дворе́ц бракосочета́ния, Дворе́ц нау́ки и те́хники

**ДВУСМЫ́СЛЕНН|ЫЙ**, -ая, -ое, -ые
1. *кр. ф.* двусмы́слен, двусмы́сленна, двусмы́сленно, двусмы́сленны (II.1.В)
2. *сравн. ст.* нет (II.2.Д)
3. *превосх. ст.* нет (II.3.Г)

**ДЕ́ВОЧК|А**, -и, *ж*
1. *род. мн.* де́вочек (I.4.Б1а)

**ДЕ́ВУШК|А**, -и, ж
1. *род. мн.* де́вушек (I.4.Б1а)

**ДЕ́ДУШК|А**, -и, м
1. *род. мн.* де́душек (I.4.Б1а)

**ДЕЖУ́РИТЬ** *нсв нп*
1. *повел.* дежу́рь(те)
2. *прич. страд. наст. не образ.* (III.7)
3. *прич. страд. прош. не образ.* (III.8)
4. *деепр.* дежу́ря

дежу́ря см. д е ж у́ р и т ь

**ДЕ́ЙСТВЕНН|ЫЙ**, -ая, -ое, -ые
1. *кр. ф.* де́йствен и де́йственен, де́йственна, де́йственно, де́йственны (II.1.В)

**ДЕ́ЙСТВОВАТЬ** *нсв нп*
1. *наст.* де́йствую, де́йствуешь, де́йствует, де́йствуем, де́йствуете, де́йствуют (III.2.Б1а)
2. *повел.* де́йствуй(те) (III.4.А2а)
3. *прич. действ. наст.* де́йствующий (III.5.Б1) — ср. *прил.* д е́ й с т в у ю щ и й
4. *прич. страд. наст. не образ.* (III.7)
5. *прич. страд. прош. не образ.* (III.8)
6. *деепр.* де́йствуя (III.9.Б1)

**ДЕ́ЙСТВУЮЩ|ИЙ**, -ая, -ее, -ие — ср. *прич.* д е́ й с т в у ю щ и й
1. *кр. ф. не образ.* (II.1)
2. *сравн. ст. не образ.* (II.2)
3. *превосх. ст. не образ.* (II.3)

де́йствующий см. д е́ й с т в о в а т ь

де́йствуя см. д е́ й с т в о в а т ь

**ДЕЛЕГА́Т**, -а, м
1. *м. р. — ж. р.*; о нормальности согласования см. I.5.В, а также а́втор

делённый см. д е л и́ т ь

**ДЕЛИ́М|ОЕ**, -ого, с — ср. *прич.* д е л и́ м ы й

**ДЕЛИ́ТЬ** *нсв*
1. *наст.* делю́, де́лишь, де́лит, де́лим, де́лите, де́лят (III.2.А1)
2. *прич. действ. наст.* де́лящий и деля́щий (III.5.А2)
3. *прич. страд. наст.* дели́мый (III.7.Б1) — ср. *сущ.* д е л и́ м о е
4. *прич. страд. прош.* делённый; *кр. ф.* делён, делена́, делено́, делены́
5. *деепр.* деля́ (III.9.А1)

**ДЕ́Л|О**, -а, с
1. *им. мн.* дела́ (I.3.А3б)
2. *род. мн.* дел (I.4.А1б)

**ДЕЛОВ|О́Й**, -а́я, -о́е, -ы́е
1. *кр. ф.* нет (II.1.Е)
2. *сравн. ст.* нет (II. 2.Д)
3. *превосх. ст.* нет (II.3.Г)

деля́ см. д е л и́ т ь

де́лящий, деля́щий см. д е л и́ т ь

**ДЕМОКРАТИ́ЧН|ЫЙ**, -ая, -ое, -ые
1. *кр. ф.* демократи́чен, демократи́чна, демократи́чно, демократи́чны (II.1.Б1)

**ДЕНЬ**, дня, м
1. *род. ед.* дня (I.1.Б2а)
2. *им. мн.* дни (I.3.В2а)
3. *сочет. с предлогами*: изо дня́ в де́нь и *доп.* и́зо дня в де́нь 'ежедневно, беспрестанно', за́ день 'в течение дня; днём раньше', на́ день 'на время, равное дню', со дня́ на́ день 'в один из ближайших дней', де́нь ото дня́ 'постепенно, с каждым днём'

**ДЕ́НЬГИ**, де́нег, мн.
1. *ед.* нет (I.3.Ж1)
2. *род. мн.* де́нег (I.4.В4)
3. *дат. мн.* деньга́м и *доп. устар.* де́ньгам
4. *твор. мн.* деньга́ми и *доп. устар.* де́ньгами
5. *предл. мн.* о деньга́х и *доп. устар.* о де́ньгах

**ДЕПУТА́Т**, -а, м
1. *м. р. — ж. р.*; о нормативности согласования см. I.5.В, а также а́втор

**ДЕРЕВЕ́НСК|ИЙ**, -ая, -ое, -ие
1. *кр. ф. не образ.* (II.1)
2. *сравн. ст. не образ.* (II.2)
3. *превосх. ст. не образ.* (II.3)

**ДЕРЕ́ВН|Я**, -и, ж
1. *род. мн.* дереве́нь (I.4.Б1а)
2. *дат. мн.* деревня́м
3. *твор. мн.* деревня́ми
4. *предл. мн.* о деревня́х
5. *согласование*
— названия деревень, высту-

пающие в роли грамматического приложения к слову «деревня» и выраженные склоняемыми существительными женского рода, как правило, согласуются в падеже со словом «деревня»: *в дерéвне Сосно́вке, в дере́вне Ка́менке*;
— не согласуются в падеже со словом «деревня» названия, грамматический род или число которых отличается от рода или числа слова «деревня»: *у дере́вни Погребе́ц, за дере́вней Березники́.*
**6.** *склонение*
— при отсутствии слова «деревня» названия деревень (в том числе, и названия на *-о*) склоняются: *Во мно́гих деревня́х, наприме́р, в Путя́тине и Я́ковлеве, постро́ены но́вые шко́лы.*

**ДЕ́РЕВ|О,** -а, *с*
**1.** *им. мн.* дере́вья (I.3.Д3)
**держа́** см. д е р ж а́ т ь
**де́ржанный** см. д е р ж а́ т ь
**ДЕРЖА́ТЬ** *нсв*
**1.** *наст.* держу́, де́ржишь, де́ржит, де́ржим, де́ржите, де́ржат (III.2.А1)
**2.** *прич. действ. наст.* держа́щий (III.5.А1)
**3.** *прич. страд. наст.* нет (III.7.Г)
**4.** *прич. страд. прош.* не образ. (III.8)
**5.** *деепр.* держа́ (III.9.А1)
**держа́щий** см. д е р ж а́ т ь

**ДЕСЯ́ТОК,** деся́тка, *м*
**1.** *род. ед.* деся́тка (I.1.Б1б)
**2.** *им. мн.* деся́тки (I.3.В1б)

**ДЕ́ТИ,** дете́й, *мн.*
**1.** *ед.* ребёнок (I.3.Д) *и* дитя́
**2.** *род. мн.* дете́й (I.4.А3в)
**3.** *дат. мн.* де́тям
**4.** *твор. мн.* детьми́
**5.** *предл. мн.* о де́тях

**ДЕ́ТСТВ|О,** -а, *с*
**1.** *мн. нет* (I.3.Е1)

**ДЕШЁВ|ЫЙ,** -ая, -ое, -ые
**1.** *кр. ф.* дёшев, дешева́, дёшево, дёшевы (II.1.А)
**2.** *сравн. ст.* деше́вле (II.2.Б1б)
**3.** *превосх. ст.* нет (II.3.Г)

**ДИ́К|ИЙ,** -ая, -ое, -ие
**1.** *кр. ф.* дик, дика́, ди́ко, ди́ки (II.1.А)
**2.** *сравн. ст.* диче́е *и* ди́че (*в худож. речи*) (II.2.Г)
**3.** *превосх. ст.* дича́йший (II.3.Б1)

**дикто́ванный** см. д и к т о в а́ т ь
**ДИКТОВА́ТЬ** *нсв*
**1.** *наст.* дикту́ю, дикту́ешь, дикту́ет, дикту́ем, дикту́ете, дикту́ют (III.2.Б1а)
**2.** *повел.* дикту́й(те) (III.4.А2а)
**3.** *прич. действ. наст.* дикту́ющий (III.5.Б1)
**4.** *прич. страд. наст.* дикту́емый (III.7.А1)
**5.** *прич. страд. прош.* дикто́ванный (III.8.А1а)
**6.** *деепр.* дикту́я (III.9.Б1)
**дикту́емый** см. д и к т о в а́ т ь
**дикту́ющий** см. д и к т о в а́ т ь
**дикту́я** см. д и к т о в а́ т ь

**ДИРЕ́КТОР,** -а, *м*
**1.** *им. мн.* директора́ (I.3.А1а)
**2.** *м. р.* — *ж. р.*; о нормативности согласования см. I.5.В, а также а́ в т о р

**ДЛИ́НЕН,** длинна́, дли́нно *и доп.* длинно́, длинны́
**1.** *полн. ф.* нет (II.1.Г)
**2.** *сравн. ст.* не образ. (II.2)
**3.** *превосх. ст.* не образ. (II.3)

**ДЛИ́НН|ЫЙ,** -ая, -ое, -ые
**1.** *кр. ф.* дли́нен, длинна́, дли́нно, длинны́ *и* дли́нны (II.1.Б2 *и* II.1.Г)
**2.** *сравн. ст.* длинне́е (II.2.А1)
**3.** *превосх. ст.* длинне́йший (II.3.А1)

**ДНЕВНИ́К,** дневника́, *м*
**1.** *род. ед.* дневника́ (I.1.А1)
**2.** *им. мн.* дневники́ (I.3.А1б)

**ДНО,** дна, *с*
**1.** *им. мн.*: 1. дно реки́ — *мн. нет* (I.3.Е1); 2. до́нья (сосу́дов) (I.3.Д3)

**ДОБА́ВИТЬ** *св*
**1.** *нсв* добавля́ть (III.1.А2а)
**2.** *буд.* доба́влю, доба́вишь, доба́вит, доба́вим, доба́вите, доба́вят (III.2.Б2)
**3.** *повел.* доба́вь(те) (III.4.В1)
**4.** *прич. действ. наст.* не образ. (III.5)
**5.** *прич. страд. наст.* не образ. (III.7)

# ДОБАВЛЯТЬ

**6.** *прич. страд. прош.* добавленный (III.8.Б1а)
**7.** *деепр.* добавив
  добавив см. д о б а́ в и т ь
  добавленный см. д о б а́ в и т ь
  ДОБАВЛЯ́ТЬ *нсв — св* д о б а́ в и т ь
  ДОБИВА́ТЬСЯ *нсв нп — св* д о б и́ т ь с я
  добившись см. д о б и́ т ь с я
  ДОБИ́ТЬСЯ *св нп*
**1.** *нсв* добиваться (III.1.А3)
**2.** *буд.* добью́сь, добьёшься, добьётся, добьёмся, добьётесь, добью́тся (III.2.А4 *и* III.2.Б1а)
**3.** *повел.* добе́йся, добе́йтесь (III.4.В2)
**4.** *прич. действ. наст. не образ.* (III.5)
**5.** *прич. страд. наст. не образ.* (III.7)
**6.** *прич. страд. прош. не образ.* (III.8)
**7.** *деепр.* добившись
  ДОБРОВО́ЛЕЦ, доброво́льца, *м*
**1.** *род. ед.* доброво́льца (I.1.Б1а)
**2.** *им. мн.* доброво́льцы (I.3.В1а)
**3.** *м. р. — ж. р.*; о нормативности согласования см. I.5.В, а также а́ в т о р
  ДО́БР|ЫЙ, -ая, -ое, -ые
**1.** *кр. ф.* добр, добра́, до́бро, добры́ *и* до́бры (II.1.А)
**2.** *сравн. ст.* добре́е (II.2.А1)
**3.** *превосх. ст.* добре́йший (II.3.А1)
  добы́в см. д о б ы́ т ь
  ДОБЫВА́ТЬ *нсв — св* д о б ы́ т ь
  добы́тый, до́бытый см. д о б ы́ т ь
  ДОБЫ́ТЬ *св*
**1.** *нсв* добывать (III.1.А3)
**2.** *буд.* добу́ду, добу́дешь, добу́дет, добу́дем, добу́дете, добу́дут (III.2.Б1а)
**3.** *прош.* добы́л *и доп. устар.* до́был, добыла́, добы́ло *и доп. устар.* до́было, добы́ли *и доп. устар.* до́были (III.3.А1)
**4.** *повел.* добу́дь(те) (III.4.А2б)
**5.** *прич. действ. наст. не образ.* (III.5)

**6.** *прич. страд. наст. не образ.* (III.7)
**7.** *прич. страд. прош.* добы́тый *и доп.* до́бытый (III.8.А3г); *кр. ф.* добы́т *и доп.* до́быт, добыта́, добы́то *и доп.* до́быто, добы́ты *и доп.* до́быты
**8.** *деепр.* добы́в
  дове́рив см. д о в е́ р и т ь
  ДОВЕ́РИТЬ *св*
**1.** *нсв* доверять (III.1.А2а)
**2.** *повел.* дове́рь(те)
**3.** *прич. действ. наст. не образ.* (III.5)
**4.** *прич. страд. наст. не образ.* (III.7)
**5.** *деепр.* дове́рив
  ДОВЕРЯ́ТЬ *нсв — св* д о в е́ р и т ь
  ДОВО́ЛЬН|ЫЙ, -ая, -ое, -ые
**1.** *кр. ф.* дово́лен, дово́льна, дово́льно, дово́льны (II.1.Б1)
**2.** *превосх. ст.* нет (II.3.Г)
  догна́в см. д о г н а́ т ь
  до́гнанный см. д о г н а́ т ь
  ДОГНА́ТЬ *св*
**1.** *нсв* догонять (III.1.Б)
**2.** *буд.* догоню́, дого́нишь, дого́нит, дого́ним, дого́ните, дого́нят (III.2.А2 *и* III.2.Б1а)
**3.** *прош.* догна́л, догнала́, догна́ло, догна́ли (III.3.А1)
**4.** *повел.* догони́(те) (III.4.А1)
**5.** *прич. действ. наст. не образ.* (III.5)
**6.** *прич. страд. наст. не образ.* (III.7)
**7.** *прич. страд. прош.* до́гнанный (III.8.А1а)
**8.** *деепр.* догна́в
  ДОГОВА́РИВАТЬСЯ *нсв нп — св* д о г о в о р и́ т ь с я
  договори́вшись см. д о г о в о р и́ т ь с я
  ДОГОВОРИ́ТЬСЯ *св нп*
**1.** *нсв* договариваться (III.1.А1в)
**2.** *прич. действ. наст. не образ.* (III.5)
**3.** *прич. страд. наст. не образ.* (III.7)
**4.** *прич. страд. прош. не образ.* (III.8)
**5.** *деепр.* договори́вшись *и* договоря́сь (III.10.Б1)

договори́сь см. договори́ться
**ДОГОНЯ́ТЬ** нсв — св догна́ть
дое́в см. дое́сть
дое́вший см. дое́сть
доеда́вший см. доеда́ть
доеда́емый см. доеда́ть
**ДОЕДА́ТЬ** нсв — св дое́сть
1. *наст.* доеда́ю, доеда́ешь, доеда́ет, доеда́ем, доеда́ете, доеда́ют
2. *прош.* доеда́л, доеда́ла, доеда́ло, доеда́ли
3. *повел.* поеда́й(те)
4. *прич. действ. наст.* доеда́ющий
5. *прич. действ. прош.* доеда́вший
6. *прич. страд. наст.* доеда́емый
7. *прич. страд. прош. не образ.* (III.8)
8. *деепр.* доеда́я
доеда́ющий см. доеда́ть
доеда́я см. доеда́ть
дое́денный см. дое́сть
**ДОЕЗЖА́ТЬ** нсв нп — св дое́хать
**ДОЕ́СТЬ** св
1. *нсв* доеда́ть (III.1.А2в)
2. *буд.* дое́м, дое́шь, дое́ст, доеди́м, доеди́те, доедя́т (III.2.А3 и III.2.Б1б)
3. *прош.* дое́л, дое́ла, дое́ло, дое́ли (III.3.В3)
4. *повел.* дое́шь(те)
5. *прич. действ. наст. не образ.* (III.5)
6. *прич. действ. прош.* дое́вший
7. *прич. страд. наст. не образ.* (III.7)
8. *прич. страд. прош.* дое́денный (III.8.В2а)
9. *деепр.* дое́в
дое́хав см. дое́хать
**ДОЕ́ХАТЬ** св нп
1. *нсв* доезжа́ть (III.1.Д)
2. *буд.* дое́ду, дое́дешь, дое́дет, дое́дем, дое́дете, дое́дут (III.2.Б1а)
3. *повел.* доезжа́й(те) (III.4.В3)
4. *прич. действ. наст. не образ.* (III.5)
5. *прич. страд. наст. не образ.* (III.7)
6. *прич. страд. прош. не образ.* (III.8)
7. *деепр.* дое́хав
дожда́вшись см. дожда́ться
**ДОЖДА́ТЬСЯ** св нп
1. *нсв* дожида́ться (III.1.Б)
2. *прош.* дожда́лся и *доп. устар.* дожда́лся, дождала́сь, дожда́лось и *доп.* дождало́сь, дожда́лись и *доп.* дождали́сь
3. *прич. действ. наст. не образ.* (III.5)
4. *прич. страд. наст. не образ.* (III.7)
5. *прич. страд. прош. не образ.* (III.8)
**ДОЖДЬ**, дождя́, м
1. *род. ед.* дождя́ (I.1.А1)
2. *им. мн.* дожди́ (I.3.А1б)
**ДОЖИДА́ТЬСЯ** нсв нп — св дожда́ться
дойдя́ см. дойти́
**ДОЙТИ́** св нп
1. *нсв* доходи́ть (III.1.Д1)
2. *буд.* дойду́, дойдёшь, дойдёт, дойдём, дойдёте, дойду́т (III.2.Б1а)
3. *прош.* дошёл, дошла́, дошло́, дошли́ (III.3.В2)
4. *повел.* дойди́(те) (III.4.А1)
5. *прич. действ. наст. не образ.* (III.5)
6. *прич. действ. прош.* доше́дший (III.6.Б4)
7. *прич. страд. наст. не образ.* (III.7)
8. *прич. страд. прош. не образ.* (III.8)
9. *деепр.* дойдя́ (III.10.А1)
доказа́в см. доказа́ть
дока́занный см. доказа́ть
**ДОКАЗА́ТЬ** св
1. *нсв.* дока́зывать (III.1.А1а)
2. *буд.* докажу́, дока́жешь, дока́жет, дока́жем, дока́жете, дока́жут (III.2.А2 и III.2.Б1а)
3. *повел.* докажи́(те) (III.4.А1)
4. *прич. действ. наст. не образ.* (III.5)
5. *прич. страд. наст. не образ.* (III.7)
6. *прич. страд. прош.* дока́занный (III.8.А1а)
7. *деепр.* доказа́в

## ДОКАЗЫВАТЬ

**ДОКА́ЗЫВАТЬ** *нсв* — *св* доказа́ть

**ДОКЛА́ДЫВАТЬ** *нсв* — *св* доложи́ть

**ДО́КТОР**, -а, *м*
1. *им. мн.* доктора́ (I.3.А1а)
2. *м. р.* — *ж. р.*; о нормативности согласования см. I.5.В, а также **а́втор**

**ДОЛГ**, -а, *м*
1. *предл. ед.* не забыва́ть о до́лге, *но* не оста́ться в долгу́ 'отплати́ть тем же самым' (I.2.В)
2. *им. мн.* долги́ (I.3.А1б)

**ДО́ЛЖЕН**, должна́, должно́, должны́
1. *полн. ф.* нет (II.1.Г)
2. *сравн. ст.* не образ. (II.2)
3. *превосх. ст.* не образ. (II.3)
   доло́женный см. доложи́ть
   доложи́в см. доложи́ть

**ДОЛОЖИ́ТЬ** *св*
1. *нсв* докла́дывать (III.1.Д1)
2. *буд.* доложу́, доло́жишь, доло́жит, доло́жим, доло́жите, доло́жат (III.2.А1)
3. *прич. действ. наст.* не образ. (III.5)
4. *прич. страд. наст.* не образ. (III.7)
5. *прич. страд. прош.* доло́женный (III.8.А2)
6. *деепр.* доложи́в

**ДОМ**, -а, *м*
1. *род. ед.* до до́ма 'до здания', из до́ма 'из здания', *но* до́ дому 'до своего жилища', и́з дому 'из своего жилища' (I.1.Д)
2. *предл. ед.* в до́ме, на до́ме, 'на здании', *но* рабо́тать на дому́ 'дома' (I.2.В)
3. *им. мн.* дома́ (I.3.А1а)
4. *написание*: Дом литера́торов, Дом культу́ры, Дом бы́та, Дом ме́бели
   допо́лнив см. допо́лнить

**ДОПО́ЛНИТЬ** *св*
1. *нсв* дополня́ть (III.1.А2а)
2. *прич. действ. наст.* не образ. (III.5)
3. *прич. страд. наст.* не образ. (III.7)
4. *деепр.* допо́лнив

**ДОПОЛНЯ́ТЬ** *нсв* — *св* допо́лнить

**ДОПУСКА́ТЬ** *нсв* — *св* допусти́ть
   допусти́в см. допусти́ть

**ДОПУСТИ́ТЬ** *св*
1. *нсв* допуска́ть (III.1.А2а)
2. *буд.* допущу́, допу́стишь, допу́стит, допу́стим, допу́стите, допу́стят (III.2.А2 и III.2.Б2)
3. *прич. действ. наст.* не образ. (III.5)
4. *прич. страд. наст.* не образ. (III.7)
5. *прич. страд. прош.* допу́щенный (III.8.Б2а)
6. *деепр.* допусти́в
   допу́щенный см. допусти́ть

**ДОРОГ|О́Й**, -а́я, -о́е, -и́е
1. *кр. ф.* до́рог, дорога́, до́рого, до́роги (II.1.А)
2. *сравн. ст.* доро́же (II.2.Б2а)
3. *превосх. ст.* нет (II.3.Г)

**ДОСК|А́**, -и́ *ж*
1. *вин. ед.* до́ску и доп. доску́
2. *им. мн.* до́ски (I.3.А2)
3. *род. мн.* досо́к и доп. до́сок (I.4.Б1б)
4. *дат. мн.* доска́м и доп. до́скам
   доста́в см. доста́ть
   достава́емый см. достава́ть

**ДОСТАВА́ТЬ** *нсв* — *св* доста́ть
1. *наст.* достаю́, достаёшь, достаёт, достаём, достаёте, достаю́т (III.2.В)
2. *повел.* достава́й(те) (III.4.В1)
3. *прич. действ. наст.* достаю́щий (III.5.В1)
4. *прич. страд. наст.* достава́емый
5. *прич. страд. прош.* не образ. (III.8)
6. *деепр.* достава́я (III.9.В1)
   достава́я см. достава́ть
   доста́вив см. доста́вить

**ДОСТА́ВИТЬ** *св*
1. *нсв* доставля́ть (III.1.А2а)
2. *буд.* доста́влю, доста́вишь, доста́вит, доста́вим, доста́вите, доста́вят (III.2.Б2)
3. *повел.* доста́вь(те)
4. *прич. действ. наст.* не образ. (III.5)

5. *прич. страд. наст. не образ.* (III.7)
6. *прич. страд. прош.* доста́вленный (III.8.Б1а)
7. *деепр.* доста́вив
доста́вленный см. доста́вить
**ДОСТАВЛЯ́ТЬ** *нсв — св* доста́вить
**ДОСТА́ТЬ** *св*
1. *нсв* достава́ть (III.1.А3)
2. *буд.* доста́ну, доста́нешь, доста́нет, доста́нем, доста́нете, доста́нут (III.2.Б1а)
3. *повел.* доста́нь(те) (III.4.А2б)
4. *прич. действ. наст. не образ.* (III.5)
5. *прич. страд. наст. не образ.* (III.7)
6. *прич. страд. прош.* нет (III.8.Г)
7. *деепр.* доста́в
доста́ющий см. достава́ть
**ДОСТИГА́ТЬ** *нсв — св* дости́чь
дости́гнув см. дости́гнуть
дости́гнувший см. дости́гнуть
**ДОСТИ́ГНУТЬ** и **ДОСТИ́ЧЬ** *св нп*
1. *нсв* достигать (III.1.А2в)
2. *буд.* дости́гну, дости́гнешь, дости́гнет, дости́гнем, дости́гнете, дости́гнут
3. *прош.* дости́г и дости́гнул, дости́гла, дости́гло, дости́гли (III.3.Б2б)
4. *прич. действ. наст. не образ.* (III.5)
5. *прич. действ. прош.* дости́гший и дости́гнувший (III.6.Б2б)
6. *прич. страд. наст. не образ.* (III.7)
7. *прич. страд. прош. не образ.* (III.8)
8. *деепр.* дости́гнув
дости́гший см. дости́гнуть
дости́чь см. дости́гнуть
**ДОСТО́ЙН|ЫЙ**, -ая, -ое, -ые
1. *кр. ф.* досто́ин, досто́йна, досто́йно, досто́йны (II.1.Б1)
**ДОХОДИ́ТЬ** *нсв нп — св* дойти́
1. *наст.* дохожу́, дохо́дишь, дохо́дит, дохо́дим, дохо́дите, дохо́дят (III.2.А2 и III.2.Б2)
2. *прич. действ. наст.* доходя́щий (III.5.А1)
3. *прич. страд. наст. не образ.* (III.7)
4. *прич. страд. прош. не образ.* (III.8)
5. *деепр.* доходя́ (III.9.А1)
доходя́ см. доходи́ть
доходя́щий см. доходи́ть
доше́дший см. дойти́
**ДОЯ́РК|А**, -и, *ж*
1. *род. мн.* доя́рок (I.4.Б1б)
**ДРОВА́**, дров, *мн.*
1. *ед. нет* (I.3.Ж1)
2. *род. мн.* дров (I.4.А1б)
**ДРУГ**, -а, *м*
1. *им. мн.* друзья́ (I.3.Д1)
2. *род. мн.* друзе́й (I.4.В2)
дружа́ см. дружи́ть
дру́жащий, дружа́щий см. дружи́ть
**ДРУ́ЖБ|А**, -ы, *ж*
1. *мн. нет* (I.3.Е1)
**ДРУ́ЖЕСК|ИЙ**, -ая, -ое, -ие
1. *кр. ф. нет* (II.1.Е)
2. *сравн. ст. не образ.* (II.2)
3. *превосх. ст. не образ.* (II.3)
**ДРУ́ЖЕСТВЕНН|ЫЙ**, -ая, -ое, -ые
1. *кр. ф.* дру́жествен и дру́жественен, дру́жественна, дру́жественно, дру́жественны (II.1.В)
**ДРУЖИ́ТЬ** *нсв нп*
1. *наст.* дружу́, дру́жишь, дру́жит, дру́жим, дру́жите, дру́жат (III.2.А1)
2. *прич. действ. наст.* дру́жащий и дружа́щий (III.5.А2)
3. *прич. страд. наст. не образ.* (III.7)
4. *прич. страд. прош. не образ.* (III.8)
5. *деепр.* дружа́ (III.9.А1)
**ДРУ́ЖН|ЫЙ**, -ая, -ое, -ые
1. *кр. ф.* дру́жен, дружна́, дру́жно, дружны и дру́жны (II.1.Б2)
2. *сравн. ст.* дружне́е (II.2.А1)
3. *превосх. ст. нет* (II.3.Г)
**ДУБ**, -а, *м*
1. *предл. ед.* на ду́бе и на дубу́ (I.2.Б)
2. *им. мн.* дубы́ (I.3.А1б)

## ДУША

**ДУШ|А́**, -и́, ж
1. *вин. ед.* ду́шу
2. *им. мн.* ду́ши (I.3.А2)
3. *сочет. с предлогами:* за́ душу хвата́ет '*волнует что-либо*', брать на́ душу '*принимать на свою ответственность что-либо*', на́ душу населе́ния, тоскова́ть по ро́дственным ду́шам, говори́ть по душа́м '*искренне*'

**ДЫМ**, -а (-у), м
1. *род. ед.* ды́ма *и* ды́му: за́пах ды́ма, напусти́ть ды́ма *и* напусти́ть ды́му, мно́го ды́ма *и* мно́го ды́му, не ста́ло заводско́го ды́ма (I.1.Г)
2. *предл. ед.* в ды́ме *и* в дыму́ (I.2.Б)
3. *им. мн.* дымы́ (I.3.А1б)

**ДЫР|А́**, -ы́, ж
1. *им. мн.* ды́ры (I.3.А2)

**ДЫХА́НИ|Е**, -я, с
1. *мн. нет* (I.3.Е1)

дыша́ см. дыша́ть

**ДЫША́ТЬ** *нсв нп*
1. *наст.* дышу́, ды́шишь, ды́шит, ды́шим, ды́шите, ды́шат (III.2.А3)
2. *повел.* дыши́(те)
3. *прич. страд. наст. не образ.* (III.7)
4. *прич. страд. прош. не образ.* (III.8)
5. *деепр.* дыша́ (III.9.А1)

# Е

**ЕДИ́НСТВЕНН|ЫЙ**, -ая, -ое, -ые
1. *кр. ф.* еди́нствен *и* еди́нственен, еди́нственна, еди́нственно, еди́нственны (II.1.Б)
2. *сравн. ст. не образ.* (II.2)
3. *превосх. ст. не образ.* (II.3)

е́дучи см. е́хать
е́дущий см. е́хать

**ЁЖ**, ежа́, м
1. *род. ед.* ежа́ (I.1.А2)
2. *им. мн.* ежи́ (I.3.Б1а)

**Е́ЗДИТЬ** *нсв нп* — ср. е́хать
1. *наст.* е́зжу, е́здишь, е́здит, е́здим, е́здите, е́здят (III.2.Б2)
2. *повел.* е́зди(те)
3. *прич. страд. наст. не образ.* (III.7)
4. *прич. страд. прош. не образ.* (III.8)
5. *деепр. нет* (III.9.Д)

**ЁЛК|А**, -и, ж
1. *род. мн.* ёлок (I.4.Б1б)

**ЕСТЕ́СТВЕНН|ЫЙ**, -ая, -ое, -ые
1. *кр. ф.* есте́ствен *и* есте́ственен, есте́ственна, есте́ственно, есте́ственны (II.1.В)

**ЕСТЬ** *нсв*
1. *наст.* ем, ешь, ест, еди́м, еди́те, едя́т (III.2.А3 *и* III.2.Б1б)
2. *прош.* ел, е́ла, е́ло, е́ли (III.3.В3)
3. *повел.* е́шь(те) (III.4.В3)
4. *прич. страд. наст. нет* (III.7.Г)
5. *прич. страд. прош. нет* (III.8.Г)
6. *деепр. нет* (III.9.Д)

есть см. быть

**Е́ХАТЬ** *нсв нп* — ср. е́здить
1. *наст.* е́ду, е́дешь, е́дет, е́дем, е́дете, е́дут (III.2.Б1а)
2. *повел.* поезжа́й(те) (III.4.В3)
3. *прич. действ. наст.* е́дущий (III.5.Б2)
4. *прич. страд. наст. не образ.* (III.7)
5. *прич. страд. прош. не образ.* (III.8)
6. *деепр.* е́дучи (*в худож. речи*) (III.9.В3)

# Ж

**ЖА́ДН|ЫЙ**, -ая, -ое, -ые
1. *кр. ф.* жа́ден, жадна́, жа́дно, жадны́ *и* жа́дны (II.1.Б2)
2. *сравн. ст.* жадне́е (II.2.А1)
3. *превосх. ст.* жадне́йший (II.3.А1)

**ЖАЛЕ́ТЬ** *нсв*
1. *прич. страд. наст. нет* (III.7.Г)
2. *прич. страд. прош. не образ.* (III.8)
3. *деепр.* жале́я

жале́я см. жале́ть

**ЖА́ЛОВАТЬСЯ** нсв нп
1. *наст.* жа́луюсь, жа́луешься, жа́луется, жа́луемся, жа́луетесь, жа́луются (III.2.Б1а)
2. *повел.* жа́луйся, жа́луйтесь (III.4.А2а)
3. *прич. действ. наст.* жа́лующийся (III.5.Б1)
4. *прич. страд. наст. не образ.* (III.7)
5. *прич. страд. прош. не образ.* (III.8)
6. *деепр.* жа́луясь (III.9.Б1)
жа́лующийся см. жа́ловаться
жа́луясь см. жа́ловаться
**ЖАР|А́**, -ы́, ж
1. *мн. нет* (I.3.Е1)
жа́ренный см. жа́рить
**ЖА́РЕН|ЫЙ**, -ая, -ое, -ые — ср. *прич.* жа́ренный
1. *кр. ф. не образ.* (II.1)
2. *сравн. ст. не образ.* (II.2)
3. *превосх. ст. не образ.* (II.3)
**ЖА́РИТЬ** нсв
1. *повел.* жа́рь(те)
2. *прич. страд. наст. нет* (III.7.Г)
3. *прич. страд. прош.* жа́ренный — ср. *прил.* жа́реный
4. *деепр.* жа́ря
**ЖА́РК|ИЙ**, -ая, -ое, -ие
1. *кр. ф.* жа́рок, жарка́, жа́рко, жа́рки (II.1.Б2)
2. *сравн. ст.* жа́рче (II.2.Б1а)
3. *превосх. ст.* жарча́йший (II.3.Б1)
жа́ря см. жа́рить
**ЖАТЬ**[1] (ру́ку) нсв
1. *наст.* жму, жмёшь, жмёт, жмём, жмёте, жмут (III.2.А4 *и* III.2.Б1а)
2. *повел.* жми́(те) (III.4.А1)
3. *прич. действ. наст.* жму́щий (III.5.Б2)
4. *прич. страд. наст. нет* (III.7.Г)
5. *прич. страд. прош. не образ.* (III.8)
6. *деепр. нет* (III.9.Д)
**ЖАТЬ**[2] (рожь) нсв
1. *наст.* жну, жнёшь, жнёт, жнём, жнёте, жнут (III.2.А4 *и* III.2.Б1а)
2. *повел.* жни́(те) (III.4.А1)
3. *прич. действ. наст.* жну́щий (III.5.Б2)
4. *прич. страд. наст. нет* (III.7.Г)
5. *прич. страд. прош. не образ.* (III.8)
6. *деепр. нет* (III.9.Д)
жгу́щий см. жечь
**ЖДАТЬ** нсв
1. *прош.* ждал, ждала́, жда́ло, жда́ли (III.3.А1)
2. *прич. страд. наст. нет* (III.7.Г)
3. *прич. страд. прош. не образ.* (III.8)
4. *деепр. нет* (III.9.Д)
жёванный см. жева́ть
**ЖЁВАН|ЫЙ**, -ая, -ое, -ые — ср. *прич.* жёванный
1. *кр. ф. не образ.* (II.1)
2. *сравн. ст. не образ.* (II.2)
3. *превосх. ст. не образ.* (II.3)
**ЖЕВА́ТЬ** нсв
1. *наст.* жую́, жуёшь, жуёт, жуём, жуёте, жую́т (III.2.Б1а)
2. *повел.* жу́й(те) (III.4.А2)
3. *прич. действ. наст.* жую́щий (III.5.Б1)
4. *прич. страд. наст. нет* (III.7.Г)
5. *прич. страд. прош.* жёванный (III.8.Б2б) — ср. *прил.* жёваный
6. *деепр.* жуя́ (III.9.Б1)
жёгший см. жечь
**ЖЁЛТ|ЫЙ**, -ая, -ое, -ые
1. *кр. ф.* жёлт, желта́, жёлто, желты́ *и* жёлты (II.1.А)
2. *сравн. ст.* желте́е (II.2.Б2б)
3. *превосх. ст.* желте́йший (II.3.Б2)
**ЖЕН|А́**, -ы́, ж — ср. муж
1. *им. мн.* жёны (I.3.Б1б)
2. *сочет. с фамилией*
— при словосочетании «жена и муж» фамилии (как русские, так и нерусские) ставятся в форме мн. числа: *жена́ и муж Ивано́вы, жена́ и муж Ковальчуки́*
3. *форма сказуемого*
— сказуемое при подлежащем, выраженном оборотом «жена с мужем», ставится в форме мн. числа, если действие приписывается двум равноправным субъектам: *Жена́ с му́жем уе́хали отдыха́ть*;
— сказуемое ставится в форме ед. числа, если подлежащим

является только слово «жена», а слово в твор. пад. («с мужем») обозначает лицо, сопутствующее производителю действия: *Жена́ с му́жем уе́хала отдыха́ть* (т. е. *Жена́ уе́хала отдыха́ть с му́жем*);

— при наличии слов «вместе», «совместно» чаще используется форма ед. числа сказуемого: *Жена́ вме́сте с му́жем уе́хала отдыха́ть.*

**жени́вшись** см. жени́ться
**ЖЕНИ́ТЬСЯ** *св и нсв нп*
1. *св и нсв* (III.1.Г)
2. *буд. и наст.* женю́сь, же́нишься, же́нится, же́нимся, же́нитесь, же́нятся (III.2.А1)
3. *прич. действ. наст.:* для *св* — не образ. (III.5); для *нсв* — женя́щийся
4. *прич. страд. наст. не образ.* (III.7)
5. *прич. страд. прош. не образ.* (III.8)
6. *деепр.:* для *св* — жени́вшись; для *нсв* — женя́сь

**женя́сь** см. жени́ться
**женя́щийся** см. жени́ться
**ЖЕРЕБЁНОК**, жеребёнка, *м*
1. *род. ед.* жеребёнка (I.1.Б1б)
2. *им. мн.* жеребя́та (I.3.Д1)

**ЖЁСТК|ИЙ**, -ая, -ое, -ие
1. *кр. ф.* жёсток, жестка́, жёстко, жёстки (II.1.Б2)
2. *сравн. ст.* жёстче (II.2.Б1а)
3. *превосх. ст. нет* (II.3.Г)

**ЖЕСТО́К|ИЙ**, -ая, -ое, -ие
1. *сравн. ст. нет* (II.2.Д)
2. *превосх. ст.* жесточа́йший (II.3.Б1)

**ЖЕЧЬ** *нсв*
1. *наст.* жгу, жжёшь, жжёт, жжём, жжёте, жгут (III.2.А4 и III.2.Б1б)
2. *прош.* жёг, жгла, жгло, жгли (III.3.В1а)
3. *повел.* жги(те) (III.4.А1)
4. *прич. действ. наст.* жгу́щий (III.5.Б5)
5. *прич. действ. прош.* жёгший
6. *прич. страд. наст. нет* (III.7.Г)
7. *прич. страд. прош.* жжённый (III.8.В3); *кр. ф.* жжён, жжена́, жжено́, жжены́ — ср. *прил.* жжёный
8. *деепр. нет* (III.9.Д)

**жжённый** см. жечь
**ЖЖЁН|ЫЙ** -ая, -ое, -ые — ср. *прич.* жжённый
1. *кр. ф. не образ.* (II.1)
2. *сравн. ст. не образ.* (II.2)
3. *превосх. ст. не образ.* (II.3)

**ЖИВ**, жива́, жи́во, жи́вы
1. *полн. ф. нет* (II.1.Д)
2. *сравн. ст. не образ.* (II.2)
3. *превосх. ст. не образ.* (II.3)

**ЖИВ|О́Й**, -а́я, -о́е, -ы́е
1. *кр. ф.* жив, жива́, жи́во, жи́вы (II.1.А)
2. *сравн. ст.:* 1. 'не мёртвый' — нет (II.2.Д); 2. *перен.* 'полный энергии, подвижный; яркий, выразительный' — живе́е
3. *превосх. ст.:* 1. 'не мёртвый' — нет (II.3.Г); 2. *перен.* 'полный энергии, подвижный; яркий, выразительный' — живе́йший

**ЖИ́ВОПИС|Ь**, -и, *ж*
1. *мн. нет* (I.3.Е1)

**ЖИВО́Т**, живота́, *м*
1. *род. ед.* живота́ (I.1.А1)
2. *им. мн.* животы́ (I.3.А1б)

**ЖИВОТНОВО́Д**, -а, *м*
1. *м. р.* — *ж. р.*; о нормативности согласования см. I.5.В, а также а́втор

**живу́щий** см. жить
**живя́** см. жить
**ЖИ́ДК|ИЙ**, -ая, -ое, -ие
1. *кр. ф.* жи́док, жидка́, жи́дко, жи́дки (II.1.Б2)
2. *сравн. ст.* жи́же (II.2.В1а)
3. *превосх. ст.* жидча́йший (II.3.Б1)

**ЖИЗНЕРА́ДОСТН|ЫЙ**, -ая, -ое, -ые
1. *кр. ф.* жизнера́достен, жизнера́достна, жизнера́достно, жизнера́достны (II.1.Б1)

**ЖИР**, -а (-у), *м*
1. *род. ед.* жи́ра *и* жи́ру: следы́ жи́ра, доба́вить жи́ра *и* доба́вить жи́ру, мно́го жи́ра *и* мно́го жи́ру, килогра́мм свино́го жи́ра (I.1.Г)
2. *предл. ед.* в жи́ре, на жи́ре *и* в жиру́, на жиру́ (I.2.Б)
3. *им. мн.* жиры́ (I.3.А1б)

**ЖИРН|ЫЙ**, -ая, -ое, -ые
1. *кр. ф.* жи́рен, жирна́, жи́рно, жирны́ *и* жи́рны (II.1.Б2)
2. *сравн. ст.* жирне́е (II.2.А1)
3. *превосх. ст.* жирне́йший (II.3.А)

**ЖИТЬ** *нсв нп*
1. *наст.* живу́, живёшь, живёт, живём, живёте, живу́т (III.2.А4 *и* III.2.Б1а)
2. *прош.* жил, жила́, жи́ло, жи́ли (III.3.А1); *с отриц.* не́ жил *и доп.* не жи́л, не жила́, не́ жило *и доп.* не жи́ло, не́ жили *и доп.* не жи́ли (III.3.А2)
3. *повел.* живи́(те) (III.4.А1)
4. *прич. действ. наст.* живу́щий (III.5.В2)
5. *прич. страд. наст. не образ.* (III.7)
6. *прич. страд. прош. не образ.* (III.8)
7. *деепр.* живя́ (III.9.В2)

**жму́щий** см. ж а т ь¹
**жну́щий** см. ж а т ь²

**ЖУК**, жука́, *м*
1. *род. ед.* жука́ (I.1.А1)
2. *им. мн.* жуки́ (I.3.А1б)

**ЖУРА́ВЛЬ**, журавля́, *м*
1. *род. ед.* журавля́ (I.1.А1)
2. *им. мн.* журавли́ (I.3.А1б)

**жую́щий** см. ж е в а́ т ь
**жуя́** см. ж е в а́ т ь

# З

**ЗАБАСТО́ВК|А**, -и, *ж*
1. *род. мн.* забасто́вок (I.4.Б1б)

**заби́в** см. з а б и́ т ь
**ЗАБИВА́ТЬ** *нсв — св* з а б и́ т ь
**ЗАБИ́ТЬ** *св*
1. *нсв* забива́ть (III.1.А3)
2. *буд.* забью́, забьёшь, забьёт, забьём, забьёте, забью́т (III.2.А4 *и* III.2.Б1а)
3. *повел.* забе́й(те) (III.4.В2)
4. *прич. действ. наст. не образ.* (III.5)
5. *прич. страд. наст. не образ.* (III.7)
6. *деепр.* заби́в

**заблуди́вшись** см. з а б л у д и́ т ь с я
**ЗАБЛУДИ́ТЬСЯ** *св нп*
1. *буд.* заблужу́сь, заблу́дишься, заблу́дится, заблу́димся, заблу́дитесь, заблу́дятся (III.2.А2 *и* III.2.Б2)
2. *повел.: обычно с отриц.* не заблуди́сь, не заблуди́тесь (III.4.В1)
3. *прич. действ. наст. не образ.* (III.5)
4. *прич. страд. наст. не образ.* (III.7)
5. *прич. страд. прош. не образ.* (III.8)
6. *деепр.* заблуди́вшись *и* заблудя́сь (III.10.Б1)

**заблудя́сь** см. з а б л у д и́ т ь с я
**заболе́в** см. з а б о л е́ т ь
**ЗАБОЛЕВА́ТЬ** *нсв нп — св* з а б о л е́ т ь
**ЗАБОЛЕ́ТЬ** *св нп*
1. *нсв* заболева́ть (III.1.А3)
2. *повел.: обычно с отриц.* не заболе́й(те)
3. *прич. действ. наст. не образ.* (III.5)
4. *прич. страд. наст. не образ.* (III.7)
5. *прич. страд. прош. не образ.* (III.8)
6. *деепр.* заболе́в

**ЗАБО́ТИТЬСЯ** *нсв нп*
1. *наст.* забо́чусь, забо́тишься, забо́тится, забо́тимся, забо́титесь, забо́тятся (III.2.Б2)
2. *повел.* забо́ться, забо́тьтесь
3. *прич. страд. наст. не образ.* (III.7)
4. *прич. страд. прош. не образ.* (III.8)
5. *деепр.* забо́тясь

**забо́тясь** см. з а б о́ т и т ь с я
**забы́в** см. з а б ы́ т ь
**ЗАБЫВА́ТЬ** *нсв — св* з а б ы́ т ь
**ЗАБЫ́ТЬ** *св*
1. *нсв* забыва́ть (III.1.А3)
2. *буд.* забу́ду, забу́дешь, забу́дет, забу́дем, забу́дете, забу́дут (III.2.Б1а)
3. *повел.* забу́дь(те) (III.4.А2б)

## ЗАВЕРНУТЬ

4. *прич. действ. наст. не образ.* (III.5)
5. *прич. страд. наст. не образ.* (III.7)
6. *деепр.* забы́в
заведённый см. завести́
заве́дший см. завести́
заведя́ см. завести́
верну́в см. заверну́ть
завёрнутый см. заверну́ть
**ЗАВЕРНУ́ТЬ** *св*
1. *прич. действ. наст. не образ.* (III.5)
2. *прич. страд. наст. не образ.* (III.7)
3. *прич. страд. прош.* завёрнутый (III.8.Б2б)
4. *деепр.* заверну́в
**ЗАВЕСТИ́** (мото́р) *св*
1. *нсв* заводи́ть (III.1.А4б)
2. *буд.* заведу́, заведёшь, заведёт, заведём, заведёте, заведу́т (III.2.Б1а)
3. *прош.* завёл, завела́, завело́, завели́ (III.3.В1б)
4. *повел.* заведи́(те) (III.4.А1)
5. *прич. действ. наст. не образ.* (III.5)
6. *прич. действ. прош.* заве́дший (III.6.Б1а)
7. *прич. страд. наст. не образ.* (III.7)
8. *прич. страд. прош.* заведённый (III.8.В1); *кр. ф.* заведён, заведена́, заведено́, заведены́
9. *деепр.* заведя́ (III.9.Б3)
зави́сев см. зави́сеть
**ЗАВИ́СЕТЬ** *нсв нп*
1. *наст.* зави́шу, зави́сишь, зави́сит, зави́сим, зави́сите, зави́сят (III.2.Б2)
2. *повел.: обычно с отриц.* не зави́сь, не зави́сьте
3. *прич. страд. наст. не образ.* (III.7)
4. *прич. страд. прош. не образ.* (III.8)
5. *деепр.* зави́сев
заводи́мый см. заводи́ть
**ЗАВОДИ́ТЬ** (мото́р) *нсв — св* завести́
1. *наст.* завожу́, заво́дишь, заво́дит, заво́дим, заво́дите, заво́дят (III.2.А2 *и* III.2.Б2)

2. *прич. действ. наст.* заводя́щий (III.5.А1)
3. *прич. страд. наст.* заводи́мый (III.7.Б1)
4. *прич. страд. прош. не образ.* (III.8)
5. *деепр.* заводя́ (III.9.А1)
заводя́ см. заводи́ть
заводя́щий см. заводи́ть
завоева́в см. завоева́ть
завоёванный см. завоева́ть
**ЗАВОЕВА́ТЬ** *св*
1. *нсв* завоёвывать (III.1.А1а)
2. *буд.* завою́ю, завою́ешь, завою́ет, завою́ем, завою́ете, завою́ют (III.2.Б1а)
3. *повел.* завою́й(те) (III.4.А2а)
4. *прич. действ. наст. не образ.* (III.5)
5. *прич. страд. наст. не образ.* (III.7)
6. *прич. страд. прош.* завоёванный (III.8.Б2б)
7. *деепр.* завоева́в
**ЗАВОЁВЫВАТЬ** *нсв — св* завоева́ть
**ЗА́ВТРАШН|ИЙ**, -яя, -ее, -ие
1. *кр. ф. не образ.* (II.1)
2. *сравн. ст. не образ.* (II.2)
3. *превосх. ст. не образ.* (II.3)
завяза́в см. завяза́ть
завя́занный см. завяза́ть
**ЗАВЯЗА́ТЬ** *св*
1. *нсв* завя́зывать (III.1.А1а)
2. *буд.* завяжу́, завя́жешь, завя́жет, завя́жем, завя́жете, завя́жут (III.2.А2 *и* III.2.Б1а)
3. *повел.* завяжи́(те) (III.4.А1)
4. *прич. действ. наст. не образ.* (III.5)
5. *прич. страд. наст. не образ.* (III.7)
6. *прич. страд. прош.* завя́занный (III.8.А1а)
7. *деепр.* завяза́в
**ЗАВЯ́ЗЫВАТЬ** *нсв — св* завяза́ть
загада́в см. загада́ть
зага́данный см. загада́ть
**ЗАГАДА́ТЬ** *св*
1. *нсв.* зага́дывать (III.1.А1а)
2. *повел.* загада́й(те)
3. *прич. действ. наст. не образ.* (III.5)

# ЗАЖЕЧЬ

**4.** *прич. страд. наст. не образ.* (III.7)
**5.** *прич. страд. прош.* загаданный (III.8.А1а)
**6.** *деепр.* загадав
**ЗАГАДК|А**, -и, *ж*
**1.** *род. мн.* загадок (I.4.Б1б)
**ЗАГАДЫВАТЬ** *нсв — св* загадать
заглянув см. з а г л я н у т ь
**ЗАГЛЯНУТЬ** *св нп*
**1.** *буд.* загляну, заглянешь, заглянет, заглянем, заглянете, заглянут (III.2.А1)
**2.** *прич. действ. наст. не образ.* (III.5)
**3.** *прич. страд. наст. не образ.* (III.7)
**4.** *прич. страд. прош. не образ.* (III.8)
**5.** *деепр.* заглянув
задав см. з а д а т ь
задаваемый см. з а д а в а т ь
**ЗАДАВАТЬ** *нсв — св* задать
**1.** *наст.* задаю, задаёшь, задаёт, задаём, задаёте, задают (III.2.В)
**2.** *повел.* задавай(те) (III.4.В1)
**3.** *прич. действ. наст.* задающий (III.5.В1)
**4.** *прич. страд. наст.* задаваемый (III.7.В1)
**5.** *прич. страд. прош. не образ.* (III.8)
**6.** *деепр.* задавая
задавая см. з а д а в а т ь
задавший см. з а д а т ь
заданный см. з а д а т ь
**ЗАДАТЬ** *св*
**1.** *нсв* задавать (III.1.А3)
**2.** *буд.* задам, задашь, задаст, зададим, зададите, зададут (III.2.А3 *и* III.2.Б1б)
**3.** *прош.* задал *и доп.* задал, задала, задало *и доп.* задало, задали *и доп.* задали (III.3.А1)
**4.** *повел.* задай(те)
**5.** *прич. действ. наст. не образ.* (III.5)
**6.** *прич. действ. прош.* задавший (III.6.А1)
**7.** *прич. страд. наст. не образ.* (III.7)
**8.** *прич. страд. прош.* заданный (III.8.А1б); *кр. ф.* задан, задана́ *и доп.* задана, задано, заданы
**9.** *деепр.* задав
задающий см. з а д а в а т ь
задев см. з а д е т ь
**ЗАДЕВАТЬ** *нсв — св* задеть
задержав см. з а д е р ж а т ь
задержанный см. з а д е р ж а т ь
**ЗАДЕРЖАТЬ** *св*
**1.** *нсв* задерживать (III.1.А1а)
**2.** *буд.* задержу, задержишь, задержит, задержим, задержите, задержат (III.2.А1)
**3.** *прич. действ. наст. не образ.* (III.5)
**4.** *прич. страд. наст. не образ.* (III.7)
**5.** *прич. страд. прош.* задержанный (III.8.А1а)
**6.** *деепр.* задержав
**ЗАДЕРЖИВАТЬ** *нсв — св* задержать
**ЗАДЕТЬ** *св*
**1.** *нсв* задевать (III.1.А3)
**2.** *буд.* задену, заденешь, заденет, заденем, заденете, заденут (III.2.Б1а)
**3.** *повел.* задень(те) (III.4.А2б)
**4.** *прич. действ. наст. не образ.* (III.5)
**5.** *прич. страд. наст. не образ.* (III.7)
**6.** *деепр.* задев
**ЗАДН|ИЙ**, -яя, -ее, -ие
**1.** *кр. ф. не образ.* (II.1)
**2.** *сравн. ст. не образ.* (II.2)
**3.** *превосх. ст. не образ.* (II.3)
зажёгший см. з а ж е ч ь
**ЗАЖЕЧЬ** *св*
**1.** *нсв* зажигать (III.1.А2в)
**2.** *буд.* зажгу, зажжёшь, зажжёт, зажжём, зажжёте, зажгут (III.2.А4 *и* III.2.Б1б)
**3.** *прош.* зажёг, зажгла, зажгло, зажгли (III.3.В1а)
**4.** *повел.* зажги(те) (III.4.А1)
**5.** *прич. действ. наст. не образ.* (III.5)
**6.** *прич. действ. прош.* зажёгший
**7.** *прич. страд. наст. не образ.* (III.7)
**8.** *прич. страд. прош.* зажжённый (III.8.В4); *кр. ф.* зажжён, зажжена, зажжено, зажжены

# ЗАЖИГАТЬ

**9.** *деепр.* нет
**зажжённый** см. з а ж е́ ч ь
**ЗАЖИГА́ТЬ** *нсв* — *св* з а ж е́ ч ь
**зайдя́** см. з а й т и́
**ЗАЙТИ́** *св нп*
**1.** *нсв* заходи́ть (III.1.Д1)
**2.** *буд.* зайду́, зайдёшь, зайдёт, зайдём, зайдёте, зайду́т (III.2.Б1а)
**3.** *прош.* зашёл, зашла́, зашло́, зашли́ (III.3.В2)
**4.** *повел.* зайди́(те) (III.4.А1)
**5.** *прич. действ. наст. не образ.* (III.5)
**6.** *прич. действ. прош.* заше́дший (III.6.Б4)
**7.** *прич. страд. наст. не образ.* (III.7)
**8.** *прич. страд. прош. не образ.* (III.8)
**9.** *деепр.* зайдя́ (III.10.А1)
**заказа́в** см. з а к а з а́ т ь
**зака́занный** см. з а к а з а́ т ь
**ЗАКАЗА́ТЬ** *св*
**1.** *нсв* зака́зывать (III.1.А1а)
**2.** *буд.* закажу́, зака́жешь, зака́жет, зака́жем, зака́жете, зака́жут (III.2.А2 *и* III.2.Б1а)
**3.** *повел.* закажи́(те) (III.4.А1)
**4.** *прич. действ. наст. не образ.* (III.5)
**5.** *прич. страд. наст. не образ.* (III.7)
**6.** *прич. страд. прош.* зака́занный (III.8.А1а)
**7.** *деепр.* заказа́в
**ЗАКА́ЗЫВАТЬ** *нсв* — *св* з а к а з а́ т ь
**ЗАКА́НЧИВАТЬ** *нсв* — *св* з а к о́ н ч и т ь
**ЗАКА́НЧИВАТЬСЯ** *нсв нп* — *св* з а к о́ н ч и т ь с я
**ЗАКЛЮЧА́ТЬ** *нсв* — *св* з а к л ю ч и́ т ь
**заключённый** см. з а к л ю ч и́ т ь
**заключи́в** см. з а к л ю ч и́ т ь
**ЗАКЛЮЧИ́ТЬ** *св* — *нсв* з а к л ю ч а́ т ь
**1.** *буд.* заключу́, заключи́шь, заключи́т, заключи́м, заключи́те, заключа́т
**2.** *прич. действ. наст. не образ.* (III.5)
**3.** *прич. страд. наст. не образ.* (III.7)
**4.** *прич. страд. прош.* заключённый; *кр. ф.* заключён, заключена́, заключено́, заключены́
**5.** *деепр.* заключи́в
**зако́нчась** см. з а к о́ н ч и т ь с я
**зако́нчив** см. з а к о́ н ч и т ь
**зако́нчившись** см. з а к о́ н ч и т ь с я
**ЗАКО́НЧИТЬ** *св*
**1.** *нсв* зака́нчивать (III.1.А1в)
**2.** *прич. действ. наст. не образ.* (III.5)
**3.** *прич. страд. наст. не образ.* (III.7)
**4.** *деепр.* зако́нчив
**ЗАКО́НЧИТЬСЯ** *св нп*
**1.** *нсв* зака́нчиваться (III.1.А1в)
**2.** *прич. действ. наст. не образ.* (III.5)
**3.** *прич. страд. наст. не образ.* (III.7)
**4.** *прич. страд. прош. не образ.* (III.8)
**5.** *деепр.* зако́нчившись *и* зако́нчась (III.10.Б1)
**закры́в** см. з а к р ы́ т ь
**ЗАКРЫВА́ТЬ** *нсв* — *св* з а к р ы́ т ь
**ЗАКРЫ́ТЬ** *св*
**1.** *нсв* закрыва́ть (III.1.А3)
**2.** *буд.* закро́ю, закро́ешь, закро́ет, закро́ем, закро́ете, закро́ют (III.2.Б1а)
**3.** *повел.* закро́й(те) (III.4.А2а)
**4.** *прич. действ. наст. не образ.* (III.5)
**5.** *прич. страд. наст. не образ.* (III.7)
**6.** *деепр.* закры́в
**ЗАЛЕЗА́ТЬ** *нсв нп* — *св* з а л е́ з т ь
**ЗАЛЕ́ЗТЬ** *св нп*
**1.** *нсв* залеза́ть (III.1.А2в)
**2.** *прош.* зале́з, зале́зла, зале́зло, зале́зли (III.3.Б3)
**3.** *повел.* зале́зь(те)
**4.** *прич. действ. наст. не образ.* (III.5)
**5.** *прич. страд. наст. не образ.* (III.7)
**6.** *прич. страд. прош. не образ.* (III.8)

7. *деепр.* зале́зши (III.10.А2)
**зале́зши** см. з а л е́ з т ь
**заменённый** см. з а м е н и́ т ь
**замени́в** см. з а м е н и́ т ь
**ЗАМЕНИ́ТЬ** *св* — *нсв* з а м е -
н я́ т ь
1. *буд.* заменю́, заме́нишь, заме́-
нит, заме́ним, заме́ните, заме́нят
(III.2.А1)
2. *прич. действ. наст. не образ.*
(III.5)
3. *прич. страд. наст. не образ.*
(III.7)
4. *прич. страд. прош.* заменённый; *кр. ф.* заменён, заменена́,
заменено́, заменены́
5. *деепр.* замени́в
**ЗАМЕНЯ́ТЬ** *нсв* — *св* з а м е -
н и́ т ь
**заме́тив** см. з а м е́ т и т ь
**ЗАМЕ́ТИТЬ** *св*
1. *нсв* замеча́ть (III.1.А2а)
2. *буд.* заме́чу, заме́тишь, заме́-
тит, заме́тим, заме́тите, заме́тят
(III.2.Б2)
3. *повел.* заме́ть(те)
4. *прич. действ. наст. не образ.*
(III.5)
5. *прич. страд. наст. не образ.*
(III.7)
6. *прич. страд. прош.* заме́чен-
ный (III.8.Б1а)
7. *деепр.* заме́тив
**ЗАМЕЧА́ТЕЛЬН|ЫЙ**, -ая, -ое,
-ые
1. *кр. ф.* замеча́телен, замеча́те-
льна, замеча́тельно, замеча́тель-
ны (II.1.Б1)
**ЗАМЕЧА́ТЬ** *нсв* — *св* з а м е́ -
т и т ь
**заме́ченный** см. з а м е́ т и т ь
**ЗА́МОК**, за́мка, *м*
1. *род. ед.* за́мка (I.1.Б1б)
2. *им. мн.* за́мки (I.3.В1б)
**ЗАМО́К**, замка́, *м*
1. *род. ед.* замка́ (I.1.Б2б)
2. *им. мн.* замки́ (I.3.В2б)
**ЗАМОЛКА́ТЬ** *нсв нп* — *св* з а -
м о л ч а́ т ь
**замолча́в** см. з а м о л ч а́ т ь
**ЗАМОЛЧА́ТЬ** *св нп*
1. *нсв* замолка́ть (III.1.Б)
2. *прич. действ. наст. не образ.*
(III.5)

3. *прич. страд. наст. не образ.*
(III.7)
4. *прич. страд. прош. не образ.*
(III.8)
5. *деепр.* замолча́в
**ЗА́МЫСЕЛ**, за́мысла, *м*
1. *род. ед.* за́мысла (I.1.Б1а)
2. *им. мн.* за́мыслы (I.3.В1а)
**ЗАНИМА́ТЬ** *нсв* — *св* з а н я́ т ь
**ЗАНИМА́ТЬСЯ** *нсв нп* — *св*
з а н я́ т ь с я
**заня́в** см. з а н я́ т ь
**заня́вший** см. з а н я́ т ь
**заня́вшийся** см. з а н я́ т ь с я
**заня́вшись** см. з а н я́ т ь с я
**ЗА́НЯТ|ОЙ**, -а́я, -о́е, -ы́е — ср.
*прич.* з а́ н я т ы й
1. *кр. ф. не образ.* (II.1)
2. *сравн. ст. не образ.* (II.2)
3. *превосх. ст. не образ.* (II.3)
**за́нятый** см. з а н я́ т ь
**ЗАНЯ́ТЬ** *св*
1. *нсв* занима́ть (III.1.Б)
2. *буд.* займу́, займёшь, займёт,
займём, займёте, займу́т
(III.2.А4 *и* III.2.Б1а)
3. *прош.* за́нял, заняла́, за́няло,
за́няли (III.3.А1)
4. *повел.* займи́(те) (III.4.А1)
5. *прич. действ. наст. не образ.*
(III.5)
6. *прич. действ. прош.* заня́вший
(III.6.А1)
7. *прич. страд. наст. не образ.*
(III.7)
8. *прич. страд. прош.* за́нятый;
*кр. ф.* за́нят, занята́, за́нято, за́-
няты (III.8.А3д) — ср. *прил.* з а -
н я т о́ й
9. *деепр.* заня́в
**ЗАНЯ́ТЬСЯ** *св нп*
1. *нсв* занима́ться (III.1.Б)
2. *буд.* займу́сь, займёшься, зай-
мётся, займёмся, займётесь, зай-
му́тся (III.2.А4 *и* III.2.Б1а)
3. *прош.* занялся́ *и доп.* заня́лся,
заняла́сь, заняло́сь, заняли́сь
(III.3.А1)
4. *повел.* займи́сь, займи́тесь
(III.4.А1)
5. *прич. действ. наст. не образ.*
(III.5)
6. *прич. действ. прош.* заня́в-
шийся (III.6.А1)

**7.** *прич. страд. наст. не образ.* (III.7)
**8.** *прич. страд. прош. не образ.* (III.8)
**9.** *деепр.* занявшись

**ЗА́ПАД**, -а, *м*
**1.** *мн. нет* (I.3.Е1)

**ЗАПАСА́ТЬ** *нсв — св* запасти́
запасённый см. запасти́

**ЗАПАСТИ́** *св*
**1.** *нсв* запаса́ть (III.1.А2в)
**2.** *прош.* запа́с, запасла́, запасло́, запасли́ (III.3.В1в)
**3.** *прич. действ. наст. не образ.* (III.5)
**4.** *прич. страд. наст. не образ.* (III.7)
**5.** *прич. страд. прош.* запасённый; *кр. ф.* запасён, запасена́, запасено́, запасены́
**6.** *деепр.* запа́сши (III.10.А2)
запа́сши см. запасти́
запе́в см. запе́ть

**ЗАПЕВА́ТЬ** *нсв — св* запе́ть
**ЗАПЕ́ТЬ** *св*
**1.** *нсв* запева́ть (III.1.А3)
**2.** *буд.* запою́, запоёшь, запоёт, запоём, запоёте, запою́т (III.2.А4 *и* III.2.Б1а)
**3.** *повел.* запо́й(те)
**4.** *прич. действ. наст. не образ.* (III.5)
**5.** *прич. страд. наст. не образ.* (III.7)
**6.** *деепр.* запе́в

записа́в см. записа́ть
запи́санный см. записа́ть

**ЗАПИСА́ТЬ** *св*
**1.** *нсв* запи́сывать (III.1.А1а)
**2.** *буд.* запишу́, запи́шешь, запи́шет, запи́шем, запи́шете, запи́шут (III.2.А2 *и* III.2.Б1а)
**3.** *повел.* запиши́(те) (III.4.А1)
**4.** *прич. действ. наст. не образ.* (III.5)
**5.** *прич. страд. наст. не образ.* (III.)
**6.** *прич. страд. прош.* запи́санный (III.8.А1а)
**7.** *деепр.* записа́в

**ЗАПИ́СК|А**, -и, *ж*
**1.** *род. мн.* запи́сок (I.4.Б1б)

**ЗАПИ́СЫВАТЬ** *нсв — св* записа́ть
запла́кав см. запла́кать

**ЗАПЛА́КАТЬ** *св нп*
**1.** *буд.* запла́чу, запла́чешь, запла́чет, запла́чем, запла́чете, запла́чут (III.2.Б1а)
**2.** *повел.* запла́чь(те) (III.4.А2)
**3.** *прич. действ. наст. не образ.* (III.5)
**4.** *прич. страд. наст. не образ.* (III.7)
**5.** *прич. страд. прош. не образ.* (III.8)
**6.** *деепр.* запла́кав

**ЗАПЛЕСТИ́** *св*
**1.** *нсв* заплета́ть (III.1.А2в)
**2.** *буд.* заплету́, заплетёшь, заплетёт, заплетём, заплетёте, заплету́т (III.2.Б1а)
**3.** *прош.* заплёл, заплела́, заплело́, заплели́ (III.3.В1б)
**4.** *повел.* заплети́(те) (III.4А1)
**5.** *прич. действ. наст. не образ.* (III.5)
**6.** *прич. действ. прош.* заплётший (III.6.Б1б)
**7.** *прич. страд. наст. не образ.* (III.7)
**8.** *прич. страд. прош.* заплетённый (III.8.В1); *кр. ф.* заплетён, заплетена́, заплетено́, заплетены́
**9.** *деепр.* заплетя́ (III.10.А1)

**ЗАПЛЕТА́ТЬ** *нсв — св* заплести́
заплетённый см. заплести́
заплётший см. заплести́
заплетя́ см. заплести́
запо́лнив см. запо́лнить

**ЗАПО́ЛНИТЬ** *св*
**1.** *нсв* заполня́ть (III.1.А2а)
**2.** *прич. действ. наст. не образ.* (III.5)
**3.** *прич. страд. наст. не образ.* (III.7)
**4.** *деепр.* запо́лнив

**ЗАПОЛНЯ́ТЬ** *нсв — св* запо́лнить
**ЗАПОМИНА́ТЬ** *нсв — св* запо́мнить
запо́мнив см. запо́мнить

**ЗАПО́МНИТЬ** *св*
**1.** *нсв* запомина́ть (III.1.А2а)

2. *прич. действ. наст. не образ.* (III.5)
3. *прич. страд. наст. не образ.* (III.7)
4. *деепр.* запомнив
**запрети́в** см. з а п р е т и́ т ь
**ЗАПРЕТИ́ТЬ** *св*
1. *нсв* запреща́ть (III.1.А2а)
2. *буд.* запрещу́, запрети́шь, запрети́т, запрети́м, запрети́те, запретя́т (III.2.А4 и III.2.Б2)
3. *прич. действ. наст. не образ.* (III.5)
4. *прич. страд. наст. не образ.* (III.7)
5. *прич. страд. прош.* запрещённый (III.8.Б1б); *кр. ф.* запрещён, запрещена́, запрещено́, запрещены́
6. *деепр.* запрети́в
**ЗАПРЕЩА́ТЬ** *нсв — св* з а п р е т и́ т ь
**запрещённый** см. з а п р е т и́ т ь
**ЗАПУСКА́ТЬ** *нсв — св* з а п у с т и́ т ь
**запусти́в** см. з а п у с т и́ т ь
**ЗАПУСТИ́ТЬ** *св*
1. *нсв* запуска́ть (III.1.А2а)
2. *буд.* запущу́, запу́стишь, запу́стит, запу́стим, запу́стите, запу́стят (III.2.А2 и III.2.Б2)
3. *повел.* запусти́(те) (III.4.В1)
4. *прич. действ. наст. не образ.* (III.5)
5. *прич. страд. наст. не образ.* (III.7)
6. *прич. страд. прош.* запу́щенный (III.8.Б2а)
7. *деепр.* запусти́в
**запу́щенный** см. з а п у с т и́ т ь
**ЗАРАБА́ТЫВАТЬ** *нсв — св* з а р а б о́ т а т ь
**зарабо́тав** см. з а р а б о́ т а т ь
**ЗАРАБО́ТАТЬ** *св*
1. *нсв* зараба́тывать (III.1.А1а)
2. *повел.* зарабо́тай(те)
3. *прич. действ. наст. не образ.* (III.5)
4. *прич. страд. наст. не образ.* (III.7)
5. *деепр.* зарабо́тав
**ЗАР|Я́**, -и́, *ж*
1. *им. мн.* зо́ри (I.3.Б1б)

2. *дат. мн.* зо́рям и *доп. устар.* заря́м
**заряди́в**[1] см. з а р я д и́ т ь[1]
**заряди́в**[2] см. з а р я д и́ т ь[2]
**ЗАРЯДИ́ТЬ**[1] 'вложить заряд' *св*
1. *нсв* заряжа́ть (III.1.А2а)
2. *буд.* заряжу́, заря́дишь, заря́дит, заря́дим, заря́дите, заря́дят (III.2.А2 и III.2.Б2)
3. *повел.* заряди́(те) (III.4.В1)
4. *прич. действ. наст. не образ.* (III.5)
5. *прич. страд. наст. не образ.* (III.7)
6. *прич. страд. прош.* заря́женный (III.8.Б2а); *кр. ф.* заря́жен, заря́жена, заря́жено, заря́жены и заряжённый (III.8.Б1б); *кр. ф.* заряжён, заряжена́, заряжено́, заряжены́
7. *деепр.* заряди́в
**ЗАРЯДИ́ТЬ**[2] 'начать делать одно и то же' *св нп*
1. *буд.* заряжу́, заря́дишь и заряди́шь, заря́дит и заряди́т, заря́дим и заряди́м, заря́дите и заряди́те, заря́дят и зарядя́т (III.2.А4 и III.2.Б2)
2. *повел. нет* (III.4.Г)
3. *прич. действ. наст. не образ.* (III.5)
4. *прич. страд. наст. не образ.* (III.7)
5. *прич. страд. прош. не образ.* (III.8)
6. *деепр.* заряди́в
**ЗАРЯ́ДК|А**, -и, *ж*
1. *мн. нет* (I.3.Е1)
**ЗАРЯЖА́ТЬ** *нсв — св* з а р я д и́ т ь[1]
**заря́женный, заряжённый** см. з а р я д и́ т ь[1]
**заста́вив** см. з а с т а́ в и т ь[1-2]
**ЗАСТА́ВИТЬ**[1-2] *св*
1. *нсв* заставля́ть (III.1.А2а)
2. *буд.* заста́влю, заста́вишь, заста́вит, заста́вим, заста́вите, заста́вят (III.2.Б2)
3. *повел.* заста́вь(те)
4. *прич. действ. наст. не образ.* (III.5)
5. *прич. страд. наст. не образ.* (III.7)
6. *прич. страд. прош.*: заста́-

## ЗАСТАВЛЯТЬ

вить[1] 'поставив что-либо, занять площадь'—заста́вленный (III.8.Б1а); заста́вить[2] 'принудить'—нет (III.8.Г)
7. *деепр.* заста́вив

**заста́вленный** см. заста́-вить[1-2]
**ЗАСТАВЛЯ́ТЬ** *нсв — св* заста́вить[1-2]
**застегну́в** см. застегну́ть
**застёгнутый** см. застегну́ть
**ЗАСТЕГНУ́ТЬ** *св*
1. *прич. действ. наст. не образ.* (III.5)
2. *прич. страд. наст. не образ.* (III.7)
3. *прич. страд. прош.* застёгнутый (III.8.Б2б)
4. *деепр.* застегну́в
**ЗАСТУПА́ТЬСЯ** *нсв нп — св* заступи́ться
**заступи́вшись** см. заступи́ться
**ЗАСТУПИ́ТЬСЯ** *св нп — нсв* заступа́ться
1. *буд.* заступлю́сь, засту́пишься, засту́пится, засту́пимся, засту́питесь, засту́пятся (III.2.А2 *и* III.2.Б2)
2. *повел.* заступи́сь, заступи́тесь (III.4.В1)
3. *прич. действ. наст. не образ.* (III.5)
4. *прич. страд. наст. не образ.* (III.7)
5. *прич. страд. прош. не образ.* (III.8)
6. *деепр.* заступи́вшись *и* заступя́сь (III.10.Б1)
**заступя́сь** см. заступи́ться
**ЗАТЫ́ЛОК**, заты́лка, *м*
1. *род. ед.* заты́лка (I.1.Б1б)
2. *им. мн.* заты́лки (I.3.В1б)
**захвати́в** см. захвати́ть
**ЗАХВАТИ́ТЬ** *св*
1. *нсв* захва́тывать (III.1.А1в)
2. *буд.* захвачу́, захва́тишь, захва́тит, захва́тим, захва́тите, захва́тят (III.2.А2 *и* III.2.Б2)
3. *повел.* захвати́(те) (III.4.В1)
4. *прич. действ. наст. не образ.* (III.5)
5. *прич. страд. наст. не образ.* (III.7)
6. *прич. страд. прош.* захва́ченный (III.8.Б2а)
7. *деепр.* захвати́в
**ЗАХВА́ТЫВАТЬ** *нсв — св* захвати́ть
**захва́ченный** см. захвати́ть
**ЗАХОДИ́ТЬ** *нсв нп св* зайти́
1. *наст.* захожу́, захо́дишь, захо́дит, захо́дим, захо́дите, захо́дят (III.2.А2 *и* III.2.Б2)
2. *повел.* заходи́(те) (III.4.В1)
3. *прич. действ. наст.* заходя́щий (III.5.А1)
4. *прич. страд. наст. не образ.* (III.7)
5. *прич. страд. прош. не образ.* (III.8)
6. *деепр.* заходя́ (III.9.А1)
**заходя́** см. заходи́ть
**заходя́щий** см. заходи́ть
**зачеркну́в** см. зачеркну́ть
**зачёркнутый** см. зачеркну́ть
**ЗАЧЕРКНУ́ТЬ** *св*
1. *прич. действ. наст. не образ.* (III.5)
2. *прич. страд. наст. не образ.* (III.7)
3. *прич. страд. прош.* зачёркнутый (III.8.Б2б)
4. *деепр.* зачеркну́в
**заше́дший** см. зайти́
**ЗАЩИ́Т|А**, -ы, *ж*
1. *мн. нет* (I.3.Е1)
2. *сочет. с предлогами:* в защи́ту 'в пользу кого-, чего-либо' — вы́ступить в защи́ту дру́га, в защи́ту ми́ра; на защи́ту 'на борьбу́ за кого-, что-либо' — встать на защи́ту ро́дины, подня́ться на защи́ту угнетённых
**защити́в** см. защити́ть
**ЗАЩИТИ́ТЬ** *св*
1. *нсв* защища́ть (III.1.А2а)
2. *буд.* защищу́, защити́шь, защити́т, защити́м, защити́те, защитя́т (III.2.А4 *и* III.2.Б2)
3. *прич. действ. наст. не образ.* (III.5)
4. *прич. страд. наст. не образ.* (III.7)
5. *прич. страд. прош.* защищённый (III.8.Б1б); *кр. ф.* защищён,

защищена́, защищено́, защищены́
6. *деепр.* защити́в
**ЗАЩИЩА́ТЬ** *нсв* — *св* защити́ть

защищённый см. защити́ть
заяви́в см. заяви́ть
**ЗАЯВИ́ТЬ** *св*
1. *нсв* заявля́ть (III.1.А2а)
2. *буд.* заявлю́, зая́вишь, зая́вит, зая́вим, зая́вите, зая́вят (III.2.А2 и III.2.Б2)
3. *повел.* заяви́(те) (III.4.В1)
4. *прич. действ. наст. не образ.* (III.5)
5. *прич. страд. наст. не образ.* (III.7)
6. *прич. страд. прош.* зая́вленный (III.8.Б2а)
7. *деепр.* заяви́в

зая́вленный см. заяви́ть
**ЗАЯВЛЯ́ТЬ** *нсв* — *св* заяви́ть
**ЗА́ЯЦ**, за́йца, *м*
1. *род. ед.* за́йца (I.1.В2)
2. *им. мн.* за́йцы (I.3.Д1)
зва́нный см. звать
**ЗВА́Н|ЫЙ**, -ая, -ое, -ые — ср. прич. зва́нный
1. *кр. ф. не образ.* (II.1)
2. *сравн. ст. не образ.* (II.2)
3. *превосх. ст. не образ.* (II.3)
**ЗВАТЬ** *нсв*
1. *наст.* зову́, зовёшь, зовёт, зовём, зовёте, зову́т (III.2.А4 и III.2.Б1а)
2. *прош.* звал, звала́, зва́ло, зва́ли (III.3.А1)
3. *повел.* зови́(те) (III.4.А1)
4. *прич. действ. наст.* зову́щий (III.5.Б2)
5. *прич. страд. наст. нет* (III.7.Г)
6. *прич. страд. прош.* зва́нный; *кр. ф.* зван, звана́, зва́но, зва́ны — *ср. прил.* зва́ный
7. *деепр.* зовя́ (III.9.Б5)
**ЗВЕЗД|А́**, -ы́, *ж*
1. *им. мн.* звёзды (I.3.Б1б)
**ЗВЕН|О́**, -а́, *с*
1. *им. мн.* зве́нья (I.3.Д3)
**ЗВЕР|Ь**, -я, *м*
1. *род. мн.* звере́й (I.4.А3а)
2. *дат. мн.* зверя́м
3. *твор. мн.* зверя́ми *и* зверьми́
4. *предл. мн.* о зверя́х
**ЗВОНИ́ТЬ** *нсв нп*
1. *наст.* звоню́, звони́шь, звони́т, звони́м, звони́те, звоня́т
2. *прич. действ. наст.* звоня́щий
3. *прич. страд. наст. не образ.* (III.7)
4. *прич. страд. прош. не образ.* (III.8)
5. *деепр.* звоня́
**ЗВО́НК|ИЙ**, -ая, -ое, -ие
1. *кр. ф.* зво́нок, звонка́, зво́нко, зво́нки (II.1.Б2)
2. *сравн. ст.* зво́нче (II.2.Б1а)
3. *превосх. ст. нет* (II.3.Г)
**ЗВОНО́К**, звонка́, *м*
1. *род. ед.* звонка́ (I.1.Б2б)
2. *им. мн.* звонки́ (I.3.В2б)
звоня́ см. звони́ть
звоня́щий см. звони́ть
**ЗДЕ́ШН|ИЙ**, -яя, -ее, -ие
1. *кр. ф. не образ.* (II.1)
2. *сравн. ст. не образ.* (II.2)
3. *превосх. ст. не образ.* (II.3)
**ЗДОРО́ВЬ|Е**, -я, *с*
1. *мн. нет* (I.3.Е1)
**ЗЕЛЁН|ЫЙ**, -ая, -ое, -ые
1. *кр. ф.* зе́лен, зелена́, зе́лено, зе́лены *и* зелены́ (II.1.А)
2. *сравн. ст.* зелене́е (II.2.Б2б)
3. *превосх. ст.* зелене́йший (II.3.Б2)
**ЗЕМЛ|Я́**, -и́, *ж*
1. *вин. ед.* зе́млю, на зе́млю *и доп. устар.* на́ землю
2. *им. мн.:* зе́мли (чужи́е) (I.3.А2); планета Земля́, обрабо́тка земли́, с корабля́ уви́деть зе́млю — *мн. нет* (I.3.Е1)
3. *род. мн.* земе́ль (чужи́х) (I.4.Б1а)
**ЗЕ́РКАЛ|О**, -а, *с*
1. *им. мн.* зеркала́ (I.3.А3б)
2. *род. мн.* зерка́л (I.4.А1б)
**ЗЕРН|О́**, -а́, *с*
1. *им. мн.:* зёрна (ко́фе) (I.3.Б1в); *в собир. знач.* — *мн. нет* (I.3.Е1)
2. *род. мн.* зёрен (ко́фе) (I.4.Б2а)
**ЗИМ|А́**, -ы́, *ж*
1. *им. мн.* зи́мы (I.3.А2)
**ЗЛ|О**, -а, *с*
1. *мн. нет, но:* из двух зол вы-

## ЗЛОЙ

брать меньшее (I.3.Е3)
**ЗЛ|ОЙ**, -а́я, -о́е, -ы́е
1. *кр. ф.* зол, зла, зло, злы (II.1.Б2)
**ЗМЕ|Я́**, -и́, *ж*
1. *им. мн.* зме́и (I.3.А2)
**ЗНАКО́МИТЬ** нсв
1. *наст.* знако́млю, знако́мишь, знако́мит, знако́мим, знако́мите, знако́мят (III.2.Б2)
2. *повел.* знако́мь(те)
3. *прич. страд. наст. нет* (III.7.Г)
4. *прич. страд. прош. не образ.* (III.8)
5. *деепр.* знако́мя
**ЗНАКО́МИТЬСЯ** нсв нп
1. *наст.* знако́млюсь, знако́мишься, знако́мится, знако́мимся, знако́митесь, знако́мятся (III.2.Б2)
2. *повел.* знако́мься, знако́мьтесь
3. *прич. страд. наст. не образ.* (III.7)
4. *прич. страд. прош. не образ.* (III.8)
5. *деепр.* знако́мясь
**ЗНАКО́М|ЫЙ**, -ая, -ое, -ые
1. *сравн. ст. нет* (II.2.Д)
2. *превосх. ст. нет* (II.3.Г)
знако́мя см. з н а к о́ м и т ь
знако́мясь см. з н а к о́ м и т ь с я
**ЗНАТЬ** нсв
1. *прич. страд. наст. нет* (III.7.Г)
2. *прич. страд. прош. не образ.* (III.8)
3. *деепр.* зна́я
**ЗНА́ЧИМ|ЫЙ**, -ая, -ое, -ые
1. *кр. ф.* зна́чим, зна́чима, зна́чимо, зна́чимы
2. *сравн. ст. нет* (II.2.Д)
3. *превосх. ст. нет* (II.3.Г)
**ЗНАЧИ́ТЕЛЬН|ЫЙ**, -ая, -ое, -ые
1. *кр. ф.* значи́телен, значи́тельна, значи́тельно, значи́тельны (II.1.Б1)
**ЗНА́ЧИТЬ** нсв — ср. о з н а ч а́ т ь
1. *наст.: 1 и 2 л. не употр.* (III.2.Д2), зна́чит, зна́чат

2. *повел. нет* (III.4.Г)
3. *прич. страд. наст. нет* (III.7.Г) — ср. *прил.* зна́чимый
4. *прич. страд. прош. не образ.* (III.8)
5. *деепр. нет* (III. 9Д)
**ЗНАЧО́К**, значка́, *м*
1. *род. ед.* значка́ (I.1.Б2б)
2. *им. мн.* значки́ (I.3.В2б)
зову́щий см. з в а т ь
зовя́ см. з в а т ь
**ЗРАЧО́К**, зрачка́, *м*
1. *род. ед.* зрачка́ (I.1.Б2б)
2. *им. мн.* зрачки́ (I.3.В2б)
**ЗРЕ́НИ|Е**, -я, *с*
1. *мн. нет* (I.3.Е1)
**ЗУБ**, -а, *м*
1. *им. мн.:* 1. зу́бы (челове́ка, живо́тного); 2. зу́бья (маши́ны) (I.3.Г1)
2. *род. мн.:* 1. зубо́в (челове́ка, живо́тного); 2. зу́бьев (маши́ны) (I.4.Г1)
3. *сочет. с предлогами:* зуб на́ зуб не попада́ет '*о сильной дрожи*'; о́ко за о́ко, зуб за́ зуб, *поговорка*; на зу́б попа́ло; дупло́ в зу́бе; коро́нка на зу́бе

# И

**ИГЛ|А́**, -ы́, *ж*
1. *им. мн.* и́глы (I.3.А2)
**ИГО́ЛК|А**, -и, *ж*
1. *род. мн.* иго́лок (I.4.Б1б)
**ИГР|А́**, -ы́, *ж*
1. *им. мн.* и́гры (I.3.А2)
и́гранный см. и г р а́ т ь
**И́ГРАН|ЫЙ**, -ая, -ое, -ые — ср. *прич.* и́гранный
1. *кр. ф. не образ.* (II.1)
2. *сравн. ст. не образ.* (II.2)
3. *превосх. ст. не образ.* (II.3)
**ИГРА́ТЬ** '*исполнять*' нсв
1. *повел.* игра́й(те)
2. *прич. страд. прош.* и́гранный (III.8.А1а) — ср. *прил.* и́граный
3. *деепр.* игра́я
игра́я см. и г р а́ т ь
**ИГРУ́ШК|А**, -и, *ж*
1. *род. мн.* игру́шек (I.4.Б1а)

**ИДТИ** *нсв нп* — ср. х о д и́ т ь
1. *прош.* шёл, шла, шло, шли (III.3.В2)
2. *прич. действ. прош.* ше́дший (III.6.Б4)
3. *прич. страд. наст. не образ.* (III.7)
4. *прич. страд. прош. не образ.* (III.8)
5. *деепр.* идя́
**идя́** см. и д т и́
**ИЗБ|А́**, -ы́, *ж*
1. *вин. ед.* избу́ *и* и́збу
2. *им. мн.* и́збы (I.3.А2)
**ИЗБИРА́ТЬ** *нсв* — *св* и з б р а́ т ь
**избра́в** см. и з б р а́ т ь
**И́ЗБРАНН|ЫЕ**, -ых, *мн.*
1. *ед.* и́збранн|ый, -ого, *м* (I.3.Ж2б) — ср. *прил.* и́збранный
**И́ЗБРАНН|ЫЙ**, -ая, -ое, -ые — ср. *прич.* и́збранный
1. *кр. ф. не образ.* (II.1)
2. *сравн. ст. не образ.* (II.2)
3. *превосх. ст. не образ.* (II.3)
**и́збранный** см. и з б р а́ т ь
**ИЗБРА́ТЬ** *св*
1. *нсв* избира́ть (III.1.Б)
2. *буд.* изберу́, изберёшь, изберёт, изберём, изберёте, изберу́т (III.2.А4 *и* III.2.Б1а)
3. *прош.* избра́л, избрала́, избра́ло, избра́ли (III.3.А1)
4. *повел.* избери́(те) (III.4.А1)
5. *прич. действ. наст. не образ.* (III.5)
6. *прич. страд. наст. не образ.* (III.7)
7. *прич. страд. прош.* и́збранный (III.8.А1а); *кр. ф.* и́збран, и́збрана *и доп. устар.* избрана́, и́збрано, и́збраны (III.8.А1в) — ср. *прил.* и́збранный
8. *деепр.* избра́в
**ИЗВЕ́СТН|ЫЙ**, -ая, -ое, -ые
1. *кр. ф.* изве́стен, изве́стна, изве́стно, изве́стны (II.1.Б1)
**извинённый** см. и з в и н и́ т ь
**извини́в** см. и з в и н и́ т ь
**ИЗВИНИ́ТЬ** *св* — *нсв* извиня́ть
1. *прич. действ. наст. не образ.* (III.5)
2. *прич. страд. наст. не образ.* (III.7)
3. *прич. страд. прош.* извинённый; *кр. ф.* извинён, извинена́, извинено́, извинены́
4. *деепр.* извини́в
**ИЗВИНЯ́ТЬ** *нсв* — *св* и з в и н и́ т ь
**изда́в** см. и з д а́ т ь
**издава́емый** см. и з д а в а́ т ь
**ИЗДАВА́ТЬ** *нсв* — *св* и з д а́ т ь
1. *наст.* издаю́, издаёшь, издаёт, издаём, издаёте, издаю́т (III.2.В)
2. *повел.* издава́й(те) (III.4.В1)
3. *прич. действ. наст.* издаю́щий (III.5.В1)
4. *прич. страд. наст.* издава́емый (III.7.В1)
5. *прич. страд. прош. не образ.* (III.8)
6. *деепр.* издава́я (III.9.В1)
**издава́я** см. и з д а в а́ т ь
**и́зданный** см. и з д а́ т ь
**ИЗДА́ТЬ** *св*
1. *нсв* издава́ть (III.1.А3)
2. *буд.* изда́м, изда́шь, изда́ст, издади́м, издади́те, издаду́т (III.2.А3 *и* III.2.Б1б)
3. *прош.* изда́л, издала́, изда́ло, изда́ли (III.3.А1)
4. *повел.* изда́й(те)
5. *прич. действ. наст. не образ.* (III.5)
6. *прич. страд. наст. не образ.* (III.7)
7. *прич. страд. прош.* и́зданный (III.8.А1а); *кр. ф.* и́здан, издана́ *и доп.* и́здана, и́здано, и́зданы (III.8.А1в)
8. *деепр.* изда́в
**издаю́щий** см. и з д а в а́ т ь
**ИЗЛАГА́ТЬ** *нсв* — *св* и з л о ж и́ т ь
**изло́женный** см. и з л о ж и́ т ь
**изложи́в** см. и з л о ж и́ т ь
**ИЗЛОЖИ́ТЬ** *св*
1. *нсв* излага́ть (III.1.А2а)
2. *буд.* изложу́, изло́жишь, изло́жит, изло́жим, изло́жите, изло́жат (III.2.А1)
3. *прич. действ. наст. не образ.* (III.5)
4. *прич. страд. наст. не образ.* (III.7)
5. *прич. страд. прош.* изло́женный (III.8.А2)

# ИЗМЕНИТЬ

**6.** *деепр.* изложив

**изменённый** см. и з м е н и́ т ь
**изменив** см. и з м е н и́ т ь
**изменившись** см. и з м е н и́ т ь с я

**ИЗМЕНИ́ТЬ** *св* — *нсв* изменя́ть
**1.** *буд.* изменю́, изме́нишь, изме́нит, изме́ним, изме́ните, изме́нят (III.2.А1)
**2.** *прич. действ. наст. не образ.* (III.5)
**3.** *прич. страд. наст. не образ.* (III.7)
**4.** *прич. страд. прош.* изменённый; *кр. ф.* изменён, изменена́, изменено́, изменены́
**5.** *деепр.* изменив

**ИЗМЕНИ́ТЬСЯ** *св нп* — *нсв* изменя́ться
**1.** *буд.* изменю́сь, изме́нишься, изме́нится, изме́нимся, изме́нитесь, изме́нятся (III.2.А1)
**2.** *прич. действ. наст. не образ.* (III.5)
**3.** *прич. страд. наст. не образ.* (III.7)
**4.** *прич. страд. прош. не образ.* (III.8)
**5.** *деепр.* изменившись *и* изменя́сь (III.10.Б1)

**изменя́сь** см. и з м е н и́ т ь с я
**ИЗМЕНЯ́ТЬ** *нсв* — *св* измени́ть
**ИЗМЕНЯ́ТЬСЯ** *нсв нп* — *св* измени́ться
**изме́рив** см. и з м е́ р и т ь
**ИЗМЕ́РИТЬ** *св*
**1.** *нсв* измеря́ть (III.1.А2а)
**2.** *повел.* изме́рь(те)
**3.** *прич. действ. наст. не образ.* (III.5)
**4.** *прич. страд. наст. не образ.* (III.7)
**5.** *деепр.* изме́рив

**ИЗМЕРЯ́ТЬ** *нсв* — *св* изме́рить
**ИЗОБРАЖА́ТЬ** *нсв* — *св* изобрази́ть
**изображённый** см. и з о б р а з и́ т ь
**изобрази́в** см. и з о б р а з и́ т ь
**ИЗОБРАЗИ́ТЬ** *св*
**1.** *нсв* изобража́ть (III.1.А2а)
**2.** *буд.* изображу́, изобрази́шь, изобрази́т, изобрази́м, изобрази́те, изобразя́т (III.2.А4 *и* III.2.Б2)
**3.** *прич. действ. наст. не образ.* (III.5)
**4.** *прич. страд. наст. не образ.* (III.7)
**5.** *прич. страд. прош.* изображённый (III.8.Б1б); *кр. ф.* изображён, изображена́, изображено́, изображены́
**6.** *деепр.* изобрази́в

**ИЗОБРЕСТИ́** *св*
**1.** *нсв* изобрета́ть (III.1.А2в)
**2.** *буд.* изобрету́, изобретёшь, изобретёт, изобретём, изобретёте, изобрету́т (III.2.Б1а)
**3.** *прош.* изобрёл, изобрела́, изобрело́, изобрели́ (III.3.В1б)
**4.** *повел.* изобрети́(те) (III.4.А1)
**5.** *прич. действ. наст. не образ.* (III.5)
**6.** *прич. действ. прош.* изобре́тший (III.6.Б1а)
**7.** *прич. страд. наст. не образ.* (III.7)
**8.** *прич. страд. прош.* изобретённый (III.8.В1); *кр. ф.* изобретён, изобретена́, изобретено́, изобретены́
**9.** *деепр.* изобретя́ (III.10.А1)

**ИЗОБРЕТА́ТЬ** *нсв* — *св* и з о б р е с т и́
**изобретённый** см. и з о б р е с т и́
**изобре́тший** см. и з о б р е с т и́
**изобретя́** см. и з о б р е с т и́

**ИЗУЧА́ТЬ** *нсв* — *св* изучи́ть
**изу́ченный** см. и з у ч и́ т ь
**изучи́в** см. и з у ч и́ т ь

**ИЗУЧИ́ТЬ** *св* — *нсв* изуча́ть
**1.** *буд.* изучу́, изу́чишь, изу́чит, изу́чим, изу́чите, изу́чат (III.2.А1)
**2.** *повел.* изучи́(те) (III.4.В1)
**3.** *прич. действ. наст. не образ.* (III.5)
**4.** *прич. страд. наст. не образ.* (III.7)
**5.** *прич. страд. прош.* изу́ченный (III.8.А2)
**6.** *деепр.* изучи́в

**ИМЕ́ТЬ** *нсв*
**1.** *повел.* име́й(те)

2. *прич. страд. наст. нет* (III.7.Г)
3. *прич. страд. прош. не образ.* (III.8)
4. *деепр.* имея

имея см. и м е́ т ь
**ИМПЕРИАЛИ́ЗМ,** -а, *м*
1. *мн. нет* (I.3.Е1)
**ИНЖЕНЕ́Р,** -а, *м*
1. *им. мн.* инжене́ры
2. *род. мн.* инжене́ров
3. *м. р.—ж. р.*; о нормативности согласования см. I.5.В, а также а́ в т о р
**ИНОСТРА́НЕЦ,** иностра́нца, *м*
1. *род. ед.* иностра́нца (I.1.Б1а)
2. *им. мн.* иностра́нцы (I.3.В1а)
**ИНТЕРЕ́СН|ЫЙ,** -ая, -ое, -ые
1. *кр. ф.* интере́сен, интере́сна, интере́сно, интере́сны (II.1.Б1)
**ИНТЕРЕСОВА́ТЬСЯ** *нсв нп*
1. *наст.* интересу́юсь, интересу́ешься, интересу́ется, интересу́емся, интересу́етесь, интересу́ются (III.2.Б1а)
2. *повел.* интересу́йся, интересу́йтесь (III.4.А2а)
3. *прич. действ. наст.* интересу́ющийся (III.5.Б1)
4. *прич. страд. наст. не образ.* (III.7)
5. *прич. страд. прош. не образ.* (III.8)
6. *деепр.* интересу́ясь (III.9.Б1)

интересу́ющийся см. и н т е р е с о в а́ т ь с я
интересу́ясь см. и н т е р е с о в а́ т ь с я
**ИНТЕРНАЦИОНА́ЛЬН|ЫЙ,** -ая, -ое, -ые
1. *кр. ф.* интернационален, интернациональна, интернационально, интернациональны (II.1.Б1)
2. *сравн. ст. не образ.* (II.2)
3. *превосх. ст. не образ.* (II.3)
**ИСКА́ТЬ** *нсв*
1. *наст.* ищу́, и́щешь, и́щет, и́щем, и́щете, и́щут (III.2.А2 и III.2.Б1а)
2. *повел.* ищи́(те) (III.4.А1)
3. *прич. действ. наст.* и́щущий (III.5.Б2)
4. *прич. страд. наст.* иско́мый (III.7.В2)

5. *прич. страд. прош. не образ.* (III.8)
6. *деепр.* ища́ (III.9.Б2а)
**ИСКЛЮЧА́ТЬ** *нсв* — *св* исключи́ть

исключённый см. и с к л ю ч и́ т ь
исключи́в см. и с к л ю ч и́ т ь
**ИСКЛЮЧИ́ТЬ** *св* — *нсв* исключа́ть
1. *наст.* исключу́, исключи́шь, исключи́т, исключи́м, исключи́те, исключа́т
2. *повел.* исключи́(те)
3. *прич. действ. наст. не образ.* (III.5)
4. *прич. страд. наст. не образ.* (III.7)
5. *прич. страд. прош.* исключённый; *кр. ф.* исключён, исключена́, исключено́, исключены́
6. *деепр.* исключи́в

иско́мый см. и с к а́ т ь
**ИСКУ́ССТВЕНН|ЫЙ,** -ая, -ое, -ые
1. *кр. ф.* иску́сствен *и* иску́сственен, иску́сственна, иску́сственно, иску́сственны (II.1.В)
2. *сравн. ст.:* 1. 'не природный'— *не образ.* (II.2); 2. 'притворный, не искренний'—иску́сственнее
3. *превосх. ст.:* 1. 'не природный'— *не образ.* (II.3); 2. 'притворный, не искренний'—иску́сственнейший

испо́лнив см. и с п о́ л н и т ь
испо́лнившись см. и с п о́ л н и т ь с я
**ИСПО́ЛНИТЬ** *св*
1. *нсв* исполня́ть (III.1.А2а)
2. *прич. действ. наст. не образ.* (III.5)
3. *прич. страд. наст. не образ.* (III.7)
4. *деепр.* испо́лнив
**ИСПО́ЛНИТЬСЯ** *св*
1. *нсв* исполня́ться (III.1.А2а)
2. *прич. действ. наст. не образ.* (III.5)
3. *прич. страд. наст. не образ.* (III.7)
4. *прич. страд. прош. не образ.* (III.8)

# ИСПОЛНЯТЬ

5. *деепр.* 'о желании' испо́лнившись *и* испо́лняясь (III.10.Б1)

испо́лняясь см. испо́лниться

**ИСПОЛНЯ́ТЬ** *нсв — св* испо́лнить

**ИСПОЛНЯ́ТЬСЯ** *нсв нп — св* испо́лниться

испо́льзовав см. испо́льзовать

испо́льзованный см. испо́льзовать

**ИСПО́ЛЬЗОВАТЬ** *св и нсв*
1. *св и нсв* (III.1.Г)
2. *буд. и наст.* испо́льзую, испо́льзуешь, испо́льзует, испо́льзуем, испо́льзуете, испо́льзуют (III.2.Б1а)
3. *повел.* испо́льзуй(те) (III.4.А2а)
4. *прич. действ. наст.:* для *св* — *не образ.* (III.5); для *нсв* — испо́льзующий (III.5.Б1)
5. *прич. страд. наст.:* для *св* — *не образ.* (III.7); для *нсв* — испо́льзуемый (III.7.А1)
6. *прич. страд. прош.:* для *св* — испо́льзованный; для *нсв* — *не образ.* (III.8)
7. *деепр.:* для *св* — испо́льзовав; для *нсв* — испо́льзуя (III.9.Б1)

испо́льзуемый см. испо́льзовать

испо́льзующий см. испо́льзовать

испо́льзуя см. испо́льзовать

испо́ртив см. испо́ртить

испо́ртившись см. испо́ртиться

**ИСПО́РТИТЬ** *св*
1. *буд.* испо́рчу, испо́ртишь, испо́ртит, испо́ртим, испо́ртите, испо́ртят (III.2.Б2)
2. *повел.: обычно с отриц.* не испо́рти(те) *и* не испо́рть(те) (III.4.Б1)
3. *прич. действ. наст. не образ.* (III.5)
4. *прич. страд. наст. не образ.* (III.7)
5. *прич. страд. прош.* испо́рченный (III.8.Б1а) — ср. *прил.* испо́рченный
6. *деепр.* испо́ртив

**ИСПО́РТИТЬСЯ** *св нп*
1. *буд.* испо́рчусь, испо́ртишься, испо́ртится, испо́ртимся, испо́ртитесь, испо́ртятся (III.2.Б2)
2. *повел.: обычно с отриц.* не испо́ртись *и* не испо́рться, не испо́ртитесь *и* не испо́рьтесь (III.4.Б1)
3. *прич. действ. наст. не образ.* (III.5)
4. *прич. страд. наст. не образ.* (III.7)
5. *прич. страд. прош. не образ.* (III.8)
6. *деепр.* испо́ртившись *и* испо́ртясь (III.10.Б1)

испо́ртясь см. испо́ртиться

**ИСПО́РЧЕНН|ЫЙ**, -ая, -ое, -ые — ср. *прич.* испо́рченный
1. *кр. ф. не образ.* (II.1)
2. *сравн. ст. нет* (II.2.Д)
3. *превосх. ст. нет* (II.3.Г)

испо́рченный см. испо́ртить

испра́вив см. испра́вить

испра́вившись см. испра́виться

**ИСПРА́ВИТЬ** *св*
1. *нсв* исправля́ть (III.1.А2а)
2. *буд.* испра́влю, испра́вишь, испра́вит, испра́вим, испра́вите, испра́вят (III.2.Б2)
3. *повел.* испра́вь(те)
4. *прич. действ. наст. не образ.* (III.5)
5. *прич. страд. наст. не образ.* (III.7)
6. *прич. страд. прош.* испра́вленный (III.8.Б1а)
7. *деепр.* испра́вив

**ИСПРА́ВИТЬСЯ** *св нп*
1. *нсв* исправля́ться (III.1.А2а)
2. *буд.* испра́влюсь, испра́вишься, испра́вится, испра́вимся, испра́витесь, испра́вятся (III.2.Б2)
3. *повел.* испра́вься, испра́вьтесь
4. *прич. действ. наст. не образ.* (III.5)
5. *прич. страд. наст. не образ.* (III.7)
6. *прич. страд. прош. не образ.* (III.8)
7. *деепр.* испра́вившись *и* испра́вясь (III.10.Б1)

**испра́вленный** см. испра́вить
**ИСПРАВЛЯ́ТЬ** нсв — св испра́вить
**испра́вясь** см. испра́виться
**испыта́в** см. испыта́ть
**испы́танный** см. испыта́ть
**ИСПЫТА́ТЬ** св
1. *нсв* испы́тывать (III.1.А1а)
2. *прич. действ. наст. не образ.* (III.5)
3. *прич. страд. наст. не образ.* (III.7)
4. *прич. страд. прош.* испы́танный (III.8.А1а)
5. *деепр.* испыта́в
**ИСПЫ́ТЫВАТЬ** нсв — св испыта́ть
**иссле́довав** см. иссле́довать
**иссле́дованный** см. иссле́довать
**ИССЛЕ́ДОВАТЬ** св и нсв
1. *св и нсв* (III.1.Г)
2. *буд. и наст.* иссле́дую, иссле́дуешь, иссле́дует, иссле́дуем, иссле́дуете, иссле́дуют (III.2.Б1а)
3. *повел.* иссле́дуй(те) (III.4.А2а)
4. *прич. действ. наст.:* для *св* — не образ. (III.5); для *нсв* — иссле́дующий (III.5.Б1)
5. *прич. страд. наст.:* для *св* — не образ. (III.7); для *нсв* — иссле́дуемый (III.7.А1)
6. *прич. страд. прош.:* для *св* — иссле́дованный; для *нсв* — не образ. (III.8)
7. *деепр.:* для *св* — иссле́довав; для *нсв* — иссле́дуя (III.9.Б1)
**иссле́дуемый** см. иссле́довать
**иссле́дующий** см. иссле́довать
**иссле́дуя** см. иссле́довать
**исче́знув** см. исче́знуть
**исче́знувши** см. исче́знуть
**исче́знувший** см. исче́знуть
**ИСЧЕ́ЗНУТЬ** св нп
1. *прош.* исче́з, исче́зла, исче́зло, исче́зли (III.3.Б2а)
2. *прич. действ. наст. не образ.* (III.5)
3. *прич. действ. прош.* исче́знувший (III.6.Б2а)
4. *прич. страд. наст. не образ.* (III.7)
5. *прич. страд. прош. не образ.* (III.8)
6. *деепр.* исче́знув и исче́знувши (III.10.Б2)
**ища́** см. иска́ть
**и́щущий** см. иска́ть

# К

**КАБЛУ́К,** каблука́, м
1. *род. ед.* каблука́ (I.1.А1)
2. *им. мн.* каблуки́ (I.3.А1б)
**ка́жущийся** см. каза́ться
**КАЗА́ТЬСЯ** нсв нп
1. *наст.* кажу́сь, ка́жешься, ка́жется, ка́жемся, ка́жетесь, ка́жутся (III.2.А2 и III.2.Б1а)
2. *повел. нет* (III.4.Г)
3. *прич. действ. наст.* ка́жущийся (III.5.Б2)
4. *прич. страд. наст. не образ.* (III.7)
5. *прич. страд. прош. не образ.* (III.8)
6. *деепр. нет* (III.9.Д)
**казнённый** см. казни́ть
**казни́в** см. казни́ть
**казни́мый** см. казни́ть
**КАЗНИ́ТЬ** св и нсв
1. *св и нсв* (III.1.Г)
2. *прич. действ. наст.:* для *св* — не образ. (III.5); для *нсв* — казня́щий
3. *прич. страд. наст.:* для *св* — не образ. (III.7); для *нсв* — казни́мый
4. *прич. страд. прош.:* для *св* — казнённый; *кр. ф.* казнён, казнена́, казнено́, казнены́; для *нсв* — не образ. (III.8)
5. *деепр.:* для *св* — казни́в; для *нсв* — казня́
**казня́** см. казни́ть
**казня́щий** см. казни́ть
**КАЛЕНДА́РЬ,** календаря́, м
1. *род. ед.* календаря́ (I.1.А1)
2. *им. мн.* календари́ (I.3.А1б)
**КА́МЕНЬ,** ка́мня, м
1. *род. ед.* ка́мня (I.1.Б1а)

2. *им. мн.* ка́мни (I.3.В1а)
3. *род. мн.* камне́й (I.4.А3а) *и (в худож. речи)* ка́мней
**КАНИ́КУЛ|Ы;** кани́кул, *мн.*
1. *ед. нет* (I.3.Ж1)
**КАПИТАЛИ́ЗМ,** -а, *м*
1. *мн. нет* (I.3.Е1)
**КА́ПЛ|Я,** -и, *ж*
1. *род. мн.* ка́пель (I.4.Б1а)
**КАРАНДА́Ш,** карандаша́, *м*
1. *род. ед.* карандаша́ (I.1.А1)
2. *им. мн.* карандаши́ (I.3.А1б)
**КАРТИ́НК|А,** -и, *ж*
1. *род. мн.* карти́нок (I.4.Б1б)
**КАССИ́Р,** -а, *м*
1. *м. р.*—*ж. р.*; о нормативности согласования см. I.5.В, а также а́втор
**КАТИ́ТЬСЯ** *нсв нп*
1. *наст.* качу́сь, ка́тишься, ка́тится, ка́тимся, ка́титесь, ка́тятся (III.2.А2 *и* III.2.Б2)
2. *повел.* кати́сь, кати́тесь (III.4.В1)
3. *прич. действ. наст.* катя́щийся (III.5.А1)
4. *прич. страд. наст. не образ.* (III.7)
5. *прич. страд. прош. не образ.* (III.8)
6. *деепр.* катя́сь (III.9.А1)
**КАТО́К,** катка́, *м*
1. *род. ед.* катка́ (I.1.Б2б)
2. *им. мн.* катки́ (I.3.В2б)
**катя́сь** см. к а т и́ т ь с я
**катя́щийся** см. к а т и́ т ь с я
**КАФЕ́** *с*
1. *нескл.* (I.5.А1)
**КАЧЕ́Л|И,** -ей, *мн.*
1. *ед. нет* (I.3.Ж1)
**КА́ЧЕСТВЕНН|ЫЙ,** -ая, -ое, -ые
1. *кр. ф.* ка́чественен, ка́чественна, ка́чественно, ка́чественны (II.1.Б1)
**КА́Ш|А,** -и, *ж*
1. *им. мн.* ка́ши (рассы́пчатые, вя́зкие) (I.3.Е2а)
**КА́ШЕЛЬ,** ка́шля, *м*
1. *род. ед.* ка́шля (I.1.Б1а)
2. *мн. нет* (I.3.Е1)
**КИНО́** *с*
1. *нескл.* (I.5.А1)
**ки́нувшись** см. к и́ н у т ь с я

**КИ́НУТЬСЯ** *св нп*
1. *повел.* ки́нься, ки́ньтесь
2. *прич. действ. наст. не образ.* (III.5)
3. *прич. страд. наст. не образ.* (III.7)
4. *прич. страд. прош. не образ.* (III.8)
5. *деепр.* ки́нувшись
**КИПЯТИ́ТЬ** *нсв*
1. *наст.* кипячу́, кипяти́шь, кипяти́т, кипяти́м, кипяти́те, кипятя́т (III.2.А4 *и* III.2.Б2)
2. *прич. страд. наст. нет* (III.7.Г)
3. *прич. страд. прош.* кипячённый (III.8.Б1б); *кр. ф.* кипячён, кипячена́, кипячено́, кипячены́ — ср. *прил.* к и п я ч ё н ы й
4. *деепр.* кипятя́
**кипятя́** см. к и п я т и́ т ь
**кипячённый** см. к и п я т и́ т ь
**КИПЯЧЁН|ЫЙ,** -ая, -ое, -ые — ср. *прич.* к и п я ч ё н н ы й
1. *кр. ф. не образ.* (II.1)
2. *сравн. ст. не образ.* (II.2)
3. *превосх. ст. не образ.* (II.3)
**КИРПИ́Ч,** кирпича́, *м*
1. *род. ед.* кирпича́ (I.1.А1)
2. *им. мн.* кирпичи́ (I.3.А1б)
**КИСЕ́ЛЬ,** киселя́, *м*
1. *род. ед.* киселя́ (I.1.А1)
2. *им. мн.* кисели́ (фрукто́вые, я́годные) (I.3.Е2а)
**КИ́СЛ|ЫЙ,** -ая, -ое, -ые
1. *кр. ф.* ки́сел, кисла́, ки́сло, ки́слы *и доп.* кислы́ (II.1.Б2)
2. *сравн. ст.* кисле́е (II.2.А1)
3. *превосх. ст.* кисле́йший (II.3.А1)
**кладу́щий** см. к л а с т ь
**кладя́** см. к л а с т ь
**КЛАСТЬ** *нсв — св* положи́ть
1. *наст.* кладу́, кладёшь, кладёт, кладём, кладёте, кладу́т (III.2.Б1а)
2. *прош.* клал, кла́ла, кла́ло, кла́ли
3. *повел.* клади́(те) (III.4.А1)
4. *прич. действ. наст.* кладу́щий (III.5.Б4)
5. *прич. страд. наст. нет* (III.7.Г)

6. *прич. страд. прош. не образ.* (III.8)
7. *деепр.* кладя́ (III.9.Б3)
   кле́енный см. кле́ить
**КЛЕЁН|ЫЙ**, -ая, -ое, -ые — ср. прич. кле́енный
1. *кр. ф. не образ.* (II.1)
2. *сравн. ст. не образ.* (II.2)
3. *превосх. ст. не образ.* (II.3)
   **КЛЕ́ИТЬ** нсв
1. *наст.* кле́ю, кле́ишь, кле́ит, кле́им, кле́ите, кле́ят
2. *повел.* кле́й(те)
3. *прич. страд. наст. нет* (III.7.Г)
4. *прич. страд. прош.* кле́енный — ср. *прил.* кле́ный
5. *деепр.* кле́я
**КЛЕ|Й**, -я (-ю), м
1. *род. ед.* кле́я и кле́ю: сорт кле́я, купи́ть кле́я и купи́ть кле́ю, немно́го кле́я и немно́го кле́ю, оста́тки хоро́шего кле́я (I.1.Г)
2. *предл. ед.* в кле́е, на кле́е и в клею́, на клею́ (I.2.Б)
3. *им. мн.* клеи́ (жи́дкие, твёрдые) (I.3.Е2а)
   кле́я см. кле́ить
**КЛИ́МАТ**, -а, м
1. *мн. нет* (I.3.Е1)
**КЛУБ**[1] (па́ра, ды́ма) -а, м
1. *им. мн.* клубы́ (I.3.Г2)
2. *род. мн.* клубо́в (I.4.Г2)
**КЛУБ**[2] (заводско́й, рабо́чий), -а, м
1. *им. мн.* клу́бы (I.3.Г2)
2. *род. мн.* клу́бов (I.4.Г2)
**КЛЮЧ**, ключа́, м
1. *род. ед.* ключа́ (I.1.А1)
2. *им. мн.* ключи́ (I.3.А1б)
**КОВЁР**, ковра́, м
1. *род. ед.* ковра́ (I.1.Б2б)
2. *им. мн.* ковры́ (I.3.В2б)
**КО́ГОТЬ**, ко́гтя, м
1. *род. ед.* ко́гтя (I.1.Б1б)
2. *им. мн.* ко́гти (I.3.В1б)
3. *род. мн.* когте́й (I.4.А3а)
**КОЗ|А́**, -ы́, ж
1. *им. мн.* ко́зы (I.3.А2)
**КОЗЁЛ**, козла́, м
1. *род. ед.* козла́ (I.1.Б2б)
2. *им. мн.* козлы́ (I.3.В2б)
**КОЗЛЁНОК**, козлёнка, м
1. *род. ед.* козлёнка (I.1.Б1б)
2. *им. мн.* козля́та (I.3.Д1)
**КОЛБАС|А́**, -ы́, ж
1. *им. мн.* колба́сы (варёные, копчёные) (I.3.Е2а)
**КОЛЕ́Н|О**, -а, с
1. *им. мн.:* 1. коле́ни (по коле́ни в воде́) и *устар.* коле́на (преклони́ть коле́на); 2. коле́нья (бамбу́ка) и коле́на (реки́); 3. коле́на (коле́на соловьи́ного пе́ния и *устар.* 'поколе́ния') (I.3.Г1)
2. *род. мн.:* 1. коле́ней (встать с коле́ней) и *устар.* коле́н (встать с коле́н), а также до коле́н, ни́же коле́н, вы́ше коле́н; 2. коле́ньев (не́сколько коле́ньев бамбу́ка) и коле́н (не́сколько коле́н реки́); 3. коле́н (не́сколько коле́н соловьи́ного пе́ния и не́сколько коле́н ро́дственников) (I.4.Г1)
**КОЛЕС|О́**, -а́, с
1. *им. мн.* колёса (I.3.Б1в)
**КОЛЛЕ́Г|А**, -и, м и ж
1. *м. р.* — *ж. р.;* о нормати́вности согласова́ния см. I.5.Б
**КОЛО́ДЕЦ**, коло́дца, м
1. *род. ед.* коло́дца (I.1.Б1а)
2. *им. мн.* коло́дцы (I.3.В1а)
**КО́ЛОС**, -а, м
1. *им. мн.* коло́сья (I.3.Д1)
**КО́ЛОТ|ЫЙ**, -ая, -ое, -ые — ср. прич. ко́лотый
1. *кр. ф. не образ.* (II.1)
2. *сравн. ст. не образ.* (II.2)
3. *превосх. ст. не образ.* (II.3)
   ко́лотый см. коло́ть
**КОЛО́ТЬ** нсв
1. *наст.* колю́, ко́лешь, ко́лет, ко́лем, ко́лете, ко́лют (III.2.А1)
2. *прич. страд. наст. нет* (III.7.Г)
3. *прич. страд. прош.* ко́лотый (III.8.А3б) — ср. *прил.* ко́лотый
4. *деепр. нет* (III.9.Д)
**КОЛЬЦ|О́**, -а́, с
1. *им. мн.* ко́льца (I.3.А3а)
2. *род. мн.* коле́ц (I.4.Б2а)
**КОМА́НДОВАТЬ** нсв нп
1. *наст.* кома́ндую, кома́ндуешь, кома́ндует, кома́ндуем, ко-

## КОМАР

ма́ндуете, кома́ндуют (III.2.Б1а)
**2.** *повел.* кома́ндуй(те) (III.4.А2а)
**3.** *прич. действ. наст.* кома́ндующий (III.5.Б1)
**4.** *прич. страд. наст. не образ.* (III.7)
**5.** *прич. страд. прош. не образ.* (III.8)
**6.** *деепр.* кома́ндуя (III.9.Б1)
кома́ндующий см. к о м а́ н д о в а т ь
кома́ндуя см. к о м а́ н д о в а т ь
**КОМА́Р**, комара́, *м*
**1.** *род. ед.* комара́ (I.1.А1)
**2.** *им. мн.* комары́ (I.3.А1б)
**КОММУНИ́ЗМ**, -а, *м*
**1.** *мн. нет* (I.3.Е1)
**КОМПОЗИ́ТОР**, -а, *м*
**1.** *м. р.* — *ж. р.*; о нормативности согласования см. I.5.В, а также а в т о р
**КОНЕ́Ц**, конца́, *м*
**1.** *род. ед.* конца́ (I.1.Б2а)
**2.** *им. мн.* концы́ (I.3.В2а)
**КОНКРЕ́ТН|ЫЙ**, -ая, -ое, -ые
**1.** *кр. ф.* конкре́тен, конкре́тна, конкре́тно, конкре́тны (II.1.Б1)
**КОНСЕ́РВ|Ы**, -ов, *мн.*
**1.** *ед. нет* (I.3.Ж1)
**КОНЧА́ТЬ** *нсв* — *св* к о́ н ч и т ь
ко́нчив см. к о́ н ч и т ь
**КО́НЧИТЬ** *св*
**1.** *нсв* конча́ть (III.1.А2а)
**2.** *прич. действ. наст. не образ.* (III.5)
**3.** *прич. страд. наст. не образ.* (III.7)
**4.** *деепр.* ко́нчив
**КОНЬ**, коня́, *м*
**1.** *род. ед.* коня́ (I.1.А1)
**2.** *род. мн.* коне́й (I.4.А3а)
**3.** *дат. мн.* коня́м, *но (команда)* по коня́м!
**4.** *твор. мн.* коня́ми
**5.** *предл. мн.* на коня́х
**КОНЬК|И́**, -о́в, *мн.*
**1.** *ед.* конёк, конька́, *м* (I.3.Ж2а)
**КОПЕ́ЙК|А**, -и, *ж*
**1.** *род. мн.* копе́ек (I.4.В1)
**КОРА́БЛЬ**, корабля́, *м*
**1.** *род. ед.* корабля́ (I.1.А1)
**2.** *им. мн.* корабли́ (I.3.А1б)

**КО́РЕНЬ**, ко́рня, *м*
**1.** *род. ед.* ко́рня (I.1.Б1а)
**2.** *предл. ед.* на ко́рне расте́ния, пресе́чь *что-либо* в ко́рне 'пресе́чь совсе́м', в ко́рне не согла́сен 'совершенно не согласен', но на корню́ 'о растениях: в несжатом или несрубленном виде', гнить на корню́ 'разлагаясь, гибнуть', чаще *перен.* (I.2.В)
**3.** *им. мн.* ко́рни (расте́ний) (I.3.В1а) и коре́нья 'съедобная часть некоторых растений'
**4.** *род. мн.* корне́й (I.4.А3а) и коре́ньев
**КОРМ**, -а (-у), *м*
**1.** *род. ед.* ко́рма и ко́рму: загото́вка ко́рма, привезти́ ко́рма и привезти́ ко́рму, мно́го ко́рма и мно́го ко́рму, потребле́ние зелёного ко́рма (I.1.Г)
**2.** *предл. ед.* недоста́тка в ко́рме нет, но на подно́жном корму́ 'о скоте: на пастбище', а также *перен.* 'на даровом питании' (I.2.В)
**3.** *им. мн.* корма́ (I.3.А1а)
**КОРМИ́ТЬ** *нсв*
**1.** *наст.* кормлю́, ко́рмишь, ко́рмит, ко́рмим, ко́рмите, ко́рмят (III.2.А2 и III.2.Б2)
**2.** *прич. действ. наст.* кормя́щий (III.5.А1)
**3.** *прич. страд. наст.* нет (III.7.Г)
**4.** *прич. страд. прош.* ко́рмленный (III.8.Б2а) — ср. *прил.* к о́ р м л е н ы й
**5.** *деепр.* кормя́ (III.9.А1)
ко́рмленный см. к о р м и́ т ь
**КО́РМЛЕН|ЫЙ**, -ая, -ое, -ые — ср. *прич.* к о́ р м л е н н ы й
**1.** *кр. ф. не образ.* (II.1)
**2.** *сравн. ст. не образ.* (II.2)
**3.** *превосх. ст. не образ.* (II.3)
**КОРМУ́ШК|А**, -и, *ж*
**1.** *род. мн.* корму́шек (I.4.Б1а)
кормя́ см. к о р м и́ т ь
кормя́щий см. к о р м и́ т ь
**КОРО́БК|А**, -и, *ж*
**1.** *род. мн.* коро́бок (I.4.Б1б)
**КОРО́ТК|ИЙ**, -ая, -ое, -ие
**1.** *кр. ф.* ко́роток *и доп. устар.* коро́ток, коротка́, ко́ротко *и доп.*

*устар.* коротко, коротки, коротки *и доп. устар.* коротки (II.1.А *и* II.1.Г)
2. *сравн. ст.* короче (II.2.В1а)
3. *превосх. ст.* кратчайший (II.3.Б3)
**КОРОТОК**, коротка, коротко *и доп.* коротко, коротки *и* коротки
1. *полн. ф. нет* (II.1.Г)
2. *сравн. ст. не образ.* (II.2)
3. *превосх. ст. не образ.* (II.3)
**КОРПУС**, -а, *м*
1. *им. мн.*: 1. корпусы (людей, животных); 2. корпуса (домов, судов) (I.3.Г1)
2. *род. мн.*: 1. корпусов (людей, животных); 2. корпусов (домов, судов) (I.4.Г2)
**КОРРЕСПОНДЕНТ**, -а, *м*
1. *м. р. — ж. р.*; о нормативности согласования см. I.5.В, а также *автор*
**КОСИЛК|А**, -и, *ж*
1. *род. мн.* косилок (I.4.Б1б)
**КОСИТЬ**[1] (траву) *нсв*
1. *наст.* кошу, косишь, косит, косим, косите, косят (III.2.А2 *и* III.2.Б2)
2. *прич. действ. наст.* косящий
3. *прич. страд. наст.* косимый (III.7.Б1)
4. *прич. страд. прош.* кошенный (III.8.Б2а) — *ср. прил.* кошеный
5. *деепр.* кося
**КОСИТЬ**[2] *нсв что* 'направлять вкось' *и нп* 'быть косоглазым'
1. *наст.* кошу, косишь, косит, косим, косите, косят (III.2.А4 *и* III.2.Б2)
2. *прич. действ. наст.* косящий
3. *прич. страд. наст.*: 1. 'направлять вкось' — *нет* (III.7.Г); 2. 'быть косоглазым' — *не образ.* (III.7)
4. *прич. страд. прош. не образ.* (III.8)
5. *деепр.*: 1. 'направлять вкось' — *нет* (III.9.Д); 2. 'быть косоглазым' — кося
**КОСМОС**, -а, *м*
1. *мн. нет* (I.3.Е1)

**КОС|ОЙ**, -ая, -ое, -ые
1. *кр. ф.* кос, коса, косо, косы *и доп.* косы (II.1.А)
2. *сравн. ст.*: 1. 'расположенный наклонно к поверхности, не отвесный' — косее; 2. 'о человеке' — *нет* (II.2.Д)
3. *превосх. ст. нет* (II.3.Г)
**КОСТЁР**, костра, *м*
1. *род. ед.* костра (I.1.Б2б)
2. *им. мн.* костры (I.3.В2б)
**КОСТ|Ь**, -и, *ж*
1. *предл. ед.* о кости, в кости, на кости *и реже* в кости, на кости
2. *род. мн.* костей (I.4.А3б)
3. *дат. мн.* костям
4. *твор. мн.* костями, *но* лечь костьми 'погибнуть'
5. *предл. мн.* о костях
кося[1] *см.* к о с и т ь[1]
кося[2] *см.* к о с и т ь[2]
косящий *см.* к о с и т ь[1]
косящий *см.* к о с и т ь[2]
**КОТ**, кота, *м*
1. *род. ед.* кота (I.1.А1)
2. *им. мн.* коты (I.3.А1б)
**КОТЁНОК**, котёнка, *м*
1. *род. ед.* котёнка (I.1.Б1б)
2. *им. мн.* котята (I.3.Д1)
**КОФЕ** *м*
1. *нескл.* (I.5.А1)
кошенный *см.* к о с и т ь[1]
**КОШЕН|ЫЙ**, -ая, -ое, -ые *ср. прич.* кошенный
1. *кр. ф. не образ.* (II.1)
2. *сравн. ст. не образ.* (II.2)
3. *превосх. ст. не образ.* (II.3)
**КОШК|А**, -и, *ж*
1. *род. мн.* кошек (I.4.Б1а)
**КРАЙ**, края, *м*
1. *предл. ед.*: 1. на краю села, *но* на переднем крае 'на передовых позициях', а также *перен.*; 2. в краю рек и озёр (I.2.В)
2. *им. мн.* края (I.3.А1а)
**КРАЙН|ИЙ**, -яя, -ее, -ие
1. *кр. ф. не образ.* (II.1)
2. *сравн. ст. не образ.* (II.2)
3. *превосх. ст. не образ.* (II.3)
**КРАСИВ|ЫЙ**, -ая, -ое, -ые
1. *сравн. ст.* красивее *и* (*высок. и народно-поэт.*) краше (II.2.В1а)
2. *превосх. ст.* красивейший

**КРА́СИТЬ** нсв
1. *наст.* кра́шу, кра́сишь, кра́сит, кра́сим, кра́сите, кра́сят (III.2.Б2)
2. *повел.* кра́сь(те)
3. *прич. страд. наст. нет* (III.7.Г)
4. *прич. страд. прош.* кра́шенный (III.8.Б1а) — *ср. прил.* кра́шеный
5. *деепр.* кра́ся

**КРА́СК|А**, -и, *ж*
1. *род. мн.* кра́сок (I.4.Б1б)

**КРА́СН|ЫЙ**, -ая, -ое, -ые
1. *кр. ф.* кра́сен, красна́, красно́ и кра́сно, красны́ и кра́сны (II.1.Б2)
2. *сравн. ст.* красне́е (II.2.А1)
3. *превосх. ст.* красне́йший (II.3.А1)

кра́ся *см.* кра́сить

**КРА́ТК|ИЙ**, -ая, -ое, -ие
1. *кр. ф.* кра́ток, кратка́, кра́тко, кра́тки (II.1.Б2)
2. *сравн. ст. нет* (II.2.Д)
3. *превосх. ст.* кратча́йший (II.3.Б1)

кра́шенный *см.* кра́сить

**КРА́ШЕН|ЫЙ**, -ая, -ое, -ые — *ср. прич.* кра́шенный
1. *кр. ф. не образ.* (II.1)
2. *сравн. ст. не образ.* (II.2)
3. *превосх. ст. не образ.* (II.3)

**КРЕМЛЬ**, кремля́, *м*
1. *род. ед.* кремля́ (I.1.А1)
2. *им. мн.* кремли́ (I.3.А1б)
3. *написание*: древнеру́сский кремль, ба́шни Росто́вского кремля́, *но* Моско́вский Кремль, руби́новые звёзды Кремля́

**КРЕ́ПК|ИЙ**, -ая, -ое, -ие
1. *кр. ф.* кре́пок, крепка́, кре́пко, кре́пки *и доп.* крепки́ (II.1.Б2)
2. *сравн. ст.* кре́пче (II.2.Б1а)
3. *превосх. ст.* крепча́йший (II.3.Б1)

**КРЕ́СЛ|О**, -а, *с*
1. *род. мн.* кре́сел (I.4.Б2а)

**КРЕСТЬЯ́НИН**, -а, *м*
1. *им. мн.* крестья́не (I.3.Д1)

**КРИВ|О́Й**, -а́я, -о́е, -ы́е
1. *кр. ф.* крив, крива́, кри́во, кри́вы *и доп.* кривы́ (II.1.А)
2. *сравн. ст.*: 1. 'не прямо́й, изо́гнутый' — криве́е; 2. 'о челове́ке' — нет (II.2.Д)
3. *превосх. ст. нет* (II.3.Г)

**КРИ́ТИК|А**, -и, *ж*
1. *мн. нет* (I.3.Е1)

**КРИТИ́ЧЕСК|ИЙ**, -ая, -ое, -ие
1. *кр. ф. нет* (II.1.Е)
2. *сравн. ст. нет* (II.2.Д)
3. *превосх. ст. нет* (II.3.Г)

**КРУГ**, -а, *м*
1. *предл. ед.*: 1. в за́мкнутом кру́ге; 2. в спаса́тельном кру́ге, на спаса́тельном кру́ге; 3. в кру́ге вопро́сов *и* в кругу́ вопро́сов; 4. в кругу́ друзе́й (I.2.В)
2. *им. мн.* круги́ (I.3.А1б)

**КРУ́ГЛ|ЫЙ**, -ая, -ое, -ые
1. *кр. ф.* кругл, кругла́, кру́гло, кру́глы *и* кру́глы (II.1.А)
2. *сравн. ст.* кругле́е (II.2.А1)
3. *превосх. ст.* кругле́йший (II.3.А1)

кружа́сь *см.* кружи́ться
кружа́щийся *см.* кружи́ться

**КРУЖИ́ТЬСЯ** нсв нп
1. *наст.* кружу́сь, кру́жишься *и* кружи́шься, кру́жится *и* кружи́тся, кру́жимся *и* кружи́мся, кру́житесь *и* кружи́тесь, кру́жатся *и* кружа́тся (III.2.А1)
2. *прич. действ. наст.* кружа́щийся (III.5.А1)
3. *прич. страд. наст. не образ.* (III.7)
4. *прич. страд. прош. не образ.* (III.8)
5. *деепр.* кружа́сь (III.9.А1)

**КРУЖО́К**, кружка́, *м*
1. *род. ед.* кружка́ (I.1.Б2б)
2. *им. мн.* кружки́ (I.3.В2б)

**КРУ́ПН|ЫЙ**, -ая, -ое, -ые
1. *кр. ф.* кру́пен, крупна́, кру́пно, крупны́ *и* кру́пны (II.1.Б2)
2. *сравн. ст.* крупне́е (II.2.А1)
3. *превосх. ст.* крупне́йший (II.3.А1)

**КРУТ|О́Й**, -а́я, -о́е, -ы́е
1. *кр. ф.* крут, крута́, кру́то, круты́ *и* кру́ты (II.1.А)
2. *сравн. ст.* кру́че (II.2.Б2а)
3. *превосх. ст. нет* (II.3.Г)

**КРЫЛ|О́**, -а́, *с*
1. *им. мн.* кры́лья (I.3.Д3)

# ЛЁГКИЙ

**КРЫЛЬЦ|О́**, -а́, *с*
1. *им. мн.* кры́льца (I.3.А3а)
2. *род. мн.* крыле́ц (I.4.Б2а) *и* крыле́ц
3. *дат. мн.* крыльца́м *и* кры́льцам

**КРЫ́ШК|А**, -и, *ж*
1. *род. мн.* кры́шек (I.4.Б1а)

**КУ́КЛ|А**, -ы, *ж*
1. *род. мн.* ку́кол (I.4.Б1б)
2. *вин. мн.* ку́кол *и* ку́клы: одева́ть ку́кол, *но* шить мате́рчатые ку́клы

**КУКУ́ШК|А**, -и, *ж*
1. *род. мн.* куку́шек (I.4.Б1а)

**КУЛА́К**, кулака́, *м*
1. *род. ед.* кулака́ (I.1.А1)
2. *им. мн.* кулаки́ (I.3.А1б)
3. *нормативны конструкции*: величино́й в кула́к *и* величино́й с кула́к

**КУЛЬТУ́РН|ЫЙ**, -ая, -ое, -ые
1. *кр. ф.* культу́рен, культу́рна, культу́рно, культу́рны (II.1.Б1)

купи́в см. к у п и́ т ь

**КУПИ́ТЬ** *св*
1. *нсв* покупа́ть (III.1.Д2)
2. *буд.* куплю́, ку́пишь, ку́пит, ку́пим, ку́пите, ку́пят (III.2.А2 *и* III.2.Б2)
3. *прич. действ. наст. не образ.* (III.5)
4. *прич. страд. наст. не образ.* (III.7)
5. *прич. страд. прош.* ку́пленный (III.8.Б2а)
6. *деепр.* купи́в

ку́пленный см. к у п и́ т ь

**КУ́РИЦ|А**, -ы, *ж*
1. *им. мн.* ку́ры (I.3.Д2) *и* ку́рицы

**КУ́РТК|А**, -и, *ж*
1. *род. мн.* ку́рток (I.4.Б1б)

**КУСО́К**, куска́, *м*
1. *род. ед.* куска́ (I.1.Б2б)
2. *им. мн.* куски́ (I.3.В2б)

**КУСТ**, куста́, *м*
1. *род. ед.* куста́ (I.1.А1)
2. *предл. ед.* в кусте́, на кусте́
3. *им. мн.* кусты́ (I.3.А1б)

**КУ́ХН|Я**, -и, *ж*
1. *род. мн.* ку́хонь (I.4.Б1б)
2. *сочет. с предлогами*: в ку́хню *и* на ку́хню, в ку́хне *и* на ку́хне

## Л

**ЛА́ГЕР|Ь**, -я, *м*
1. *им. мн.*: 1. лагеря́ (ле́тние, тури́стские); 2. ла́гери (вражду́ющие) (I.3.Г1)
2. *род. мн.*: 1. лагере́й (ле́тних, тури́стских); 2. ла́герей (вражду́ющих) (I.4.Г2)

ла́завший см. л а́ з а т ь

**ЛА́ЗАТЬ** *нсв нп* — ср. л а́ з и т ь *и* л е з т ь
1. *наст.* ла́заю, ла́заешь, ла́зает, ла́заем, ла́заете, ла́зают
2. *повел.* ла́зай(те)
3. *прич. действ. наст.* ла́зающий
4. *прич. действ. прош.* ла́завший
5. *прич. страд. наст. не образ.* (III.7)
6. *прич. страд. прош. не образ.* (III.8)
7. *деепр.* ла́зая (III.9.В4)

ла́зающий см. л а́ з а т ь
ла́зая см. л а́ з а т ь
ла́зивший см. л а́ з и т ь

**ЛА́ЗИТЬ** *нсв нп* — ср. л а́ з а т ь *и* л е з т ь
1. *наст.* ла́жу, ла́зишь, ла́зит, ла́зим, ла́зите, ла́зят
2. *повел.* ла́зь(те)
3. *прич. действ. наст.* ла́зящий
4. *прич. действ. прош.* ла́зивший
5. *прич. страд. наст. не образ.* (III.7)
6. *прич. страд. прош. не образ.* (III.8)
7. *деепр.* ла́зя

ла́зя см. л а́ з и т ь
ла́зящий см. л а́ з и т ь

**ЛА́МПОЧК|А**, -и, *ж*
1. *род. мн.* ла́мпочек (I.4.Б1а)

**ЛЕ́БЕД|Ь**, -я, *м*
1. *род. мн.* лебеде́й (I.4.А3а)
2. *дат. мн.* лебедя́м
3. *твор. мн.* лебедя́ми
4. *предл. мн.* о лебедя́х

**ЛЕВ**, льва, *м*
1. *род. ед.* льва (I.1.Б2а)
2. *им. мн.* львы (I.3.В2а)

**ЛЁГК|ИЙ**, ая, -ое, -ие
1. *кр. ф.* лёгок, легка́, легко́, легки́ (II.1.Б2)
2. *сравн. ст.* ле́гче (II.2.Б1б)

225

## ЛЕГКОМЫСЛЕННЫЙ

**ЛЕГКОМЫ́СЛЕНН|ЫЙ**, -ая, -ое, -ые
1. *кр. ф.* легкомы́слен, легкомы́сленна, легкомы́сленно, легкомы́сленны (II.1.В)

**лёгший** см. л е ч ь
**ЛЁД,** льда (льду), *м*
1. *род. ед.* льда (I.1.Б2б) *и* льду: цвет льда, привезти́ льда *и* привезти́ льду, мно́го льда *и* мно́го льду, нагроможде́ния поля́рного льда (I.1.Г)
2. *предл. ед.* о льде, *но* во льду, на льду (I.2.А)
3. *им. мн.:* льды (ве́чные, поля́рные) (I.3.В2б); иску́сственный лёд — *мн. нет* (I.3.Е1)

**лёжа** см. л е ж а́ т ь
**ЛЕЖА́ТЬ** *нсв нп*
1. *прич. страд. наст. не образ.* (III.7)
2. *прич. страд. прош. не образ.* (III.8)
3. *деепр.* лёжа (III.9.Б2б)

**ЛЕЗТЬ** *нсв нп* — ср. л а́ з а т ь
и л а́ з и т ь
1. *наст.* ле́зу, ле́зешь, ле́зет, ле́зем, ле́зете, ле́зут
2. *прош.* лез, ле́зла, ле́зло, ле́зли (III.3.Б3)
3. *повел.* лезь(те) *и* полеза́й(те)
4. *прич. страд. наст. не образ.* (III.7)
5. *прич. страд. прош. не образ.* (III.8)
6. *деепр. нет* (III.9.Д)

**ЛЕНИ́ТЬСЯ** *нсв нп*
1. *наст.* леню́сь, ле́нишься, ле́нится, ле́нимся, ле́нитесь, ле́нятся (III.2.А1)
2. *прич. страд. наст. не образ.* (III.7)
3. *прич. страд. прош. не образ.* (III.8)
4. *деепр.* леня́сь

**леня́сь** см. л е н и́ т ь с я
**ЛЕПИ́ТЬ** *нсв*
1. *наст.* леплю́, ле́пишь, ле́пит, ле́пим, ле́пите, ле́пят (III.2.А2 *и* III.2.Б2)
2. *прич. страд. наст. нет* (III.7.Г)
3. *прич. страд. прош.* ле́пленный (III.8.Б2а)
4. *деепр.* лепя́ (III.9.А1)

**ле́пленный** см. л е п и́ т ь
**лепя́** см. л е п и́ т ь
**ЛЕС,** -а (-у), *м*
1. *род. ед.* ле́са *и* ле́су: вы́йти из ле́са, вы́йти и́з лесу *и* вы́йти из ле́су; ваго́н ле́са *и* ваго́н ле́су; мно́го строи́тельного ле́са (I.1.Г)
2. *предл. ед.* о ли́ственном ле́се, *но* в ли́ственном лесу́ (I.2.А)
3. *им. мн.:* леса́ (I.3.А1а); *в собир. знач.— мн. нет* (I.3.Е1)

**ЛЕТА́,** лет, *мн.* — см. г о д
1. *ед. нет* (I.3.Ж1)
2. *род. мн.* лет (I.4.А1б) *и* годо́в (I.4.А2)

**лета́вший** см. л е т а́ т ь
**ЛЕТА́ТЬ** *нсв нп* — ср. л е т е́ т ь
1. *наст.* лета́ю, лета́ешь, лета́ет, лета́ем, лета́ете, лета́ют
2. *прош.* лета́л, лета́ла, лета́ло, лета́ли
3. *повел.* лета́й(те)
4. *прич. действ. наст.* лета́ющий
5. *прич. действ. прош.* лета́вший
6. *прич. страд. наст. не образ.* (III.7)
7. *прич. страд. прош. не образ.* (III.8)
8. *деепр.* лета́я

**лета́ющий** см. л е т а́ т ь
**лета́я** см. л е т а́ т ь
**лете́вший** см. л е т е́ т ь
**ЛЕТЕ́ТЬ** *нсв нп* — ср. л е т а́ т ь
1. *наст.* лечу́, лети́шь, лети́т, лети́м, лети́те, летя́т (III.2.А4 *и* III.2.Б2)
2. *прош.* лете́л, лете́ла, лете́ло, лете́ли
3. *повел.* лети́(те)
4. *прич. действ. наст.* летя́щий
5. *прич. действ. прош.* лете́вший
6. *прич. страд. наст. не образ.* (III.7)
7. *прич. страд. прош. не образ.* (III.8)
8. *деепр.* летя́

**ЛЕ́Т|О,** -а, *с*
1. *мн. нет* (I.3.Е1)
2. *сочет. с предлогами:* отдохну́ть за ле́то и отдохну́ть за́ лето 'в тече́ние ле́та', уе́хать на ле́то

и уе́хать на́ лето 'на летний период'

**летя́** см. лете́ть
**летя́щий** см. лете́ть
**леча́** см. лечи́ть
**ЛЕ́ЧАЩ|ИЙ**, -ая, -ее, -ие — ср. *прич.* ле́чащий
1. *кр. ф. не образ.* (II.1)
2. *сравн. ст. не образ.* (II.2)
3. *превосх. ст. не образ.* (II.3)
**ле́чащий** см. лечи́ть
**ле́ченный** см. лечи́ть
**ЛЕ́ЧЕН|ЫЙ**, -ая, -ое, -ые — ср. *прич.* ле́ченный
1. *кр. ф. не образ.* (II.1)
2. *сравн. ст. не образ.* (II.2)
3. *превосх. ст. не образ.* (II.3)
**ЛЕЧИ́ТЬ** нсв
1. *наст.* лечу́, ле́чишь, ле́чит, ле́чим, ле́чите, ле́чат (III.2.А1)
2. *прич. действ. наст.* ле́чащий — ср. *прил.* ле́чащий
3. *прич. страд. наст. нет* (III.7.Г)
4. *прич. страд. прош.* ле́ченный (III.8.А2) — ср. *прил.* ле́ченый
5. *деепр.* леча́
**ЛЕЧЬ** св нп
1. нсв ложи́ться (III.1.Д1)
2. *буд.* ля́гу, ля́жешь, ля́жет, ля́жем, ля́жете, ля́гут (III.2.Б1б)
3. *прош.* лёг, легла́, легло́, легли́ (III.3.В4)
4. *повел.* ля́г(те) (III.4.А2б)
5. *прич. действ. наст. не образ.* (III.5)
6. *прич. действ. прош.* лёгший (III.7)
7. *прич. страд. наст. не образ.* (III.7)
8. *прич. страд. прош. не образ.* (III.8)
9. *деепр. нет*
**ЛИНЕ́ЙК|А**, -и, ж
1. *род. мн.* лине́ек (I.4.В1)
**ЛИС|А́**, -ы́, ж
1. *им. мн.* ли́сы (I.3.А2)
**ЛИСТ**[1] (расте́ния), листа́, м
1. *род. ед.* листа́ (I.1.А1)
2. *им. мн.* ли́стья (I.3.Г1)
3. *род. мн.* ли́стьев (I.4.Г1)
**ЛИСТ**[2] (бума́ги, желе́за), листа́, м
1. *род. ед.* листа́ (I.1.А1)
2. *им. мн.* листы́ (I.3.Г1)
3. *род. мн.* листо́в (I.4.Г1)
**ЛИТЕРАТУ́РН|ЫЙ**, -ая, -ое, -ые
1. *кр. ф.* литерату́рен, литерату́рна, литерату́рно, литерату́рны (II.1.Б1)
2. *сравн. ст. не образ.* (II.2)
3. *превосх. ст. не образ.* (II.3)
**ЛИТ|О́Й**, -а́я, -о́е, -ы́е — ср. *прич.* ли́тый
1. *кр. ф. не образ.* (II.1)
2. *сравн. ст. не образ.* (II.2)
3. *превосх. ст. не образ.* (II.3)
**ли́тый** см. лить
**ЛИТЬ** нсв
1. *наст.* лью, льёшь, льёт, льём, льёте, льют (III.2.А4 и III.2.Б1а)
2. *прош.* лил, лила́, ли́ло, ли́ли (III.3.А1)
3. *повел.* ле́й(те) (III.4.В2)
4. *прич. действ. наст.* лью́щий (III.5.Б3)
5. *прич. страд. наст. нет* (III.7.Г)
6. *прич. страд. прош.* ли́тый; *кр. ф.* лит, лита́, ли́то, ли́ты — ср. *прил.* лито́й
7. *деепр. нет* (III.9.Д)
**ЛИЦ|О́**, -а́, с
1. *им. мн.* ли́ца (I.3.А3а)
2. *склонение:* в знач. 'человек' ча́ще склоня́ется как существи́тельное одушевлённое (*награди́ть брига́ды и отде́льных лиц*), ре́же — как существи́тельное неодушевлённое (*награди́ть брига́ды и отде́льные ли́ца*)
**ЛИ́ШН|ИЙ**, -яя, -ее, -ие
1. *кр. ф. нет* (II.1.Е)
2. *сравн. ст. не образ.* (II.2)
3. *превосх. ст. не образ.* (II.3)
**ЛОБ**, лба, м
1. *род. ед.* лба (I.1.Б2б)
2. *предл. ед.* о лбе, *но* во лбу, на лбу (I.2.А)
3. *им. мн.* лбы (I.3.В2б)
4. *сочет. с предлогами:* по лбу и по́ лбу
**лови́мый** см. лови́ть
**ЛОВИ́ТЬ** нсв — св пойма́ть
1. *наст.* ловлю́, ло́вишь, ло́вит, ло́вим, ло́вите, ло́вят (III.2.А2 и III.2.Б2)
2. *повел.* лови́(те) (III.4.В1)

3. *прич. действ. наст.* ловя́щий (III.5.А1)
4. *прич. страд. наст.* лови́мый (III.7.Б1)
5. *прич. страд. прош. не образ.* (III.8)
6. *деепр.* ловя́ (III.9.А1)

**ЛО́ВК|ИЙ**, -ая, -ое, -ие
1. *кр. ф.* ло́вок, ловка́, ло́вко, ло́вки *и доп.* ловки́ (II.1.Б2)
2. *сравн. ст.* ловче́е *и* ло́вче (II.2.Г)
3. *превосх. ст.* нет (II.3.Г)

**ловя́** см. л о в и́ т ь
**ловя́щий** см. л о в и́ т ь

**ЛО́ДК|А**, -и, ж
1. *род. мн.* ло́док (I.4.Б1б)

**ЛОЖИ́ТЬСЯ** *нсв нп* — *св* л е ч ь

**ЛО́ЖК|А**, -и, ж
1. *род. мн.* ло́жек (I.4.Б1а)

**ЛО́КОТЬ**, ло́ктя, м
1. *род. ед.* ло́ктя (I.1.Б1б)
2. *им. мн.* ло́кти (I.3.В1б)
3. *род. мн.* локте́й (I.4.А3а)
4. *дат. мн.* локтя́м
5. *твор. мн.* локтя́ми
6. *предл. мн.* о локтя́х

**ЛО́ШАД|Ь**, -и, ж
1. *род. мн.* лошаде́й (I.4.А3б)
2. *дат. мн.* лошадя́м
3. *твор. мн.* лошадьми́ *и доп.* лошадя́ми
4. *предл. мн.* о лошадя́х

**ЛУГ**, -а, м
1. *предл. ед.* о лу́ге, *но* на лугу́ (I.2.А)
2. *им. мн.* луга́ (I.3.А1а)
3. *сочет. с предлогами:* по́ лугу *и* по лу́гу

**ЛУК** (го́рький), -а (-у), м
1. *род. ед.* лу́ка *и* лу́ку: за́пах лу́ка, купи́ть лу́ка *и* купи́ть лу́ку, мно́го лу́ка *и* мно́го лу́ку, съесть зелёного лу́ка (I.1.Г)

**ЛУЧ**, луча́, м
1. *род. ед.* луча́ (I.1.А1)
2. *им. мн.* лучи́ (I.3.А1б)

**ЛЫЖ|И**, лыж, мн.
1. *ед.* лы́ж|а, -и, ж (I.3.Ж2а)

**лью́щий** см. л и т ь

**ЛЮБ**, люба́, лю́бо, лю́бы
1. *полн. ф.* нет (II.1.Д)
2. *сравн. ст. не образ.* (II.2)
3. *превосх. ст. не образ.* (II.3)

**ЛЮБИ́М|ЫЙ**, -ая, -ое, -ые — *ср. прич.* л ю б и́ м ы й
1. *кр. ф. не образ.* (II.1)
2. *сравн. ст. не образ.* (II.2)
3. *превосх. ст. не образ.* (II.3)

**люби́мый** см. л ю б и́ т ь

**ЛЮБИ́ТЬ** *нсв*
1. *наст.* люблю́, лю́бишь, лю́бит, лю́бим, лю́бите, лю́бят (III.2.А2 *и* III.2.Б2)
2. *повел.* люби́(те) (III.4.В1)
3. *прич. страд. наст.* люби́мый — *ср. прил.* л ю б и́ м ы й
4. *прич. страд. прош. не образ.* (III.8)
5. *деепр.* любя́ (III.9.А1)

**ЛЮБОВА́ТЬСЯ** *нсв нп*
1. *наст.* любу́юсь, любу́ешься, любу́ется, любу́емся, любу́етесь, любу́ются (III.2.Б1а)
2. *повел.* любу́йся, любу́йтесь (III.4.А2а)
3. *прич. действ. наст.* любу́ющийся (III.5.Б1)
4. *прич. страд. наст. не образ.* (III.7)
5. *прич. страд. прош. не образ.* (III.8)
6. *деепр.* любу́ясь (III.9.Б1)

**ЛЮБО́ВЬ**, любви́, ж
1. *род. ед.* любви́
2. *мн. нет* (I.3.Е1)

**ЛЮБОЗНА́ТЕЛЬН|ЫЙ**, -ая, -ое, -ые
1. *кр. ф.* любозна́телен, любозна́тельна, любозна́тельно, любозна́тельны (II.1.Б1)

**ЛЮБОПЫ́ТН|ЫЙ**, -ая, -ое, -ые
1. *кр. ф.* любопы́тен, любопы́тна, любопы́тно, любопы́тны (II.1.Б1)

**любу́ющийся** см. л ю б о в а́ т ь с я
**любу́ясь** см. л ю б о в а́ т ь с я
**любя́** см. л ю б и́ т ь

**ЛЮ́ДИ**, люде́й, мн.
1. *ед.* челове́к, -а, м
2. *род. мн.* люде́й (I.4.А3в)
3. *дат. мн.* лю́дям
4. *твор. мн.* людьми́
5. *предл. мн.* о лю́дях
6. *сочет. с предлогами:* на лю́-

дях 'в присутствии других', на люди 'в общество других, к людям', показа́ться на люди 'появится в общественном месте'

# М

**ма́жущий** см. ма́зать
**ма́занный** см. ма́зать
**МА́ЗАН|ЫЙ**, -ая, -ое, -ые — ср. *прич.* ма́занный
1. *кр. ф. не образ.* (II.1)
2. *сравн. ст. не образ.* (II.2)
3. *превосх. ст. не образ.* (II.3)
**МА́ЗАТЬ** нсв
1. *наст.* ма́жу, ма́жешь, ма́жет, ма́жем, ма́жете, ма́жут (III.2.Б1а)
2. *повел.* ма́жь(те) (III.4.А2б)
3. *прич. действ. наст.* ма́жущий (III.5.Б2)
4. *прич. страд. наст. нет* (III.7.Г)
5. *прич. страд. прош.* ма́занный — ср. *прил.* ма́заный
6. *деепр. нет* (III.9.Д)
**МА́ЙК|А**, -и, *ж*
1. *род. мн.* ма́ек (I.4.В1)
**МАЛ**, мала́, мало́, малы́
1. *полн. ф. нет* (II.1.Г)
2. *сравн. ст. не образ.* (II.2)
3. *превосх. ст. не образ.* (II.3)
**МА́ЛЕНЬК|ИЙ**, -ая, -ое, -ие — ср. ма́лый
1. *кр. ф.* мал, мала́, мало́ *и доп. устар.* ма́ло, малы́ *и доп. устар.* ма́лы (II.1.Г)
2. *сравн. ст.* ме́ньше (II.2.В2)
3. *превосх. ст.* наиме́ньший
**МА́Л|ЫЙ**, -ая, -ое, -ые — ср. ма́ленький
1. *кр. ф.* мал, мала́, мало́, малы́ (II.1.А)
2. *сравн. ст.* ме́ньше (II.2.В2) *и* ме́ньший
3. *превосх. ст.* мале́йший (II.3.А1) *и* наиме́ньший
**МАЛЯ́Р**, маляра́, *м*
1. *род. ед.* маляра́ (I.1.А1)
2. *им. мн.* маляры́ (I.3.А1б)
**МА́РК|А**, -и, *ж*
1. *род. мн.* ма́рок (I.4.Б1б)

**МА́СЛ|О**, -а, *с*
1. *им. мн.* масла́ (расти́тельные) (I.3.Е2а)
2. *род. мн.* ма́сел (I.4.Б2а)
**МА́СТЕР**, -а, *м*
1. *им. мн.* мастера́ (I.3.А1а)
2. *м. р.—ж. р.*; о нормативности согласования см. I.5.В, а также а́втор
**МАТЕРИА́ЛЬН|ЫЙ**, -ая, -ое, -ые
1. *кр. ф.* материа́лен, материа́льна, материа́льно, материа́льны (II.1.Б1)
2. *сравн. ст. не образ.* (II.2)
3. *превосх. ст. не образ.* (II.3)
**МАТЬ**, ма́тери, *ж* — ср. оте́ц
1. ма́ть-геро́йня: *род. ед.* ма́тери-герои́ни; ма́ть-и-ма́чеха: *род. ед.* ма́ть-и-ма́чехи
2. *форма сказуемого*
— сказуемое при подлежащем, выраженном оборотом «мать с отцо́м», ставится в форме мн. числа, если действие приписывается двум равноправным субъектам: *Мать с отцо́м уе́хали отдыха́ть*;
— сказуемое ставится в форме ед. числа, если подлежащим является только слово «мать», а слово в твор. пад. («с отцо́м») обозначает лицо, сопутствующее производителю действия: *Мать с отцо́м уе́хала отдыха́ть* (т. е. *Мать уе́хала отдыха́ть с отцо́м*);
— при наличии слов «вме́сте», «совме́стно» чаще используется форма ед. числа сказуемого: *Мать вме́сте с отцо́м уе́хала отдыха́ть*.
**МАХА́ТЬ** нсв нп
1. *наст.* машу́ *и доп.* маха́ю, ма́шешь *и доп.* маха́ешь, ма́шет *и доп.* маха́ет, ма́шем *и доп.* маха́ем, ма́шете *и доп.* маха́ете, ма́шут *и доп.* маха́ют (III.2.Г)
2. *повел.* маши́(те) *и доп.* маха́й(те) (III.4.Б3)
3. *прич. действ. наст.* ма́шущий *и доп.* маха́ющий (III.5.Г)
4. *прич. страд. наст. не образ.* (III.7)

## МЁД

**5.** *прич. страд. прош. не образ.* (III.8)
**6.** *деепр.* маша́ *и доп.* маха́я (III.9.Г)
  маха́ющий см. маха́ть
  маха́я см. маха́ть
  маша́ см. маха́ть
  ма́шущий см. маха́ть
**МЁД**, -а (-у), *м*
**1.** *род. ед.* мёда *и* мёду: вкус мёда, купи́ть мёда *и* купи́ть мёду, мно́го мёда *и* мно́го мёду, ло́жка ли́пового мёда (I.1.Г)
**2.** *предл. ед.* в мёде *и* в меду́ (I.2.Б)
**МЕ́ДЛЕНН|ЫЙ**, -ая, -ое, -ые
**1.** *кр. ф.* ме́длен *и* ме́дленен, ме́дленна, ме́дленно, ме́дленны (II.1.В)
**МЕЛ**, -а (-у), *м*
**1.** *род. ед.* ме́ла *и* ме́лу: добы́ча ме́ла, купи́ть ме́ла *и* купи́ть ме́лу, мно́го ме́ла *и* мно́го ме́лу, килогра́мм высокока́чественного ме́ла (I.1.Г)
**2.** *предл. ед.* о ме́ле, *но* в мелу́ (I.2.А)
**3.** *мн. нет* (I.3.Е1)
**МЕ́ЛК|ИЙ**, -ая, -ое, -ие
**1.** *кр. ф.* ме́лок, мелка́, ме́лко, ме́лки *и доп.* мелки́ (II.1.Б2)
**2.** *сравн. ст.* ме́льче (II.2.Б1а)
**3.** *превосх. ст.* мельча́йший (II.3.Б1)
**МЕНЬШИНСТВ|О́**, -а́, *с*
**1.** о согласовании сказуемого с подлежащим, в состав которого входит слово «меньшинство», см. большинство́
  мёрзнувший см. мёрзнуть
**МЁРЗНУТЬ** *нсв нп*
**1.** *прош.* мёрз *и доп.* мёрзнул, мёрзла, мёрзло, мёрзли (III.3.Б2б)
**2.** *прич. действ. прош.* мёрзнувший (III.6.Б2а)
**3.** *прич. страд. наст. не образ.* (III.7)
**4.** *прич. страд. прош. не образ.* (III.8)
**5.** *деепр. нет* (III.9.Д)
**МЁРТВ|ЫЙ**, -ая, -ое, -ые
**1.** *кр. ф.*: 1. 'не живо́й' — мёртв, мертва́, мёртво, мёртвы *и доп.* мертвы́; 2. *перен.* 'лишённый жизненности, бесплодный, безмолвный' — мёртв, мертва́, мертво́ *и доп.* мёртво, мертвы́ *и доп.* мёртвы (II.1.А)
**2.** *сравн. ст.*: 1. 'не живо́й' — нет (II.2.Д); 2. *перен.* 'лишённый жизненности, бесплодный, безмолвный' — мертве́е (II.2.Б2б)
**3.** *превосх. ст.*: 1. 'не живо́й' — нет (II.3.Г); 2. *перен.* 'лишённый жизненности, бесплодный, безмолвный' — мертве́йший (II.3.Б2)
**МЕСТИ́** *нсв*
**1.** *наст.* мету́, метёшь, метёт, метём, метёте, мету́т (III.2.Б1а)
**2.** *прош.* мёл, мела́, мело́, мели́ (III.3.В1б)
**3.** *повел.* мети́(те) (III.4.А1)
**4.** *прич. действ. наст.* мету́щий (III.5.Б4)
**5.** *прич. действ. прош.* мётший (III.6.Б1б)
**6.** *прич. страд. наст. нет* (III.7.Г)
**7.** *прич. страд. прош.* метённый (III.8.В1); *кр. ф.* метён, метена́, метено́, метены́
**8.** *деепр.* метя́ (III.9.Б3)
**МЕ́СТ|О**, -а, *с*
**1.** *им. мн.* места́ (I.3.А3б)
**2.** *род. мн.* мест (I.4.А1б)
  метённый см. мести́
**МЕ́ТК|ИЙ**, -ая, -ое, -ие
**1.** *кр. ф.* мёток, метка́, ме́тко, ме́тки (II.1.Б2)
**2.** *сравн. ст.* ме́тче (II.2.Б1а)
**3.** *превосх. ст. нет* (II.3.Г)
**МЕТРО́** *с*
**1.** *нескл.* (I.5.А1)
  мету́щий см. мести́
  мётший см. мести́
  метя́ см. мести́
**МЕХ**[1] (пуши́стый), -а (-у), *м*
**1.** *род. ед.* ме́ха *и* ме́ху: цвет ме́ха, докупи́ть ме́ха *и* докупи́ть ме́ху, мно́го ме́ха *и* мно́го ме́ху, шку́рки пуши́стого ме́ха (I.1.Г)
**2.** *им. мн.* меха́ (I.3.Г1)
**МЕХ**[2] (кузне́чный), -а, *м*
**1.** *им. мн.* мехи́ *и доп.* меха́ (I.3.Г1)
**МЕЧ**, меча́, *м*
**1.** *род. ед.* меча́ (I.1.А1)
**2.** *им. мн.* мечи́ (I.3.А1б)

**МЕЧТ|А́**, -ы́, ж
1. *род. мн. нет* (I.4.Д)
**МЕШО́К**, мешка́, м
1. *род. ед.* мешка́ (I.1.Б2б)
2. *им. мн.* мешки́ (I.3.В2б)
**МИ́Л|ЫЙ**, -ая, -ое, -ые
1. *кр. ф.* мил, мила́, ми́ло, милы́ *и* ми́лы (II.1.А)
2. *сравн. ст.* миле́е (II.2.А1)
3. *превосх. ст.* миле́йший (II.3.А1)
**МИНИ́СТР**, -а, м
1. *м. р.—ж. р.*; о нормативности согласования см. I.5.В, а также а́втор
**МИР**[1] '*земля как место жизни и деятельности людей*', -а, м
1. *предл. ед.* пе́рвый в ми́ре, *но* на миру́ и смерть красна́ '*не страшно умереть, всё легко перенести не в одиночку, вместе с другими*', *пословица* (I.2.В)
2. *мн. нет* (I.3.Е1)
**МИР**[2] '*отсутствие войны*', -а, м
1. *предл. ед.* в ми́ре (жить в ми́ре и согла́сии) (I.2.В)
2. *мн. нет* (I.3.Е1)
**МИРИ́ТЬСЯ** нсв нп
1. *наст.* мирю́сь, мири́шься *и доп.* ми́ришься, мири́тся *и доп.* ми́рится, мири́мся *и доп.* ми́римся, мири́тесь *и доп.* ми́ритесь, миря́тся *и доп.* ми́рятся
2. *прич. действ. наст.* миря́щийся (III.5.А1)
3. *прич. страд. наст. не образ.* (III.7)
4. *прич. страд. прош. не образ.* (III.8)
5. *деепр.* миря́сь (III.9.А1)
**МИ́РН|ЫЙ** -ая, -ое, -ые
1. *кр. ф.* ми́рен, ми́рна, ми́рно, ми́рны (II.1.Б1)
2. *сравн. ст. нет* (II.2.Д)
3. *превосх. ст. нет* (II.3.Г)
миря́сь см. мири́ться
миря́щийся см. мири́ться
**МНОГОНАЦИОНА́ЛЬН|ЫЙ**, -ая, -ое, -ые
1. *кр. ф.* многонациона́лен, многонациона́льна, многонациона́льно, многонациона́льны (II.1.Б1)
2. *сравн. ст. не образ.* (II.2)
3. *превосх. ст. не образ.* (II.3)
**МОГУ́Ч|ИЙ**, -ая, -ее, -ие
1. *сравн. ст. нет* (II.2.Д)
2. *превосх. ст. нет* (II.3.Г)
могу́щий см. мочь
мо́гший см. мочь
**МО́ДН|ЫЙ**, -ая, -ое, -ые
1. *кр. ф.* мо́ден, модна́ *и* мо́дна, мо́дно, мо́дны (II.1.Б2)
2. *сравн. ст.* модне́е (II.2.А1)
3. *превосх. ст.* модне́йший (II.3.А1)
**МО́КР|ЫЙ**, -ая, -ое, -ые
1. *кр. ф.* мокр, мокра́, мо́кро, мокры́ *и* мо́кры (II.1.А)
2. *сравн. ст.* мокре́е (II.2.А1)
3. *превосх. ст.* мокре́йший (II.3.А1)
**МОЛОДЕ́Ц**, молодца́, м
1. *род. ед.* молодца́ (I.1.Б2а)
2. *им. мн.* молодцы́ (I.3.В2а)
**МОЛОД|О́Й**, -а́я, -о́е, -ы́е
1. *кр. ф.* мо́лод, молода́, мо́лодо, мо́лоды (II.1.А)
2. *сравн. ст.* моло́же (II.2.Б2а)
3. *превосх. ст. нет* (II.3.Г)
**МОЛОК|О́**, -а́, с
1. *мн. нет* (I.3.Е1)
**МОЛОТИ́ТЬ** нсв
1. *наст.* молочу́, моло́тишь, моло́тит, моло́тим, моло́тите, моло́тят (III.2.А2 *и* III.2.Б2)
2. *прич. действ. наст.* молотя́щий (III.5.А1)
3. *прич. страд. наст. нет* (III.7.Г)
4. *прич. страд. прош.* моло́ченный (III.8.Б2а) — ср. *прил.* моло́ченый
5. *деепр.* молотя́ (III.9.А1)
**МОЛОТО́К**, молотка́, м
1. *род. ед.* молотка́ (I.1.Б2б)
2. *им. мн.* молотки́ (I.3.В2б)
молотя́ см. молоти́ть
молотя́щий см. молоти́ть
моло́ченный см. молоти́ть
**МОЛО́ЧЕН|ЫЙ**, -ая, -ое, -ые — ср. *прич.* моло́ченный
1. *кр. ф. не образ.* (II.1)
2. *сравн. ст. не образ.* (II.2)
3. *превосх. ст. не образ.* (II.3)
**МО́Р|Е**, -я, с
1. *им. мн.* моря́ (I.3.А3б)
2. *сочет. с предлогами:* за́ море *и* за мо́ре, на́ море *и* на мо́ре, по

# МОСТ

мо́рю и по мо́рю, *но при указании конкретного пространства* — за мо́ре, на мо́ре, по мо́рю: за Чёрное мо́ре, на Каспи́йское мо́ре, по Средизе́мному мо́рю

**МОСТ,** моста́ (мо́ста), *м*
1. *род. ед.* моста́ *и* мо́ста (I.1.А3)
2. *дат. ед.* мосту́ *и* мо́сту
3. *твор. ед.* мосто́м *и* мо́стом
4. *предл. ед.* о мо́сте *и* о мосте́, *но* на мосту́ (I.2.А)
5. *им. мн.* мосты́ (I.3.А1б)
6. *сочет. с предлогами:* по́ мосту, по мосту́ *и* по мо́сту; на мост *и доп. устар.* на́ мост

**МОХ,** мха (мо́ха), *м*
1. *род. ед.* мха (I.1.Б2б) *и* мо́ха
2. *дат. ед.* мху *и* мо́ху
3. *твор. ед.* мхом *и* мо́хом
4. *предл. ед.* во мху, на мху *и* в мо́хе, на мо́хе (I.2.Б)
5. *им. мн.* мхи (I.3.В2б)

**МОЧЬ** *нсв нп*
1. *наст.* могу́, мо́жешь, мо́жет, мо́жем, мо́жете, мо́гут (III.2.А2 *и* III.2.Б1б)
2. *прош.* мог, могла́, могло́, могли́ (III.3.В1а)
3. *повел.* нет (III.4.Г)
4. *прич. действ. наст.* могу́щий (III.5.Б5)
5. *прич. действ. прош.* мо́гший
6. *прич. страд. наст. не образ.* (III.7)
7. *прич. страд. прош. не образ.* (III.8)
8. *деепр.* нет (III.9.Д)

**МО́ЩН|ЫЙ,** -ая, -ое, -ые
1. *кр. ф.* мо́щен, мощна́, мо́щно, мо́щны (II.1.Б2)
2. *сравн. ст.* мощне́е (II.2.А1)
3. *превосх. ст.* мощне́йший (II.3.А1)

**мо́ющий** см. мыть
**мо́я** см. мыть

**МРА́ЧН|ЫЙ,** -ая, -ое, -ые
1. *кр. ф.* мра́чен, мрачна́, мра́чно, мрачны́ *и* мра́чны (II.1.Б2)
2. *сравн. ст.* мрачне́е (II.2.А1)
3. *превосх. ст.* мрачне́йший (II.3.А1)

**МУЖ,** -а, *м* — *ср.* жена́
1. *им. мн.:* 1. мужья́ (*и* жёны); 2. мужи́ (нау́ки) (I.3.Г1)

2. *род. мн.* муже́й (I.4.В2)
3. *сочет. с фамилией*
— при словосочетании «муж и жена» фамилии (как русские, так и нерусские) ставятся в форме мн. числа: *муж и жена́ Ивано́вы, муж и жена́ Ковальчуки́*
4. *форма сказуемого*
— сказуемое при подлежащем, выраженном оборотом «муж с женой», ставится в форме мн. числа, если действие приписывается двум равноправным субъектам: *Муж с жено́й уе́хали отдыха́ть;*
— сказуемое ставится в форме ед. числа, если подлежащим является только слово «муж», а слово в твор. пад. («с женой») обозначает лицо, сопутствующее производителю действия: *Муж с жено́й уе́хал отдыха́ть* (т.е. *Муж уе́хал отдыха́ть с жено́й*);
— при наличии слов «вместе», «совместно» чаще используется форма ед. числа сказуемого: *Муж вме́сте с жено́й уе́хал отдыха́ть.*

**МУ́ЖЕСТВЕНН|ЫЙ,** -ая, -ое, -ые
1. *кр. ф.* му́жествен *и* му́жественен, му́жественна, му́жественно, му́жественны (II.1.В)

**МУ́ЖЕСТВ|О,** -а, *с*
1. *мн. нет* (I.3.Е1)

**МУ́ЗЫК|А,** -и, *ж*
1. *мн. нет* (I.3.Е1)

**МУЗЫКА́ЛЬН|ЫЙ,** -ая, -ое, -ые
1. *кр. ф.* музыка́лен, музыка́льна, музыка́льно, музыка́льны (II.1.Б1)

**МУК|А́,** -и́, *ж*
1. *мн. нет* (I.3.Е1)

**МУРАВЕ́Й,** -ья́, *м*
1. *род. ед.* муравья́ (I.1.В1)
2. *им. мн.* муравьи́ (I.3.Д1)

**МЫ́Л|О,** -а, *с*
1. *им. мн.* мыла́ (на́триевые, ка́лиевые) (I.3.Е2а)

**МЫТЬ** *нсв*
1. *наст.* мо́ю, мо́ешь, мо́ет, мо́ем, мо́ете, мо́ют (III.2.Б1а)
2. *повел.* мо́й(те) (III.4.А2а)

3. *прич. действ. наст.* мо́ющий (III.5.В2)
4. *прич. страд. наст.* нет (III.7.Г)
5. *деепр.* мо́я (III.9.Б4)

**МЫШ|Ь**, -и, *ж*
1. *род. мн.* мыше́й (I.4.А3б)

**МЯ́ГК|ИЙ**, -ая, -ое, -ие
1. *кр. ф.* мя́гок, мягка́, мя́гко, мя́гки *и доп.* мягки́ (II.1.Б2)
2. *сравн. ст.* мя́гче (II.2.Б1а)
3. *превосх. ст.* мягча́йший (II.3.Б1)

**МЯЧ**, мяча́, *м*
1. *род. ед.* мяча́ (I.1.А1)
2. *им. мн.* мячи́ (I.3.А1б)

# Н

**НАБИРА́ТЬ** *нсв — св* набра́ть

набра́в см. набра́ть
на́бранный см. набра́ть

**НАБРА́ТЬ** *св*
1. *нсв* набира́ть (III.1.Б)
2. *буд.* наберу́, наберёшь, наберёт, наберём, наберёте, беру́т (III.2.А4 *и* III.2.Б1а)
3. *прош.* набра́л, набрала́, набра́ло, набра́ли (III.3.А1)
4. *повел.* набери́(те) (III.4.А1)
5. *прич. действ. наст. не образ.* (III.5)
6. *прич. страд. наст. не образ.* (III.7)
7. *прич. страд. прош.* на́бранный (III.8.А1а); *кр. ф.* на́бран, на́брана *и доп. устар.* набрана́, на́брано, на́браны (III.8.А1в)
8. *деепр.* набра́в

**НА́ВОЛОЧК|А**, -и, *ж*
1. *род. мн.* на́волочек (I.4.Б1а)

награди́в см. награди́ть

**НАГРАДИ́ТЬ** *св*
1. *нсв* награжда́ть (III.1.А2а)
2. *буд.* награжу́, награди́шь, награди́т, награди́м, награди́те, наградя́т (III.2.А4 *и* III.2.Б2)
3. *прич. действ. наст. не образ.* (III.5)
4. *прич. страд. наст. не образ.* (III.7)
5. *прич. страд. прош.* награждённый (III.8.Б1б); *кр. ф.* награждён, награждена́, награждено́, награждены́
6. *деепр.* награди́в

**НАГРАЖДА́ТЬ** *нсв — св* награди́ть

награждённый см. награди́ть

наде́в см. наде́ть

**НАДЕВА́ТЬ** *нсв — св* наде́ть

**НАДЕ́ТЬ** (*противоп.* снять) *св —* ср. оде́ть
1. *нсв* надева́ть (III.1.А3)
2. *буд.* наде́ну, наде́нешь, наде́нет, наде́нем, наде́нете, наде́нут (III.2.Б1а)
3. *повел.* наде́нь(те) (III.4.А2б)
4. *прич. действ. наст. не образ.* (III.5)
5. *прич. страд. наст. не образ.* (III.7)
6. *деепр.* наде́в

надое́в см. надое́сть
надоеда́вший см. надоеда́ть

**НАДОЕДА́ТЬ** *нсв нп — св* надое́сть
1. *наст.* надоеда́ю, надоеда́ешь, надоеда́ет, надоеда́ем, надоеда́ете, надоеда́ют
2. *прош.* надоеда́л, надоеда́ла, надоеда́ло, надоеда́ли
3. *повел.: обычно с отриц.* не надоеда́й(те)
4. *прич. действ. наст.* надоеда́ющий
5. *прич. действ. прош.* надоеда́вший
6. *прич. страд. наст. не образ.* (III.7)
7. *прич. страд. прош. не образ.* (III.8)
8. *деепр.* надоеда́я

надоеда́ющий см. надоеда́ть
надоеда́я см. надоеда́ть

**НАДОЕ́СТЬ** *св нп*
1. *нсв* надоеда́ть (III.1.А2в)
2. *буд.* надое́м, надое́шь, надое́ст, надоеди́м, надоеди́те, надоедя́т (III.2.А3 *и* III.2.Б1б)
3. *прош.* надое́л, надое́ла, надое́ло, надое́ли (III.3.В3)
4. *повел.* нет (III.4.Г)

5. *прич. действ. наст. не образ.* (III.5)
6. *прич. страд. наст. не образ.* (III.7)
7. *прич. страд. прош. не образ.* (III.8)
8. *деепр.* надое́в
  **нае́вшийся** см. н а е́ с т ь с я
  **нае́вшись** см. н а е́ с т ь с я
  **наеда́вшийся** см. н а е д а́ т ь с я

**НАЕДА́ТЬСЯ** *нсв нп* — *св* н а е́ с т ь с я
1. *наст.* наеда́юсь, наеда́ешься, наеда́ется, наеда́емся, наеда́етесь, наеда́ются
2. *прош.* наеда́лся, наеда́лась, наеда́лось, наеда́лись
3. *повел.* наеда́йся, наеда́йтесь
4. *прич. действ. наст.* наеда́ющийся
5. *прич. действ. прош.* наеда́вшийся
6. *прич. страд. наст. не образ.* (III.7)
7. *прич. страд. прош. не образ.* (III.8)
8. *деепр.* наеда́ясь
  **наеда́ющийся** см. н а е д а́ т ь с я
  **наеда́ясь** см. н а е д а́ т ь с я

**НАЕ́СТЬСЯ** *св нп*
1. *нсв* наеда́ться (III.1.А2в)
2. *буд.* нае́мся, нае́шься, нае́стся, наеди́мся, наеди́тесь, наедя́тся (III.2.А3 *и* III.2.Б1б)
3. *прош.* нае́лся, нае́лась, нае́лось, нае́лись (III.3.В3)
4. *повел.* нае́шься, нае́шьтесь
5. *прич. действ. наст. не образ.* (III.5)
6. *прич. действ. прош.* нае́вшийся
7. *прич. страд. наст. не образ.* (III.7)
8. *прич. страд. прош. не образ.* (III.8)
9. *деепр.* нае́вшись
  **назва́в** см. н а з в а́ т ь
  **на́званный** см. н а з в а́ т ь

**НАЗВА́ТЬ** *св*
1. *нсв* называ́ть (III.1.Б)
2. *буд.* назову́, назовёшь, назовёт, назовём, назовёте, назову́т (III.2.А4 *и* III.2.Б1а)
3. *прош.* назва́л, назвала́, назва́ло, назва́ли (III.3.А1)
4. *повел.* назови́(те) (III.4.А1)
5. *прич. действ. наст. не образ.* (III.5)
6. *прич. страд. наст. не образ.* (III.7)
7. *прич. страд. прош.* на́званный (III.8.А1а); *кр. ф.* на́зван, на́звана *и доп. устар.* названа́, на́звано, на́званы (III.8.А1в)
8. *деепр.* назва́в

**НАЗЫВА́ТЬ** *нсв* — *св* н а з в а́ т ь
  **на́йденный** см. н а й т и́
  **найдя́** см. н а й т и́

**НАЙТИ́** *св*
1. *нсв* находи́ть (III.1.Д1)
2. *буд.* найду́, найдёшь, найдёт, найдём, найдёте, найду́т (III.2.Б1а)
3. *прош.* нашёл, нашла́, нашло́, нашли́ (III.3.В2)
4. *повел.* найди́(те) (III.4.А1)
5. *прич. действ. наст. не образ.* (III.5)
6. *прич. действ. прош.* наше́дший (III.6.Б4)
7. *прич. страд. наст. не образ.* (III.7)
8. *прич. страд. прош.* на́йденный (III.8.В2а); *кр. ф.* на́йден, на́йдена *и доп. устар.* найдена́, на́йдено, на́йдены
9. *деепр.* найдя́ (III.10.А1)
  **наказа́в** см. н а к а з а́ т ь
  **нака́занный** см. н а к а з а́ т ь

**НАКАЗА́ТЬ** *св*
1. *нсв* нака́зывать (III.1.А1а)
2. *буд.* накажу́, нака́жешь, нака́жет, нака́жем, нака́жете, нака́жут (III.2.А2 *и* III.2.Б1а)
3. *повел.* накажи́(те) (III.4.А1)
4. *прич. действ. наст. не образ.* (III.5)
5. *прич. страд. наст. не образ.* (III.7)
6. *прич. страд. прош.* нака́занный (III.8.А1а)
7. *деепр.* наказа́в

**НАКА́ЗЫВАТЬ** *нсв* — *св* н а к а з а́ т ь
  **накры́в** см. н а к р ы́ т ь

**НАКРЫВА́ТЬ** нсв — св на́крыть
**НАКРЫ́ТЬ** св
1. нсв накрыва́ть (III.1.А3)
2. буд. накро́ю, накро́ешь, накро́ет, накро́ем, накро́ете, накро́ют (III.2.Б1а)
3. повел. накро́й(те) (III.4.А2а)
4. прич. действ. наст. не образ. (III.5)
5. прич. страд. наст. не образ. (III.7)
6. деепр. накры́в
нали́в см. нали́ть
**НАЛИВА́ТЬ** нсв — св нали́ть
нали́вший см. нали́ть
**НАЛИТ|О́Й,** -а́я, -о́е, -ы́е — ср. прич. на́литый и нали́тый
1. кр. ф. не образ. (II.1)
2. сравн. ст. не образ. (II.2)
3. превосх. ст. не образ. (II.3)
**на́литый, нали́тый** см. нали́ть
**НАЛИ́ТЬ** св
1. нсв налива́ть (III.1.А3)
2. буд. налью́, нальёшь, нальёт, нальём, нальёте, налью́т (III.2.А4 и III.2.Б1а)
3. прош. на́лил и доп. нали́л, налила́, на́лило и доп. нали́ло, на́лили и доп. нали́ли (III.3.А1)
4. повел. нале́й(те) (III.4.В2)
5. прич. действ. наст. не образ. (III.5)
6. прич. действ. прош. нали́вший (III.6.А1)
7. прич. страд. наст. не образ. (III.7)
8. прич. страд. прош. на́литый и доп. нали́тый (III.8.А3г); кр. ф. на́лит и доп. нали́т, налита́, на́лито и доп. нали́то, на́литы и доп. нали́ты — ср. прил. налито́й
9. деепр. нали́в
нанесённый см. нанести́
**НАНЕСТИ́** св
1. нсв наноси́ть (III.1.А4а)
2. прош. нанёс, нанесла́, нанесло́, нанесли́ (III.3.В1в)
3. прич. действ. наст. не образ. (III.5)
4. прич. действ. прош. нанёсший

5. прич. страд. наст. не образ. (III.7)
6. прич. страд. прош. нанесённый; кр. ф. нанесён, нанесена́, нанесено́, нанесены́
7. деепр. нанеся́
нанёсший см. нанести́
нанеся́ см. нанести́
наноси́мый см. наноси́ть
**НАНОСИ́ТЬ** нсв — св нанести́
1. наст. наношу́, нано́сишь, нано́сит, нано́сим, нано́сите, нано́сят (III.2.А2 и III.2.Б2)
2. повел. наноси́(те) (III.4.В1)
3. прич. действ. наст. нанося́щий (III.5.А1)
4. прич. страд. наст. наноси́мый (III.7.Б1)
5. прич. страд. прош. не образ. (III.8)
6. деепр. нанося́ (III.9.А1)
нанося́ см. наноси́ть
нанося́щий см. наноси́ть
напа́в см. напа́сть
**НАПАДА́ТЬ** нсв нп — св напа́сть
**НАПА́СТЬ** св нп
1. нсв напада́ть (III.1.А2в)
2. буд. нападу́, нападёшь, нападёт, нападём, нападёте, нападу́т (III.2.Б1а)
3. повел. напади́(те) (III.4.А1)
4. прич. действ. наст. не образ. (III.5)
5. прич. страд. наст. не образ. (III.7)
6. прич. страд. прош. не образ. (III.8)
7. деепр. напа́в
**НАПОМИНА́ТЬ** нсв — св напо́мнить
напо́мнив см. напо́мнить
**НАПО́МНИТЬ** св
1. нсв напомина́ть (III.1.А2а)
2. прич. действ. наст. не образ. (III.5)
3. прич. страд. наст. не образ. (III.7)
4. прич. страд. прош. нет (III.8.Г)
5. деепр. напо́мнив
напра́вив см. напра́вить
напра́вившись см. напра́виться

# НАПРАВИТЬ

**НАПРА́ВИТЬ** *св*
1. *нсв* направля́ть (III.1.А2а)
2. *буд.* напра́влю, напра́вишь, напра́вит, напра́вим, напра́вите, напра́вят (III.2.Б2)
3. *повел.* напра́вь(те)
4. *прич. действ. наст. не образ.* (III.5)
5. *прич. страд. наст. не образ.* (III.7)
6. *прич. страд. прош.* напра́вленный (III.8.Б1а)
7. *деепр.* напра́вив

**НАПРА́ВИТЬСЯ** *св нп*
1. *нсв* направля́ться (III.1.А2а)
2. *буд.* напра́влюсь, напра́вишься, напра́вится, напра́вимся, напра́витесь, напра́вятся (III.2.Б2)
3. *повел.* напра́вься, напра́вьтесь
4. *прич. действ. наст. не образ.* (III.5)
5. *прич. страд. наст. не образ.* (III.7)
6. *прич. страд. прош. не образ.* (III.8)
7. *деепр.* напра́вившись *и* напра́вясь (III.10.Б1)

**напра́вленный** см. напра́вить
**НАПРАВЛЯ́ТЬ** *нсв — св* напра́вить
**НАПРАВЛЯ́ТЬСЯ** *нсв нп — св* напра́виться
**напра́вясь** см. напра́виться
**наре́зав** см. наре́зать

**НАРЕ́ЗАТЬ** *св*
1. *нсв* нареза́ть (III.1.В)
2. *буд.* наре́жу, наре́жешь, наре́жет, наре́жем, наре́жете, наре́жут (III.2.Б1а)
3. *повел.* наре́жь(те) (III.4.А2б)
4. *прич. действ. наст. не образ.* (III.5)
5. *прич. страд. наст. не образ.* (III.7)
6. *деепр.* наре́зав

**НАРЕЗА́ТЬ** *нсв — св* наре́зать

**НАРО́Д**, -а (-у), *м*
1. *род. ед.* наро́да *и* наро́ду: мно́го наро́да *и* мно́го наро́ду, тради́ции ру́сского наро́да (I.1.Г)

**НАРУША́ТЬ** *нсв — св* нару́шить
**нару́шив** см. нару́шить
**НАРУ́ШИТЬ** *св*
1. *нсв* наруша́ть (III.1.А2а)
2. *повел.* нару́шь(те)
3. *прич. действ. наст. не образ.* (III.5)
4. *прич. страд. наст. не образ.* (III.7)
5. *деепр.* нару́шив

**НАРЯ́ДН|ЫЙ**, -ая, -ое, -ые
1. *кр. ф.* наря́ден, наря́дна, наря́дно, наря́дны (II.1.Б1)
**насори́в** см. насори́ть
**НАСОРИ́ТЬ** *св нп*
1. *буд.* насорю́, насори́шь, насори́т, насори́м, насори́те, насоря́т
2. *прич. действ. наст. не образ.* (III.5)
3. *прич. страд. наст. не образ.* (III.7)
4. *прич. страд. прош. не образ.* (III.8)
5. *деепр.* насори́в

**НАСТУПА́ТЬ** *нсв нп — св* наступи́ть[1-2]
**наступи́в** см. наступи́ть[1-2]
**НАСТУПИ́ТЬ**[1-2] *св нп — нсв* наступа́ть
1. *буд.*: наступи́ть[1] на *что-либо* — наступлю́, насту́пишь, насту́пит, насту́пим, насту́пите, насту́пят (III.2.А2 *и* III.2.Б2); наступи́ть[2] '*о времени*' — *1 и 2 л. не употр.* (III.2.Д2), насту́пит, насту́пят (III.2.А2)
2. *прич. действ. наст. не образ.* (III.5)
3. *прич. страд. наст. не образ.* (III.7)
4. *прич. страд. прош. не образ.* (III.8)
5. *деепр.* наступи́в

**НАХОДИ́ТЬ** *нсв — св* найти́
1. *наст.* нахожу́, нахо́дишь, нахо́дит, нахо́дим, нахо́дите, нахо́дят (III.2.А2 *и* III.2.Б2)
2. *прич. действ. наст.* находя́щий (III.5.А1)
3. *прич. страд. наст. нет* (III.7.Г)
4. *прич. страд. прош. не образ.* (III.8)
5. *деепр.* находя́ (III.9.А1)

**находя́** см. находи́ть
**находя́щий** см. находи́ть
**нача́в** см. нача́ть
**нача́вший** см. нача́ть
**нача́вшийся** см. нача́ться
**нача́вшись** см. нача́ться
**НАЧА́ЛЬНИК**, -а, *м*
1. *м. р.—ж. р.*; о нормативности согласования см. I.5.В, а также *а́втор*

**на́чатый** см. нача́ть
**НАЧА́ТЬ** *св*
1. *нсв* начина́ть (III.1.Б)
2. *буд.* начну́, начнёшь, начнёт, начнём, начнёте, начну́т (III.2.А4 *и* III.2.Б1а)
3. *прош.* на́чал, начала́, на́чало, на́чали (III.3.А1)
4. *повел.* начни́(те) (III.4.А1)
5. *прич. действ. наст. не образ.* (III.5)
6. *прич. действ. прош.* нача́вший (III.6.А1)
7. *прич. страд. наст. не образ.* (III.7)
8. *прич. страд. прош.* на́чатый; *кр. ф.* на́чат, начата́, на́чато, на́чаты
9. *деепр.* нача́в

**НАЧА́ТЬСЯ** *св нп*
1. *нсв* начина́ться (III.1.Б)
2. *буд.: 1 и 2 л. не употр.* (III.2.Д2), начнётся, начну́тся (III.2.А4 *и* III.2.Б1а)
3. *прош.* начался́, начала́сь, начало́сь, начали́сь (III.3.А1)
4. *повел.* нет (III.4.Г)
5. *прич. действ. наст. не образ.* (III.5)
6. *прич. действ. прош.* нача́вшийся (III.6.А1)
7. *прич. страд. наст. не образ.* (III.7)
8. *прич. страд. прош. не образ.* (III.8)
9. *деепр.* нача́вшись

**НАЧИНА́ТЬ** *нсв — св* нача́ть
**НАЧИНА́ТСЯ** *нсв нп — св* нача́ться
**наше́дший** см. найти́
**НЕ́Б|О**, -а, *с*
1. *им. мн.* небеса́ (I.3.Д3)
2. *род. мн.* небе́с (I.4.А1б)
3. *сочет. с предлогами*: смотре́ть на́ небо *и* смотре́ть на не́бо, дви́гаться по́ небу *и* дви́гаться по не́бу, находи́ться на́ небе *и* находи́ться на не́бе

**НЕВЕ́Ж|А**, -и, *м и ж*
1. *м. р.—ж. р.*: о нормативности согласования см. I.5.Б

**НЕВЕ́ЖД|А**, -ы, *м и ж*
1. *м. р.—ж. р.*; о нормативности согласования см. I.5.Б

**НЕДОСТА́ТОК**, недоста́тка, *м*
1. *род. ед.* недоста́тка (I.1.Б1б)
2. *им. мн.* недоста́тки (I.3.В1б)

**НЕ́ЖН|ЫЙ**, -ая, -ое, -ые
1. *кр. ф.* не́жен, нежна́, не́жно, не́жны *и* не́жны (II.1.Б2)
2. *сравн. ст.* нежне́е (II.2.А1)
3. *превосх. ст.* нежне́йший (II.3.А1)

**НЕИЗВЕ́СТН|ЫЙ**, -ая, -ое, -ые
1. *кр. ф.* неизве́стен, неизве́стна, неизве́стно, неизве́стны (II.1.Б1)
2. *сравн. ст.* нет (II.2.Д)
3. *превосх. ст.* нет (II.3.Г)

**НЕНАВИ́ДЕТЬ** *нсв*
1. *наст.* ненави́жу, ненави́дишь, ненави́дит, ненави́дим, ненави́дите, ненави́дят (III.2.Б2)
2. *повел.* нет (III.4.Г)
3. *прич. страд. прош. не образ.* (III.8)
4. *деепр.* ненави́дя

**ненави́дя** см. ненави́деть
**НЕ́НАВИСТ|Ь**, -и, *ж*
1. *мн.* нет (I.3.Е1)

**НЕОБЫКНОВЕ́НН|ЫЙ**, -ая, -ое, -ые
1. *кр. ф.* необыкнове́нен, необыкнове́нна, необыкнове́нно, необыкнове́нны (II.1.Б1)

**НЕПОДВИ́ЖН|ЫЙ**, -ая, -ое, -ые
1. *кр. ф.* неподви́жен, неподви́жна, неподви́жно, неподви́жны (II.1.Б1)
2. *сравн. ст.* нет (II.2.Д)
3. *превосх. ст.* нет (II.3.Г)

**НЕПОКО́РН|ЫЙ**, -ая, -ое, -ые
1. *кр. ф.* непоко́рен, непоко́рна, непоко́рно, непоко́рны (II.1.Б1)

**НЕПОНЯТН|ЫЙ**, -ая, -ое, -ые
1. *кр. ф.* непонятен, непонятна, непонятно, непонятны (II.1.Б1)
   несённый см. н е с т и́
   несо́мый см. н е с т и́
**НЕСТИ́** *нсв* — ср. носи́ть
1. *наст.* несу́, несёшь, несёт, несём, несёте, несу́т
2. *прош.* нёс, несла́, несло́, несли́ (III.3.В1в)
3. *повел.* неси́(те)
4. *прич. действ. наст.* несу́щий
5. *прич. действ. прош.* нёсший
6. *прич. страд. наст.* несо́мый
7. *прич. страд. прош.* несённый; *кр. ф.* несён, несена́, несено́, несены́
8. *деепр.* неся́
   несу́щий см. н е с т и́
**НЕСЧА́СТН|ЫЙ**, -ая, -ое, -ые
1. *кр. ф.* несча́стен, несча́стна, несча́стно, несча́стны (II.1.Б1)
**НЕСЧА́СТ|ЬЕ**, -ья, *с*
1. *род. мн.* несча́стий (I.4.В3)
   нёсший см. н е с т и́
   неся́ см. н е с т и́
**НИ́ЖН|ИЙ**, -яя, -ее, -ие
1. *кр. ф.* нет (II.1.Е)
2. *сравн. ст.* нет (II.2.Д)
3. *превосх. ст.* нет (II.3.Г)
**НИЗ**, -а, *м*
1. *род. ед.* ни́за, *но* до са́мого ни́зу (I.1.Д)
2. *предл. ед.* о ни́зе, *но* в са́мом низу́ (I.2.А)
3. *им. мн.* низы́ (I.3.А1б)
**НИ́ЗК|ИЙ**, -ая, -ое, -ие
1. *кр. ф.* ни́зок, низка́, ни́зко, низки́ *и* ни́зки (II.1.Б2)
2. *сравн. ст.* ни́же (II.2.В1а)
3. *превосх. ст.* нижа́йший (II.3.В1а) *и* ни́зший (II.3.В1б)
**НИ́ТК|А**, -и, *ж*
1. *род. мн.* ни́ток (I.4.Б1б)
**НО́ВОСТ|Ь**, -и, *ж*
1. *род. мн.* новосте́й (I.4.А3б)
**НО́В|ЫЙ**, -ая, -ое, -ые
1. *кр. ф.* нов, нова́, но́во, но́вы́ *и* но́вы (II.1.А)
2. *сравн. ст.* нове́е (II.2.А1)
3. *превосх. ст.* нове́йший (II.3.А1)

**НОГ|А́**, -и́, *ж*
1. *вин. ед.* но́гу
2. *им. мн.* но́ги (I.3.А2)
3. *дат. мн.* нога́м
4. *твор. мн.* нога́ми
5. *предл. мн.* на нога́х
6. *сочет. с предлогами:* схвати́ть за́ ногу (за́ ноги), наде́ть на́ ногу (на́ ноги), положи́ть нога́ на́ ногу, сиде́ть нога́ на́ ногу *и* сиде́ть нога́ за́ ногу 'положив одну ногу на другую', идти́ нога́ за́ ногу 'медленно', переступи́ть с ноги́ на́ ногу, встать на́ ноги 'подняться во весь рост', *а также перен.* 'начать вести самостоятельную жизнь', смотре́ть под ноги, *но* подложи́ть под но́ги
**НО́ГОТЬ**, но́гтя, *м*
1. *род. ед.* но́гтя (I.1.Б1б)
2. *дат. ед.* но́гтю
3. *твор. ед.* но́гтем
4. *предл. ед.* о но́гте
5. *им. мн.* но́гти (I.3.В1б)
6. *род. мн.* ногте́й (I.4.А3а)
7. *дат. мн.* ногтя́м
8. *твор. мн.* ногтя́ми
9. *предл. мн.* о ногтя́х
**НОЖ**, ножа́, *м*
1. *род. ед.* ножа́ (I.1.А1)
2. *им. мн.* ножи́ (I.3.А1б)
**НО́ЖК|А**, -и, *ж*
1. *род. мн.* но́жек (I.4.Б1а)
**НО́ЖНИЦ|Ы**, но́жниц, *мн.*
1. *ед.* нет (I.3.Ж1)
**НОЛЬ**, ноля́ *и* **НУЛЬ**, нуля́, *м*
1. *род. ед.* ноля́ *и* нуля́ (I.1.А1)
2. *им. мн.* ноли́ *и* нули́ (I.3.А1б)
**НО́МЕР**, -а, *м*
1. *им. мн.* номера́ (I.3.А1а)
**НОР|А́**, -ы́, *ж*
1. *вин. ед.* нору́
2. *им. мн.* но́ры (I.3.А2)
**НОРМА́ЛЬН|ЫЙ**, -ая, -ое, -ые
1. *кр. ф.* норма́лен, норма́льна, норма́льно, норма́льны (II.1.Б1)
**НОС**, -а, *м*
1. *род. ед.* но́са, *но:* из носу, из но́су *и* из но́са; взять из-под (са́мого) но́са *и* взять из-под (са́мого) но́су *перен.* 'воспользовавшись чьей-либо невнимательностью,

*взять то, что находится прямо перед глазами*' (I.1.Д)
**2.** *предл. ед.* о но́се, *но* в носу́, на носу́ (I.2.А)
**3.** *им. мн.* носы́ (I.3.А1б)
**4.** *сочет. с предлогами:* сту́кнуть по́ носу *и доп.* сту́кнуть по носу́, *но* получи́ть по́ носу *перен.* 'оказа́ться наказанным, проученным'; схвати́ть за́ нос *и доп.* схвати́ть за но́с, *но* води́ть за́ нос *перен.* 'обманывать'; наде́ть на́ нос *и доп.* наде́ть на но́с, *но да́же* на́ нос не нале́зет *перен.* 'слишком маленького размера'; говори́ть себе́ по́д нос 'очень тихо, про себя'; по́д носом *перен.* 'совсем близко'

носи́вший *см.* носи́ть
носи́мый *см.* носи́ть
**НОСИ́ТЬ** *нсв* — *ср.* нести́
**1.** *наст.* ношу́, но́сишь, но́сит, но́сим, но́сите, но́сят (III.2.А2 *и* III.2.Б2)
**2.** *прош.* носи́л, носи́ла, носи́ло, носи́ли
**3.** *повел.* носи́(те) (III.4.В1)
**4.** *прич. действ. наст.* нося́щий (III.5.А1)
**5.** *прич. действ. прош.* носи́вший
**6.** *прич. страд. наст.* носи́мый (III.7.Б1)
**7.** *прич. страд. прош.* но́шенный (III.8.Б2а) — *ср. прил.* но́шеный
**8.** *деепр.* нося́ (III.9.А1)
**НОСК|И́**, -о́в, *мн.*
**1.** *ед.* носо́к, носка́, *м* (I.1.Б2б *и* I.3.Ж2а)
**2.** *им. мн.* носки́ (I.3.В2б)
**3.** *род. мн.* носко́в
нося́ *см.* носи́ть
нося́щий *см.* носи́ть
**НОЧЕВА́ТЬ** *нсв нп*
**1.** *наст.* ночу́ю, ночу́ешь, ночу́ет, ночу́ем, ночу́ете, ночу́ют (III.2.Б1а)
**2.** *повел.* ночу́й(те) (III.4.А2а)
**3.** *прич. действ. наст.* ночу́ющий (III.5.Б1)
**4.** *прич. страд. наст. не образ.* (III.7)
**5.** *прич. страд. прош. не образ.* (III.8)
**6.** *деепр.* ночу́я (III.9.Б1)
ночу́ющий *см.* ночева́ть
ночу́я *см.* ночева́ть
**НОЧ|Ь**, -и, *ж*
**1.** *род. мн.* ноче́й (I.4.А3б)
**2.** *сочет. с предлогами:* до́ ночи *и* до но́чи 'до наступления ночи', *но* с утра́ до́ ночи 'весь день', за́ ночь 'за время, равное ночи', на́ ночь 'на время, равное ночи'
но́шенный *см.* носи́ть
**НО́ШЕН|ЫЙ**, -ая, -ое, -ые — *ср. прич.* но́шенный
**1.** *кр. ф. не образ.* (II.1)
**2.** *сравн. ст. не образ.* (II.2.)
**3.** *превосх. ст. не образ.* (II.3)
**НРА́ВИТЬСЯ** *нсв нп*
**1.** *наст.* нра́влюсь, нра́вишься, нра́вится, нра́вимся, нра́витесь, нра́вятся (III.2.Б2)
**2.** *повел.* нра́вься, нра́вьтесь
**3.** *прич. страд. наст. не образ.* (III.7)
**4.** *прич. страд. прош. не образ.* (III.8)
**5.** *деепр. нет* (III.9.Д)
**НУ́ЖН|ЫЙ**, -ая, -ое, -ые
**1.** *кр. ф.* ну́жен, нужна́, ну́жно, нужны́ *и доп. устар.* ну́жны (II.1.Б2)
**2.** *сравн. ст.* нужне́е (II.2.А1)
**3.** *превосх. ст.* нужне́йший (II.3.А1)

нуль *см.* ноль

# О

обеща́в *см.* обеща́ть
обеща́емый *см.* обеща́ть
обе́щанный *см.* обеща́ть
**ОБЕЩА́ТЬ** *св и нсв*
**1.** *св и нсв* (III.1.Г)
**2.** *повел.* обеща́й(те)
**3.** *прич. действ. наст.:* для *св* — *не образ.* (III.5); для *нсв* — обеща́ющий
**4.** *прич. страд. наст.:* для *св* — *не образ.* (III.7); для *нсв* — обеща́емый

5. *прич. страд. прош.*: для *св* — обе́щанный (III.8.А1а); для *нсв* — *не образ.* (III.8)
6. *деепр.*: для *св* — обеща́в; для *нсв* — обеща́я
**обеща́ющий** см. о б е щ а́ т ь
**обеща́я** см. о б е щ а́ т ь
**оби́дев** см. о б и́ д е т ь
**оби́девшись** см. о б и́ д е т ь с я
**ОБИ́ДЕТЬ** *св*
1. *нсв* обижа́ть (III.1.А2б)
2. *буд.* оби́жу, оби́дишь, оби́дит, оби́дим, оби́дите, оби́дят (III.2.Б2)
3. *повел.: обычно с отриц.* не оби́дь(те)
4. *прич. действ. наст. не образ.* (III.5)
5. *прич. страд. наст. не образ.* (III.7)
6. *прич. страд. прош.* оби́женный (III.8.Б1а); *кр. ф.* оби́жен, оби́жена, оби́жено, оби́жены — ср. *прил.* оби́женный
7. *деепр.* оби́дев
**ОБИ́ДЕТЬСЯ** *св нп*
1. *нсв* обижа́ться (III.1.А2б)
2. *буд.* оби́жусь, оби́дишься, оби́дится, оби́димся, оби́дитесь, оби́дятся (III.2.Б2)
3. *повел.: обычно с отриц.* не оби́дься, не оби́дьтесь
4. *прич. действ. наст. не образ.* (III.5)
5. *прич. страд. наст. не образ.* (III.7)
6. *прич. страд. прош. не образ.* (III.8)
7. *деепр.* оби́девшись *и* оби́дясь (III.10.Б1)
**оби́дясь** см. о б и́ д е т ь с я
**ОБИЖА́ТЬ** *нсв* — *св* о б и́ - д е т ь
**ОБИЖА́ТЬСЯ** *нсв нп* — *св* о б и́ д е т ь с я
**ОБИ́ЖЕНН|ЫЙ**, -ая, -ое, -ые — ср. *прич.* оби́женный
1. *кр. ф.* оби́жен, оби́женна, оби́женно, оби́женны
**оби́женный** см. о б и́ д е т ь
**О́БЛАК|О**, -а, *с*
1. *им. мн.* облака́ (I.3.А3б)
**О́БЛАСТ|Ь**, -и, *ж*
1. *род. мн.* областе́й (I.4.А3б)

2. *дат. мн.* областя́м
3. *твор. мн.* областя́ми
4. *предл. мн.* в областя́х
**ОБЛО́ЖК|А**, -и, *ж*
1. *род. мн.* обло́жек (I.4.Б1а)
**обману́в** см. о б м а н у́ т ь
**обма́нутый** см. о б м а н у́ т ь
**ОБМАНУ́ТЬ** *св*
1. *буд.* обману́, обма́нешь, обма́нет, обма́нем, обма́нете, обма́нут (III.2.А1)
2. *прич. действ. наст. не образ.* (III.5)
3. *прич. страд. наст. не образ.* (III.7)
4. *прич. страд. прош.* обма́нутый (III.8.А3в)
5. *деепр.* обману́в
**ОБНИМА́ТЬ** *нсв* — *св* о б - н я́ т ь
**обня́в** см. о б н я́ т ь
**обня́вший** см. о б н я́ т ь
**о́бнятый** см. о б н я́ т ь
**ОБНЯ́ТЬ** *св*
1. *нсв* обнима́ть (III.1.Б)
2. *буд.* обниму́, обни́мешь, обни́мет, обни́мем, обни́мете, обни́мут (III.2.А2 *и* III.2.Б1а)
3. *прош.* о́бнял *и доп.* обня́л, обняла́, о́бняло *и доп.* обня́ло, о́бняли *и доп.* обня́ли (III.3.А1)
4. *повел.* обними́(те) (III.4.А1)
5. *прич. действ. наст. не образ.* (III.5)
6. *прич. действ. прош.* обня́вший (III.6.А1)
7. *прич. страд. наст. не образ.* (III.7)
8. *прич. страд. прош.* о́бнятый (III.8.А3а); *кр. ф.* о́бнят, обнята́, о́бнято, о́бняты
9. *деепр.* обня́в
**ОБОЗНАЧА́ТЬ** *нсв* — *св* о б о - з н а́ ч и т ь
1. *повел.* обознача́й(те)
2. *прич. страд. прош. не образ.* (III.8)
3. *деепр.* обознача́я
**обознача́я** см. о б о з н а ч а́ т ь
**обозна́чив** см. о б о з н а́ ч и т ь
**ОБОЗНА́ЧИТЬ** *св*
1. *нсв* обознача́ть (III.1.А2а)
2. *повел.* обозна́чь(те)

## ОБРАЗОВАТЬ

3. *прич. действ. наст.* не образ. (III.5)
4. *прич. страд. наст.* не образ. (III.7)
5. *деепр.* обозна́чив
**обойдённый** см. о б о й т и́
**обойдя́** см. о б о й т и́
**ОБОЙТИ́** *св*
1. *нсв* обходи́ть (III.1.Д1)
2. *буд.* обойду́, обойдёшь, обойдёт, обойдём, обойдёте, обойду́т (III.2.Б1а)
3. *прош.* обошёл, обошла́, обошло́, обошли́ (III.3.В2)
4. *повел.* обойди́(те) (III.4.А1)
5. *прич. действ. наст.* не образ. (III.5)
6. *прич. действ. прош.* обоше́дший (III.6.Б4)
7. *прич. страд. наст.* не образ. (III.7)
8. *прич. страд. прош.* обойдённый (III.8.В2б); *кр. ф.* обойдён, обойдена́, обойдено́, обойдены́
9. *деепр.* обойдя́ (III.10.А1)
**ОБОРО́Н|А, -ы,** *ж*
1. *мн.* нет (I.3.Е1)
**обору́довав** см. о б о р у́ д о в а т ь
**обору́дованный** см. о б о р у́ д о в а т ь
**ОБОРУ́ДОВАТЬ** *св и нсв*
1. *св и нсв* (III.1.Г)
2. *буд. и наст.* обору́дую, обору́дуешь, обору́дует, обору́дуем, обору́дуете, обору́дуют (III.2.Б1а)
3. *повел.* обору́дуй(те) (III.4.А2а)
4. *прич. действ. наст.:* для *св —* не образ. (III.5); для *нсв —* обору́дующий (III.5.Б1)
5. *прич. страд. наст.:* для *св — не образ.* (III.7); для *нсв —* обору́дуемый (III.7.А1)
6. *прич. страд. прош.:* для *св —* обору́дованный; для *нсв —не образ.* (III.8)
7. *деепр.:* для *св —* обору́довав; для *нсв —* обору́дуя (III.9.Б1)
**обору́дуемый** см. о б о р у́ д о в а т ь
**обору́дующий** см. о б о р у́ д о в а т ь
**обору́дуя** см. о б о р у́ д о в а т ь
**обоше́дший** см. о б о й т и́

**обра́довавшись** см. о б р а́ д о в а т ь с я
**ОБРА́ДОВАТЬСЯ** *св нп*
1. *буд.* обра́дуюсь, обра́дуешься, обра́дуется, обра́дуемся, обра́дуетесь, обра́дуются (III.2.Б1а)
2. *повел.* обра́дуйся, обра́дуйтесь (III.4.А2)
3. *прич. действ. наст.* не образ. (III.5)
4. *прич. страд. наст.* не образ. (III.7)
5. *прич. страд. прош.* не образ. (III.8)
6. *деепр.* обра́довавшись
**ОБРАЗЕ́Ц, образца́, м**
1. *род. ед.* образца́ (I.1.Б2а)
2. *им. мн.* образцы́ (I.3.В2а)
**образова́в** см. о б р а з о в а́ т ь
**образова́вший** см. о б р а з о в а́ т ь
**образова́вшийся** см. о б р а з о в а́ т ь с я
**образова́вшись** см. о б р а з о в а́ т ь с я
**ОБРАЗО́ВАНН|ЫЙ, -ая, -ое, -ые —** ср. *прич.* о б р а з о́ в а н н ы й
1. *кр. ф.* образо́ван, образо́ванна, образо́ванно, образо́ванны
**образо́ванный** см. о б р а з о в а́ т ь
**ОБРАЗОВА́ТЬ** *св и нсв*
1. *св,* но в *наст. вр.* также *нсв* (III.1.Г)
2. *нсв* образо́вывать (III.1.А1а)
3. *буд. и наст.* образу́ю, образу́ешь, образу́ет, образу́ем, образу́ете, образу́ют (III.2.Б1а)
4. *повел.* образу́й(те) (III.4.А2а)
5. *прич. действ. наст.:* для *св —* не образ. (III.5); для *нсв —* образу́ющий (III.5.Б1)
6. *прич. действ. прош.:* для *св —* образова́вший; для *нсв —* нет
7. *прич. страд. наст.:* для *св —* не образ. (III.7); для *нсв —* образу́емый (III.7.А1)
8. *прич. страд. прош.:* для *св —* образо́ванный (III.8.А1а); *кр. ф.* образо́ван, образо́вана, образо́вано, образо́ваны (ср. *прил.* о б р а з о́ в а н н ы й); для *нсв — не образ.* (III.8)

**9.** *деепр.*: для *св* — образова́в; для *нсв* — образу́я (III.9.Б1)

**ОБРАЗОВА́ТЬСЯ** *св* и *нсв нп*
**1.** *св*, но в наст. вр. также *нсв* (III.1.Г)
**2.** *нсв* образо́вываться (III.1.А1а)
**3.** *буд.* и *наст.: 1 и 2 л. не употр.* (III.2.Д2), образу́ется, образу́ются (III.2.Б1а)
**4.** *повел.* нет (III.4.Г)
**5.** *прич. действ. наст.*: для *св* — *не образ.* (III.5); для *нсв* — образу́ющийся (III.5.Б1)
**6.** *прич. действ. прош.*: для *св* — образова́вшийся; для *нсв* — нет
**7.** *прич. страд. наст. не образ.* (III.7)
**8.** *прич. страд. прош. не образ.* (III.8)
**9.** *деепр.*: для *св* — образова́вшись; для *нсв* — образу́ясь (III.9.Б1)

**образо́вывавший** см. о б р а з о́ в ы в а т ь

**образо́вывавшийся** см. о б р а з о́ в ы в а т ь с я

**образо́вываемый** см. о б р а з о́ в ы в а т ь

**ОБРАЗО́ВЫВАТЬ** *нсв* — *св* образова́ть
**1.** *наст.* образо́вываю, образо́вываешь, образо́вывает, образо́вываем, образо́вываете, образо́вывают
**2.** *прош.* образо́вывал, образо́вывала, образо́вывало, образо́вывали
**3.** *повел.* образо́вывай(те)
**4.** *прич. действ. наст.* образо́вывающий
**5.** *прич. действ. прош.* образо́вывавший
**6.** *прич. страд. наст.* образо́вываемый
**7.** *прич. страд. прош. не образ.* (III.8)
**8.** *деепр.* образо́вывая

**ОБРАЗО́ВЫВАТЬСЯ** *нсв нп* — *св* образова́ться
**1.** *наст.: 1 и 2 л. не употр.* (III.2.Д2), образо́вывается, образо́вываются (III.2.Б1а)
**2.** *прош.* образо́вывался, образо́вывалась, образо́вывалось, образо́вывались
**3.** *повел.* нет (III.4.Г)
**4.** *прич. действ. наст.* образо́вывающийся
**5.** *прич. действ. прош.* образо́вывавшийся
**6.** *прич. страд. наст. не образ.* (III.7)
**7.** *прич. страд. прош. не образ.* (III.8)
**8.** *деепр.* образо́вываясь

**образо́вывающий** см. о б р а з о́ в ы в а т ь

**образо́вывающийся** см. о б р а з о́ в ы в а т ь с я

**образо́вывая** см. о б р а з о́ в ы в а т ь

**образо́вываясь** см. о б р а з о́ в ы в а т ь с я

**образу́емый** см. о б р а з о в а́ т ь

**образу́ющий** см. о б р а з о в а́ т ь

**образу́ющийся** см. о б р а з о в а́ т ь с я

**образу́я** см. о б р а з о в а́ т ь

**образу́ясь** см. о б р а з о в а́ т ь с я

**обрати́в** см. о б р а т и́ т ь

**обрати́вшись** см. о б р а т и́ т ь с я

**ОБРАТИ́ТЬ** *св*
**1.** *нсв* обраща́ть (III.1.А2а)
**2.** *буд.* обращу́, обрати́шь, обрати́т, обрати́м, обрати́те, обратя́т (III.2.А4 и III.2.Б2)
**3.** *прич. действ. наст. не образ.* (III.5)
**4.** *прич. страд. наст. не образ.* (III.7)
**5.** *прич. страд. прош.* обращённый (III.8.Б1б); *кр. ф.* обращён, обращена́, обращено́, обращены́
**6.** *деепр.* обрати́в

**ОБРАТИ́ТЬСЯ** *св нп*
**1.** *нсв* обраща́ться (III.1.А2а)
**2.** *буд.* обращу́сь, обрати́шься, обрати́тся, обрати́мся, обрати́тесь, обратя́тся (III.2.А4 и III.2.Б2)
**3.** *прич. действ. наст. не образ.* (III.5)

**4.** *прич. страд. наст. не образ.* (III.7)
**5.** *прич. страд. прош. не образ.* (III.8)
**6.** *деепр.* обратившись и обратясь (III.10.Б1)
**обратясь** см. о б р а т и т ь с я
**ОБРАЩАТЬ** *нсв — св* о б р а т и т ь
**ОБРАЩАТЬСЯ** *нсв нп — св* о б р а т и т ь с я
**обращённый** см. о б р а т и т ь
**обрезав** см. о б р е з а т ь
**ОБРЕ́ЗАТЬ** *св*
**1.** *нсв* обрезать (III.1.В)
**2.** *буд.* обрежу, обрежешь, обрежет, обрежем, обрежете, обрежут (III.2.Б1а)
**3.** *повел.* обрежь(те) (III.4.А2б)
**4.** *прич. действ. наст. не образ.* (III.5)
**5.** *прич. страд. наст. не образ.* (III.7)
**6.** *деепр.* обрезав
**ОБРЕЗА́ТЬ** *нсв — св* о б р е з а т ь
**ОБСТАНО́ВК|А, -и, ж**
**1.** *мн. нет* (I.3.Е1)
**обсудив** см. о б с у д и т ь
**ОБСУДИ́ТЬ** *св*
**1.** *нсв* обсуждать (III.1.А2а)
**2.** *буд.* обсужу, обсудишь, обсудит, обсудим, обсудите, обсудят (III.2.А2 и III.2.Б2)
**3.** *повел.* обсуди(те) (III.4.В1)
**4.** *прич. действ. наст. не образ.* (III.5)
**5.** *прич. страд. наст. не образ.* (III.7)
**6.** *прич. страд. прош.* обсуждённый (III.8.Б1б); *кр. ф.* обсуждён, обсуждена́, обсуждено́, обсуждены́
**7.** *деепр.* обсудив
**ОБСУЖДА́ТЬ** *нсв — св* о б с у д и т ь
**обсуждённый** см. о б с у д и т ь
**обув** см. о б у т ь
**ОБУВА́ТЬ** *нсв — св* о б у т ь
**ОБУВА́ТЬСЯ** *нсв нп — св* о б у т ь с я
**обувшись** см. о б у т ь с я
**О́БУВ|Ь, -и, ж**
**1.** *мн. нет* (I.3.Е1)

**ОБУСЛА́ВЛИВАТЬ** *нсв — св* о б у с л о в и т ь
**обусло́вив** см. о б у с л о́ в и т ь
**ОБУСЛО́ВИТЬ** *св*
**1.** *нсв* обусловливать и обуславливать (III.1.А1в)
**2.** *буд.* обусловлю, обусловишь, обусловит, обусловим, обусловите, обусловят (III.2.Б2)
**3.** *повел.* обусловь(те)
**4.** *прич. действ. наст. не образ.* (III.5)
**5.** *прич. страд. наст. не образ.* (III.7)
**6.** *прич. страд. прош.* обусловленный (III.8.Б1а)
**7.** *деепр.* обусловив
**обусло́вленный** см. о б у с л о́ в и т ь
**ОБУСЛО́ВЛИВАТЬ** *нсв — св* о б у с л о́ в и т ь
**ОБУ́Т|ЫЙ, -ая, -ое, -ые — ср. прич.** о б у́ т ы й
**1.** *кр. ф. не образ.* (II.1)
**2.** *сравн. ст. не образ.* (II.2)
**3.** *превосх. ст. не образ.* (II.3)
**обу́тый** см. о б у́ т ь
**ОБУ́ТЬ** *св*
**1.** *нсв* обувать (III.1.А3)
**2.** *повел.* обуй(те)
**3.** *прич. действ. наст. не образ.* (III.5)
**4.** *прич. страд. наст. не образ.* (III.7)
**5.** *прич. страд. прош.* обутый — ср. *прил.* о б у́ т ы й
**6.** *деепр.* обув
**ОБУ́ТЬСЯ** *св нп*
**1.** *нсв* обуваться (III.1.А3)
**2.** *повел.* обу́йся, обу́йтесь
**3.** *прич. действ. наст. не образ.* (III.5)
**4.** *прич. страд. наст. не образ.* (III.7)
**5.** *прич. страд. прош. не образ.* (III.8)
**6.** *деепр.* обу́вшись
**ОБХОДИ́ТЬ** *нсв — св* о б о й т и́
**1.** *наст.* обхожу́, обхо́дишь, обхо́дит, обхо́дим, обхо́дите, обхо́дят (III.2.А2 и III.2.Б2)

## ОБЩЕСТВЕННЫЙ

**2.** *повел.* обходи́(те) (III.4.В1)
**3.** *прич. действ. наст.* обходя́щий (III.5.А1)
**4.** *прич. страд. наст.* нет (III.7.Г)
**5.** *прич. страд. прош. не образ.* (III.8)
**6.** *деепр.* обходя́ (III.9.А1)
   обходя́ см. о б х о д и́ т ь
   обходя́щий см. о б х о д и́ т ь
**ОБЩЕ́СТВЕНН|ЫЙ**, -ая, -ое, -ые
**1.** *кр. ф. не образ.* (II.1)
**2.** *сравн. ст. не образ.* (II.2)
**3.** *превосх. ст. не образ.* (II.3)
**О́БЩ|ИЙ**, -ая, -ее, -ие
**1.** *кр. ф.*: 1. 'принадлежащий всем' — общ, обща́, о́бще, о́бщи; 2. 'не конкретный, схематичный' — общ, обща́, общо́, о́бщи и доп. общи́ (II.1.А)
**2.** *сравн. ст.* нет (II.2.Д)
**3.** *превосх. ст.* нет (II.3.Г)
   объедини́вшись см. о б ъ е д и н и́ т ь с я
**ОБЪЕДИНИ́ТЬСЯ** *св нп — нсв* объединя́ться
**1.** *прич. действ. наст. не образ.* (III.5)
**2.** *прич. страд. наст. не образ.* (III.7)
**3.** *прич. страд. прош. не образ.* (III.8)
**4.** *деепр.* объедини́вшись и объединя́сь (III.10.Б1)
   объединя́сь см. о б ъ е д и н и́ т ь с я
**ОБЪЕДИНЯ́ТЬСЯ** *нсв нп — св* о б ъ е д и н и́ т ь с я
   объяви́в см. о б ъ я в и́ т ь
**ОБЪЯВИ́ТЬ** *св*
**1.** *нсв* объявля́ть (III.1.А2а)
**2.** *буд.* объявлю́, объя́вишь, объя́вит, объя́вим, объя́вите, объя́вят (III.2.А2 и III.2.Б2)
**3.** *повел.* объяви́(те) (III.4.В1)
**4.** *прич. действ. наст. не образ.* (III.5)
**5.** *прич. страд. наст. не образ.* (III.7)
**6.** *прич. страд. прош.* объя́вленный (III.8.Б2а)
**7.** *деепр.* объяви́в
   объя́вленный см. о б ъ я в и́ т ь

**ОБЪЯВЛЯ́ТЬ** *нсв — св* о б ъ я в и́ т ь
   объяснённый см. о б ъ я с н и́ т ь
   объясни́в см. о б ъ я с н и́ т ь
   объясни́вшись см. о б ъ я с н и́ т ь с я
**ОБЪЯСНИ́ТЬ** *св — нсв* объясня́ть
**1.** *прич. действ. наст. не образ.* (III.5)
**2.** *прич. страд. наст. не образ.* (III.7)
**3.** *прич. страд. прош.* объяснённый; *кр. ф.* объяснён, объяснена́, объяснено́, объяснены́
**4.** *деепр.* объясни́в
**ОБЪЯСНИ́ТЬСЯ** *св нп — нсв* объясня́ться
**1.** *прич. действ. наст. не образ.* (III.5)
**2.** *прич. страд. наст. не образ.* (III.7)
**3.** *прич. страд. прош. не образ.* (III.8)
**4.** *деепр.* объясни́вшись и объясня́сь (III.10.Б1)
   объясня́сь см. о б ъ я с н и́ т ь с я
**ОБЪЯСНЯ́ТЬ** *нсв — св* о б ъ я с н и́ т ь
**ОБЪЯСНЯ́ТЬСЯ** *нсв нп — св* о б ъ я с н и́ т ь с я
**ОБЫКНОВЕ́НН|ЫЙ**, -ая, -ое, -ые
**1.** *кр. ф.* обыкнове́нен, обыкнове́нна, обыкнове́нно, обыкнове́нны (II.1.Б1)
**ОБЫ́ЧН|ЫЙ**, -ая, -ое, -ые
**1.** *кр. ф.* обы́чен, обы́чна, обы́чно, обы́чны (II.1.Б1)
   обяза́вшись см. о б я з а́ т ь с я
**ОБЯЗА́ТЕЛЬН|ЫЙ**, -ая, -ое, -ые
**1.** *кр. ф.* обяза́телен, обяза́тельна, обяза́тельно, обяза́тельны (II.1.Б1)
**2.** *сравн. ст.*: 1. 'непременный' — не образ. (II.2); 2. 'ответственный (о человеке)' — обяза́тельнее
**3.** *превосх. ст.*: 1. 'непременный' — не образ. (II.3); 2. 'ответственный (о человеке)' — обяза́тельнейший
**ОБЯЗА́ТЬСЯ** *св нп*
**1.** *нсв* обя́зываться (III.1.А1а)

**ОДЕТЬ**

**2.** *буд.* обяжу́сь, обя́жешься, обя́жется, обя́жемся, обя́жетесь, обя́жутся (III.2.А2 *и* III.2.Б1а)
**3.** *повел.* обяжи́сь, обяжи́тесь (III.4.А1)
**4.** *прич. действ. наст. не образ.* (III.5)
**5.** *прич. страд. наст. не образ.* (III.7)
**6.** *прич. страд. прош. не образ.* (III.8)
**7.** *деепр.* обяза́вшись
**ОБЯ́ЗЫВАТЬСЯ** *нсв нп — св* обяза́ться
**О́ВОЩИ,** овоще́й, *мн.*
**1.** *ед.* о́вощ, -а, *м* (I.3.Ж2а)
**2.** *род. мн.* овоще́й (I.4.А3в)
**ОВЦ|А́,** -ы́, *ж*
**1.** *им. мн.* о́вцы (I.3.А2)
**2.** *род. мн.* ове́ц (I.4.Б1а)
**ОГЛЯНУ́ВШИСЬ** см. огляну́ться
**ОГЛЯНУ́ТЬСЯ** *св нп*
**1.** *буд.* огляну́сь, огля́нешься, огля́нется, огля́немся, огля́нетесь, огля́нутся (III.2.А1)
**2.** *прич. действ. наст. не образ.* (III.5)
**3.** *прич. страд. наст. не образ.* (III.7)
**4.** *прич. страд. прош. не образ.* (III.8)
**5.** *деепр.* огляну́вшись
**ОГО́НЬ,** огня́, *м*
**1.** *род. ед.* огня́ (I.1.Б2б)
**2.** *им. мн.* огни́ (I.3.В2б)
огорча́сь см. огорчи́ться
**ОГОРЧА́ТЬ** *нсв — св* огорчи́ть
**ОГОРЧА́ТЬСЯ** *нсв — св* огорчи́ться
огорчённый см. огорчи́ть
огорчи́в см. огорчи́ть
огорчи́вшись см. огорчи́ться
**ОГОРЧИ́ТЬ** *св — нсв* огорча́ть
**1.** *прич. действ. наст. не образ.* (III.5)
**2.** *прич. страд. наст. не образ.* (III.7)
**3.** *прич. страд. прош.* огорчённый; *кр. ф.* огорчён, огорчена́, огорчено́, огорчены́
**4.** *деепр.* огорчи́в
**ОГОРЧИ́ТЬСЯ** *св — нсв* огорча́ться
**1.** *прич. действ. наст. не образ.* (III.5)
**2.** *прич. страд. наст. не образ.* (III.7)
**3.** *прич. страд. прош. не образ.* (III.8)
**4.** *деепр.* огорчи́вшись *и* огорча́сь (III.10.Б1)
**ОГРО́МН|ЫЙ,** -ая, -ое, -ые
**1.** *кр. ф.* огро́мен, огро́мна, огро́мно, огро́мны (II.1.Б1)
**ОГУРЕ́Ц,** огурца́, *м*
**1.** *род. ед.* огурца́ (I.1.Б2а)
**2.** *им. мн.* огурцы́ (I.3.В2а)
оде́в см. оде́ть
**ОДЕВА́ТЬ** *нсв — св* оде́ть
оде́вшись см. оде́ться
одержа́в см. одержа́ть
оде́ржанный см. одержа́ть
**ОДЕРЖА́ТЬ** *св*
**1.** *нсв* оде́рживать (III.1.А1а)
**2.** *буд.* одержу́, оде́ржишь, оде́ржит, оде́ржим, оде́ржите, оде́ржат (III.2.А1)
**3.** *прич. действ. наст. не образ.* (III.5)
**4.** *прич. страд. наст. не образ.* (III.7)
**5.** *прич. страд. прош.* оде́ржанный (III.8.А1а)
**6.** *деепр.* одержа́в
**ОДЕ́РЖИВАТЬ** *нсв — св* одержа́ть
**ОДЕ́Т|ЫЙ,** -ая, -ое, -ые *ср. прич.* оде́тый
**1.** *кр. ф. не образ.* (II.1)
**2.** *сравн. ст. не образ.* (II.2)
**3.** *превосх. ст. не образ.* (II.3)
оде́тый см. оде́ть
**ОДЕ́ТЬ** (*противоп.* разде́ть) *св — ср.* наде́ть
**1.** *нсв* одева́ть (III.1.А3)
**2.** *буд.* оде́ну, оде́нешь, оде́нет, оде́нем, оде́нете, оде́нут (III.2.Б1а)
**3.** *повел.* оде́нь(те) (III.4.А2б)
**4.** *прич. действ. наст. не образ.* (III.5)
**5.** *прич. страд. наст. не образ.* (III.7)
**6.** *прич. страд. прош.* оде́тый — *ср. прил.* оде́тый

**ОДЕТЬСЯ**

7. *деепр.* одев
**ОДЕ́ТЬСЯ** *св нп*
1. *нсв* одева́ться (III.1.А3)
2. *буд.* оде́нусь, оде́нешься, оде́нется, оде́немся, оде́нетесь, оде́нутся (III.2.Б1а)
3. *повел.* оде́нься, оде́ньтесь (III.4.А2б)
4. *прич. действ. наст. не образ.* (III.5)
5. *прич. страд. наст. не образ.* (III.7)
6. *прич. страд. прош. не образ.* (III.8)
7. *деепр.* оде́вшись
**О́ЗЕР|О**, -а, *с*
1. *им. мн.* озёра (I.3.Б1в)
2. *согласование*
— названия озёр, выраженные склоняемыми существительными, как правило, не согласуются в падеже со словом «озеро»: *на о́зере Байка́л, у о́зера Баскунча́к, на о́зере Ильмень*; согласование встречается реже: *у о́зера Медя́нки, о́зером Медя́нкой*;
— названия озёр, выраженные формой полного прилагательного, согласуются в падеже с определяемым словом: *на Ла́дожском о́зере*.
3. *род несклоняемых существительных — названий озёр*
— несклоняемые существительные — названия озёр относятся к среднему роду (по грамматическому роду слова «озеро»): *полново́дное Эри, живопи́сное Ко́мо* (I.5.А4)
**ОЗНАЧА́ТЬ** *нсв* — *ср.* зна́чить
1. *наст.: 1. и 2 л. не употр.* (III.2.Д2), означа́ет, означа́ют
2. *повел.* нет (III.4.Г)
3. *прич. страд. прош. не образ.* (III.8)
4. *деепр.* означа́я
означа́я см. означа́ть
оказа́в см. оказа́ть
ока́занный см. оказа́ть
**ОКАЗА́ТЬ** *св*
1. *нсв* ока́зывать (III.1.А1а)
2. *буд.* окажу́, ока́жешь, ока́жет, ока́жем, ока́жете, ока́жут (III.2.А2 *и* III.2.Б1а)
3. *повел.* окажи́(те) (III.4.А1)
4. *прич. действ. наст. не образ.* (III.5)
5. *прич. страд. наст. не образ.* (III.7)
6. *прич. страд. прош.* ока́занный (III.8.А1а)
7. *деепр.* оказа́в
**ОКА́ЗЫВАТЬ** *нсв* — *св* оказа́ть
**ОКА́НЧИВАТЬ** *нсв* — *св* око́нчить
**ОКН|О́**, -а́, *с*
1. *им. мн.* о́кна (I.3.А3а)
2. *род. мн.* о́кон (I.4.Б2б)
око́нчив см. око́нчить
**ОКО́НЧИТЬ** *св*
1. *нсв* ока́нчивать (III.1.А1в)
2. *повел.* око́нчи(те)
3. *прич. действ. наст. не образ.* (III.5)
4. *прич. страд. наст. не образ.* (III.7)
5. *деепр.* око́нчив
**ОКРУЖА́ТЬ** *нсв* — *св* окружи́ть
окружённый см. окружи́ть
окружи́в см. окружи́ть
**ОКРУЖИ́ТЬ** *св* — *нсв* окружа́ть
1. *прич. действ. наст. не образ.* (III.5)
2. *прич. страд. наст. не образ.* (III.7)
3. *прич. страд. прош.* окружённый; *кр. ф.* окружён, окружена́, окружено́, окружены́
4. *деепр.* окружи́в
**ОПА́ЗДЫВАТЬ** *нсв нп* — *св* опозда́ть
**ОПА́СН|ЫЙ**, -ая, -ое, -ые
1. *кр. ф.* опа́сен, опа́сна, опа́сно, опа́сны (II.1.Б1)
**О́ПЕР|А**, -ы, *ж*
1. *сочет. с предлогами*: быть на о́пере *и реже* быть в о́пере, пойти́ на о́перу *и реже* пойти́ в о́перу
описа́в см. описа́ть
опи́санный см. описа́ть
**ОПИСА́ТЬ** *св*
1. *нсв* опи́сывать (III.1.А1а)
2. *буд.* опишу́, опи́шешь, опи́-

шет, опи́шем, опи́шете, опи́шут (III.2.А2 и III.2.Б1а)
3. *повел.* опиши́(те) (III.4.А1)
4. *прич. действ. наст. не образ.* (III.5)
5. *прич. страд. наст. не образ.* (III.7)
6. *прич. страд. прош.* опи́санный (III.8.А1а)
7. *деепр.* описа́в

**ОПИ́СЫВАТЬ** *нсв — св* описа́ть

опозда́в см. опозда́ть

**ОПОЗДА́ТЬ** *св нп*
1. *нсв* опа́здывать (III.1.А1а)
2. *повел.: обычно с отриц.* не опозда́й(те)
3. *прич. действ. наст. не образ.* (III.5)
4. *прич. страд. наст. не образ.* (III.7)
5. *прич. страд. прош. не образ.* (III.8)
6. *деепр.* опозда́в

**ОПРЕДЕЛЁНН|ЫЙ**, -ая, -ое, -ые — ср. *прич.* определённый
1. *кр. ф.* определён, определённа, определённо, определённы

определённый см. определи́ть

определи́в см. определи́ть

**ОПРЕДЕЛИ́ТЬ** *св — нсв* определя́ть
1. *буд.* определю́, определи́шь, определи́т, определи́м, определи́те, определя́т
2. *прич. действ. наст. не образ.* (III.5)
3. *прич. страд. наст. не образ.* (III.7)
4. *прич. страд. прош.* определённый; *кр. ф.* определён, определена́, определено́, определены́ — ср. *прил.* определённый
5. *деепр.* определи́в

**ОПРЕДЕЛЯ́ТЬ** *нсв — св* определи́ть

**ОПУСКА́ТЬ** *нсв — св* опусти́ть

**ОПУСКА́ТЬСЯ** *нсв нп — св* опусти́ться

опусти́в см. опусти́ть
опусти́вшись см. опусти́ться

**ОПУСТИ́ТЬ** *св*
1. *нсв* опуска́ть (III.1.А2а)
2. *буд.* опущу́, опу́стишь, опу́стит, опу́стим, опу́стите, опу́стят (III.2.А2 и III.2.Б2)
3. *повел.* опусти́(те) (III.4.В1)
4. *прич. действ. наст. не образ.* (III.5)
5. *прич. страд. наст. не образ.* (III.7)
6. *прич. страд. прош.* опу́щенный (III.8.Б2а)
7. *деепр.* опусти́в

**ОПУСТИ́ТЬСЯ** *св нп*
1. *нсв* опуска́ться (III.1.А2а)
2. *буд.* опущу́сь, опу́стишься, опу́стится, опу́стимся, опу́ститесь, опу́стятся (III.2.А2 и III.2.Б2)
3. *повел.* опусти́сь, опусти́тесь (III.4.В1)
4. *прич. действ. наст. не образ.* (III.5)
5. *прич. страд. наст. не образ.* (III.7)
6. *прич. страд. прош. не образ.* (III.8)
7. *деепр.* опусти́вшись и опустя́сь (III.10.Б1)

опустя́сь см. опусти́ться
опу́щенный см. опусти́ть
организова́в см. организова́ть
организова́вший см. организова́ть

**ОРГАНИЗО́ВАНН|ЫЙ**, -ая, -ое, -ые — ср. *прич.* организо́ванный
1. *кр. ф.* организо́ван, организо́ванна, организо́ванно, организо́ванны

организо́ванный см. организова́ть

**ОРГАНИЗОВА́ТЬ** *св и нсв*
1. *св,* но в наст. вр. также *нсв* (III.1.Г)
2. *нсв* организо́вывать (III.1.А1а)
3. *буд. и наст.* организу́ю, организу́ешь, организу́ет, организу́ем, организу́ете, организу́ют (III.2.Б1а)

## ОРГАНИЗОВЫВАТЬ

4. *повел.* организу́й(те) (III.4.А2а)
5. *прич. действ. наст.:* для *св* — не *образ.* (III.5); для *нсв* — организу́ющий (III.5.Б1)
6. *прич. действ. прош.:* для *св* — организова́вший; для *нсв* — нет
7. *прич. страд. наст.:* для *св* — не *образ.* (III.7); для *нсв* — организу́емый (III.7.А1)
8. *прич. страд. прош.:* для *св* — организо́ванный (III.8.А1а); *кр. ф.* организо́ван, организо́вана, организо́вано, организо́ваны (ср. *прил.* организо́ванный); для *нсв* — не *образ.* (III.8)
9. *деепр.:* для *св* — организова́в; для *нсв* — организу́я (III.9.Б1)
организо́вывавший см. организо́вывать
организо́вываемый см. организо́вывать

**ОРГАНИЗО́ВЫВАТЬ** *нсв* — *св* организова́ть

1. *наст.* организо́вываю, организо́вываешь, организо́вывает, организо́вываем, организо́вываете, организо́вывают
2. *прош.* организо́вывал, организо́вывала, организо́вывало, организо́вывали
3. *повел.* организо́вывай(те)
4. *прич. действ. наст.* организо́вывающий
5. *прич. действ. прош.* организо́вывавший
6. *прич. страд. наст.* организо́вываемый
7. *прич. страд. прош.* не *образ.* (III.8)
8. *деепр.* организо́вывая
организо́вывающий см. организо́вывать
организо́вывая см. организо́вывать
организу́емый см. организова́ть
организу́ющий см. организова́ть
организу́я см. организова́ть

**О́РДЕН** '*особый знак отличия за выдающиеся заслуги*', -а, *м*
1. *им. мн.* ордена́ (I.3.А1а)

**ОРЁЛ**, орла́, *м*
1. *род. ед.* орла́ (I.1.Б2б)
2. *им. мн.* орлы́ (I.3.В2б)
ороси́в см. ороси́ть

**ОРОСИ́ТЬ** *св*
1. *нсв* ороша́ть (III.1.А2а)
2. *буд.* орошу́, ороси́шь, ороси́т, ороси́м, ороси́те, орося́т (III.2.А4 *и* III.2.Б2)
3. *прич. действ. наст.* не *образ.* (III.5)
4. *прич. страд. наст.* не *образ.* (III.7)
5. *прич. страд. прош.* орошённый (III.8.Б1б); *кр. ф.* орошён, орошена́, орошено́, орошены́
6. *деепр.* ороси́в

**ОРОША́ТЬ** *нсв* — *св* ороси́ть
орошённый см. ороси́ть

**ОРУ́ЖИ|Е**, -я, *с*
1. *мн. нет* (I.3.Е1)
освети́в см. освети́ть

**ОСВЕТИ́ТЬ** *св*
1. *нсв* освеща́ть (III.1.А2а)
2. *буд.:* 1. '*сделать видным, светлым*' — освещу́, осве́тишь *и* освети́шь, осве́тит *и* осветит, осве́тим *и* осветим, осве́тите *и* осветите, осве́тят *и* освятя́т (III.2.А2, III.2.А4 *и* III.2.Б2); 2. '*изложить, истолковать*' — освещу́, осветишь, осветит, осветим, осветите, осветят (III.2.А4 *и* III.2.Б2)
3. *повел.* освети́(те) (III.4.В1)
4. *прич. действ. наст.* не *образ.* (III.5)
5. *прич. страд. наст.* не *образ.* (III.7)
6. *прич. страд. прош.* освещённый (III.8.Б1б); *кр. ф.* освещён, освещена́, освещено́, освещены́
7. *деепр.* освети́в

**ОСВЕЩА́ТЬ** *нсв* — *св* освети́ть
освещённый см. освети́ть
освободи́в см. освободи́ть
освободи́вшись см. освободи́ться

**ОСВОБОДИ́ТЬ** *св*
1. *нсв* освобожда́ть (III.1.А2а)
2. *буд.* освобожу́, освободи́шь, освободи́т, освободи́м, освобо-

ди́те, освободя́т (III.2.А4 и III.2.Б2)
3. *прич. действ. наст. не образ.* (III.5)
4. *прич. страд. наст. не образ.* (III.7)
5. *прич. страд. прош.* освобождённый (III.8.Б1б); *кр. ф.* освобождён, освобождена́, освобождено́, освобождены́
6. *деепр.* освободи́в

**ОСВОБОДИ́ТЬСЯ** *св нп*
1. *нсв* освобожда́ться (III.1.А2а)
2. *буд.* освобожу́сь, освободи́шься, освободи́тся, освободи́мся, освободи́тесь, освободя́тся (III.2.А4 и III.2.Б2)
3. *прич. действ. наст. не образ.* (III.5)
4. *прич. страд. наст. не образ.* (III.7)
5. *прич. страд. прош. не образ.* (III.8)
6. *деепр.* освободи́вшись *и* освободя́сь (III.10.Б1)

освободя́сь см. освободи́ться

**ОСВОБОЖДА́ТЬ** *нсв — св* освободи́ть

**ОСВОБОЖДА́ТЬСЯ** *нсв нп — св* освободи́ться

освобождённый см. освободи́ть

**ОСЕ́НН|ИЙ**, -яя, -ее, -ие
1. *кр. ф. не образ.* (II.1)
2. *сравн. ст. не образ.* (II.2)
3. *превосх. ст. не образ.* (II.3)

**ОСМА́ТРИВАТЬ** *нсв — св* осмотре́ть

осмотре́в см. осмотре́ть
осмо́тренный см. осмотре́ть

**ОСМОТРЕ́ТЬ** *св*
1. *нсв* осма́тривать (III.1.А1б)
2. *буд.* осмотрю́, осмо́тришь, осмо́трит, осмо́трим, осмо́трите, осмо́трят (III.2.А1)
3. *прич. действ. наст. не образ.* (III.5)
4. *прич. страд. наст. не образ.* (III.7)
5. *прич. страд. прош.* осмо́тренный (III.8.А1а)
6. *деепр.* осмотре́в

основа́в см. основа́ть

осно́ванный см. основа́ть

**ОСНОВА́ТЬ** *св*
1. *нсв* осно́вывать (III.1.А1а)
2. *буд.* осную́, оснуёшь, оснуёт, оснуём, оснуёте, оснуют (III.2.Б1а)
3. *повел. нет* (III.4.Г)
4. *прич. действ. наст. не образ.* (III.5)
5. *прич. страд. наст. не образ.* (III.7)
6. *прич. страд. прош.* осно́ванный (III.8.А1а)
7. *деепр.* основа́в

**ОСНО́ВЫВАТЬ** *нсв — св* основа́ть

**ОСТАВА́ТЬСЯ** *нсв нп — св* оста́ться
1. *наст.* остаю́сь, остаёшься, остаётся, остаёмся, остаётесь, остаю́тся (III.2.В)
2. *повел.* остава́йся, остава́йтесь (III.4.В1)
3. *прич. действ. наст.* остаю́щийся (III.5.В1)
4. *прич. страд. наст. не образ.* (III.7)
5. *прич. страд. прош. не образ.* (III.8)
6. *деепр.* остава́ясь (III.9.В1)

остава́ясь см. остава́ться
оста́вив см. оста́вить

**ОСТА́ВИТЬ** *св*
1. *нсв* оставля́ть (III.1.А2а)
2. *буд.* оста́влю, оста́вишь, оста́вит, оста́вим, оста́вите, оста́вят (III.2.Б2)
3. *повел.* оста́вь(те)
4. *прич. действ. наст. не образ.* (III.5)
5. *прич. страд. наст. не образ.* (III.7)
6. *прич. страд. прош.* оста́вленный (III.8.Б1а)
7. *деепр.* оста́вив

оста́вленный см. оста́вить

**ОСТАВЛЯ́ТЬ** *нсв — св* оста́вить

оста́вшись см. оста́ться

**ОСТАНА́ВЛИВАТЬ** *нсв — св* останови́ть

**ОСТАНА́ВЛИВАТЬСЯ** *нсв нп — св* останови́ться

останови́в см. останови́ть

**остановившись** см. остановиться

**ОСТАНОВИТЬ** *св*
1. *нсв* останавливать (III.1.А1в)
2. *буд.* остановлю, остановишь, остановит, остановим, остановите, остановят (III.2.А2 *и* III.2.Б2)
3. *повел.* останови(те) (III.4.В1)
4. *прич. действ. наст. не образ.* (III.5)
5. *прич. страд. наст. не образ.* (III.7)
6. *прич. страд. прош.* остановленный (III.8.Б2а)
7. *деепр.* остановив

**ОСТАНОВИТЬСЯ** *св нп*
1. *нсв* останавливаться (III.1.А1в)
2. *буд.* остановлюсь, остановишься, остановится, остановимся, остановитесь, остановятся (III.2.А2 *и* III.2.Б2)
3. *повел.* остановись, остановитесь (III.4.В1)
4. *прич. действ. наст. не образ.* (III.5)
5. *прич. страд. наст. не образ.* (III.7)
6. *прич. страд. прош. не образ.* (III.8)
7. *деепр.* остановившись *и* остановясь

**ОСТАНОВК|А**, -и, *ж*
1. *род. мн.* остановок (I.4.Б1б)

**остановленный** см. остановить

**остановясь** см. остановиться

**ОСТАТЬСЯ** *св нп*
1. *нсв* оставаться (III.1.А3)
2. *буд.* останусь, останешься, останется, останемся, останетесь, останутся (III.2.Б1а)
3. *повел.* останься, останьтесь (III.4.А2б)
4. *прич. действ. наст. не образ.* (III.5)
5. *прич. страд. наст. не образ.* (III.7)
6. *прич. страд. прош. не образ.* (III.8)
7. *деепр.* оставшись

**остающийся** см. оставаться

**ОСТОРОЖН|ЫЙ**, -ая, -ое, -ые
1. *кр. ф.* осторожен, осторожна, осторожно, осторожны (II.1.Б1)

**ОСТРОВ**, -а, *м*
1. *им. мн.* острова (I.3.А1а)
2. *согласование*
— названия островов, выступающие в роли грамматического приложения к слову «остров» и выраженные склоняемыми именами существительными, обычно не согласуются в падеже с определяемым словом: *на острове Мадагаскар, у острова Ява;*
— хорошо знакомые названия, которые часто употребляются без родового наименования, т. е. без слова «остров», согласуются в падеже с определяемым словом: *северная часть острова Сахалина, на острове Сицилии.*
3. *род несклоняемых существительных — названий островов*
— несклоняемые существительные — названия островов относятся к мужскому роду (по грамматическому роду слова «остров»): *прекрасный Капри, тропический Пуэрто-Рико* (I.5.А4)

**ОСТР|ЫЙ**, -ая, -ое, -ые
1. *кр. ф.*: 1. *противоп.* тупой — остёр *и доп.* остр, остра, остро *и доп.* остро, остры *и доп.* остры; 2. *перен.* 'остроумный, язвительный' — остёр, остра, остро, остры (II.1.Б2)
2. *сравн. ст.* острее (II.2.А1)
3. *превосх. ст.* острейший (II.3.А1)

**осуществив** см. осуществить

**осуществившись** см. осуществиться

**ОСУЩЕСТВИТЬ** *св*
1. *нсв* осуществлять (III.1.А2а)
2. *буд.* осуществлю, осуществишь, осуществит, осуществим, осуществите, осуществят (III.2.А4 *и* III.2.Б2)
3. *прич. действ. наст. не образ.* (III.5)
4. *прич. страд. наст. не образ.* (III.7)
5. *прич. страд. прош.* осуществлённый (III.8.Б1б); *кр. ф.* осу-

щeствлён, осуществлена́, осуществлено́, осуществлены́
6. *деепр.* осуществи́в

**ОСУЩЕСТВИ́ТЬСЯ** *св нп*
1. *нсв* осуществля́ться (III.1.А2а)
2. *буд.*: *1. и 2 л. не употр.* (III.2.Д2), осуществи́тся, осуществя́тся (III.2.А4 *и* III.2.Б2)
3. *прич. действ. наст. не образ.* (III.5)
4. *прич. страд. наст. не образ.* (III.7)
5. *прич. страд. прош. не образ.* (III.8)
6. *деепр.* осуществи́вшись *и* осуществя́сь (III.10.Б1)

осуществлённый см. осуществи́ть

**ОСУЩЕСТВЛЯ́ТЬ** *нсв — св* осуществи́ть

**ОСУЩЕСТВЛЯ́ТЬСЯ** *нсв нп — св* осуществи́ться

осуществя́сь см. осуществи́ться

**ОТБИРА́ТЬ** *нсв — св* отобра́ть

**ОТВА́Г|А**, -и, *ж*
1. *мн. нет* (I.3.Е1)

**ОТВА́ЖН|ЫЙ**, -ая, -ое, -ые
1. *кр. ф.* отва́жен, отва́жна, отва́жно, отва́жны (II.1.Б1)

отведённый см. отвести́
отве́дший см. отвести́
отведя́ см. отвести́

**ОТВЕСТИ́** *св*
1. *нсв* отводи́ть (III.1.А4б)
2. *буд.* отведу́, отведёшь, отведёт, отведём, отведёте, отведу́т (III.2.Б1а)
3. *прош.* отвёл, отвела́, отвело́, отвели́ (III.3.В1б)
4. *повел.* отведи́(те) (III.4.А1)
5. *прич. действ. наст. не образ.* (III.5)
6. *прич. действ. прош.* отве́дший (III.6.Б1)
7. *прич. страд. наст. не образ.* (III.7)
8. *прич. страд. прош.* отведённый (III.8.В1); *кр. ф.* отведён, отведена́, отведено́, отведены́
9. *деепр.* отведя́ (III.10.А1)

отве́тив см. отве́тить

**ОТВЕ́ТИТЬ** *св нп*
1. *нсв* отвеча́ть (III.1.А2а)
2. *буд.* отве́чу, отве́тишь, отве́тит, отве́тим, отве́тите, отве́тят (III.2.Б2)
3. *повел.* отве́ть(те)
4. *прич. действ. наст. не образ.* (III.5)
5. *прич. страд. наст. не образ.* (III.7)
6. *прич. страд. прош. не образ.* (III.8)
7. *деепр.* отве́тив

**ОТВЕ́ТСТВЕНН|ЫЙ**, -ая, -ое, -ые
1. *кр. ф.*: 1. 'обязательный (о человеке)' — отве́тствен *и* отве́тственен, отве́тственна, отве́тственно, отве́тственны (II.1.В); 2. 'облечённый правами и обязанностями (о человеке)' *или* 'существенно важный' — нет (II.1.Е)
2. *сравн. ст.*: 1. 'обязательный (о человеке)' *или* 'существенно важный' — отве́тственнее; 2. 'облечённый правами и обязанностями (о человеке)' — не образ. (II.2)
3. *превосх. ст.*: 1. 'обязательный (о человеке)' *или* 'существенно важный' — отве́тственнейший; 2. 'облечённый правами и обязанностями (о человеке)' — не образ. (II.3)

**ОТВЕЧА́ТЬ** *нсв нп — св* отве́тить

отводи́мый см. отводи́ть

**ОТВОДИ́ТЬ** *нсв — св* отвести́
1. *наст.* отвожу́, отво́дишь, отво́дит, отво́дим, отво́дите, отво́дят (III.2.А2 *и* III.2.Б2)
2. *повел.* отводи́(те) (III.4.В1)
3. *прич. действ. наст.* отводя́щий (III.5.А1)
4. *прич. страд. наст.* отводи́мый (III.7.Б1)
5. *прич. страд. прош. не образ.* (III.8)
6. *деепр.* отводя́ (III.9.А1)

отводя́ см. отводи́ть
отводя́щий см. отводи́ть
отгада́в см. отгада́ть
отга́данный см. отгада́ть

# ОТГАДАТЬ

**ОТГАДА́ТЬ** *св*
1. *нсв* отга́дывать (III.1.А1а)
2. *повел.* отгада́й(те)
3. *прич. действ. наст. не образ.* (III.5)
4. *прич. страд. наст. не образ.* (III.7)
5. *прич. страд. прош.* отга́данный (III.8.А1а)
6. *деепр.* отгада́в

**ОТГА́ДЫВАТЬ** *нсв* — *св* отгада́ть

отда́в см. отда́ть
отдава́емый см. отдава́ть

**ОТДАВА́ТЬ** *нсв* — *св* отда́ть
1. *наст.* отдаю́, отдаёшь, отдаёт, отдаём, отдаёте, отдаю́т (III.2.В)
2. *повел.* отдава́й(те) (III.4.В1)
3. *прич. действ. наст.* отдаю́щий (III.5.В1)
4. *прич. страд. наст.* отдава́емый (III.7.В1)
5. *прич. страд. прош. не образ.* (III.8)
6. *деепр.* отдава́я (III.9.В1)

отдава́я см. отдава́ть
отда́вший см. отда́ть
о́тданный см. отда́ть

**ОТДА́ТЬ** *св*
1. *нсв* отдава́ть (III.1.А3)
2. *буд.* отда́м, отда́шь, отда́ст, отдади́м, отдади́те, отдаду́т (III.2.А3 и III.2.Б1б)
3. *прош.* о́тдал и доп. отда́л, отдала́, о́тдало и доп. отда́ло, о́тдали и доп. отда́ли (III.3.А1)
4. *повел.* отда́й(те)
5. *прич. действ. наст. не образ.* (III.5)
6. *прич. действ. прош.* отда́вший (III.6.А1)
7. *прич. страд. наст. не образ.* (III.7)
8. *прич. страд. прош.* о́тданный (III.8.А1б); *кр. ф.* о́тдан, отдана́ и доп. о́тдана, о́тдано, о́тданы (III.8.А1в)
9. *деепр.* отда́в

отдаю́щий см. отдава́ть
отделённый см. отдели́ть
отдели́в см. отдели́ть

**ОТДЕЛИ́ТЬ** *св* — *нсв* отделя́ть
1. *буд.* отделю́, отде́лишь, отде́лит, отде́лим, отде́лите, отде́лят (III.2.А1)
2. *прич. действ. наст. не образ.* (III.5)
3. *прич. страд. наст. не образ.* (III.7)
4. *прич. страд. прош.* отделённый; *кр. ф.* отделён, отделена́, отделено́, отделены́
5. *деепр.* отдели́в

**ОТДЕЛЯ́ТЬ** *нсв* — *св* отдели́ть

**О́ТДЫХ**, -а, *м*
1. *мн. нет* (I.3.Е1)

**ОТЕ́Ц**, отца́, *м* — *ср.* мать
1. *род. ед.* отца́ (I.1.Б2а)
2. *им. мн.* отцы́ (I.3.В2а)
3. *форма сказуемого*
— сказуемое при подлежащем, выраженном оборотом «отец с матерью», ставится в форме мн. числа, если действие приписывается двум равноправным субъектам: *Оте́ц с ма́терью уе́хали отдыха́ть;*
— сказуемое ставится в форме ед. числа, если подлежащим является только слово «отец», а слово в твор. пад. («с матерью») обозначает лицо, сопутствующее производителю действия: *Оте́ц с ма́терью уе́хал отдыха́ть* (т. е. *Оте́ц уе́хал отдыха́ть с ма́терью*);
— при наличии слов «вместе», «совместно» чаще используется форма ед. числа сказуемого: *Оте́ц вме́сте с ма́терью уе́хал отдыха́ть.*

**ОТЗЫВА́ТЬСЯ** *нсв нп* — *св* отозва́ться

отказа́вшись см. отказа́ться

**ОТКАЗА́ТЬСЯ** *св нп*
1. *нсв* отка́зываться (III.1.А1а)
2. *буд.* откажу́сь, отка́жешься, отка́жется, отка́жемся, отка́жетесь, отка́жутся (III.2.А2 и III.2.Б1а)
3. *повел.* откажи́сь, откажи́тесь (III.4.А1)
4. *прич. действ. наст. не образ.* (III.5)

**5.** *прич. страд. наст. не образ.* (III.7)
**6.** *прич. страд. прош. не образ.* (III.8)
**7.** *деепр.* отказа́вшись
**ОТКА́ЗЫВАТЬСЯ** *нсв нп — св* отказа́ться
**ОТКЛА́ДЫВАТЬ** *нсв — св* отложи́ть
откры́в см. откры́ть
**ОТКРЫВА́ТЬ** *нсв — св* откры́ть
**ОТКРЫ́ТК|А, -и, ж**
**1.** *род. мн.* откры́ток (I.4.Б1б)
**ОТКРЫ́ТЬ** *св*
**1.** *нсв* открыва́ть (III.1.А3)
**2.** *буд.* откро́ю, откро́ешь, откро́ет, откро́ем, откро́ете, откро́ют (III.2.Б1а)
**3.** *повел.* откро́й(те) (III.4.А2а)
**4.** *прич. действ. наст. не образ.* (III.5).
**5.** *прич. страд. наст. не образ.* (III.7)
**6.** *деепр.* откры́в
**ОТЛИ́ЧН|ЫЙ, -ая, -ое, -ые**
**1.** *кр. ф.* отли́чен, отли́чна, отли́чно, отли́чны (II.1.Б1)
**2.** *сравн. ст.* нет (II.2.Д)
отло́женный см. отложи́ть
отложи́в см. отложи́ть
**ОТЛОЖИ́ТЬ** *св*
**1.** *нсв* откла́дывать (III.1.Д)
**2.** *буд.* отложу́, отло́жишь, отло́жит, отло́жим, отло́жите, отло́жат (III.2.А1)
**3.** *прич. действ. наст. не образ.* (III.5)
**4.** *прич. страд. наст. не образ.* (III.7)
**5.** *прич. страд. прош.* отло́женный (III.8.А2)
**6.** *деепр.* отложи́в
отме́тив см. отме́тить
**ОТМЕ́ТИТЬ** *св*
**1.** *нсв* отмеча́ть (III.1.А2а)
**2.** *буд.* отме́чу, отме́тишь, отме́тит, отме́тим, отме́тите, отме́тят (III.2.Б2)
**3.** *повел.* отме́ть(те)
**4.** *прич. действ. наст. не образ.* (III.5)
**5.** *прич. страд. наст. не образ.* (III.7)
**6.** *прич. страд. прош.* отме́ченный (III.8.Б1а)
**7.** *деепр.* отме́тив
**ОТМЕ́ТК|А, -и, ж**
**1.** *род. мн.* отме́ток (I.4.Б1б)
**ОТМЕЧА́ТЬ** *нсв — св* отме́тить
отме́ченный см. отме́тить
**ОТНЕСТИ́СЬ** *св нп*
**1.** *нсв* относи́ться (III.1.А4)
**2.** *прош.* отнёсся, отнесла́сь, отнесло́сь, отнесли́сь (III.3.В1в)
**3.** *прич. действ. наст. не образ.* (III.5)
**4.** *прич. действ. прош.* отнёсшийся
**5.** *прич. страд. наст. не образ.* (III.7)
**6.** *прич. страд. прош. не образ.* (III.8)
**7.** *деепр.* отнеся́сь
отнёсшийся см. отнести́сь
отнеси́сь см. отнести́сь
**ОТНОСИ́ТЕЛЬН|ЫЙ, -ая, -ое, -ые**
**1.** *кр. ф.* относи́телен, относи́тельна, относи́тельно, относи́тельны (II.1.Б1)
**2.** *сравн. ст. не образ.* (II.2)
**3.** *превосх. ст. не образ.* (II.3)
**ОТНОСИ́ТЬСЯ** *нсв нп — св* отнести́сь
**1.** *наст.* отношу́сь, отно́сишься, отно́сится, отно́симся, отно́ситесь, отно́сятся (III.2.Б2)
**2.** *повел.* относи́сь, относи́тесь (III.4.В1)
**3.** *прич. действ. наст.* относя́щийся (III.5.А1)
**4.** *прич. страд. наст. не образ.* (III.7)
**5.** *прич. страд. прош. не образ.* (III.8)
**6.** *деепр.* относя́сь (III.9.А1)
относя́сь см. относи́ться
относя́щийся см. относи́ться
отобра́в см. отобра́ть
ото́бранный см. отобра́ть
**ОТОБРА́ТЬ** *св*
**1.** *нсв* отбира́ть (III.1.Б)
**2.** *буд.* отберу́, отберёшь, отберёт, отберём, отберёте, отберу́т (III.2.А4 и III.2.Б1а)

## ОТОЗВАТЬСЯ

3. *прош.* отобра́л, отобрала́, отобра́ло, отобра́ли (III.3.А1)
4. *повел.* отбери́(те) (III.4.А1)
5. *прич. действ. наст. не образ.* (III.5)
6. *прич. страд. наст. не образ.* (III.7)
7. *прич. страд. прош.* ото́бранный (III.8.А1а); *кр. ф.* ото́бран, ото́брана *и доп. устар.* отобрана́, ото́брано, ото́браны (III.8.А1в)
8. *деепр.* отобра́в

**отозва́вшийся** см. о т о з в а́ - т ь с я
**отозва́вшись** см. о т о з в а́ - т ь с я

### ОТОЗВА́ТЬСЯ *св нп*
1. *нсв* отзыва́ться (III.1.Б)
2. *буд.* отзову́сь, отзовёшься, отзовётся, отзовёмся, отзовётесь, отзову́тся (III.2.А4 *и* III.2.Б1а)
3. *прош.* отозва́лся *и доп. устар.* отозвался́, отозвала́сь, отозва́лось, отозвали́сь *и доп.* отозва́лось, отозвали́сь *и доп.* отозва́лись (III.3.А1)
4. *прич. действ. наст. не образ.* (III.5)
5. *прич. действ. прош.* отозва́вшийся (III.6.А1)
6. *прич. страд. наст. не образ.* (III.7)
7. *прич. страд. прош. не образ.* (III.8)
8. *деепр.* отозва́вшись

**отойдя́** см. о т о й т и́

### ОТОЙТИ́ *св нп*
1. *нсв* отходи́ть (III.1.Д1)
2. *буд.* отойду́, отойдёшь, отойдёт, отойдём, отойдёте, отойду́т (III.2.Б1а)
3. *прош.* отошёл, отошла́, отошло́, отошли́ (III.3.В2)
4. *повел.* отойди́(те) (III.4.А1)
5. *прич. действ. наст. не образ.* (III.5)
6. *прич. действ. прош.* отоше́дший (III.6.Б4)
7. *прич. страд. наст. не образ.* (III.7)
8. *прич. страд. прош. не образ.* (III.8)
9. *деепр.* отойдя́ (III.10.А1)

**оторва́в** см. о т о р в а́ т ь
**оторва́вшись** см. о т о р в а́ - т ь с я
**ото́рванный** см. о т о р в а́ т ь

### ОТОРВА́ТЬ *св*
1. *нсв* отрыва́ть (III.1.Б)
2. *прош.* оторва́л, оторвала́, оторва́ло, оторва́ли (III.3.А1)
3. *прич. действ. наст. не образ.* (III.5)
4. *прич. страд. наст. не образ.* (III.7)
5. *прич. страд. прош.* ото́рванный (III.8.А1а)
6. *деепр.* оторва́в

### ОТОРВА́ТЬСЯ *св нп*
1. *нсв* отрыва́ться (III.1.Б)
2. *прош.* оторва́лся *и доп.* оторвался́, оторвала́сь, оторвало́сь *и доп.* оторва́лось, оторвали́сь *и доп.* оторва́лись (III.3.А1)
3. *прич. действ. наст. не образ.* (III.5)
4. *прич. страд. наст. не образ.* (III.7)
5. *прич. страд. прош. не образ.* (III.8)
6. *деепр.* оторва́вшись

**отоше́дший** см. о т о й т и́
**отпра́вив** см. о т п р а́ в и т ь
**отпра́вившись** см. о т п р а́ - в и т ь с я

### ОТПРА́ВИТЬ *св*
1. *нсв* отправля́ть (III.1.А2а)
2. *буд.* отпра́влю, отпра́вишь, отпра́вит, отпра́вим, отпра́вите, отпра́вят (III.2.Б2)
3. *повел.* отпра́вь(те)
4. *прич. действ. наст. не образ.* (III.5)
5. *прич. страд. наст. не образ.* (III.7)
6. *прич. страд. прош.* отпра́вленный (III.8.Б1а)
7. *деепр.* отпра́вив

### ОТПРА́ВИТЬСЯ *св нп*
1. *нсв* отправля́ться (III.1.А2а)
2. *буд.* отпра́влюсь, отпра́вишься, отпра́вится, отпра́вимся, отпра́витесь, отпра́вятся (III.2.Б2)
3. *повел.* отпра́вься, отпра́вьтесь
4. *прич. действ. наст. не образ.* (III.5)

**5.** *прич. страд. наст. не образ.* (III.7)
**6.** *прич. страд. прош. не образ.* (III.8)
**7.** *деепр.* отпра́вившись и отпра́вясь (III.10.Б1)

отпра́вленный см. отпра́вить

**ОТПРАВЛЯ́ТЬ** *нсв — св* отпра́вить

**ОТПРАВЛЯ́ТЬСЯ** *нсв нп — св* отпра́виться

отпра́вясь см. отпра́виться

**О́ТПУСК**, -а, м
**1.** *предл. ед.* в о́тпуске и в отпуску́ (I.2.Б)
**2.** *им. мн.* отпуска́ (I.3.А1а)

**ОТПУСКА́ТЬ** *нсв — св* отпусти́ть

отпусти́в см. отпусти́ть

**ОТПУСТИ́ТЬ** *св*
**1.** *нсв* отпуска́ть (III.1.А2а)
**2.** *буд.* отпущу́, отпу́стишь, отпу́стит, отпу́стим, отпу́стите, отпу́стят (III.2.А2 и III.2.Б2)
**3.** *повел.* отпусти́(те) (III.4.В1)
**4.** *прич. действ. наст. не образ.* (III.5)
**5.** *прич. страд. наст. не образ.* (III.7)
**6.** *прич. страд. прош.* отпу́щенный (III.8.Б2а)
**7.** *деепр.* отпусти́в

отпу́щенный см. отпусти́ть

**ОТРАЖА́ТЬ** *нсв — св* отрази́ть

**ОТРАЖА́ТЬСЯ** *нсв нп — св* отрази́ться

отражённый см. отрази́ть

отрази́в см. отрази́ть

отрази́вшись см. отрази́ться

**ОТРАЗИ́ТЬ** *св*
**1.** *нсв* отража́ть (III.1.А2а)
**2.** *буд.* отражу́, отрази́шь, отрази́т, отрази́м, отрази́те, отразя́т (III.2.А4 и III.2.Б2)
**3.** *повел.* нет (III.5)
**4.** *прич. страд. наст. не образ.* (III.7)
**5.** *прич. страд. прош.* отражённый (III.8.Б1б); *кр. ф.* отражён, отражена́, отражено́, отражены́
**6.** *деепр.* отрази́в

**ОТРАЗИ́ТЬСЯ** *св нп*
**1.** *нсв* отража́ться (III.1.А2а)
**2.** *буд.* отражу́сь, отрази́шься, отрази́тся, отрази́мся, отрази́тесь, отразя́тся (III.2.А4 и III.2.Б2)
**3.** *повел.* нет (III.4.Г)
**4.** *прич. действ. наст. не образ.* (III.5)
**5.** *прич. страд. наст. не образ.* (III.7)
**6.** *прич. страд. прош. не образ.* (III.8)
**7.** *деепр.* отрази́вшись и отразя́сь (III.10.Б1)

отрази́сь см. отрази́ться

отре́зав см. отре́зать

**ОТРЕ́ЗАТЬ** *св*
**1.** *нсв* отреза́ть (III.1.В)
**2.** *буд.* отре́жу, отре́жешь, отре́жет, отре́жем, отре́жете, отре́жут (III.2.Б1а)
**3.** *повел.* отре́жь(те) (III.4.А2б)
**4.** *прич. действ. наст. не образ.* (III.5)
**5.** *прич. страд. наст. не образ.* (III.7)
**6.** *деепр.* отре́зав

**ОТРЕЗА́ТЬ** *нсв — св* отре́зать
**1.** *наст.* отреза́ю, отреза́ешь, отреза́ет, отреза́ем, отреза́ете, отреза́ют
**2.** *повел.* отреза́й(те)
**3.** *прич. страд. прош. не образ.* (III.8)
**4.** *деепр.* отреза́я

отреза́я см. отреза́ть

**ОТРЕ́ЗОК**, отре́зка, м
**1.** *род. ед.* отре́зка (I.1.Б1б)
**2.** *им. мн.* отре́зки (I.3.В1б)

**ОТРИЦА́ТЕЛЬН|ЫЙ**, -ая, -ое, -ые
**1.** *кр. ф.* отрица́телен, отрица́тельна, отрица́тельно, отрица́тельны (II.1.Б1)
**2.** *сравн. ст.* нет (II.2.Д)
**3.** *превосх. ст.* нет (II.3.Г)

**ОТРЫВА́ТЬ** *нсв — св* оторва́ть

**ОТРЫВА́ТЬСЯ** *нсв нп — св* оторва́ться

**ОТРЫ́ВОК**, отры́вка, м
1. *род. ед.* отры́вка (I.1.Б1б)
2. *им. мн.* отры́вки (1.3.В1б)
**отста́в** см. о т с т а́ т ь
**ОТСТАВА́ТЬ** нсв нп — св о т -
с т а́ т ь
1. *наст.* отстаю́, отстаёшь, отстаёт, отстаём, отстаёте, отстаю́т (III.2.В)
2. *повел.:* обычно с отриц. не отстава́й(те) (III.4.В1)
3. *прич. действ. наст.* отстаю́щий — ср. *прил.* о т с т а ю́ щ и й
4. *прич. страд. наст. не образ.* (III.7)
5. *прич. страд. прош. не образ.* (III. 8)
6. *деепр.* отстава́я (III.9.В1)
**отстава́я** см. о т с т а в а́ т ь
**ОТСТА́Л|ЫЙ**, -ая, -ое, -ые
1. *кр. ф. не образ.* (II.1)
2. *сравн. ст. не образ.* (II.2)
3. *превосх. ст. не образ.* (II.3)
**ОТСТА́ТЬ** св нп
1. *нсв* отстава́ть (III.1.А3)
2. *буд.* отста́ну, отста́нешь, отста́нет, отста́нем, отста́нете, отста́нут (III.2.Б1а)
3. *повел.* отста́нь(те) (III.4.А2б)
4. *прич. действ. наст. не образ.* (III.5)
5. *прич. страд. наст. не образ.* (III.7)
6. *прич. страд. прош. не образ.* (III.8)
7. *деепр.* отста́в
**ОТСТАЮ́Щ|ИЕ**, -их, *мн.*
1. *ед.* отстаю́щ|ий, -его, м (I.3.Ж2б) — ср. *прил.* о т с т а ю́ щ и й
**ОСТАЮ́Щ|ИЙ**, -ая, -ее, -ие — ср. *прич.* о т с т а ю́ щ и й
1. *кр. ф. не образ.* (II.1)
2. *сравн. ст. не образ.* (II.2)
3. *превосх. ст. не образ.* (II.3)
**отстаю́щий** см. о т с т а в а́ т ь
**ОТСТУПА́ТЬ** нсв нп — св о т -
с т у п и́ т ь
**отступи́в** см. о с т у п и́ т ь
**ОТСТУПИ́ТЬ** св нп — нсв отступа́ть
1. *буд.* отступлю́, отсту́пишь, отсту́пит, отсту́пим, отсту́пите, отсту́пят (III.2.А2 *и* III.2.Б2)

2. *повел.* отступи́(те) (III.4.В1)
3. *прич. действ. наст. не образ.* (III.5)
4. *прич. страд. наст. не образ.* (III.7)
5. *прич. страд. прош. не образ.* (III.8)
6. *деепр.* отступи́в
**ОТСУ́ТСТВОВАТЬ** нсв нп
1. *наст.* отсу́тствую, отсу́тствуешь, отсу́тствует, отсу́тствуем, отсу́тствуете, отсу́тствуют (III.2.Б1а)
2. *повел.:* обычно с отриц. не отсу́тствуй(те) (III.4.А2)
3. *прич. действ. наст.* отсу́тствующий (III.5.Б1) — ср. *прил.* о т с у́ т с т в у ю щ и й
4. *прич. страд. наст. не образ.* (III.7)
5. *прич. страд. прош. не образ.* (III.8)
6. *деепр.* отсу́тствуя (III.9.Б1)
**ОТСУ́ТСТВУЮЩ|ИЕ**, -их, *мн.*
1. *ед.* отсу́тствующ|ий, -его, м (I.3.Ж2б) — ср. *прил.* о т с у́ т с т в у ю щ и й
**ОТСУ́ТСТВУЮЩ|ИЙ**, -ая, -ее, -ие — ср. *прич.* о т с у́ т с т в у ю щ и й
1. *кр. ф. не образ.* (II.1)
2. *сравн. ст. не образ.* (II.2)
3. *превосх. ст. не образ.* (II.3)
**отсу́тствующий** см. о т с у́ т с т в о в а т ь
**отсу́тствуя** см. о т с у́ т с т в о в а т ь
**ОТТЕ́НОК**, отте́нка, м
1. *род. ед.* отте́нка (I.1.Б1б)
2. *им. мн.* отте́нки (I.3.В1б)
**ОТХОДИ́ТЬ** нсв нп — св о т о й т и́
1. *наст.* отхожу́, отхо́дишь, отхо́дит, отхо́дим, отхо́дите, отхо́дят (III.2.А2 *и* III.2.Б2)
2. *повел.* отходи́(те) (III.4.В1)
3. *прич. действ. наст.* отходя́щий (III.5.А1)
4. *прич. страд. наст. не образ.* (III.7)
5. *прич. страд. прош. не образ.* (III.8)
6. *деепр.* отходя́ (III.9.А1)
**отходя́** см. о т х о д и́ т ь
**отходя́щий** см. о т х о д и́ т ь

**ОТЧИ́ЗН|А**, -ы, ж
1. *мн. нет* (I.3.Е1)
**офо́рмив** см. офо́рмить
**ОФО́РМИТЬ** *св*
1. *нсв* оформля́ть (III.1.А2а)
2. *буд.* офо́рмлю, офо́рмишь, офо́рмит, офо́рмим, офо́рмите, офо́рмят (III.2.Б2)
3. *прич. действ. наст. не образ.* (III.5)
4. *прич. страд. наст. не образ.* (III.7)
5. *прич. страд. прош.* офо́рмленный (III.8.Б1а)
6. *деепр.* офо́рмив
**офо́рмленный** см. офо́рмить
**ОФОРМЛЯ́ТЬ** *нсв — св* офо́рмить
**ОЦЕ́НК|А**, -и, ж
1. *род. мн.* оце́нок (I.4.Б1б)
**О́ЧЕРЕД|Ь**, -и, ж
1. *род. мн.* очереде́й (I.4.А3б)
2. *дат. мн.* очередя́м
3. *твор. мн.* очередя́ми
4. *предл. мн.* в очередя́х
**ОЧК|И́**, -о́в, *мн.*
1. *ед. нет* (I.3.Ж1)
**ОШИБА́ТЬСЯ** *нсв нп — св* ошиби́ться
**ошиби́вшийся** см. ошиби́ться
**ошиби́вшись** см. ошиби́ться
**ОШИБИ́ТЬСЯ** *св нп — нсв* ошиба́ться
1. *прош.* оши́бся, оши́блась, оши́блось, оши́блись (III.3.В1г)
2. *прич. действ. наст. не образ.* (III.5)
3. *прич. действ. прош.* ошиби́вшийся (III.6.Б3)
4. *прич. страд. наст. не образ.* (III.7)
5. *прич. страд. прош. не образ.* (III.8)
6. *деепр.* ошиби́вшись
**ОШИ́БК|А**, -и, ж
1. *род. мн.* оши́бок (I.4.Б1б)

# П

**ПАДЕ́Ж**, падежа́, м
1. *род. ед.* падежа́ (I.1.А1)
2. *им. мн.* падежи́ (I.3.А1б)

**ПАЛА́ТК|А**, -и, ж
1. *род. мн.* пала́ток (I.4.Б1б)
**ПА́ЛЕЦ**, па́льца, м
1. *род. ед.* па́льца (I.1.Б1а)
2. *им. мн.* па́льцы (I.3.В1а)
**ПА́ЛК|А**, -и, ж
1. *род. мн.* па́лок (I.4.Б1б)
**ПАЛЬТО́** *с*
1. *нескл.* (I.5.А1)
**ПА́МЯТ|Ь**, -и, ж
1. *мн. нет* (I.3.Е1)
**ПАР**, -а (-у) м
1. *род. ед.* па́ра и па́ру: много па́ра и мно́го па́ру, *но* подда́ть па́ру (I.1.Г)
2. *предл. ед.* о па́ре (из котла́), *но* в пару́ (I.2.А)
3. *им. мн.* пары́ (I.3.А1б)
**ПАРАЛЛЕ́ЛЬН|ЫЙ**, -ая, -ое, -ые
1. *кр. ф.* паралле́лен, паралле́льна, паралле́льно, паралле́льны (II.1.Б1)
2. *сравн. ст. не образ.* (II.2)
3. *превосх. ст. не образ.* (II.3)
**ПАРАШЮ́Т**, -а, м
1. *сочет. с предлогами*: пры́гать с парашю́том, *но* спуска́ться на парашю́те
**ПА́РЕНЬ**, па́рня, м
1. *род. ед.* па́рня (I.1.Б1а)
2. *им. мн.* па́рни (I.3.В1а)
3. *род. мн.* парне́й (I.4.А3а)
4. *дат. мн.* парня́м
5. *твор. мн.* парня́ми
6. *предл. мн.* о парня́х
**ПАРИКМА́ХЕР**, -а, м
1. *м. р. — ж. р.*; о нормативности согласования см. I.5.В, а также а́втор
**ПАРТИ́ЙН|ЫЙ**, -ая, -ое, -ые
1. *кр. ф.* парти́ен, парти́йна, парти́йно, парти́йны (II.1.Б1)
2. *сравн. ст. не образ.* (II.2)
3. *превосх. ст. не образ.* (II.3)
**ПА́СМУРН|ЫЙ**, -ая, -ое, -ые
1. *кр. ф.* па́смурен, па́смурна, па́смурно, па́смурны (II.1.Б1)
**ПА́СПОРТ**, -а, м
1. *им. мн.* паспорта́ (I.3.А1а)
**ПАСТИ́**, *нсв*
1. *прош.* пас, пасла́, пасло́, пасли́ (III.3.В1в)

2. *прич. страд. наст.* нет (III.7.Г)
3. *прич. страд. прош. не образ.* (III.8)
4. *деепр.* пася́
**ПАСТУ́Х,** пастуха́, *м*
1. *род. ед.* пастуха́ (I.1.А1)
2. *им. мн.* пастухи́ (I.3.А1б)
пася́ см. пасти́
**ПАТРИОТИ́ЗМ,** -а, *м*
1. *мн. нет* (I.3.Е1)
па́ханный см. паха́ть
**ПА́ХАН|ЫЙ,** -ая, -ое, -ые — ср. *прич.* па́ханный
1. *кр. ф. не образ.* (II.1)
2. *сравн. ст. не образ.* (II.2)
3. *превосх. ст. не образ.* (II.3)
**ПАХА́ТЬ** *нсв*
1. *наст.* пашу́, па́шешь, па́шет, па́шем, па́шете, па́шут (III.2.А2 и III.2.Б1а)
2. *повел.* паши́(те) (III.4.А1)
3. *прич. действ. наст.* па́шущий (III.5.Б2)
4. *прич. страд. наст.* нет (III.7.Г)
5. *прич. страд. прош.* па́ханный — ср. *прил.* па́ханый
6. *деепр. нет* (III.9.Д)
па́хнувший см. па́хнуть
**ПА́ХНУТЬ** *нсв нп*
1. *прош.* пах и па́хнул, па́хла, па́хло, па́хли (III.3.Б2б)
2. *прич. действ. прош.* па́хнувший (III.6.Б2а)
3. *прич. страд. наст. не образ.* (III.7)
4. *прич. страд. прош. не образ.* (III.8)
5. *деепр. нет* (III.9.Д)
па́шущий см. паха́ть
**ПЕВЕ́Ц,** певца́, *м*
1. *род. ед.* певца́ (I.1.Б2а)
2. *им. мн.* певцы́ (I.3.В2а)
пеку́щий см. печь²
пёкший см. печь²
переведённый см. перевести́
переве́дший см. перевести́
переведя́ см. перевести́
переверну́в см. переверну́ть
переверну́вшись см. переверну́ться

перевёрнутый см. переверну́ть
**ПЕРЕВЕРНУ́ТЬ** *св*
1. *прич. действ. наст. не образ.* (III.5)
2. *прич. страд. наст. не образ.* (III.7)
3. *прич. страд. прош.* перевёрнутый (III.8.Б2б)
4. *деепр.* переверну́в
**ПЕРЕВЕРНУ́ТЬСЯ** *св нп*
1. *прич. действ. наст. не образ.* (III.5)
2. *прич. страд. наст. не образ.* (III.7)
3. *прич. страд. прош. не образ.* (III.8)
4. *деепр.* переверну́вшись
**ПЕРЕВЕСТИ́** *св*
1. *нсв* переводи́ть (III.1.А4б)
2. *буд.* переведу́, переведёшь, переведёт, переведём, переведёте, переведу́т (III.2.Б1а)
3. *прош.* перевёл, перевела́, перевело́, перевели́ (III.3.В1б)
4. *повел.* переведи́(те) (III.4.А1)
5. *прич. действ. наст. не образ.* (III.5)
6. *прич. действ. прош.* переве́дший (III.6.Б1)
7. *прич. страд. наст. не образ.* (III.7)
8. *прич. страд. прош.* переведённый (III.8.В1); *кр. ф.* переведён, переведена́, переведено́, переведены́
9. *деепр.* переведя́ (III.10.А1)
переводи́мый см. переводи́ть
**ПЕРЕВОДИ́ТЬ** *нсв* — *св* перевести́
1. *наст.* перевожу́, перево́дишь, перево́дит, перево́дим, перево́дите, перево́дят (III.2.А2 и III.2.Б2)
2. *повел.* переводи́(те) (III.4.В1)
3. *прич. действ. наст.* переводя́щий (III.5.А1)
4. *прич. страд. наст.* переводи́мый (III.7.Б1)
5. *прич. страд. прош. не образ.* (III.8)
6. *деепр.* переводя́ (III.9.А1)
переводя́ см. переводи́ть

**переводя́щий** см. переводи́ть
**перевяза́в** см. перевяза́ть
**перевя́занный** см. перевяза́ть

**ПЕРЕВЯЗА́ТЬ** *св*
1. *нсв* перевя́зывать (III.1.А1а)
2. *буд.* перевяжу́, перевя́жешь, перевя́жет, перевя́жем, перевя́жете, перевя́жут (III.2.А2 и III.2.Б1а)
3. *повел.* перевяжи́(те) (III.4.А1)
4. *прич. действ. наст. не образ.* (III.5)
5. *прич. страд. наст. не образ.* (III.7)
6. *прич. страд. прош.* перевя́занный (III.8.А1а)
7. *дееприч.* перевяза́в

**ПЕРЕВЯ́ЗЫВАТЬ** *нсв — св* перевяза́ть

**ПЕРЕГОВО́Р|Ы**, -ов, *мн.*
1. *ед. нет* (I.3.Ж1)

**переда́в** см. переда́ть
**передава́емый** см. передава́ть

**ПЕРЕДАВА́ТЬ** *нсв — св* переда́ть
1. *наст.* передаю́, передаёшь, передаёт, передаём, передаёте, передаю́т (III.2.В)
2. *повел.* передава́й(те) (III.4.В1)
3. *прич. действ. наст.* передаю́щий (III.5.В1)
4. *прич. страд. наст.* передава́емый (III.7.В1)
5. *прич. страд. прош. не образ.* (III.8)
6. *дееприч.* передава́я (III.9.В1)

**передава́я** см. передава́ть
**переда́вший** см. переда́ть
**пе́реданный** см. переда́ть

**ПЕРЕДА́ТЬ** *св*
1. *нсв* передава́ть (III.1.А3)
2. *буд.* переда́м, переда́шь, переда́ст, передади́м, передади́те, передаду́т (III.2.А3 и III.2.Б1б)
3. *прош.*: 1. переда́ть (сообще́ние, пода́рок) — пе́редал и доп. переда́л, передала́, пе́редало и доп. переда́ло, пе́редали и доп. переда́ли; 2. 'дать ли́шнего' — переда́л, передала́, переда́ло, переда́ли (III.3.А1)
4. *повел.* переда́й(те)
5. *прич. действ. наст. не образ.* (III.5)
6. *прич. действ. прош.* переда́вший (III.6.А1)
7. *прич. страд. наст. не образ.* (III.7)
8. *прич. страд. прош.* пе́реданный (III.8.А1б); *кр. ф.* пе́редан, передана́ и доп. пе́редана, пе́редано, пе́реданы
9. *дееприч.* переда́в

**передаю́щий** см. передава́ть

**ПЕРЕ́ДН|ИЙ**, -яя, -ее, -ие
1. *кр. ф. не образ.* (II.1)
2. *сравн. ст. не образ.* (II.2)
3. *превосх. ст. не образ.* (II.3)

**ПЕРЕДОВ|О́Й**, -а́я, -о́е, -ы́е
1. *кр. ф. нет* (II.1.Е)
2. *сравн. ст. нет* (II.2.Д)
3. *превосх. ст. нет* (II.3.Г)

**ПЕРЕЕЗЖА́ТЬ** *нсв — св* перее́хать

**перее́хав** см. перее́хать

**ПЕРЕЕ́ХАТЬ** *св что и нп*
1. *нсв* переезжа́ть (III.1.Д1)
2. *буд.* перее́ду, перее́дешь, перее́дет, перее́дем, перее́дете, перее́дут (III.2.Б1а)
3. *повел.* переезжа́й(те) (III.4.В3)
4. *прич. действ. наст. не образ.* (III.5)
5. *прич. страд. наст. не образ.* (III.7)
6. *прич. страд. прош.*: перее́хать что — нет (III.8.Г); перее́хать нп — не образ. (III.8)
7. *дееприч.* перее́хав

**перейдённый** см. перейти́
**перейдя́** см. перейти́

**ПЕРЕЙТИ́** *св что и нп*
1. *нсв* переходи́ть (III.1.Д1)
2. *буд.* перейду́, перейдёшь, перейдёт, перейдём, перейдёте, перейду́т (III.2.Б1а)
3. *прош.* перешёл, перешла́, перешло́, перешли́ (III.3.В2)
4. *повел.* перейди́(те) (III.4.А1)
5. *прич. действ. наст. не образ.* (III.5)
6. *прич. действ. прош.* переше́дший (III.6.Б4)

**ПЕРЕНЕСТИ**

7. *прич. страд. наст. не образ.* (III.7)
8. *прич. страд. прош.*: перейти́ что — перейдённый (III.8.В2б); *кр. ф.* перейдён, перейдена́, перейдено́, перейдены́; перейти́ нп — *не образ.* (III.8)
9. *деепр.* перейдя́ (III.10.А1)
перенесённый см. п е р е н е с т и́
**ПЕРЕНЕСТИ́** *св*
1. *нсв* переноси́ть (III.1.А4а)
2. *прош.* перенёс, перенесла́, перенесло́, перенесли́ (III.3.В1в)
3. *прич. действ. наст. не образ.* (III.5)
4. *прич. действ. прош.* перенёсший
5. *прич. страд. наст. не образ.* (III.7)
6. *прич. страд. прош.* перенесённый; *кр. ф.* перенесён, перенесена́, перенесено́, перенесены́
7. *деепр.* перенеся́
перенёсший см. п е р е н е с т и́
перенеся́ см. п е р е н е с т и́
переноси́мый см. п е р е н о с и́ т ь
**ПЕРЕНОСИ́ТЬ** *нсв — св* п е р е н е с т и́
1. *наст.* переношу́, перено́сишь, перено́сит, перено́сим, перено́сите, перено́сят (III.2.А2 и III.2.Б2)
2. *повел.* переноси́(те) (III.4.В1)
3. *прич. действ. наст.* переося́щий (III.5.А1)
4. *прич. страд. наст.* переноси́мый (III.7.Б1)
5. *прич. страд. прош. не образ.* (III.8)
6. *деепр.* перенося́ (III.9.А1)
перенося́ см. п е р е н о с и́ т ь
перенося́щий см. п е р е н о с и́ т ь
**ПЕРЕОДЕВА́ТЬСЯ** *нсв нп — св* п е р е о д е́ т ь с я
переоде́вшись см. п е р е о д е́ т ь с я
**ПЕРЕОДЕ́ТЬСЯ** *св нп*
1. *нсв* переодева́ться (III.1.А3)
2. *буд.* переоде́нусь, переоде́нешься, переоде́нется, переоде́немся, переоде́нетесь, переоде́нутся (III.2.Б1а)

3. *повел.* переоде́нься, переоде́ньтесь (III.4.А2б)
4. *прич. действ. наст. не образ.* (III.5)
5. *прич. страд. наст. не образ.* (III.7)
6. *прич. страд. прош. не образ.* (III.8)
7. *деепр.* переоде́вшись
переписа́в см. п е р е п и с а́ т ь
перепи́санный см. п е р е п и с а́ т ь
**ПЕРЕПИСА́ТЬ** *св*
1. *нсв* перепи́сывать (III.1.А1а)
2. *буд.* перепишу́, перепи́шешь, перепи́шет, перепи́шем, перепи́шете, перепи́шут (III.2.А2 и III. 2.Б1а)
3. *повел.* перепиши́(те) (III.4.А1)
4. *прич. действ. наст. не образ.* (III.5)
5. *прич. страд. наст. не образ.* (III.7)
6. *прич. страд. прош.* перепи́санный (III.8.А1а)
7. *деепр.* переписа́в
**ПЕРЕПИ́СЫВАТЬ** *нсв — св* п е р е п и с а́ т ь
пересказа́в см. п е р е с к а з а́ т ь
переска́занный см. п е р е с к а з а́ т ь
**ПЕРЕСКАЗА́ТЬ** *св*
1. *нсв* переска́зывать (III.1.А1а)
2. *буд.* перескажу́, переска́жешь, переска́жет, переска́жем, переска́жете, переска́жут (III.2.А2 и III.2.Б1а)
3. *повел.* перескажи́(те) (III.4.А1)
4. *прич. действ. наст. не образ.* (III.5)
5. *прич. страд. наст. не образ.* (III.7)
6. *прич. страд. прош.* переска́занный (III.8.А1а)
7. *деепр.* пересказа́в
**ПЕРЕСКА́ЗЫВАТЬ** *нсв — св* п е р е с к а з а́ т ь
переста́в см. п е р е с т а́ т ь
**ПЕРЕСТАВА́ТЬ** *нсв нп — св* п е р е с т а́ т ь
1. *наст.* перестаю́, перестаёшь, перестаёт, перестаём, перестаёте, перестаю́т (III.2.В)
2. *повел.* перестава́й(те) (III.4.В1)

**3.** *прич. действ. наст.* перестаю́щий (III.5.В1)
**4.** *прич. страд. наст. не образ.* (III.7)
**5.** *прич. страд. прош. не образ.* (III.8)
**6.** *деепр.* перестава́я (III.9.В1)
**перестава́я** см. п е р е с т а в а́ т ь
**ПЕРЕСТА́ТЬ** *св нп*
**1.** *нсв* перестава́ть (III.1.А3)
**2.** *буд.* переста́ну, переста́нешь, переста́нет, переста́нем, переста́нете, переста́нут (III.2.Б1а)
**3.** *повел.* переста́нь(те) (III.4.А2б)
**4.** *прич. действ. наст. не образ.* (III.5)
**5.** *прич. страд. наст. не образ.* (III.7)
**6.** *прич. страд. прош. не образ.* (III.8)
**7.** *деепр.* переста́в
**перестаю́щий** см. п е р е с т а в а́ т ь
**ПЕРЕУ́ЛОК,** переу́лка, *м*
**1.** *род. ед.* переу́лка (I.1.Б1б)
**2.** *им. мн.* переу́лки (I.3.В1б)
**ПЕРЕХОДИ́ТЬ** *нсв что и нп — св* п е р е й т и́
**1.** *наст.* перехожу́, перехо́дишь, перехо́дит, перехо́дим, перехо́дите, перехо́дят (III.2.А2 *и* III.2.Б2)
**2.** *повел.* переходи́(те) (III.4.В1)
**3.** *прич. действ. наст.* переходя́щий (III.5.А1)
**4.** *прич. страд. наст.:* переходи́ть *что* — нет (III.7.Г); переходи́ть *нп* — *не образ.* (III.7)
**5.** *прич. страд. прош. не образ.* (III.8)
**6.** *деепр.* переходя́ (III.9.А1)
**переходя́** см. п е р е х о д и́ т ь
**переходя́щий** см. п е р е х о д и́ т ь
**перешéдший** см. п е р е й т и́
**ПЕР|О́,** -а́, *с*
**1.** *им. мн.* пе́рья (I.3.Д3)
**ПЕРСОНА́Ж,** -а, *м*
**1.** склонение
— в ед. числе склоняется как существительное неодушевлённое: *ввести́ коми́ческий персона́ж;*
— во мн. числе склоняется, в зависимости от условий контекста (семантики управляющего глагола), как существительное одушевлённое и как неодушевлённое. *Áвтор выво́дит но́вые персона́жи* (и *но́вых персона́жей*) — при глаголе «выводить» объектом может быть как существительное одушевлённое, так и неодушевлённое, *Положи́тельное лицо́ в пье́се напра́сно у́чит поро́чных её персона́жей доброде́тели* — при глаголе «учить» объектом может быть только существительное одушевлённое.
**ПЕРЧА́ТКИ,** перча́ток, *мн.*
**1.** *ед.* перча́тк|а, -и, *ж* (I.3.Ж2а)
**2.** *род. мн.* перча́ток (I.4.Б3б)
**ПЕ́СН|Я,** -и, *ж*
**1.** *род. мн.* пе́сен (I.4.Б1а)
**ПЕСО́К,** песка́ (песку́), *м*
**1.** *род. ед.* песка́ *и* песку́: цвет песка́, стака́н песка́ *и* стака́н песку́, мно́го песка́ *и* мно́го песку́, ло́жка са́харного песка́ (I.1.Г)
**2.** *им. мн.* пески́ (Саха́ры) (I.3.Е2в)
**ПЁСТР|ЫЙ,** -ая, -ое, -ые
**1.** *кр. ф.* пёстр, пестра́, пестро́, пестры́ *и* пёстры (II.1.А)
**2.** *сравн. ст.* пестре́е (II.2.Б2б)
**3.** *превосх. ст.* пестре́йший (II.3.Б2)
**ПЕТУ́Х,** петуха́, *м*
**1.** *род. ед.* петуха́ (I.1.А1)
**2.** *им. мн.* петухи́ (I.3.А1б)
**ПЕТЬ** *нсв*
**1.** *наст.* пою́, поёшь, поёт, поём, поёте, пою́т (III.2.А4 *и* III.2.Б1а)
**2.** *повел.* по́й(те) (III.4.А2)
**3.** *прич. действ. наст.* пою́щий (III.5.В2)
**4.** *прич. страд. наст. нет* (III.7.Г)
**5.** *прич. страд. прош. не образ.* (III.8)
**6.** *деепр. нет* (III.9.Д)
**ПЕЧА́ЛЬН|ЫЙ,** -ая, -ое, -ые
**1.** *кр. ф.* печа́лен, печа́льна, печа́льно, печа́льны (II.1.Б1)
**печённый** см. п е ч ь²
**ПЕЧЁН|ЫЙ,** -ая, -ое, -ые — *ср. прич.* п е ч ё н н ы й
**1.** *кр. ф. не образ.* (II.1)
**2.** *сравн. ст. не образ.* (II.2)
**3.** *превосх. ст. не образ.* (II.3)

**ПЕЧ|Ь¹**, и, ж
1. *род. ед.* пе́чи *и доп.* печи́
2. *предл. ед.* о пе́чи, *но* в печи́
3. *род. мн.* пече́й (I.4.А3б)

**ПЕЧЬ²** *нсв*
1. *наст.* пеку́, печёшь, печёт, печём, печёте, пеку́т (III.2.А4 *и* III.2.Б1б)
2. *прош.* пёк, пекла́, пекло́, пекли́ (III.3.В1а)
3. *повел.* пеки́(те) (III.4.А1)
4. *прич. действ. наст.* пеку́щий (III.5.Б5)
5. *прич. действ. прош.* пёкший
6. *прич. страд. наст. нет* (III.7.Г)
7. *прич. страд. прош.* печённый; *кр. ф.* печён, печена́, печено́, печены́ — *ср. прил.* печёный
8. *деепр. нет* (III.9.Д)

**ПИАНИ́НО** *с*
1. *нескл.* (I.5.А1)

**ПИДЖА́К**, пиджака́, *м*
1. *род. ед.* пиджака́ (I.1.А1)
2. *им. мн.* пиджаки́ (I.3.А1б)

**ПИЛ|А́**, -ы́, ж
1. *им. мн.* пи́лы (I.3.А2)

пи́ленный см. пили́ть

**ПИЛЁН|ЫЙ**, -ая, -ое, -ые — ср. *прич.* пи́ленный
1. *кр. ф. не образ.* (II.1)
2. *сравн. ст. не образ.* (II.2)
3. *превосх. ст. не образ.* (II.3)

**ПИЛИ́ТЬ** *нсв*
1. *наст.* пилю́, пи́лишь, пи́лит, пи́лим, пи́лите, пи́лят (III.2.А1)
2. *прич. страд. наст. нет* (III.7.Г)
3. *прич. страд. прош.* пи́ленный (III.8.А2) — *ср. прил.* пилёный
4. *деепр.* пиля́

пиля́ см. пили́ть

**ПИРО́Г**, пирога́, *м*
1. *род. ед.* пирога́ (I.1.А1)
2. *им. мн.* пироги́ (I.3.А1б)

пи́санный см. писа́ть

**ПИСА́ТЬ** *нсв*
1. *наст.* пишу́, пи́шешь, пи́шет, пи́шем, пи́шете, пи́шут (III.2.А2 *и* III.2.Б1а)
2. *повел.* пиши́(те) (III.4.А1)
3. *прич. действ. наст.* пи́шущий (III.5.Б2)
4. *прич. страд. наст. нет* (III.7.Г)
5. *прич. страд. прош.* пи́санный (III.8.А1а)
6. *деепр. нет* (III.9.Д)

**ПИСЬМ|О́**, -а́, *с*
1. *им. мн.* пи́сьма (I.3.А3а)
2. *род. мн.* пи́сем (I.4.В3)

**ПИТЬ** *нсв*
1. *наст.* пью, пьёшь, пьёт, пьём, пьёте, пьют (III.2.А4 *и* III.2.Б1а)
2. *прош.* пил, пила́, пи́ло, пи́ли (III.3.А1); *с отриц.* не пи́л *и доп. устар.* не́ пил, не пила́, не пи́ло *и доп. устар.* не́ пило, не пи́ли *и доп. устар.* не́ пили (III.3.А2)
3. *повел.* пе́й(те) (III.4.В2)
4. *прич. действ. наст.* пью́щий (III.5.Б3)
5. *прич. страд. наст. нет* (III.7.Г)
6. *прич. страд. прош. не образ.* (III.8)
7. *деепр. нет* (III.9.Д)

пи́шущий см. писа́ть

**ПЛА́ВАТЬ** *нсв нп* — ср. плыть
1. *наст.* пла́ваю, пла́ваешь, пла́вает, пла́ваем, пла́ваете, пла́вают
2. *прош.* пла́вал, пла́вала, пла́вало, пла́вали
3. *повел.* пла́вай(те)
4. *прич. действ. наст.* пла́вающий
5. *прич. страд. наст. не образ.* (III.7)
6. *прич. страд. прош. не образ.* (III.8)
7. *деепр.* пла́вая

пла́вающий см. пла́вать
пла́вая см. пла́вать

**ПЛА́ВКИ**, пла́вок, *мн.*
1. *ед. нет* (I.3.Ж1)
2. *род. мн.* пла́вок (I.4.Б3б)

**ПЛА́КАТЬ** *нсв нп*
1. *наст.* пла́чу, пла́чешь, пла́чет, пла́чем, пла́чете, пла́чут (III.2.Б1а)
2. *повел.: обычно с отриц.* не пла́чь(те) (III.4.А2б)
3. *прич. действ. наст.* пла́чущий

(III.5.Б2) — ср. *прил.* пла́чу-щий
4. *прич. страд. наст.* не образ. (III.7)
5. *прич. страд. прош.* не образ. (III.8)
6. *деепр.* пла́ча (III.9.Б2а)

**ПЛА́МЯ**, пла́мени, *с*
1. *мн.* нет (I.3.Е1)

**ПЛАСТИ́НК|А**, -и, *ж*
1. *род. мн.* пласти́нок (I.4.Б1б)

**ПЛАТИ́ТЬ** *нсв*
1. *наст.* плачу́, пла́тишь, пла́тит, пла́тим, пла́тите, пла́тят (III.2.А2 *и* III.2.Б2)
2. *повел.* плати́(те) (III.4.В1)
3. *прич. действ. наст.* платя́щий (III.5.А1)
4. *прич. страд. наст.* нет (III.7.Г)
5. *прич. страд. прош.* пла́ченный (III.8.Б2а)
6. *деепр.* платя́ (III.9.А1)

**ПЛАТО́К**, платка́, *м*
1. *род. ед.* платка́ (I.1.Б2б)
2. *им. мн.* платки́ (I.3.В2б)

платя́ см. плати́ть
платя́щий см. плати́ть
пла́ча см. пла́кать
пла́ченный см. плати́ть

**ПЛА́ЧУЩ|ИЙ**, -ая, -ее, -ие — ср. *прич.* пла́чущий
1. *кр. ф.* не образ. (II.1)
2. *сравн. ст.* не образ. (II.2)
3. *превосх. ст.* не образ. (II.3)

пла́чущий см. пла́кать

**ПЛАЩ**, плаща́, *м*
1. *род. ед.* плаща́ (I.1.А1)
2. *им. мн.* плащи́ (I.3.А1б)

**ПЛЕН**, -а, *м*
1. *предл. ед.* о пле́не, *но* в плену́ (I.2.А)
2. *мн.* нет (I.3.Е1)

**ПЛЁНК|А**, -и, *ж*
1. *род. мн.* плёнок (I.4.Б1б)

**ПЛЕСТИ́** *нсв*
1. *наст.* плету́, плетёшь, плетёт, плетём, плетёте, плету́т (III.2.Б1а)
2. *прош.* плёл, плела́, плело́, плели́ (III.3.В1б)
3. *повел.* плети́(те) (III.4.А1)
4. *прич. действ. прош.* плётший (III.6.Б1б)
5. *прич. страд. наст.* нет (III.7.Г)
6. *прич. страд. прош.* плетённый (III.8.В1); *кр. ф.* плетён, плетена́, плетено́, плетены́ — ср. *прил.* плетёный
7. *деепр.* плетя́

плетённый см. плести́

**ПЛЕТЁН|ЫЙ**, -ая, -ое, -ые — ср. *прич.* плетённый
1. *кр. ф.* не образ. (II.1)
2. *сравн. ст.* не образ. (II.2)
3. *превосх. ст.* не образ. (II.3)

плётший см. плести́
плетя́ см. плести́

**ПЛЕЧ|О́**, -а́, *с*
1. *им. мн.* пле́чи (I.3.А3а)
2. *род. мн.* плеч
3. *дат. мн.* плеча́м
4. *твор. мн.* плеча́ми
5. *предл. мн.* о плеча́х
6. *сочет. с предлогами*: за́ плечи *и* за пле́чи, на́ плечи *и* на пле́чи

**ПЛИТ|А́**, -ы́, *ж*
1. *им. мн.* пли́ты (I.3.А2)

**ПЛОВЕ́Ц**, пловца́, *м*
1. *род. ед.* пловца́ (I.1.Б2а)
2. *им. мн.* пловцы́ (I.3.В2а)

**ПЛОД**, плода́, *м*
1. *род. ед.* плода́ (I.1.А1)
2. *им. мн.* плоды́ (I.3.А1б)

**ПЛОДОРО́ДН|ЫЙ**, -ая, -ое, -ые
1. *кр. ф.* плодоро́ден, плодоро́дна, плодоро́дно, плодоро́дны (II.1.Б1)

**ПЛО́ТН|ЫЙ**, -ая, -ое, -ые
1. *кр. ф.* пло́тен, плотна́, пло́тно, плотны́ *и* пло́тны (II.1.Б2)
2. *сравн. ст.* плотне́е (II.2.А1)
3. *превосх. ст.* плотне́йший (II.3.А1)

**ПЛОХ|О́Й**, -а́я, -о́е, -и́е
1. *кр. ф.* плох, плоха́, пло́хо, пло́хи *и доп.* плохи́ (II.1.А)
2. *сравн. ст.* ху́же (II.2.В2)
3. *превосх. ст.* ху́дший (II.3.В2)

**ПЛОЩА́ДК|А**, -и, *ж*
1. *род. мн.* площа́док (I.4.Б1б)

**ПЛО́ЩАД|Ь**, -и, *ж*
1. *род. мн.* площаде́й (I.4.А3б)
2. *дат. мн.* площадя́м
3. *твор. мн.* площадя́ми

4. *предл. мн.* на площадя́х
5. *нормативны конструкции*: пло́щадь 20 гекта́ров *и* пло́щадь в 20 гекта́ров

**ПЛУГ**, -а, *м*
1. *им. мн.* плуги́ (I.3.А1б)

**плыву́щий** см. плыть
**плывя́** см. плыть
**ПЛЫТЬ** *нсв нп — ср.* пла́вать
1. *наст.* плыву́, плывёшь, плывёт, плывём, плывёте, плыву́т (III.2.А4 *и* III.2.Б1а)
2. *прош.* плыл, плыла́, плы́ло, плы́ли (III.3.А1)
3. *повел.* плыви́(те) (III.4.А1)
4. *прич. действ. наст.* плыву́щий (III.5.В2)
5. *прич. страд. наст. не образ.* (III.7)
6. *прич. страд. прош. не образ.* (III.8)
7. *деепр.* плывя́ (III.9.В2)

**победи́в** см. победи́ть
**ПОБЕДИ́ТЬ** *св*
1. *нсв* побежда́ть (III.1.А2а)
2. *буд.*: *1. л. ед. не употр.* (III.2.Д1), победи́шь, победи́т, победи́м, победи́те, победя́т
3. *прич. действ. наст. не образ.* (III.5)
4. *прич. страд. наст. не образ.* (III.7)
5. *прич. страд. прош.* побеждённый (III.8.Б1б); *кр. ф.* побеждён, побеждена́, побеждено́, побеждены́
6. *деепр.* победи́в

**ПОБЕЖДА́ТЬ** *нсв — св* победи́ть
**побеждённый** см. победи́ть

**ПО́ВАР**, -а, *м*
1. *м. р. — ж. р.*: о нормативности согласования см. I.5.В, а также а́втор

**поверну́в** см. поверну́ть
**поверну́вшись** см. поверну́ться
**повёрнутый** см. поверну́ть
**ПОВЕРНУ́ТЬ** *св*
1. *прич. действ. наст. не образ.* (III.5)
2. *прич. страд. наст. не образ.* (III.7)
3. *прич. страд. прош.* повёрнутый (III.8.Б2б)
4. *деепр.* поверну́в

**ПОВЕРНУ́ТЬСЯ** *св нп*
1. *прич. действ. наст. не образ.* (III.5)
2. *прич. страд. наст. не образ.* (III.7)
3. *прич. страд. прош. не образ.* (III.8)
4. *деепр.* поверну́вшись

**пове́сив** см. пове́сить
**ПОВЕ́СИТЬ** *св*
1. *буд.* пове́шу, пове́сишь, пове́сит, пове́сим, пове́сите, пове́сят (III.2.Б2)
2. *повел.* пове́сь(те)
3. *прич. действ. наст. не образ.* (III.5)
4. *прич. страд. наст. не образ.* (III.7)
5. *прич. страд. прош.* пове́шенный (III.8.Б1а)
6. *деепр.* пове́сив

**пове́шенный** см. пове́сить
**повторённый** см. повтори́ть
**повтори́в** см. повтори́ть
**повтори́вшись** см. повтори́ться
**ПОВТОРИ́ТЬ** *св — нсв* повторя́ть
1. *буд.* повторю́, повтори́шь, повтори́т, повтори́м, повтори́те, повторя́т
2. *прич. действ. наст. не образ.* (III.5)
3. *прич. страд. наст. не образ.* (III.7)
4. *прич. страд. прош.* повторённый; *кр. ф.* повторён, повторена́, повторено́, повторены́
5. *деепр.* повтори́в

**ПОВТОРИ́ТЬСЯ** *св нп — нсв* повторя́ться
1. *буд.* повторю́сь, повтори́шься, повтори́тся, повтори́мся, повтори́тесь, повторя́тся
2. *прич. действ. наст. не образ.* (III.5)
3. *прич. страд. наст. не образ.* (III.7)
4. *прич. страд. прош. не образ.* (III.8)

**5.** *деепр.* повтори́вшись *и* повторя́сь (III.10.Б1)

повторя́сь см. повтори́ться

**ПОВТОРЯ́ТЬ** *нсв* — *св* повтори́ть

**ПОВТОРЯ́ТЬСЯ** *нсв нп* — *св* повтори́ться

поги́бнув см. поги́бнуть

**ПОГИ́БНУТЬ** *св нп*
**1.** *прош.* поги́б, поги́бла, поги́бло, поги́бли (III.3.Б2а)
**2.** *прич. действ. наст. не образ.* (III.5)
**3.** *прич. действ. прош.* поги́бший
**4.** *прич. страд. наст. не образ.* (III.7)
**5.** *прич. страд. прош. не образ.* (III.8)
**6.** *деепр.* поги́бнув

поги́бший см. поги́бнуть

**ПОГОВО́РК|А, -и,** *ж*
**1.** *род. мн.* погово́рок (I.4.Б1б)

**ПОГО́Д|А, -ы,** *ж*
**1.** *мн. нет* (I.3.Е1)

**ПОГО́Н|Ы,** пого́н, *мн.*
**1.** *ед.* пого́н, -а, *м* (I.3.Ж2а)
**2.** *род. мн.* пого́н

пода́в см. пода́ть

подава́емый см. подава́ть

**ПОДАВА́ТЬ** *нсв* — *св* пода́ть
**1.** *наст.* подаю́, подаёшь, подаёт, подаём, подаёте, подаю́т (III.2.В)
**2.** *повел.* подава́й(те) (III.4.В1)
**3.** *прич. действ. наст.* подаю́щий (III.5.В1)
**4.** *прич. страд. наст.* подава́емый (III.7.В1)
**5.** *прич. страд. прош. не образ.* (III.8)
**6.** *деепр.* подава́я (III.9.В1)

подава́я см. подава́ть
пода́вший см. пода́ть
по́данный см. пода́ть

**ПОДА́РОК,** пода́рка, *м*
**1.** *род. ед.* пода́рка (I.1.Б1б)
**2.** *им. мн.* пода́рки (I.3.В1б)

**ПОДА́ТЬ** *св*
**1.** *нсв* подава́ть (III.1.А3)
**2.** *буд.* пода́м, пода́шь, пода́ст, подади́м, подади́те, подаду́т (III.2.А3 *и* III.2.Б1б)
**3.** *прош.* по́дал *и доп.* пода́л, подала́, по́дало *и доп.* пода́ло, по́дали *и доп.* пода́ли (III.3.А1)
**4.** *повел.* пода́й(те)
**5.** *прич. действ. наст. не образ.* (III.5)
**6.** *прич. действ. прош.* пода́вший (III.6.А1)
**7.** *прич. страд. наст. не образ.* (III.7)
**8.** *прич. страд. прош.* по́данный (III.8.А1б); *кр. ф.* по́дан, подана́ *и доп.* по́дана, по́дано, по́даны (III.8.А1в)
**9.** *деепр.* пода́в

подаю́щий см. подава́ть

**ПОДБИРА́ТЬ** *нсв* — *св* подобра́ть

подве́ргнувшийся см. подве́ргнуться

**ПОДВЕ́РГНУТЬСЯ** *св нп*
**1.** *прош.* подве́ргся *и* подве́ргнулся, подве́рглась, подве́рглось, подве́рглись (III.3.Б2б)
**2.** *повел. нет* (III.4.Г)
**3.** *прич. действ. наст. не образ.* (III.5)
**4.** *прич. действ. прош.* подве́ргшийся *и* подве́ргнувшийся (III.6.Б2б)
**5.** *прич. страд. наст. не образ.* (III.7)
**6.** *прич. страд. прош. не образ.* (III.8)
**7.** *деепр.* подве́ргшись

подве́ргшийся см. подве́ргнуться

подве́ргшись см. подве́ргнуться

**ПОДГОТА́ВЛИВАТЬ** *нсв* — *св* подгото́вить

**ПОДГОТА́ВЛИВАТЬСЯ** *нсв нп* — *св* подгото́виться

подгото́вив см. подгото́вить

подгото́вившись см. подгото́виться

**ПОДГОТО́ВИТЬ** *св*
**1.** *нсв* подгота́вливать (III.1.А1в)
**2.** *буд.* подгото́влю, подгото́вишь, подгото́вит, подгото́вим, подгото́вите, подгото́вят (III.2.Б2)
**3.** *повел.* подгото́вь(те)

**4.** *прич. действ. наст. не образ.* (III.5)
**5.** *прич. страд. наст. не образ.* (III.7)
**6.** *прич. страд. прош.* подготовленный (III.8.Б1а)
**7.** *деепр.* подготовив

### ПОДГОТОВИТЬСЯ *св нп*
**1.** *нсв* подготавливаться (III.1.А1в)
**2.** *буд.* подготовлюсь, подготовишься, подготовится, подготовимся, подготовитесь, подготовятся (III.2.Б2)
**3.** *повел.* подготовься, подготовьтесь
**4.** *прич. действ. наст. не образ.* (III.5)
**5.** *прич. страд. наст. не образ.* (III.7)
**6.** *прич. страд. прош. не образ.* (III.8)
**7.** *деепр.* подготовившись *и* подготовясь (III.10.Б1)

подготовленный см. подготовить

подготовясь см. подготовиться

поддержав см. поддержать

поддержанный см. поддержать

### ПОДДЕРЖАТЬ *св*
**1.** *нсв* поддерживать (III.1.А1а)
**2.** *буд.* поддержу, поддержишь, поддержит, поддержим, поддержите, поддержат (III.2.А1)
**3.** *прич. действ. наст. не образ.* (III.5)
**4.** *прич. страд. наст. не образ.* (III.7)
**5.** *прич. страд. прош.* поддержанный (III.8.А1а)
**6.** *деепр.* поддержав

### ПОДДЕРЖИВАТЬ *нсв — св* поддержать

### ПОДМЕСТИ *св*
**1.** *нсв* подметать (III.1.А2в)
**2.** *буд.* подмету, подметёшь, подметёт, подметём, подметёте, подметут (III.2.Б1а)
**3.** *прош.* подмёл, подмела, подмело, подмели (III.3.В1б)
**4.** *повел.* подмети(те) (III.4.А1)
**5.** *прич. действ. наст. не образ.* (III.5)
**6.** *прич. действ. прош.* подмётший (III.6.Б1б)
**7.** *прич. страд. наст. не образ.* (III.7)
**8.** *прич. страд. прош.* подметённый (III.8.В1); *кр. ф.* подметён, подметена, подметено, подметены
**9.** *деепр.* подметя (III.10.А1)

### ПОДМЕТАТЬ *нсв — св* подмести

подметённый см. подмести

подмётший см. подмести

подметя см. подмести

### ПОДНИМАТЬ *нсв — св* поднять

### ПОДНИМАТЬСЯ *нсв — св* подняться

подняв см. поднять

поднявший см. поднять

поднявшийся см. подняться

поднявшись см. подняться

поднятый см. поднять

### ПОДНЯТЬ *св*
**1.** *нсв* поднимать (III.1.Б)
**2.** *буд.* подниму, поднимешь, поднимет, поднимем, поднимете, поднимут (III.2.А2 *и* III.2.Б1а)
**3.** *прош.* поднял *и доп.* поднял, подняла, подняло *и доп.* подняло, подняли *и доп.* подняли (III.3.А1)
**4.** *повел.* подними(те) (III.4.А1)
**5.** *прич. действ. наст. не образ.* (III.5)
**6.** *прич. действ. прош.* поднявший (III.6.А1)
**7.** *прич. страд. наст. не образ.* (III.7)
**8.** *прич. страд. прош.* поднятый (III.8.А3а); *кр. ф.* поднят, поднята, поднято, подняты
**9.** *деепр.* подняв

### ПОДНЯТЬСЯ *св нп*
**1.** *нсв* подниматься (III.1.Б)
**2.** *буд.* поднимусь, поднимешься, поднимется, поднимемся, подниметесь, поднимутся (III.2.А2 *и* III.2.Б1а)
**3.** *прош.* поднялся *и* поднялся, поднялась, поднялось *и доп.* под-

нялось, подняли́сь *и доп.* подняли́сь (III.3.А1)
4. *повел.* подними́сь, подними́тесь (III.4.А1)
5. *прич. действ. наст. не образ.* (III.5)
6. *прич. действ. прош.* подня́вшийся (III.6.А1)
7. *прич. страд. наст. не образ.* (III.8)
8. *деепр.* подня́вшись

**ПОДО́БН|ЫЙ**, -ая, -ое, -ые
1. *кр. ф.* подо́бен, подо́бна, подо́бно, подо́бны (II.1.Б1)
2. *сравн. ст. не образ.* (II.2)
3. *превосх. ст. не образ.* (II.3)
подобра́в см. п о д о б р а́ т ь
подо́бранный см. п о д о б р а́ т ь

**ПОДОБРА́ТЬ** *св*
1. *нсв* подбира́ть (III.1.Б)
2. *буд.* подберу́, подберёшь, подберёт, подберём, подберёте, подберу́т (III.2.А4 *и* III.2.Б1а)
3. *прош.* подобра́л, подобрала́, подобра́ло, подобра́ли (III.3.А1)
4. *повел.* подбери́(те) (III.4.А1)
5. *прич. действ. наст. не образ.* (III.5)
6. *прич. страд. наст. не образ.* (III.7)
7. *прич. страд. прош.* подо́бранный (III.8.А1а); *кр. ф.* подо́бран, подо́брана *и доп. устар.* подобрана́, подо́брано, подо́браны (III.8.А1в)
8. *деепр.* подобра́в

подожда́в см. п о д о ж д а́ т ь
**ПОДОЖДА́ТЬ** *св*
1. *прош.* подожда́л, подождала́, подожда́ло, подожда́ли (III.3.А1)
2. *прич. действ. наст. не образ.* (III.5)
3. *прич. страд. наст. не образ.* (III.7)
4. *прич. страд. прош.* нет (III.8.Г)
5. *деепр.* подожда́в

подойдя́ см. п о д о й т и́
**ПОДОЙТИ́** *св нп*
1. *нсв* подходи́ть (III.1.Д1)
2. *буд.* подойду́, подойдёшь, подойдёт, подойдём, подойдёте, подойду́т (III.2.Б1а)
3. *прош.* подошёл, подошла́, подошло́, подошли́ (III.3.В2)
4. *повел.* подойди́(те) (III.4.А1)
5. *прич. действ. наст. не образ.* (III.5)
6. *прич. действ. прош.* подоше́дший (III.6.Б4)
7. *прич. страд. наст. не образ.* (III.7)
8. *прич. страд. прош. не образ.* (III.8)
9. *деепр.* подойдя́ (III.10.А1)
подоше́дший см. п о д о й т и́
подписа́в см. п о д п и с а́ т ь
подписа́вшись см. п о д п и с а́ т ь с я
подпи́санный см. п о д п и с а́ т ь

**ПОДПИСА́ТЬ** *св*
1. *нсв* подпи́сывать (III.1.А1а)
2. *буд.* подпишу́, подпи́шешь, подпи́шет, подпи́шем, подпи́шете, подпи́шут (III.2.А2 *и* III.2.Б1а)
3. *повел.* подпиши́(те) (III.4.А1)
4. *прич. действ. наст. не образ.* (III.5)
5. *прич. страд. наст. не образ.* (III.7)
6. *прич. страд. прош.* подпи́санный (III.8.А1а)
7. *деепр.* подписа́в

**ПОДПИСА́ТЬСЯ** *св нп*
1. *нсв* подпи́сываться (III.1.А1а)
2. *буд.* подпишу́сь, подпи́шешься, подпи́шется, подпи́шемся, подпи́шетесь, подпи́шутся (III.2.А2 *и* III.2.Б1а)
3. *повел.* подпиши́сь, подпиши́тесь (III.4.А1)
4. *прич. действ. наст. не образ.* (III.5)
5. *прич. страд. наст. не образ.* (III.7)
6. *прич. страд. прош. не образ.* (III.8)
7. *деепр.* подписа́вшись

**ПОДПИ́СЫВАТЬ** *нсв — св* п о д п и с а́ т ь
**ПОДПИ́СЫВАТЬСЯ** *нсв — св* п о д п и с а́ т ь с я
подсказа́в см. п о д с к а з а́ т ь
подска́занный см. п о д с к а з а́ т ь

**ПОДСКАЗА́ТЬ** *св*
1. *нсв* подска́зывать (III.1.А1а)
2. *буд.* подскажу́, подска́жешь, подска́жет, подска́жем, подска́жете, подска́жут (III.2.А2 *и* III.2.Б1а)
3. *повел.* подскажи́(те) (III.4.А1)
4. *прич. действ. наст. не образ.* (III.5)
5. *прич. страд. наст. не образ.* (III.7)
6. *прич. страд. прош.* подска́занный (III.8.А1а)
7. *деепр.* подсказа́в

**ПОДСКА́ЗЫВАТЬ** *нсв — св* подсказа́ть

подружа́сь см. подружи́ться

подружи́вшись см. подружи́ться

**ПОДРУЖИ́ТЬСЯ** *св нп*
1. *буд.* подружу́сь, подру́жишься *и доп. устар.* подружи́шься, подру́жится *и доп. устар.* подружи́тся, подру́жимся, подру́жимся *и доп. устар.* подружи́мся, подру́житесь *и доп. устар.* подружи́тесь, подру́жатся *и доп. устар.* подружа́тся (III.2.А1)
2. *прич. действ. наст. не образ.* (III.5)
3. *прич. страд. наст. не образ.* (III.7)
4. *прич. страд. прош. не образ.* (III.8)
5. *деепр.* подружи́вшись *и* подружа́сь (III.10.Б1)

подтверди́в см. подтверди́ть

**ПОДТВЕРДИ́ТЬ** *св*
1. *нсв* подтвержда́ть (III.1.А2а)
2. *буд.* подтвержу́, подтверди́шь, подтверди́т, подтверди́м, подтверди́те, подтвердя́т (III.2.А4 *и* III.2.Б2)
3. *прич. действ. наст. не образ.* (III.5)
4. *прич. страд. наст. не образ.* (III.7)
5. *прич. страд. прош.* подтверждённый (III.8.Б1б); *кр. ф.* подтверждён, подтверждена́, подтверждено́, подтверждены́
6. *деепр.* подтверди́в

**ПОДТВЕРЖДА́ТЬ** *нсв — св* подтверди́ть

подтверждённый см. подтверди́ть

**ПОДУ́ШК|А, -и, ж**
1. *род. мн.* поду́шек (I.4.Б1а)

**ПОДХОДИ́ТЬ** *нсв нп — св* подойти́
1. *наст.* подхожу́, подхо́дишь, подхо́дит, подхо́дим, подхо́дите, подхо́дят (III.2.А2 *и* III.2.Б2)
2. *прич. действ. наст.* подходя́щий (III.5.А1) — ср. *прил.* подходя́щий
3. *прич. страд. наст. не образ.* (III.7)
4. *прич. страд. прош. не образ.* (III.8)
5. *деепр.* подходя́ (III.9.А1)

подходя́ см. подходи́ть

**ПОДХОДЯ́Щ|ИЙ, -ая, -ее, -ие** — ср. *прич.* подходя́щий
1. *кр. ф. не образ.* (II.1)
2. *сравн. ст. не образ.* (II.2)
3. *превосх. ст. не образ.* (II.3)

подходя́щий см. подходи́ть

подчеркну́в см. подчеркну́ть

подчёркнутый см. подчеркну́ть

**ПОДЧЕРКНУ́ТЬ** *св*
1. *прич. действ. наст. не образ.* (III.5)
2. *прич. страд. наст. не образ.* (III.7)
3. *прич. страд. прош.* подчёркнутый (III.8.Б2б)
4. *деепр.* подчеркну́в

подчинённый см. подчини́ть

подчини́в см. подчини́ть

подчини́вшись см. подчини́ться

**ПОДЧИНИ́ТЬ** *св — нсв* подчиня́ть
1. *буд.* подчиню́, подчини́шь, подчини́т, подчини́м, подчини́те, подчиня́т
2. *прич. действ. наст. не образ.* (III.5)
3. *прич. страд. наст. не образ.* (III.7)
4. *прич. страд. прош.* подчинённый; *кр. ф.* подчинён, подчинена́, подчинено́, подчинены́

5. *деепр.* подчини́в
**ПОДЧИНИ́ТЬСЯ** *св нп — нсв* подчиня́ться
1. *буд.* подчиню́сь, подчини́шься, подчини́тся, подчини́мся, подчини́тесь, подчиня́тся
2. *прич. действ. наст. не образ.* (III.5)
3. *прич. страд. наст. не образ.* (III.7)
4. *прич. страд. прош. не образ.* (III.8)
5. *деепр.* подчини́вшись *и* подчиня́сь (III.10.Б1)

подчиня́сь см. подчини́ться
**ПОДЧИНЯ́ТЬ** *нсв — св* подчини́ть
**ПОДЧИНЯ́ТЬСЯ** *нсв нп — св* подчини́ться
**ПОДЪЕЗЖА́ТЬ** *нсв нп — св* подъе́хать

подъе́хав см. подъе́хать
**ПОДЪЕ́ХАТЬ** *св нп*
1. *нсв* подъезжа́ть (III.1.Д1)
2. *буд.* подъе́ду, подъе́дешь, подъе́дет, подъе́дем, подъе́дете, подъе́дут (III.2.Б1а)
3. *повел.* подъезжа́й(те) (III.4.В3)
4. *прич. действ. наст. не образ.* (III.5)
5. *прич. страд. наст. не образ.* (III.7)
6. *прич. страд. прош. не образ.* (III.8)
7. *деепр.* подъе́хав

пое́в см. пое́сть
пое́денный см. пое́сть
**ПО́ЕЗД**, -а, *м*
1. *им. мн.* поезда́ (I.3.А1а)
**ПОЕ́ЗДК|А**, -и, *ж*
1. *род. мн.* пое́здок (I.4.Б1б)
**ПОЕ́СТЬ** *св*
1. *буд.* пое́м, пое́шь, пое́ст, поеди́м, поеди́те, поедя́т (III.2.А3 *и* III.2.Б1б)
2. *прош.* пое́л, пое́ла, пое́ло, пое́ли (III.3.В3)
3. *повел.* пое́шь(те) (III.4.В3)
4. *прич. действ. наст. не образ.* (III.5)
5. *прич. страд. наст. не образ.* (III.7)
6. *прич. страд. прош.* пое́денный (III.8.В2а)

7. *деепр.* пое́в
пожа́в[1] см. пожа́ть[1]
пожа́в[2] см. пожа́ть[2]
**ПОЖА́ТЬ**[1] (ру́ку) *св*
1. *нсв* пожима́ть (III.1.Б)
2. *буд.* пожму́, пожмёшь, пожмёт, пожмём, пожмёте, пожму́т (III.2.А4 *и* III.2.Б1а)
3. *повел.* пожми́(те)
4. *прич. действ. наст. не образ.* (III.5)
5. *прич. страд. наст. не образ.* (III.7)
6. *деепр.* пожа́в
**ПОЖА́ТЬ**[2] (рожь) *св*
1. *нсв* пожина́ть (III.1.Б)
2. *буд.* пожну́, пожнёшь, пожнёт, пожнём, пожнёте, пожну́т (III.2.А4 *и* III.2.Б1а)
3. *повел.* пожни́(те)
4. *прич. действ. наст. не образ.* (III.5)
5. *прич. страд. наст. не образ.* (III.7)
6. *деепр.* пожа́в
**ПОЖИЛ|О́Й**, -а́я, -о́е, -ы́е
1. *кр. ф. не образ.* (II.1)
2. *сравн. ст. не образ.* (II.2)
3. *превосх. ст. не образ.* (II.3)
**ПОЖИМА́ТЬ** *нсв — св* пожа́ть[1]
**ПОЖИНА́ТЬ** *нсв — св* пожа́ть[2]
позва́в см. позва́ть
по́званный см. позва́ть
**ПОЗВА́ТЬ** *св*
1. *буд.* позову́, позовёшь, позовёт, позовём, позовёте, позову́т (III.2.А4 *и* III.2.Б1а)
2. *прош.* позва́л, позвала́, позва́ло, позва́ли (III.3.А1)
3. *повел.* позови́(те)
4. *прич. действ. наст. не образ.* (III.5)
5. *прич. страд. наст. не образ.* (III.7)
6. *прич. страд. прош.* по́званный (III.8.А1а); *кр. ф.* по́зван, по́звана *и доп. устар.* позвана́, по́звано, по́званы (III.8.А1в)
7. *деепр.* позва́в
позво́лив см. позво́лить
**ПОЗВО́ЛИТЬ** *св*
1. *нсв* позволя́ть (III.1.А2а)

# ПОЗВОЛЯТЬ

2. *повел.* позво́ль(те)
3. *прич. действ. наст. не образ.* (III.5)
4. *прич. страд. наст. не образ.* (III.7)
5. *деепр.* позво́лив

**ПОЗВОЛЯ́ТЬ** *нсв — св* позво́лить

**ПО́ЗДН|ИЙ**, -яя, -ее, -ие
1. *кр. ф. нет* (II.1.Е)
2. *сравн. ст.* поздне́е (II.2.А1) *и* по́зже (II.2.В1а)
3. *превосх. ст.* поздне́йший (II.3.А1)

поздра́вив см. поздра́вить

**ПОЗДРА́ВИТЬ** *св*
1. *нсв* поздравля́ть (III.1.А2а)
2. *буд.* поздра́влю, поздра́вишь, поздра́вит, поздра́вим, поздра́вите, поздра́вят (III.2.Б2)
3. *повел.* поздра́вь(те)
4. *прич. действ. наст. не образ.* (III.5)
5. *прич. страд. наст. не образ.* (III.7)
6. *прич. страд. прош.* поздра́вленный (III.8.Б1а)
7. *деепр.* поздра́вив

поздра́вленный см. поздра́вить

**ПОЗДРАВЛЯ́ТЬ** *нсв — св* поздра́вить

пойдя́ см. пойти́
пойма́в см. пойма́ть
по́йманный см. пойма́ть

**ПОЙМА́ТЬ** *св*
1. *нсв* лови́ть (III.1.Д1)
2. *прич. действ. наст. не образ.* (III.5)
3. *прич. страд. наст. не образ.* (III.7)
4. *прич. страд. прош.* по́йманный (III.8.А1а)
5. *деепр.* пойма́в

**ПОЙТИ́** *св нп*
1. *буд.* пойду́, пойдёшь, пойдёт, пойдём, пойдёте, пойду́т (III.2.Б1а)
2. *прош.* пошёл, пошла́, пошло́, пошли́ (III.3.В2)
3. *повел.* пойди́(те) (III.4.А1)
4. *прич. действ. наст. не образ.* (III.5)
5. *прич. действ. прош.* поше́дший (III.6.Б4)
6. *прич. страд. наст. не образ.* (III.7)
7. *прич. страд. прош. не образ.* (III.8)
8. *деепр.* пойдя́ (III.10.А1)

показа́в см. показа́ть
пока́занный см. показа́ть

**ПОКАЗА́ТЬ** *св*
1. *нсв* пока́зывать (III.1.А1а)
2. *буд.* покажу́, пока́жешь, пока́жет, пока́жем, пока́жете, пока́жут (III.2.А2 *и* III.2.Б1а)
3. *повел.* покажи́(те) (III.4.А1)
4. *прич. действ. наст. не образ.* (III.5)
5. *прич. страд. наст. не образ.* (III.7)
6. *прич. страд. прош.* пока́занный (III.8.А1а)
7. *деепр.* показа́в

**ПОКАЗН|О́Й**, -а́я, -о́е, -ы́е
1. *кр. ф. нет* (II.1.Е)
2. *сравн. ст. нет* (II.2.Д)
3. *превосх. ст. нет* (II.3.Г)

**ПОКА́ЗЫВАТЬ** *нсв — св* показа́ть

покры́в см. покры́ть

**ПОКРЫВА́ТЬ** *нсв — св* покры́ть

**ПОКРЫВА́ТЬСЯ** *нсв нп — св* покры́ться

покры́вшись см. покры́ться

**ПОКРЫ́ТЬ** *св*
1. *нсв* покрыва́ть (III.1.А3)
2. *буд.* покро́ю, покро́ешь, покро́ет, покро́ем, покро́ете, покро́ют (III.2.Б1а)
3. *повел.* покро́й(те) (III.4.А2а)
4. *прич. действ. наст. не образ.* (III.5)
5. *прич. страд. наст. не образ.* (III.7)
6. *деепр.* покры́в

**ПОКРЫ́ТЬСЯ** *св нп*
1. *нсв* покрыва́ться (III.1.А3)
2. *буд.* покро́юсь, покро́ешься, покро́ется, покро́емся, покро́етесь, покро́ются (III.2.Б1а)
3. *повел.* покро́йся, покро́йтесь (III.4.А2а)
4. *прич. действ. наст. не образ.* (III.5)

5. *прич. страд. наст. не образ.* (III.7)
6. *прич. страд. прош. не образ.* (III.8)
7. *деепр.* покры́вшись

**ПОКУПА́ТЬ** *нсв* — *св* купи́ть

**ПОКУ́ПК|А**, -и, *ж*
1. *род. мн.* покупок (I.4.Б1б)

**ПОЛ**[1] (паркетный), -а, *м*
1. *род. ед.* по́ла, *но:* с по́лу и с по́ла; до́ полу, до по́ла *и доп.* до по́лу (I.1.Д)
2. *предл. ед.* о по́ле, *но* в полу́, на полу́ (I.2.А)
3. *им. мн.* полы́ (I.3.Г2)
4. *род. мн.* поло́в
5. *сочет. с предлогами:* ходи́ть по́ полу, урони́ть на́ пол, уда́рить об пол *и* уда́рить об пол

**ПОЛ**[2] (мужско́й, же́нский), -а, *м*
1. *им. мн.* по́лы (I.3.Г2)
2. *род. мн.* поло́в (I.4.А2)

**ПО́Л|Е**, -я, *с*
1. *им. мн.* поля́ (I.3.А3б)
2. *сочет. с предлогами:* ходи́ть по́ полю *и* ходи́ть по по́лю; смотре́ть на́ поле *и* смотре́ть на по́ле; находи́ться на́ поле *и* находи́ться на по́ле; во́ поле (*народно-поэт.*)

**ПОЛЕ́ЗН|ЫЙ**, -ая, -ое, -ые
1. *кр. ф.* поле́зен, поле́зна, поле́зно, поле́зны (II.1.Б1)

**по́лзавший** см. по́лзать

**ПО́ЛЗАТЬ** *нсв нп* — ср. ползти́
1. *наст.* по́лзаю, по́лзаешь, по́лзает, по́лзаем, по́лзаете, по́лзают
2. *прош.* по́лзал, по́лзала, по́лзало, по́лзали
3. *повел.* по́лзай(те)
4. *прич. действ. наст.* по́лзающий
5. *прич. действ. прош.* по́лзавший
6. *прич. страд. наст. не образ.* (III.7)
7. (III.8)
8. *деепр.* по́лзая

**по́лзающий** см. по́лзать
**по́лзая** см. по́лзать

**ПОЛЗТИ́** *нсв нп* — ср. по́лзать
1. *наст.* ползу́, ползёшь, ползёт, ползём, ползёте, ползу́т
2. *прош.* полз, ползла́, ползло́, ползли́ (III.3.В1в)
3. *повел.* ползи́(те)
4. *прич. действ. наст.* ползу́щий
5. *прич. действ. прош.* по́лзший
6. *прич. страд. наст. не образ.* (III.7)
7. *прич. страд. прош. не образ.* (III.8)
8. *деепр.* ползя́

**ползу́щий** см. ползти́
**по́лзший** см. ползти́
**ползя́** см. ползти́

**ПОЛИВА́ТЬ** *нсв* — *св* поли́ть

**поли́в** см. поли́ть
**поли́вший** см. поли́ть

**ПОЛИ́ТИК|А**, -и, *ж*
1. *мн. нет* (I.3.Е1)

**по́литый, поли́тый** см. поли́ть

**ПОЛИ́ТЬ** *св*
1. *нсв* полива́ть (III.1.А3)
2. *буд.* полью́, польёшь, польёт, польём, польёте, полью́т (III.2.А4 *и* III.2.Б1а)
3. *прош.* по́лил *и доп.* поли́л, полила́, по́лило *и доп.* поли́ло, по́лили *и доп.* поли́ли (III.3.А1)
4. *повел.* поле́й(те) (III.4.В2)
5. *прич. действ. наст. не образ.* (III.5)
6. *прич. действ. прош.* поли́вший (III.6.А1)
7. *прич. страд. наст. не образ.* (III.7)
8. *прич. страд. прош.* по́литый *и доп.* поли́тый (III.8.А3г); *кр. ф.* по́лит *и доп.* поли́т, полита́, по́лито *и доп.* поли́то, по́литы *и доп.* поли́ты
9. *деепр.* поли́в

**ПОЛК**, полка́, *м*
1. *род. ед.* полка́ (I.1.А1), *но* на́шего полку́ при́было 'нас стало больше'
2. *предл. ед.* о полке́, *но* в полку́ (I.2.А)
3. *им. мн.* полки́ (I.3.А1б)

**ПО́ЛК|А**, -и, ж
1. *род. мн.* по́лок (I.4.Б1б)

**ПО́ЛНОЧ|Ь**, -и, ж
1. *род. ед.* по́лночи и полу́ночи
2. *мн. нет* (I.3.Е1)
3. *сочет. с предлогами*: рабо́тать до полу́ночи, верну́ться о́коло полу́ночи, уйти́ по́сле полу́ночи, ко́нчить рабо́ту к полу́ночи, возврати́ться пе́ред полу́ночью, *но* за́ полночь '*после 12 часов ночи*'

**ПО́ЛН|ЫЙ**, -ая, -ое, -ые
1. *кр. ф.*: 1. '*полный чего-либо*' — по́лон, полна́, полно́ и *доп. устар.* по́лно, полны́ и *доп. устар.* по́лны; 2. '*исчерпывающий, достигающий предела*' — по́лон, полна́, по́лно, полны́ и по́лны (II.1.Б2)
2. *сравн. ст.* полне́е (II.2.А1)
3. *превосх. ст.* полне́йший (II.3.А1)

**ПОЛОВИ́Н|А**, -ы, ж
1. *согласование* — при подлежащем, которое включает в свой состав слово «половина», сказуемое ставится в ед. числе: Полови́на жильцо́в ста́рого до́ма уже́ получи́ла но́вые кварти́ры. Полови́на из них [прису́тствующих] явля́ется студе́нтами.

**ПОЛО́ЖЕНН|ЫЙ**, -ая, -ое, -ые — *ср. прич.* поло́женный
1. *кр. ф. не образ.* (II.1)
2. *сравн. ст. не образ.* (II.2)
3. *превосх. ст. не образ.* (II.3)
поло́женный см. положи́ть
положи́в см. положи́ть

**ПОЛОЖИ́ТЕЛЬН|ЫЙ**, -ая, -ое, -ые
1. *кр. ф.* положи́телен, положи́тельна, положи́тельно, положи́тельны (II.1.Б1)
2. *сравн. ст.* нет (II.2.Д)
3. *превосх. ст.* нет (II.3.Г)

**ПОЛОЖИ́ТЬ** *св*
1. *нсв* класть (III.1.Д1)
2. *буд.* положу́, поло́жишь, поло́жит, поло́жим, поло́жите, поло́жат (III.2.А1)
3. *прич. действ. наст. не образ.* (III.5)
4. *прич. страд. наст. не образ.* (III.7)
5. *прич. страд. прош.* поло́женный (III.8.А2) — *ср. прил.* поло́женный
6. *деепр.* положи́в

**ПОЛОС|А́**, -ы́, ж
1. *вин. ед.* по́лосу и полосу́
2. *им. мн.* по́лосы (I.3.А2)
3. *род. мн.* поло́с (I.4.А1а)
4. *дат. мн.* полоса́м
5. *твор. мн.* полоса́ми
6. *предл. мн.* о полоса́х

**ПОЛОТЕ́НЦ|Е**, -а, с
1. *род. мн.* полоте́нец (I.4.Б2а)

**ПОЛУЧА́ТЬ** *нсв* — *св* получи́ть

**ПОЛУЧА́ТЬСЯ** *нсв нп* — *св* получи́ться

полу́ченный см. получи́ть
получи́в см. получи́ть
получи́вшись см. получи́ться

**ПОЛУЧИ́ТЬ** *св* — *нсв* получа́ть
1. *буд.* получу́, полу́чишь, полу́чит, полу́чим, полу́чите, полу́чат (III.2.А1)
2. *прич. действ. наст. не образ.* (III.5)
3. *прич. страд. наст. не образ.* (III.7)
4. *прич. страд. прош.* полу́ченный (III.8.А2)
5. *деепр.* получи́в

**ПОЛУЧИ́ТЬСЯ** *св нп* — *нсв* получа́ться
1. *буд.: 1 и 2 л. не употр.* (III.2.Д2), полу́чится, полу́чатся (III.2.А1)
2. *прич. действ. наст. не образ.* (III.5)
3. *прич. страд. наст. не образ.* (III.7)
4. *прич. страд. прош. не образ.* (III.8)
5. *деепр.* получи́вшись

**ПОЛЧАСА́**, получа́са, м
1. *род. ед.* получа́са
2. *дат. ед.* получа́су
3. *твор. ед.* получа́сом
4. *предл. ед.* в получа́се
5. *мн. нет* (I.3.Е1)

**ПО́ЛЬЗ|А**, -ы, ж
1. *мн. нет* (I.3.Е1)
**ПО́ЛЬЗОВАТЬСЯ** *нсв нп*
1. *наст.* по́льзуюсь, по́льзуешься, по́льзуется, по́льзуемся, по́льзуетесь, по́льзуются (III.2.Б1а)
2. *повел.* по́льзуйся, по́льзуйтесь (III.4.А2а)
3. *прич. действ. наст.* по́льзующийся (III.5.Б1)
4. *прич. страд. наст. не образ.* (III.7)
5. *прич. страд. прош. не образ.* (III.8)
6. *деепр.* по́льзуясь (III.9.Б1)

по́льзующийся см. п о́ л ь з о в а т ь с я
по́льзуясь см. п о́ л ь з о в а т ь с я

**ПОМОГА́ТЬ** *нсв нп — св* п о м о́ ч ь

помо́гши см. п о м о́ ч ь
**ПОМО́ЧЬ** *св нп*
1. *нсв* помога́ть (III.1.А2в)
2. *буд.* помогу́, помо́жешь, помо́жет, помо́жем, помо́жете, помо́гут (III.2.А2 и III.2.Б1б)
3. *прош.* помо́г, помогла́, помогло́, помогли́ (III.3.В1а)
4. *повел.* помоги́(те) (III.4.А1)
5. *прич. действ. наст. не образ.* (III.5)
6. *прич. страд. наст. не образ.* (III.7)
7. *прич. страд. прош. не образ.* (III.8)
8. *деепр.* помо́гши

**ПО́МОЩ|Ь**, -и, ж
1. *мн. нет* (I.3.Е1)
2. *нормативны конструкции:* при по́мощи и с по́мощью. Дверь открыва́ется и закрыва́ется при по́мощи (с по́мощью) сжа́того во́здуха. Фотогра́фия Луны́ полу́чена с по́мощью (при по́мощи) специа́льной телевизио́нной систе́мы автомати́ческой ста́нции «ЛУНА-9».

**ПОНИМА́ТЬ** *нсв — св* п о н я́ т ь

поня́в см. п о н я́ т ь
поня́вший см. п о н я́ т ь

**ПОНЯ́ТН|ЫЙ**, -ая, -ое, -ые
1. *кр. ф.* поня́тен, поня́тна, поня́тно, поня́тны (II.1.Б1)

по́нятый см. п о н я́ т ь
**ПОНЯ́ТЬ** *св*
1. *нсв* понима́ть (III.1.Б)
2. *буд.* пойму́, поймёшь, поймёт, поймём, поймёте, пойму́т (III.2.А4 и III.2.Б1а)
3. *прош.* по́нял, поняла́, по́няло, по́няли (III.3.А1)
4. *повел.* пойми́(те) (III.4.А1)
5. *прич. действ. наст. не образ.* (III.5)
6. *прич. действ. прош.* поня́вший (III.6.А1)
7. *прич. страд. наст. не образ.* (III.7)
8. *прич. страд. прош.* по́нятый; *кр. ф.* по́нят, понята́, по́нято, по́няты (III.8.А3д)
9. *деепр.* поня́в

попа́в см. п о п а́ с т ь
**ПОПАДА́ТЬ** *нсв нп — св* п о п а́ с т ь
**ПОПА́СТЬ** *св нп*
1. *нсв* попада́ть (III.1.А2в)
2. *буд.* попаду́, попадёшь, попадёт, попадём, попадёте, попаду́т (III.2.А4 и III.2.Б1а)
3. *повел.* попади́(те) (III.4.А1)
4. *прич. действ. наст. не образ.* (III.5)
5. *прич. страд. наст. не образ.* (III.7)
6. *прич. страд. прош. не образ.* (III.8)
7. *деепр.* попа́в

попра́вив см. п о п р а́ в и т ь
попра́вившись см. п о п р а́ в и т ь с я
**ПОПРА́ВИТЬ** *св*
1. *нсв* поправля́ть (III.1.А2а)
2. *буд.* попра́влю, попра́вишь, попра́вит, попра́вим, попра́вите, попра́вят (III.2.Б2)
3. *повел.* попра́вь(те)
4. *прич. действ. наст. не образ.* (III.5)
5. *прич. страд. наст. не образ.* (III.7)
6. *прич. страд. прош.* попра́вленный (III.8.Б1а)
7. *деепр.* попра́вив

**ПОПРА́ВИТЬСЯ** *св нп*
1. *нсв* поправля́ться (III.1.А2а)
2. *буд.* попра́влюсь, попра́вишься, попра́вится, попра́вимся, попра́витесь, попра́вятся (III.2.Б2)
3. *повел.* попра́вься, попра́вьтесь
4. *прич. действ. наст.* не образ. (III.5)
5. *прич. страд. наст.* не образ. (III.7)
6. *прич. страд. прош.* не образ. (III.8)
7. *деепр.* попра́вившись и попра́вясь (III.10.Б1)

попра́вленный см. попра́вить
**ПОПРАВЛЯ́ТЬ** *нсв — св* попра́вить
**ПОПРАВЛЯ́ТЬСЯ** *нсв нп — св* попра́виться
попра́вясь см. попра́виться
**ПОР|А́**, -ы́, *ж*
1. *вин. ед.* по́ру
2. *преим. ед., но*: до си́х пор и до сих по́р, до те́х пор, с те́х пор (I.3.Е3)

**ПОРАЖА́ТЬ** *нсв — св* порази́ть
поражённый см. порази́ть
порази́в см. порази́ть
**ПОРАЗИ́ТЬ** *св*
1. *нсв* поража́ть (III.1.А2а)
2. *буд.* поражу́, порази́шь, порази́т, порази́м, порази́те, поразя́т (III.2.А4 и III.2.Б2)
3. *прич. действ. наст.* не образ. (III.5)
4. *прич. страд. наст.* не образ. (III.7)
5. *прич. страд. прош.* поражённый (III.8.Б1б); *кр. ф.* поражён, поражена́, поражено́, поражены́
6. *деепр.* порази́в

**ПОРОСЁНОК**, поросёнка, *м*
1. *род. ед.* поросёнка (I.1.Б1б)
2. *им. мн.* порося́та (I.3.Д1)

**ПОРОШО́К**, порошка́, *м*
1. *род. ед.* порошка́ (I.1.Б2б)
2. *им. мн.* порошки́ (I.3.В2б)

**ПО́РТИТЬ** *нсв*
1. *наст.* по́рчу, по́ртишь, по́ртит, по́ртим, по́ртите, по́ртят (III.2.Б2)
2. *повел.* по́рти(те) и по́рть(те) (III.4.Б1)
3. *прич. страд. наст.* нет (III.7.Г)
4. *прич. страд. прош.* по́рченный (III.8.Б1а) — ср. *прил.* по́рченый
5. *деепр.* по́ртя

по́ртя см. по́ртить
**ПОРУЧА́ТЬ** *нсв — св* поручи́ть
пору́ченный см. поручи́ть
поручи́в см. поручи́ть
**ПОРУЧИ́ТЬ** *св — нсв* поруча́ть
1. *буд.* поручу́, пору́чишь, пору́чит, пору́чим, пору́чите, пору́чат (III.2.А1)
2. *прич. действ. наст.* не образ. (III.5)
3. *прич. страд. наст.* не образ. (III.7)
4. *прич. страд. прош.* пору́ченный (III.8.А2)
5. *деепр.* поручи́в

по́рченный см. по́ртить
**ПО́РЧЕН|ЫЙ**, -ая, -ое, -ые — ср. *прич.* по́рченный
1. *кр. ф.* не образ. (II.1)
2. *сравн. ст.* не образ. (II.2)
3. *превосх. ст.* не образ. (II.3)

**ПОРЯ́ДОК**, поря́дка, *м*
1. *род. ед.* поря́дка (I.1.Б1б)
2. *им. мн.* поря́дки (I.3.В1б)

посади́в см. посади́ть
**ПОСАДИ́ТЬ** *св — нсв* сажа́ть
1. *буд.* посажу́, поса́дишь, поса́дит, поса́дим, поса́дите, поса́дят (III.2.А2) и III.2.Б2)
2. *прич. действ. наст.* не образ. (III.5)
3. *прич. страд. наст.* не образ. (III.7)
4. *прич. страд. прош.* поса́женный (III.8.Б2а) — ср. *прил.* поса́женый
5. *деепр.* посади́в

поса́женный см. посади́ть
**ПОСАЖЁН|ЫЙ**, -ая, -ые, — ср. *прич.* поса́женный
1. *кр.ф.* не образ. (II.1)
2. *сравн. ст.* не образ. (II.2)
3. *превосх. ст.* не образ. (II.3)
посвяти́в см. посвяти́ть

**ПОСВЯТИ́ТЬ** св
1. *нсв* посвяща́ть (III.1.А2а)
2. *буд.* посвящу́, посвяти́шь, посвяти́т, посвяти́м, посвяти́те, посвятя́т (III.2.А4 и III.2.Б2)
3. *прич. действ. наст. не образ.* (III.5)
4. *прич. страд. наст. не образ.* (III.7)
5. *прич. страд. прош.* посвящённый (III.8.Б1б); *кр. ф.* посвящён, посвящена́, посвящено́, посвящены́
6. *деепр.* посвяти́в

**ПОСВЯЩА́ТЬ** *нсв* — *св* посвяти́ть

посвящённый см. посвяти́ть
**ПОСЁЛОК**, посёлка, *м*
1. *род. ед.* посёлка (I.1.Б1б)
2. *им. мн.* посёлки (I.3.В1б)

посети́в см. посети́ть
**ПОСЕТИ́ТЬ** св
1. *нсв* посеща́ть (III.1.А2а)
2. *буд.* посещу́, посети́шь, посети́т, посети́м, посети́те, посетя́т (III.2.А4 и III.2.Б2)
3. *прич. действ. наст. не образ.* (III.5)
4. *прич. страд. наст. не образ.* (III.7)
5. *прич. страд. прош.* посещённый (III.8.Б1б); *кр. ф.* посещён, посещена́, посещено́, посещены́
6. *деепр.* посети́в

**ПОСЕЩА́ТЬ** *нсв* — *св* посети́ть

посещённый см. посети́ть
посла́в см. посла́ть
по́сланный см. посла́ть
**ПОСЛА́ТЬ** св
1. *нсв* посыла́ть (III.1.Б)
2. *буд.* пошлю́, пошлёшь, пошлёт, пошлём, пошлёте, пошлю́т (III.2.А4 и III.2.Б1а)
3. *повел.* пошли́(те) (III.4.А1)
4. *прич. действ. наст. не образ.* (III.5)
5. *прич. страд. наст. не образ.* (III.7)
6. *прич. страд. прош.* по́сланный (III.8.А1а)
7. *деепр.* посла́в

**ПОСЛЕ́ДН|ИЙ**, -яя, -ее, -ие
1. *кр. ф. нет* (II.1.Е)
2. *сравн. ст. нет* (II.2.Д)
3. *превосх. ст. нет* (II.3.Г)

**ПОСЛУ́ШН|ЫЙ**, -ая, -ое, -ые
1. *кр. ф.* послу́шен, послу́шна, послу́шно, послу́шны (II.1.Б1)

**ПОСТ** (сторожево́й), поста́, *м*
1. *род. ед.* поста́ (I.1.А1)
2. *предл. ед.* о посте́, *но* на посту́ (I.2.А)
3. *им. мн.* посты́ (I.3.А1б)

**ПОСТОРО́НН|ИЙ**, -яя, -ее, -ие
1. *кр. ф. не образ.* (II.1)
2. *сравн. ст. не образ.* (II.2)
3. *превосх. ст. не образ.* (II.3)

**ПОСТОЯ́НН|ЫЙ**, -ая, -ое, -ые
1. *кр. ф.* постоя́нен, постоя́нна, постоя́нно, постоя́нны (II.1.Б1)
2. *сравн. ст. нет* (II.2.Д)
3. *превосх. ст. нет* (II.3.Г)

**ПОСТУПА́ТЬ** *нсв нп* — *св* поступи́ть

поступи́в см. поступи́ть
**ПОСТУПИ́ТЬ** *св нп* — *нсв* поступа́ть
1. *буд.* поступлю́, посту́пишь, посту́пит, посту́пим, посту́пите, посту́пят (III.2.А2 и III.2.Б2)
2. *прич. действ. наст. не образ.* (III.5)
3. *прич. страд. наст. не образ.* (III.7)
4. *прич. страд. прош. не образ.* (III.8)
5. *деепр.* поступи́в

**ПОСТУ́ПОК**, посту́пка, *м*
1. *род. ед.* посту́пка (I.1.Б1б)
2. *им. мн.* посту́пки (I.3.В1б)

**ПОСУ́Д|А**, -ы, *ж*
1. *мн. нет* (I.3.Е1)

**ПОСЫЛА́ТЬ** *нсв* — *св* посла́ть

**ПОСЫ́ЛК|А**, -и, *ж*
1. *род. мн.* посы́лок (I.4.Б1б)

**ПОТОЛО́К**, потолка́, *м*
1. *род. ед.* потолка́ (I.1.Б2б)
2. *им. мн.* потолки́ (I.3.В2б)

**ПОТО́МОК**, пото́мка, *м*
1. *род. ед.* пото́мка (I.1.Б1б)
2. *им. мн.* пото́мки (I.3.В1б)

**ПОХО́Ж|ИЙ**, -ая, -ее, -ие
1. *сравн. ст. нет* (II.2.Д)
2. *превосх. ст. нет* (II.3.Г)

**ПО́ХОРОНЫ**, похоро́н, *мн.*
1. *ед. нет* (I.3.Ж1)
2. *род. мн.* похоро́н (I.4.А1а)

**ПОЧЁТ**, -а, *м*
1. *мн. нет* (I.3.Е1)

**ПОЧЁТН|ЫЙ**, -ая, -ое, -ые
1. *кр. ф.* почётен, почётна, почётно, почётны (II.1.Б1)

**ПО́ЧК|А**, -и, *ж*
1. *род. мн.* по́чек (I.4.Б1а)

**ПОЧТАЛЬО́Н**, -а, *м*
1. *м.р.— ж.р.*; о нормативности согласования см. 1.5.В, а также а в т о р

**поше́дший** см. п о й т и́

**ПОЭ́ЗИ|Я**, -и, *ж*
1. *мн. нет* (I.3.Е1)

**ПОЭТИ́ЧН|ЫЙ**, -ая, -ое, -ые
1. *кр. ф.* поэти́чен, поэти́чна, поэти́чно, поэти́чны (II.1.Б1)

**по́ющий** см. п е т ь

**появи́вшись** см. п о я в и́ т ь с я

**ПОЯВИ́ТЬСЯ** *св нп*
1. *нсв* появля́ться (III.1.А2а)
2. *буд.* появлю́сь, поя́вишься, поя́вится, поя́вимся, поя́витесь, поя́вятся (III.2.А2 *и* III.2.Б2)
3. *повел.* появи́сь, появи́тесь (III.4.В1)
4. *прич. действ. наст. не образ.* (III.5)
5. *прич. страд. наст. не образ.* (III.7)
6. *прич. страд. прош. не образ.* (III.8)
7. *деепр.* появи́вшись *и* появя́сь (III.10.Б1)

**ПОЯВЛЯ́ТЬСЯ** *нсв нп — св* п о я в и́ т ь с я

**появя́сь** см. п о я в и́ т ь с я

**ПО́ЯС**, -а, *м*
1. *им. мн.* пояса́ (I.3.А1а)

**ПРАВ** (*противоп.* непра́в), права́, пра́во, пра́вы
1. *полн. ф. нет* (II.1.Д)
2. *сравн. ст. не образ.* (II.2)
3. *превосх. ст. не образ.* (II.3)

**ПРА́ВД|А**, -ы, *ж*
1. *мн. нет* (I.3.Е1)

**ПРА́В|О**, -а, *с*
1. *им. мн.* права́ (I.3.А3б)
2. *род. мн.* прав (I.4.А1б)

**ПРА́В|ЫЙ**[1] (*противоп.* ле́вый), -ая, -ое, -ые
1. *кр. ф. не образ.* (II.1)
2. *сравн. ст. не образ.* (II.2)
3. *превосх. ст. не образ.* (II.3)

**ПРА́В|ЫЙ**[2] ('*справедливый, содержащий правду*', *противоп.* вино́вный), -ая, -ое, -ые
1. *кр. ф.* прав, права́, пра́во, пра́вы (II.1.А)
2. *сравн. ст. нет* (II.2.Д)
3. *превосх. ст. нет* (II.3.Г)

**ПРА́ЗДНИЧН|ЫЙ**, -ая, -ое, -ые
1. *кр. ф.* пра́здничен, пра́зднична, пра́зднично, пра́здничны (II.1.Б1)
2. *превосх. ст. нет* (II.3.Г)

**ПРА́ЗДНОВАТЬ** *нсв*
1. *наст.* пра́здную, пра́зднуешь, пра́зднует, пра́зднуем, пра́зднуете, пра́зднуют (III.2.Б1а)
2. *повел.* пра́зднуй(те) (III.4.А2а)
3. *прич. действ. наст.* пра́зднующий (III.5.Б1)
4. *прич. страд. наст.* пра́зднуемый (III.7.А1)
5. *прич. страд. прош. не образ.* (III.8)
6. *деепр.* пра́зднуя (III.9.Б1)

**пра́зднуемый** см. п р а́ з д н о в а т ь

**пра́зднующий** см. п р а́ з д н о в а т ь

**пра́зднуя** см. п р а́ з д н о в а т ь

**ПРА́КТИК|А**, -и, *ж*
1. *мн. нет* (I.3.Е1)

**ПРЕВОСХО́ДН|ЫЙ**, -ая, -ое, -ые
1. *кр. ф.* превосхо́ден, превосхо́дна, превосхо́дно, превосхо́дны (II.1.Б1)

**преврати́в** см. п р е в р а т и́ т ь

**преврати́вшись** см. п р е в р а т и́ т ь с я

**ПРЕВРАТИ́ТЬ** *св*
1. *нсв* превраща́ть (III.1.А2а)
2. *буд.* превращу́, преврати́шь, преврати́т, преврати́м, преврати́те, преврати́т (III.2.А4 *и* III.2.Б2)
3. *прич. действ. наст. не образ.* (III.5)
4. *прич. страд. наст. не образ.* (III.7)
5. *прич. страд. прош.* превращён-

ный (III.8.Б1б); *кр. ф.* превращён, превращена́, превращено́, превращены́
6. *деепр.* преврати́в
**ПРЕВРАТИ́ТЬСЯ** *св нп*
1. *нсв* превраща́ться (III.1.А2а)
2. *буд.* превращу́сь, преврати́шься, преврати́тся, преврати́мся, преврати́тесь, превратя́тся (III.2.А4 и III.2.Б2)
3. *прич. действ. наст. не образ.* (III.5)
4. *прич. страд. наст. не образ.* (III.7)
5. *прич. страд. прош. не образ.* (III.8)
6. *деепр.* преврати́вшись и превратя́сь (III.10.Б1)
  преврати́сь см. преврати́ться
**ПРЕВРАЩА́ТЬ** *нсв — св* преврати́ть
**ПРЕВРАЩА́ТЬСЯ** *нсв нп — св* преврати́ться
  превращённый см. преврати́ть
  преда́в см. преда́ть
  предава́емый см. предава́ть
**ПРЕДАВА́ТЬ** *нсв — св* преда́ть
1. *наст.* предаю́, предаёшь, предаёт, предаём, предаёте, предаю́т (III.2.В)
2. *повел.:* 1. 'подвергать действию чего-либо, приводить в какое-либо состояние' — предава́й(те); 2. 'совершать предательство' — обычно с отриц. не предава́й(те) (III.4.В1)
3. *прич. действ. наст.* предаю́щий (III.5.В1)
4. *прич. страд. наст.* предава́емый (III.7.В1)
5. *прич. страд. прош. не образ.* (III.8)
6. *деепр.* предава́я (III.9.В1)
  предава́я см. предава́ть
  преда́вший см. преда́ть
**ПРЕ́ДАНН|ЫЙ,** -ая, -ое, -ые — *ср. прич.* пре́данный
1. *кр. ф. не образ.* (II.1)
2. *сравн. ст. не образ.* (II.2)
3. *превосх. ст. не образ.* (II.3)
  пре́данный см. преда́ть

**ПРЕДА́ТЬ** *св*
1. *нсв* предава́ть (III.1.А3)
2. *буд.* преда́м, преда́шь, преда́ст, предади́м, предади́те, предаду́т (III.2.А3 и III.2.Б1б)
3. *прош.* пре́дал и *доп.* преда́л, предала́, пре́дало и *доп.* преда́ло, пре́дали и *доп.* преда́ли (III.3.А1)
4. *повел.:* 1. 'подвергнуть действию чего-либо, привести в какое-либо состояние' — преда́й(те); 2. 'совершить предательство' — обычно с отриц. не преда́й(те)
5. *прич. действ. наст. не образ.* (III.5)
6. *прич. действ. прош.* преда́вший (III.6.А1)
7. *прич. страд. наст. не образ.* (III.7)
8. *прич. страд. прош.* пре́данный (III.8.А1б); *кр. ф.* пре́дан, предана́ и *доп.* пре́дана, пре́дано, пре́даны (III.8.А1в) — *ср. прил.* пре́данный
9. *деепр.* преда́в
  предаю́щий см. предава́ть
**ПРЕДЛАГА́ТЬ** *нсв — св* предложи́ть
  предло́женный см. предложи́ть
  предложи́в см. предложи́ть
**ПРЕДЛОЖИ́ТЬ** *св*
1. *нсв* предлага́ть (III.1.А2а)
2. *буд.* предложу́, предло́жишь, предло́жит, предло́жим, предло́жите, предло́жат (III.2.А1)
3. *прич. действ. наст. не образ.* (III.5)
4. *прич. страд. наст. не образ.* (III.7)
5. *прич. страд. прош.* предло́женный (III.8.А2)
6. *деепр.* предложи́в
**ПРЕДСЕДА́ТЕЛ|Ь,** -я, м
1. *м.р.— ж. р.*; о нормативности согласования см. 1.5.В, а также а́втор
  предста́вив см. предста́вить
  предста́вившись см. предста́виться
**ПРЕДСТА́ВИТЬ** *св*
1. *нсв* представля́ть (III.1.А2а)
2. *буд.* предста́влю, предста́-

вишь, предста́вит, предста́вим, предста́вите, предста́вят (III.2.Б2)
3. *повел.* предста́вь(те)
4. *прич. действ. наст. не образ.* (III.5)
5. *прич. страд. наст. не образ.* (III.7)
6. *прич. страд. прош.* предста́вленный (III.8.Б1а)
7. *деепр.* предста́вив

**ПРЕДСТА́ВИТЬСЯ** *св нп*
1. *нсв* представля́ться (III.1.А2а)
2. *буд.* предста́влюсь, предста́вишься, предста́вится, предста́вимся, предста́витесь, предста́вятся (III.2.Б2)
3. *повел.* предста́вься, предста́вьтесь
4. *прич. действ. наст. не образ.* (III.5)
5. *прич. страд. наст. не образ.* (III.7)
6. *прич. страд. прош. не образ.* (III.8)
7. *деепр.* предста́вившись *и* предста́вясь (III.10.Б1)

**предста́вленный** см. предста́вить

**ПРЕДСТАВЛЯ́ТЬ** *нсв — св* предста́вить

**ПРЕДСТАВЛЯ́ТЬСЯ** *нсв нп — св* предста́виться

**предста́вясь** см. предста́виться

**предупреди́в** см. предупреди́ть

**ПРЕДУПРЕДИ́ТЬ** *св*
1. *нсв* предупрежда́ть (III.1.А2а)
2. *буд.* предупрежу́, предупреди́шь, предупреди́т, предупреди́м, предупреди́те, предупредя́т (III.2.А4 *и* III.2.Б2)
3. *прич. действ. наст. не образ.* (III.5)
4. *прич. страд. наст. не образ.* (III.7)
5. *прич. страд. прош.* предупреждённый (III.8.Б1б); *кр. ф.* предупреждён, предупреждена́, предупреждено́, предупреждены́
6. *деепр.* предупреди́в

**ПРЕДУПРЕЖДА́ТЬ** *нсв — св* предупреди́ть

**предупреждённый** см. предупреди́ть

**ПРЕДШЕ́СТВОВАТЬ** *нсв нп*
1. *наст.: 1 и 2 л. не употр.* (III.2.Д2), предше́ствует, предше́ствуют (III.2.Б1а)
2. *прич. действ. наст.* предше́ствующий (III.5.Б1) — ср. *прил.* предше́ствующий
3. *прич. страд. наст. не образ.* (III.7)
4. *прич. страд. прош. не образ.* (III.8)
5. *деепр.* предше́ствуя (III.9.Б1)

**ПРЕДШЕ́СТВУЮЩ|ИЙ**, -ая, -ее, -ие — ср. *прич.* предше́ствующий
1. *кр. ф. не образ.* (II.1)
2. *сравн. ст. не образ.* (II.2)
3. *превосх. ст. не образ.* (II.3)

**предше́ствующий** см. предше́ствовать

**предше́ствуя** см. предше́ствовать

**ПРЕ́ЖН|ИЙ**, -яя, -ее, -ие
1. *кр. ф. не образ.* (II.1)
2. *сравн. ст. не образ.* (II.2)
3. *превосх. ст. не образ.* (II.3)

**ПРЕКРА́СН|ЫЙ**, -ая, -ое, -ые
1. *кр. ф.* прекра́сен, прекра́сна, прекра́сно, прекра́сны (II.1.Б1)

**прекрати́в** см. прекрати́ть

**ПРЕКРАТИ́ТЬ** *св*
1. *нсв* прекраща́ть (III.1.А2а)
2. *буд.* прекращу́, прекрати́шь, прекрати́т, прекрати́м, прекрати́те, прекратя́т (III.2.А4 *и* III.2.Б2)
3. *прич. действ. наст. не образ.* (III.5)
4. *прич. страд. наст. не образ.* (III.7)
5. *прич. страд. прош.* прекращённый (III.8.Б1б); *кр. ф.* прекращён, прекращена́, прекращено́, прекращены́
6. *деепр.* прекрати́в

**ПРЕКРАЩА́ТЬ** *нсв — св* прекрати́ть

**прекращённый** см. прекрати́ть

**ПРЕОБРАЖА́ТЬ** *нсв — св* преобрази́ть

**ПРЕОБРАЖА́ТЬСЯ** *нсв нп — св* преобрази́ться

**преображённый** см. преобразить
**преобразившись** см. преобразиться
**преобразив** см. преобразить

**ПРЕОБРАЗИ́ТЬ** *св*
1. *нсв* преображать (III.1.А2а)
2. *буд.* преображу́, преобрази́шь, преобрази́т, преобрази́м, преобрази́те, преобразя́т (III.2.А4 и III.2.Б2)
3. *прич. действ. наст.* не образ. (III.5)
4. *прич. страд. наст.* не образ. (III.7)
5. *прич. страд. прош.* преображённый (III.8.Б1б); *кр. ф.* преображён, преображена́, преображено́, преображены́
6. *деепр.* преобразив

**ПРЕОБРАЗИ́ТЬСЯ** *св нп*
1. *нсв* преображаться (III.1.А2а)
2. *буд.* преображу́сь, преобрази́шься, преобрази́тся, преобрази́мся, преобрази́тесь, преобразя́тся (III.2.А4 и III.2.Б2)
3. *прич. действ. наст.* не образ. (III.5)
4. *прич. страд. наст.* не образ. (III.7)
5. *прич. страд. прош.* не образ. (III.8)
6. *деепр.* преобразившись *и* преобразя́сь (III.10.Б1)

**преобразясь** см. преобразиться

**ПРЕОДОЛЕВА́ТЬ** *нсв — св* преодолеть

**преодолённый** см. преодолеть

**преодолев** см. преодолеть

**ПРЕОДОЛЕ́ТЬ** *св*
1. *нсв* преодолевать (III.1.А3)
2. *прич. действ. наст.* не образ. (III.5)
3. *прич. страд. наст.* не образ. (III.7)
4. *прич. страд. прош.* преодолённый; *кр. ф.* преодолён, преодолена́, преодолено́, преодолены́
5. *деепр.* преодолев

**препода́в** см. препода́ть

**преподава́емый** см. преподава́ть

**ПРЕПОДАВА́ТЬ** *нсв — св* препода́ть
1. *наст.* преподаю́, преподаёшь, преподаёт, преподаём, преподаёте, преподаю́т (III.2.В)
2. *повел.* преподава́й(те) (III.4.В1)
3. *прич. действ. наст.* преподаю́щий (III.5.В1)
4. *прич. страд. наст.* преподава́емый (III.7.В1)
5. *прич. страд. прош.* не образ. (III.8)
6. *деепр.* преподава́я (III.9.В1)

**преподава́я** см. преподава́ть

**препода́вший** см. препода́ть
**препо́данный** см. препода́ть

**ПРЕПОДА́ТЬ** *св*
1. *нсв* преподавать (III.1.А3)
2. *буд.* препода́м, препода́шь, препода́ст, преподади́м, преподади́те, преподаду́т (III.2.А3 и III.2.Б1б)
3. *прош.* препо́дал *и доп.* препода́л, преподала́, препо́дало *и доп.* препода́ло, препо́дали *и доп.* препода́ли (III.3.А1)
4. *повел.* препода́й(те)
5. *прич. действ. наст.* не образ. (III.5)
6. *прич. действ. прош.* препода́вший (III.6.А1)
7. *прич. страд. наст.* не образ. (III.7)
8. *прич. страд. прош.* препо́данный (III.8.А1б); *кр. ф.* препо́дан, преподана́ *и доп.* препо́дана, препо́дано, препо́даны (III.8.А1в)
9. *деепр.* препода́в

**преподаю́щий** см. преподава́ть

**ПРЕСЛЕ́ДОВАТЬ** *нсв*
1. *наст.* пресле́дую, пресле́дуешь, пресле́дует, пресле́дуем, пресле́дуете, пресле́дуют (III.2.Б1а)
2. *повел.* пресле́дуй(те) (III.4.А2а)
3. *прич. действ. наст.* пресле́дующий (III.5.Б1)

4. *прич. страд. наст.* пресле́дуемый (III.7.А1)
5. *прич. страд. прош. не образ.* (III.8)
6. *деепр.* пресле́дуя (III.9.Б1)

пресле́дуемый см. пресле́довать

пресле́дующий см. пресле́довать

пресле́дуя см. пресле́довать

приба́вив см. приба́вить

**ПРИБА́ВИТЬ** *св*
1. *нсв* прибавля́ть (III.1.А2а)
2. *буд.* приба́влю, приба́вишь, приба́вит, приба́вим, приба́вите, приба́вят (III.2.Б2)
3. *повел.* приба́вь(те)
4. *прич. действ. наст. не образ.* (III.5)
5. *прич. страд. наст. не образ.* (III.7)
6. *прич. страд. прош.* приба́вленный (III.8.Б1а)
7. *деепр.* приба́вив

приба́вленный см. приба́вить

**ПРИБАВЛЯ́ТЬ** *нсв — св* приба́вить

**ПРИБЕГА́ТЬ** *нсв нп — св* прибежа́ть

прибежа́в см. прибежа́ть

**ПРИБЕЖА́ТЬ** *св нп*
1. *нсв* прибега́ть (III.1.Б)
2. *буд.* прибегу́, прибежи́шь, прибежи́т, прибежи́м, прибежи́те, прибегу́т (III.2.А4 *и* III.2.Б3)
3. *повел.* прибеги́(те) (III.4.А1)
4. *прич. действ. наст. не образ.* (III.5)
5. *прич. страд. наст. не образ.* (III.7)
6. *прич. страд. прош. не образ.* (III.8)
7. *деепр.* прибежа́в

**ПРИБЛИЖА́ТЬ** *нсв — св* прибли́зить

**ПРИБЛИЖА́ТЬСЯ** *нсв нп — св* прибли́зиться

**ПРИБЛИЖЁНН|ЫЕ**, -ых, *мн.*
1. *ед.* приближённ|ый, -ого, *м* (I.3.Ж2б) — ср. *прил.* прибли́жённый

прибли́женный см. прибли́зить

**ПРИБЛИЖЁНН|ЫЙ**, -ая, -ое, -ые — ср. *прич.* прибли́женный
1. *кр. ф. не образ.* (II.1)
2. *сравн. ст. не образ.* (II.2)
3. *превосх. ст. не образ.* (II.3)

прибли́зив см. прибли́зить

прибли́зившись см. прибли́зиться

**ПРИБЛИ́ЗИТЬ** *св*
1. *нсв* приближа́ть (III.1.А2а)
2. *буд.* прибли́жу, прибли́зишь, прибли́зит, прибли́зим, прибли́зите, прибли́зят (III.2.Б2)
3. *повел.* прибли́зь(те)
4. *прич. действ. наст. не образ.* (III.5)
5. *прич. страд. наст. не образ.* (III.7)
6. *прич. страд. прош.* прибли́женный — ср. *прил.* прибли́жённый
7. *деепр.* прибли́зив

**ПРИБЛИ́ЗИТЬСЯ** *св нп*
1. *нсв* приближа́ться (III.1.А2а)
2. *буд.* прибли́жусь, прибли́зишься, прибли́зится, прибли́зимся, прибли́зитесь, прибли́зятся (III.2.Б2)
3. *повел.* прибли́зься, прибли́зьтесь
4. *прич. действ. наст. не образ.* (III.5)
5. *прич. страд. наст. не образ.* (III.7)
6. *прич. страд. прош. не образ.* (III.8)
7. *деепр.* прибли́зившись *и* прибли́зясь (III.10.Б1)

прибли́зясь см. прибли́зиться

прибы́в см. прибы́ть

**ПРИБЫВА́ТЬ** *нсв нп — св* прибы́ть

прибы́вший см. прибы́ть

**ПРИБЫ́ТЬ** *св нп*
1. *нсв* прибыва́ть (III.1.А3)
2. *буд.* прибу́ду, прибу́дешь, прибу́дет, прибу́дем, прибу́дете, прибу́дут (III.2.Б1а)
3. *прош.* при́был, прибыла́, при́было, при́были (III.3.А1)

4. *повел.* прибу́дь(те) (III.4.А2б)
5. *прич. действ. наст. не образ.* (III.5)
6. *прич. действ. прош.* прибы́вший (III.6.А1)
7. *прич. страд. наст. не образ.* (III.7)
8. *прич. страд. прош. не образ.* (III.8)
9. *деепр.* прибы́в
**приведённый** см. привести́
**приве́дший** см. привести́
**приведя́** см. привести́
**привезённый** см. привезти́
**ПРИВЕЗТИ́** *св*
1. *нсв* привози́ть (III.1.А4а)
2. *прош.* привёз, привезла́, привезло́, привезли́ (III.3.В1в)
3. *прич. действ. наст. не образ.* (III.5)
4. *прич. действ. прош.* привёзший
5. *прич. страд. наст. не образ.* (III.7)
6. *прич. страд. прош.* привезённый; *кр. ф.* привезён, привезена́, привезено́, привезены́
7. *деепр.* привезя́
**привёзший** см. привезти́
**привезя́** см. привезти́
**ПРИВЕСТИ́** *св*
1. *нсв* приводи́ть (III.1.А4б)
2. *буд.* приведу́, приведёшь, приведёт, приведём, приведёте, приведу́т (III.2.Б1а)
3. *прош.* привёл, привела́, привело́, привели́ (III.3.В1б)
4. *повел.* приведи́(те) (III.4.А1)
5. *прич. действ. наст. не образ.* (III.5)
6. *прич. действ. прош.* приве́дший (III.6.Б1а)
7. *прич. страд. наст. не образ.* (III.7)
8. *прич. страд. прош.* приведённый (III.8.В1); *кр. ф.* приведён, приведена́, приведено́, приведены́
9. *деепр.* приведя́ (III.10.А1)
**приве́тствовав** см. приве́тствовать
**ПРИВЕ́ТСТВОВАТЬ** *нсв и св*
1. *нсв, но в прош. вр. также св* (III.1.Г)
2. *наст.* приве́тствую, приве́тствуешь, приве́тствует, приве́тствуем, приве́тствуете, приве́тствуют (III.2.Б1а)
3. *повел.* приве́тствуй(те) (III.4.А2а)
4. *прич. действ. наст.*: для нсв — приве́тствующий (III.5.Б1); для св — не образ. (III.5)
5. *прич. страд. наст.*: для нсв — приве́тствуемый (III.7.А1); для св — не образ. (III.7)
6. *прич. страд. прош.*: для нсв — не образ. (III.8); для св — нет (III.8.Г)
7. *деепр.*: для нсв — приве́тствуя (III.9.Б1); для св — приве́тствовав
**приве́тствуемый** см. приве́тствовать
**приве́тствующий** см. приве́тствовать
**приве́тствуя** см. приве́тствовать
**ПРИВЛЕКА́ТЬ** *нсв* — *св* привле́чь
**привлёкший** см. привле́чь
**привлечённый** см. привле́чь
**ПРИВЛЕ́ЧЬ** *св*
1. *нсв* привлека́ть (III.1.А2в)
2. *буд.* привлеку́, привлечёшь, привлечёт, привлечём, привлечёте, привлеку́т (III.2.А4 *и* III.2.Б1б)
3. *прош.* привлёк, привлекла́, привлекло́, привлекли́ (III.3.В1а)
4. *повел.* привлеки́(те) (III.4.А1)
5. *прич. действ. наст. не образ.* (III.5)
6. *прич. действ. прош.* привлёкший
7. *прич. страд. наст. не образ.* (III.7)
8. *прич. страд. прош.* привлечённый (III.8.Б2в); *кр. ф.* привлечён, привлечена́, привлечено́, привлечены́
9. *деепр.* нет
**приводи́мый** см. приводи́ть
**ПРИВОДИ́ТЬ** *нсв* — *св* привести́
1. *наст.* привожу́, приво́дишь, приво́дит, приво́дим, приво́дите, приво́дят (III.2.А2 *и* III.2.Б2)

**ПРИВОЗИТЬ**

2. *повел.* приводи́(те) (III.4.В1)
3. *прич. действ. наст.* приводя́щий (III.5.А1)
4. *прич. страд. наст.* приводи́мый (III.7.Б1)
5. *прич. страд. прош. не образ.* (III.8)
6. *деепр.* приводя́ (III.9.А1)
**приводя́** см. приводи́ть
**приводя́щий** см. приводи́ть
**привози́мый** см. привози́ть
**ПРИВОЗИ́ТЬ** *нсв — св* привезти́
1. *наст.* привожу́, приво́зишь, приво́зит, приво́зим, приво́зите, приво́зят (III.2.А2 *и* III.2.Б2)
2. *повел.* привози́(те) (III.4.В1)
3. *прич. действ. наст.* привозя́щий (III.5.А1)
4. *прич. страд. наст.* привози́мый (III.7.Б1)
5. *прич. страд. прош. не образ.* (III.8)
6. *деепр.* привозя́ (III.9.А1)
**привозя́** см. привози́ть
**привозя́щий** см. привози́ть
**привы́кнув** см. привы́кнуть
**ПРИВЫ́КНУТЬ** *св нп*
1. *прош.* привы́к, привы́кла, привы́кло, привы́кли (III.3.Б2а)
2. *прич. действ. наст. не образ.* (III.5)
3. *прич. действ. прош.* привы́кший
4. *прич. страд. наст. не образ.* (III.7)
5. *прич. страд. прош. не образ.* (III.8)
6. *деепр.* привы́кнув
**привы́кший** см. привы́кнуть
**ПРИВЫ́ЧК|А**, -и, *ж*
1. *род. мн.* привы́чек (I.4.Б1а)
**привяза́в** см. привяза́ть
**привя́занный** см. привяза́ть
**ПРИВЯЗА́ТЬ** *св*
1. *нсв* привя́зывать (III.1.А1а)
2. *буд.* привяжу́, привя́жешь, привя́жет, привя́жем, привя́жете, привя́жут (III.2.А2 *и* III.2.Б1а)
3. *повел.* привяжи́(те) (III.4.А1)
4. *прич. действ. наст. не образ.* (III.5)
5. *прич. страд. наст. не образ.* (III.7)
6. *прич. страд. прош.* привя́занный (III.8.А1а)
7. *деепр.* привяза́в
**ПРИВЯ́ЗЫВАТЬ** *нсв — св* привяза́ть
**пригласи́в** см. пригласи́ть
**ПРИГЛАСИ́ТЬ** *св*
1. *нсв* приглаша́ть (III.1.А2а)
2. *буд.* приглашу́, пригласи́шь, пригласи́т, пригласи́м, пригласи́те, пригласи́т (III.2.А4 *и* III.2.Б2)
3. *прич. действ. наст. не образ.* (III.5)
4. *прич. страд. наст. не образ.* (III.7)
5. *прич. страд. прош.* приглашённый (III.8.Б1б); *кр. ф.* приглашён, приглашена́, приглашено́, приглашены́
6. *деепр.* пригласи́в
**ПРИГЛАША́ТЬ** *нсв — св* пригласи́ть
**приглашённый** см. пригласи́ть
**ПРИГОТА́ВЛИВАТЬ** *нсв — св* пригото́вить
**ПРИГОТА́ВЛИВАТЬСЯ** *нсв — св* пригото́виться
**пригото́вив** см. пригото́вить
**пригото́вившись** см. пригото́виться
**ПРИГОТО́ВИТЬ** *св*
1. *нсв* пригота́вливать (III.1.А1в) *и* приготовля́ть (III.1.А2а)
2. *буд.* пригото́влю, пригото́вишь, пригото́вит, пригото́вим, пригото́вите, пригото́вят (III.2.Б2)
3. *повел.* пригото́вь(те)
4. *прич. действ. наст. не образ.* (III.5)
5. *прич. страд. наст. не образ.* (III.7)
6. *прич. страд. прош.* пригото́вленный (III.8.Б1а)
7. *деепр.* пригото́вив
**ПРИГОТО́ВИТЬСЯ** *св нп*
1. *нсв* пригота́вливаться (III.1.А1в) *и* приготовля́ться (III.1.А2а)
2. *буд.* пригото́влюсь, пригото́вишься, пригото́вится, пригото́-

вимся, пригото́витесь, пригото́вятся (III.2.Б2)
3. *повел.* пригото́вься, пригото́вьтесь
4. *прич. действ. наст. не образ.* (III.5)
5. *прич. страд. наст. не образ.* (III.7)
6. *прич. страд. прош. не образ.* (III.8)
7. *деепр.* пригото́вившись *и* пригото́вясь (III.10.Б1)

пригото́вленный см. пригото́вить
**ПРИГОТОВЛЯ́ТЬ** *нсв — св* пригото́вить
**ПРИГОТОВЛЯ́ТЬСЯ** *нсв — св* пригото́виться
пригото́вясь см. пригото́виться
придя́ см. прийти́
**ПРИЕЗЖА́ТЬ** *нсв нп — св* прие́хать
прие́хав см. прие́хать
**ПРИЕ́ХАТЬ** *св нп*
1. *нсв* приезжа́ть (III.1.Д1)
2. *буд.* прие́ду, прие́дешь, прие́дет, прие́дем, прие́дете, прие́дут (III.2.Б1а)
3. *повел.* приезжа́й(те) (III.4.В3)
4. *прич. действ. наст. не образ.* (III.5)
5. *прич. страд. наст. не образ.* (III.7)
6. *прич. страд. прош. не образ.* (III.8)
7. *деепр.* прие́хав

**ПРИЗ**, -а, *м*
1. *им. мн.* призы́ (I.3.А1б)
призва́в см. призва́ть
при́званный см. призва́ть
**ПРИЗВА́ТЬ** *св*
1. *нсв* призыва́ть (III.1.Б)
2. *буд.* призову́, призовёшь, призовёт, призовём, призовёте, призову́т (III.2.А4 *и* III.2.Б1а)
3. *прош.* призва́л, призвала́, призва́ло, призва́ли (III.3.А1)
4. *повел.* призови́(те) (III.4.А1)
5. *прич. действ. наст. не образ.* (III.5)
6. *прич. страд. наст. не образ.* (III.7)
7. *прич. страд. прош.* при́званный (III.8.А1а); *кр. ф.* при́зван, при́звана *и доп. устар.* призвана́, при́звано, при́званы (III.8.А1в)
8. *деепр.* призва́в

приземли́вшись см. приземли́ться
**ПРИЗЕМЛИ́ТЬСЯ** *св нп — нсв* приземля́ться
1. *прич. действ. наст. не образ.* (III.5)
2. *прич. страд. наст. не образ.* (III.7)
3. *прич. страд. прош. не образ.* (III.8)
4. *деепр.* приземли́вшись *и* приземля́сь (III.10.Б1)
приземля́сь см. приземли́ться
**ПРИЗЕМЛЯ́ТЬСЯ** *нсв нп — св* приземли́ться

призна́в см. признава́ть
признава́емый см. признава́ть
признава́я см. признава́ть
**ПРИЗНАВА́ТЬ** *нсв — св* призна́ть
1. *наст.* признаю́, признаёшь, признаёт, признаём, признаёте, признаю́т (III.2.В)
2. *повел.* признава́й(те) (III.4.В1)
3. *прич. действ. наст.* признаю́щий (III.5.В1)
4. *прич. страд. наст.* признава́емый (III.7.В1)
5. *прич. страд. прош. не образ.* (III.8)
6. *деепр.* признава́я (III.9.В1)

**ПРИ́ЗНАНН|ЫЙ**, -ая, -ое, -ые — *ср. прич.* при́знанный
1. *кр. ф. не образ.* (II.1)
2. *сравн. ст. не образ.* (II.2)
3. *превосх. ст. не образ.* (II.3)
при́знанный см. призна́ть
**ПРИЗНА́ТЬ** *св*
1. *нсв* признава́ть (III.1.А3)
2. *повел.* призна́й(те)
3. *прич. действ. наст. не образ.* (III.5)
4. *прич. страд. наст. не образ.* (III.7)
5. *прич. страд. прош.* при́знанный (III.8.А1а) — *ср. прил.* при́знанный
6. *деепр.* призна́в

**признаю́щий** см. признава́ть
**ПРИЗЫВА́ТЬ** нсв — св призва́ть
**ПРИЙТИ́** св нп
1. *нсв* приходи́ть (III.1.Д1)
2. *буд.* приду́, придёшь, придёт, придём, придёте, приду́т (III.2.Б1а)
3. *прош.* пришёл, пришла́, пришло́, пришли́ (III.3.В2)
4. *повел.* приди́(те) (III.4.А1)
5. *прич. действ. наст. не образ.* (III.5)
6. *прич. действ. прош.* прише́дший (III.6.Б4)
7. *прич. страд. наст. не образ.* (III.7)
8. *прич. страд. прош. не образ.* (III.8)
9. *деепр.* придя́ (III.10.А1)
**приказа́в** см. приказа́ть
**прика́занный** см. приказа́ть
**ПРИКАЗА́ТЬ** св нп
1. *нсв* прика́зывать (III.1.А1а)
2. *буд.* прикажу́, прика́жешь, прика́жет, прика́жем, прика́жете, прика́жут (III.2.А2 *и* III.2.Б1а)
3. *повел.* прикажи́(те) (III.4.А1)
4. *прич. действ. наст. не образ.* (III.5)
5. *прич. страд. наст. не образ.* (III.7)
6. *прич. страд. прош.* прика́занный (III.8.А1а), хотя *нп*
7. *деепр.* приказа́в
**ПРИКА́ЗЫВАТЬ** нсв нп — св приказа́ть
**прикрепи́в** см. прикрепи́ть
**ПРИКРЕПИ́ТЬ** св
1. *нсв* прикрепля́ть (III.1.А2а)
2. *буд.* прикреплю́, прикрепи́шь, прикрепи́т, прикрепи́м, прикрепи́те, прикрепя́т (III.2.А4 *и* III.2.Б2)
3. *прич. действ. наст. не образ.* (III.5)
4. *прич. страд. наст. не образ.* (III.7)
5. *прич. страд. прош.* прикреплённый (III.8.Б1б); *кр. ф.* прикреплён, прикреплена́, прикреплено́, прикреплены́
6. *деепр.* прикрепи́в

**прикреплённый** см. прикрепи́ть
**ПРИКРЕПЛЯ́ТЬ** нсв — св прикрепи́ть
**ПРИЛЁЖН|ЫЙ**, -ая, -ое, -ые
1. *кр. ф.* приле́жен, приле́жна, приле́жно, приле́жны (II.1.Б1)
**ПРИЛЕТА́ТЬ** нсв нп — св прилете́ть
**прилете́в** см. прилете́ть
**ПРИЛЕТЕ́ТЬ** св нп — нсв прилета́ть
1. *буд.* прилечу́, прилети́шь, прилети́т, прилети́м, прилети́те, прилетя́т (III.2.А4 *и* III.2.Б2)
2. *прич. действ. наст. не образ.* (III.5)
3. *прич. страд. наст. не образ.* (III.7)
4. *прич. страд. прош. не образ.* (III.8)
5. *деепр.* прилете́в
**принесённый** см. принести́
**ПРИНЕСТИ́** св
1. *нсв* приноси́ть (III.1.А4а)
2. *прош.* принёс, принесла́, принесло́, принесли́ (III.3.В1в)
3. *прич. действ. наст. не образ.* (III.5)
4. *прич. действ. прош.* принёсший
5. *прич. страд. наст. не образ.* (III.7)
6. *прич. страд. прош.* принесённый; *кр. ф.* принесён, принесена́, принесено́, принесены́
7. *деепр.* принеся́
**принёсший** см. принести́
**принеся́** см. принести́
**ПРИНИМА́ТЬ** нсв — св приня́ть
**ПРИНИМА́ТЬСЯ** нсв — св приня́ться
**приноси́мый** см. приноси́ть
**ПРИНОСИ́ТЬ** нсв — св принести́
1. *наст.* приношу́, прино́сишь, прино́сит, прино́сим, прино́сите, прино́сят (III.2.А2 *и* III.2.Б2)
2. *повел.* принеси́(те) (III.4.В1)
3. *прич. действ. наст.* принося́щий (III.5.А1)
4. *прич. страд. наст.* приноси́мый (III.7.Б1)

5. *прич. страд. прош. не образ.* (III.8)
6. *деепр.* принося́ (III.9.А1)
**принося́** см. приноси́ть
**принося́щий** см. приноси́ть
**ПРИНЦИПИА́ЛЬН|ЫЙ**, -ая, -ое, -ые
1. *кр. ф.* принципиа́лен, принципиа́льна, принципиа́льно, принципиа́льны (II.1.Б1)
**приня́в** см. приня́ть
**приня́вший** см. приня́ть
**приня́вшийся** см. приня́ться
**приня́вшись** см. приня́ться
**при́нятый** см. приня́ть
**ПРИНЯ́ТЬ** *св*
1. *нсв* принима́ть (III.1.Б)
2. *буд.* приму́, при́мешь, при́мет, при́мем, при́мете, при́мут (III.2.А2 *и* III.2.Б1а)
3. *прош.* при́нял, приняла́, при́няло, при́няли (III.3.А1)
4. *повел.* прими́(те) (III.4.А1)
5. *прич. действ. наст. не образ.* (III.5)
6. *прич. действ. прош.* приня́вший (III.6.А1)
7. *прич. страд. наст. не образ.* (III.7)
8. *прич. страд. прош.* при́нятый; *кр. ф.* при́нят, принята́, при́нято, при́няты (III.8.А3д)
9. *деепр.* приня́в
**ПРИНЯ́ТЬСЯ** *св нп*
1. *нсв* принима́ться (III.1.Б)
2. *буд.* приму́сь, при́мешься, при́мется, при́мемся, при́метесь, при́мутся (III.2.А2 *и* III.2.Б1а)
3. *прош.* принялся́ *и доп.* приня́лся, приняла́сь, приняло́сь, приняли́сь (III.3.А1)
4. *повел.* прими́сь, прими́тесь (III.4.А1)
5. *прич. действ. наст. не образ.* (III.5)
6. *прич. действ. прош.* приня́вшийся (III.6.А1)
7. *прич. страд. прош.* (III.8)
8. *деепр.* приня́вшись
**ПРИОБРЕСТИ́** *св*
1. *нсв* приобрета́ть (III.1.А2в)
2. *буд.* приобрету́, приобретёшь, приобретёт, приобретём, приобретёте, приобрету́т (III.2.Б1а)
3. *прош.* приобрёл, приобрела́, приобрело́, приобрели́ (III.3.В1б)
4. *повел.* приобрети́(те) (III.4.А1)
5. *прич. действ. наст. не образ.* (III.5)
6. *прич. действ. прош.* приобре́тший (III.6.Б1а)
7. *прич. страд. наст. не образ.* (III.7)
8. *прич. страд. прош.* приобретённый (III.8.В1); *кр. ф.* приобретён, приобретена́, приобретено́, приобретены́
9. *деепр.* приобретя́ (III.10.А1)
**ПРИОБРЕТА́ТЬ** *нсв — св* приобрести́
**приобретённый** см. приобрести́
**приобре́тший** см. приобрести́
**приобретя́** см. приобрести́
**ПРИРО́Д|А**, -ы, *ж*
1. *мн. нет* (I.3.Е1)
**присе́в** см. присе́сть
**ПРИСЕДА́ТЬ** *нсв нп — св* присе́сть
**ПРИСЕ́СТЬ** *св нп*
1. *нсв* приседа́ть (III.1.А2в)
2. *буд.* прися́ду, прися́дешь, прися́дет, прися́дем, прися́дете, прися́дут (III.2.Б1а)
3. *повел.* прися́дь(те) (III.4.А2)
4. *прич. действ. наст. не образ.* (III.5)
5. *прич. страд. наст. не образ.* (III.7)
6. *прич. страд. прош. не образ.* (III.8)
7. *деепр.* присе́в
**присла́в** см. присла́ть
**при́сланный** см. присла́ть
**ПРИСЛА́ТЬ** *св*
1. *нсв* присыла́ть (III.1.Б)
2. *буд.* пришлю́, пришлёшь, пришлёт, пришлём, пришлёте, пришлю́т (III.2.А4 *и* III.2.Б1а)
3. *повел.* пришли́(те) (III.4.А1)
4. *прич. действ. наст. не образ.* (III.5)
5. *прич. страд. наст. не образ.* (III.7)
6. *прич. страд. прош.* при́сланный (III.8.А1а)

# ПРИСТАВКА

7. *деепр.* присла́в
**ПРИСТА́ВК|А**, -и, ж
1. *род. мн.* приста́вок (I.4.Б1б)
**ПРИСУ́ТСТВОВАТЬ** *нсв нп*
1. *наст.* прису́тствую, прису́тствуешь, прису́тствует, прису́тствуем, прису́тствуете, прису́тствуют (III.2.Б1а)
2. *повел.* прису́тствуй(те) (III.4.А2а)
3. *прич. действ. наст.* прису́тствующий (III.5.Б1)
4. *прич. страд. наст. не образ.* (III.7)
5. *прич. страд. прош. не образ.* (III.8)
6. *деепр.* прису́тствуя (III.9.Б1)
**ПРИСУ́ТСТВУЮЩ|ИЕ**, -их, *мн.*
1. *ед.* прису́тствующ|ий, -его, *м* (I.3.Ж2б) — ср. *прил.* п р и с у́ т с т в у ю щ и й
**ПРИСУ́ТСТВУЮЩ|ИЙ**, -ая, -ее, -ие — ср. *прич.* п р и с у́ т с т в у ю щ и й
1. *кр. ф. не образ.* (II.1)
2. *сравн. ст. не образ.* (II.2)
3. *превосх. ст. не образ.* (II.3)
**прису́тствующий** см. п р и с у́ т с т в о в а т ь
**прису́тствуя** см. п р и с у́ т с т в о в а т ь
**ПРИСЫЛА́ТЬ** *нсв—св* присла́ть
**ПРИХОДИ́ТЬ** *нсв нп — св* прийти́
1. *наст.* прихожу́, прихо́дишь, прихо́дит, прихо́дим, прихо́дите, прихо́дят (III.2.А2 и III.2.Б2)
2. *повел.* приходи́(те) (III.4.В1)
3. *прич. действ. наст.* приходя́щий (III.5.А1)
4. *прич. страд. наст. не образ.* (III.7)
5. *прич. страд. прош. не образ.* (III.8)
6. *деепр.* приходя́ (III.9.А1)
**приходя́** см. п р и х о д и́ т ь
**приходя́щий** см. п р и х о д и́ т ь
**ПРИЦЕ́ЛИВАТЬСЯ** *нсв нп — св* прице́литься
**прице́лившись** см. п р и ц е́ л и т ь с я

**ПРИЦЕ́ЛИТЬСЯ** *св нп — нсв* прице́ливаться
1. *повел.* прице́лься, прице́льтесь
2. *прич. действ. наст. не образ.* (III.5)
3. *прич. страд. наст. не образ.* (III.7)
4. *прич. страд. прош. не образ.* (III.8)
5. *деепр.* прице́лившись *и* прице́лясь (III.10.Б1)
**прице́лясь** см. п р и ц е́ л и т ь с я
**причеса́вшись** см. п р и ч е с а́ т ь с я
**ПРИЧЕСА́ТЬСЯ** *св нп*
1. *нсв* причёсываться (III.1.А1а)
2. *буд.* причешу́сь, причешешься, причешется, причешемся, причешетесь, причешутся (III.2.А2 и III.2.Б1а)
3. *повел.* причеши́сь, причеши́тесь (III.4.А1)
4. *прич. действ. наст. не образ.* (III.5)
5. *прич. страд. наст. не образ.* (III.7)
6. *прич. страд. прош. не образ.* (III.8)
7. *деепр.* причеса́вшись
**ПРИЧЁСЫВАТЬСЯ** *нсв нп — св* причеса́ться
**прише́дший** см. п р и й т и́
**приши́в** см. п р и ш и́ т ь
**ПРИШИВА́ТЬ** *нсв—св* приши́ть
**ПРИШИ́ТЬ** *св*
1. *нсв* пришива́ть (III.1.А3)
2. *буд.* пришью́, пришьёшь, пришьёт, пришьём, пришьёте, пришью́т (III.2.А4 и III.2.Б1а)
3. *повел.* пришей(те) (III.4.В2)
4. *прич. действ. наст. не образ.* (III.5)
5. *прич. страд. наст. не образ.* (III.7)
6. *деепр.* приши́в
**ПРИЯ́ТН|ЫЙ**, -ая, -ое, -ые
1. *кр. ф.* прия́тен, прия́тна, прия́тно, прия́тны (II.1.Б1)
**ПРОБИРА́ТЬСЯ** *нсв нп — св* пробра́ться
**ПРО́БОВАТЬ** *нсв*
1. *наст.* про́бую, про́буешь, про́-

бует, пробуем, пробуете, пробуют (III.2.Б1а)
**2.** *повел.* пробуй(те) (III.4.А2а)
**3.** *прич. действ. наст.* пробующий (III.5.Б1)
**4.** *прич. страд. наст.* пробуемый (III.7.А1)
**5.** *прич. страд. прош. не образ.* (III.8)
**6.** *деепр.* пробуя (III.9.Б1)
**пробравшийся** см. пробраться
**пробравшись** см. пробраться
**ПРОБРАТЬСЯ** *св нп*
**1.** *нсв* пробираться (III.1.Б)
**2.** *буд.* проберусь, проберёшься, проберётся, проберёмся, проберётесь, проберутся (III.2.А4 и III.2.Б1а)
**3.** *прош.* пробрался *и доп. устар.* пробрался, пробралась, пробралось *и доп.* пробралось, пробрались *и доп.* пробрались (III.3.А1)
**4.** *повел.* проберись, проберитесь (III.4.А1)
**5.** *прич. действ. наст. не образ.* (III.5)
**6.** *прич. действ. прош.* пробравшийся (III.6.А1)
**7.** *прич. страд. наст. не образ.* (III.7)
**8.** *прич. страд. прош. не образ.* (III.8)
**9.** *деепр.* пробравшись
**пробуемый** см. пробовать
**пробующий** см. пробовать
**пробуя** см. пробовать
**ПРОВАЛИВАТЬСЯ** *нсв нп* — *св* провалиться
**провалившись** см. провалиться
**ПРОВАЛИТЬСЯ** *св нп*
**1.** *нсв* проваливаться (III.1.А1в)
**2.** *буд.* провалюсь, провалишься, провалится, провалимся, провалитесь, провалятся (III.2.А1)
**3.** *прич. действ. наст. не образ.* (III.5)
**4.** *прич. страд. наст. не образ.* (III.7)
**5.** *прич. страд. прош. не образ.* (III.8)

**6.** *деепр.* провалившись
**провалясь** см. провалиться
**проведённый** см. провести
**проведший** см. провести
**проведя** см. провести
**проверив** см. проверить
**ПРОВЕРИТЬ** *св*
**1.** *нсв* проверять (III.1.А2а)
**2.** *повел.* проверь(те)
**3.** *прич. действ. наст. не образ.* (III.5)
**4.** *прич. страд. наст. не образ.* (III.7)
**5.** *деепр.* проверив
**ПРОВЕРЯТЬ** *нсв* — *св* проверить
**ПРОВЕСТИ** *св кого, что и нп*
**1.** *нсв* проводить² (III.1.А4б)
**2.** *буд.* проведу, проведёшь, проведёт, проведём, проведёте, проведут (III.2.Б1а)
**3.** *прош.* провёл, провела, провело, провели (III.3.В1б)
**4.** *повел.* проведи(те) (III.4.А1)
**5.** *прич. действ. наст. не образ.* (III.5)
**6.** *прич. действ. прош.* проведший (III.6.Б1а)
**7.** *прич. страд. наст. не образ.* (III.7)
**8.** *прич. страд. прош.:* провести *кого, что* — проведённый (III.8.В1); *кр. ф.* проведён, проведена, проведено, проведены; провести *нп* — *не образ.* (III.8)
**9.** *деепр.* проведя (III.10.А1)
**ПРОВОД,** -а, *м*
**1.** *им. мн.* провода (I.3.А1а)
**проводив** см. проводить¹
**проводивший** см. проводить²
**проводимый** см. проводить²
**ПРОВОДИТЬ**¹ *св*
**1.** *нсв* провожать (III.1.А2а)
**2.** *буд.* провожу, проводишь, проводит, проводим, проводите, проводят (III.2.А2 *и* III.2.Б2)
**3.** *повел.* проводи(те) (III.4.В1)
**4.** *прич. действ. наст. не образ.* (III.5)
**5.** *прич. страд. наст. не образ.* (III.7)

# ПРОВОДИТЬ

**6.** *прич. страд. прош.* нет (III.8.Г)
**7.** *деепр.* проводи́в

**ПРОВОДИ́ТЬ**[2]: проводи́ть *нсв кого, что* и *нп* — *св* провести́: проводи́ть *'обладать проводимостью'* — только *нсв нп*

**1.** *наст.*: 1. проводи́ть *кого, что* и *нп* — провожу́, прово́дишь, прово́дит, прово́дим, прово́дите, прово́дят (III.2.А2 и III.2.Б2); 2. *'обладать проводимостью'* — *1* и *2 л. не употр.* (III.2.Д2), прово́дит, прово́дят (III.2.А2)
**2.** *повел.*: 1. проводи́ть *кого, что* и *нп* — проводи́(те) (III.4.В1); 2. *'обладать проводимостью'* — нет (III.4.Г)
**3.** *прич. действ. наст.* проводя́щий (III.5.А1)
**4.** *прич. действ. прош.* проводи́вший
**5.** *прич. страд. наст.*: 1. проводи́ть *кого, что* — проводи́мый (III.7.Б1); проводи́ть *нп* — нет (III.7.Г); 2. *'обладать проводимостью'* — нет (III.7.Г)
**6.** *прич. страд. прош. не образ.* (III.8)
**7.** *деепр.* проводя́ (III.9.А1)

**ПРОВОДНИ́К,** проводника́, *м*
**1.** *род. ед.* проводника́ (I.1.А1)
**2.** *им. мн.* проводники́ (I.3.А1б)
**3.** *м. р.* — *ж. р.*; о нормативности согласования см. I.5.В, а также а в т о р

**ПРО́ВОД|Ы,** -ов, *мн.*
**1.** *ед.* нет (I.3.Ж1)

проводя́ см. п р о в о д и́ т ь[2]
проводя́щий см. п р о в о д и́ т ь[2]
провожа́вший см. п р о в о ж а́ т ь
провожа́емый см. п р о в о ж а́ т ь

**ПРОВОЖА́Т|АЯ,** -ой, *ж* — ср. п р о в о ж а́ т ь

**ПРОВОЖА́Т|ЫЙ,** -ого, *м* — ср. п р о в о ж а́ т ь

**ПРОВОЖА́ТЬ** *нсв* — *св* проводи́ть[1]

**1.** *наст.* провожа́ю, провожа́ешь, провожа́ет, провожа́ем, провожа́ете, провожа́ют
**2.** *повел.* провожа́й(те)
**3.** *прич. действ. наст.* провожа́ющий — ср. *прил.* п р о в о ж а́ ю щ и й
**4.** *прич. действ. прош.* провожа́вший
**5.** *прич. страд. наст.* провожа́емый
**6.** *прич. страд. прош. не образ.* (III.8) — ср. *сущ.* п р о в о ж а́ т а я, п р о в о ж а́ т ы й
**7.** *деепр.* провожа́я

**ПРОВОЖА́ЮЩ|ИЕ,** -их, *мн.*
**1.** *ед.* провожа́ющ|ий, -его, *м* (I.3.Ж2б) — ср. *прил.* п р о в о ж а́ ю щ и й

**ПРОВОЖА́ЮЩ|ИЙ,** -ая, -ее, -ие — ср. *прич.* п р о в о ж а́ ю щ и й
**1.** *кр. ф. не образ.* (II.1)
**2.** *сравн. ст. не образ.* (II.2)
**3.** *превосх. ст. не образ.* (II.3)

провожа́ющий см. п р о в о ж а́ т ь
провожа́я см. п р о в о ж а́ т ь

**ПРОГЛА́ТЫВАТЬ** *нсв* — *св* п р о г л о т и́ т ь

проглоти́в см. п р о г л о т и́ т ь

**ПРОГЛОТИ́ТЬ** *св*
**1.** *нсв* прогла́тывать (III.1.А1в)
**2.** *буд.* проглочу́, прогло́тишь, прогло́тит, прогло́тим, прогло́тите, прогло́тят (III.2.А2 и III.2.Б2)
**3.** *прич. действ. наст. не образ.* (III.5)
**4.** *прич. страд. наст. не образ.* (III.7)
**5.** *прич. страд. прош.* прогло́ченный (III.8.Б2а)
**6.** *деепр.* проглоти́в

прогло́ченный см. п р о г л о т и́ т ь

**ПРОГРЕ́СС,** -а, *м*
**1.** *мн. нет* (I.3.Е1)

**ПРОГРЕССИ́ВН|ЫЙ,** -ая, -ое, -ые
**1.** *кр. ф.* прогресси́вен, прогресси́вна, прогресси́вно, прогресси́вны (II.1.Б1)

**ПРОГУ́ЛК|А,** -и, *ж*
**1.** *род. мн.* прогу́лок (I.4.Б1б)

**продав** см. продать
**продаваемый** см. продавать
**ПРОДАВАТЬ** нсв — св продать
1. *наст.* продаю́, продаёшь, продаёт, продаём, продаёте, продаю́т (III.2.В)
2. *повел.* продавай(те) (III.4.В1)
3. *прич. действ. наст.* продаю́щий (III.5.В1)
4. *прич. страд. наст.* продава́емый (III.7.В1)
5. *прич. страд. прош. не образ.* (III.8)
6. *деепр.* продава́я (III.9.В1)
**продава́я** см. продавать
**ПРОДАВЕ́Ц**, продавца́, м
1. *род. ед.* продавца́ (I.1.Б2а)
2. *им. мн.* продавцы́ (I.3.В2а)
3. *м. р.— ж. р.*; о нормативности согласования см. I.5.В, а также **автор**
**прода́вший** см. продать
**про́данный** см. продать
**ПРОДА́ТЬ** св
1. *нсв* продавать (III.1.А3)
2. *буд.* прода́м, прода́шь, прода́ст, продади́м, продади́те, продаду́т (III.2.А3 и III.2.Б1б)
3. *прош.* про́дал и *доп.* прода́л, продала́, про́дало и *доп.* прода́ло, про́дали и *доп.* прода́ли (III.3.А1)
4. *повел.* прода́й(те)
5. *прич. действ. наст. не образ.* (III.5)
6. *прич. действ. прош.* прода́вший (III.6.А1)
7. *прич. страд. наст. не образ.* (III.7)
8. *прич. страд. прош.* про́данный (III.8.А1б); *кр. ф.* про́дан, продана́ и *доп.* про́дана, про́дано, про́даны (III.8.А1в)
9. *деепр.* прода́в
**продаю́щий** см. продавать
**ПРОДОЛЖА́ТЬ** нсв — св продолжить
**продо́лжив** см. продолжить
**ПРОДО́ЛЖИТЬ** св
1. *нсв* продолжа́ть (III.1.А2а)
2. *прич. действ. наст. не образ.* (III.5)

3. *прич. страд. наст. не образ.* (III.7)
4. *деепр.* продо́лжив
**ПРОЕЗЖА́ТЬ** нсв — св прое́хать
**прое́хав** см. прое́хать
**ПРОЕ́ХАТЬ** св что и нп
1. *нсв* проезжа́ть (III.1.Д1)
2. *буд.* прое́ду, прое́дешь, прое́дет, прое́дем, прое́дете, прое́дут (III.2.Б1а)
3. *повел.* проезжа́й(те) (III.4.В3)
4. *прич. действ. наст. не образ.* (III.5)
5. *прич. страд. наст. не образ.* (III.7)
6. *прич. страд. прош.:* прое́хать что — нет (III.8.Г); прое́хать нп — не образ. (III.8)
7. *деепр.* прое́хав
**прожи́в** см. прожи́ть
**прожива́вший** см. прожива́ть
**прожива́емый** см. прожива́ть
**ПРОЖИВА́ТЬ:** прожива́ть нсв что — св прожи́ть; прожива́ть (по а́дресу) — только нсв нп
1. *наст.* прожива́ю, прожива́ешь, прожива́ет, прожива́ем, прожива́ете, прожива́ют
2. *прош.* прожива́л, прожива́ла, прожива́ло, прожива́ли
3. *повел.:* прожива́ть (по а́дресу) — нет (III.4.Г); прожива́ть что — прожива́й(те)
4. *прич. действ. наст.* прожива́ющий
5. *прич. действ. прош.* прожива́вший
6. *прич. страд. наст.:* прожива́ть (по а́дресу) — не образ. (III.7); прожива́ть что — прожива́емый
7. *прич. страд. прош. не образ.* (III.8)
8. *деепр.* прожива́я
**прожива́ющий** см. прожива́ть
**прожива́я** см. прожива́ть
**прожи́вший** см. прожи́ть
**про́житый, прожи́тый** см. прожи́ть
**ПРОЖИ́ТЬ** св
1. *нсв* прожива́ть что (III.1.А3)

## ПРОЗА

**2.** *буд.* проживу́, проживёшь, проживёт, проживём, поживёте, проживу́т (III.2.А4 *и* III.2.Б1а)
**3.** *прош.* про́жил *и доп.* прожи́л, прожила́, про́жило *и доп.* прожи́ло, про́жили *и доп.* прожи́ли (III.3.А1)
**4.** *повел.* проживи́(те) (III.4.А1)
**5.** *прич. действ. наст. не образ.* (III.5)
**6.** *прич. действ. прош.* прожи́вший (III.6.А1)
**7.** *прич. страд. наст. не образ.* (III.7)
**8.** *прич. страд. прош.* про́житый *и доп.* прожи́тый (III.8.А3г); *кр. ф.* про́жит *и доп.* прожи́т, прожита́, про́жито *и доп.* прожи́то, про́житы *и доп.* прожи́ты
**9.** *деепр.* прожи́в

**ПРО́З|А, -ы,** *ж*
**1.** *мн. нет* (I.3.Е1)

**ПРОЗРА́ЧН|ЫЙ, -ая, -ое, -ые**
**1.** *кр. ф.* прозра́чен, прозра́чна, прозра́чно, прозра́чны (II.1.Б1)

**произведённый** см. произвести́
**произве́дший** см. произвести́
**произведя́** см. произвести́

**ПРОИЗВЕСТИ́** *св*
**1.** *нсв* производи́ть (III.1.А4б)
**2.** *буд.* произведу́, произведёшь, произведёт, произведём, произведёте, произведу́т (III.2.Б1а)
**3.** *прош.* произвёл, произвела́, произвело́, произвели́ (III.3.Б1б)
**4.** *повел.* произведи́(те) (III.4.А1)
**5.** *прич. действ. наст. не образ.* (III.5)
**6.** *прич. действ. прош.* произве́дший (III.6.Б1а)
**7.** *прич. страд. наст. не образ.* (III.7)
**8.** *прич. страд. прош.* произведённый (III.8.В1); *кр. ф.* произведён, произведена́, произведено́, произведены́
**9.** *деепр.* произведя́ (III.10.А1)

**производи́мый** см. производи́ть

**ПРОИЗВОДИ́ТЬ** *нсв — св* произвести́

**1.** *наст.* произвожу́, произво́дишь, произво́дит, произво́дим, произво́дите, произво́дят (III.2.А2 *и* III.2.Б2)
**2.** *повел.* производи́(те) (III.4.В1)
**3.** *прич. действ. наст.* производя́щий (III.5.А1)
**4.** *прич. страд. наст.* производи́мый (III.7.Б1)
**5.** *прич. страд. прош. не образ.* (III.8)
**6.** *деепр.* производя́ (III.9.А1)

**производя́** см. производи́ть
**производя́щий** см. производи́ть
**произнесённый** см. произнести́

**ПРОИЗНЕСТИ́** *св*
**1.** *нсв* произноси́ть (III.1.А4а)
**2.** *прош.* произнёс, произнесла́, произнесло́, произнесли́ (III.3.В1в)
**3.** *прич. действ. наст. не образ.* (III.5)
**4.** *прич. действ. прош.* произнёсший
**5.** *прич. страд. наст. не образ.* (III.7)
**6.** *прич. страд. прош.* произнесённый; *кр. ф.* произнесён, произнесена́, произнесено́, произнесены́
**7.** *деепр.* произнеся́ (III.10.А1)

**произнёсший** см. произнести́
**произнеся́** см. произнести́
**произноси́мый** см. произноси́ть

**ПРОИЗНОСИ́ТЬ** *нсв — св* произнести́
**1.** *наст.* произношу́, произно́сишь, произно́сит, произно́сим, произно́сите, произно́сят (III.2.А2 *и* III.2.Б2)
**2.** *повел.* произноси́(те) (III.4.В1)
**3.** *прич. действ. наст.* произнося́щий (III.5.А1)
**4.** *прич. страд. наст.* произноси́мый (III.7.Б1)
**5.** *прич. страд. прош. не образ.* (III.8)
**6.** *деепр.* произнося́ (III.9.А1)

**произнося́** см. произноси́ть

**ПРОПАСТЬ**

**произнося́щий** см. произноси́ть
**произойдя́** см. произойти́
**ПРОИЗОЙТИ́** *св нп*
1. *нсв* происходи́ть (III.1.Д1)
2. *буд.*: *1 и 2 л. не употр.* (III.2.Д2), произойдёт, произойду́т (III.2.Б1а)
3. *прош.* произошёл, произошла́, произошло́, произошли́ (III.3.В2)
4. *повел. нет* (III.4.Г)
5. *прич. действ. наст. не образ.* (III.5)
6. *прич. действ. прош.* происше́дший *и доп.* произоше́дший (III.6.Б4)
7. *прич. страд. наст. не образ.* (III.7)
8. *прич. страд. прош. не образ.* (III.8)
9. *деепр.* произойдя́ (III.10.А1)
**произоше́дший** см. произойти́
**ПРОИСХОДИ́ТЬ** *нсв нп* — *св* произойти́
1. *наст.* происхожу́, происхо́дишь, происхо́дит, происхо́дим, происхо́дите, происхо́дят (III.2.А2 *и* III.2.Б2)
2. *повел. нет* (III.4.Г)
3. *прич. действ. наст.* происходя́щий (III.5.А1)
4. *прич. страд. наст. не образ.* (III.7)
5. *прич. страд. прош. не образ.* (III.8)
6. *деепр.* происходя́ (III.9.А1)
**происходя́** см. происходи́ть
**происходя́щий** см. происходи́ть
**ПРОИСХОЖДЕ́НИ|Е**, -я, *с*
1. *мн. нет* (I.3.Е1)
**происше́дший** см. произойти́
**про́йденный** см. пройти́
**пройдя́** см. пройти́
**ПРОЙТИ́** *св что и нп*
1. *нсв* проходи́ть (III.1.Д1)
2. *буд.* пройду́, пройдёшь, пройдёт, пройдём, пройдёте, пройду́т (III.2.Б1а)
3. *прош.* прошёл, прошла́, прошло́, прошли́ (III.3.В2)
4. *повел.* пройди́(те) (III.4.А1)
5. *прич. действ. наст. не образ.* (III.5)
6. *прич. действ. прош.* проше́дший (III.6.Б4)
7. *прич. страд. наст. не образ.* (III.7)
8. *прич. страд. прош.*: пройти́ *что* — про́йденный (III.8.В2а); пройти́ *нп* — *не образ.* (III.8)
9. *деепр.* пройдя́ (III.10.А1)
**промо́кнув** см. промо́кнуть
**ПРОМО́КНУТЬ** *св нп*
1. *прош.* промо́к, промо́кла, промо́кло, промо́кли (III.3.Б2а)
2. *прич. действ. наст. не образ.* (III.5)
3. *прич. действ. прош.* промо́кший
4. *прич. страд. наст. не образ.* (III.7)
5. *прич. страд. прош. не образ.* (III.8)
6. *деепр.* промо́кнув
**промо́кший** см. промо́кнуть
**ПРОМЫ́ШЛЕННОСТ|Ь**, -и, *ж*
1. *мн. нет* (I.3.Е1)
**прони́кнув** см. прони́кнуть
**ПРОНИ́КНУТЬ** *св нп*
1. *прош.* прони́к, прони́кла, прони́кло, прони́кли (III.3.Б2а)
2. *прич. действ. наст. не образ.* (III.5)
3. *прич. действ. прош.* прони́кший
4. *прич. страд. наст. не образ.* (III.7)
5. *прич. страд. прош. не образ.* (III.8)
6. *деепр.* прони́кнув
**прони́кший** см. прони́кнуть
**пропа́в** см. пропа́сть
**ПРОПАДА́ТЬ** *нсв нп* — *св* пропа́сть
**ПРОПА́СТЬ** *св нп*
1. *нсв* пропада́ть (III.1.А2в)
2. *буд.* пропаду́, пропадёшь, пропадёт, пропадём, пропадёте, пропаду́т (III.2.А4 *и* III.2.Б1а)
3. *повел.* пропади́(те) (III.4.А1)
4. *прич. действ. наст. не образ.* (III.5)

**5.** *прич. страд. наст. не образ.* (III.7)
**6.** *прич. страд. прош. не образ.* (III.8)
**7.** *деепр.* пропа́в

**ПРОПУСКА́ТЬ** *нсв — св* пропусти́ть

**пропусти́в** см. пропусти́ть

**ПРОПУСТИ́ТЬ** *св*
**1.** *нсв* пропуска́ть (III.1.А2а)
**2.** *буд.* пропущу́, пропу́стишь, пропу́стит, пропу́стим, пропу́стите, пропу́стят (III.2.А2 и III.2.Б2)
**3.** *повел.* пропусти́(те) (III.4.В1)
**4.** *прич. действ. наст. не образ.* (III.5)
**5.** *прич. страд. наст. не образ.* (III.7)
**6.** *прич. страд. прош.* пропу́щенный (III.8.Б2а)
**7.** *деепр.* пропусти́в

**пропу́щенный** см. пропусти́ть

**ПРОСВЕЩЕ́НИ|Е**, -я, *с*
**1.** *мн. нет* (I.3.Е1)

**проси́мый** см. проси́ть

**ПРОСИ́ТЬ** *нсв*
**1.** *наст.* прошу́, про́сишь, про́сит, про́сим, про́сите, про́сят (III.2.А2 и III.2.Б2)
**2.** *повел.* проси́(те) (III.4.В1)
**3.** *прич. действ. наст.* прося́щий (III.5.А1)
**4.** *прич. страд. наст.* проси́мый (III.7.Б1)
**5.** *прич. страд. прош.* про́шенный (III.8.Б2а)
**6.** *деепр.* прося́ (III.9.А1)

**проследи́в** см. проследи́ть

**ПРОСЛЕДИ́ТЬ** *св*
**1.** *нсв* просле́живать (III.1.А1в)
**2.** *буд.* прослежу́, проследи́шь, проследи́т, проследи́м, проследи́те, проследя́т (III.2.А4 и III.2.Б2)
**3.** *прич. действ. наст. не образ.* (III.5)
**4.** *прич. страд. наст. не образ.* (III.7)
**5.** *прич. страд. прош.* просле́женный (III.8.Б2а)
**6.** *деепр.* проследи́в

**просле́женный** см. проследи́ть

**ПРОСЛЕ́ЖИВАТЬ** *нсв — св* проследи́ть

**прости́в** см. прости́ть
**прости́вшись** см. прости́ться

**ПРОСТИ́ТЬ** *св*
**1.** *нсв* проща́ть (III.1.А2а)
**2.** *буд.* прощу́, прости́шь, прости́т, прости́м, прости́те, простя́т (III.2.А4 и III.2.Б2)
**3.** *прич. действ. наст. не образ.* (III.5)
**4.** *прич. страд. наст. не образ.* (III.7)
**5.** *прич. страд. прош.* прощённый (III.8.Б1б); *кр. ф.* прощён, прощена́, прощено́, прощены́
**6.** *деепр.* прости́в

**ПРОСТИ́ТЬСЯ** *св нп*
**1.** *нсв* проща́ться (III.1.А2а)
**2.** *буд.* прощу́сь, прости́шься, прости́тся, прости́мся, прости́тесь, простя́тся (III.2.А4 и III.2.Б2)
**3.** *прич. действ. наст. не образ.* (III.5)
**4.** *прич. страд. наст. не образ.* (III.7)
**5.** *прич. страд. прош. не образ.* (III.8)
**6.** *деепр.* прости́вшись и простя́сь (III.10.Б1)

**ПРОСТ|О́Й**, -а́я, -о́е, -ы́е
**1.** *кр. ф.* прост, проста́, про́сто, просты́ и *доп. устар.* про́сты (II.1.А)
**2.** *сравн. ст.* про́ще (II.2.Б2а)

**ПРОСТО́РН|ЫЙ**, -ая, -ое, -ые
**1.** *кр. ф.* просто́рен, просто́рна, просто́рно, просто́рны (II.1.Б1)

**простуди́вшись** см. простуди́ться

**ПРОСТУДИ́ТЬСЯ** *св нп*
**1.** *нсв* простужа́ться (III.1.А2а)
**2.** *буд.* простужу́сь, просту́дишься, просту́дится, просту́димся, просту́дитесь, просту́дятся (III.2.А2 и III.2.Б2)
**3.** *повел.:* обычно с отриц. не простуди́сь, не простуди́тесь (III.4.В1)

4. *прич. действ. наст. не образ.* (III.5)
5. *прич. страд. наст. не образ.* (III.7)
6. *прич. страд. прош. не образ.* (III.8)
7. *деепр.* простуди́вшись *и* простудя́сь (III.10.Б1)

простудя́сь см. простуди́ться

**ПРОСТУЖА́ТЬСЯ** *нсв нп — св* простуди́ться

**ПРОСТЫН|Я́**, -и́, *ж*
1. *им. мн.* про́стыни (I.3.А2)
2. *род. мн.* просты́нь (I.4.А1а) *и* простыне́й (I.4.А3б)

простя́сь см. прости́ться
прося́ см. проси́ть
прося́щий см. проси́ть

**ПРОТИВОПОЛО́ЖН|ЫЙ**, -ая, -ое, -ые
1. *кр. ф.* противополо́жен, противополо́жна, противополо́жно, противополо́жны (II.1.Б1)
2. *сравн. ст. не образ.* (II.2)
3. *превосх. ст. не образ.* (II.3)

протяну́в см. протяну́ть
протя́нутый см. протяну́ть

**ПРОТЯНУ́ТЬ** *св*
1. *буд.* протяну́, протя́нешь, протя́нет, протя́нем, протя́нете, протя́нут (III.2.А1)
2. *прич. действ. наст. не образ.* (III.5)
3. *прич. страд. наст. не образ.* (III.7)
4. *прич. страд. прош.* протя́нутый (III.8.А3в)
5. *деепр.* протяну́в

**ПРОФЕ́ССОР**, -а, *м*
1. *им. мн.* профессора́ (I.3.А1а)
2. *м.р. — ж.р.*; о нормативности согласования см. I.5.В, а также а́втор

**ПРОХЛА́ДН|ЫЙ**, -ая, -ое, -ые
1. *кр. ф.* прохла́ден, прохла́дна, прохла́дно, прохла́дны (II.1.Б1)

**ПРОХОДИ́ТЬ** *нсв что и нп — св* пройти́
1. *наст.* прохожу́, прохо́дишь, прохо́дит, прохо́дим, прохо́дите, прохо́дят (III.2.А2 *и* III.2.Б2)
2. *повел.* проходи́(те) (III.4.В1)
3. *прич. действ. наст.* проходя́щий (III.5.А1)
4. *прич. страд. наст.:* проходи́ть *что* — нет (III.7.Г); проходи́ть *нп* — не образ. (III.7)
5. *прич. страд. прош. не образ.* (III.8)
6. *деепр.* проходя́ (III.9.А1)

проходя́ см. проходи́ть
проходя́щий см. проходи́ть

**ПРО́ЧН|ЫЙ**, -ая, -ое, -ые
1. *кр. ф.* про́чен, прочна́, про́чно, прочны́ *и* про́чны (II.1.Б2)
2. *сравн. ст.* прочне́е (II.2.А1)
3. *превосх. ст.* прочне́йший (II.3.А1)

проше́дший см. пройти́
про́шенный см. проси́ть

**ПРОЩА́ТЬ** *нсв — св* прости́ть

**ПРОЩА́ТЬСЯ** *нсв нп — св* прости́ться

прощённый см. прости́ть
прояви́в см. прояви́ть

**ПРОЯВИ́ТЬ** *св*
1. *нсв* проявля́ть (III.1.А2а)
2. *буд.* проявлю́, проя́вишь, проя́вит, проя́вим, проя́вите, проя́вят (III.2.А2 *и* III.2.Б2)
3. *повел.* прояви́(те) (III.4.В1)
4. *прич. действ. наст. не образ.* (III.5)
5. *прич. страд. наст. не образ.* (III.7)
6. *прич. страд. прош.* проя́вленный (III.8.Б2а)
7. *деепр.* прояви́в

проя́вленный см. прояви́ть

**ПРОЯВЛЯ́ТЬ** *нсв — св* прояви́ть

**ПРУД**, пруда́, *м*
1. *род. ед.* пруда́ (I.1.А1)
2. *дат. ед.* пруду́
3. *твор. ед.* прудо́м
4. *предл. ед.* о пруде́, *но* в пруду́, на пруду́ (I.2.А)
5. *им. мн.* пруды́ (I.3.А1б)

**ПРЫЖО́К**, прыжка́, *м*
1. *род. ед.* прыжка́ (I.1.Б2б)
2. *им. мн.* прыжки́ (I.3.В2б)

**ПРЯМ|О́Й** '*без изгибов*', -а́я, -о́е, -ы́е
1. *кр. ф.* прям, пряма́, пря́мо, пря́мы *и* прямы́ (II.1.А)

**ПРЯТАТЬ** нсв
1. *наст.* пря́чу, пря́чешь, пря́чет, пря́чем, пря́чете, пря́чут (III.2.Б1а)
2. *повел.* прячь(те) (III.4.А2б)
3. *прич. действ. наст.* пря́чущий (III.5.Б2)
4. *прич. страд. наст.* нет (III.7.Г)
5. *прич. страд. прош. не образ.* (III.8)
6. *деепр.* пря́ча (III.9.Б2а)
**пря́ча** см. пря́тать
**пря́чущий** см. пря́тать
**ПТЕНЁЦ**, птенца́, м
1. *род. ед.* птенца́ (I.1.Б2а)
2. *им. мн.* птенцы́ (I.3.В2а)
**ПУСКА́ТЬ** нсв — св пусти́ть
**пусти́в** см. пусти́ть
**ПУСТИ́ТЬ** св
1. *нсв* пуска́ть (III.1.А2а)
2. *буд.* пущу́, пу́стишь, пу́стит, пу́стим, пу́стите, пу́стят (III.2.А2 и III.2.Б2)
3. *прич. действ. наст. не образ.* (III.5)
4. *прич. страд. наст. не образ.* (III.7)
5. *прич. страд. прош.* пу́щенный (III.8.Б2а)
6. *деепр.* пусти́в
**ПУСТ|О́Й**, -а́я, -о́е, -ы́е
1. *кр. ф.* пуст, пуста́, пу́сто, пусты́ и пу́сты (II.1.А)
2. *сравн. ст.*: 1. 'о вместилище: ничем не заполненный, полый внутри' — нет (II.2.Д); 2. *перен.* 'бессодержательный, неосновательный, несерьёзный' — пусте́е
3. *превосх. ст.*: 1. 'о вместилище: ничем не заполненный, полый внутри' — нет (II.3.Г); 2. *перен.* 'бессодержательный, неосновательный, несерьёзный' — пусте́йший
**ПУТЁВК|А**, -и, ж
1. *род. мн.* путёвок (I.4.Б1б)
**ПУТЕШЕ́СТВОВАТЬ** нсв нп
1. *наст.* путеше́ствую, путеше́ствуешь, путеше́ствует, путеше́ствуем, путеше́ствуете, путеше́ствуют (III.2.Б1а)
2. *повел.* путеше́ствуй(те) (III.4.А2а)

3. *прич. действ. наст.* путеше́ствующий (III.5.Б1)
4. *прич. страд. наст. не образ.* (III.7)
5. *прич. страд. прош. не образ.* (III.8)
6. *деепр.* путеше́ствуя (III.9.Б1)
**путеше́ствующий** см. путеше́ствовать
**путеше́ствуя** см. путеше́ствовать
**ПУ́ШК|А**, -и, ж
1. *род. мн.* пу́шек (I.4.Б1а)
**пу́щенный** см. пусти́ть
**ПЧЕЛ|А́**, -ы́, ж
1. *им. мн.* пчёлы (I.3.Б1б)
**ПЫЛ|Ь**, -и, ж
1. *предл. ед.* о пы́ли, *но* в пыли́
2. *мн. нет* (I.3.Е1)
**пью́щий** см. пить
**ПЯТН|О́**, -а́, с
1. *им. мн.* пя́тна (I.3.А3а)
2. *род. мн.* пя́тен (I.4.Б2а)

# Р

**РАВНОДУ́ШН|ЫЙ**, -ая, -ое, -ые
1. *кр. ф.* равноду́шен, равноду́шна, равноду́шно, равноду́шны (II.1.Б1)
**РАВНОПРА́ВИ|Е**, -я, с
1. *мн. нет* (I.3.Е1)
**РАВНОПРА́ВН|ЫЙ** -ая, -ое, -ые
1. *кр. ф.* равнопра́вен, равнопра́вна, равнопра́вно, равнопра́вны (II.1.Б1)
2. *сравн. ст. нет* (II.2.Д)
3. *превосх. ст. нет* (II.3.Г)
**РА́ВН|ЫЙ**, -ая, -ое, -ые
1. *кр. ф.* ра́вен, равна́, равно́, равны́ (II.1.Б)
2. *сравн. ст. не образ.* (II.2)
3. *превосх. ст. не образ.* (II.3)
**РАД**, ра́да, ра́до, ра́ды
1. *полн. ф. нет* (II.1.Д)
2. *сравн. ст. не образ.* (II.2)
3. *превосх. ст. не образ.* (II.3)

# РАЗВИТЬ

**РА́ДИО** *с*
1. *нескл.* (I.5.А1)

**РА́ДОВАТЬСЯ** *нсв нп*
1. *наст.* ра́дуюсь, ра́дуешься, ра́дуется, ра́дуемся, ра́дуетесь, ра́дуются (III.2.Б1а)
2. *повел.* ра́дуйся, ра́дуйтесь (III.4.А2а)
3. *прич. действ. наст.* ра́дующийся (III.5.Б1)
4. *прич. страд. наст. не образ.* (III.7)
5. *прич. страд. прош. не образ.* (III.8)
6. *деепр.* ра́дуясь (III.9.Б1)

**РА́ДОСТН|ЫЙ**, -ая, -ое, -ые
1. *кр. ф.* ра́достен, ра́достна, ра́достно, ра́достны (II.1.Б1)

ра́дующийся см. ра́доваться

ра́дуясь см. ра́доваться

**РАЗ** (оди́н раз), -а, *м*
1. *род. ед.* ра́за, *но ни* ра́зу (I.1.Д)
2. *им. мн.* разы́
3. *род. мн.* раз

**РАЗБИВА́ТЬ** *нсв — св* разби́ть

**РАЗБИРА́ТЬ** *нсв — св* разобра́ть

разби́в см. разби́ть

**РАЗБИ́ТЬ** *св*
1. *нсв* разбива́ть (III.1.А3)
2. *буд.* разобью́, разобьёшь, разобьёт, разобьём, разобьёте, разобью́т (III.2.А4 *и* III.2.Б1а)
3. *повел.* разбе́й(те) (III.4.В2)
4. *прич. действ. наст. не образ.* (III.5)
5. *прич. страд. наст. не образ.* (III.7)
6. *деепр.* разби́в

разбуди́в см. разбуди́ть

**РАЗБУДИ́ТЬ** *св*
1. *буд.* разбужу́, разбу́дишь, разбу́дит, разбу́дим, разбу́дите, разбу́дят (III.2.А2 *и* III.2.Б2)
2. *повел.* разбуди́(те) (III.4.В1)
3. *прич. действ. наст. не образ.* (III.5)
4. *прич. страд. наст. не образ.* (III.7)
5. *прич. страд. прош.* разбу́женный (III.8.Б2а)
6. *деепр.* разбуди́в

разбу́женный см. разбуди́ть
разведённый см. развести́
разве́дший см. развести́
разведя́ см. развести́
разверну́в см. разверну́ть
развёрнутый см. разверну́ть

**РАЗВЕРНУ́ТЬ** *св*
1. *прич. действ. наст. не образ.* (III.5)
2. *прич. страд. наст. не образ.* (III.7)
3. *прич. страд. прош.* развёрнутый (III.8.Б2б)
4. *деепр.* разверну́в

**РАЗВЕСТИ́** *св*
1. *нсв* разводи́ть (III.1.А4б)
2. *буд.* разведу́, разведёшь, разведёт, разведём, разведёте, разведу́т (III.2.Б1а)
3. *прош.* развёл, развела́, развело́, развели́ (III.3.В1б)
4. *повел.* разведи́(те) (III.4.А1)
5. *прич. действ. наст. не образ.* (III.5)
6. *прич. действ. прош.* разве́дший (III.6.Б1а)
7. *прич. страд. наст. не образ.* (III.7)
8. *прич. страд. прош.* разведённый (III.8.В1); *кр. ф.* разведён, разведена́, разведено́, разведены́
9. *деепр.* разведя́ (III.10.А1)

разви́в см. разви́ть[1-2]

**РАЗВИВА́ТЬ** *нсв — св* разви́ть[1-2]

**РАЗВИ́ТИ|Е**, -я, *с*
1. *мн. нет* (I.3.Е1)

**РАЗВИТ|О́Й**, -а́я, -о́е, -ы́е — *ср. прич.* ра́звитый *и* разви́тый
1. *кр. ф.* ра́звит, развита́, ра́звито, ра́звиты (II.1.А)
2. *сравн. ст. нет* (II.2.Д)
3. *превосх. ст. нет* (II.3.Г)

ра́звитый, разви́тый см. разви́ть[1-2]

**РАЗВИ́ТЬ**[1-2] *св*
1. *нсв* развива́ть (III.1.А3)
2. *буд.* разовью́, разовьёшь, разовьёт, разовьём, разовьёте, разовью́т (III.2.А4 *и* III.2.Б1а)
3. *прош.* разви́л, развила́, разви́ло, разви́ли (III.3.А1)

# РАЗВОДИТЬ

**4.** *повел.* развей(те) (III.4.В2)
**5.** *прич. действ. наст. не образ.* (III.5)
**6.** *прич. страд. наст. не образ.* (III.7)
**7.** *прич. страд. прош.*: развить[1] (локон) — развитый (III.8.А1в); *кр. ф.* развит, развита *и доп.* развита, развито, развиты; развить[2] (интерес) — развитый *и* развитый; *кр. ф.* развит *и* развит, развита, развито *и* развито, развиты *и* развиты (III.8.А3г) — *ср. прил.* развитой
**8.** *деепр.* развив

разводимый см. разводить
**РАЗВОДИ́ТЬ** *нсв* — *св* развести́
**1.** *наст.* развожу́, разво́дишь, разво́дит, разво́дим, разво́дите, разво́дят (III.2.А2 *и* III.2.Б2)
**2.** *повел.* разводи́(те) (III.4.В1)
**3.** *прич. действ. наст.* разводящий (III.5.А1)
**4.** *прич. страд. наст.* разводи́мый (III.7.Б1)
**5.** *прич. страд. прош. не образ.* (III.8)
**6.** *деепр.* разводя́ (III.9.А1)
разводя́ см. разводи́ть
разводя́щий см. разводи́ть
развяза́в см. развяза́ть
развя́занный см. развяза́ть
**РАЗВЯЗА́ТЬ** *св*
**1.** *нсв* развязывать (III.1.А1а)
**2.** *буд.* развяжу́, развя́жешь, развя́жет, развя́жем, развя́жете, развя́жут (III.2.А2 *и* III.2.Б1а)
**3.** *повел.* развяжи́(те) (III.4.А1)
**4.** *прич. действ. наст. не образ.* (III.5)
**5.** *прич. страд. наст. не образ.* (III.7)
**6.** *прич. страд. прош.* развя́занный (III.8.А1а)
**7.** *деепр.* развяза́в
**РАЗВЯ́ЗЫВАТЬ** *нсв* — *св* развяза́ть
**РАЗГРО́М**, -а, *м*
**1.** *мн.* нет (I.3.Е1)
разгроми́в см. разгроми́ть
**РАЗГРОМИ́ТЬ** *св*
**1.** *буд.* разгромлю́, разгроми́шь, разгроми́т, разгроми́м, разгроми́те, разгромя́т (III.2.А4 *и* III.2.Б2)
**2.** *прич. действ. наст. не образ.* (III.5)
**3.** *прич. страд. наст. не образ.* (III.7)
**4.** *прич. страд. прош.* разгро́мленный (III.8.Б2а); *кр. ф.* разгро́млен, разгро́млена, разгро́млено, разгро́млены *и* разгромлённый (III.8.Б1б); *кр. ф.* разгромлён, разгромлена́, разгромлено́, разгромлены́
**5.** *деепр.* разгроми́в

разгро́мленный, разгромлённый см. разгроми́ть
разда́в см. разда́ть
раздава́емый см. раздава́ть
**РАЗДАВА́ТЬ** *нсв* — *св* разда́ть
**1.** *наст.* раздаю́, раздаёшь, раздаёт, раздаём, раздаёте, раздаю́т (III.2.В)
**2.** *повел.* раздава́й(те) (III.4.В1)
**3.** *прич. действ. наст.* раздаю́щий (III.5.В1)
**4.** *прич. страд. наст.* раздава́емый (III.7.В1)
**5.** *прич. страд. прош. не образ.* (III.8)
**6.** *деепр.* раздава́я (III.9.В1)
**РАЗДАВА́ТЬСЯ** *нсв нп* — *св* разда́ться
**1.** *наст.*: *1 и 2 л. не употр.* (III.2.Д2), раздаётся, раздаю́тся (III.2.В)
**2.** *повел.* нет (III.4.Г)
**3.** *прич. действ. наст.* раздаю́щийся (III.5.В1)
**4.** *прич. страд. наст. не образ.* (III.7)
**5.** *прич. страд. прош. не образ.* (III.8)
**6.** *деепр.* раздава́ясь
раздава́я см. раздава́ть
раздава́ясь см. раздава́ться
разда́вший см. разда́ть
разда́вшийся см. разда́ться
разда́вшись см. разда́ться
**РАЗДА́ТЬ** *св*
**1.** *нсв* раздава́ть (III.1.А3)
**2.** *буд.* разда́м, разда́шь, раз-

да́ст, раздади́м, раздади́те, раздаду́т (III.2.А3 и III.2.Б1б)
3. *прош.* разда́л *и доп. устар.* ро́здал, раздала́, разда́ло *и доп. устар.* ро́здало, разда́ли *и доп. устар.* ро́здали (III.3.А1)
4. *повел.* разда́й(те)
5. *прич. действ. наст. не образ.* (III.5)
6. *прич. действ. прош.* разда́вший (III.6.А1)
7. *прич. страд. наст. не образ.* (III.7)
8. *прич. страд. прош.* ро́зданный; *кр. ф.* ро́здан, раздана́ *и доп.* ро́здана, ро́здано, ро́зданы (III.8.А1в)
9. *деепр.* разда́в

**РАЗДА́ТЬСЯ** *св нп*
1. *нсв* раздава́ться (III.1.А3)
2. *буд.: 1 и 2 л. не употр.* (III.2.Д2), разда́стся, раздаду́тся (III.2.А3 и III.2.Б1б)
3. *прош.* разда́лся *и доп. устар.* раздался́, раздала́сь, раздало́сь *и доп.* разда́лось, раздали́сь *и доп.* разда́лись (III.3.А1)
4. *повел.* нет (III.4.Г)
5. *прич. действ. наст. не образ.* (III.5)
6. *прич. действ. прош.* разда́вшийся
7. *прич. страд. наст. не образ.* (III.7)
8. *прич. страд. прош. не образ.* (III.8)
9. *деепр.* разда́вшись

разда́ющий см. раздава́ть
раздаю́щийся см. раздава́ться
разде́в см. разде́ть
**РАЗДЕВА́ТЬ** *нсв — св* разде́ть
**РАЗДЕВА́ТЬСЯ** *нсв нп — св* разде́ться
разде́вшись см. разде́ться
разделённый см. раздели́ть
раздели́в см. раздели́ть
раздели́вшись см. раздели́ться
**РАЗДЕЛИ́ТЬ** *св — нсв* разделя́ть
1. *буд.* разделю́, разде́лишь, разде́лит, разде́лим, разде́лите, разде́лят (III.2.А1)
2. *прич. действ. наст. не образ.* (III.5)
3. *прич. страд. наст. не образ.* (III.7)
4. *прич. страд. прош.* разделённый; *кр. ф.* разделён, разделена́, разделено́, разделены́
5. *деепр.* раздели́в

**РАЗДЕЛИ́ТЬСЯ** *св нп — нсв* разделя́ться
1. *буд.* разделю́сь, разде́лишься, разде́лится, разде́лимся, разде́литесь, разде́лятся (III.2.А1)
2. *прич. страд. наст. не образ.* (III.5)
3. *прич. страд. наст. не образ.* (III.7)
4. *прич. страд. прош. не образ.* (III.8)
5. *деепр.* раздели́вшись и разделя́сь (III.10.Б1)

раздели́сь см. раздели́ться
**РАЗДЕЛЯ́ТЬ** *нсв — св* раздели́ть
**РАЗДЕЛЯ́ТЬСЯ** *нсв нп — св* раздели́ться
**РАЗДЕ́Т|ЫЙ**, -ая, -ое, -ые — *ср. прич.* разде́тый
1. *кр. ф. не образ.* (II.1)
2. *сравн. ст. не образ.* (II.2)
3. *превосх. ст. не образ.* (II.3)
разде́тый см. разде́ть
**РАЗДЕ́ТЬ** (*противоп.* оде́ть) *св*
1. *нсв* раздева́ть (III.1.А3)
2. *буд.* разде́ну, разде́нешь, разде́нет, разде́нем, разде́нете, разде́нут (III.2.Б1а)
3. *повел.* разде́нь(те) (III.4.А2б)
4. *прич. действ. наст. не образ.* (III.5)
5. *прич. страд. наст. не образ.* (III.7)
6. *прич. страд. прош.* разде́тый — *ср. прил.* разде́тый
7. *деепр.* разде́в

**РАЗДЕ́ТЬСЯ** *св нп*
1. *нсв* раздева́ться (III.1.А3)
2. *буд.* разде́нусь, разде́нешься, разде́нется, разде́немся, разде́нетесь, разде́нутся (III.2.Б1а)
3. *повел.* разде́нься, разде́ньтесь (III.4.А2б)
4. *прич. действ. наст. не образ.* (III.5)

**5.** *прич. страд. наст. не образ.* (III.7)
**6.** *прич. страд. прош. не образ.* (III.8)
**7.** *деепр.* раздéвшись
**РАЗЛИ́ЧН|ЫЙ**, -ая, -ое, -ые
**1.** *кр. ф.* разли́чен, разли́чна, разли́чно, разли́чны (II.1.Б1)
**2.** *сравн. ст. не образ.* (II.2)
**3.** *превосх. ст. не образ.* (II.3)
**РАЗМÉНИВАТЬ** *нсв — св* разменя́ть
разменя́в см. разменя́ть
размéненный см. разменя́ть
**РАЗМЕНЯ́ТЬ** *св*
**1.** *нсв* разме́нивать (III.1.А1а)
**2.** *прич. действ. наст. не образ.* (III.5)
**3.** *прич. страд. наст. не образ.* (III.7)
**4.** *прич. страд. прош.* размéненный (III.8.А1а)
**5.** *деепр.* разменя́в
**РА́ЗНИЦ|А**, -ы, *ж*
**1.** *мн. нет* (I.3.Е1)
**РАЗНООБРА́ЗН|ЫЙ**, -ая, -ое, -ые
**1.** *кр. ф.* разнообра́зен, разнообра́зна, разнообра́зно, разнообра́зны (II.1.Б1)
разобра́в см. разобра́ть
разо́бранный см. разобра́ть
**РАЗОБРА́ТЬ** *св*
**1.** *нсв* разбира́ть (III.1.Б)
**2.** *буд.* разберу́, разберёшь, разберёт, разберём, разберёте, разберу́т (III.2.А4 *и* III.2.Б1а)
**3.** *прош.* разобра́л, разобрала́, разобра́ло, разобра́ли (III.3.А1)
**4.** *повел.* разбери́(те) (III.4.А1)
**5.** *прич. действ. наст. не образ.* (III.5)
**6.** *прич. страд. наст. не образ.* (III.7)
**7.** *прич. страд. прош.* разо́бранный (III.8.А1а)
**8.** *деепр.* разобра́в
разойдя́сь см. разойти́сь
**РАЗОЙТИ́СЬ** (*с кем, с чем*) *св нп*
**1.** *нсв* расходи́ться (III.1.Д1)
**2.** *буд.* разойду́сь, разойдёшься, разойдётся, разойдёмся, разойдётесь, разойду́тся (III.2.Б1а)
**3.** *прош.* разошёлся, разошла́сь, разошло́сь, разошли́сь (III.3.В2)
**4.** *повел.* разойди́сь, разойди́тесь (III.4.А1)
**5.** *прич. действ. наст. не образ.* (III.5)
**6.** *прич. действ. прош.* разоше́дшийся (III.6.Б4)
**7.** *прич. страд. наст. не образ.* (III.7)
**8.** *прич. страд. прош. не образ.* (III.8)
**9.** *деепр.* разойдя́сь (III.10.А1)
разорва́в см. разорва́ть
разорва́вшийся см. разорва́ться
разорва́вшись см. разорва́ться
**РАЗО́РВАНН|ЫЙ**, -ая, -ое, -ые — *ср. прич.* разо́рванный
**1.** *кр. ф. не образ.* (II.1)
**2.** *сравн. ст. не образ.* (II.2)
**3.** *превосх. ст. не образ.* (II.3)
разо́рванный см. разорва́ть
**РАЗОРВА́ТЬ** *св*
**1.** *нсв* разрыва́ть (III.1.Б)
**2.** *прош.* разорва́л, разорвала́, разорва́ло, разорва́ли (III.3.А1)
**3.** *прич. действ. наст. не образ.* (III.5)
**4.** *прич. страд. наст. не образ.* (III.7)
**5.** *прич. страд. прош.* разо́рванный (III.8.А1а) — *ср. прил.* разо́рванный
**6.** *деепр.* разорва́в
**РАЗОРВА́ТЬСЯ** *св нп*
**1.** *нсв* разрыва́ться (III.1.Б)
**2.** *прош.* разорва́лся *и доп. устар.* разорвался́, разорвала́сь, разорвало́сь *и доп.* разорва́лось, разорвали́сь *и доп.* разорва́лись (III.3.А1)
**3.** *прич. действ. наст. не образ.* (III.5)
**4.** *прич. действ. прош.* разорва́вшийся (III.6.А1)
**5.** *прич. страд. наст. не образ.* (III.7)
**6.** *прич. страд. прош. не образ.* (III.8)
**7.** *деепр.* разорва́вшись
**РАЗОРУЖÉНИ|Е**, -я, *с*
**1.** *мн. нет* (I.3.Е1)

**разоше́дшийся** см. разойти́сь

**разре́зав** см. разре́зать

**РАЗРЕ́ЗАТЬ** *св*
1. *нсв* разреза́ть (III.1.В)
2. *буд*. разре́жу, разре́жешь, разре́жет, разре́жем, разре́жете, разре́жут (III.2.Б1а)
3. *повел*. разре́жь(те) (III.4.А2б)
4. *прич. действ. наст. не образ.* (III.5)
5. *прич. страд. наст. не образ.* (III.7)
6. *деепр*. разре́зав

**РАЗРЕЗА́ТЬ** *нсв — св* разре́зать

**РАЗРЕША́ТЬ** *нсв — св* разреши́ть

**разрешённый** см. разреши́ть

**разреши́в** см. разреши́ть

**РАЗРЕШИ́ТЬ** *св — нсв* разреша́ть
1. *прич. действ. наст. не образ.* (III.5)
2. *прич. страд. наст. не образ.* (III.7)
3. *прич. страд. прош*. разрешённый; *кр. ф*. разрешён, разрешена́, разрешено́, разрешены́
4. *деепр*. разреши́в

**РАЗРУША́ТЬ** *нсв — св* разру́шить

**разру́шив** см. разру́шить

**РАЗРУ́ШИТЬ** *св*
1. *нсв* разруша́ть (III.1.А2а)
2. *повел*. разру́шь(те)
3. *прич. действ. наст. не образ.* (III.5)
4. *прич. страд. наст. не образ.* (III.7)
5. *деепр*. разру́шив

**РАЗРЫВА́ТЬ** *нсв — св* разорва́ть

**разу́в** см. разу́ть

**РАЗУВА́ТЬ** *нсв — св* разу́ть

**РАЗУВА́ТЬСЯ** *нсв нп — св* разу́ться

**разу́вшись** см. разу́ться

**РАЗУ́Т|ЫЙ**, -ая, -ое, -ые — ср. *прич*. разу́тый
1. *кр. ф. не образ.* (II.1)
2. *сравн. ст. не образ.* (II.2)
3. *превосх. ст. не образ.* (II.3)

**разу́тый** см. разу́ть

**РАЗУ́ТЬ** *св*
1. *нсв* разува́ть (III.1.А3)
2. *повел*. разу́й(те)
3. *прич. действ. наст. не образ.* (III.5)
4. *прич. страд. наст. не образ.* (III.7)
5. *прич. страд. прош*. разу́тый — ср. *прил*. разу́тый
6. *деепр*. разу́в

**РАЗУ́ТЬСЯ** *св нп*
1. *нсв* разува́ться (III.1.А3)
2. *повел*. разу́йся, разу́йтесь
3. *прич. действ. наст. не образ.* (III.5)
4. *прич. страд. наст. не образ.* (III.7)
5. *прич. страд. прош. не образ.* (III.8)
6. *деепр*. разу́вшись

**РА́МК|А**, -и, *ж*
1. *род. мн*. ра́мок (I.4.Б1б)

**ра́ненный** см. ра́нить

**РА́НЕН|ЫЙ**, -ая, -ое, -ые — ср. *прич*. ра́ненный
1. *кр. ф. не образ.* (II.1)
2. *сравн. ст. не образ.* (II.2)
3. *превосх. ст. не образ.* (II.3)

**ра́нив** см. ра́нить

**РАНИ́М|ЫЙ**, -ая, -ое, -ые — ср. *прич*. рани́мый

**рани́мый** см. ра́нить

**РА́НИТЬ** *св и нсв*
1. *св и нсв* (III.1.Г)
2. *повел*.: обычно с отриц. не ра́нь(те)
3. *прич. действ. наст*.: для *св — не образ.* (III.5); для *нсв* — ра́нящий
4. *прич. страд. наст*.: для *св — не образ.* (III.7); для *нсв* — рани́мый (III.7.Б1); ср. *прил*. рани́мый
5. *прич. страд. прош*.: для *св* — ра́ненный (ср. *прил*. ра́неный); для *нсв — не образ.* (III.8)
6. *деепр*.: для *св* — ра́нив; для *нсв* — ра́ня

**РА́НН|ИЙ**, -яя, -ее, -ие
1. *кр. ф*. нет (II.1.Е)
2. *сравн. ст*. нет (II.2.Д)
3. *превосх. ст*. нет (II.3.Г)

**ра́ня** см. ра́нить

**ра́нящий** см. ра́нить

**РАСКА́ЛЫВАТЬ** нсв — св расколо́ть
**расколо́в** см. расколо́ть
**раско́лотый** см. расколо́ть
**РАСКОЛО́ТЬ** св
1. *нсв* раска́лывать (III.1.А1г)
2. *буд.* расколю́, раско́лешь, раско́лет, раско́лем, раско́лете, раско́лют (III.2.А1)
3. *прич. действ. наст. не образ.* (III.5)
4. *прич. страд. наст. не образ.* (III.7)
5. *прич. страд. прош.* раско́лотый (III.8.А3б)
6. *деепр.* расколо́в
**раскра́сив** см. раскра́сить
**РАСКРА́СИТЬ** св
1. *нсв* раскра́шивать (III.1.А1в)
2. *буд.* раскра́шу, раскра́сишь, раскра́сит, раскра́сим, раскра́сите, раскра́сят (III.2.Б2)
3. *повел.* раскра́сь(те)
4. *прич. действ. наст. не образ.* (III.5)
5. *прич. страд. наст. не образ.* (III.7)
6. *прич. страд. прош.* раскра́шенный (III.8.Б1а)
7. *деепр.* раскра́сив
**раскра́шенный** см. раскра́сить
**РАСКРА́ШИВАТЬ** нсв — св раскра́сить
**раскры́в** см. раскры́ть
**РАСКРЫВА́ТЬ** нсв — св раскры́ть
**РАСКРЫ́ТЬ** св
1. *нсв* раскрыва́ть (III.1.А3)
2. *буд.* раскро́ю, раскро́ешь, раскро́ет, раскро́ем, раскро́ете, раскро́ют (III.2.Б1а)
3. *повел.* раскро́й(те) (III.4.А2а)
4. *прич. действ. наст. не образ.* (III.5)
5. *прич. страд. наст. не образ.* (III.7)
6. *деепр.* раскры́в
**РАСПОЛАГА́ТЬ** нсв — св расположи́ть
**РАСПОЛАГА́ТЬСЯ** нсв нп — св расположи́ться
**РАСПОЛО́ЖЕНН|ЫЙ** 'испытывающий чувство симпатии к кому-либо; склонный к чему-либо', -ая, -ое, -ые — ср. *прич.* расположенный
1. *кр. ф.* располо́жен, расположена́ *и доп.* расположе́на́, расположе́но, расположе́ны (II.1.А1)
2. *сравн. ст. не образ.* (II.2)
3. *превосх. ст. не образ.* (II.3)
**располо́женный** см. расположи́ть
**расположи́в** см. расположи́ть
**расположи́вшись** см. расположи́ться
**РАСПОЛОЖИ́ТЬ** св
1. *нсв* располага́ть (III.1.А2а)
2. *буд.* расположу́, расположишь, расположит, расположим, расположите, расположат (III.2.А1)
3. *прич. действ. наст. не образ.* (III.5)
4. *прич. страд. наст. не образ.* (III.7)
5. *прич. страд. прош.* расположенный (III.8.А2) — ср. *прил.* расположенный
6. *деепр.* расположи́в
**РАСПОЛОЖИ́ТЬСЯ** св нп
1. *нсв* располага́ться (III.1.А2а)
2. *буд.* расположу́сь, расположишься, расположится, расположимся, расположитесь, расположатся (III.2.А1)
3. *прич. действ. наст. не образ.* (III.5)
4. *прич. страд. наст. не образ.* (III.7)
5. *прич. страд. прош. не образ.* (III.8)
6. *деепр.* расположи́вшись
**распределённый** см. распредели́ть
**распредели́в** см. распредели́ть
**РАСПРЕДЕЛИ́ТЬ** св — нсв распределя́ть
1. *прич. действ. наст. не образ.* (III.5)
2. *прич. страд. наст. не образ.* (III.7)
3. *прич. страд. прош.* распределённый; *кр. ф.* распределён, рас-

пределена́, распределено́, распределены́
4. *деепр.* распредели́в

**РАСПРЕДЕЛЯ́ТЬ** *нсв — св* распредели́ть

**рассказа́в** см. рассказа́ть
**расска́занный** см. рассказа́ть

**РАССКАЗА́ТЬ** *св*
1. *нсв* расска́зывать (III.1.A1а)
2. *буд.* расскажу́, расска́жешь, расска́жет, расска́жем, расска́жете, расска́жут (III.2.A2 и III.2.Б1а)
3. *повел.* расскажи́(те) (III.4.A1)
4. *прич. действ. наст. не образ.* (III.5)
5. *прич. страд. наст. не образ.* (III.7)
6. *прич. страд. прош.* расска́занный (III.8.A1а)
7. *деепр.* рассказа́в

**РАССКА́ЗЫВАТЬ** *нсв — св* рассказа́ть

**РАССМА́ТРИВАТЬ** *нсв — св* рассмотре́ть

**рассмотре́в** см. рассмотре́ть
**рассмо́тренный** см. рассмотре́ть

**РАССМОТРЕ́ТЬ** *св*
1. *нсв* рассма́тривать (III.1.A1б)
2. *буд.* рассмотрю́, рассмо́тришь, рассмо́трит, рассмо́трим, рассмо́трите, рассмо́трят (III.2.A1)
3. *повел.* рассмотри́(те) (III.4.B1)
4. *прич. действ. наст. не образ.* (III.5)
5. *прич. страд. наст. не образ.* (III.7)
6. *прич. страд. прош.* рассмо́тренный (III.8.A1а)
7. *деепр.* рассмотре́в

**РАССТАВА́ТЬСЯ** *нсв нп — св* расста́ться
1. *наст.* расстаю́сь, расстаёшься, расстаётся, расстаёмся, расстаётесь, расстаю́тся (III.2.B)
2. *повел.* расстава́йся, расстава́йтесь (III.4.B1)
3. *прич. действ. наст.* расстаю́щийся (III.5.B1)
4. *прич. страд. наст. не образ.* (III.7)
5. *прич. страд. прош. не образ.* (III.8)
6. *деепр.* расстава́ясь (III.9.B1)

**расстава́ясь** см. расстава́ться
**расста́вшись** см. расста́ться

**РАССТА́ТЬСЯ** *св нп*
1. *нсв* расстава́ться (III.1.A3)
2. *буд.* расста́нусь, расста́нешься, расста́нется, расста́немся, расста́нетесь, расста́нутся (III.2.Б1а)
3. *повел.* расста́нься, расста́ньтесь (III.4.A2б)
4. *прич. действ. наст. не образ.* (III.5)
5. *прич. страд. наст. не образ.* (III.7)
6. *прич. страд. прош. не образ.* (III.8)
7. *деепр.* расста́вшись

**расстаю́щийся** см. расстава́ться

**РАСТИ́** *нсв нп*
1. *прош.* рос, росла́, росло́, росли́ (III.3.B1в)
2. *повел.* расти́(те)
3. *прич. действ. прош.* ро́сший
4. *прич. страд. наст. не образ.* (III.7)
5. *прич. страд. прош. не образ.* (III.8)
6. *деепр.* растя́

**растя́** см. расти́
**расходи́вшись** см. расходи́ться

**РАСХОДИ́ТЬСЯ** (с кем, с чем) *нсв нп — св* разойти́сь
1. *наст.* расхожу́сь, расхо́дишься, расхо́дится, расхо́димся, расхо́дитесь, расхо́дятся (III.2.A2 и III.2.Б2)
2. *повел.* расходи́сь, расходи́тесь (III.4.B1)
3. *прич. действ. наст.* расходя́щийся (III.5.A1)
4. *прич. страд. наст. не образ.* (III.7)
5. *прич. страд. прош. не образ.* (III.8)
6. *деепр.* расходя́сь (III.9.A1)

**расходя́сь** см. расходи́ться

**расходя́щийся** см. расходи́ться

**РАСЦВЕСТИ́** *св нп*
1. *нсв* расцвета́ть (III.1.А2в)
2. *буд.* расцвету́, расцветёшь, расцветёт, расцветём, расцветёте, расцвету́т (III.2.Б1а)
3. *прош.* расцвёл, расцвела́, расцвело́, расцвели́ (III.3.В1б)
4. *повел.* расцвети́(те) (III.4.А1)
5. *прич. действ. наст. не образ.* (III.5)
6. *прич. действ. прош.* расцве́тший (III.6.Б1а)
7. *прич. страд. наст. не образ.* (III.7)
8. *прич. страд. прош. не образ.* (III.8)
9. *деепр.* расцветя́

**РАСЦВЕТА́ТЬ** *нсв нп* — *св* расцвести́

**расцве́тший** см. расцвести́
**расцветя́** см. расцвести́
**расчеса́в** см. расчеса́ть
**расчёсанный** см. расчеса́ть

**РАСЧЕСА́ТЬ** *св*
1. *нсв* расчёсывать (III.1.А1а)
2. *буд.* расчешу́, расче́шешь, расче́шет, расче́шем, расче́шете, расче́шут (III.2.А2 и III.2.Б1а)
3. *повел.* расчеши́(те) (III.4.А1)
4. *прич. действ. наст. не образ.* (III.5)
5. *прич. страд. наст. не образ.* (III.7)
6. *прич. страд. прош.* расчёсанный (III.8.Б2б)
7. *деепр.* расчеса́в

**РАСЧЁСК|А**, -и, *ж*
1. *род. мн.* расчёсок (I.4.Б1б)

**РАСЧЁСЫВАТЬ** *нсв* — *св* расчеса́ть

**РВА́Н|ЫЙ**, -ая, -ое, -ые
1. *кр. ф. нет* (II.1.Е)
2. *сравн. ст. нет* (II.2.Д)
3. *превосх. ст. нет* (II.3.Г)

**РВАТЬ** *нсв*
1. *прош.* рвал, рвала́, рва́ло, рва́ли (III.3.А1)
2. *прич. страд. наст. нет* (III.7.Г)
3. *прич. страд. прош. не образ.* (III.8)
4. *деепр. нет* (III.9.Д)

**РЕАЛИ́ЗМ**, -а, *м*
1. *мн. нет* (I.3.Е1)

**РЕА́ЛЬН|ЫЙ**, -ая, -ое, -ые
1. *кр. ф.* реа́лен, реа́льна, реа́льно, реа́льны (II.1.Б1)

**РЕБЁНОК,** ребёнка, *м*
1. *род. ед.* ребёнка (I.1.Б1б)
2. *им. мн.* де́ти и ребя́та (I.3.Д1)

**РЕВОЛЮЦИО́НН|ЫЙ**, -ая, -ое, -ые
1. *кр. ф.* революцио́нен, революцио́нна, революцио́нно, революцио́нны (II.1.Б1)
2. *сравн. ст. нет* (II.2.Д)
3. *превосх. ст. нет* (II.3.Г)

**РЕ́ДК|ИЙ**, -ая, -ое, -ие
1. *кр. ф.* ре́док, редка́, ре́дко, ре́дки и *доп.* редки́ (II.1.Б2)
2. *сравн. ст.* ре́же (II.2.В1а)
3. *превосх. ст.* редча́йший (II.3.Б1)

**ре́жущий** см. ре́зать

**РЕ́ЗАТЬ** *нсв*
1. *наст.* ре́жу, ре́жешь, ре́жет, ре́жем, ре́жете, ре́жут (III.2.Б1а)
2. *повел.* ре́жь(те) (III.4.А2б)
3. *прич. действ. наст.* ре́жущий (III.5.Б2)
4. *прич. страд. наст. нет* (III.7.Г)
5. *деепр. нет* (III.9.Д)

**РЕЗИ́НК|А**, -и, *ж*
1. *род. мн.* рези́нок (I.4.Б1б)

**РЕ́ЗК|ИЙ**, -ая, -ое, -ие
1. *кр. ф.* ре́зок, резка́, ре́зко, ре́зки и *доп.* резки́ (II.1.Б2)
2. *сравн. ст.* ре́зче (II.2.Б1а)
3. *превосх. ст. нет* (II.3.Г)

**РЕК|А́**, -и́, *ж*
1. *вин. ед.* ре́ку и реку́
2. *им. мн.* ре́ки (I.3.А2)
3. *дат. мн.* ре́кам и *доп. устар.* река́м
4. *твор. мн.* ре́ками и *доп. устар.* река́ми
5. *предл. мн.* о ре́ках и *доп. устар.* о река́х
6. *сочет. с предлогами*: смотре́ть за́ реку, *доп.* за ре́ку и *доп.* за реку́; пойти́ на́ реку, *доп.* на ре́ку и *доп.* на реку́
7. *согласование*
— названия рек, выступающие в роли грамматического прило-

жения к слову «река» и выраженные склоняемыми существительными, как правило, согласуются в падеже со словом «река»: *у реки́ Во́лги, ме́жду ре́ками Обью и Енисе́ем*;

— обычно не согласуются в падеже со словом «река» малоизвестные (особенно иноязычные) и составные названия: *на реке́ Рось, на широ́кой реке́ Миссиси́пи, на реке́ Се́верский Доне́ц.*

**8.** *род несклоняемых существительных — названий рек*

— несклоняемые существительные — названия рек относятся к женскому роду (по грамматическому роду слова «река»): *изви́листая Колора́до, широ́кая Миссу́ри* (I.5.А4)

**рекомендова́в** см. р е к о м е н д о в а́ т ь

**рекомендо́ванный** см. р е к о м е н д о в а́ т ь

**РЕКОМЕНДОВА́ТЬ** *св и нсв*
**1.** *св и нсв* (III.1.Г)
**2.** *буд. и наст.* рекоменду́ю, рекоменду́ешь, рекоменду́ет, рекоменду́ем, рекоменду́ете, рекоменду́ют (III.2.Б1а)
**3.** *повел.* рекоменду́й(те) (III.4.А2а)
**4.** *прич. действ. наст.*: для *св* — не образ. (III.5); для *нсв* — рекоменду́ющий (III.5.Б1)
**5.** *прич. страд. наст.*: для *св* — не образ. (III.7); для *нсв* — рекоменду́емый (III.7.А1)
**6.** *прич. страд. прош.*: для *св* — рекомендо́ванный (III.8.А1а); для *нсв* — не образ. (III.8)
**7.** *деепр.*: для *св* — рекомендова́в; для *нсв* — рекоменду́я (III.9.Б1)

**рекоменду́емый** см. р е к о м е н д о в а́ т ь

**рекоменду́ющий** см. р е к о м е н д о в а́ т ь

**рекоменду́я** см. р е к о м е н д о в а́ т ь

**РЕМЕ́НЬ,** ремня́, *м*
**1.** *род. ед.* ремня́ (I.1.Б2а)
**2.** *им. мн.* ремни́ (I.3.В2а)

**РЕМО́НТ,** -а, *м*
**1.** *мн. нет* (I.3.Е1)
**2.** *нормативны конструкции*: ста́вить в ремо́нт *и* ста́вить на ремо́нт, стоя́ть в ремо́нте *и* стоя́ть на ремо́нте

**РЕМОНТИ́РОВАТЬ** *нсв*
**1.** *наст.* ремонти́рую, ремонти́руешь, ремонти́рует, ремонти́руем, ремонти́руете, ремонти́руют (III.2.Б1а)
**2.** *повел.* ремонти́руй(те) (III.4.Б1)
**3.** *прич. действ. наст.* ремонти́рующий (III.5.Б1)
**4.** *прич. страд. наст.* ремонти́руемый (III.7.А1)
**5.** *деепр.* ремонти́руя (III.9.Б1)

**ремонти́руемый** см. р е м о н т и́ р о в а т ь

**ремонти́рующий** см. р е м о н т и́ р о в а т ь

**ремонти́руя** см. р е м о н т и́ р о в а т ь

**РЕПЕТИ́РОВАТЬ** *нсв*
**1.** *наст.* репети́рую, репети́руешь, репети́рует, репети́руем, репети́руете, репети́руют (III.2.Б1а)
**2.** *повел.* репети́руй(те) (III.4.А2а)
**3.** *прич. действ. наст.* репети́рующий (III.5.Б1)
**4.** *прич. страд. наст.* репети́руемый (III.7.А1)
**5.** *деепр.* репети́руя (III.9.Б1)

**репети́руемый** см. р е п е т и́ р о в а т ь

**репети́рующий** см. р е п е т и́ р о в а т ь

**репети́руя** см. р е п е т и́ р о в а т ь

**реша́сь** см. р е ши́ т ь с я
**РЕША́ТЬ** *нсв* — *св* р е ши́ т ь
**РЕША́ТЬСЯ** *нсв нп* — *св* р е ши́ т ь с я
**решённый** см. р е ши́ т ь
**реши́в** см. р е ши́ т ь
**реши́вшись** см. р е ши́ т ь с я
**РЕШИ́ТЕЛЬН|ЫЙ,** -ая, -ое, -ые
**1.** *кр. ф.* реши́телен, реши́тельна, реши́тельно, реши́тельны (II.1.Б1)

**РЕШИ́ТЬ** *св — нсв* реша́ть
1. *прич. действ. наст. не образ.* (III.5)
2. *прич. страд. наст. не образ.* (III.7)
3. *прич. страд. прош.* решённый; *кр. ф.* решён, решена́, решено́, решены́
4. *деепр.* реши́в

**РЕШИ́ТЬСЯ** *св нп — нсв* реша́ться
1. *прич. действ. наст. не образ.* (III.5)
2. *прич. страд. наст. не образ.* (III.7)
3. *прич. страд. прош. не образ.* (III.8)
4. *деепр.* реши́вшись *и* реша́сь (III.10.Б1)

**РИС**, -а (-у), *м*
1. *род. ед.* ри́са *и* ри́су: зерно́ ри́са, купи́ть ри́са *и* купи́ть ри́су, мно́го ри́са *и* мно́го ри́су, таре́лка варёного ри́са (I.1.Г)
2. *мн. нет* (I.3.Е1)

**РИСО́ВАНН|ЫЙ**, -ая, -ое, -ые — *ср. прич.* рисо́ванный
1. *кр. ф. не образ.* (II.1)
2. *сравн. ст. не образ.* (II.2)
3. *превосх. ст. не образ.* (II.3)
**рисо́ванный** см. рисова́ть

**РИСОВА́ТЬ** *нсв*
1. *наст.* рису́ю, рису́ешь, рису́ет, рису́ем, рису́ете, рису́ют (III.2.Б1а)
2. *повел.* рису́й(те) (III.4.А2а)
3. *прич. действ. наст.* рису́ющий (III.5.Б1)
4. *прич. страд. наст.* рису́емый (III.7.А1)
5. *прич. страд. прош.* рисо́ванный (III.8.А1а) — *ср. прил.* рисо́ванный
6. *деепр.* рису́я (III.9.Б1)
**рису́емый** см. рисова́ть

**РИСУ́НОК**, рису́нка, *м*
1. *род. ед.* рису́нка (I.1.Б1б)
2. *им. мн.* рису́нки (I.3.В1б)
**рису́ющий** см. рисова́ть
**рису́я** см. рисова́ть

**РО́БК|ИЙ**, -ая, -ое, -ие
1. *кр. ф.* ро́бок, робка́, ро́бко, ро́бки (II.1.Б2)
2. *сравн. ст. нет* (II.2.Д)
3. *превосх. ст. нет* (II.3.Г)

**РО́ВН|ЫЙ**, -ая, -ое, -ые
1. *кр. ф.* ро́вен, ровна́, ро́вно, ровны́ *и* ро́вны (II.1.Б2)
2. *сравн. ст.* ровне́е (II.2.А1)
3. *превосх. ст.* ровне́йший (II.3.А1)

**РОГ**, -а, *м*
1. *им. мн.* рога́ (I.3.А1а)
2. *род. мн.* рого́в, *но* бодли́вой коро́ве бог ро́г не даёт, *пословица*

**РОД**[1] (стари́нный), -а, *м*
1. *род. ед.* ро́да, *но* без ро́ду и пле́мени 'о человеке неизвестного происхождения', *устар.*; ни ро́ду, ни пле́мени 'о человеке одиноком, не имеющем родни', *устар.* (I.1.Д)
2. *предл. ед.*: 1. в стари́нном ро́де; 2. у нас в роду́ 'по наследственности' (I.2.В)
3. *им. мн.* роды (I.3.Г2)
4. *род. мн.* родо́в

**РОД**[2] 'разновидность чего-либо; подобие кого-, чего-либо', -а, *м*
1. *предл. ед.* в ро́де войск; в не́котором ро́де 'до известной степени, отчасти'; в э́том ро́де 'приблизительно такой, приблизительно так'; своего́ ро́да 'в известной степени': Непонима́ние му́зыки — это нера́звитость своего́ ро́да; в своём ро́де 'с известной то́чки зре́ния': Он в своём ро́де тала́нтлив (I.2.В)
2. *им. мн.* рода́ войск (I.3.Г1)
3. *род. мн.* родо́в

**РОД**[3] (*грам.*), -а, *м*
1. *предл. ед.* в же́нском ро́де (I.2.В)
2. *им. мн.* ро́ды (I.3.Г2)
3. *род. мн.* родо́в (I.4.А2)
**роди́вшись** см. роди́ться

**РО́ДИН|А**, -ы, *ж*
1. *мн. нет* (I.3.Е1)

**РОДИ́ТЕЛ|И**, -ей, *мн.*
1. *ед.* роди́тел|ь, -я, *м* (I.3.Ж2а)

**РОДИ́ТЬСЯ** *св и нсв нп*
1. *св и нсв* (III.1.Г)
2. *нсв* рожда́ться (III.1.А2а)
3. *буд. и наст.*: *1 и 2 л. не употр.*

(III.2.Д2), роди́тся, родя́тся (III.2.А4)
**4.** *прош.:* для *св* — роди́лся и роди́лся, родила́сь и *доп.* роди́лась, родило́сь и *доп.* роди́лось, роди́лись и *доп.* роди́лись (III.3.А1); для *нсв* — роди́лся, роди́лась, роди́лось, роди́лись
**5.** *повел.* нет (III.4.Г)
**6.** *прич. действ. наст.:* для *св* — не образ. (III.5); для *нсв* — родя́щийся
**7.** *прич. страд. наст.* не образ. (III.7)
**8.** *прич. страд. прош.* не образ. (III.8)
**9.** *деепр.:* для *св* — роди́вшись и родя́сь (III.10.Б1); для *нсв* — нет (III.9.Д)

**РО́ДСТВЕНН|ЫЙ**, -ая, -ое, -ые
**1.** *кр. ф.* ро́дствен и ро́дственен, ро́дственна, ро́дственно, ро́дственны (II.1.В)
**2.** *сравн. ст.* нет (II.2.Д)
**3.** *превосх. ст.* нет (II.3.Г)

**РО́Д|Ы**, -ов, *мн.*
**1.** *ед.* нет (I.3.Ж1)

родя́ться см. роди́ться
родя́щийся см. роди́ться

**РОЖДА́ТЬСЯ** *нсв нп* — *св* роди́ться

**РОЖЬ**, ржи, *ж*
**1.** *род. ед.* ржи
**2.** *мн.* нет (I.3.Е1)

ро́зданный см. разда́ть
ро́сший см. расти́

**РОТ**, рта, *м*
**1.** *род. ед.* рта (I.1.Б2б)
**2.** *предл. ед.* о рте, *но* во рту (I.2.А)
**3.** *им. мн.* рты (I.3.В2б)

**РУБА́ШК|А**, -и, *ж*
**1.** *род. мн.* руба́шек (I.4.Б1а)

**РУБЕ́Ж**, рубежа́, *м*
**1.** *род. ед.* рубежа́ (I.1.А1)
**2.** *им. мн.* рубежи́ (I.3.А1б)

**РУБИ́ТЬ** *нсв*
**1.** *наст.* рублю́, ру́бишь, ру́бит, ру́бим, ру́бите, ру́бят (III.2.А2 и III.2.Б2)
**2.** *повел.* руби́(те) (III.4.В1)
**3.** *прич. страд. наст.* нет (III.7.Г)
**4.** *прич. страд. прош.* ру́бленный (III.8.Б2а) — *ср. прил.* ру́бленый
**5.** *деепр.* рубя́

ру́бленный см. руби́ть

**РУ́БЛЕН|ЫЙ**, -ая, -ое, -ые — *ср. прич.* ру́бленный
**1.** *кр. ф.* не образ. (II.1)
**2.** *сравн. ст.* не образ. (II.2)
**3.** *превосх. ст.* не образ. (II.3)

**РУБЛЬ**, рубля́, *м*
**1.** *род. ед.* рубля́ (I.1.А1)
**2.** *им. мн.* рубли́ (I.3.А1б)

рубя́ см. руби́ть

**РУЖ|ЬЁ**, -ья́, *с*
**1.** *им. мн.* ру́жья (I.3.А3а)
**2.** *род. мн.* ру́жей (I.4.В3)

**РУК|А́**, -и́, *ж*
**1.** *вин. ед.* ру́ку
**2.** *им. мн.* ру́ку (I.3.А2)
**3.** *сочет. с предлогами:* взять за́ руку (за́ руки); наде́ть на́ руку; кому-либо что-либо на́ руку 'выгодно'; взять на́ руки; идти рука́ о́б руку 'взявшись за руки', а также *перен.* 'действовать совместно, дружно'; держа́ть по́д руку (по́д руки)

**РУКА́В**, рукава́, *м*
**1.** *род. ед.* рукава́ (I.1.А1)
**2.** *им. мн.* рукава́ (I.3.А1а)

руководи́мый см. руководи́ть

**РУКОВОДИ́ТЕЛ|Ь**, -я, *м*
**1.** *м. р.* — *ж. р.;* о нормативности согласования см. I.5.В, а также а́втор

**РУКОВОДИ́ТЬ** *нсв нп*
**1.** *наст.* руковожу́, руководи́шь, руководи́т, руководи́м, руководи́те, руководя́т (III.2.А4 и III.2.Б2)
**2.** *прич. действ. наст.* руководя́щий — *ср. прил.* руководя́щий
**3.** *прич. страд. наст.* руководи́мый (хотя *нп*)
**4.** *прич. страд. прош.* не образ. (III.8)
**5.** *деепр.* руководя́

руководя́ см. руководи́ть

**РУКОВОДЯ́Щ|ИЙ**, -ая, -ее, -ие — *ср. прич.* руководя́щий
**1.** *кр. ф.* не образ. (II.1)

**РУЧЕЙ**

**2.** *сравн. ст. не образ.* (II.2)
**3.** *превосх. ст. не образ.* (II.3)
**руководя́щий** см. **руководи́ть**
**РУЧ|ЕЙ**, -ья́, м
**1.** *род. ед.* ручья́ (I.1.В1)
**2.** *им. мн.* ручьи́ (I.3.Д1)
**РЫ́НОК**, ры́нка, м
**1.** *род. ед.* ры́нка (I.1.Б1б)
**2.** *им. мн.* ры́нки (I.3.В1б)
**РЮКЗА́К**, рюкзака́, м
**1.** *род. ед.* рюкзака́ (I.1.А1)
**2.** *им. мн.* рюкзаки́ (I.3.А1б)
**РЯД**, -а, м — *ср. часть*
**1.** *род. ед.* ря́да, *но с колич. числит.* «два», «три», «четы́ре» — ряда́: два ряда́, три ряда́, четы́ре ряда́
**2.** *предл. ед.*: 1. в пе́рвом ряду́; 2. в ряду́ поколе́ний; 3. в ря́де слу́чаев; 4. в овощно́м ряду́ (I.2.В)
**3.** *им. мн.* ряды́ (I.3.А1б)
**4.** *форма сказуемого*
— при слове «ряд», входящем в состав подлежащего и имеющем при себе управляемое слово в род. пад. мн. числа, сказуемое ставится в форме как единственного, так и множественного числа: *Ряд хозя́йств запозда́л с убо́ркой урожа́я. Ряд рабо́чих вы́сказали своё мне́ние о реконстру́кции це́ха.* Сказуемое в форме мн. числа обычно употр.: а) если при слове «ряд» есть постпозитивный определительный оборот с главным словом — причастием или прилагательным в форме мн. числа: *Ряд лиц, ви́денных Бе́льтовым, не выходи́ли у него́ из головы́*; б) если при слове «ряд» есть несколько управляемых слов в форме мн. числа: *Ряд штанги́стов, борцо́в, легкоатле́тов неоднокра́тно занима́ли призовы́е места́*; в) если сказуемое удалено от подлежащего: *Ряд делега́тов от ра́зных организа́ций уча́ствовали в рабо́те коми́ссии.*

# С

**САД**, -а, м
**1.** *предл. ед.* о са́де, *но* в саду́ (I.2.А)
**2.** *им. мн.* сады́ (I.3.А1б)
**САДИ́ТЬСЯ** нсв нп — св **сесть**
**1.** *наст.* сажу́сь, сади́шься, сади́тся, сади́мся, сади́тесь, садя́тся (III.2.А4 *и* III.2.Б2)
**2.** *повел.* сади́сь, сади́тесь
**3.** *прич. страд. наст. не образ.* (III.7)
**4.** *прич. страд. прош. не образ.* (III.8)
**5.** *деепр.* садя́сь
**садя́сь** см. **сади́ться**
**САМОСТОЯ́ТЕЛЬН|ЫЙ**, -ая, -ое, -ые
**1.** *кр. ф.* самостоя́телен, самостоя́тельна, самостоя́тельно, самостоя́тельны (II.1.Б1)
**СА́НИ**, сане́й, мн.
**1.** *ед. нет* (I.3.Ж1)
**2.** *род. мн.* сане́й (I.4.А3в)
**3.** *дат. мн.* саня́м
**4.** *твор. мн.* саня́ми
**5.** *предл. мн.* в саня́х
**СА́НКИ**, са́нок, мн.
**1.** *ед. нет* (I.3.Ж1)
**2.** *род. мн.* са́нок (I.4.Б3б)
**САПОГИ́**, сапо́г, мн.
**1.** *ед.* сапо́г, сапога́, м (I.1.А1 *и* I.3.Ж2а)
**2.** *им. мн.* сапоги́ (I.3.А1б)
**3.** *род. мн.* сапо́г (I.4.А1б)
**СА́ХАР**, -а (-у), м
**1.** *род. ед.* са́хара *и* са́хару: произво́дство са́хара, килогра́мм са́хара *и* килогра́мм са́хару, мно́го са́хара *и* мно́го са́хару, кусо́чек пилёного са́хара (I.1.Г)
**2.** *мн. нет* (I.3.Е1)
**СБРА́СЫВАТЬ** нсв — св **сбро́сить**
**сбро́сив** см. **сбро́сить**
**СБРО́СИТЬ** св
**1.** нсв сбра́сывать (III.1.А1в)
**2.** *буд.* сбро́шу, сбро́сишь, сбро́сит, сбро́сим, сбро́сите, сбро́сят (III.2.Б2)
**3.** *повел.* сбро́сь(те)

4. *прич. действ. наст. не образ.* (III.5)
5. *прич. страд. наст. не образ.* (III.7)
6. *прич. страд. прош.* сбро́шенный (III.8.Б1а)
7. *деепр.* сбро́сив

сбро́шенный см. **сбро́сить**

**СВЕ́Ж|ИЙ**, -ая, -ее, -ие
1. *кр. ф.* свеж, свежа́, свежо́, свежи́ и све́жи (II.1.А)
2. *сравн. ст.* свеже́е (II.2.А1)
3. *превосх. ст.* свежа́йший (II.3.А2)

сверну́в см. **сверну́ть**
свёрнутый см. **сверну́ть**

**СВЕРНУ́ТЬ** *св*
1. *прич. действ. наст. не образ.* (III.5)
2. *прич. страд. наст. не образ.* (III.7)
3. *прич. страд. прош.* свёрнутый (III.8.Б2б)
4. *деепр.* сверну́в

**СВЕТ**[1], -а, *м*
1. *предл. ед.*: 1. в со́лнечном све́те; 2. на свету́ 'при свете, при освещении' (I.2.В)
2. *мн. нет* (I.3.Е1)

**СВЕТ**[2] 'земля как место жизни и деятельности людей', -а, *м*
1. *предл. ед.* жить на све́те (I.2.В)
2. *мн. нет* (I.3.Е1)

**СВЕТИ́ТЬ** *нсв пп*
1. *наст.* свечу́, све́тишь, све́тит, све́тим, све́тите, све́тят (III.2.А2 и III.2.Б2)
2. *повел.* свети́(те) (III.4.В1)
3. *прич. действ. наст.* светя́щий (III.5.А1)
4. *прич. страд. наст. не образ.* (III.7)
5. *прич. страд. прош. не образ.* (III.8)
6. *деепр.* светя́ (III.9.А1)

**СВЕ́ТЛ|ЫЙ**, -ая, -ое, -ые
1. *кр. ф.* све́тел, светла́, светло́, светлы́ (II.1.Б2)
2. *сравн. ст.* светле́е (II.2.А1)
3. *превосх. ст.* светле́йший (II.3.А1)

светя́ см. **свети́ть**
светя́щий см. **свети́ть**
свив см. **свить**

**СВИН|ЬЯ́**, -ьи́, *ж*
1. *им. мн.* сви́ньи (I.3.А2)
2. *род. мн.* свине́й (I.4. В1)

**СВИСТЕ́ТЬ** *нсв нп*
1. *наст.* свищу́, свисти́шь, свисти́т, свисти́м, свисти́те, свистя́т (III.2.А4 и III.2.Б2)
2. *прич. действ. наст. не образ.* (III.7)
3. *прич. страд. прош. не образ.* (III. 8)
4. *деепр.* свистя́

свистя́ см. **свисте́ть**

**СВИ́ТЕР**, -а, *м*
1. *им. мн.* сви́теры и *доп.* свитера́ (I.3.А1в)

**СВИТЬ** *св*
1. *буд.* совью́, совьёшь, совьёт, совьём, совьёте, совью́т (III.2.А4 и III.2.Б1а)
2. *прош.* свил, свила́, сви́ло, сви́ли (III.3.А1)
3. *повел.* све́й(те) (III.4.В2)
4. *прич. действ. наст. не образ.* (III.5)
5. *прич. страд. наст. не образ.* (III.7)
6. *деепр.* свив

**СВОБО́ДЕН**, свобо́дна, свобо́дно, свобо́дны
1. *полн. ф. нет* (II.1.Г)
2. *сравн. ст. не образ.* (II.2)
3. *превосх. ст. не образ.* (II.3)

**СВОБО́ДН|ЫЙ**, -ая, -ое, -ые
1. *кр. ф.* свобо́ден, свобо́дна, свобо́дно, свобо́дны (II.1.Б1)

**СВОЕОБРА́ЗН|ЫЙ**, -ая, -ое, -ые
1. *кр. ф.* своеобра́зен, своеобра́зна, своеобра́зно, своеобра́зны (II.1.Б1)

связа́в см. **связа́ть**
свя́занный см. **связа́ть**

**СВЯЗА́ТЬ** *св*
1. *нсв* свя́зывать (III.1.А1а)
2. *буд.* свяжу́, свя́жешь, свя́жет, свя́жем, свя́жете, свя́жут (III.2.А2 и III.2.Б1а)
3. *повел.* свяжи́(те) (III.4.А1)
4. *прич. действ. наст. не образ.* (III.5)
5. *прич. страд. наст. не образ.* (III.7)

**СВЯЗЫВАТЬ**

6. *прич. страд. прош.* свя́занный (III.8.А1а)
7. *деепр.* связа́в
**СВЯ́ЗЫВАТЬ** нсв — св связа́ть
**СГРЕБА́ТЬ** нсв — св сгрести́
**сгребённый** см. сгрести́
**сгрёбший** см. сгрести́
**сгребя́** см. сгрести́
**СГРЕСТИ́** св
1. *нсв* сгреба́ть (III.1.А2в)
2. *буд.* сгребу́, сгребёшь, сгребёт, сгребём, сгребёте, сгребу́т (III.2.Б1а)
3. *прош.* сгрёб, сгребла́, сгребло́, сгребли́ (III.3.В1в)
4. *провел.* сгреби́(те) (III.4.А1)
5. *прич. действ. наст.* не образ. (III.5)
6. *прич. действ. прош.* сгрёбший (III.6)
7. *прич. страд. наст.* не образ. (III.7)
8. *прич. страд. прош.* сгребённый (III.8.В1); *кр. ф.* сгребён, сгребена́, сгребено́, сгребены́
9. *деепр.* сгребя́
**сдав** см. сдать
**сдава́емый** см. сдава́ть
**СДАВА́ТЬ** нсв — св сдать
1. *наст.* сдаю́, сдаёшь, сдаёт, сдаём, сдаёте, сдаю́т (III.2.В)
2. *повел.* сдава́й(те) (III.4.В1)
3. *прич. действ. наст.* сдаю́щий (III.5.В1)
4. *прич. страд. наст.* сдава́емый (III.7.В1)
5. *прич. страд. прош.* не образ. (III.5)
6. *деепр.* сдава́я (III.9.В1)
**сдава́я** см. сдава́ть
**сда́нный** см. сдать
**СДАТЬ** св
1. *нсв* сдава́ть (III.1.А3)
2. *буд.* сдам, сдашь, сдаст, сдади́м, сдади́те, сдаду́т (III.2.А3 и III.2.Б1б)
3. *повел.* сда́й(те)
4. *прош.* сдал, сдала́, сда́ло, сда́ли (III.3.А1)
5. *прич. действ. наст.* не образ. (III.5)
6. *прич. страд. наст.* не образ. (III.7)
7. *прич. страд. прош.* сда́нный;

*кр. ф.* сдан, сдана́, сдано́, сданы́
8. *деепр.* сдав
**сдаю́щий** см. сдава́ть
**сев** см. сесть
**СЕ́ВЕР**, -а, м
1. *мн.* нет (I.3.Е1)
**СЕГО́ДНЯШН|ИЙ**, -яя, -ее, -ие
1. *кр. ф.* не образ. (II.1)
2. *сравн. ст.* не образ. (II.2)
3. *превосх. ст.* не образ. (II.3)
**СЕД|О́Й**, -а́я, -о́е, -ы́е
1. *кр. ф.* сед, седа́, се́до, се́ды и *доп.* седы́ (II.1.А)
**СЕКРЕТА́РЬ**, секретаря́, м
1. *род. ед.* секретаря́ (I.1.А1)
2. *им. мн.* секретари́ (I.3.А1б)
3. *м. р. — ж. р.*; о нормативности согласования см. I.5.В, а также а́втор
**СЕЛ|О́**, -а́, с
1. *им. мн.* сёла (I.3.Б1в)
2. *согласование*
— названия сёл, выступающие в роли грамматического приложения к слову «село» и выраженные склоняемыми существительными, как правило, согласуются в падеже со словом «село»: *в селе́ Горю́хине, о́коло села́ Я́ковлева, у села́ Весело́вки, за село́м Илья́нским*;
— не согласуются в падеже со словом «село» названия, выраженные существительными, род или число которых расходится с грамматическим родом или числом слова «село», а также составные названия: *у села́ Угля́нец, за село́м Катаго́щи, в селе́ Ма́лые Мыти́щи*.
3. *склонение*
— при отсутствии слова «село» названия сёл (в том числе и названия на -*о*) склоняются: *Во мно́гих сёлах, наприме́р в Горю́хине и Я́ковлеве, постро́ены но́вые шко́лы.*

**СЕЛЬД|Ь**, -и, ж
1. *род. мн.* сельде́й (I.4.А3б)
**СЕМ|ЬЯ́**, -ьи́, ж
1. *им. мн.* се́мьи (I.3.А2)
2. *род. мн.* семе́й (I.4.В1)

**СЕРДЕ́ЧН|ЫЙ,** -ая, -ое, -ые
1. *кр. ф.* серде́чен, серде́чна, серде́чно, серде́чны (II.1.Б1)

**СЕРДИ́ТЬСЯ** нсв нп
1. *наст.* сержу́сь, се́рдишься, се́рдится, се́рдимся, се́рдитесь, се́рдятся (III.2.А2 *и* III.2.Б2)
2. *повел.:* обычно с отриц. не серди́сь, не серди́тесь (III.4.В1)
3. *прич. действ. наст.* сердя́щийся (III.5.А1)
4. *прич. страд. наст. не образ.* (III.7)
5. *прич. страд. прош. не образ.* (III.8)
6. *деепр.* сердя́сь (III.9.А1)

**СЕ́РДЦ|Е,** -а, *с*
1. *им. мн.* сердца́ (I.3.А3б)
2. *род. мн.* серде́ц (I.4.Б2а)
3. *сочет. с предлогами:* пришёлся по́ сердцу '*понравился*', как ножо́м по се́рдцу '*об ощущении внезапной душевной боли от какой-либо неприятности, беды*', берёт за́ сердце '*волнует*', хвата́ться за се́рдце '*о жесте, выражающем боль, глубокое волнение*', положа́ ру́ку на́ сердце '*искренне*', жа́ловаться на се́рдце '*жаловаться на боли в сердце, на болезнь сердца*'

**сердя́сь** см. с е р д и́ т ь с я
**сердя́щийся** см. с е р д и́ т ь с я

**СЕРЕДИ́Н|А,** -ы, *ж*
1. *мн. нет* (I.3.Е1)

**СЕРП,** серпа́, *м*
1. *род. ед.* серпа́ (I.1.А1)
2. *им. мн.* серпы́ (I.3.А1б)

**СЕ́Р|ЫЙ,** -ая, -ое, -ые
1. *кр. ф.* сер, сера́, се́ро, се́ры (II.1.А)
2. *сравн. ст.* сере́е (II.2.А1)
3. *превосх. ст.* серейший (II.3.А1)

**СЕРЬЁЗН|ЫЙ,** -ая, -ое, -ые
1. *кр. ф.* серьёзен, серьёзна, серьёзно, серьёзны (II.1.Б1)

**СЕСТР|А́,** -ы́, *ж* — ср. б р а т
1. *им. мн.* сёстры (I.3.Б1б)
2. *род. мн.* сестёр (I.4.В1)
3. *сочет. с фамилией*
— при слове «сёстры» нерусские фамилии ставятся в форме ед. числа: *сёстры Пресс, сёстры Кох*;
— при словосочетании «сестра и брат» фамилии (в том числе и нерусские) обычно ставятся в форме мн. числа: *сестра́ и брат Ивано́вы, сестра́ и брат Шле́гели*.
4. *форма сказуемого*
— сказуемое при подлежащем, выраженном оборотом «сестра с братом», ставится в форме мн. числа, если действие приписывается двум равноправным субъектам: *Сестра́ с бра́том уе́хали в дере́вню*;
— сказуемое ставится в форме ед. числа, если подлежащим является только слово «сестра», а слово в твор. пад. («с братом») обозначает лицо, сопутствующее производителю действия: *Сестра́ с бра́том уе́хала в дере́вню* (т. е. *Сестра́ уе́хала в дере́вню с бра́том*);
— при наличии слов «вместе», «совместно» чаще используется форма ед. числа сказуемого: *Сестра́ вме́сте с бра́том уе́хала в дере́вню*.

**СЕСТЬ** св нп
1. *нсв* сади́ться (III.1.Д1)
2. *буд.* ся́ду, ся́дешь, ся́дет, ся́дем, ся́дете, ся́дут (III.2.Б1а)
3. *повел.* ся́дь(те) (III.4.А2б)
4. *прич. действ. наст. не образ.* (III.5)
5. *прич. страд. наст. не образ.* (III.7)
6. *прич. страд. прош. не образ.* (III.8)
7. *деепр.* сев

**СЕ́ТК|А,** -и, *ж*
1. *род. мн.* се́ток (I.4.Б1б)

**СЕ́ЯЛК|А,** -и, *ж*
1. *род. мн.* се́ялок (I.4.Б1б)

**сжав**¹ см. с ж а т ь¹
**сжав**² см. с ж а т ь²

**СЖАТЬ**¹ (ру́ку) св
1. *нсв* сжима́ть (III.1.Б)
2. *буд.* сожму́, сожмёшь, сожмёт, сожмём, сожмёте, сожму́т (III.2.А4 *и* III.2.Б1а)
3. *повел.* сожми́(те) (III.4.А1)

# СЖАТЬ

4. *прич. действ. наст. не образ.* (III.5)
5. *прич. страд. наст. не образ.* (III.7)
6. *деепр.* сжав
   **СЖАТЬ**² (рожь) *св*
1. *нсв* сжинать (III.1.Б)
2. *буд.* сожну, сожнёшь, сожнёт, сожнём, сожнёте, сожнут (III.2.А4 *и* III.2.Б1а)
3. *повел.* сожни(те) (III.4.А1)
4. *прич. действ. наст. не образ.* (III.5)
5. *прич. страд. наст. не образ.* (III.7)
6. *деепр.* сжав
   сжёгший см. сжечь
   **СЖЕЧЬ** *св*
1. *нсв* сжигать (III.1.А2в)
2. *буд.* сожгу, сожжёшь, сожжёт, сожжём, сожжёте, сожгут (III.2.А4 *и* III.2.Б1б)
3. *прош.* сжёг, сожгла, сожгло, сожгли (III.3.В1а)
4. *повел.* сожги(те) (III.4.А1)
5. *прич. действ. наст. не образ.* (III.5)
6. *прич. действ. прош.* сжёгший
7. *прич. страд. наст. не образ.* (III.7)
8. *прич. страд. прош.* сожжённый (III.8.В4); *кр. ф.* сожжён, сожжена, сожжено, сожжены
9. *деепр.* нет
   **СЖИГАТЬ** *нсв — св* сжечь
   **СЖИМАТЬ** *нсв — св* сжать¹
   **СЖИНАТЬ** *нсв — св* сжать²
   **СИДЕТЬ** *нсв нп*
1. *наст.* сижу, сидишь, сидит, сидим, сидите, сидят (III.2.А4 *и* III.2.Б2)
2. *прич. страд. наст. не образ.* (III.7)
3. *прич. страд. прош. не образ.* (III.8)
4. *деепр.* сидя (III.9.А2)
   сидя см. сидеть
   **СИЛЬН|ЫЙ**, -ая, -ое, -ые
1. *кр. ф.* силён *и доп. устар.* силен, сильна, сильно, сильны *и доп. устар.* сильны (II.1.Б2)
2. *сравн. ст.* сильнее (II.2.А1)
3. *превосх. ст.* сильнейший (II.3.А1)

**СИРОТ|А́**, -ы́, *м и ж*
1. *м. р. — ж. р.*: о нормативности согласования см. I.5.Б
   сказав см. сказать
   сказанный см. сказать
   **СКАЗАТЬ** *св*
1. *нсв* говорить (III.1.Д1)
2. *буд.* скажу, скажешь, скажет, скажем, скажете, скажут (III.2.А2 *и* III.2.Б1а)
3. *повел.* скажи(те) (III.4.А1)
4. *прич. действ. наст. не образ.* (III.5)
5. *прич. страд. наст. не образ.* (III.7)
6. *прич. страд. прош.* сказанный (III.8.А1а)
7. *деепр.* сказав
   **СКАЗК|А**, -и, *ж*
1. *род. мн.* сказок (I.4.Б1б)
   **СКАКАТЬ** *нсв нп*
1. *наст.* скачу, скачешь, скачет, скачем, скачете, скачут (III.2.А2 *и* III.2.Б1а)
2. *повел.* скачи(те) (III.4.А1)
3. *прич. действ. наст.* скачущий (III.5.Б2)
4. *прич. страд. наст. не образ.* (III.7)
5. *прич. страд. прош. не образ.* (III.8)
6. *деепр.* скача (III.9.Б2а)
   **СКАМЕЙК|А**, -и, *ж*
1. *род. мн.* скамеек (I.4.В1)
   **СКАТЕРТ|Ь**, -и, *ж*
1. *род. мн.* скатертей (I.4.А3б)
2. *дат. мн.* скатертям
3. *твор. мн.* скатертями
4. *предл. мн.* о скатертях
   скача см. скакать
   скачущий см. скакать
   **СКАШИВАТЬ**¹ *нсв — св* скосить¹
   **СКАШИВАТЬ**² *нсв — св* скосить²
   **СКВОРЕЦ**, скворца, *м*
1. *род. ед.* скворца (I.1.Б2а)
2. *им. мн.* скворцы (I.3.В2а)
   **СКЛАДЫВАТЬ** *нсв — св* сложить
   **СКОБК|А**, -и, *ж*
1. *род. мн.* скобок (I.4.Б1б)
   **СКОРОСТ|Ь**, -и, *ж*
1. *им. мн.* скорости (I.3.Е2б)

2. *род. мн.* скоросте́й (I.4.А3б)
3. *дат. мн.* скоростя́м
4. *твор. мн.* скоростя́ми
5. *предл. мн.* о скоростя́х
6. *нормативны конструкции*: ско́рость 50 киломе́тров в час *и* ско́рость в 50 киломе́тров в час
**скосив**¹ см. с к о с и́ т ь¹
**скосив**² см. с к о с и́ т ь²
**СКОСИ́ТЬ**¹ (траву́) *св*
1. *нсв* ска́шивать¹ (III.1.А1в)
2. *буд.* скошу́, ско́сишь, ско́сит, ско́сим, ско́сите, ско́сят (III.2.А2 *и* III.2.Б2)
3. *повел.* скоси́(те) (III.4.В1)
4. *прич. действ. наст. не образ.* (III.5)
5. *прич. страд. наст. не образ.* (III.7)
6. *прич. страд. прош.* ско́шенный (III.8.Б2а); *кр. ф.* ско́шен, ско́шена, ско́шено, ско́шены
7. *деепр.* скоси́в
**СКОСИ́ТЬ**² 'напра́вить вкось' *св*
1. *нсв* ска́шивать² (III.1.А1в)
2. *буд.* скошу́, скоси́шь, скоси́т, скоси́м, скоси́те, скося́т (III.2.А4 *и* III.2.Б2)
3. *прич. действ. наст. не образ.* (III.5)
4. *прич. страд. наст. не образ.* (III.7)
5. *прич. страд. прош.* ско́шенный (III.8.Б2а); *кр. ф.* ско́шен, ско́шена, ско́шено, ско́шены
6. *деепр.* скоси́в
**СКОТ** (собир.), скота́, м
1. *род. ед.* скота́ (I.1.А1)
2. *дат. ед.* скоту́
3. *твор. ед.*ското́м
4. *предл. ед.* о скоте́
5. *мн. нет* (I.3.Е1)
**ско́шенный**¹ см. с к о с и́ т ь¹
**ско́шенный**² см. с к о с и́ т ь²
**СКРИ́ПК|А**, -и, *ж*
1. *род. мн.* скри́пок (I.4.Б1б)
**СКРО́МН|ЫЙ**, -ая, -ое, -ые
1. *кр. ф.* скро́мен, скромна́, скро́мно, скро́мны *и* скромны́ (II.1.Б2)
2. *сравн. ст.* скромне́е (II.2.А1)
3. *превосх. ст.* скромне́йший (II.3.А1)

**СКРЫВА́ТЬСЯ** *нсв нп* — *св* с к р ы́ т ь с я
**скры́вшись** см. с к р ы́ т ь с я
**СКРЫ́ТЬСЯ** *св нп*
1. *нсв* скрыва́ться (III.1.А3)
2. *буд.* скро́юсь, скро́ешься, скро́ется, скро́емся, скро́етесь, скро́ются (III.2.Б1а)
3. *повел.* скро́йся, скро́йтесь (III.4.А2а)
4. *прич. действ. наст. не образ.* (III.5)
5. *прич. страд. наст. не образ.* (III.7)
6. *прич. страд. прош. не образ.* (III.8)
7. *деепр.* скры́вшись
**СКУ́ЧН|ЫЙ**, -ая, -ое, -ые
1. *кр. ф.* ску́чен, скучна́, ску́чно, скучны́ *и* ску́чны (II.1.Б2)
2. *сравн. ст.* скучне́е (II.2.А1)
3. *превосх. ст.* скучне́йший (II.3.А1)
**СЛА́Б|ЫЙ**, -ая, -ое, -ые
1. *кр. ф.* слаб, слаба́, сла́бо, сла́бы *и доп.* слабы́ (II.1.А)
2. *сравн. ст.* слабе́е (II.2.А1)
3. *превосх. ст.* слабе́йший (II.3.А1)
**СЛА́В|А**, -ы, *ж*
1. *мн. нет* (I.3.Е1)
**СЛА́ВН|ЫЙ**, -ая, -ое, -ые
1. *кр. ф.* сла́вен, славна́, сла́вно, сла́вны (II.1.Б2)
2. *сравн. ст. нет* (II.2.Д)
3. *превосх. ст. нет* (II.3.Г)
**СЛА́ДК|ИЙ**, -ая, -ое, -ие
1. *кр. ф.* сла́док, сладка́, сла́дко, сла́дки (II.1.Б2)
2. *сравн. ст.* сла́ще (II.2.В1а)
3. *превосх. ст.* сладча́йший (II.3.Б1)
**СЛЕД**, следа́, *м*
1. *род. ед.* следа́ (I.1.А1)
2. *предл. ед.* в сле́де, на сле́де *и* в следу́, на следу́ (I.2.Б)
3. *им. мн.* следы́ (I.3.А1б)
**СЛЕДИ́ТЬ** *нсв нп*
1. *наст.* слежу́, следи́шь, следи́т, следи́м, следи́те, следя́т (III.2.А4 *и* III.2.Б2)
2. *прич. страд. наст. не образ.* (III.7)

## СЛЕДОВАТЬ

3. *прич. страд. прош. не образ.* (III.8)
4. *деепр.* следя́
   **СЛЕ́ДОВАТЬ** нсв нп
1. *наст.* сле́дую, сле́дуешь, сле́дует, сле́дуем, сле́дуете, сле́дуют (III.2.Б1а)
2. *повел.* сле́дуй(те) (III.4.А2а)
3. *прич. действ. наст.* сле́дующий (III.5.Б1) — ср. *прил.* с л е́ - д у ю щ и й
4. *прич. страд. наст. не образ.* (III.7)
5. *прич. страд. прош. не образ.* (III.8)
6. *деепр.* сле́дуя (III.9.Б1)
   **СЛЕ́ДУЮЩ|ИЙ**, -ая, -ее, -ие — ср. *прич.* с л е́ д у ю щ и й
1. *кр. ф. не образ.* (II.1)
2. *сравн. ст. не образ.* (II.2)
3. *превосх. ст. не образ.* (II.3)
   сле́дуя см. с л е́ д о в а т ь
   сле́дующий см. с л е́ д о в а т ь
   следя́ см. с л е д и́ т ь
   **СЛЕЗ|А́**, -ы́, ж
1. *им. мн.* слёзы (I.3.Б1б)
   **СЛЕП|О́Й**, -а́я, -о́е, -ы́е
1. *кр. ф.* слеп, слепа́, сле́по, сле́пы (II.1.А)
2. *сравн. ст.* нет (II.2.Д)
3. *превосх. ст.* нет (II.3.Г)
   **СЛЕ́САР|Ь**, -я, м
1. *им. мн.* слесаря́
2. *род. мн.* слеса́рей
   **СЛИ́ВКИ**, сли́вок, мн.
1. *ед.* нет (I.3.Ж1)
2. *род. мн.* сли́вок (I.4.Б3б)
   **СЛОВА́РЬ**, словаря́, м
1. *род. ед.* словаря́ (I.1.А1)
2. *им. мн.* словари́ (I.3.А1б)
   **СЛО́В|О**, -а, с
1. *им. мн.* слова́ (I.3.А3б)
2. *род. мн.* слов (I.4.А1б)
   **СЛОГ**, -а, м
1. *им. мн.* сло́ги
2. *род. мн.* слого́в (I.4.А2)
3. *дат. мн.* слога́м
4. *твор. мн.* слога́ми
5. *предл. мн.* в слога́х
   сло́женный см. с л о ж и́ т ь
   **СЛОЖЁНН|ЫЙ**, -ая, -ое, -ые — ср. *прич.* с л о́ ж е н н ы й
1. *кр. ф.* сложён, сложена́, сложено́, сложены́

2. *сравн. ст. не образ.* (II.2)
3. *превосх. ст. не образ.* (II.3)
   сложи́в см. с л о ж и́ т ь
   **СЛОЖИ́ТЬ** св
1. *нсв* скла́дывать (III.1.Д1)
2. *буд.* сложу́, сло́жишь, сло́жит, сло́жим, сло́жите, сло́жат (III.2.А1)
3. *прич. действ. наст. не образ.* (III.5)
4. *прич. страд. наст. не образ.* (III.7)
5. *прич. страд. прош.* сло́женный (III.8.А2); *кр. ф.* сло́жен, сло́жена, сло́жено, сло́жены — ср. *прил.* с л о ж ё н н ы й
6. *деепр.* сложи́в
   **СЛО́ЖН|ЫЙ**, -ая, -ое, -ые
1. *кр. ф.* сло́жен, сложна́, сло́жно, сложны́ и сло́жны (II.1.Б2)
2. *сравн. ст.* сложне́е (II.2.А1)
3. *превосх. ст.* сложне́йший (II.3.А1)
   **СЛОН**, слона́, м
1. *род. ед.* слона́ (I.1.А1)
2. *им. мн.* слоны́ (I.3.А1б)
   служа́ см. с л у ж и́ т ь
   **СЛУ́ЖАЩ|ИЕ**, -их, мн.
1. *ед.* слу́жащ|ий, -его, м (I.3.Ж2б) — ср. *прил.* с л у ж а́ щ и й
   **СЛУ́ЖАЩ|ИЙ**, -ая, -ее, -ие — ср. *прич.* с л у ж а́ щ и й
1. *кр. ф. не образ.* (II.1)
2. *сравн. ст. не образ.* (II.2)
3. *превосх. ст. не образ.* (II.3)
   слу́жащий см. с л у ж и́ т ь
   **СЛУЖИ́ТЬ** нсв нп
1. *наст.* служу́, слу́жишь, слу́жит, слу́жим, слу́жите, слу́жат (III.2.А1)
2. *прич. действ. наст.* служа́щий — ср. *прил.* с л у́ ж а щ и й
3. *прич. страд. наст. не образ.* (III.7)
4. *прич. страд. прош. не образ.* (III.8)
5. *деепр.* служа́
   **СЛУЧА́ЙН|ЫЙ**, -ая, -ое, -ые
1. *кр. ф.* случа́ен, случа́йна, случа́йно, случа́йны (II.1.Б1)
   случа́сь см. с л у ч и́ т ь с я
   **СЛУЧА́ТЬСЯ** нсв нп — св с л у ч и́ т ь с я

**случи́вшись** см. случи́ться
**СЛУЧИ́ТЬСЯ** *св нп — нсв* случа́ться
1. *повел. нет* (III.4.Г)
2. *прич. действ. наст. не образ.* (III.5)
3. *прич. страд. наст. не образ.* (III.7)
4. *прич. страд. прош. не образ.* (III.8)
5. *деепр.* случи́вшись *и* случа́сь (III.10.Б)
**слы́ша** см. слы́шать
**СЛЫ́ШАТЬ** *нсв*
1. *повел. нет* (III.4.Г)
2. *деепр.* слы́ша
**СМЕ́ЛОСТ|Ь**, -и, *ж*
1. *мн. нет* (I.3.Е1)
**СМЕ́Л|ЫЙ**, -ая, -ое, -ые
1. *кр. ф.* смел, смела́, сме́ло, смелы́ *и* сме́лы (II.1.А)
2. *сравн. ст.* смеле́е (II.2.А1)
3. *превосх. ст.* смеле́йший (II.3.А1)
**СМЕРТ|Ь**, -и, *ж*
1. *род. мн.* смерте́й (I.4.А3б)
2. *сочет. с предлогами:* до сме́рти отца́; до́ смерти 'о́чень, кра́йне'; не на жи́знь, а на́ смерть 'не щадя́ свое́й жи́зни' (*но* на́смерть, *нареч.*); быть при́ смерти 'умира́ть'
**СМЕХ**, -а, *м*
1. *род. ед.* сме́ха, *но* не до сме́ху 'о тяжёлом, неприя́тном положе́нии', умира́ть со́ смеху 'неуде́ржимо, до изнеможе́ния смея́ться' (I.1.Д)
2. *мн. нет* (I.3.Е1)
**СМЕШН|О́Й**, -а́я, -о́е, -ы́е
1. *кр. ф.* смешо́н, смешна́, смешно́, смешны́ (II.1.Б2)
**сме́йсь** см. смея́ться
**СМЕЯ́ТЬСЯ** *нсв нп*
1. *повел.* сме́йся, сме́йтесь (III.4.А2)
2. *прич. страд. наст. не образ.* (III.7)
3. *прич. страд. прош. не образ.* (III.8)
4. *деепр.* смея́сь
**СМОТРЕ́ТЬ** *нсв кого́, что и нп*
1. *наст.* смотрю́, смо́тришь, смо́трит, смо́трим, смо́трите, смо́трят (III .2.А1)
2. *прич. действ. наст.* смотря́щий (III.5.А1)
3. *прич. страд. наст.:* смотре́ть кого́, что — нет (III.7.Г); смотре́ть *нп — не образ.* (III.7)
4. *прич. страд. прош. не образ.* (III.8)
5. *деепр.* смотря́ (III.9.А1)
**смотря́** см. смотре́ть
**смотря́щий** см. смотре́ть
**СНЕГ**, -а (-у), *м*
1. *род. ед.* сне́га *и* сне́гу: та́яние сне́га, мно́го сне́га *и* мно́го сне́гу, следы́ раста́явшего сне́га (I.1.Г)
2. *предл. ед.* о сне́ге, *но* в снегу́, на снегу́ (I.2.А)
3. *им. мн.* снега́ 'снежные просто́ры' (I.3.Е2в)
4. *сочет. с предлогами:* идти́ по сне́гу *и* идти́ по́ снегу
**СНИМА́ТЬ** *нсв — св* снять
**СНИ́МОК**, сни́мка, *м*
1. *род. ед.* сни́мка (I.1.Б1б)
2. *им. мн.* сни́мки (I.3.В1б)
**сняв** см. снять
**сня́тый** см. снять
**СНЯТЬ** *св*
1. *нсв* снима́ть (III.1.Б)
2. *буд.* сниму́, сни́мешь, сни́мет, сни́мем, сни́мете, сни́мут (III.2.А2 *и* III.2.Б1а)
3. *прош.* снял, сняла́, сня́ло, сня́ли (III.3.А1)
4. *повел.* сними́(те) (III.4.А1)
5. *прич. действ. наст. не образ.* (III.5)
6. *прич. страд. наст. не образ.* (III.7)
7. *прич. страд. прош.* сня́тый; *кр. ф.* снят, снята́, сня́то, сня́ты (III.8.А3д)
8. *деепр.* сняв
**СОБИРА́ТЬ** *нсв — св* собра́ть
**собра́в** см. собра́ть
**собра́вшийся** см. собра́ться
**собра́вшись** см. собра́ться
**со́бранный** см. собра́ть
**СОБРА́ТЬ** *св*
1. *нсв* собира́ть (III.1.Б)
2. *буд.* соберу́, соберёшь, собе-

# СОБРАТЬСЯ

рёт, соберём, соберёте, соберу́т (III.2.А4 и III.2.Б1а)
3. *прош.* собра́л, собрала́, собра́ло, собра́ли (III.3.А1)
4. *повел.* собери́(те) (III.4.А1)
5. *прич. действ. наст. не образ.* (III.5)
6. *прич. страд. наст. не образ.* (III.7)
7. *прич. страд. прош.* со́бранный (III.8.А1а)
8. *деепр.* собра́в

**СОБРА́ТЬСЯ** *св нп*
1. *нсв* собира́ться (III.1.Б)
2. *буд.* соберу́сь, соберёшься, соберётся, соберёмся, соберётесь, соберу́тся (III.2.А4 и III.2.Б2)
3. *прош.* собра́лся и *доп. устар.* собрался́, собрала́сь, собрало́сь и *доп.* собра́лось, собрали́сь и *доп.* собра́лись (III.3.А1)
4. *повел.* собери́сь, собери́тесь (III.4.А1)
5. *прич. действ. наст. не образ.* (III.5)
6. *прич. действ. прош. не образ.* (III.5)
7. *прич. страд. наст. не образ.* (III.7)
8. *прич. страд. прош. не образ.* (III.8)
9. *деепр.* собра́вшись

**СОВЕРША́ТЬ** *нсв — св* соверши́ть

**СОВЕРШЁНН|ЫЙ**, -ая, -ое, -ые — ср. *прич.* соверше́нный
1. *кр. ф.* соверше́нен, соверше́нна, соверше́нно, соверше́нны (II.1.Б1)

**соверше́нный** см. соверши́ть

**соверши́в** см. соверши́ть

**СОВЕРШИ́ТЬ** *св — нсв* соверша́ть
1. *прич. действ. наст. не образ.* (III.5)
2. *прич. страд. наст. не образ.* (III.7)
3. *прич. страд. прош.* совершённый; *кр. ф.* совершён, совершена́, совершено́, совершены́ — ср. *прил.* соверше́нный
4. *деепр.* соверши́в

**СО́ВЕСТ|Ь**, -и, *ж*
1. *мн. нет* (I.3.Е1)

**СОВЕ́ТОВАТЬ** *нсв*
1. *наст.* сове́тую, сове́туешь, сове́тует, сове́туем, сове́туете, сове́туют (III.2.Б1а)
2. *повел.* сове́туй(те) (III.4.А2а)
3. *прич. действ. наст.* сове́тующий (III.5.Б1)
4. *прич. страд. наст.* сове́туемый (III.7.А1)
5. *прич. страд. прош. не образ.* (III.8)
6. *деепр.* сове́туя (III.9.Б1)

**сове́туемый** см. сове́товать
**сове́тующий** см. сове́товать
**сове́туя** см. сове́товать

**СОВРЕМЕ́НН|ЫЙ**, -ая, -ое, -ые
1. *кр. ф.* совреме́нен, совреме́нна, совреме́нно, совреме́нны (II.1.Б1)

**согласи́вшись** см. согласи́ться

**СОГЛАСИ́ТЬСЯ** *св нп*
1. *нсв* соглаша́ться (III.1.А2а)
2. *буд.* соглашу́сь, согласи́шься, согласи́тся, согласи́мся, согласи́тесь, соглася́тся (III.2.А4 и III.2.Б2)
3. *прич. действ. наст. не образ.* (III.5)
4. *прич. страд. наст. не образ.* (III.7)
5. *прич. страд. прош. не образ.* (III.8)
6. *деепр.* согласи́вшись и соглася́сь (III.10.Б1)

**соглася́сь** см. согласи́ться

**СОГЛАША́ТЬСЯ** *нсв нп — св* согласи́ться

**содержа́** см. содержа́ть

**СОДЕРЖА́ТЬ** *нсв*
1. *наст.* содержу́, соде́ржишь, соде́ржит, соде́ржим, соде́ржите, соде́ржат (III.2.А1)
2. *прич. действ. наст.* содержа́щий (III.5.А1)
3. *прич. страд. наст.* нет (III.7.Г)
4. *прич. страд. прош. не образ.* (III.8)
5. *деепр.* содержа́ (III.9.А1)

**содержа́щий** см. содержа́ть
**соединённый** см. соедини́ть
**соедини́в** см. соедини́ть

## СОЗРЕВАТЬ

соедини́вшись см. соедини́ться

**СОЕДИНИ́ТЬ** *св — нсв* соединя́ть
1. *прич. действ. наст. не образ.* (III.5)
2. *прич. страд. наст. не образ.* (III.7)
3. *прич. страд. прош.* соединённый; *кр. ф.* соединён, соединена́, соединено́, соединены́
4. *деепр.* соедини́в

**СОЕДИНИ́ТЬСЯ** *св нп — нсв* соединя́ться
1. *прич. действ. наст. не образ.* (III.5)
2. *прич. страд. наст. не образ.* (III.7)
3. *прич. страд. прош. не образ.* (III.8)
4. *деепр.* соедини́вшись и соединя́сь (III.10.Б1)

соединя́сь см. соедини́ться

**СОЕДИНЯ́ТЬ** *нсв — св* соедини́ть

**СОЕДИНЯ́ТЬСЯ** *нсв нп — св* соедини́ться

сожжённый см. сжечь
создава́емый см. создава́ть
созда́в см. созда́ть

**СОЗДАВА́ТЬ** *нсв — св* созда́ть
1. *наст.* создаю́, создаёшь, создаёт, создаём, создаёте, создаю́т (III.2.В)
2. *повел.* создава́й(те) (III.4.В1)
3. *прич. действ. наст.* создаю́щий (III.5.В1)
4. *прич. страд. наст.* создава́емый (III.7.В)
5. *прич. страд. прош. не образ.* (III.8)
6. *деепр.* создава́я (III.9.В1)

**СОЗДАВА́ТЬСЯ** *нсв нп — св* созда́ться
1. *наст.:* 1 и 2 л. не употр. (III.2.Д2), создаётся, создаю́тся (III.2.В)
2. *повел.* нет (III.4.Г)
3. *прич. действ. наст.* создаю́щийся (III.5.В1)
4. *прич. страд. наст. не образ.* (III.7)
5. *прич. страд. прош. не образ.* (III.8)
6. *деепр.* создава́ясь

создава́я см. создава́ть
создава́ясь см. создава́ться
созда́вший см. созда́ть
созда́вшийся см. созда́ться
созда́вшись см. созда́ться
со́зданный см. созда́ть

**СОЗДА́ТЬ** *св*
1. *нсв* создава́ть (III.1.А3)
2. *буд.* созда́м, созда́шь, созда́ст, создади́м, создади́те, создаду́т (III.2.А3 и III.2.Б1б)
3. *прош.* со́здал и *доп.* созда́л, создала́, со́здало и *доп.* созда́ло, со́здали и *доп.* созда́ли (III.3.А1)
4. *повел.* созда́й(те)
5. *прич. действ. наст. не образ.* (III.5)
6. *прич. действ. прош.* созда́вший (III.6.А1)
7. *прич. страд. наст. не образ.* (III.7)
8. *прич. страд. прош.* со́зданный (III.8.А1б); *кр. ф.* со́здан, создана́ и *доп.* со́здана, со́здано, со́зданы (III.8.А1в)
9. *деепр.* созда́в

**СОЗДА́ТЬСЯ** *св нп*
1. *нсв* создава́ться (I.1.А3)
2. *буд.:* 1 и 2 л. не употр. (III.2.Д2), созда́стся, создаду́тся (III.2.А3 и III.2.Б1б)
3. *прош.* созда́лся и *доп. устар.* создался́, создала́сь, создало́сь и *доп.* созда́лось, создали́сь и *доп.* созда́лись (III.3.А1)
4. *повел.* нет (III.4.7)
5. *прич. действ. наст. не образ.* (III.5)
6. *прич. действ. прош.* созда́вшийся (III.6.А1)
7. *прич. страд. наст. не образ.* (III.7)
8. *прич. страд. прош. не образ.* (III.8)
9. *деепр.* созда́вшись

создаю́щий см. создава́ть
создаю́щийся см. создава́ться
созре́в см. созре́ть

**СОЗРЕВА́ТЬ** *нсв нп — св* созре́ть

**СОЗРЕ́ТЬ** *св нп*
1. *нсв* созрева́ть (III.1.А3)
2. *повел.* нет (III.4.Г)
3. *прич. действ. наст. не образ.* (III.5)
4. *прич. страд. наст. не образ.* (III.7)
5. *прич. страд. прош. не образ.* (III.8)
6. *деепр.* созре́в

сойдя́ см. с о й т и́
**СОЙТИ́** *св нп*
1. *нсв* сходи́ть (III.1.Д1)
2. *буд.* сойду́, сойдёшь, сойдёт, сойдём, сойдёте, сойду́т (III.2.Б1а)
3. *прош.* сошёл, сошла́, сошло́, сошли́ (III.3.В2)
4. *повел.* сойди́(те) (III.4.А1)
5. *прич. действ. наст. не образ.* (III.5)
6. *прич. действ. прош.* соше́дший (III.6.Б4)
7. *прич. страд. наст. не образ.* (III.7)
8. *прич. страд. прош. не образ.* (III.8)
9. *деепр.* сойдя́ (III.10.А1)

**СОК,** -а (-у), *м*
1. *род. ед.* со́ка *и* со́ку: сорт со́ка, вы́пить со́ка *и* вы́пить со́ку, немно́го со́ка *и* немно́го со́ку, стака́н виногра́дного со́ка (I.1.Г)
2. *предл. ед.* в пита́тельном со́ке, в вишнёвом со́ке, *но* вари́ться в со́бственном соку́ *перен.* 'жить или работать без общения с другими, не используя чужого опыта' (I.2.Б)

со́ленный см. с о л и́ т ь
**СОЛЁН|ЫЙ,** -ая, -ое, -ые *ср. прич.* со́ленный
1. *кр. ф.* со́лон, солона́, со́лоно, солоны́ *и* со́лоны (II.1.А)
2. *сравн. ст.* солоне́е (II.2.Б2б)
3. *превосх. ст.* солоне́йший (II.3.Б2)

**СОЛИ́ТЬ** *нсв*
1. *наст.* солю́, со́лишь *и доп.* соли́шь, со́лит *и доп.* соли́т, со́лим *и доп.* соли́м, со́лите *и доп.* соли́те, со́лят *и доп.* соля́т
2. *прич. действ. наст.* соля́щий (III.5.А1)
3. *прич. страд. наст.* нет (III.7.Г)
4. *прич. страд. прош.* со́ленный; *кр. ф.* со́лен, со́лена, со́лено, со́лены — *ср. прил.* солё́ный
5. *деепр.* соля́ (III.9.А1)

**СОЛОВ|Е́Й,** -ья́, *м*
1. *род. ед.* соловья́ (I.1.В1)
2. *им. мн.* соловьи́ (I.3.Д1)

**СОЛ|Ь,** -и, *ж*
1. *им. мн.* со́ли (минера́льные) (I.3.Е2а)
2. *род. мн.* соле́й (I.4.А3б)

соля́ см. с о л и́ т ь
соля́щий см. с о л и́ т ь
**СОН,** сна, *м*
1. *род. ед.* сна (I.1.Б2б)
2. *им. мн.* сны (I.3.В2б)

**СООБЩА́ТЬ** *нсв* — *св* с о о б-
щ и́ т ь
сообщённый см. с о о б щ и́ т ь
сообщи́в см. с о о б щ и́ т ь
**СООБЩИ́ТЬ** *св* — *нсв* сообща́ть
1. *прич. действ. наст. не образ.* (III.5)
2. *прич. страд. наст. не образ.* (III.7)
3. *прич. страд. прош.* сообщённый; *кр. ф.* сообщён, сообщена́, сообщено́, сообщены́
4. *деепр.* сообщи́в

**СООТВЕ́ТСТВОВАТЬ** *нсв нп*
1. *наст.* соотве́тствую, соотве́тствуешь, соотве́тствует, соотве́тствуем, соотве́тствуете, соотве́тствуют (III.2.Б1а)
2. *повел.* соотве́тствуй(те) (III.4.А2а)
3. *прич. действ. наст.* соотве́тствующий (III.5.Б1) — *ср. прил.* с о о т в е́ т с т в у ю щ и й
4. *прич. страд. наст. не образ.* (III.7)
5. *прич. страд. прош. не образ.* (III.8)
6. *деепр.* соотве́тствуя (III.9.Б1)

**СООТВЕ́ТСТВУЮЩ|ИЙ,** -ая, -ее, -ие — *ср. прич.* с о о т-
в е́ т с т в у ю щ и й
1. *кр. ф. не образ.* (II.1)
2. *сравн. ст. не образ.* (II.2)
3. *превосх. ст. не образ.* (II.3)

**соотве́тствующий** см. соотве́тствовать
**соотве́тствуя** см. соотве́тствовать
**сорва́в** см. сорва́ть
**со́рванный** см. сорва́ть
**СОРВА́ТЬ** св
1. *нсв* срыва́ть (III.1.Б)
2. *прош.* сорва́л, сорвала́, сорва́ло, сорва́ли (III.3.А1)
3. *прич. действ. наст. не образ.* (III.5)
4. *прич. страд. наст. не образ.* (III.7)
5. *прич. страд. прош.* со́рванный (III.8.А1а)
6. *деепр.* сорва́в

**СОРЕВНОВА́ТЬСЯ** *нсв нп*
1. *наст.* соревну́юсь, соревну́ешься, соревну́ется, соревну́емся, соревну́етесь, соревну́ются (III.2.Б1а)
2. *повел.* соревну́йся, соревну́йтесь (III.4.А2а)
3. *прич. действ. наст.* соревну́ющийся (III.5.Б1)
4. *прич. страд. наст. не образ.* (III.7)
5. *прич. страд. прош. не образ.* (III.8)
6. *деепр.* соревну́ясь (III.9.Б1)
**соревну́ющийся** см. соревнова́ться
**соревну́ясь** см. соревнова́ться

**СОРИ́ТЬ** *нсв нп*
1. *наст.* сорю́, сори́шь, сори́т, сори́м, сори́те, соря́т
2. *прич. страд. наст. не образ.* (III.7)
3. *прич. страд. прош. не образ.* (III.8)
4. *деепр.* соря́

**СОРТ**, -а, *м*
1. *им. мн.* сорта́ (I.3.А1а)
**соря́** см. сори́ть

**СОСЕ́ДК|А**, -и, *ж*
1. *род. мн.* сосе́док (I.4.Б1б)

**СОСЕ́ДН|ИЙ**, -яя, -ее, -ие
1. *кр. ф. не образ.* (II.1)
2. *сравн. ст. не образ.* (II.2)
3. *превосх. ст. не образ.* (II.3)

**СОСИ́СКИ**, соси́сок, *мн.*
1. *ед.* соси́ск|а, -и, *ж* (I.3.Ж2а)
2. *род. мн.* соси́сок (I.4.Б3б)

**СОСН|А́**, -ы́, *ж*
1. *им. мн.* со́сны (I.3.А2)
2. *род. мн.* со́сен (I.4.Б1а)

**СОСРЕДОТА́ЧИВАТЬ** *нсв — св* сосредото́чить
**сосредото́чив** см. сосредото́чить

**СОСРЕДОТО́ЧИВАТЬ** *нсв — св* сосредото́чить

**СОСРЕДОТО́ЧИТЬ** *св*
1. *нсв* сосредото́чивать и сосредота́чивать (III.А1в)
2. *повел.* сосредото́чь(те)
3. *прич. действ. наст. не образ.* (III.5)
4. *прич. страд. наст. не образ.* (III.7)
5. *деепр.* сосредото́чив
**соста́вив** см. соста́вить

**СОСТА́ВИТЬ** *св*
1. *нсв* составля́ть (III.1.А2а)
2. *буд.* составлю́, соста́вишь, соста́вит, соста́вим, соста́вите, соста́вят (III.2.Б2)
3. *повел.* соста́вь(те)
4. *прич. действ. наст. не образ.* (III.5)
5. *прич. страд. наст. не образ.* (III.7)
6. *прич. страд. прош.* соста́вленный (III.8.Б1а)
7. *деепр.* соста́вив
**соста́вленный** см. соста́вить

**СОСТАВЛЯ́ТЬ** *нсв — св* соста́вить

**состоя́** см. состоя́ть
**состоя́вшись** см. состоя́ться

**СОСТОЯ́ТЬ** *нсв нп*
1. *повел. нет* (III.4.Г)
2. *прич. страд. наст. не образ.* (III.7)
3. *прич. страд. прош. не образ.* (III.8)
4. *деепр.* состоя́

**СОСТОЯ́ТЬСЯ** *св нп*
1. *буд.: 1 и 2 л. не употр.* (III.2.Д2), состои́тся, состоя́тся
2. *повел. нет* (III.4.Г)
3. *прич. действ. наст. не образ.* (III.5)
4. *прич. страд. наст. не образ.* (III.7)

5. *прич. страд. прош. не образ.* (III.8)
6. *деепр.* состоя́вшись
 со́хнувший см. с о́ х н у т ь
**СО́ХНУТЬ** *нсв нп*
1. *прош.* сох *и доп.* со́хнул, со́хла, со́хло, со́хли (III.3.Б2б)
2. *прич. действ. прош.* со́хнувший (III.6.Б2а)
3. *прич. страд. наст. не образ.* (III.7)
4. *прич. страд. прош. не образ.* (III.8)
5. *деепр. нет* (III.9.Д)
 сохранённый см. с о х р а н и́ т ь
 сохрани́в см. с о х р а н и́ т ь
**СОХРАНИ́ТЬ** *св — нсв* сохраня́ть
1. *прич. действ. наст. не образ.* (III.5)
2. *прич. страд. наст. не образ.* (III.7)
3. *прич. страд. прош.* сохранённый; *кр. ф.* сохранён, сохранена́, сохранено́, сохранены́
4. *деепр.* сохрани́в
**СОХРАНЯ́ТЬ** *нсв — св* сохрани́ть
**СОЦИАЛИ́ЗМ**, -а, *м*
1. *мн. нет* (I.3.Е1)
**СО́ЧН|ЫЙ**, -ая, -ое, -ые
1. *кр. ф.* со́чен, сочна́, со́чно, сочны́ *и* со́чны (II.1.Б2)
2. *сравн. ст.* сочне́е (II.2.А1)
3. *превосх. ст.* сочне́йший (II.3.А1)
 соше́дший см. с о й т и́
**СПАСА́ТЬ** *нсв — св* спасти́
 спасённый см. с п а с т и́
**СПАСТИ́** *св*
1. *нсв* спаса́ть (III.1.А2в)
2. *прош.* спас, спасла́, спасло́, спасли́ (III.3.В1в)
3. *прич. действ. наст. не образ.* (III.5)
4. *прич. страд. наст. не образ.* (III.7)
5. *прич. страд. прош.* спасённый; *кр. ф.* спасён, спасена́, спасено́, спасены́
6. *деепр.* спа́сши (III.10.А2)
 спа́сши см. с п а с т и́
**СПАТЬ** *нсв нп*
1. *наст.* сплю, спишь, спит, спим, спи́те, спят (III.2.А4 *и* III.2.Б2)
2. *прош.* спал, спала́, спа́ло, спа́ли (III.3.А1)
3. *прич. страд. наст. не образ.* (III.7)
4. *прич. страд. прош. не образ.* (III.8)
5. *деепр. нет* (III.9.Д)
**СПЁЛ|ЫЙ**, -ая, -ое, -ые
1. *кр. ф.* спел, спела́, спе́ло, спе́лы *и* спелы́ (II.1.А)
2. *сравн. ст.* спеле́е (II.2.А1)
3. *превосх. ст.* спеле́йший (II.3.А1)
**СПИН|А́**, -ы́, *ж*
1. *вин. ед.* спи́ну
2. *им. мн.* спи́ны (I.3.А2)
3. *сочет. с предлогами:* заложи́ть ру́ки за́ спину, *но* спря́таться за спи́ну ма́тери; взвали́ть мешо́к на́ спину, *но* прикрепи́ть на спину́
 списа́в см. с п и с а́ т ь
 спи́санный см. с п и с а́ т ь
**СПИСА́ТЬ** *св*
1. *нсв* спи́сывать (III.1.А1а)
2. *буд.* спишу́, спи́шешь, спи́шет, спи́шем, спи́шете, спи́шут (III.2.А2 *и* III.2.Б1а)
3. *повел.* спиши́(те) (III.4.А1)
4. *прич. действ. наст. не образ.* (III.5)
5. *прич. страд. наст. не образ.* (III.7)
6. *прич. страд. прош.* спи́санный (III.8.А1а)
7. *деепр.* списа́в
**СПИ́СОК**, спи́ска, *м*
1. *род. ед.* спи́ска (I.1.Б1б)
2. *им. мн.* спи́ски (I.3.В1б)
**СПИ́СЫВАТЬ** *нсв — св* списа́ть
**СПИ́ЧК|А**, -и, *ж*
1. *род. мн.* спи́чек (I.4.Б1а)
**СПОКО́ЙН|ЫЙ**, -ая, -ое, -ые
1. *кр. ф.* споко́ен, споко́йна, споко́йно, споко́йны (II.1.Б1)
**СПО́РИТЬ** *нсв нп*
1. *повел.* спо́рь(те)
2. *прич. страд. наст. не образ.* (III.7)
3. *прич. страд. прош. не образ.* (III.8)
4. *деепр.* спо́ря

**СПО́РН|ЫЙ**, -ая, -ое, -ые
1. *кр. ф.* спо́рен, спорна́, спо́рно, спо́рны (II.1.Б1)
2. *сравн. ст.* нет (II.2.Д)
3. *превосх. ст.* нет (II.3.Г)
**СПОРТСМЕ́НК|А**, -и, *ж*
1. *род. мн.* спортсме́нок (I.4.Б1б)
**спо́ря** см. спо́рить
**СПОСО́БН|ЫЙ**, -ая, -ое, -ые
1. *кр. ф.* спосо́бен, спосо́бна, спосо́бно, спосо́бны (II.1.Б1)
**СПОСО́БСТВОВАТЬ** нсв нп
1. *наст.* спосо́бствую, спосо́бствуешь, спосо́бствует, спосо́бствуем, спосо́бствуете, спосо́бствуют (III.2.Б1а)
2. *повел.* спосо́бствуй(те) (III.4.А2а)
3. *прич. действ. наст.* спосо́бствующий (III.5.Б1)
4. *прич. страд. наст. не образ.* (III.7)
5. *прич. страд. прош. не образ.* (III.8)
6. *деепр.* спосо́бствуя (III.9.Б1)
**спосо́бствующий** см. спосо́бствовать
**спосо́бствуя** см. спосо́бствовать
**СПРАВЕДЛИ́ВОСТ|Ь**, -и, *ж*
1. *мн.* нет (I.3.Е1)
**спра́вившись** см. спра́виться
**СПРА́ВИТЬСЯ** св нп
1. *нсв* справля́ться (III.1.А2а)
2. *буд.* спра́влюсь, спра́вишься, спра́вится, спра́вимся, спра́витесь, спра́вятся (III.2.Б2)
3. *повел.* спра́вься, спра́вьтесь
4. *прич. действ. наст. не образ.* (III.5)
5. *прич. страд. наст. не образ.* (III.7)
6. *прич. страд. прош. не образ.* (III.8)
7. *деепр.* спра́вившись и спра́вясь (III.10.Б1)
**СПРА́ВК|А**, -и, *ж*
1. *род. мн.* спра́вок (I.4.Б1б)
**СПРАВЛЯ́ТЬСЯ** нсв нп — св спра́виться
**спра́вясь** см. спра́виться
**СПРА́ШИВАТЬ** нсв — св спроси́ть

**спроси́в** см. спроси́ть
**СПРОСИ́ТЬ** св
1. *нсв* спра́шивать (III.1.А1в)
2. *буд.* спрошу́, спро́сишь, спро́сит, спро́сим, спро́сите, спро́сят (III.2.А2 и III.2.Б2)
3. *повел.* спроси́(те) (III.4.В1)
4. *прич. действ. наст. не образ.* (III.5)
5. *прич. страд. наст. не образ.* (III.7)
6. *прич. страд. прош.* спро́шенный (III.8.Б2а)
7. *деепр.* спроси́в
**спро́шенный** см. спроси́ть
**СПУСКА́ТЬ** нсв — св спусти́ть
**СПУСКА́ТЬСЯ** нсв нп — св спусти́ться
**спусти́в** см. спусти́ть
**спусти́вшись** см. спусти́ться
**СПУСТИ́ТЬ** св
1. *нсв* спуска́ть (III.1.А2а)
2. *буд.* спущу́, спу́стишь, спу́стит, спу́стим, спу́стите, спу́стят (III.2.А2 и III.2.Б2)
3. *повел.* спусти́(те) (III.4.В1)
4. *прич. действ. наст. не образ.* (III.5)
5. *прич. страд. наст. не образ.* (III.7)
6. *прич. страд. прош.* спу́щенный (III.8.Б2а)
7. *деепр.* спусти́в
**СПУСТИ́ТЬСЯ** св нп
1. *нсв* спуска́ться (III.1.А2а)
2. *буд.* спущу́сь, спу́стишься, спу́стится, спу́стимся, спу́ститесь, спу́стятся (III.2.А2 и III.2.Б2)
3. *повел.* спусти́сь, спусти́тесь (III.4.В1)
4. *прич. действ. наст. не образ.* (III.5)
5. *прич. страд. наст. не образ.* (III.7)
6. *прич. страд. прош. не образ.* (III.8)
7. *деепр.* спусти́вшись и спустя́сь (III.10.Б1)
**спустя́сь** см. спусти́ться
**спу́щенный** см. спусти́ть
**сра́вненный** см. сравня́ть

**сравнённый** см. сравни́ть
**сравни́в** см. сравни́ть
**СРА́ВНИВАТЬ**[1] *нсв — св* сравни́ть
**СРА́ВНИВАТЬ**[2] *нсв — св* сравня́ть
**СРАВНИ́ТЬ** *св*
1. *нсв* сра́внивать[1] (III.1.А1в)
2. *прич. действ. наст. не образ.* (III.5)
3. *прич. страд. наст. не образ.* (III.7)
4. *прич. страд. прош.* сравнённый; *кр. ф.* сравнён, сравнена́, сравнено́, сравнены́
5. *деепр.* сравни́в

**сравня́в** см. сравня́ть
**СРАВНЯ́ТЬ** *св*
1. *нсв* сра́внивать[2] (III.1.А1а)
2. *прич. действ. наст. не образ.* (III.5)
3. *прич. страд. наст. не образ.* (III.7)
4. *прич. страд. прош.* сра́вненный; *кр. ф.* сра́внен, сра́внена, сра́внено, сра́внены
5. *деепр.* сравня́в

**СРАЖА́ТЬСЯ** *нсв нп — св* срази́ться
**срази́вшись** см. срази́ться
**СРАЗИ́ТЬСЯ** *св нп*
1. *нсв* сража́ться (III.1.А2а)
2. *буд.* сражу́сь, срази́шься, срази́тся, срази́мся, срази́тесь, сразя́тся (III.2.А4 и III.2.Б2)
3. *прич. действ. наст. не образ.* (III.5)
4. *прич. страд. наст. не образ.* (III.7)
5. *прич. страд. прош. не образ.* (III.8)
6. *деепр.* срази́вшись

**СРЕД|А́**[1] *'окружение'*, -ы́, *ж*
1. *вин. ед.* среду́
2. *им. мн.* сре́ды (I.3.А2)
3. *дат. мн.* сре́дам
4. *твор. мн.* сре́дами
5. *предл. мн.* о сре́дах

**СРЕД|А́**[2] *'день недели'*, -ы́, *ж*
1. *вин. ед.* сре́ду
2. *им. мн.* сре́ды (I.3.А2)
3. *дат. мн.* среда́м и сре́дам
4. *твор. мн.* среда́ми и сре́дами
5. *предл. мн.* о среда́х и о сре́дах

**СРЕ́ДН|ИЙ**, -яя, -ее, -ие
1. *кр. ф. не образ.* (II.1)
2. *сравн. ст. не образ.* (II.2)
3. *превосх. ст. не образ.* (II.3)

**сре́зав** см. сре́зать
**СРЕ́ЗАТЬ** *св*
1. *нсв* среза́ть (III.1.В)
2. *буд.* сре́жу, сре́жешь, сре́жет, сре́жем, сре́жете, сре́жут (III.2.Б1а)
3. *повел.* сре́жь(те) (III.4.А2б)
4. *прич. действ. наст. не образ.* (III.5)
5. *прич. страд. наст. не образ.* (III.7)
6. *деепр.* сре́зав

**СРЕЗА́ТЬ** *нсв — св* сре́зать
**СРО́ЧН|ЫЙ**, -ая, -ое, -ые
1. *кр. ф.* сро́чен, сро́чна, сро́чно, сро́чны (II.1.Б1)
2. *сравн. ст. нет* (II.2.Д)
3. *превосх. ст. нет* (II.3.Г)

**СРЫВА́ТЬ** *нсв — св* сорва́ть
**ССО́РИТЬСЯ** *нсв нп*
1. *повел.:* обычно с отриц. не ссо́рься, не ссо́рьтесь
2. *прич. страд. наст. не образ.* (III.7)
3. *прич. страд. прош. не образ.* (III.8)
4. *деепр.* ссо́рясь

**ссо́рясь** см. ссо́риться
**став** см. стать
**СТА́ВИТЬ** *нсв*
1. *наст.* ста́влю, ста́вишь, ста́вит, ста́вим, ста́вите, ста́вят (III.2.Б2)
2. *повел.* ста́вь(те)
3. *прич. страд. наст. нет* (III.7.Г)
4. *прич. страд. прош.* ста́вленный (III.8.Б1а)
5. *деепр.* ста́вя

**ста́вленный** см. ста́вить
**ста́вя** см. ста́вить
**СТА́Д|О**, -а, *с*
1. *им. мн.* стада́ (I.3.А3б)
2. *род. мн.* стад (I.4.А1б)

**СТАКА́Н**, -а, *м*
1. *им. мн.* стака́ны
2. *род. мн.* стака́нов

**СТАЛ|Ь**, -и, *ж*
1. *им. мн.* ста́ли (конструкцио́нные, инструмента́льные) (I.3.Е2а)

**СТАНОВИ́ТЬСЯ** *нсв нп* — *св* стать
1. *наст.* становлю́сь, стано́вишься, стано́вится, стано́вимся, стано́витесь, стано́вятся (III.2.А2 и III.2.Б2)
2. *повел.* станови́сь, станови́тесь (III.4.В1)
3. *прич. действ. наст.* становя́щийся (III.5.А1)
4. *прич. страд. наст. не образ.* (III.7)
5. *прич. страд. прош. не образ.* (III.8)
6. *деепр.* становя́сь (III.9.А1)

**становя́сь** см. станови́ться
**становя́щийся** см. станови́ться

**СТАНО́К**, станка́, *м*
1. *род. ед.* станка́ (I.1.Б2б)
2. *им. мн.* станки́ (I.3.В2б)

**СТАРИ́К**, старика́, *м*
1. *род. ед.* старика́ (I.1.А1)
2. *им. мн.* старики́ (I.3.А1б)

**СТА́РОСТ|А**, -ы, *м*
1. *м. р. — ж. р.*; о нормативности согласования см. I.5.В, а также а́втор

**СТА́Р|ЫЙ**, -ая, -ое, -ые
1. *кр. ф.* стар, стара́, ста́ро, ста́ры и *доп.* стары́ (II.1.А)
2. *сравн. ст.* старе́е (II.2.А1)
3. *превосх. ст.* старе́йший (II.3.А1)

**СТАТЬ** *св нп*
1. *нсв* станови́ться (III.1.Д1)
2. *буд.* ста́ну, ста́нешь, ста́нет, ста́нем, ста́нете, ста́нут (III.2.Б1а)
3. *повел.* стань(те) (III.4.А2б)
4. *прич. действ. наст. не образ.* (III.5)
5. *прич. страд. наст. не образ.* (III.7)
6. *прич. страд. прош. не образ.* (III.8)
7. *деепр.* став

**СТАТ|ЬЯ́**, -ьи́, *ж*
1. *род. мн.* стате́й (I.4.В1)

**СТВОЛ**, ствола́, *м*
1. *род. ед.* ствола́ (I.1.А1)
2. *им. мн.* стволы́ (I.3.А1б)

**СТЕ́БЕЛЬ**, сте́бля, *м*
1. *род. ед.* сте́бля (I.1.Б1а)
2. *им. мн.* сте́бли (I.3.В1а)
3. *род. мн.* стебле́й (I.4.А3а)
4. *дат. мн.* стебля́м
5. *твор. мн.* стебля́ми
6. *предл. мн.* на стебля́х

**СТЕКЛ|О́**, -а́, *с*
1. *им. мн.* стёкла (I.3.Б1в)
2. *род. мн.* стёкол (I.4.Б2б)

**СТЕН|А́**, -ы́, *ж*
1. *вин. ед.* сте́ну
2. *им. мн.* сте́ны (I.3.А2)
3. *дат. мн.* сте́нам и *доп. устар.* стена́м
4. *твор. мн.* сте́нами и *доп. устар.* стена́ми
5. *предл. мн.* на сте́нах и *доп. устар.* на стена́х
6. *сочет. с предлогами:* в стена́х чего-либо 'в помещении'; сиде́ть (или жить) в четырёх стена́х *перен.* 'мало общаться с внешним миром'; держа́ться за́ стену и *доп.* держа́ться за сте́ну; лезть на́ стену и *доп.* лезть на сте́ну, *но* лезть на́ стену *перен.* 'чрезмерно волноваться'; как о́б стену горо́х 'об отсутствии результата'

**СТЕП|Ь**, сте́пи (сте́пи) *ж*
1. *род. ед.* сте́пи и степи́
2. *предл. ед.* о сте́пи, по сте́пи, *но* в степи́
3. *род. мн.* степе́й (I.4.А3б)
4. *дат. мн.* степя́м
5. *твор. мн.* степя́ми
6. *предл. мн.* в степя́х

**стере́в** см. стере́ть

**СТЕРЕ́ТЬ** *св*
1. *нсв* стира́ть (III.1.А2б)
2. *буд.* сотру́, сотрёшь, сотрёт, сотрём, сотрёте, сотру́т (III.2.А4 и III.2.Б1а)
3. *прош.* стёр, стёрла, стёрло, стёрли (III.3.Б1в)
4. *повел.* сотри́(те) (III.4.А1а)
5. *прич. действ. наст. не образ.* (III.5)
6. *прич. действ. прош.* стёрший
7. *прич. страд. наст. не образ.* (III.7)
8. *прич. страд. прош.* стёртый — *ср. прил.* стёртый
9. *деепр.* стере́в

**СТЁРТ|ЫЙ**, -ая, -ое, -ые — *ср. прич.* стёртый

## СТИРАТЬ

**1.** *кр. ф. не образ.* (II.1)
**2.** *сравн. ст. не образ.* (II.2)
**3.** *превосх. ст. не образ.* (II.3)
**стёртый** см. с т е р е́ т ь
**стёрший** см. с т е р е́ т ь
**СТИРА́ТЬ** *нсв — св* с т е р е́ т ь
**СТИХ,** стиха́, *м*
**1.** *род. ед.* стиха́ (I.1.А1)
**2.** *им. мн.* стихи́ (I.3.А1б)
**СТО́ИТЬ** *нсв*
**1.** *повел.* нет (III.4.Г)
**2.** *прич. страд. наст.* нет (III.7.Г)
**3.** *прич. страд. прош. не образ.* (III.8)
**4.** *деепр.* сто́я
**СТОЛ,** стола́, *м*
**1.** *род. ед.* стола́ (I.1.А1)
**2.** *им. мн.* столы́ (I.3.А1б)
**3.** *сочет. с предлогами:* уда́рить по́ столу *и* уда́рить по столу́, *но* поста́вить по столу́ (*т. е.* по одному́ столу́) в ка́ждую ко́мнату
**СТОЛБ,** столба́, *м*
**1.** *род. ед.* столба́ (I.1.А1)
**2.** *им. мн.* столбы́ (I.3.А1б)
**СТОЛЯ́Р,** столяра́, *м*
**1.** *род. ед.* столяра́ (I.1.А1)
**2.** *им. мн.* столяры́ (I.3.А1б)
**СТО́РОЖ,** -а, *м*
**1.** *им. мн.* сторожа́ (I.3.А1а)
**2.** *м. р.— ж. р.;* о нормативности согласования см. I.5.В, а также а́втор
**сторожа́** см. с т о р о ж и́ т ь
**СТОРОЖИ́ТЬ** *нсв*
**1.** *прич. страд. наст.* нет (III.7.Г)
**2.** *прич. страд. прош. не образ.* (III.8)
**3.** *деепр.* сторожа́
**СТОРОН|А́,** -ы́, *ж*
**1.** *сочет. с предлогами:* уйти́ в сто́рону, перейти́ на другу́ю сто́рону, *но* отда́ть что-либо на́ сторону 'в другое место'
**2.** *им. мн.* сто́роны (I.3.А2)
**3.** *род. мн.* сторо́н (I.4.А1а)
**4.** *дат. мн.* сторона́м
**5.** *твор. мн.* сторона́ми
**6.** *предл. мн.* о сторона́х
**7.** *сочет. с числит.:* две стороны́, о́бе догова́ривающиеся сто́роны, по о́бе сто́роны *и* по о́бе стороны́, на все́ четы́ре сто́роны *и* на все́ четы́ре стороны́
**сто́я**[1] см. с т о́ и т ь
**сто́я**[2] см. с т о я́ т ь
**СТОЯ́ТЬ** *нсв нп*
**1.** *повел.* сто́й(те)
**2.** *прич. страд. наст. не образ.* (III.7)
**3.** *прич. страд. прош. не образ.* (III.8)
**4.** *деепр.* сто́я (III.9.А2)
**СТРАН|А́,** -ы́, *ж*
**1.** *им. мн.* стра́ны (I.3.А2)
**СТРА́НН|ЫЙ,** -ая, -ое, -ые
**1.** *кр. ф.* стра́нен, странна́, стра́нно, стра́нны (II.1.Б2)
**2.** *сравн. ст.* нет (II.2.Д)
**3.** *превосх. ст.* нет (II.3.Г)
**СТРА́ШН|ЫЙ,** -ая, -ое, -ые
**1.** *кр. ф.* стра́шен, страшна́, стра́шно, страшны́ *и* стра́шны (II.1.Б2)
**2.** *сравн. ст.* страшне́е (II.2.А1)
**3.** *превосх. ст.* страшне́йший (II.3.А1)
**СТРЕКОЗ|А́,** -ы́, *ж*
**1.** *им. мн.* стреко́зы (I.3.А2)
**СТРЕ́ЛК|А,** -и, *ж*
**1.** *род. мн.* стре́лок (I.4.Б1б)
**СТРЕМИ́ТЬСЯ** *нсв нп*
**1.** *наст.* стремлю́сь, стреми́шься, стреми́тся, стреми́мся, стреми́тесь, стремя́тся (III.2.А4 *и* III.2.Б2)
**2.** *прич. страд. наст. не образ.* (III.7)
**3.** *прич. страд. прош. не образ.* (III.8)
**4.** *деепр.* стремя́сь
**стремя́сь** см. с т р е м и́ т ь с я
**стригу́щийся** см. с т р и́ ч ь с я
**стри́гшийся** см. с т р и́ ч ь с я
**СТРИ́ЧЬСЯ** *нсв нп*
**1.** *наст.* стригу́сь, стрижёшься, стрижётся, стрижёмся, стрижётесь, стригу́тся (III.2.А4 *и* III.2.Б1б)
**2.** *прош.* стри́гся, стри́глась, стри́глось, стри́глись (III.3.В1а)
**3.** *повел.* стриги́сь, стриги́тесь (III.4.А1а)
**4.** *прич. действ. наст.* стригу́щийся (III.5.Б5)

**5.** *прич. действ. прош.* стри́гшийся
**6.** *прич. страд. наст. не образ.* (III.7)
**7.** *прич. страд. прош. не образ.* (III.8)
**8.** *деепр. нет* (III.9.Д)

**СТРО́Г|ИЙ**, -ая, -ое, -ие
**1.** *кр. ф.* строг, строга́, стро́го, стро́ги *и доп.* строги́ (II.1.А)
**2.** *сравн. ст.* стро́же (II.2.Б1а)
**3.** *превосх. ст.* строжа́йший (II.3.Б1)

**СТРО|Й¹**, -я, *м*
**1.** *предл. ед.*: 1. в госуда́рственном стро́е; 2. в граммати́ческом стро́е (I.2.В)
**2.** *мн. нет* (I.3.Е)

**СТРО|Й²**, -я, *м*
**1.** *предл. ед.* стоя́ть в строю́ (I.2.В)
**2.** *им. мн.* строи́ (I.3.А1б)
**3.** *род. мн.* строёв

**СТРО́ЙК|А**, -и, *ж*
**1.** *род. мн.* стро́ек (I.4.Б1а)

**СТРО́ЧК|А**, -и, *ж*
**1.** *род. мн.* стро́чек (I.4.Б1а)

**СТРУН|А́**, -ы́, *ж*
**1.** *им. мн.* стру́ны (I.3.А2)

**СТРУ|Я́**, -й, *ж*
**1.** *им. мн.* стру́и (I.3.А2)

**СТУЛ**, -а, *м*
**1.** *им. мн.* сту́лья (I.3.Д1)

**СУД**, суда́, *м*
**1.** *род. ед.* суда́ (I.1.А1)
**2.** *им. мн.* суды́ (I.3.А1б)

суди́мый см. **суди́ть**

**СУДИ́ТЬ** *нсв*
**1.** *наст.* сужу́, су́дишь, су́дит, су́дим, су́дите, су́дят (III.2.А2 *и* III.2.Б2)
**2.** *повел.* суди́(те) (III.4.В1)
**3.** *прич. действ. наст.* су́дящий *и* судя́щий (III.5.А2)
**4.** *прич. страд. наст.* суди́мый (III.7.Б1)
**5.** *прич. страд. прош. не образ.* (III.8)
**6.** *деепр.* су́дя *и* судя́, *но* су́дя по обстоя́тельствам

**СУДН|О**, -а, *с*
**1.** *им. мн.* суда́ (I.3.Д3)

**СУДЬБ|А́**, -ы́, *ж*
**1.** *им. мн.* су́дьбы (I.3.А2)

**2.** *род. мн.* су́деб (I.4.В1)

**СУД|ЬЯ́**, -ьи́, *м*
**1.** *им. мн.* су́дьи (I.3.А2)
**2.** *род. мн.* суде́й *и* су́дей (I.4.В2)
**3.** *дат. мн.* су́дьям
**4.** *м. р. — ж. р.*; о нормативности согласования см. I.5.В, а также а́втор

су́дя, судя́ см. **суди́ть**
су́дящий, судя́щий см. **суди́ть**

**СУ́МЕРКИ**, су́мерек, *мн.*
**1.** *ед. нет* (I.3.Ж1)
**2.** *род. мн.* су́мерек (I.4.Б3а)

**СУ́МК|А**, -и, *ж*
**1.** *род. мн.* су́мок (I.4.Б1б)

**СУП**, -а (-у), *м*
**1.** *род. ед.* су́па и су́пу: обе́д без су́па, съесть су́па *и* съесть су́пу, немно́го су́па *и* немно́го су́пу, таре́лка вку́сного су́па (I.1.Г)
**2.** *им. мн.* супы́ (горя́чие, холо́дные) (I.3.Е2а)

**СУ́ТКИ**, су́ток, *мн.*
**1.** *ед. нет* (I.3.Ж1)
**2.** *род. мн.* су́ток (I.4.Б3б)

**СУХ|О́Й**, -а́я, -о́е, -и́е
**1.** *кр. ф.* сух, суха́, су́хо, су́хи *и доп.* сухи́ (II.1.А)
**2.** *сравн. ст.* су́ше (II.2.Б2а)
**3.** *превосх. ст. нет* (II.3.Г)

су́ша см. **суши́ть**
су́шенный см. **суши́ть**

**СУШЁН|ЫЙ**, -ая, -ое, -ые — ср. *прич.* су́шенный
**1.** *кр. ф. не образ.* (II.1)
**2.** *сравн. ст. не образ.* (II.2)
**3.** *превосх. ст. не образ.* (II.3)

**СУШИ́ТЬ** *нсв*
**1.** *наст.* сушу́, су́шишь, су́шит, су́шим, су́шите, су́шат (III.2.А1)
**2.** *прич. страд. наст. нет* (III.7.Г)
**3.** *прич. страд. прош.* су́шенный (III.8.А2) — ср. *прил.* сушёный
**4.** *деепр.* суша́

**СУЩЕСТВОВА́ТЬ** *нсв нп*
**1.** *наст.* существу́ю, существу́ешь, существу́ет, существу́ем, существу́ете, существу́ют (III.2.Б1а)
**2.** *повел.* существу́й(те) (III.4.А2а)
**3.** *прич. действ. наст.* существу́ющий (III.5.Б1)

**4.** *прич. страд. наст. не образ.* (III.7)
**5.** *прич. страд. прош. не образ.* (III.8)
**6.** *деепр.* существуя (III.9.Б1)
**существующий** см. с у щ е с т в о в а́ т ь
**существу́я** см. с у щ е с т в о в а́ т ь
**схвати́в** см. с х в а т и́ т ь
**СХВАТИ́ТЬ** *св*
**1.** *нсв* схва́тывать (III.1.А1в)
**2.** *буд.* схвачу́, схва́тишь, схва́тит, схва́тим, схва́тите, схва́тят (III.2.А2 *и* III.2.Б2)
**3.** *повел.* схвати́(те) (III.4.В1)
**4.** *прич. действ. наст. не образ.* (III.5)
**5.** *прич. страд. наст. не образ.* (III.7)
**6.** *прич. страд. прош.* схва́ченный (III.8.Б2а)
**7.** *деепр.* схвати́в
**СХВА́ТЫВАТЬ** *нсв — св* с х в а т и́ т ь
**схва́ченный** см. с х в а т и́ т ь
**СХОДИ́ТЬ** '*спускаться*' *нсв нп — св* с о й т и́
**1.** *буд.* схожу́, схо́дишь, схо́дит, схо́дим, схо́дите, схо́дят (III.2.А2 *и* III.2.Б2)
**2.** *повел.* сходи́(те) (III.4.В1)
**3.** *прич. действ. наст.* сходя́щий (III.5.А1)
**4.** *прич. страд. наст. не образ.* (III.7)
**5.** *прич. страд. прош. не образ.* (III.8)
**6.** *деепр.* сходя́ (III.9.А1)
**сходя́** см. с х о д и́ т ь
**сходя́щий** см. с х о д и́ т ь
**СЧАСТЛИ́В|ЫЙ**, -ая, -ое, -ые
**1.** *кр. ф.* сча́стлив *и доп. устар.* счастли́в, сча́стлива *и доп. устар.* счастли́ва, сча́стливо *и доп. устар.* счастли́во, сча́стливы *и доп. устар.* счастли́вы (II.1.А)
**СЧА́СТ|ЬЕ**, -ья, *с*
**1.** *мн. нет* (I.3.Е1)
**СЧЁТ**, -а, *м*
**1.** *род. ед.* счёта (у́стного, бы́строго), *но* без счёту *и* без счёта, нет счёту *и* нет счёта '*очень мно́го*', сби́ться со счёту *и* сби́ться со счёта (I.1.Д)
**2.** *предл. ед.:* 1. отрази́ться на счёте ма́тча; 2. указа́ть в счёте за электри́чество; *но:* быть на хоро́шем счету́ '*иметь хорошую репутацию*', быть на плохо́м счету́ '*иметь плохую репутацию*', на счету́ '*в ограниченном количестве*', на теку́щем счету́ '*о денежном документе*' (I.2.В)
**3.** *им. мн.:* счета́ (за электри́чество) (I.3.Б1а); у́стный счёт, счёт ма́тча — *мн. нет* (I.3.Е1)
**4.** *род. мн.* счето́в, сбро́сить со счето́в
**СЧЁТ|Ы** '*приспособление для счёта*', -ов, *мн.*
**1.** *ед. нет* (I.3.Ж1)
**съев** см. с ъ е с т ь
**СЪЕДА́ТЬ** *нсв — св* с ъ е с т ь
**съе́денный** см. с ъ е с т ь
**СЪЕСТЬ** *св*
**1.** *нсв* съеда́ть (III.1.А2в)
**2.** *буд.* съем, съешь, съест, съеди́м, съеди́те, съедя́т (III.2.А3 *и* III.2.Б1б)
**3.** *прош.* съел, съе́ла, съе́ло, съе́ли (III.3.В3)
**4.** *повел.* съе́шь(те) (III.4.В3)
**5.** *прич. действ. наст. не образ.* (III.5)
**6.** *прич. страд. наст. не образ.* (III.7)
**7.** *прич. страд. прош.* съе́денный (III.8.В2а)
**8.** *деепр.* съев
**СЫН**, -а, *м*
**1.** *им. мн.:* 1. сыновья́ (одно́й ма́тери); 2. сыны́ (Ро́дины) (I.3.Г1)
**2.** *род. мн.:* 1. сынове́й (одно́й ма́тери); 2. сыно́в (Ро́дины) (I.4.Г1)
**СЫ́ПАТЬ** *нсв*
**1.** *наст.* сы́плю, сы́плешь *и доп.* сы́пишь, сы́плет *и доп.* сы́пит, сы́плем *и доп.* сы́пим, сы́плете *и доп.* сы́пите, сы́плют *и доп.* сы́пят (III.2.Г)
**2.** *повел.* сы́пь(те)
**3.** *прич. действ. наст.* сы́плющий (III.5.Б2) *и доп.* сы́пящий
**4.** *прич. страд. наст. нет* (III.7.Г)

5. *прич. страд. прош. не образ.* (III.8)
6. *деепр.* сы́пля *и доп.* сы́пя (III.9.Г)

сы́плющий см. с ы́ п а т ь
сы́пля см. с ы́ п а т ь
сы́пя см. с ы́ п а т ь
сы́пящий см. с ы́ п а т ь

**СЫР,** -а (-у), *м*
1. *род. ед.* сы́ра *и* сы́ру: сорт сы́ра, кусо́к сы́ра *и* кусо́к сы́ру, немно́го сы́ра *и* немно́го сы́ру, килогра́мм све́жего сы́ра (I.1.Г)
2. *им. мн.* сыры́ (твёрдые, мя́гкие) (I.3.Е2а)

**СЫР|О́Й,** -а́я, -о́е, -ы́е
1. *кр. ф.* сыр, сыра́, сы́ро, сы́ры (II.1.А)

**СЫ́Т|ЫЙ,** -ая, -ое, -ые
1. *кр. ф.* сыт, сыта́, сы́то, сы́ты (II.1.А)
2. *сравн. ст.* сыте́е (II.2.А1)
3. *превосх. ст. нет* (II.3.Г)

# Т

**ТАЙГ|А́,** -и́, *ж*
1. *мн. нет* (I.3.Е1)

**ТАКСИ́,** *с*
1. *нескл.* (I.5.А1)

**ТА́НЕЦ,** та́нца, *м*
1. *род. ед.* та́нца (I.1.Б1а)
2. *им. мн.* та́нцы (I.3.В1а)

**ТАНЦЕВА́ТЬ** нсв
1. *наст.* танцу́ю, танцу́ешь, танцу́ет, танцу́ем, танцу́ете, танцу́ют (III.2.Б1а)
2. *повел.* танцу́й(те) (III.4.А2а)
3. *прич. действ. наст.* танцу́ющий (III.5.Б1)
4. *прич. страд. наст.* танцу́емый (III.7.А1)
5. *прич. страд. прош. не образ.* (III.8)
6. *деепр.* танцу́я (III.9.Б1)

танцу́емый см. т а н ц е в а́ т ь
танцу́ющий см. т а н ц е в а́ т ь
танцу́я см. т а н ц е в а́ т ь

**ТА́ПОЧКИ,** та́почек, *мн.*
1. *ед.* та́почк|а, -и, *ж* (I.3.Ж2а)
2. *род. мн.* та́почек (I.4.Б3а)

**ТАРЕ́ЛК|А,** -и, *ж*
1. *род. мн.* таре́лок (I.4.Б1б)

**ТВЁРД|ЫЙ,** -ая, -ое, -ые
1. *кр. ф.* твёрд, тверда́, твёрдо, тверды́ *и* твёрды (II.1.А)
2. *сравн. ст.* твёрже (II.2.Б1а)
3. *превосх. ст. нет* (II.3.Г)

**ТВОРО́Г,** -а́ (-у́) *и* **ТВО́РОГ,** -а (-у), *м*
1. *род. ед.* творога́ (*и* тво́рога) *и* творогу́ (*и* тво́рогу): приготовле́ние творога́ (*и* тво́рога), купи́ть творогу́ (*и* тво́рогу) *и* купи́ть творога́ (*и* тво́рога), вкус све́жего творога́ (*и* тво́рога) (I.1.Г)
2. *мн. нет* (I.3.Е1)

теку́щий см. т е ч ь
тёкший см. т е ч ь

**ТЕЛЁНОК,** телёнка, *м*
1. *род. ед.* телёнка (I.1.Б1б)
2. *им. мн.* теля́та (I.3.Д1)

**ТЕ́Л|О,** -а, *с*
1. *им. мн.* тела́ (I.3.А3б)
2. *род. мн.* тел (I.4.А1б)

**ТЕМНОТ|А́,** -ы́, *ж*
1. *мн. нет* (I.3.Е1)

**ТЁМН|ЫЙ,** -ая, -ое, -ые
1. *кр. ф.* тёмен, темна́, темно́, темны́ (II.1.Б2)
2. *сравн. ст.* темне́е (II.2.Б2б)
3. *превосх. ст.* темне́йший (II.3.Б2)

**ТЕН|Ь,** -и, *ж*
1. *предл. ед.* в те́ни (дли́нной), *но* в тени́ (дере́вьев)
2. *род. мн.* тене́й (I.4.А3б)

**ТЁПЛ|ЫЙ,** -ая, -ое, -ые
1. *кр. ф.* тёпел, тепла́, тепло́, теплы́ (II.1.Б2)
2. *сравн. ст.* тепле́е (II.2.Б2б)
3. *превосх. ст.* тепле́йший (II.3.Б2)

**ТЕРПЕ́ТЬ** нсв
1. *наст.* терплю́, те́рпишь, те́рпит, те́рпим, те́рпите, те́рпят (III.2.А2 *и* III.2.Б2)
2. *повел.* терпи́(те) (III.4.В1)
3. *прич. действ. наст.* те́рпящий
4. *прич. страд. наст.* терпи́мый (III.7.Б1) — *ср. прил.* т е р п и́ - м ы й

**5.** *прич. страд. прош. не образ.* (III.8)
**6.** *деепр.* терпя́ (III.9.А1)
**ТЕРПИ́М|ЫЙ**, -ая, -ое, -ые — ср. *прич.* т е р п и́ м ы й
**1.** *кр. ф. не образ.* (II.1)
**2.** *сравн. ст.* терпи́мее
**3.** *превосх. ст.* терпи́мейший
терпи́мый см. т е р п е́ т ь
терпя́ см. т е р п е́ т ь
те́рпящий см. т е р п е́ т ь
**ТЕ́СЕН**, тесна́, те́сно *и доп.* тесно́, тесны́
**1.** *полн. ф. нет* (II.1.Г)
**2.** *сравн. ст. не образ.* (II.2)
**3.** *превосх. ст. не образ.* (II.3)
**ТЕ́СН|ЫЙ**, -ая, -ое, -ые
**1.** *кр. ф.* те́сен, тесна́, те́сно, тесны́ *и* те́сны (II.1.Б2)
**2.** *сравн. ст.* тесне́е (II.2.А1)
**3.** *превосх. ст.* тесне́йший (II.3.А1)
**ТЕ́ХНИК|А**, -и, *ж*
**1.** *мн. нет* (I.3.Е1)
**ТЕЧ|Ь**[1], -и, *ж*
**1.** *мн. нет* (I.3.Ж1)
**ТЕЧЬ**[2] *нсв нп*
**1.** *наст.:* *1 и 2 л. не употр.* (III.2.Д2), течёт, теку́т (III.2.А4 *и* III.2.Б1б)
**2.** *прош.* тёк, текла́, текло́, текли́ (III.3.В1а)
**3.** *повел. нет* (III.4.Г)
**4.** *прич. действ. наст.* теку́щий (III.5.Б5)
**5.** *прич. действ. прош.* тёкший
**6.** *прич. страд. наст. не образ.* (III.7)
**7.** *прич. страд. прош. не образ.* (III.8)
**8.** *деепр. нет* (III.9.Д)
**ТИПИ́ЧН|ЫЙ**, -ая, -ое, -ые
**1.** *кр. ф.* типи́чен, типи́чна, типи́чно, типи́чны (II.1.Б1)
**ТИРЕ́** *с*
**1.** *нескл.* (I.5.А1)
**ТИ́Х|ИЙ**, -ая, -ое, -ие
**1.** *кр. ф.* тих, тиха́, ти́хо, ти́хи *и доп.* тихи́ (II.1.А)
**2.** *сравн. ст.* ти́ше (II.2.Б1а)
**3.** *превосх. ст.* тиша́йший (II.3.Б1)
**ТИШИН|А́**, -ы́ *ж*
**1.** *мн. нет* (I.3.Е1)

**ТКАТЬ** *нсв*
**1.** *прош.* ткал, ткала́ *и доп.* тка́ла, тка́ло, тка́ли (III.3.А1)
**2.** *прич. страд. наст. нет* (III.7.Г)
**3.** *прич. страд. прош. не образ.* (III.8)
**4.** *деепр. нет* (III.9.Д)
**ТОВА́РИЩ**, -а, *м*
**1.** *склонение*
— при употреблении с мужскими и женскими, в том числе и несклоняемыми, фамилиями слово «товарищ» склоняется: *выступле́ние това́рища Бори́сова (Бори́совой), вслед за това́рищем Илье́нко*
**2.** *согласование*
— определение перед словом «товарищ», употреблённым с женской фамилией, согласуется по женскому роду: *уважа́емая това́рищ Полежа́ева*
**ТОВА́РИЩЕСК|ИЙ**, -ая, -ое, -ие
**1.** *кр. ф. нет* (II.1.Е)
**2.** *сравн. ст. не образ.* (II.2)
**3.** *превосх. ст. не образ.* (II.3)
**ТОК**[1] *'движение электрического заряда в проводнике'*, -а, *м*
**1.** *предл. ед.* в электри́ческом то́ке (I.2.В)
**2.** *им. мн.* то́ки (I.3.Г1)
**3.** *род. мн.* то́ков (I.4.Г2)
**ТОК**[2] *'место для молотьбы'*, -а, *м*
**1.** *предл. ед.* на молоти́льном току́ (I.2.В)
**2.** *им. мн.* тока́ (I.3.Г1)
**3.** *род. мн.* токо́в (I.4.Г2)
**ТОК**[3] *'место, где токуют птицы'*, -а, *м*
**1.** *предл. ед.* на глухари́ном току́ (I.2.В)
**2.** *им. мн.* тока́ (I.3.Г1)
**3.** *род. мн.* токо́в (I.4.Г2)
**ТОЛП|А́**, -ы́, *ж*
**1.** *им. мн.* то́лпы (I.3.А2)
**ТО́ЛСТ|ЫЙ**, -ая, -ое, -ые
**1.** *кр. ф.* толст, толста́, то́лсто, толсты́ *и* то́лсты (II.1.А)
**2.** *сравн. ст.* то́лще (II.2.Б1а)
**3.** *превосх. ст.* толсте́йший (II.3.А1)

**ТОМ**, -а, *м*
1. *им. мн.* тома́ (I.3.А1а)

**ТО́НК|ИЙ**, -ая, -ое, -ие
1. *кр. ф.* то́нок, тонка́, то́нко, тонки́ *и* то́нки (II.1.Б2)
2. *сравн. ст.* то́ньше (II.2.В1в)
3. *превосх. ст.* тонча́йший (II.3.Б1)

**ТОНУ́ТЬ** нсв нп
1. *наст.* тону́, то́нешь, то́нет, то́нем, то́нете, то́нут (III.2.А1)
2. *прич. страд. наст. не образ.* (III.7)
3. *прич. страд. прош. не образ.* (III.8)
4. *деепр.* нет (III.9.Д)

**ТОПИ́ТЬ** нсв
1. *наст.* топлю́, то́пишь, то́пит, то́пим, то́пите, то́пят (III.2.А2 *и* III.2.Б2)
2. *повел.* топи́(те) (III.4.В1)
3. *прич. действ. наст.* то́пящий *и* топя́щий (III.5.А2)
4. *прич. страд. наст.* нет (III.7.Г)
5. *прич. страд. прош.* то́пленный (III.8.Б2а) — ср. *прил.* то́плёный
6. *деепр.* топя́

то́пленный см. топи́ть

**ТОПЛЁН|ЫЙ**, -ая, -ое, -ые — ср. *прич.* то́пленный
1. *кр. ф. не образ.* (II.1)
2. *сравн. ст. не образ.* (II.2)
3. *превосх. ст. не образ.* (II.3)

**ТО́ПОЛ|Ь**, -я, *м*
1. *им. мн.* тополя́ (I.3.А1а)

**ТОПО́Р**, топора́, *м*
1. *род. ед.* топора́ (I.1.А1)
2. *им. мн.* топоры́ (I.3.А1б)

топя́ см. топи́ть

то́пящий, топя́щий см. топи́ть

**ТОРЖЕ́СТВЕНН|ЫЙ**, -ая, -ое, -ые
1. *кр. ф.* торже́ствен *и* торже́ственен, торже́ственна, торже́ственно, торже́ственны (II.1.В)

**ТОРОПИ́ТЬСЯ** нсв нп
1. *наст.* тороплю́сь, торо́пишься, торо́пится, торо́пимся, торо́питесь, торо́пятся (III.2.А2 *и* III.2.Б2)
2. *повел.* торопи́сь, торопи́тесь (III.4.В1)
3. *прич. действ. наст.* торопя́щийся (III.5.А1)
4. *прич. страд. наст. не образ.* (III.7)
5. *прич. страд. прош. не образ.* (III.8)
6. *деепр.* торопя́сь (III.9.А1)

торопя́сь см. торопи́ться
торопя́щийся см. торопи́ться

**ТО́ЧК|А**, -и, *ж*
1. *род. мн.* то́чек (I.4.Б1а)

**ТО́ЧН|ЫЙ**, -ая, -ое, -ые
1. *кр. ф.* то́чен, точна́, то́чно, точны́ *и* то́чны (II.1.Б2)
2. *сравн. ст.* точне́е (II.2.А1)
3. *превосх. ст.* точне́йший (II.3.А1)

**ТРАВ|А́**, -ы́, *ж*
1. *вин. ед.* траву́
2. *им. мн.* тра́вы (I.3.А2)

**ТРА́КТОР**, -а, *м*
1. *им. мн.* тра́кторы *и* трактора́ (I.3.А1в)
2. *род. мн.* тра́кторов *и* тракторо́в

**ТРА́ТИТЬ** нсв
1. *наст.* тра́чу, тра́тишь, тра́тит, тра́тим, тра́тите, тра́тят (III.2.Б2)
2. *повел.* тра́ть(те)
3. *прич. страд. наст.* нет (III.7.Г)
4. *прич. страд. прош. не образ.* (III.8)
5. *деепр.* тра́тя

тра́тя см. тра́тить

**ТРЕ́БОВАТЬ** нсв
1. *наст.* тре́бую, тре́буешь, тре́бует, тре́буем, тре́буете, тре́буют (III.2.Б1а)
2. *повел.* тре́буй(те) (III.4.А2а)
3. *прич. действ. наст.* тре́бующий (III.5.Б1)
4. *прич. страд. наст.* тре́буемый (III.7.А1)
5. *прич. страд. прош. не образ.* (III.8)
6. *деепр.* тре́буя (III.9.Б1)

тре́буемый см. тре́бовать
тре́бующий см. тре́бовать
тре́буя см. тре́бовать

**ТРЕВО́ЖН|ЫЙ**, -ая, -ое, -ые
1. *кр. ф.* трево́жен, трево́жна, трево́жно, трево́жны (II.1.Б1)

**ТРЕ́НЕР**, -а, *м*
1. *им. мн.* тре́неры
2. *м. р.—ж. р.*; о нормативности согласования см. I.5.В, а также а́втор

**ТРЕНИРОВА́ТЬСЯ** *нсв нп*
1. *наст.* трениру́юсь, трениру́ешься, трениру́ется, трениру́емся, трениру́етесь, трениру́ются (III.2.Б1а)
2. *повел.* трениру́йся, трениру́йтесь (III.4.А2а)
3. *прич. действ. наст.* трениру́ющийся (III.5.Б1)
4. *прич. страд. наст. не образ.* (III.7)
5. *прич. страд. прош. не образ.* (III.8)
6. *деепр.* трениру́ясь (III.9.Б1)

трениру́ющийся см. тренирова́ться

трениру́ясь см. тренирова́ться

тро́нув см. тро́нуть

**ТРО́НУТЬ** *св*
1. *повел.* тро́нь(те)
2. *прич. действ. наст. не образ.* (III.5)
3. *прич. страд. наст. не образ.* (III.7)
4. *деепр.* тро́нув

**ТРОП|А́**, -ы́, *ж*
1. *им. мн.* тро́пы (I.3.А2)
2. *дат. мн.* тро́пам *и доп. устар.* тропа́м
3. *твор. мн.* тро́пами *и доп. устар.* тропа́ми
4. *предл. мн.* о тро́пах *и доп. устар.* о тропа́х

**ТРУБ|А́**, -ы́, *ж*
1. *им. мн.* тру́бы (I.3.А2)

**ТРУ́БК|А**, -и, *ж*
1. *род. мн.* тру́бок (I.4.Б1б)

**ТРУД**, труда́, *м*
1. *род. ед.* труда́ (I.1.А1)
2. *им. мн.:* нау́чные труды́ (I.3.А1б); у́мственный труд — *мн. нет* (I.3.Е1)

**ТРУДИ́ТЬСЯ** *нсв нп*
1. *наст.* тружу́сь, тру́дишься, тру́дится, тру́димся, тру́дитесь, тру́дятся (III.2.А2 *и* III.2.Б2)
2. *повел.* труди́сь, труди́тесь (III.4.В1)
3. *прич. действ. наст.* трудя́щийся (III.5.А1) — *ср. прил.* трудя́щийся
4. *прич. страд. наст. не образ.* (III.7)
5. *прич. страд. прош. не образ.* (III.8)
6. *деепр.* трудя́сь (III.9.А1)

**ТРУ́ДН|ЫЙ**, -ая, -ое, -ые
1. *кр. ф.* тру́ден, трудна́, тру́дно, трудны́ *и* тру́дны (II.1.Б2)
2. *сравн. ст.* трудне́е (II.2.А1)
3. *превосх. ст.* трудне́йший (II.3.А1)

трудя́сь см. труди́ться

**ТРУДЯ́Щ|ИЕСЯ**, -ихся, *мн.*
1. *ед.* трудя́щ|ийся, -егося, *м* (I.3.Ж2) — *ср. прил.* трудя́щийся

**ТРУДЯ́Щ|ИЙСЯ**, -аяся, -ееся, -иеся — *ср. прич.* трудя́щийся
1. *кр. ф. не образ.* (II.1)
2. *сравн. ст. не образ.* (II.2)
3. *превосх. ст. не образ.* (II.3)

трудя́щийся см. труди́ться

**ТРУС|Ы́**, -о́в, *мн.*
1. *ед. нет* (I.3.Ж1)

**ТРЯ́ПК|А**, -и, *ж*
1. *род. мн.* тря́пок (I.4.Б1б)

**ТУ́МБОЧК|А**, -и, *ж*
1. *род. мн.* ту́мбочек (I.4.Б1а)

**ТУ́НДР|А**, -ы, *ж*
1. *мн. нет* (I.3.Е1)

**ТУП|О́Й**, -а́я, -о́е, -ы́е
1. *кр. ф.* туп, тупа́, ту́по, тупы́ *и* ту́пы (II.1.А)

**ТУ́ФЛИ**, ту́фель, *мн.*
1. *ед.* ту́фл|я, -и, *ж* (I.3.Ж2а)
2. *род. мн.* ту́фель (I.4.Б3а)

**ТЫЛ**, -а, *м*
1. *род. ед.* ты́ла, *но* с ты́лу *и* с тыла́ 'сза́ди' (I.1.Д)
2. *предл. ед.* о ты́ле, *но* в тылу́ (I.2.А)
3. *им. мн.* тылы́ (I.3.А1б)

**ТЮ́РЬМ|А́**, -ы́, *ж*
1. *им. мн.* тю́рьмы (I.3.А2)
2. *род. мн.* тю́рем (I.4.В1)

**ТЯЖЁЛ|ЫЙ**, -ая, -ое, -ые
1. *кр. ф.* тяжёл, тяжела́, тяжело́, тяжелы́ (II.1.А)
2. *сравн. ст.* тяжеле́е (II.2.Б2б)
3. *превосх. ст.* тяжеле́йший (II.3.Б2)

**ТЯНУ́ТЬ** *нсв*
1. *наст.* тяну́, тя́нешь, тя́нет, тя́нем, тя́нете, тя́нут (III.2.А1)
2. *прич. страд. наст.* нет (III.7.Г)
3. *прич. страд. прош. не образ.* (III.8)
4. *деепр.* нет (III.9.Д)

# У

**УБЕГА́ТЬ** *нсв нп* — *св* убежа́ть
убеди́в см. убеди́ть
убеди́вшись см. убеди́ться
**УБЕДИ́ТЬ** *св*
1. *нсв* убежда́ть (III.1.А2а)
2. *буд.:* 1 л. ед. не употр. (III.2.Д1), убеди́шь, убеди́т, убеди́м, убеди́те, убедя́т
3. *прич. действ. наст. не образ.* (III.5)
4. *прич. страд. наст. не образ.* (III.7)
5. *прич. страд. прош.* убеждённый (III.8.Б1б); *кр. ф.* убеждён, убеждена́, убеждено́, убеждены́
6. *деепр.* убеди́в
**УБЕДИ́ТЬСЯ** *св нп*
1. *нсв* убежда́ться (III.1.А2а)
2. *буд.:* 1 л. ед. не употр. (III.2.Д1), убеди́шься, убеди́тся, убеди́мся, убеди́тесь, убедя́тся
3. *прич. действ. наст. не образ.* (III.5)
4. *прич. страд. наст. не образ.* (III.7)
5. *прич. страд. прош. не образ.* (III.8)
6. *деепр.* убеди́вшись и убедя́сь (III.10.Б1)
убедя́сь см. убеди́ться
убежа́в см. убежа́ть
**УБЕЖА́ТЬ** *св нп*
1. *нсв* убега́ть (III.1.Б)
2. *буд.* убегу́, убежи́шь, убежи́т, убежи́м, убежи́те, убегу́т (III.2.А4 и III.2.Б3)
3. *повел.* убеги́(те) (III.4.А1)
4. *прич. действ. наст. не образ.* (III.5)
5. *прич. страд. наст. не образ.* (III.7)
6. *прич. страд. прош. не образ.* (III.8)
7. *деепр.* убежа́в
**УБЕЖДА́ТЬ** *нсв* — *св* убеди́ть
**УБЕЖДА́ТЬСЯ** *нсв нп* — *св* убеди́ться
убеждённый см. убеди́ть
уби́в см. уби́ть
**УБИВА́ТЬ** *нсв* — *св* уби́ть
**УБИРА́ТЬ** *нсв* — *св* убра́ть
**УБИ́Т|ЫЙ**, -ая, -ое, -ые — *ср. прич.* уби́тый
1. *кр. ф. не образ.* (II.1)
2. *сравн. ст. не образ.* (II.2)
3. *превосх. ст. не образ.* (II.3)
уби́тый см. уби́ть
**УБИ́ТЬ** *св*
1. *нсв* убива́ть (III.1.А3)
2. *буд.* убью́, убьёшь, убьёт, убьём, убьёте, убью́т (III.2.А4 и III.2.Б1а)
3. *повел.* убе́й(те) (III.4.В2)
4. *прич. действ. наст. не образ.* (III.5)
5. *прич. страд. наст. не образ.* (III.7)
6. *прич. страд. прош.* уби́тый — *ср. прил.* уби́тый
7. *деепр.* уби́в
**УБО́РК|А**, -и, *ж*
1. *мн.* нет (I.3.Е1)
убра́в см. убра́ть
у́бранный см. убра́ть
**УБРА́ТЬ** *св*
1. *нсв* убира́ть (III.1.Б)
2. *буд.* уберу́, уберёшь, уберёт, уберём, уберёте, уберу́т (III.2.А4 и III.2.Б1а)
3. *прош.* убра́л, убрала́, убра́ло, убра́ли (III.3.А1)
4. *повел.* убери́(те) (III.4.А1)
5. *прич. действ. наст. не образ.* (III.5)
6. *прич. страд. наст. не образ.* (III.7)
7. *прич. страд. прош.* у́бранный (III.8.А1а); *кр. ф.* у́бран, у́брана, *и доп. устар.* убрана́, у́брано, у́браны (III.8.А1в)
8. *деепр.* убра́в

**УВАЖА́ЕМ|ЫЙ,** -ая, -ое, -ые — ср. *прич.* уважа́емый
1. *кр. ф. не образ.* (II.1)
2. *сравн. ст. не образ.* (II.2)
3. *превосх. ст. не образ.* (II.3)
уважа́емый см. у в а ж а́ т ь
**УВАЖА́ТЬ** *нсв*
1. *повел.* уважа́й(те)
2. *прич. страд. наст.* уважа́емый — ср. *прил.* у в а ж а́ е м ы й
3. *прич. страд. прош. не образ.* (III.8)
4. *деепр.* уважа́я
уважа́я см. у в а ж а́ т ь
увели́чась см. у в е л и́ ч и т ь с я
увели́чив см. у в е л и́ ч и т ь
**УВЕЛИ́ЧИВАТЬ** *нсв — св* увели́чить
**УВЕЛИ́ЧИВАТЬСЯ** *нсв нп — св* увели́читься
увели́чившись см. у в е л и́ ч и т ь с я
**УВЕЛИ́ЧИТЬ** *св — нсв* увели́чивать
1. *повел.* увели́чь(те)
2. *прич. действ. наст. не образ.* (III.5)
3. *прич. страд. наст. не образ.* (III.7)
4. *деепр.* увели́чив
**УВЕЛИ́ЧИТЬСЯ** *св нп — нсв* увели́чиваться
1. *повел. нет* (III.4.Г)
2. *прич. действ. наст. не образ.* (III.5)
3. *прич. действ. прош. не образ.* (III.7)
4. *прич. страд. прош. не образ.* (III.8)
5. *деепр.* увели́чившись *и* увели́чась (III.10.Б1)
уви́дев см. у в и́ д е т ь
**УВИ́ДЕТЬ** *св*
1. *буд.* уви́жу, уви́дишь, уви́дит, уви́дим, уви́дите, уви́дят (III.2.Б2)
2. *повел. нет* (III.4.Г)
3. *прич. действ. наст. не образ.* (III.5)
4. *прич. страд. наст. не образ.* (III.7)
5. *деепр.* уви́дев
**УВЛЕКА́ТЬСЯ** *нсв нп — св* у в л е́ ч ь с я

увлёкшийся см. у в л е́ ч ь с я
увлёкшись см. у в л е́ ч ь с я
**УВЛЕ́ЧЬСЯ** *св нп*
1. *нсв* увлека́ться (III.1.А2в)
2. *буд.* увлеку́сь, увлечёшься, увлечётся, увлечёмся, увлечётесь, увлеку́тся (III.2.А4 *и* III.2.Б1б)
3. *прош.* увлёкся, увлекла́сь, увлекло́сь, увлекли́сь (III.3.В1а)
4. *повел.* увлеки́сь, увлеки́тесь (III.4.А1)
5. *прич. действ. наст. не образ.* (III.5)
6. *прич. действ. прош.* увлёкшийся
7. *прич. страд. наст. не образ.* (III.7)
8. *прич. страд. прош. не образ.* (III.8)
9. *деепр.* увлёкшись
угада́в см. у г а д а́ т ь
уга́данный см. у г а д а́ т ь
**УГАДА́ТЬ** *св*
1. *нсв* уга́дывать (III.1.А1а)
2. *повел.* угада́й(те)
3. *прич. действ. наст. не образ.* (III.5)
4. *прич. страд. наст. не образ.* (III.7)
5. *прич. страд. прош.* уга́данный (III.8.А1а)
6. *деепр.* угада́в
**УГА́ДЫВАТЬ** *нсв — св* угада́ть
**У́ГОЛ,** угла́, *м*
1. *род. ед.* угла́ (I.1.В2б)
2. *предл. ед.*: 1. в тёмном углу́; 2. в прямо́м угле́ 'о геометрической фигуре' (I.2.В)
3. *им. мн.* углы́ (I.3.Б2б)
**У́ГОЛЬ,** угля́ (у́гля), *м*
1. *род. ед.*: 1. угля́ *и* у́гля (ка́менного) (I.1.Б3); 2. у́гля (для рисова́ния) (I.1.Б1б)
2. *дат. ед.*: 1. углю́ *и* у́глю (ка́менному); 2. у́глю (для рисова́ния)
3. *твор. ед.*: 1. углём *и* у́глем (ка́менным); 2. у́глем (для рисова́ния)
4. *предл. ед.*: 1. об угле́ *и* об у́гле (ка́менном); 2. об у́гле (для рисова́ния)
5. *им. мн.*: 1. у́гли (бу́рые, ка́-

**УЕЗЖАТЬ**

менные) (I.3.Е2а); 2. у́гли (для рисова́ния) (I.3.В1б)
**6.** *род. мн.*: 1. угле́й (бу́рых, ка́менных); 2. угле́й *и* у́глей (для рисова́ния)
**7.** *дат. мн.*: 1. угля́м (бу́рым, ка́менным); 2. угля́м *и* у́глям (для рисова́ния)
**8.** *твор. мн.*: 1. угля́ми (бу́рыми, ка́менными); 2. угля́ми *и* у́глями (для рисова́ния)
**9.** *предл. мн.*: 1. об угля́х (бу́рых, ка́менных); 2. об угля́х *и* об у́глях (для рисова́ния)
**угости́в** см. угости́ть
**УГОСТИ́ТЬ** *св*
**1.** *нсв* угоща́ть (III.1.А2а)
**2.** *буд.* угощу́, угости́шь, угости́т, угости́м, угости́те, угостя́т (III.2.А4 *и* III.2.Б2)
**3.** *прич. действ. наст. не образ.* (III.5)
**4.** *прич. страд. наст. не образ.* (III.7)
**5.** *прич. страд. прош.* угощённый (III.8.Б1б); *кр. ф.* угощён, угощена́, угощено́, угощены́
**6.** *деепр.* угости́в
**УГОЩА́ТЬ** *нсв* — *св* угости́ть
**угощённый** см. угости́ть
**УДАВА́ТЬСЯ** *нсв нп* — *св* уда́ться
**1.** *наст.*: *1 и 2 л. не употр.* (III.2.Д2), удаётся, удаю́тся (III.2.В)
**2.** *повел.* нет (III.4.Г)
**3.** *прич. действ. наст.* удаю́щийся
**4.** *прич. страд. наст. не образ.* (III.7)
**5.** *прич. страд. прош. не образ.* (III.8)
**6.** *деепр.* удава́ясь (III.9.В1)
**удава́ясь** см. удава́ться
**уда́вшись** см. уда́ться
**уда́рив** см. уда́рить
**УДА́РИТЬ** *св*
**1.** *нсв* ударя́ть (III.1.А2а)
**2.** *повел.* уда́рь(те)
**3.** *прич. действ. наст. не образ.* (III.5)
**4.** *прич. страд. наст. не образ.* (III.7)

**5.** *деепр.* уда́рив
**УДАРЯ́ТЬ** *нсв* — *св* уда́рить
**УДА́ТЬСЯ** *св нп*
**1.** *нсв* удава́ться (III.1.А3)
**2.** *буд.*: *1 и 2 л. не употр.* (III.2.Д2), уда́стся, удаду́тся (III.2.А3 *и* III.2.Б1б)
**3.** *прош.* уда́лся *и доп. устар.* удался́, удала́сь, удало́сь *и доп.* удало́сь, удали́сь *и доп.* удали́сь (III.3.А1)
**4.** *повел.* нет (III.4.Г)
**5.** *прич. действ. наст. не образ.* (III.5)
**6.** *прич. страд. наст. не образ.* (III.7)
**7.** *прич. страд. прош. не образ.* (III.8)
**8.** *деепр.* уда́вшись
**УДА́ЧН|ЫЙ,** -ая, -ое, -ые
**1.** *кр. ф.* уда́чен, уда́чна, уда́чно, уда́чны (II.1.Б1)
**удаю́щийся** см. удава́ться
**удиви́вшись** см. удиви́ться
**УДИВИ́ТЕЛЬН|ЫЙ,** -ая, -ое, -ые
**1.** *кр. ф.* удиви́телен, удиви́тельна, удиви́тельно, удиви́тельны (II.1.Б1)
**УДИВИ́ТЬСЯ** *св нп*
**1.** *нсв* удивля́ться (III.1.А2а)
**2.** *буд.* удивлю́сь, удиви́шься, удиви́тся, удиви́мся, удиви́тесь, удивя́тся (III.2.А4 *и* III.2.Б2)
**3.** *прич. действ. наст. не образ.* (III.5)
**4.** *прич. страд. наст. не образ.* (III.7)
**5.** *прич. страд. прош. не образ.* (III.8)
**6.** *деепр.* удиви́вшись *и* удивя́сь (III.10.Б1)
**УДИВЛЯ́ТЬСЯ** *нсв нп* — *св* удиви́ться
**удивя́сь** см. удиви́ться
**УДО́БН|ЫЙ,** -ая, -ое, -ые
**1.** *кр. ф.* удо́бен, удо́бна, удо́бно, удо́бны (II.1.Б1)
**У́ДОЧК|А,** -и, *ж*
**1.** *род. мн.* у́дочек (I.4.Б1а)
**УЕЗЖА́ТЬ** *нсв нп* — *св* уе́хать
**уе́хав** см. уе́хать

**УЕХАТЬ** *св нп*
1. *нсв* уезжа́ть (III.1.Д1)
2. *буд.* уе́ду, уе́дешь, уе́дет, уе́дем, уе́дете, уе́дут (III.2.Б1а)
3. *повел.* уезжа́й(те) (III.4.В3)
4. *прич. действ. наст. не образ.* (III.5)
5. *прич. страд. наст. не образ.* (III.7)
6. *прич. страд. прош. не образ.* (III.8)
7. *деепр.* уе́хав

**У́ЗЕЛ,** узла́, *м*
1. *род. ед.* узла́ (I.1.Б2а)
2. *им. мн.* узлы́ (I.3.В2а)

**У́ЗК|ИЙ,** -ая, -ое, -ие
1. *кр. ф.* у́зок, узка́, у́зко, узки́ и у́зки (II.1.Б2)
2. *сравн. ст.* у́же (II.2.В1а)
3. *превосх. ст.* нет (II.3.Г)

**узна́в** см. **узна́ть**
**узнава́емый** см. **узнава́ть**

**УЗНАВА́ТЬ** *нсв—св* **узна́ть**
1. *наст.* узнаю́, узнаёшь, узнаёт, узнаём, узнаёте, узнаю́т (III.2.В)
2. *повел.* узнава́й(те) (III.4.В1)
3. *прич. действ. наст.* узнаю́щий (III.5.В1)
4. *прич. страд. наст.* узнава́емый (III.7.В1)
5. *прич. страд. прош. не образ.* (III.8)
6. *деепр.* узнава́я (III.9.В1)

**узнава́я** см. **узнава́ть**
**у́знанный** см. **узна́ть**

**УЗНА́ТЬ** *св*
1. *нсв* узнава́ть (III.1.А3)
2. *повел.* узна́й(те)
3. *прич. действ. наст. не образ.* (III.5)
4. *прич. страд. наст. не образ.* (III.7)
5. *прич. страд. прош.* у́знанный (III.8.А1а)
6. *деепр.* узна́в

**узна́ющий** см. **узнава́ть**

**У́ЗОК,** узка́, у́зко *и доп.* узко́, узки́
1. *полн. ф.* нет (II.1.Д)
2. *сравн. ст. не образ.* (II.2)
3. *превосх. ст. не образ.* (II.3)

**уйдя́** см. **уйти́**
**УЙТИ́** *св нп*
1. *нсв* уходи́ть (III.1.Д1)

2. *буд.* уйду́, уйдёшь, уйдёт, уйдём, уйдёте, уйду́т (III.2.Б1а)
3. *прош.* ушёл, ушла́, ушло́, ушли́ (III.3.В2)
4. *повел.* уйди́(те) (III.4.А1)
5. *прич. действ. наст. не образ.* (III.5)
6. *прич. действ. прош.* уше́дший (III.6.Б4)
7. *прич. страд. наст. не образ.* (III.7)
8. *прич. страд. прош. не образ.* (III.8)
9. *деепр.* уйдя́ (III.10.А1)

**указа́в** см. **указа́ть**
**ука́занный** см. **указа́ть**

**УКАЗА́ТЬ** *св*
1. *нсв* ука́зывать (III.1.А1а)
2. *буд.* укажу́, ука́жешь, ука́жет, ука́жем, ука́жете, ука́жут (III.2.А2 *и* III.2.Б1а)
3. *повел.* укажи́(те) (III.4.А1)
4. *прич. действ. наст. не образ.* (III.5)
5. *прич. страд. наст. не образ.* (III.7)
6. *прич. страд. прош.* ука́занный (III.8.А1а)
7. *деепр.* указа́в

**УКА́ЗЫВАТЬ** *нсв — св* **указа́ть**
**УКЛА́ДЫВАТЬ** *нсв — св* **уложи́ть**

**укра́сив** см. **укра́сить**
**УКРА́СИТЬ** *св*
1. *нсв* украша́ть (III.1.А2а)
2. *буд.* укра́шу, укра́сишь, укра́сит, укра́сим, укра́сите, укра́сят (III.2.Б2)
3. *повел.* укра́сь(те)
4. *прич. действ. наст. не образ.* (III.5)
5. *прич. страд. наст. не образ.* (III.7)
6. *прич. страд. прош.* укра́шенный (III.8.Б1а)
7. *деепр.* укра́сив

**УКРАША́ТЬ** *нсв — св* **укра́сить**

**укра́шенный** см. **укра́сить**
**укрепи́в** см. **укрепи́ть**

**УКРЕПИ́ТЬ** *св*
1. *нсв* укрепля́ть (III.1.А2а)
2. *буд.* укреплю́, укрепи́шь, укре-

пи́т, укрепи́м, укрепи́те, укрепя́т (III.2.А4 и III.2.Б2)
3. *прич. действ. наст. не образ.* (III.5)
4. *прич. страд. наст. не образ.* (III.7)
5. *прич. страд. прош.* укреплённый (III.8.Б1б); *кр. ф.* укреплён, укреплена́, укреплено́, укреплены́
6. *деепр.* укрепи́в

укреплённый см. укрепи́ть
**УКРЕПЛЯ́ТЬ** *нсв — св* укрепи́ть

**УЛЕТА́ТЬ** *нсв нп — св* улете́ть

улете́в см. улете́ть
**УЛЕТЕ́ТЬ** *св нп — нсв* улета́ть
1. *буд.* улечу́, улети́шь, улети́т, улети́м, улети́те, улетя́т (III.2.А4 и III.2.Б2)
2. *прич. действ. наст. не образ.* (III.5)
3. *прич. страд. наст. не образ.* (III.7)
4. *прич. страд. прош. не образ.* (III.8)
5. *деепр.* улете́в

уло́женный см. уложи́ть
уложи́в см. уложи́ть
**УЛОЖИ́ТЬ** *св*
1. *нсв* укла́дывать (III.1.Д1)
2. *буд.* уложу́, уло́жишь, уло́жит, уло́жим, уло́жите, уло́жат (III.2.А1)
3. *прич. действ. наст. не образ.* (III.5)
4. *прич. страд. наст. не образ.* (III.7)
5. *прич. страд. прош.* уло́женный (III.8.А2)
6. *деепр.* уложи́в

**УЛЫ́БК|А**, -и, *ж*
1. *род. мн.* улы́бок (I.4.Б1б)

**УМ**, ума́, *м*
1. *род. ед.* ума́ (I.1.А1)
2. *дат. ед.* уму́
3. *твор. ед.* умо́м
4. *предл. ед.* в уме́
5. *им. мн.:* лу́чшие умы́ 'вели́кие мысли́тели, учёные' (I.3.Ж1); приро́дный ум — *мн. нет* (I.3.Е1)

**УМЁЛ|ЫЙ**, -ая, -ое, -ые
1. *кр. ф. не образ.* (II.1)
2. *сравн. ст. не образ.* (II.2)
3. *превосх. ст. не образ.* (II.3)

умере́в см. умере́ть
**УМЕРЕ́ТЬ** *св нп*
1. *нсв* умира́ть (III.1.А2б)
2. *буд.* умру́, умрёшь, умрёт, умрём, умрёте, умру́т (III.2.А4 и III.2.Б1а)
3. *прош.* у́мер, умерла́, у́мерло, у́мерли (III.3.Б1б)
4. *повел.* умри́(те) (III.4.А1)
5. *прич. действ. наст. не образ.* (III.5)
6. *прич. действ. прош.* уме́рший (III.6.А2)
7. *прич. страд. наст. не образ.* (III.7)
8. *прич. страд. прош. не образ.* (III.8)
9. *деепр.* умере́в *и доп.* уме́рши

уме́рши см. умере́ть
уме́рший см. умере́ть
**УМИРА́ТЬ** *нсв нп — св* умере́ть

**УМНОЖА́ТЬ** *нсв — св* умно́жить

умно́жив см. умно́жить
**УМНО́ЖИТЬ** *св*
1. *нсв* умножа́ть (III.1.А2а)
2. *повел.* умно́жь(те)
3. *прич. действ. наст. не образ.* (III.5)
4. *прич. страд. наст. не образ.* (III.7)
5. *деепр.* умно́жив

**У́МН|ЫЙ**, -ая, -ое, -ые
1. *кр. ф.* умён, умна́, умно́, умны́ (II.1.Б2)
2. *сравн. ст.* умне́е (II.2.А1)
3. *превосх. ст.* умне́йший (II.3.А1)

**УМЫВА́ТЬСЯ** *нсв нп — св* умы́ться

умы́вшись см. умы́ться
**УМЫ́ТЬСЯ** *св нп*
1. *нсв* умыва́ться (III.1.А3)
2. *буд.* умо́юсь, умо́ешься, умо́ется, умо́емся, умо́етесь, умо́ются (III.2.Б1а)
3. *повел.* умо́йся, умо́йтесь (III.4.А2)
4. *прич. действ. наст. не образ.* (III.5)
5. *прич. страд. наст. не образ.* (III.7)

6. *прич. страд. прош. не образ.* (III.8)
7. *деепр.* умы́вшись
**унесённый** см. у н е с т и́
**УНЕСТИ́** *св*
1. *нсв* уноси́ть (III.1.А4а)
2. *прош.* унёс, унесла́, унесло́, унесли́ (III.3.В1в)
3. *прич. действ. наст. не образ.* (III.5)
4. *прич. действ. прош.* унёсший
5. *прич. страд. наст. не образ.* (III.7)
6. *прич. страд. прош.* унесённый; *кр. ф.* унесён, унесена́, унесено́, унесены́
7. *деепр.* унеся́
**унёсший** см. у н е с т и́
**унеся́** см. у н е с т и́
**УНИЧТОЖА́ТЬ** *нсв — св* у н и ч т о́ ж и т ь
**уничто́жив** см. у н и ч т о́ ж и т ь
**УНИЧТО́ЖИТЬ** *св*
1. *нсв* уничтожа́ть (III.1.А2а)
2. *повел.* уничто́жь(те)
3. *прич. действ. наст. не образ.* (III.5)
4. *прич. страд. наст. не образ.* (III.7)
5. *деепр.* уничто́жив
**уноси́мый** см. у н о с и́ т ь
**УНОСИ́ТЬ** *нсв — св* у н е с т и́
1. *наст.* уношу́, уно́сишь, уно́сит, уно́сим, уно́сите, уно́сят (III.2.А2 и III.2.Б2)
2. *повел.* уноси́(те) (III.4.В1)
3. *прич. действ. наст.* унося́щий (III.5.А1)
4. *прич. страд. наст.* уноси́мый (III.7.Б1)
5. *прич. страд. прош. не образ.* (III.8)
6. *деепр.* унося́ (III.9.А1)
**унося́** см. у н о с и́ т ь
**унося́щий** см. у н о с и́ т ь
**упа́в** см. у п а́ с т ь
**УПА́ДОК**, упа́дка, *м*
1. *род. ед.* упа́дка (I.1.Б1б)
2. *мн. нет* (I.3.Е1)
**УПА́СТЬ** *св нп*
1. *буд.* упаду́, упадёшь, упадёт, упадём, упадёте, упаду́т (III.2.А4 и III.2.Б1а)

2. *повел.* упади́(те) (III.4.А1)
3. *прич. действ. наст. не образ.* (III.5)
4. *прич. страд. наст. не образ.* (III.7)
5. *прич. страд. прош. не образ.* (III.8)
6. *деепр.* упа́в
**уполномо́чив** см. у п о л н о м о́ ч и т ь
**УПОЛНОМО́ЧИВАТЬ** *нсв — св* у п о л н о м о́ ч и т ь
**УПОЛНОМО́ЧИТЬ** *св*
1. *нсв* уполномо́чивать (III.1.А1в)
2. *повел.* уполномо́чь(те)
3. *прич. действ. наст. не образ.* (III.5)
4. *прич. страд. наст. не образ.* (III.7)
5. *деепр.* уполномо́чив
**употреби́в** см. у п о т р е б и́ т ь
**УПОТРЕБИ́ТЬ** *св*
1. *нсв* употребля́ть (III.1.А2а)
2. *буд.* употреблю́, употреби́шь, употреби́т, употреби́м, употреби́те, употребя́т (III.2.А4 и III.2.Б2)
3. *прич. действ. наст. не образ.* (III.5)
4. *прич. страд. наст. не образ.* (III.7)
5. *прич. страд. прош.* употреблённый (III.8.Б1б); *кр. ф.* употреблён, употреблена́, употреблено́, употреблены́
6. *деепр.* употреби́в
**употреблённый** см. у п о т р е б и́ т ь
**УПОТРЕБЛЯ́ТЬ** *нсв — св* у п о т р е б и́ т ь
**У́РОВЕНЬ**, у́ровня, *м*
1. *род. ед.* у́ровня (I.1.Б1а)
2. *им. мн.* у́ровни (I.3.В1а)
**уро́ненный** см. у р о н и́ т ь
**урони́в** см. у р о н и́ т ь
**УРОНИ́ТЬ** *св*
1. *буд.* уроню́, уро́нишь, уро́нит, уро́ним, уро́ните, уро́нят (III.2.А1)
2. *прич. действ. наст. не образ.* (III.5)
3. *прич. страд. наст. не образ.* (III.7)

**4.** *прич. страд. прош.* уро́ненный (III.8.А2)
**5.** *деепр.* урони́в

**УСЛА́ВЛИВАТЬСЯ** *нсв нп —* *св* усло́виться

усло́вившись см. усло́виться

**УСЛО́ВИТЬСЯ** *св нп*
**1.** *нсв* усла́вливаться *и доп. устар.* усло́вливаться (III.1.А1в)
**2.** *буд.* усло́влюсь, усло́вишься, усло́вится, усло́вимся, усло́витесь, усло́вятся (III.2.Б2)
**3.** *повел.* усло́вься, усло́вьтесь
**4.** *прич. действ. наст. не образ.* (III.5)
**5.** *прич. страд. наст. не образ.* (III.7)
**6.** *прич. страд. прош. не образ.* (III.8)
**7.** *деепр.* усло́вившись *и* усло́вясь

**УСЛО́ВЛИВАТЬСЯ** *нсв — св* усло́виться

усло́вясь см. усло́виться
успе́в см. успе́ть

**УСПЕВА́ТЬ** *нсв нп — св* успе́ть

**УСПЕ́ТЬ** *св нп*
**1.** *нсв* успева́ть (III.1.А3)
**2.** *повел.* успе́й(те)
**3.** *прич. действ. наст. не образ.* (III.5)
**4.** *прич. страд. наст. не образ.* (III.7)
**5.** *прич. страд. прош. не образ.* (III.8)
**6.** *деепр.* успе́в

**УСПОКА́ИВАТЬСЯ** *нсв нп — св* успоко́иться

успоко́ившись см. успоко́иться

**УСПОКО́ИТЬСЯ** *св нп*
**1.** *нсв* успока́иваться (III.1.А1в)
**2.** *повел.* успоко́йся, успоко́йтесь
**3.** *прич. действ. наст. не образ.* (III.5)
**4.** *прич. страд. наст. не образ.* (III.7)
**5.** *прич. страд. прош. не образ.* (III.8)
**6.** *деепр.* успоко́ившись *и* успоко́ясь (III.10.Б1)

успоко́ясь см. успоко́иться
уста́в см. уста́ть

**УСТАВА́ТЬ** *нсв нп — св* уста́ть
**1.** *наст.* устаю́, устаёшь, устаёт, устаём, устаёте, устаю́т (III.2.В)
**2.** *повел.: обычно с отриц.* не устава́й(те) (III.4.В1)
**3.** *прич. действ. наст.* устаю́щий (III.5.В1)
**4.** *прич. страд. наст. не образ.* (III.7)
**5.** *прич. страд. прош. не образ.* (III.8)
**6.** *деепр.* устава́я (III.9.В1)

устава́я см. устава́ть

**УСТА́Л|ЫЙ**, -ая, -ое, -ые
**1.** *кр. ф. не образ.* (II.1)
**2.** *сравн. ст. не образ.* (II.2)
**3.** *превосх. ст. не образ.* (II.3)

**УСТАНА́ВЛИВАТЬ** *нсв — св* установи́ть

установи́в см. установи́ть

**УСТАНОВИ́ТЬ** *св*
**1.** *нсв* устана́вливать (III.1.А1в)
**2.** *буд.* установлю́, устано́вишь, устано́вит, устано́вим, устано́вите, устано́вят (III.2.Б2)
**3.** *повел.* установи́(те) (III.4.В1)
**4.** *прич. действ. наст. не образ.* (III.5)
**5.** *прич. страд. наст. не образ.* (III.7)
**6.** *прич. страд. прош.* устано́вленный (III.8.Б2а)
**7.** *деепр.* установи́в

устано́вленный см. установи́ть
устаре́в см. устаре́ть

**УСТАРЕВА́ТЬ** *нсв нп — св* устаре́ть

**УСТАРЕ́Л|ЫЙ**, -ая, -ое, -ые
**1.** *кр. ф. не образ.* (II.1)
**2.** *сравн. ст. не образ.* (II.2)
**3.** *превосх. ст. не образ.* (II.3)

**УСТАРЕ́ТЬ** *св нп*
**1.** *нсв* устарева́ть (III.1.А3)
**2.** *повел. нет* (III.4.Г)
**3.** *прич. действ. наст. не образ.* (III.5)
**4.** *прич. страд. наст. не образ.* (III.7)
**5.** *прич. страд. прош. не образ.* (III.8)
**6.** *деепр.* устаре́в

# УСТАТЬ

**УСТА́ТЬ** *св нп*
1. *нсв* уставáть (III.1.А3)
2. *буд.* устáну, устáнешь, устáнет, устáнем, устáнете, устáнут (III.2.Б1а)
3. *повел.:* обычно с отриц. не устáнь(те)
4. *прич. действ. наст. не образ.* (III.5)
5. *прич. страд. наст. не образ.* (III.7)
6. *прич. страд. прош. не образ.* (III.8)
7. *деепр.* устáв

устаю́щий см. уставáть

**УСТРА́ИВАТЬ** *нсв — св* устрóить

**УСТРА́ИВАТЬСЯ** *нсв нп — св* устрóиться

устрóив см. устрóить
устрóившись см. устрóиться

**УСТРО́ИТЬ** *св*
1. *нсв* устрáивать (III.1.А1в)
2. *повел.* устрóй(те)
3. *прич. действ. наст. не образ.* (III.5)
4. *прич. страд. наст. не образ.* (III.7)
5. *деепр.* устрóив

**УСТРО́ИТЬСЯ** *св нп*
1. *нсв* устрáиваться (III.1.А1в)
2. *повел.* устрóйся, устрóйтесь
3. *прич. действ. наст. не образ.* (III.5)
4. *прич. страд. наст. не образ.* (III.7)
5. *прич. страд. прош. не образ.* (III.8)
6. *деепр.* устрóившись *и* устрóясь (III.10.Б1)

устрóясь см. устрóиться

**УС|Ы́,** -óв, *мн.*
1. *ед.* ус, -а, *м* (I.3.Ж2а)
2. *им. мн.* усы́ (I.3.А1б)
3. *сочет. с предлогами:* зá ус *и* за у́с, намотáть на у́с *и доп. устар.* намотáть нá ус *перен.* 'хорошенько запомнить с какой-либо целью'

утверди́в см. утверди́ть

**УТВЕРДИ́ТЬ** *св*
1. *нсв* утверждáть (III.1.А2а)
2. *буд.* утвержу́, утверди́шь, утверди́т, утверди́м, утверди́те, утвердя́т (III.2.А4 *и* III.2.Б2)
3. *прич. действ. наст. не образ.* (III.5)
4. *прич. страд. наст. не образ.* (III.7)
5. *прич. страд. прош.* утверждённый (III.8.Б1б); *кр. ф.* утверждён, утверждена́, утверждено́, утверждены́
6. *деепр.* утверди́в

**УТВЕРЖДА́ТЬ** *нсв — св* утверди́ть

утверждённый см. утверди́ть

**УТЁНОК,** утёнка, *м*
1. *род. ед.* утёнка (I.1.Б1б)
2. *им. мн.* утя́та (I.3.Д1)

**У́ТК|А,** -и, *ж*
1. *род. мн.* у́ток (I.4.Б1б)

**У́ТР|О,** -а, *с*
1. *сочет. с предлогами:* рабóтать до утрá; от утрá до вечéрней поры́; с утрá ничегó не éл; пять часóв утрá; верну́ться к утру́; занимáться по утрáм; утрáми 'в утреннее время'

**УТЮ́Г,** утюгá, *м*
1. *род. ед.* утюгá (I.1.А1)
2. *им. мн.* утюги́ (I.3.А1б)

**УХОДИ́ТЬ** *нсв нп — св* уйти́
1. *наст.* ухожу́, ухóдишь, ухóдит, ухóдим, ухóдите, ухóдят (III.2.А2 *и* III.2.Б2)
2. *повел.* уходи́(те) (III.4.В1)
3. *прич. действ. наст.* уходя́щий (III.5.А1)
4. *прич. страд. наст. не образ.* (III.7)
5. *прич. страд. прош. не образ.* (III.8)
6. *деепр.* уходя́ (III.9.А1)

уходя́ см. уходи́ть
уходя́щий см. уходи́ть
уча́ см. учи́ть

**УЧА́СТВОВАТЬ** *нсв нп*
1. *наст.* уча́ствую, уча́ствуешь, уча́ствует, уча́ствуем, уча́ствуете, уча́ствуют (III.2.Б1а)
2. *повел.* уча́ствуй(те) (III.4.А2а)
3. *прич. действ. наст.* уча́ствующий (III.5.Б1)
4. *прич. страд. наст. не образ.* (III.7)

**5.** *прич. страд. прош. не образ.* (III.8)
**6.** *деепр.* уча́ствуя (III.9.Б1)
уча́ствующий см. уча́ствовать
уча́ствуя см. уча́ствовать
**УЧА́СТОК,** уча́стка, *м*
**1.** *род. ед.* уча́стка (I.1.Б1б)
**2.** *им. мн.* уча́стки (I.3.В1б)
у́чащий, уча́щий см. учи́ть
**УЧЕНИ́К,** ученика́, *м*
**1.** *род. ед.* ученика́ (I.1.А1)
**2.** *им. мн.* ученики́ (I.3.А1б)
**УЧЁБ|А,** -ы, *ж*
**1.** *мн. нет* (I.3.Е1)
у́ченный см. учи́ть
**УЧЁН|ЫЕ,** -ых, *мн.*
**1.** *ед.* учён|ый, -ого, *м* (I.3.Ж2б) — ср. *прил.* у ч ё н ы й
**УЧЁН|ЫЙ,** -ая, -ое, -ые — ср. *прич.* у́ченный
**1.** *кр. ф.* учён, учёна, учёно, учёны
**2.** *сравн. ст. нет* (II.2.Д)
**3.** *превосх. ст. нет* (II.3.Г)
**УЧИ́ТЕЛ|Ь,** -я, *м*
**1.** *им. мн.:* 1. учителя́ (шко́льные); 2. учи́тели (вели́кие) (I.3.Г1)
**УЧИ́ТЬ** *нсв*
**1.** *наст.* учу́, у́чишь, у́чит, у́чим, у́чите, у́чат (III.2.А1)
**2.** *прич. действ. наст.* у́чащий и уча́щий (III.5.А2)
**3.** *прич. страд. наст. нет* (III.7.Г)
**4.** *прич. страд. прош.* у́ченный (III.8.А2); *кр. ф.* у́чен, у́чена, у́чено, у́чены — ср. *прил.* у ч ё н ы й
**5.** *деепр.* уча́
уше́дший см. уйти́
**У́ШИ,** уше́й, *мн.*
**1.** *ед.* у́хо, у́ха, *с* (I.3.Ж2)
**2.** *им. мн.* у́ши (I.3.Б2)
**3.** *род. мн.* уше́й I.4.А3в)
**4.** *дат. мн.* уша́м
**5.** *твор. мн.* уша́ми
**6.** *предл. мн.* в уша́х
**7.** *сочет. с предлогами:* уда́рить по́ уху и *доп.* уда́рить по у́ху, схвати́ть за́ ухо, шепта́ть на́ ухо, слон (*или* медве́дь) на́ ухо наступи́л 'о человеке, лишённом музыкального слуха', чеса́ть за́ ухом, схвати́ть за́ уши, наде́ть на́ уши

# Ф

**ФО́РТОЧК|А,** -и, *ж*
**1.** *род. мн.* фо́рточек (I.4.Б1а)
**ФОТОГРАФИ́РОВАТЬ** *нсв*
**1.** *наст.* фотографи́рую, фотографи́руешь, фотографи́рует, фотографи́руем, фотографи́руете, фотографи́руют (III.2.Б1а)
**2.** *повел.* фотографи́руй(те) (III.4.А2а)
**3.** *прич. действ. наст.* фотографи́рующий (III.5.Б1)
**4.** *прич. страд. наст.* фотографи́руемый (III.7.А1)
**5.** *деепр.* фотографи́руя (III.9.Б1)
фотографи́руемый см. фотографи́ровать
фотографи́рующий см. фотографи́ровать
фотографи́руя см. фотографи́ровать
**ФРУ́КТ|Ы,** -ов, *мн.*
**1.** *ед.* фрукт, -а, *м* (I.3.Ж2а)
**ФУРА́ЖК|А,** -и, *ж*
**1.** *род. мн.* фура́жек (I.4.Б1а)

# Х

хва́ленный см. хвали́ть
**ХВАЛЁН|ЫЙ,** -ая, -ое, -ые — ср. *прич.* х в а́ л е н н ы й
**1.** *кр. ф. не образ.* (II.1)
**2.** *сравн. ст. не образ.* (II.2)
**3.** *превосх. ст. не образ.* (II.3)
хвали́мый см. хвали́ть
**ХВАЛИ́ТЬ** *нсв*
**1.** *наст.* хвалю́, хва́лишь, хва́лит, хва́лим, хва́лите, хва́лят (III.2.А1)
**2.** *прич. действ. наст.* хва́лящий и хваля́щий (III.5.А2)
**3.** *прич. страд. наст.* хвали́мый (III.7.Б1)
**4.** *прич. страд. прош.* хва́ленный (III.8.А2) — ср. *прил.* х в а л ё н ы й
**5.** *деепр.* хваля́ (III.9.А1)
хваля́ см. хвали́ть
хва́лящий, хваля́щий см. хвали́ть

# ХВОСТ

**ХВОСТ,** хвоста́, *м*
1. *род. ед.* хвоста́ (I.1.А1)
2. *им. мн.* хвосты́ (I.3.А1б)

**ХИ́ТР|ЫЙ,** -ая, -ое, -ые
1. *кр. ф.* хитёр, хитра́, хитро́ *и доп.* хи́тро, хитры́ *и доп.* хи́тры (II.1.Б2)
2. *сравн. ст.* хитре́е (II.2.А1)
3. *превосх. ст.* хитре́йший (II.3.А1)

**ХИ́ЩН|ЫЙ,** -ая, -ое, -ые
1. *кр. ф.* хи́щен, хи́щна, хи́щно, хи́щны (II.1.Б1)
2. *сравн. ст. нет* (II.2.Д)
3. *превосх. ст. нет* (II.3.Г)

**ХЛЕБ,** -а, *м*
1. *им. мн.*: 1. хлеба́ (в по́ле, на корню́); 2. хле́бы (кру́глые) (I.3.Г1)
2. *род. мн.*: 1. хлебо́в (в по́ле, на корню́); 2. хле́бов (кру́глых) (I.4.Г2)

**ХЛОПОК,** хло́пка, *м*
1. *род. ед.* хло́пка (I.1.Б1б)
2. *мн. нет* (I.3.Е1)

**ХМУ́Р|ЫЙ,** -ая, -ое, -ые
1. *кр. ф.* хмур. хмура́, хму́ро, хму́ры (II.1.А)
2. *сравн. ст. нет* (II.2.Д)
3. *превосх. ст. нет* (II.3.Г)

**ХОД,** -а, *м*
1. *род. ед.* хо́да, *но* нет хо́ду, с хо́ду 'не останавливаясь после движения, бега; сразу, вдруг, без всякой подготовки' (I.1.Д)
2. *предл. ед.*: 1. на ходу́ по́езда; 2. в хо́де собы́тий, на хо́де собы́тий; 3. в хо́де часо́в, на хо́де часо́в, но на холосто́м ходу́ 'о функционировании механизма, не дающем полезной работы'; 4. в пя́том хо́де *и* в пя́том ходу́, на пя́том хо́де *и* на пя́том ходу́ 'в шахма́тах' (I.2.В); в хо́де *чего-либо* (предлог с род. пад.); в ходу́ 'в употреблении'; на ходу́ 'в движении, в исправности; попутно, быстро'
3. *им. мн.*: хо́ды *и* ходы́ (хо́ды *и* ходы́ по́ршня, хо́ды *и* ходы́ шахмати́ста); хо́ды (ходы́ сообще́ния, пара́дные ходы́, чёрные ходы́; знать все ходы́ и вы́ходы *перен.* 'знать, как действовать'; хо́ды (такти́ческие хо́ды, ритми́ческие хо́ды) (I.3.А1в); 'движение, перемещение в каком-либо направлении' — *мн. нет* (I.3.Е1)
4. *род. мн.*: хо́дов *и* ходо́в (хо́дов *и* ходо́в по́ршня, хо́дов *и* ходо́в шахмати́ста); ходо́в (ходо́в сообще́ния, пара́дных ходо́в, чёрных ходо́в); хо́дов (такти́ческих хо́дов, ритми́ческих хо́дов)

**ХОДИ́ТЬ** *нсв нп —* ср. и д ти́
1. *наст.* хожу́, хо́дишь, хо́дит, хо́дим, хо́дите, хо́дят (III.2.А2 *и* III.2.Б2)
2. *повел.* ходи́(те) (III.4.В1)
3. *прич. действ. наст.* ходя́щий (III.5.А1)
4. *прич. страд. наст. не образ.* (III.7)
5. *прич. страд. прош. не образ.* (III.8)
6. *деепр.* ходя́ (III.9.А1)
**ходя́** см. ходи́ть
**ходя́щий** см. ходи́ть

**ХОЗЯ́ИН,** -а, *м*
1. *им. мн.* хозя́ева (I.3.Д1)

**ХОЗЯ́ЙК|А,** -и, *ж*
1. *род. мн.* хозя́ек (I.4.В1)

**ХО́ЛОД,** -а, *ж*
1. *род. ед.* хо́лода, *но* напусти́ть хо́лоду
2. *им. мн.* холода́ ('холо́дная пого́да': янва́рские холода́) (I.3.Е2в)

**ХОЛО́ДН|ЫЙ,** -ая, -ое, -ые
1. *кр. ф.* хо́лоден, холодна́, хо́лодно, холодны́ *и* хо́лодны (II.1.Б2)
2. *сравн. ст.* холодне́е (II.2.А1)
3. *превосх. ст.* холодне́йший (II.3.А1)

**ХОР,** -а, *м*
1. *предл. ед.* в хо́ре *и* в хору́ (I.2.Б)
2. *им. мн.* хоры́ *и* хо́ры (I.3.А1в)
3. *род. мн.* хоро́в *и* хо́ров

**ХОРОНИ́ТЬ** *нсв*
1. *наст.* хороню́, хоро́нишь, хоро́нит, хоро́ним, хоро́ните, хоро́нят (III.2.А1)
2. *прич. действ. наст.* хороня́щий (III.5.А1)

3. *прич. страд. наст.* нет (III.7.Г)
4. *прич. страд. прош. не образ.* (III.8)
5. *деепр.* хороня́ (III.9.А1)
**хороня́** см. хорони́ть
**хороня́щий** см. хорони́ть
**ХОРО́Ш|ИЙ,** -ая, -ее, -ие
1. *кр. ф.* хоро́ш, хороша́, хорошо́, хороши́ (II.1.А)
2. *сравн. ст.* лу́чше (II.2.В2)
3. *превосх. ст.* лу́чший (II.3.В2)
**ХОТЕ́ТЬ** нсв нп
1. *наст.* хочу́, хо́чешь, хо́чет, хоти́м, хоти́те, хотя́т (III.2.А5 и III.2.Б4)
2. *повел.* нет (III.4.Г)
3. *прич. страд. наст. не образ.* (III.7)
4. *прич. страд. прош. не образ.* (III.8)
5. *деепр.* нет (III.9.Д)
**ХРА́БР|ЫЙ,** -ая, -ое, -ые
1. *кр. ф.* храбр, храбра́, хра́бро, хра́бры и храбры́ (II.1.А)
2. *сравн. ст.* храбре́е (II.2.А1)
3. *превосх. ст.* храбре́йший (II.3.А1)
**ХУД|О́Й**[1] (*противоп.* то́лстый, по́лный), -а́я, -о́е, -ы́е
1. *кр. ф.* худ, худа́, ху́до, худы́ и ху́ды (II.1.А)
**ХУД|О́Й**[2] '*дыря́вый*', -а́я, -о́е, -ы́е
1. *кр. ф.* худ, худа́, ху́до, худы́ и ху́ды (II.1.А)
2. *сравн. ст.* нет (II.2.Д)
3. *превосх. ст.* нет (II.3.Г)
**ХУД|О́Й**[3] '*плохо́й*', -а́я, -о́е, -ы́е
1. *кр. ф.* худ, худа́, ху́до, ху́ды (II.1.А)
2. *сравн. ст.* ху́же (II.2.Б2а)
3. *превосх. ст.* ху́дший (II.3.А3)

# Ц

**ЦВЕСТИ́** нсв нп
1. *наст.* цвету́, цветёшь, цветёт, цветём, цветёте, цвету́т (III.2.Б1а)
2. *прош.* цвёл, цвела́, цвело́, цвели́ (III.3.В1б)
3. *повел.* цвети́(те) (III.4.А1)
4. *прич. действ. наст.* цвету́щий (III.5.Б4) — ср. *прил.* цвету́щий
5. *прич. действ. прош.* цве́тший (III.6.Б1а)
6. *прич. страд. наст. не образ.* (III.7)
7. *прич. страд. прош. не образ.* (III.8)
8. *деепр.* цветя́ (III.9.Б3)
**ЦВЕТ**[1] (тёмный), -а, *м*
1. *предл. ед.* в тёмном цве́те, в цве́те '*о фото- и киноизображении: цветное, не чёрно-белое*' (I.2.В)
**ЦВЕТ**[2] (*собир.*), -а, *м*
1. *предл. ед.* в ли́повом цве́те, но я́блони в цвету́ '*яблони в поре цветения*'; в цве́те лет, сил и во цве́те лет, сил '*в лучшую пору жизни*' (I.2.В)
2. *мн.* нет (I.3.Е1)
**ЦВЕТН|О́Й,** -а́я, -о́е, -ы́е
1. *кр. ф.* нет (II.1.Е)
2. *сравн. ст.* нет (II.2.Д)
3. *превосх. ст.* нет (II.3.Г)
**ЦВЕТО́К,** цветка́, *м*
1. *род. ед.* цветка́ (I.1.Б2б)
2. *им. мн.* цветы́ (I.3.Д1) и цветки́ (I.3.В2б)
**ЦВЕТУ́Щ|ИЙ,** -ая, -ее, -ие — ср. *прич.* цвету́щий
1. *кр. ф. не образ.* (II.1)
2. *сравн. ст. не образ.* (II.2)
3. *превосх. ст. не образ.* (II.3)
**цвету́щий** см. цвести́
**цве́тший** см. цвести́
**цветя́** см. цвести́
**ЦЕЛ,** цела́, це́ло, це́лы
1. *полн. ф.* нет (II.1.Д)
2. *сравн. ст. не образ.* (II.2)
3. *превосх. ст. не образ.* (II.3)
**ЦЕЛИН|А́,** -ы́, *ж*
1. *мн.* нет (I.3.Е1)
**цело́ванный** см. целова́ть
**ЦЕЛОВА́ТЬ** нсв
1. *наст.* целу́ю, целу́ешь, целу́ет, целу́ем, целу́ете, целу́ют (III.2.Б1а)
2. *повел.* целу́й(те) (III.4.А2а)

## ЦЕЛЫЙ

**3.** *прич. действ. наст.* целу́ющий (III.5.Б1)
**4.** *прич. страд. наст.* целу́емый (III.7.А1)
**5.** *прич. страд. прош.* цело́ванный (III.8.А1а)
**6.** *деепр.* целу́я (III.9.Б1)
целу́емый см. целова́ть
целу́ющий см. целова́ть
целу́я см. целова́ть
**ЦЕ́Л|ЫЙ,** -ая, -ое, -ые
**1.** *кр. ф.* цел, цела́, це́ло, це́лы (II.1.А)
**2.** *сравн. ст.* нет (II.2.Д)
**3.** *превосх. ст.* нет (II.3.Г)
**ЦЕН|А́,** -ы́, *ж*
**1.** *вин. ед.* це́ну
**2.** *им. мн.* це́ны (I.3.А2)
**ЦЕП|Ь,** -и, *ж*
**1.** *предл. ед.* о це́пи, *но* в цепи́, на цепи́
**2.** *род. мн.* цепе́й (I.4.А3б)
**ЦЕХ,** -а, *м*
**1.** *предл. ед.* в це́хе *и* в цеху́ (I.2.Б)
**2.** *им. мн.* це́хи *и* цеха́ (I.3.А1в)
**3.** *род. мн.* це́хов *и* цехо́в
**ЦЫПЛЁНОК,** цыплёнка, *м*
**1.** *род. ед.* цыплёнка (I.1.Б1б)
**2.** *им. мн.* цыпля́та (I.3.Д1)

# Ч

**ЧА|Й,** -я(-ю), *м*
**1.** *род. ед.* ча́я *и* ча́ю: вкус ча́я, стака́н ча́я *и* стака́н ча́ю, вы́пить ча́ю, ча́шка кре́пкого ча́я (I.1.Г)
**2.** *предл. ед.* в ча́е *и* в чаю́ (I.2.Б)
**3.** *им. мн.* чаи́ (ба́йховые, прессо́ванные) (I.3.Е2а)
**4.** *род. мн.* чаёв
**ЧА́ЙК|А,** -и, *ж*
**1.** *род. мн.* ча́ек (I.4.В1)
**ЧАС,** -а, *м*
**1.** *род. ед.* ча́са, *но* с ча́су на час '*в самое ближайшее время*', не прошло́ и ча́су *и* не прошло́ и ча́са, о́коло ча́су *и* о́коло ча́са; *с колич. числит.* «два», «три», «четы́ре» — часа́: два часа́, три часа́, четы́ре часа́ (I.1.Д)
**2.** *предл. ед.:* 1. в ча́се ходьбы́;
2. в пе́рвом часу́ но́чи; 3. в академи́ческом ча́се 45 мину́т; на пе́рвом ча́се '*об академическом часе: на первой лекции*' (I.2.В)
**3.** *им. мн.* часы́ (I.3.А1б)
**ЧАСТ|Ь,** -и, *ж*
**1.** *род. мн.* часте́й (I.4.А3б)
**2.** о согласовании сказуемого с подлежащим, в состав которого входит слово «часть», см. ряд **ЧАС|Ы́,** -о́в, *мн.*
**1.** *ед.* нет (I.3.Ж1)
**ЧА́ШК|А,** -и, *ж*
**1.** *род. мн.* ча́шек (I.4.Б1а)
**ЧЕЛОВЕ́К,** -а, *м*
**1.** *им. мн.* лю́ди (I.3.Д1)
**2.** *род. мн.* люде́й, *но при счёте* — челове́к: мно́го люде́й, *но* пять челове́к
**ЧЕРЕ́ШН|Я,** -и, *ж*
**1.** *род. мн.* чере́шен (I.4.Б1а)
**ЧЕРНИ́ЛА,** черни́л, *мн.*
**1.** *ед.* нет (I.3.Ж1)
**ЧЕРНОВИ́К,** черновика́, *м*
**1.** *род. ед.* черновика́ (I.1.А1)
**2.** *им. мн.* черновики́ (I.3.А1б)
**ЧЁРН|ЫЙ,** -ая, -ое, -ые
**1.** *кр. ф.* чёрен, черна́, черно́, черны́ (II.1.Б2)
**2.** *сравн. ст.* черне́е (II.2.Б2б)
**3.** *превосх. ст.* черне́йший (II.3.Б2)
**ЧЕРТ|А́** '*рубеж, граница, предел*', -ы́, *ж*
**1.** *мн.* нет (I.3.Е1)
**ЧЕРТЁЖ,** чертежа́, *м*
**1.** *род. ед.* чертежа́ (I.1.А2)
**2.** *им. мн.* чертежи́ (I.3.Б1а)
**ЧЕРТИ́ТЬ** *нсв*
**1.** *наст.* черчу́, че́ртишь, че́ртит, че́ртим, че́ртите, че́ртят (III.2.А2) *и* III.2.Б2)
**2.** *повел.* черти́(те) (III.4.В1)
**3.** *прич. действ. наст.* че́ртящий (III.5.А1)
**4.** *прич. страд. наст.* нет (III.7.Г)
**5.** *прич. страд. прош.* че́рченный (III.8.Б2а) — ср. *прил.* че́рченый
**6.** *деепр.* чертя́ (III.9.А1)
чертя́ см. черти́ть
че́ртящий см. черти́ть
че́рченный см. черти́ть

**ЧЕ́РЧЕН|ЫЙ**, -ая, -ое, -ые — ср. *прич.* че́рченный
1. *кр. ф. не образ.* (II.1)
2. *сравн. ст. не образ.* (II.2)
3. *превосх. ст. не образ.* (II.3)

**ЧЕ́СТН|ЫЙ**, -ая, -ое, -ые
1. *кр. ф.* че́стен, честна́, че́стно, честны́ и че́стны (II.1.Б2)
2. *сравн. ст.* честне́е (II.2.А1)
3. *превосх. ст.* честне́йший (II.3.А1)

**ЧЕСТ|Ь**, -и, *ж*
1. *мн. нет* (I.3.Е1)

**ЧЕТВЕ́РГ**, четверга́, *м*
1. *род. ед.* четверга́ (I.1.А1)
2. *им. мн.* четверги́ (I.3.А1б)

**ЧЕ́ТВЕРТ|Ь**, -и, *ж*
1. *род. мн.* четверте́й (I.4.А3б)

**ЧИСЛ|О́**, -а́, *с*
1. *им. мн.* чи́сла (I.3.А3а)
2. *род. мн.* чи́сел (I.4.Б2а)

**ЧИ́СТИТЬ** *нсв*
1. *наст.* чи́щу, чи́стишь, чи́стит, чи́стим, чи́стите, чи́стят (III.2.Б2)
2. *повел.* чи́сти(те) и чи́сть(те) (III.4.Б1)
3. *прич. страд. наст. нет* (III.7.Г)
4. *прич. страд. прош.* чи́щенный (III.8.А1а) — ср. *прил.* чи́щеный
5. *деепр. нет* (III.4.Г)

**ЧИСТОТ|А́**, -ы́, *ж*
1. *мн. нет* (I.3.Е1)

**ЧИ́СТ|ЫЙ**, -ая, -ое, -ые
1. *кр. ф.* чист, чиста́, чи́сто чисты́ и чи́сты (II.1.А)
2. *сравн. ст.* чи́ще (II.2.Б1а)
3. *превосх. ст.* чисте́йший (II.3.А1)

**чи́щенный** см. чи́стить

**ЧИ́ЩЕН|ЫЙ**, -ая, -ое, -ые — ср. *прич.* чи́щенный
1. *кр. ф. не образ.* (II.1)
2. *сравн. ст. не образ.* (II.2)
3. *превосх. ст. не образ.* (II.3)

**ЧУ́ВСТВОВАТЬ** *нсв*
1. *наст.* чу́вствую, чу́вствуешь, чу́вствует, чу́вствуем, чу́вствуете, чу́вствуют (III.2.Б1а)
2. *повел.* чу́вствуй(те) (III.4.А2а)
3. *прич. действ. наст.* чу́вствующий (III.5.Б1)
4. *прич. страд. наст.* чу́вствуемый (III.7.А1)
5. *прич. страд. прош. не образ.* (III.8)
6. *деепр.* чу́вствуя (III.9.Б1)

**чу́вствуемый** см. чу́вствовать

**чу́вствующий** см. чу́вствовать

**чу́вствуя** см. чу́вствовать

**ЧУДЕ́СН|ЫЙ**, -ая, -ое, -ые
1. *кр. ф.* чуде́сен, чуде́сна, чуде́сно, чуде́сны (II.1.Б1)

**ЧУ́Д|О**, -а, *с*
1. *им. мн.* чудеса́ (I.3.Д3)
2. *род. мн.* чуде́с (I.4.А1б)

**ЧУЛКИ́**, чуло́к, *мн.*
1. *ед.* чуло́к, чулка́, *м* (I.1.Б2б и I.3.Ж2а)
2. *им. мн.* чулки́ (I.3.В2б)
3. *род. мн.* чуло́к (I.4.Б3б)

**ЧУ́ТК|ИЙ**, -ая, -ое, -ие
1. *кр. ф.* чу́ток, чутка́, чу́тко, чу́тки (II.1.Б2)
2. *сравн. ст. нет* (II.2.Д)
3. *превосх. ст. нет* (II.3.Г)

# Ш

**ШАГ**, -а, *м*
1. *род. ед.* ша́га, *но* ни шагу́; шагу́ не сту́пит *перен.* 'ничего не предпримет'; *с колич. числит.* «два», «три», «четыре» — шага́: два шага́, три шага́, четы́ре шага́ (I.1.Д)
2. *предл. ед.:* о ша́ге, *но* на ка́ждом шагу́ *перен.* 'везде, беспрестанно' (I.2.А); 1. в каждом ша́ге, на ка́ждом шагу́; 2. брюки узки в шагу́ 'в том месте, где сшиваются штанины друг с другом' (I.2.В)
3. *им. мн.* шаги́ (I.3.А1б)

**ША́ПК|А**, -и, *ж*
1. *род. мн.* ша́пок (I.4.Б1б)

**ШАР**, -а, *м*
1. *род. ед.* ша́ра, *но с колич. числит.* «два», «три», «четыре» — шара́: два шара́, три шара́, четы́ре шара́
2. *им. мн.* шары́ (I.3.А1б)

**ШАХМАТ|Ы**, шáхмат, *мн.*
1. *ед. нет* (I.3.Ж1)
   **шéдший** см. и д т и́
**ШЁЛК**, -а (-у), *м*
1. *род. ед.* шёлка *и* шёлку: произвóдство шёлка, купи́ть шёлка *и* купи́ть шёлку, мнóго шёлка *и* мнóго шёлку, метр краси́вого шёлка (I.1.Г)
2. *предл. ед.* в шелку́ 'в одéжде из шёлка', на шелку́ 'на шёлковой подкла́дке' (I. 2.В)
3. *им. мн.* шелкá (I.3.Б1а)
**ШЁПОТ**, -а, *м*
1. *мн. нет* (I.3.Е1)
**ШЕПТÁТЬ** *нсв нп и что*
1. *наст.* шепчу́, шéпчешь, шéпчет, шéпчем, шéпчете, шéпчут (III.2.А2 *и* III.2.Б1а)
2. *повел.* шепчи́(те) (III.4.А1)
3. *прич. действ. наст.* шéпчущий (III.5.Б2)
4. *прич. страд. наст.*: шептáть *нп — не образ.* (III.7); шептáть *что — нет* (III.7.Г)
5. *прич. страд. прош. не образ.* (III.8)
6. *деепр.* шепчá (III.9.Б2а)
   **шепчá** см. ш е п т á т ь
   **шéпчущий** см. ш е п т á т ь
**ШÉФСТВОВАТЬ** *нсв нп*
1. *наст.* шéфствую, шéфствуешь, шéфствует, шéфствуем, шéфствуете, шéфствуют (III.2.Б1а)
2. *повел.* шéфствуй(те) (III.4.А2а)
3. *прич. действ. наст.* шéфствующий (III.5.Б1)
4. *прич. страд. наст. не образ.* (III.7)
5. *прич. страд. прош. не образ.* (III.8)
6. *деепр.* шéфствуя (III.9.Б1)
   **шéфствующий** см. ш é ф с т в о в а т ь
   **шéфствуя** см. ш é ф с т в о в а т ь
**ШИРИН|Á**, -ы́, *ж*
1. *мн. нет* (I.3.Е1)
**ШИРÓК**, широкá, широкó, широки́
1. *полн. ф. нет* (II.1.Д)
2. *сравн. ст. не образ.* (II.2)
3. *превосх. ст. не образ.* (II.3)

**ШИРÓК|ИЙ**, -ая, -ое, ие
1. *кр. ф.* ширóк, широкá, широкó *и доп.* широкó, широки́ *и* ширóки (II.1.А)
2. *сравн. ст.* ши́ре (II.2.В1а)
3. *превосх. ст.* широчáйший (II.3.Б1)
**ШИТЬ** *нсв*
1. *наст.* шью, шьёшь, шьёт, шьём, шьёте, шьют (III.2.В1а)
2. *повел.* шéй(те) (III.4.В2)
3. *прич. действ. наст.* шью́щий (III.5.Б3)
4. *прич. страд. наст. нет* (III.7)
5. *деепр. нет* (III.9.Д)
**ШИ́ШК|А**, -и, *ж*
1. *род. мн.* ши́шек (I.4.Б1а)
**ШКАФ**, -а, *м*
1. *предл. ед.* о шкáфе, *но* в шкафу́, на шкафу́ (I.2.А)
2. *им. мн.* шкафы́ (I.3.А1б)
**ШНУРÓК**, шнуркá, *м*
1. *род. ед.* шнуркá (I.1.Б2б)
2. *им. мн.* шнурки́ (I.3.В2б)
**ШОКОЛÁД**, -а (-у), *м*
1. *род. ед.* шоколáда *и* шоколáду: пли́тка шоколáда, съесть шоколáда *и* съесть шоколáду, кусóчек гóрького шоколáда (I.1.Г)
**ШОССÉ** *с*
1. *нескл.* (I.5.А1)
**ШОФЁР**, -а, *м*
1. *им. мн.* шофёры
2. *род. мн.* шофёров
**ШУМ**, -а, *м*
1. *род. ед.* шу́ма, *но* мнóго шу́му из ничегó 'мнóго разговóров, волнéний, тóлков без причи́н', надéлать шу́му *и* надéлать шу́ма 'вызвать мнóго тóлков, разговóров, привлéчь к себé внимáние' (I.1.Д)
2. *им. мн.* шу́мы (I.3.Е2б), *но* шумы́ в сéрдце
3. *род. мн.* шу́мов, *но* шумóв в сéрдце
**ШУМÉТЬ** *нсв нп*
1. *наст.* шумлю́, шуми́шь, шуми́т, шуми́м, шуми́те, шумя́т (III.2.А4 *и* III.2.Б2)
2. *прич. страд. наст. не образ.* (III.7)
3. *прич. страд. прош. не образ.* (III.8)
4. *деепр.* шумя́
   **шумя́** см. ш у м é т ь

**ШУТИ́ТЬ** нсв нп
1. *наст.* шучу́, шу́тишь, шу́тит, шу́тим, шу́тите, шу́тят (III.2.А2 *и* III.2.Б2)
2. *прич. действ. наст.* шу́тящий *и* шутя́щий (III.5.А2)
3. *прич. страд. наст. не образ.* (III.7)
4. *прич. страд. прош. не образ.* (III.8)
5. *деепр.* шутя́ (III.9.А1)

**ШУ́ТК|А**, -и, *ж*
1. *род. мн.* шу́ток (I.4.Б1б)

шутя́ см. ШУТИ́ТЬ
шу́тящий, шутя́щий см. ШУТИ́ТЬ

шью́щий см. ШИТЬ

# Щ

**ЩЕК|А́**, -и́, *ж*
1. *вин. ед.* щёку
2. *им. мн.* щёки (I.3.Б1б)

**ЩЕНО́К**, щенка́, *м*
1. *род. ед.* щенка́ (I.1.Б2б)
2. *им. мн.* щенки́ (I.3.В2б) *и* щеня́та (I.3.Д1)

**ЩЁТК|А**, -и, *ж*
1. *род. мн.* щёток (I.4.Б1б)

**ЩИ**, щей, *мн.*
1. *ед. нет* (I.3.Ж1)

# Э

**ЭКОНОМИ́ЧН|ЫЙ**, -ая, -ое, -ые
1. *кр. ф.* экономи́чен, экономи́чна, экономи́чно, экономи́чны (II.1.Б1)

**ЭКСКУРСОВО́Д**, -а, *м*
1. *м. р.* — *ж. р.*; о нормативности согласования см. I.5.В, а также а́втор

**ЭКСПЛУАТИ́РОВАТЬ** нсв
1. *наст.* эксплуати́рую, эксплуати́руешь, эксплуати́рует, эксплуати́руем, эксплуати́руете, эксплуати́руют (III.2.Б1а)
2. *повел.* эксплуати́руй(те) (III.4.А2а)
3. *прич. действ. наст.* эксплуати́рующий (III.5.Б1)
4. *прич. страд. наст.* эксплуати́руемый (III.7.А1)
5. *деепр.* эксплуати́руя (III.9.Б1)

эксплуати́руемый см. ЭКСПЛУАТИ́РОВАТЬ
эксплуати́рующий см. ЭКСПЛУАТИ́РОВАТЬ
эксплуати́руя см. ЭКСПЛУАТИ́РОВАТЬ

**ЭНЕРГИ́ЧН|ЫЙ**, -ая, -ое, -ые
1. *кр. ф.* энерги́чен, энерги́чна, энерги́чно, энерги́чны (II.1.Б1)

**ЭТА́Ж**, этажа́, *м*
1. *род. ед.* этажа́ (I.1.А1)
2. *им. мн.* этажи́ (I.3.А1б)

**ЭХ|О**, -а, *с*
1. *мн. нет* (I.3.Е1)

# Ю

**Ю́БК|А**, -и, *ж*
1. *род. мн.* ю́бок (I.4.Б1б)

**ЮГ**, -а, *м*
1. *мн. нет* (I.3.Е1)

**Ю́МОР**, -а, *м*
1. *мн. нет* (I.3.Е1)

**Ю́НОСТ|Ь**, -и, *ж*
1. *мн. нет* (I.3.Е1)

**Ю́Н|ЫЙ**, -ая, -ое, -ые
1. *кр. ф.* юн, юна́, ю́но, ю́ны (II.1.А)
2. *сравн. ст. нет* (II.2.Д)
3. *превосх. ст. нет* (II.3.Г)

# Я

яви́вшись см. ЯВИ́ТЬСЯ
**ЯВИ́ТЬСЯ** св нп
1. *нсв* явля́ться (III.1.А2а)
2. *буд.* явлю́сь, я́вишься, я́вится, я́вимся, я́витесь, я́вятся (III.2.А2 *и* III.2.Б2)
3. *повел.* яви́сь, яви́тесь (III.4.В1)

# ЯВЛЯТЬСЯ

4. *прич. действ. наст. не образ.* (III.5)
5. *прич. страд. наст. не образ.* (III.7)
6. *прич. страд. прош. не образ.* (III.8)
7. *деепр.* явившись и явясь (III.10.Б1)

**ЯВЛЯ́ТЬСЯ** нсв нп — св яви́ться

явя́сь см. яви́ться

**ЯГНЁНОК**, ягнёнка, м
1. *род. ед.* ягнёнка (I.1.Б1б)
2. *им. мн.* ягня́та (I.3.Д1)

**ЯЗЫ́К**, языка́, м
1. *род. ед.* языка́ (I.1.А1)
2. *дат. ед.* языку́
3. *твор. ед.* языко́м
4. *предл. ед.* о языке́
5. *им. мн.* языки́ (I.3.А1б)

**ЯЙЦ|О́**, -а́, с
1. *им. мн.* я́йца (I.3.А3а)
2. *род. мн.* яи́ц (I.4.В3)

**Я́КОР|Ь**, -я, м
1. *им. мн.* якоря́ (I.3.А1а)

**Я́РК|ИЙ**, -ая, -ое, -ие
1. *кр. ф.* я́рок, ярка́, я́рко, я́рки и *доп.* ярки́ (II.1.Б2)
2. *сравн. ст.* я́рче (II.2.Б1а)
3. *превосх. ст.* ярча́йший (II.3.Б1)

**Я́СЛ|И**, -ей, *мн.*
1. *ед.* нет (I.3.Е3)
2. *род. мн.* я́слей

**Я́СН|ЫЙ**, -ая, -ое, -ые
1. *кр. ф.* я́сен, ясна́, я́сно, ясны́ и я́сны (II.1.Б2)
2. *сравн. ст.* ясне́е (II.2.А1)
3. *превосх. ст.* ясне́йший (II.3.А1)

## СОДЕРЖАНИЕ

| | |
|---|---|
| От авторов | 4 |
| Предисловие | 6 |
|   Состав словаря | 6 |
|   Источники словаря | 9 |
|   Структура словаря | 10 |
| Условные сокращения и знаки | 19 |
| Русский алфавит с указанием названий букв | 20 |

### ЧАСТЬ ПЕРВАЯ

| | |
|---|---|
| I. ИМЯ СУЩЕСТВИТЕЛЬНОЕ | 23 |
|   I.1. Родительный падеж единственного числа | 23 |
|   I.2. Предложный падеж единственного числа | 28 |
|   I.3. Именительный падеж множественного числа | 32 |
|   I.4. Родительный падеж множественного числа | 43 |
|   I.5. Род имён существительных | 50 |
| II. ИМЯ ПРИЛАГАТЕЛЬНОЕ | 54 |
|   II.1. Краткие формы | 54 |
|   II.2. Сравнительная степень | 76 |
|   II.3. Превосходная степень | 80 |
| III. ГЛАГОЛ | 84 |
|   III.1. Несовершенный вид | 84 |
|   III.2. Настоящее и будущее время | 93 |
|   III.3. Прошедшее время | 107 |
|   III.4. Повелительное наклонение | 120 |
|   III.5. Действительное причастие настоящего времени | 129 |
|   III.6. Действительное причастие прошедшего времени | 136 |
|   III.7. Страдательное причастие настоящего времени | 139 |
|   III.8. Страдательное причастие прошедшего времени | 143 |
|   III.9. Деепричастие несовершенного вида | 153 |
|   III.10. Деепричастие совершенного вида | 159 |

## ЧАСТЬ ВТОРАЯ

| Словарь | 165 |
|---|---|
| А | 165 |
| Б | 167 |
| В | 173 |
| Г | 189 |
| Д | 194 |
| Е | 202 |
| Ж | 202 |
| З | 205 |
| И | 214 |
| К | 219 |
| Л | 225 |
| М | 229 |
| Н | 233 |
| О | 239 |
| П | 257 |
| Р | 294 |
| С | 306 |
| Т | 325 |
| У | 329 |
| Ф | 337 |
| Х | 337 |
| Ц | 339 |
| Ч | 340 |
| Ш | 341 |
| Щ | 343 |
| Э | 343 |
| Ю | 343 |
| Я | 343 |

*Справочное издание*

**ЕФРЕМОВА**
**Татьяна Фёдоровна**

**КОСТОМАРОВ**
**Виталий Григорьевич**

**СЛОВАРЬ**
**ГРАММАТИЧЕСКИХ**
**ТРУДНОСТЕЙ**
**РУССКОГО ЯЗЫКА**

Редактор
*И. В. ЧУЛОЧНИКОВА*

Художник
*И. Г. САЛЬНИКОВА*

Художественный редактор
*Е. Л. ФОМИНА*

Технический редактор
*Н. И. ГЕРАСИМОВА*

Корректор
*С. Б. ШАПОШНИКОВА*

**Издание осуществлено при участии Издательского дома «Дрофа»**

Изд. лиц. № 010155 от 09.04.97.
Подписано к печати 22.08.97. Формат $84 \times 108^1/_{32}$. Бумага офсетная. Гарнитура «Таймс». Печать офсетная (с готовых диапозитивов). Усл. печ. л. 18,48. Уч.-изд. л. 22,62. Тираж 10 000 экз. Заказ № 2208. С070.

Издательство «Русский язык» Государственного комитета Российской Федерации по печати.
113303, Москва, М. Юшуньская ул., 1.

**По вопросам реализации обращаться по адресу:**
127018, Москва, Сущевский вал, 49.
Тел.: (095) 289-03-66, 289-03-25,
218-16-37, 218-54-09.

Отпечатано в полном соответствии с качеством предоставленных диапозитивов в ОАО «Можайский полиграфический комбинат».
143200, Можайск, ул. Мира, 93

# А

# Б

# В

# Г

# Д

# Е

# Ё

**Ж**

**З**

**И**

**Й**

**К**

**Л**

**М**

# Н

# О

# П

# Р

# С

# Т

**У**

**Ф**

**Х**

**Ц**

**Ч**

**Ш**

Щ

Ъ

Ы

Ь

Э

Ю

Я